浙江体育年鉴

（2022）

浙江省体育局　编

天津出版传媒集团

天津人民出版社

图书在版编目（CIP）数据

浙江体育年鉴. 2022 / 浙江省体育局编. -- 天津：
天津人民出版社，2024.2
ISBN 978-7-201-20176-4

Ⅰ. ①浙… Ⅱ. ①浙… Ⅲ. ①体育事业—浙江—
2022—年鉴 Ⅳ. ①G812.755-54

中国国家版本馆CIP数据核字(2024)第044061号

浙江体育年鉴(2022)
ZHEJIANG TIYU NIANJIAN(2022)

出　　版	天津人民出版社	
出 版 人	刘锦泉	
地　　址	天津市和平区西康路35号康岳大厦	
邮政编码	300051	
邮购电话	（022）23332469	
电子信箱	reader@tjrmcbs.com	

责任编辑　岳　勇
封面设计　石　几

印　　刷	杭州高腾印务有限公司	
经　　销	新华书店	
开　　本	787毫米×1092毫米　1/16	
印　　张	29.5	
字　　数	655千字	
版次印次	2024年2月第1版　2024年2月第1次印刷	
定　　价	260.00元	

编辑说明

一、《浙江体育年鉴》是系统记述浙江体育的年度资料性文献,1992年—1993年正式出版,1997年开始每年出版。

二、《浙江体育年鉴2022》是由《浙江体育年鉴》编纂委员会主持编纂,浙江省体育局机关各处室、省体育局系统各直属单位、省体育总会、各市体育局及有关单位(协会)供稿,《浙江体育年鉴》编辑部负责编辑出版的地方性专业年鉴。

三、本年鉴记述时限为2021年1月1日—12月31日,反映浙江省发生的或涉及浙江省的体育大事。

四、本年鉴采取分类法编排,按事物属性共分19个部类,各栏目下直接设条目。

五、本年鉴主要采用现代语体文、记述文体,采用述、记、表、图、录等体裁。

《浙江体育年鉴》编辑部
2023年8月2日

第32届奥运会浙江运动员金牌榜(1)

在第32届夏季奥林匹克运动会上，我省33名参赛体育健儿顽强拼搏，奋勇争先，共取得7枚金牌、2枚银牌、1枚铜牌和1个第四名、3个第五名、1个第六名、1个第七名、3个第八名，创造了浙江奥运参赛史上最好成绩，捍卫了自我国恢复参加奥运会以来"浙江届届奥运有金牌"的殊荣。我省奥运健儿展现了敢于战胜的自信和勇气，展示了"使命在肩、奋斗有我"的风采，为奋力打造"重要窗口"、高质量发展建设共同富裕示范区贡献了体育硬核力量。

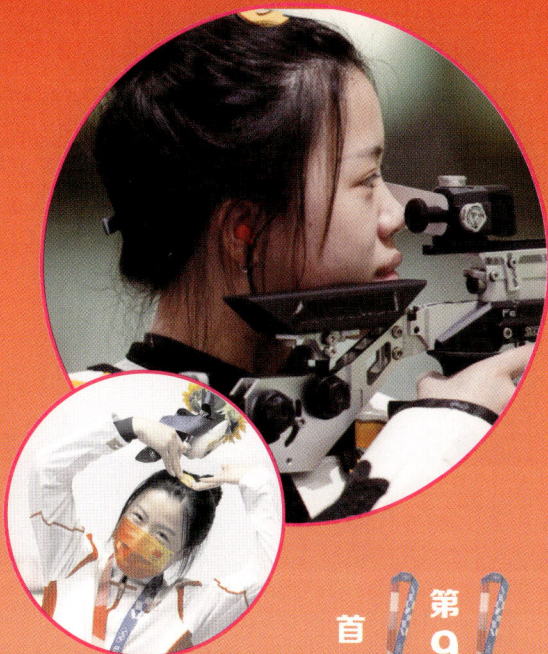

杨 倩

首金 **第9金**

7月24日上午，东京奥运会首枚金牌产生。在射击女子10米气步枪决赛中，21岁的中国选手杨倩力压群芳，以251.8环的成绩最终夺冠。为中国体育代表团夺得了东京奥运会首枚金牌，同时创造了新的奥运会纪录。

7月 27日，东京奥运会射击10米气步枪混合团体决赛，杨倩/杨皓然（河北）为中国体育代表团夺得第9枚金牌，在资格赛以633.2环的成绩破世界纪录、创奥运会纪录。杨倩也成为中国东京奥运会首个双金王。

石智勇

第12金

7月28日晚，在东京奥运会举重男子73公斤级决赛中，石智勇总成绩破世界纪录，同时抓举、挺举、总成绩创奥运会纪录，强势为中国体育代表团夺得第12枚金牌。

第32届奥运会浙江运动员金牌榜(2)

第16金

汪 顺

7月30日，在东京奥运会游泳男子200米个人混合泳决赛中，中国游泳名将汪顺以1分55秒00的成绩为中国摘得第16金，并且打破亚洲纪录！

第18金

王懿律

7月30日，王懿律/黄东萍（福建）在东京奥运会羽毛球混合双打决赛中，2:1战胜队友获得金牌，这是中国体育代表团在本届奥运会中夺得的第18枚金牌。

第32届奥运会浙江运动员金牌榜(3)

第24金

陈雨菲

8月1日晚，陈雨菲获得东京奥运会羽毛球女子单打金牌，这是中国体育代表团在本届奥运会中夺得的第24枚金牌。

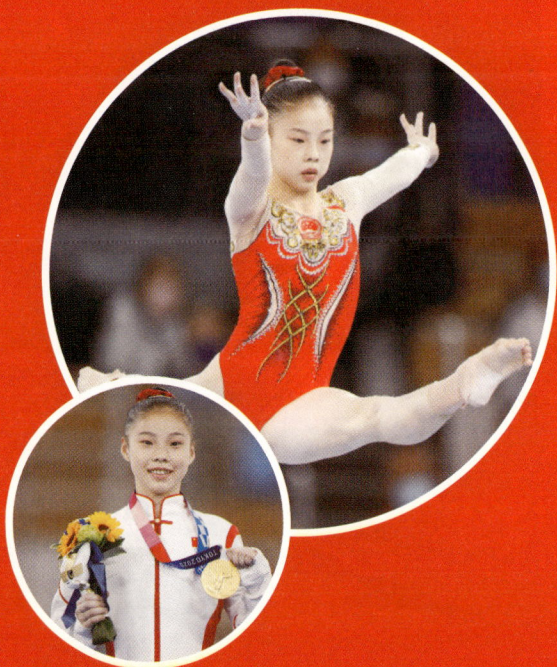

第32金

管晨辰

8月3日，浙江16岁小将管晨辰获得东京奥运会竞技体操女子平衡木金牌，这是中国体育代表团在本届奥运会中夺得的第32枚金牌。

"金牌闪耀 青春飞扬"

——浙江全运健儿载誉归来

　　第十四届全国运动会于2021年9月15日至27日在陕西西安举行。本届全运会共设35个竞技项目(含410个小项)、19个群众项目(含185个小项)。我省有675名运动员参加竞技项目比赛，取得44金35银37铜，总奖牌数116枚，超4项世界纪录，创4项全国纪录（全国共超13项世界纪录，创25项全国纪录），综合成绩排名分列金牌榜第3位、奖牌榜第3位；有824名选手参加群众项目比赛，已取得16金6银9铜（因疫情影响，群体项目还有气排球、篮球、羽毛球及足球等4个大项的比赛延期举行），综合成绩排名暂列金牌榜第2位、奖牌榜第3位。浙江体育代表团荣获"体育道德风尚奖"，取得运动成绩和精神文明双丰收。

"金牌闪耀 青春飞扬"
——浙江全运健儿载誉归来

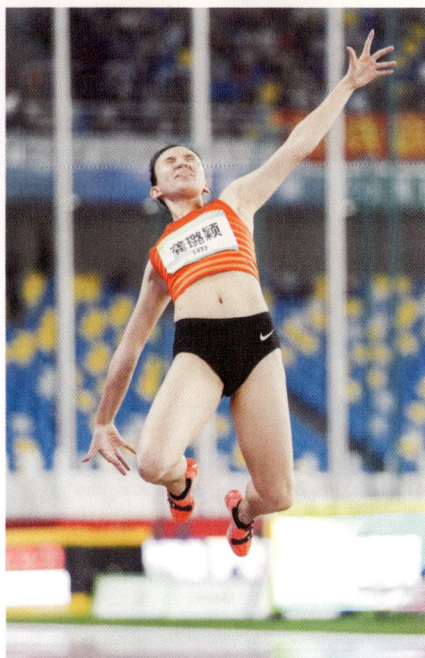

"金牌闪耀 青春飞扬"
——浙江全运健儿载誉归来

"金牌闪耀 青春飞扬"
——浙江全运健儿载誉归来

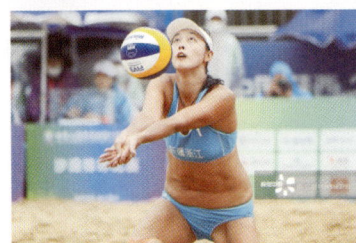

全省体育工作会议在杭州召开

10月26日上午，全省体育工作会议在杭州召开。省委书记、省人大常委会主任袁家军出席会议并讲话。省委副书记、代省长王浩主持会议，省领导陈奕君、熊建平、成岳冲、蔡秀军出席。会上，省体育局、宁波市、杭州市、江山市和浙江省篮球协会、浙江职业足球俱乐部负责人作交流发言。会议以视频会议形式开至各市，省直有关部门主要负责人在主会场参加会议。

全省体育工作会议前，还举行了浙江奥运、全运健儿凯旋总结表彰大会，袁家军出席并讲话，王浩宣读有关表彰决定，陈奕君、熊建平、成岳冲、蔡秀军出席。省直有关部门主要负责人，参加东京奥运会的运动员、教练员代表，参加陕西全运会获得奖牌的运动员、教练员代表等参加。会上，与会领导为获奖代表颁奖，运动员代表杨倩、教练员代表朱志根发言。

袁家军对我省奥运全、运健儿取得的优异成绩表示祝贺，并向全体运动员、教练员、工作人员等表示感谢。希望大家认真学习贯彻习近平总书记关于体育工作的重要论述精神，不断总结成功经验、翻篇归零、重新出发，特别是要继续弘扬红船精神、浙江精神，勇于对标更高、更快、更强的新目标，科学努力训练，不断提高竞技水平，超越自我、战胜自我，再接再厉、顽强拼搏、再立新功，以更好成绩向祖国和浙江人民交出新的高分答卷。

会前，省领导参观了"金牌闪耀、青春飞扬——浙江奥运全运健儿荣誉图片展"，并看望了参加东京奥运会、陕西全运会的运动员、教练员代表。

浙江奥运、全运健儿在杭参加系列活动

　　10月26日下午，杨倩、石智勇、汪顺、管晨辰4位东京奥运冠军及谢震业、徐嘉余、叶诗文、王芝琳、万济圆、王丛康等6位陕西全运会冠军，集体参加了"藏冠于民"浙籍奥运全运选手参赛纪念物捐赠仪式。随后还举行了"奥运林添金桂"植树活动。

　　10月27日，浙江省体育局召开"请党放心、强国有我"奥运主题党课，省体育局党组书记、局长郑瑶为24位奥运、全运体育健儿和金牌教练上了一堂题为《祖国利益高于一切》的思政课。省委党史学习教育第十四巡回指导组组长赵祖地到会指导，局党组副书记、副局长鲍学军主持。杨倩、石智勇、汪顺、管晨辰、徐嘉余、谢震业、林俊敏、陈莎莎8位体育健儿和葛宏砖、朱志根2位金牌教练在会上交流发言，纷纷表示感恩祖国的培养，一定感党恩、听党话、跟党走，努力取得更好的成绩。

省体育局召开党史学习教育动员大会

3月18日，省体育局召开党史学习教育动员大会。会议深入学习贯彻习近平总书记在党史学习教育动员大会上的重要讲话精神，紧紧围绕全省党史学习教育部署安排，全面动员部署和组织推进局系统党史学习教育。局党组书记、局长郑瑶，驻省政协机关纪检监察组组长张文斌出席会议并讲话。

会议指出，全局上下要提高政治站位，深刻认识党史学习教育的重大意义，通过党史学习教育，进一步感悟思想伟力，强化忠诚意识。要通过党史学习教育，进一步把握历史发展规律和大势，强化辩证思维和战略思维。要通过党史学习教育，进一步深化对党的性质宗旨的认识，强化为民情怀。要通过党史学习教育，进一步增强风险防范意识，强化斗争精神。

省局党组领导班子成员，省纪委省监委派驻省政协机关纪检组相关负责人，机关全体人员，各直属单位领导班子成员、纪检监察机构人员，浙江体育职业技术学院各竞技体育系党支部书记及纪检委员等近100人参加会议。

郑瑶赴温州洞头、乐清，深入开展"三服务"调研

　　3月2日—4日,省体育局党组书记、局长郑瑶来到温州洞头、乐清,开启以"办亚运、建强省、惠民生"为主题的体育"三服务"调研,看项目、走村居、察现状、破难题,开展全程服务、精准服务、联动服务,拉开省体育局打造"三服务"2.0版序幕。

　　郑瑶强调,体育部门要提高站位,将体育工作主动纳入到党委、政府的中心工作中去,围绕"十四五"经济社会发展目标任务,迈好第一步,展现新气象。

　　洞头是全国14个海岛县(区)之一,拥有丰富的海洋资源和运动休闲元素,人均体育场地面积4.32平方米,远高于全省平均水平。近年来,洞头发挥海洋、海岛、海湾、海鲜、海霞"五海"特色,大力推进体旅融合,海洋运动产业蓬勃发展。

　　温州市政府副市长娄绍光,洞头区委书记林霞、区长郭云强,乐清市委书记方晖、市长徐建兵,温州市体育局局长张志宏等陪同调研。

浙江省第二届生态运动会

4月24日上午，浙江省第二届生态运动会开幕式在宁波东钱湖畔举行。浙江省人民政府副省长成岳冲，中共宁波市委副书记、宁波市人民政府市长裘东耀，浙江省人民政府副秘书长蔡晓春，浙江省体育局党组书记、局长郑瑶，中共宁波市委常委、鄞州区委书记、东钱湖旅游度假区党委书记褚银良，宁波市人民政府副市长许亚南等出席并为运动会启幕。

浙江省第二届生态运动会由浙江省体育局、浙江省文化和旅游厅、浙江省水利厅、浙江省生态环境厅、浙江省农业农村厅、浙江省自然资源厅、浙江省交通运输厅、浙江省住房和城乡建设厅共同主办，历时半年，在宁波市鄞州区、安吉县、天台县、温岭市、淳安县、德清县、新昌县等七地接力办赛，涵盖绿水类、青山类、表演类和特色类等四大类别，游泳、皮划艇、龙舟、垂钓、马拉松、自行车、冰雪等多个涉山、涉水运动休闲项目。

浙江省第二届生态运动会是我省年度参赛规模最大的一次自主IP赛事，通过以赛事为平台，进一步推动美丽经济发展，促进绿色消费，服务百姓生活，增进百姓健康，诠释绿水青山就是金山银山的发展理。

"忆党史守初心　奋进体育新征程"
省体育局庆祝中国共产党成立100周年主题党日

6月28日下午，浙江省体育局开展"忆党史守初心　奋进体育新征程"庆祝中国共产党成立100周年主题党日活动，以体育人的方式庆祝党的百年华诞。省体育局领导班子成员，老党员代表，下属单位主要负责人，局机关全体党员，"两优一先"代表共110余人参加，省体育局党组书记、局长郑瑶出席活动并讲话。省委党史学习教育第十四巡回指导组副组长曹启文，省纪委省监委派驻省政协纪检监察组副组长汪樟德到会指导。

忆往昔，一代代的共产党人鞠躬尽瘁、屡建功勋，为民族解放、国家建设、改革发展贡献了砥柱力量。现场，郑瑶向老党员代表颁发了"光荣在党50年"纪念章，省体育局共有48名老党员获此殊荣。现场还表彰了省体育局"优秀共产党员""优秀党务工作者""先进基层党组织"。随后，在郑瑶的带领下，全体党员重温入党誓词，新党员第一次举起右拳宣读入党誓词。

省体育局党组书记、局长郑瑶赴湖州调研

　　5月19—20日，省体育局党组书记、局长郑瑶深入湖州城乡调研。郑瑶走进由优秀退役运动员黄拥军创办的浙江金耐斯体育用品公司，现场为企业号脉支招；走进安吉五峰山运动村，鼓励在为国家体操队康复训练做好服务、保障的同时，努力打造长三角户外运动休闲的重要基地。郑瑶实地调研了德清县莫干山郡安里体旅综合体、田博园上渚山奇幻山谷；走进安吉县少体校，了解与县第三小学和特殊教育学校（培智学校）"共建共享、互促共建"的办校模式，要求利用优质场馆、师资等资源优势，着力打造省、市两级的青训基地，培养和输送更多更好的体育后备人才。

省人大常委会邀请各级人大代表
开展杭州亚运会筹办工作视察

　　6月8日，省人大常委会和杭州市人大常委会组织部分在浙全国人大代表和省人大代表、杭州市人大代表开展亚（残）运会筹办工作情况视察。代表们实地视察了富阳水上运动中心、射击射箭馆，杭州奥体中心主体育场、网球中心以及游泳馆等亚运场馆设施建设情况，并赴浙江体育职业技术学院亲切看望慰问备战亚运会的运动健儿。

　　省体育局党组书记、局长郑瑶向各级人大代表介绍部分亚运场馆工程改造、浙江体育健儿亚运备战，以及亚运会竞赛工作筹办等情况。

省第四届体育大会在衢州开幕

10月22日，浙江省第四届体育大会在素有"南孔圣地"之称的衢州正式开幕。

副省长、省第四届体育大会组委会主任成岳冲宣布大会开幕，省体育局党组书记、局长郑瑶致开幕词，衢州市委书记汤飞帆致欢迎辞。

作为省内每四年一届的体育大会，它是集竞技性、群众性、健身性、观赏性为一体的我省规格最高、规模最大的综合性群众体育盛会。

相比于省运会，省四体会虽然少了几分竞技性，却多了几分趣味性。本届体育大会主赛期代表队参与的运动员、领队、教练、裁判及工作人员达到20000余人。

为了高质量办好本届大会，礼迎八方之客，衢州市将第四届体育大会的筹备工作与建设"大花园"、打造运动健康之城，以及实施全民健身国家战略相结合，尽最大努力把本届四体会办成一场经典、精彩、圆满的体育大会。

前　言

　　2021年是中国共产党成立100周年，是实施体育强省纲要和"十四五"规划的开局之年，是东京奥运会、陕西全运会的决战之年，也是筹办杭州亚运会的冲刺之年。全省体育部门围绕中心、服务大局，聚焦聚力高质量发展、竞争力提升、现代化先行，全力以赴做好2021年各项体育工作，交出了高水平建设现代化体育强省的高分报表，确保"十四五"开好局，起好步。为全面展现和总结一年来的工作，根据体育文史工作的实际，浙江省体育局组织编印了《浙江体育年鉴（2022）》。

　　《浙江体育年鉴（2022）》以马克思列宁主义、毛泽东思想、邓小平理论、"三个代表"重要思想、科学发展观、习近平新时代中国特色社会主义思想为指导，遵循辩证唯物主义和历史唯物主义原理，全面、客观、系统地记述和反映2021年度浙江体育各项工作，服务当代，垂鉴后世。

　　《浙江体育年鉴（2022）》的编写，力求体现"概述全貌，突出重点，简繁结合，反映特色"的要求，既反映年度体育事业发展各方面的全貌，又反映体育各条线发展过程的纵向全貌；同时又突出反映年度重大事件、重大赛事的新特点、新变化、新成就；在条目设立和内容叙述中，区分重点和一般实行详述和略述结合，单列条目和列表不述结合。全书内容纵览全貌，横列门类，以类为序，纵横结合，具体分为三个部分：第一部分包括彩照、前言、编辑说明。第二部分共分十编，分别为综述、大事记、特载、专记、政策制度性文件、党建、群众体育、竞技体育、青少年体育、杭州亚运会、重要赛事、体育经济、体育科研与教育、宣传文化交流、局属单位、体育社团、各市体育、运动成绩。第三部分为附录。《浙江体育年鉴（2022）》内容丰富，信息量大，材料翔实，图文并茂，全书内容具有综合性、完整性和实用性的特点。

　　《浙江体育年鉴（2022）》适应不同读者查阅需要，可以帮助广大读者、体育工作者、爱好者更好地了解2021年度浙江体育的发展现状、发展水平，并为社会科学研究者、特别是体育文化历史研究者提供了较为全面系统的可靠资料和数据。《浙江体育年鉴（2022）》的编辑出版，对推进浙江体育文化建设必将产生积极的影响。

　　作为一本正式出版的作品，刊载的内容应当具有完整性、科学性、准确性和规范性。《浙江体育年鉴（2022）》的编辑工作是一项具有一定规模的系统工程，尽管我们对篇目框架和条目结构及其释义，经仔细推敲和多次修改，但限于编辑水平及资料收集等原因，难免还有纰漏或不妥之处，望读者批评指正。

《浙江体育年鉴（2022）》编辑部

2023年9月

目　录

体育教育

宣传文化交流

体育宣传

体育文化

对外交流

局属单位

体育社团

综

述

2021年浙江省体育工作综述

【概况】2021年,在省委、省政府坚强领导下,全省体育战线聚焦聚力高质量发展、竞争力提升、现代化先行,出色完成东京奥运会、陕西全运会参赛任务,交出了改革发展靓丽成绩单,实现了"十四五"良好开局。省体育局被省政府记集体一等功2次,省政府"健康浙江"建设考核连续3年被评为优秀单位,先后3次就数字体育、反兴奋剂、赛事安全监管等在国家体育总局会议上作典型发言,省委、省政府主要领导和分管领导先后26次对体育工作作出重要批示和肯定。

【党的领导】

党委政府高度重视体育工作。省委、省政府时隔18年高规格召开全省体育工作会议,省委书记袁家军发表重要讲话,对现代化体育强省建设作出全面部署,要求奋力打造共同富裕的体育示范,进一步指明了未来一个时期我省体育事业发展的战略目标和思路举措。省政府先后颁布《关于高水平建设现代化体育强省的实施意见》《浙江省全民健身实施计划(2021—2025年)》等重量级政策文件,省体育局先后颁布《浙江省体育改革发展"十四五"规划》及竞技体育、体育产业、体育竞赛、体育彩票等专项规划,明确了现代化体育强省建设的"时间表""路线图""任务书"。

党的建设进一步加强。高质量开展党史学习教育,圆满完成省委庆祝建党100周年文艺演出服务保障任务,推出"习近平与浙江体育情缘"图片展、"请党放心 强国有我"奥运主题党课等党史学习教育特色活动,得到省委巡回指导组充分肯定。创新实施六大领域清廉体育建设。落实省委十三项实施意见和"五张责任清单",切实加强对"一把手"和领导班子监督。进一步优化省体育局系统干部队伍结构。对4家直属单位开展巡察工作。联合派驻纪检组率先推进运动员技术等级认定公权力大数据监督管理应用项目建设,并积极纳入省纪委公权力大数据监督平台。健全完善运动员管理、保障和服务制度体系,为全国探路。

【体育改革】

体育助力共同富裕破题开局。推动省政府与国家体育总局签署《关于支持浙江省体育领域高质量发展建设共同富裕示范区的合作协议》,得到袁家军书记点赞。协议明确体育总局与省政府将重点在构建更高水平全民健身公共服务体系、推动竞技体育突破性发展、打造现代体育产业体系、建设体育赛事强省、深化体育领域改革、推进反兴奋剂治理体系建设六个方面加强合作,具体涵盖支持浙江省建设全民健身公共服务示范区、支持浙江省为国家培养并输送更多高水平运动员、支持浙江省建设体育产业创新发展新高地、支持指导浙江省高质量举办杭州2022年亚运会、支持指导浙江省建设体育数字化改革先行区等33条内容。

体育内容纳入主要指标体系。人均体育场地面积、国民体质合格率、"一场两馆"覆盖率等纳入《浙江高质量发展建设共同富裕示范区实施方案(2021-2025年)》主要指标体系。

体育数字化改革搭建起"四梁八柱"。制定《浙江省体育数字化改革行动方案》《浙江省数字体育建设"十四五"规划》，形成"一张图、一件事、一指数"特色场景。"浙里健身"公共服务应用上线"浙里办"数字社会专区，省体育局微门户率先上线党政机关整体智治综合应用。我省被国家体育总局列为全国唯一试点，建设体育数字化改革先行区。

深化推进社会力量办体育改革。在全省12个市、县开展社会力量办体育改革重点项目试点。我省"百姓健身房"建设纳入中办和国办印发的《关于构建更高水平的全民健身公共服务体系的意见》，向全国全面复制推广。坚决落实"双减"工作部署，率先在全国出台《浙江省体育类校外培训机构准入指引(试行)》。

【全民健身】

扎实开展体育现代化创建。通过3年努力，杭州市上城区等17个县(市、区)通过技术评估、迎接考核验收。

持续推进基层体育场地设施建设。新建体育公园、足球场、村级全民健身广场、社区多功能运动场、百姓健身房等基层体育场地设施1040个，完成率达115.6%。深入推进公共体育场馆服务大提升，开展全国公共体育场馆开放使用综合试点，全省公共体育场馆年对外开放时长、服务人次分别增长14.6%和16%。率先制订实施全国首个智慧体育场馆建设省级地方标准。

广泛开展全民健身赛事活动。举办省首届社区运动会、省农村文化礼堂运动会、省幼儿体育大会、全民健身日、"我要上全运"选拔赛等各类全民健身赛事活动1万多场次，参与人数800多万人次。着力推进体育社会组织体系建设，全省各级体育社会组织数量超1.6万个。

创新开展全省大众体育运动水平等级评定工作。截至2021年底，全省人均体育场地面积预计2.55平方米，经常参加体育锻炼人数占比预计42%，国民体质合格率94%。

【竞技体育】

东京奥运会续写辉煌。东京奥运会上，我省运动员获得7金2银2铜，金牌数位列全国第一，不仅续写了"浙江届届奥运有金牌"的殊荣，而且创造了浙江奥运参赛史上最好成绩。省委、省政府向中国体育代表团发出创纪录的7封贺电，在全国引起热烈反响。

陕西全运会成绩卓著。陕西全运会上，我省竞技项目获得44金35银37铜，金牌数位居全国第三，群众项目获得16金6银9铜，金牌数位居全国第二。游泳、羽毛球、射击、皮划艇、帆船帆板等项目的集团优势进一步显现，"三大球"项目取得重大突破，省队市办项目结出硕果，竞技体育综合实力跻身全国前列。省委、省政府隆重召开浙江奥运全运健儿庆功表彰大会，袁家军书记、王浩代省长等省四套班子领导亲切接见了浙江健儿，勉励大家奋力拼搏、再创佳绩。

建立省青少年体育工作联席会议制度。会同省教育厅制定《关于深化体教融合促进青少年健康发展的实施意见》，经省委深改委审议通过并实施。创建新周期省体育后备人才基地64个、省体育传统项目学校阳光体育后备人才基地43个。深入实施优秀教练员培养"百人工程计划"。

【体育产业】

体育产业有序发展。2020年全省体育产业总产出2776亿元，增加值881亿元，占国内生产总值(GDP)比重1.36%。国家体育产业基地累计创建33个,居全国第一位。编制出台航空运动、水上运动、马拉松及相关运动三个专项规划,打响"运动浙江、户外天堂"品牌。发挥省体育产业发展资金引领作用,扶持180个体育产业项目,带动社会投资11.6亿元。

全力推进"环浙步道"建设。主线达到2200公里。成功举办"环浙·登顶11峰"活动。省全民健身中心项目获得省发展改革委初步设计批复,即将启动施工招投标。

体育彩票业持续向好。浙江体彩全年销量169.13亿元,筹集公益金44.79亿元,时隔13年再次进入全国前三,市场份额达59.26%,较上一年提高了6.35个百分点。

【体育竞赛】

"赛事一件事"改革稳步推进。实现青少年运动员注册、赛事发布、赛事报名、裁判员管理应用迭代升级。全面加强体育赛事活动安全管理,进一步规范运动员技术等级评定工作,成立4个专项督查组,分赴全省11个市和有关单位开展全方位督导检查,确保体育赛事活动安全第一、健康第一。

高质量举办各项重大赛事。围绕建党百年、杭州亚运会等主题,高质量举办2021复兴之路·薪火驿传百公里接力赛、省第四届体育大会、省第二届生态运动会等特色赛事255场次。在确保安全稳定的前提下,举办马拉松及路跑赛事活动89场次,参赛人数超10万人次。

扎实推进第十七届省运会筹备工作。成立第十七届省运会筹办委员会,发布竞赛规程总则,完成以"迎亚运省运"为主题的赛事活动近300场次。省运会涉及的34个场馆施工建设任务全部完成。

【亚运筹备】

成立亚运会工作领导小组。省委成立省第19届亚运会和第4届亚残运会工作领导小组,每月召开例会推进各项筹办工作,推动"体育亚运、城市亚运、品牌亚运"齐头并进。

亚运会场馆建设竞赛管理有序推进。杭州亚运会比赛和训练场馆、亚运村基本建成。明确40个亚运竞赛项目设置,其中电子竞技、霹雳舞首次进入国际综合性运动会。正式公布总赛程1.0版,赛时将产生482枚金牌。场馆运行计划(第一版)编制完成,成功举办8项测试赛。完成61个分项共71名技术代表任命工作。顺利完成第一阶段按竞赛项目、第二阶段按人数报名工作,亚洲45个国家(地区)全部报名参赛。发布《杭州亚运会体育展示、颁奖仪式总体规划》。

严把反兴奋剂关口、营造迎亚运氛围。推进杭州亚运会反兴奋剂"两站一中心"(兴奋剂检查站、教育拓展站和兴奋剂管制中心)建设。深入推进亚运城市行动,组织开展"庆建党百年华诞、迎杭州亚运盛会"等系列活动,营造迎亚运、办盛会的浓厚氛围。

大事记

2021年浙江体育大事记

1月

1月1日,新年第一缕阳光照亮世界自然遗产地——浙江江山江郎山时,已有数千健身爱好者迎着朝霞拾级而上,以登高这样最传统的方式,祈福2021健康喜乐。全国新年登高活动是国家体育总局主办的传统全民健身活动。从1996年至今,每年都于元旦在全国各地举行。自2016年以来,全国新年登高健身大会中心主会场,已经连续六年落户浙江江山江郎山。受到疫情影响,2021年全国新年登高健身大会,除江郎山主会场外,不再设立全国各地分会场。主办方特别设置一个环节:开幕式现场由8位攀登珠峰的登山家,向全国的健身爱好者发出铿锵的"健身倡议"。

1月7日,第19届亚运会组委会第五次执委会暨全委会、亚残运会组委会第二次执委会暨全委会通过视频方式举行。国家体育总局局长、中国奥委会主席苟仲文,中国残联主席、中国残奥委会主席张海迪,省长郑栅洁出席会议并讲话。会议听取了刘忻所作的杭州亚运会、亚残运会筹办工作报告,审议通过竞赛项目设置等事项。

1月19日,2021年全省体育局长会议以视频会议方式举行。会议总结回顾2020年和"十三五"时期体育工作成就,研究部署"十四五"时期和2021年重点工作任务。省委书记袁家军、省长郑栅洁作出重要批示。省体育局党组书记、局长郑瑶作了题为《忠实践行"八八战略"奋力打造"重要窗口"努力交出高水平建设现代化体育强省的高分报表》的工作报告。会议还表扬了"十三五"及2020年度全省体育系统各类先进,杭州市、绍兴市、金华市、丽水市、宁波市北仑区、天台县体育部门和省射击射箭自行车运动管理中心作了交流发言。省体育局领导,省政府办公厅、省委组织部、省纪委派驻省政协机关纪检监察组相关同志,省体育局各处室、直属单位主要负责人及民主党派代表,各市体育部门主要负责人在杭参加会议。各市体育部门班子成员、所辖县(市、区)体育部门主要负责人、分管领导等在分会场以视频会议形式参会。

1月26日,浙江省十三届人大五次会议召开,在政府工作报告中不仅多次提及体育工作,浙江构建"10分钟健身圈"也被列入了2021年十方面民生实事。2021年,我省将新增体育公园(体育设施进公园)50个、足球场(含笼式足球场)50个、村级全民健身广场100个、社区多功能运动场200个、百姓健身房500个。新建绿道1000公里。全民健身场地设施供给已连续两年入选省十方面民生实事工程。2020年,省体育局超额完成了省政府民生实事体育项目建设任务,全年新增全民健身场地设施2490个,作为"15分钟健身圈"升级版,今年我省将继续从老百姓的健身需求出发,加大全民健身场地设施建设的力度。

3月

3月,衢州市人民政府与中国围棋协会签订战略合作协议,双方共同成立国际围棋文化交流中心,合力推进"世界围棋圣地"建设,这也是衢州打造浙皖闽赣四省边际文化高地的又一关键举措。衢州国际围棋文化交流中心计划于2021年6月底建成并投入运营。战略合作协议明确了合作的重点方向和共同推进"两子文化"在衢州落地等10个方面的目标任务。

3月30日,2021年长三角地区体育一体化发展推进会在上海召开,沪苏浙皖三省一市体育部门负责人、长三角一体化相关工作负责人参加会议。会议确定了长三角体育全领域一体化的协作机制。会议审议通过了《长三角体育一体化协作协议(2021—2025)》,确定了长三角体育全领域一体化的协作机制,成立了长三角体育一体化联席会议,并为长三角体育一体化办公室揭牌。今后五年,长三角一体化依然紧扣"一体化"和"高质量"两大关键,贯彻落实《长三角地区体育一体化高质量发展的若干意见》。据悉,这个推进会将形成常态,以后每年一季度在沪、苏、浙、皖轮流召开。

3月29日,省发展改革委、省体育局联合印发《浙江省体育改革发展"十四五"规划》,为未来5年描绘蓝图。《规划》提出,"十四五"时期,浙江要实现群众体育、竞技体育、体育赛事、体育产业、体育文化以及体育整体智治工作等"六个走在前列"。此外,《规划》明确了全面推进体育数字化改革。

4月

4月11日上午,来自100支参赛队的首棒选手从上海中共一大会址纪念馆出发,跑向浙江嘉兴南湖之畔,用接力赛的形式连接两地——2021复兴之路·薪火驿传百公里接力赛开启。本次赛事的队伍由公开报名和定向邀请组成,定向邀请的队伍来自公安、医疗、高校等系统和遵义、井冈山、西柏坡等地。赛道共设7个接力点,全长132.8公里。这是2021年首个以迎接建党百年为主题的跨省体育赛事,也是推进落实长三角体育一体化高质量发展的有益实践。

4月24日上午9点,浙江省第二届生态运动会开幕式在风景如画的东钱湖畔盛大启幕。这标志着宁波鄞州作为本届生态运动会的首站系列赛举办地将开启为期一个多月的航模、风筝、龙舟、桨板、桨板瑜伽、皮艇球以及迷你马拉松等一系列涉山涉水的户外比赛项目的帷幕。本届运动会从4月开始,将历时半年多,在宁波市鄞州区、安吉县、天台县、温岭市、淳安县、德清县、新昌县省内七地接力办赛。

5月

5月8日,为期9天的2021年全国游泳冠军赛暨东京奥运会选拔赛在青岛国信体育中心游泳跳水馆落下帷幕。在共计35个分项中,浙江泳将拼下15金9银5铜的优异成绩,有5人10项次达到奥运A标并获前2名。徐嘉余、汪顺、何峻毅、柳雅欣等中坚力量稳定发挥的同时,以余依婷、吴卿风、洪金权、潘展乐为代表的年轻小将开始崭露锋芒,全队逐渐形成良好的新老衔接趋势。

5月10日-12日,国家体育总局副局长杨宁在温州调研社会力量办体育的改革成果与试点经验。调研期间,杨宁与省委常委、温州市委书记陈伟俊进行工作交流。省体育局党组书记、局长郑瑶,温州市副市长娄绍光,瓯海区委书记王振勇,鹿城区区长白洪楞以及市体育局局长张志宏等陪同调研。

5月14日,由浙江省体育局、浙江省教育厅主办的"浙江省第六届青少年学生阳光体育运动会开幕式暨交流会"在宁波镇海区举行。本届阳光体育运动会共设15个大项,包括趣味田径、游泳、篮球、排球、足球、乒乓球、羽毛球、网球、短式网球、射击、跆拳道、武术套路、啦啦操、快乐体操、射箭。各项比赛5—8月在全省各地进行。参加单位以省级阳光体育后备人才基地学校、体育传统项目学校、体育特色学校为主组队。

5月29日,2021年省第十四届幼儿体育大会开幕式暨省第十三届幼儿特色体育表演大赛在绍兴市奥体中心举办。本次比赛共有来自杭州、宁波、金华等各市32支队伍约600名运动员参加,小运动员们展示了小篮球、小足球、武术、空竹、舞龙、踏板车、滑板、花样轮滑、军体搏击、跳绳、跆拳道等具有幼儿特色的体育活动项目,展现了大家积极向上的热情。

6月

6月28日下午,浙江省体育局开展"忆党史守初心　奋进体育新征程"庆祝中国共产党成立100周年主题党日活动。省体育局领导班子成员、老党员代表、直属单位主要负责人、局机关全体党员、"两优一先"代表110余人参加,省体育局党组书记、局长郑瑶出席活动并讲话。省委党史学习教育第十四巡回指导组副组长曹启文,省纪委省监委派驻省政协纪检监察组副组长汪樟德到会指导。现场,郑瑶向老党员代表颁发了"光荣在党50年"纪念章,省体育局共有48名老党员获此殊荣。现场还表彰了省体育局"优秀共产党员""优秀党务工作者""先进基层党组织"。随后,在郑瑶的带领下,全体党员重温入党誓词,新党员第一次举起右拳宣读入党誓词。

7月

7月8日,省委省政府健康浙江建设领导小组办公室印发了关于2020年健康浙江建设考核结果的通报。通过各地各部门自查、现场考核、会审联评、健康浙江建设领导小组会议审议等程序,确定丽水市等11个设区市、平湖市等90个县(市、区)、省发展改革委、省体育局等15个省级单位为考核优秀等次单位,其余单位考核等次为合格。

7月14日,浙江体育健儿出征东京奥运会新闻通气会举行,我省有33名运动员获得东京奥运会参赛资格,分布在田径、游泳、羽毛球、体操、排球、篮球、举重、皮划艇、帆船、射击、山地自行车、马术等12个大项、39个小项中,参赛项目和参赛人数创历届之最。

7月24日,在东京奥运会女子10米气步枪比赛中,中国"00后"选手杨倩扛住了压力,以决赛251.8环的成绩夺得冠军,拼下了东京奥运会首枚金牌。浙江省委省政府电贺中国体育代表团获得首金。

7月27日,东京奥运会射击10米气步枪混合团体比赛决赛,杨倩/杨皓然为中国队摘得第9枚金牌,这也是浙江姑娘杨倩在本届奥运会的第二块金牌。浙江省委省政府电贺中国体育代表团。

7月28日晚,在东京奥运会男子举重73公斤级决赛中,石智勇以抓举166公斤、挺举198公斤、总成绩364公斤的优异成绩勇夺金牌,打破总成绩世界纪录,为中国强势摘得第12枚金牌。浙江省委省政府电贺中国体育代表团。

7月28日、29日，第十四届全运会群众比赛国际象棋项目在合肥天鹅湖大酒店圆满收官。年轻小将胡佳妮、中国国际象棋"一哥"丁立人一路过关斩将，分别获得女子个人业余组和男子公开组冠军。

7月30日上午，汪顺在东京奥运会男子200米个人混合泳决赛中以1分55秒00的成绩获得金牌，并创造了新的亚洲纪录。这是中国代表团在此次奥运会中获得的第16枚金牌。浙江省委省政府电贺中国体育代表团。

7月30日，王懿律/黄东萍在东京奥运会羽毛球混双决赛中2比1击败队友，获得金牌，这是中国代表团在此次奥运会中获得的第18枚金牌。郑思维/黄雅琼获得银牌。浙江省委省政府电贺中国体育代表团。

8月

8月1日晚，陈雨菲获得东京奥运会羽毛球女子单打金牌。这是中国代表团在此次奥运会中获得的第24枚金牌。浙江省委省政府发出贺电。

8月3日，浙江16岁小将管晨辰获得东京奥运会竞技体操女子平衡木金牌，另一位中国选手唐茜靖获得银牌。这是中国代表团在此次奥运会中获得的第32枚金牌。浙江省委省政府发出贺电。

8月9日，共青团中央、全国青联发布关于授予我国奥运健儿中国青年五四奖章的决定，授予中国女子乒乓球队、中国男子乒乓球队2个青年集体"中国青年五四奖章集体"，授予39名青年运动员"中国青年五四奖章"。其中，我省奥运冠军杨倩、汪顺、王懿律、陈雨菲、管晨辰共5人获此殊荣。

8月11日，经国家体育总局推荐，全国妇联做出决定，授予杨倩、陈雨菲等26名女运动员全国三八红旗手称号，授予中国女子乒乓球队全国三八红旗集体称号（依据相关评选表彰办法，陈芋汐、张家齐、汤慕涵、管晨辰、全红婵未满18周岁，不参评全国三八红旗手）。

9月

9月5日，浙江省委省政府发出贺电，祝贺我省残疾人运动员在东京残奥会上取得优异成绩。我省残疾人运动员在本届残奥会上共获得6金7银7铜的好成绩，打破5项世界纪录，取得了运动成绩和精神文明双丰收，为祖国赢得了荣誉，为浙江增添了光彩。

9月5日，中华全国总工会决定授予国家乒乓球队、国家跳水队、国家举重队、国家步枪射击队4支运动队全国工人先锋号，授予获得奥运金牌的杨倩等45名运动员，以及取得历史性突破的国家田径队运动员苏炳添全国五一劳动奖章。我省杨倩、汪顺、王懿律、陈雨菲、管晨辰获此殊荣（石智勇已获全国五一劳动奖章，此次不再授予）。

9月9日，第十四届全国运动会浙江体育代表团成立。省委书记袁家军、省长郑栅洁分别于近日对浙江体育代表团出征第十四届全运会作出批示。本届全运会上，浙江已有665名运动员在24个大项上获得第十四届全运会决赛资格，参赛规模为历届最大。省体育局有关负责人透露，浙江的参赛目标是锁定"第一集团军"，重点将在游泳、田径、羽毛球、体操、举重、皮划艇、帆船、射击等项目上向金牌发起冲击。

9月16日,全国群众体育先进单位先进个人、全国体育系统先进单位先进个人表彰大会在陕西大会堂召开,浙江有10位全国群众体育系统先进单位先进个人代表、3位全国体育系统先进单位先进个人代表光荣与会。浙江共有138个单位获得全国群众体育先进单位、94人获得全国群众体育先进个人称号。浙江体育职业技术学院羽毛球队、宁波市第二少年儿童业余体育学校(宁波市重竞技训练基地、宁波市体育训练工作大队)、浙江省射击队获得全国体育系统先进单位称号,省赛艇队运动员潘旦旦获得全国体育系统先进个人称号。

9月17日,第十四届全运会羽毛球赛场迎来终极决赛。浙江选手勇夺3金1银。其中,陈雨菲直落两局战胜何冰娇夺得羽毛球女单冠军,王懿律/黄东萍以2比1惊险击败了"雅思"组合郑思维/黄雅琼,首夺全运会混双冠军,周昊东/王昶总比分2:0击败联合队组合李俊慧/刘雨辰拿下本届全运会男双金牌。

9月18日,浙江队在全运会射击女子10米气步枪团体比赛中蝉联冠军。9月13日—18日,浙江射击队收获了本届全运会3金3银3铜,破一项全国纪录、平一项全国纪录、超两项世界纪录,并收获1个第四,1个第六和1个第七。

9月22日,在渭南市体育中心体育馆举行的第十四届全运会举重比赛现场,石智勇以抓举170公斤、挺举195公斤、总成绩365公斤夺得男子73公斤级冠军。其中,抓举170公斤打破了由他自己创造的全国纪录,总成绩365公斤将由他自己保持的全国纪录提高1公斤,抓举、总成绩也双双超世界纪录。这是石智勇第二次在全运会赛场登顶。

9月27日,浙江省委省政府发出贺电,祝贺浙江代表团在第十四届全国运动会上取得优异成绩。浙江体育健儿奋力拼搏、勇争一流,在竞技体育项目比赛中取得44金35银37铜,在群众体育项目比赛中已取得15金5银8铜,两项成绩均位居全国前列,实现了运动竞赛和精神文明双丰收,为浙江赢得了荣誉。

10月

10月18日,杭州亚运会第一次世界媒体大会在杭州开幕,会期两天。旨在向参会媒体介绍杭州亚运会的各项筹办工作进展,帮助媒体更好了解杭州亚组委赛时提供的媒体服务。本次大会以线下结合线上形式召开,亚奥理事会,大洋洲奥委会,日本、韩国、科威特等亚洲和大洋洲国家(地区)奥委会,新华社、美联社、法新社等国际通讯社和亚洲主流媒体、国内媒体在内的110余家新闻机构代表等400余人参会。

10月19日下午,省委副书记、代省长王浩在杭州检查调研杭州亚运会、亚残运会场馆建设和筹办工作。强调要把思想、工作、力量和精力聚焦到亚运会上来,紧之又紧、细之又细、实之又实抓好任务落实,付出百倍努力办一届"中国特色、浙江风采、杭州韵味、精彩纷呈"的体育文化盛会。

10月22日,浙江省第四届体育大会在素有"南孔圣地"之称的衢州正式开幕,主会场设置在世界上最大的覆土建筑群衢州市体育中心。本届体育大会主赛期代表队参与的运动员、领队、教练、裁判及工作人员达到20000余人,还将陆续进行网球、木兰拳、啦啦操、龙舟、体育舞蹈、航海模型、风筝、体育舞蹈等9项比赛。

10月26日,全省体育工作会议在杭州召开。省委书记、省人大常委会主任袁家军出席会议并讲话。省委副书记、代省长王浩主持会议，省领导陈奕君、熊建平、成岳冲、蔡秀军出席。会上，省体育局、宁波市、杭州市、江山市和浙江省篮球协会、浙江职业足球俱乐部负责人作交流发言。会议以视频会议形式开至各市，省直有关部门主要负责人在主会场参加会议。

全省体育工作会议前，还举行了浙江奥运全运健儿凯旋总结表彰大会，袁家军出席并讲话，王浩宣读有关表彰决定，陈奕君、熊建平、成岳冲、蔡秀军出席。省直有关部门主要负责人，参加东京奥运会的运动员、教练员代表，参加陕西全运会获得奖牌的运动员、教练员代表等参加。会上，与会领导为获奖代表颁奖，运动员代表杨倩、教练员代表朱志根发言。与会人员观看了我省运动员参加东京奥运会、陕西全运会视频集锦。

10月28日，历时近7个月的省第四届体育大会在圆满完成各项赛事后顺利闭幕。本届大会共设登山、钓鱼、风筝、龙舟等46个大项、457个小项，省内11个市代表团和12个省级行业体协（系统）、省（部）属企业代表团参赛。

10月29日晚，全国第十一届残运会暨第八届特殊奥林匹克运动会在陕西西安闭幕。在本届残运会上，浙江代表团斩获142金83银57.5铜，超8项世界纪录，打破22项全国纪录。金牌数超越上届137.5金的成绩，创历史新高，以微弱差距仅居东道主陕西代表团之后。浙江代表团金牌数、奖牌数均居全国第二。

11月

11月20日至11月21日，亚奥理事会第76届执委会会议和第40届全体代表大会线上召开，杭州亚组委以远程视频形式参会，杭州亚组委副秘书长、杭州市副市长陈卫强代表杭州亚组委陈述杭州亚运会筹办整体工作进展。

11月29日至12月1日，亚残奥委员会第27届执委会会议和全体代表大会在线上召开，杭州亚残组委以远程视频形式参会。亚残奥委员会主席马吉德·拉什德，副主席水野正幸，首席执行官泰瑞克·索埃等出席会议。会上，杭州亚残组委外联部负责人陈述了杭州亚残运会整体工作进展。杭州亚残运会将于2022年10月9日至10月15日举行。本届赛会共有22个竞赛大项，小项数额暂定为604项，项目分级和测试演练工作有序开展。

12月

12月5日，在常态化疫情防控下，全省11个地市90个县（市、区）共完成241431人的国民体质测试服务工作，超额完成20万人的计划，为破解"群众健身去哪、科学健身找谁"难题，积极探索建立与新时代要求相适应的全民健身公共服务体系打下良好基础。

12月13日下午，省委常委会召开会议，进一步研究部署做好2022年杭州亚运会、亚残运会筹备工作。省委书记袁家军主持并讲话。会议指出，我们要进一步增强筹办好2022年杭州亚运会、亚残运会的政治自觉行动自觉，加强领导、强化机制，整体推进、重点突破，确保将2022年杭州亚运会、亚残运会打造成为我省建设"重要窗口"和高质量发展建设共同富裕示范区的标志性工程，向习近平总书记和党中央、向历史、向全国人民交出一份完美的答卷。

12月28日，杭州破解群众日常健身难题的做法，在当天举行的全国体育局长会议上受到国家体育总局局长苟仲文的点赞。随着杭州亚运会临近,杭州正合理利用城市空置场所、废弃厂房、建筑屋顶、地下空间、公路高架桥梁下的闲置土地等"金角银边"区域,加大力度建设群众身边的体育健身场地。

12月,国家体育总局局长、党组书记苟仲文,浙江省委副书记、省长王浩,分别代表双方签署《关于支持浙江省体育领域高质量发展建设共同富裕示范区的合作协议》。国家体育总局与浙江省政府的合作,围绕党中央、国务院战略部署,共同加强对浙江体育领域推进共同富裕示范区建设的领导、支持,率先形成高质量、全覆盖、均等化的全民健身公共服务体系,推进人的全生命周期公共体育服务优质共享,率先实现竞技体育突破性发展,共同办好杭州2022年亚运会,对标欧美体育强国关键性指标高水平建设现代化体育强省,为建设体育强国、实现共同富裕提供省域示范。双方将在6个方面33项内容上加强合作。

特载

忠实践行"八八战略" 奋力打造"重要窗口"
努力交出高水平建设现代化体育强省的高分报表

——2021年全省体育局长会议工作报告

省体育局党组书记、局长 郑瑶

（2021年1月19日）

这次会议是经省政府批准召开的,会议的主题是:以习近平新时代中国特色社会主义思想为指导,深入贯彻落实党的十九届五中全会、省委十四届八次全会和全国体育局长会议精神,总结2020年和"十三五"全省体育工作,部署"十四五"和2021年工作任务,忠实践行"八八战略",奋力打造"重要窗口",努力交出高水平建设现代化体育强省的高分报表。

一、2020年主要工作和"十三五"发展成就

2020年是极不平凡的一年。面对新冠肺炎疫情和东京奥运会延期带来的影响和冲击,在省委、省政府坚强领导下,全省体育战线深入学习贯彻习近平新时代中国特色社会主义思想,全面贯彻落实习近平总书记考察浙江重要讲话精神和9.22重要讲话精神,围绕忠实践行"八八战略"、奋力打造"重要窗口"主题主线,统筹推进疫情防控与体育事业发展,圆满完成年初确定的各项目标任务,体育事业发展水平走在全国前列。全年省局先后7次就东京奥运会备战、体育进农村文化礼堂、社会力量办体育改革、反兴奋剂、"十四五"规划、深化体教融合、推进体育扶贫等工作在国家体育总局召开的会议上作典型发言;省委、省政府主要领导和分管领导先后42次对体育工作作出重要批示(特别是去年9月以来,袁家军书记、郑栅洁省长共作出重要批示12次),为我省体育事业发展指明了方向,给全省广大体育工作者以极大的鼓舞和鞭策。

（一）党的建设取得新成效

坚持和加强党对体育工作的全面领导,始终把党的政治建设摆在首位,一体推进思想建设、组织建设、作风建设、纪律建设,推动全面从严治党向纵深发展。全年省局党组集中学习21次,其中专题学习研讨9次,举办"体育大讲堂"5期。建立健全巡察常态化工作机制,出台《中共浙江省体育局党组巡察工作实施办法》,首次对水上中心、体科所两家直属单位开展巡察工作。深入推进清廉体育建设,强化执纪监督,持续开展正风肃纪。着力构建全方位全覆盖的反兴奋剂工作体系,首次召开省、市、县三级联动的全省反兴奋剂工作会议,推动主体责任和监督责任同向发力,中纪委驻国家体育总局纪检组建议总局向全国推广。树立重实干重实绩的用人导向,严管与厚爱结合、激励与约束并重,大力教育引导干部担当作为、干事创业,全年提任处级干部24名。积极做好事业单位改革"后半篇文章"。持续加强省局系统人才队伍建设,2019—2020年新招录各类事业单位人员超过100名。修订优秀运动员进退队管理制度,进一步加强运动员保障服务。

（二）群众体育呈现新气象

坚持以人民为中心的发展思想，在全国率先启动体育现代化县(市、区)创建，全省首批共有24个县(市、区)努力创建。"四提升四覆盖"全民健身工程实现市、县(市、区)全覆盖。超额完成省政府民生实事体育项目建设任务，全年新建2490个基层体育场地设施。大力推进体育进公园、进农村文化礼堂，"我们的村运"成为乡村振兴新品牌。广泛开展全民健身赛事活动，举办省首届生态运动会、省第三届女子体育节、长三角体育圈全民健身大联动、"体育365浙里来健身"等各类全民健身赛事活动11000余场次，参与人数800多万人次。建立全民健身发展指数评估制度，形成浙江省及11个设区市全民健身发展指数报告。切实加强体育社会组织建设，开展省级体育协会向社会公开招聘会长和秘书长试点工作。截至2020年底，预估全省经常参加体育锻炼人数占比达42%，国民体质合格率93.5%，人均体育场地面积2.4平方米，位居全国前列。

（三）竞技体育得到新提升

坚决贯彻落实习近平总书记重要指示精神和党中央、省委省政府决策部署，统筹推进疫情防控与训练备战，建立"源头防控+专班运作+清单管理+精密智控"机制，交出了"两手硬、两战赢"的高分报表。严格执行"三从一大"科学训练原则，深化运动队"一人一案一策一团队一书记"和"四个体系"建设，全面推行运动队"最多提一次"服务，全力备战2021年东京奥运会、陕西全运会和2022年杭州亚运会"三大攻坚战"，努力为国争光、为省添誉。在第十四届全国冬季运动会前期比赛中，我省运动员获得4金1银7铜，实现历史性突破。我省运动员在全国一类赛事(全运会项目)中获得38金24银29铜，位列全国第二，创造1个世界纪录，超2个世界纪录。截至2020年底，我省有国家队集训运动员101人(夏季项目87人，冬季项目14人)，其中15人获得东京奥运会参赛资格。实施优秀教练员和运动员培养"双百工程"，选拔19位奥运会金牌教练员建立名师工作室，选拔119位中青年教练员作为重点培养对象，选拔123名精英运动员备战奥运会和全运会。

（四）体育产业实现新进步

2019年全省体育产业总产出2614.76亿元，创造增加值845.45亿元，占GDP比重为1.35%，高于全国0.21个百分点。在省级层面率先出台《关于促进全民健身和体育消费推动体育产业高质量发展的实施意见》，及时发布扶持体育企业的"六条措施"，积极推动体育产业复工复产，兑现1145个项目、纾困资金1626万元。率先在全国启动省域闭环的"环浙步道"建设，2020年建成1000公里。宁波、绍兴、金华3个市成为国家体育消费试点城市(全国40个)，温州中体冰雪城等4个体育服务综合体项目入选国家体育服务综合体典型案例(全国49个)，数量居全国第一。深化体育赛事改革，探索建立全省赛事统一发布、报名、成绩共享平台，实施赛事承办权公开交易和体育赛事保险"一站式"服务。全年省级体育产业发展资金共扶持体育赛事、顶级职业体育俱乐部等135个项目，带动社会资本投入约50亿元。在常态化疫情防控下，安全举办国家级赛事72场次、长三角赛事19场次、省级赛事逾300场次，进一步提升城市品位，赋能乡村振兴。浙江体彩克服宏观调控和疫情影响，全年销量132.16亿元，筹集公益金37.14亿元，列全国第四位，并成功创建省级文明单位。

（五）体育改革迈出新步伐

温州全国社会力量办体育改革试点工作成效显著,国家体育总局在温州召开全国现场推进会予以总结推广,省政府出台《浙江省人民政府关于鼓励支持社会力量办体育加快推进体育改革与发展的若干意见》,推动社会力量办体育改革试点在全省扩面延伸。迭代升级浙江省体育公共服务管理应用系统,在"浙里办"打造体育公共服务专区,实现场馆设施导航预约支付、科学健身指导、体育社会组织服务管理、赛事活动、运动员训练管理、全域户外等10多个一级功能模块应用,注册用户达23万。在全国率先实现省级青少年运动员注册"掌上办""一次都不跑"。大力实施全省119家公共体育场馆服务大提升工程,着力打造具有全国示范领先水平的全省公共体育场馆服务标杆群。深化体育宣传改革,率先在全国建成省级体育融媒体中心。

（六）亚运筹备取得新进展

与亚奥理事会协商明确40个亚运竞赛项目设置,其中奥运项目31个、非奥项目9个;与亚残奥委会协商明确22个亚残竞赛项目设置,其中残奥会竞赛项目19个、非残奥会竞赛项目3个。研究形成小项设置、总赛程编制和人员配额初步方案。开展亚运会竞赛试运行筹备,初步完成55个竞赛场馆、31个独立训练场馆竞赛团队组织架构和人员规划。抓好杭外筹办工作的协调联络和联动推进,杭外城市和省部属单位亚运比赛场馆完成总工程量的80%。组织全省"迎亚运·绿色行""亚运公开课""绿水青山大联动"等主题活动,营造全社会支持亚运、参与亚运、共享亚运的良好氛围。

（七）大事难事取得新突破

经过久久为功、克难攻坚,办成了许多过去想办而没有办成的大事,解决了许多长期想解决而没有解决的难题。在省委、省政府的关心重视下,浙江体育职业技术学院升本工作实质性启动。省全民健身中心工程推进顺利,基本完成征地拆迁工作,总投资23亿、建筑面积23万方。黄龙体育中心亚运改造项目累计完成投资额约7.34亿元,占总工程量的84.5%。推动完成浙江绿城足球俱乐部股改重组,为浙江足球事业发展注入新动能。

（八）各地体育涌现新亮点

在各级党委、政府的关心重视下,各地体育事业发展势头良好、工作亮点纷呈。杭州市大力实施亚运城市行动,推动数智体育建设和公共体育场馆服务大提升,积极争取国际体育组织和世界乒乓球职业大联盟赛事落户杭州。宁波市积极推进新建小区体育设施全覆盖,成立全省首家青少年运动健康管理中心,体总纳入群团组织改革成为全国首例。温州市高质量承办全国社会力量办体育改革试点现场推进会,出台《关于鼓励社会力量投资建设运营体育场所的意见》,发布全国首个《百姓健身房建设与服务规范》地方标准。湖州市在全国首推"运动码",持续开展"体育365天天来健身"活动,助力"极限之都 户外天堂"品牌打造。嘉兴市创新推出"运动家"智慧体育社区项目,入选省政府"观星台"项目,着力打造体育助力城市智治的全国样板。绍兴市围绕"打造国际赛会目的地城市",出台《关于促进全民健身和体育消费推动体育产业高质量发展的实施意见》,体教融合工作走在全省前列。金华市亚运省运筹备进展顺利,成功举办长三角体育休闲博览会,创新建立金华运动银行服务平台并全面推广运行。衢州市高效推进快乐运动小镇和民生实事项目建设,打造"世界围棋圣地",积极筹办省第四届体育大会。舟山市打造"海岛赛事之城",培育独特的海岛赛事IP,体育赛事成为体旅融合新动力和经济新增长点。台州市率先探索推广"基层体育委员"工作机制,"省队市办"空手道队在全国比赛中取得9金7银13铜的优异成绩。丽水市编制发布全省首个体育空间布局规划,高质量举办全国皮划艇锦标赛、省首届生态运动会开幕式等特色赛事,打造最美户外运动天堂。

同志们,2020年各项目标任务的完成,为"十三五"发展画上了圆满句号。五年来,我们深入学习贯彻习近平新时代中国特色社会主义思想,认真贯彻省委、省政府各项决策部署,聚焦高质量、竞争力、现代化,聚焦体育强省建设,干成了一系列大事要事难事急事和改革的事,出色完成了"十三五"规划确定的主要目标任务,体育事业发展取得了历史性成就。

这五年,我们坚持围绕中心、服务大局,着力推进体育事业借势借力高质量发展。体育已先后全面纳入并助力"四大建设""健康浙江""一带一路""乡村振兴""数字浙江""未来社区""美丽城镇"等省委、省政府重要决策部署,纳入各级党代会工作报告、政府工作报告和民生实事项目,特别是去年省政府工作报告中关于体育的表述首次以"小标题"的形式呈现,"建成体育强省""提升体育休闲等服务业质量""建设体育强省,办好2022年杭州亚运会、亚残运会""推进体旅深度融合""加快体教体医融合,健全全民健身公共服务体系"等写入省委十四届八次全会《建议》,为体育事业高质量发展指明了前进的方向。

这五年,我们坚持以人民为中心的发展思想,着力推动群众体育蓬勃开展。"十三五"时期,全省建成33个省级全民健身活动中心,1087个社区多功能运动场,798个乡镇(街道)全民健身中心、中心村全民健身广场(体育休闲公园)、轮滑公园等,532个游泳池(含拆装式游泳池),5560个小康体育村升级工程,1015个百姓健身房,1013块社会足球场地,人均体育场地面积由2015年的1.6平方米增加到2.4平方米,实现"15分钟健身圈"便民体育设施全覆盖。每万人体育类社会组织达到2.55个,乡镇(街道)"1+5"体育社会组织网络实现全覆盖,每千人拥有社会体育指导员2.5人。

这五年,我们坚持为国争光、为省添誉,着力提升竞技体育综合实力和国家贡献力。"十三五"时期,我省运动员共获得世界冠军42个、亚洲冠军61个、全国冠军375个(一类比赛)。2016年里约奥运会上获2金2银3铜,2017年第十三届全运会上获53金34银38铜,创历史最好成绩(金牌榜第2位,奖牌榜第3位),2018年印尼雅加达亚运会上获24金18银8铜,位居全国第二,创境外参赛历史最好成绩。坚持举省体制和市场机制相结合,与3个市、4家企业在18个项目上联办省优秀运动队。新建或增加教练员编制的县级体校26所,创建国家级高水平体育后备人才基地18个,省级各类高水平体育后备人才基地50个、训练基地30个、体育传统项目学校阳光体育后备人才基地160个,校园足球特色学校1579所(其中国家级875所、省级704所)。2019—2022新周期业余训练后备人才布局人数55321人,比上个周期增加12621人。

这五年,我们坚持供给需求两端发力,着力推动体育产业量质并进、提质增效。2015—2019年全省体育产业总规模从1507.83亿元增至2614.76亿元,年均增长率为14.75%;增加值从463.35亿元增至845.45亿元,年均增长率为16.22%,远高于同期GDP增速。全省体育产业法人单位数从2015年的11267家增至2019年的36600家。全省有国家体育产业基地22个,其中国家体育产业示范基地9个,位居全国第一,各类省级以上体育小镇26个,参加中国顶级职业联赛俱乐部19家,A股上市体育企业4家,位居全国前列。着重发挥赛事对经济社会发展和城市品质提升的助推作用,"十三五"期间全省共举办国际性赛事逾200场,全国性赛事逾750场,省级赛事逾1100场。全省体育彩票销量达755.95亿元,筹集公益金196.28亿元,平均增长率分别为11.62%、10.13%。

这五年,我们坚持全面深化改革和数字化转型双轮驱动,着力推进体育治理体系和治理能力现代化建设。温州全国社会力量办体育改革试点取得阶段性成果,改革经验在全省扩面延伸,并在全国总结推广。体育领域"放管服"改革持续深入,体育部门数据归集、共享、开放加快推进,体育公共服务事项网办率达100%、掌办率达到85%以上。数字体育建设努力推进,建成浙江省体育公共服务管理应用系统以及全民健身地图、全域户外、"浙里跑"等子系统,并接入"浙里办",实现公共体育场地设施100%纳入全民健身地图并提供导航、查询功能。

同志们,"十三五"的发展成就来之不易。这是省委、省政府强有力领导的结果,是社会各界关心支持的结果,更是全省体育工作者克难攻坚、奋斗拼搏的结果。在此,我代表省局党组向大家表示衷心感谢!

二、今后五年主要目标和任务

"十四五"时期,是我国开启全面建设社会主义现代化国家新征程的第一个五年。全省体育系统要紧紧抓住亚运筹办的新机遇,顺应人民群众过上美好生活的新期待,重视疫后人们对健康生活的新需求,乘势而上,真抓实干,奋力开启高水平建设现代化体育强省新征程。今后五年发展的总体要求是:高举习近平新时代中国特色社会主义思想伟大旗帜,深入贯彻党的十九届五中全会、省委十四届八次全会精神,对标"重要窗口"建设,聚焦"成功创建体育强省",推动体育工作全面融入"争创社会主义现代化先行省"的大局,率先构建更亲民、更便利、更完善的全民健身公共服务体系,率先探索新型举国体制下竞技体育发展的浙江路径,率先打造规模更大、结构更优、机制更活的现代化体育产业体系,率先建设整体智治的体育治理体系,实现浙江体育"六个走在前列"(即群众体育、竞技体育、体育产业、体育改革、体育治理、体育人才走在前列),2025年基本实现体育现代化,争创体育现代化先行省。着重抓好"八大计划"的推进和实施:

一是实施全民健身惠民计划,构建更高水平的全民健身公共服务体系。人均体育场地面积达到2.8平方米以上,经常参加体育锻炼人数比例达到全省总人口的43.5%以上,国民体质合格率达到94.5%,打造城镇社区"10分钟健身圈",高质量实现行政村体育设施全覆盖,构建更高水平的全民健身公共服务体系。

二是实施竞技体育争光计划,锻造更具实力的竞技体育硬核力量。力争实现东京奥运会、巴黎奥运会届届有金牌;北京冬奥会争取有浙江运动员参赛;杭州亚运会创造参赛历史最好成绩;全运会巩固第一集团;"三大球"振兴、冰雪运动普及等方面取得重大突破性进展。

三是实施体育产业倍增计划,建设更富竞争力的现代体育产业体系。体育产业总规模和增加值年均增长12%以上,体育产业总规模达到5000亿元,增加值占GDP比重达到2%以上;体育服务业占体育产业增加值的比重达到60%。到2035年,体育产业总规模达到10000亿元,增加值占GDP比重达到3%以上,实现"双倍增",真正成为支柱型产业。

四是实施体育赛事提质赋能计划,打造更加完善的体育赛事体系。成功举办2022年杭州亚运会,赛事体系不断健全,基本建成体育赛事强省。全省每年举办国际性赛事80场以上、全国性赛事300场以上。结合大都市区建设推动"赛事之城"建设,形成"一市多品、一县一品"区域赛事格局,培育30家以上知名体育赛事企业。

五是实施体育改革领跑计划,形成更具浙江辨识度的体育改革创新成果。社会力量办体育等改革试点经验全面推广普及,数字体育改革、"放管服"改革、公共体育场馆服务大提升、体育协会实体化改革、体育俱乐部分级分类管理、基层体育委员制度等取得更大成效,努力打造更多具有浙江辨识度的创新成果,争当中国体育改革的排头兵、领跑者,建成整体智治的现代化体育治理体系。

六是实施体育文化繁荣计划,营造更具魅力的体育文化氛围。大力弘扬红船精神、浙江精神和中华体育精神,加快推进体育融媒体中心高效运行,助力提升区域文化软实力,彰显体育之美,把浙江打造成为中华体育文化的新高地。

七是实施体育开放合作计划,创造更为广阔的体育发展新空间。顺应构建新发展格局趋势,深度融入全国体育发展大局,积极参与并推动长三角地区体育一体化发展,加强体育领域国际合作,不断拓展浙江体育新发展空间。

八是实施体育人才引育计划,筑牢更加坚实的体育事业发展根基。加快推进浙江体育职业技术学院升本工作,推动体育高层次人才纳入全省人才计划,加大各类体育人才招引培育力度,锻造一支与"重要窗口"相匹配的高素质体育人才队伍。

按照省委、省政府统一部署,《浙江省体育改革发展"十四五"规划》将于今年一季度发布。各地各部门要对标对表,同步推进规划编制工作,尽可能多一点提前量、赢得主动。

三、2021年重点工作

2021年是中国共产党成立100周年,是实施体育强省纲要和"十四五"规划的开局之年,是东京奥运会、陕西全运会的决战之年,也是筹办杭州亚运会的冲刺之年。做好2021年工作意义重大。我们要围绕中心、服务大局,聚焦聚力高质量发展、竞争力提升、现代化先行,全力以赴做好2021年各项体育工作,交出高水平建设现代化体育强省的高分报表,确保"十四五"开好局,以优异成绩迎接建党100周年。

(一)全力抓好牵一发动全身的重大改革

1.全面深化体育数字化改革。按照省委数字化改革要求,以数字化改革撬动体育领域改革,构建以"114"体系(一个体育数据归集共享管理系统、一个政务服务和管理系统、四大核心业务应用)为框架的数字体育整体智治大系统。一要建好全省体育数据仓。重点是建立跨部门、跨区域的数据共享、交换、服务基础设施。二要迭代政务服务和管理系统。重点是全面对接省政务服务网和"浙政钉",整合优化政务办公系统,做深做实"互联网+政务服务",实现体育领域"掌上办事""掌上办公"。三要建好四大核心业务应用。健全公共体育"一站式"服务系统。全面优化全民健身地图,推进公共体育场馆服务数字化,迭代升级科学健身指导系统,建立运动健身数据库。建设体育产业数字化管理系统。建设全域户外运动智能信息服务系统、体育产业机构名录库管理系统、体育彩票门店管理系统、高危体育项目管理系统。建设数字化综合训练管理系统。围绕全面建成省级训练备战和业余训练管理两大板块,建设训练全景立体指挥平台,推进训练备战工作流程再造,构建运动训练大数据模型和训练备战辅助决策系统。推进办赛、优秀运动员教练员职业生涯管理"一件事"改革。围绕实现体育赛事申办、注册、报名、成绩查询、运动员等级审批等赛事"一件事"网上办理,建立省市县共建共用赛事发布系统和跨部门的体育赛事活动综合服务机制,建立网上裁判员选用和信用体系。围绕优秀运动员集训、试训、招聘、停训、退役以及退役后的出路情况等事项,围绕教练员录用、教育培训、职称评审、岗位变动、奖惩、退休等事项,推进运动员教练员职业生涯管理的规范化、标准化、数字化。

2.纵深推进社会力量办体育改革。全面落实省政府《关于鼓励支持社会力量办体育加快推进体育改革与发展的若干意见》,加快形成社会力量办体育1+X配套政策体系。持续深化社会力量办体育改革,总结梳理各地改革试点经验,实行清单式管理,构建"分解—办理—督办—反馈—总结—推广"闭环工作机制,确保各改革项目稳步推进并取得积极成效。

3.持续推进公共体育场馆服务大提升。以数字化改革为引领,坚持硬软件齐抓、管理服务并重,推动公共体育场馆数字化转型升级,进一步增强群众参与体育活动的便捷性、获得感、满意度。修订公共体育场馆服务大提升工作评估体系,不断提高场馆开放和服务水平。开工建设浙江省全民健身中心项目,打造新时代全民健身工作标志性、示范性工程。

4.创新构建基层体育治理新机制。针对基层体育基础薄弱问题,进一步深化改革,着力夯实体育基层基础,推动各项目标任务在基层落地见效。总结提炼台州市、天台县基层体育委员工作机制和做法,在全省推广基层体育委员制度,形成社会体育指导员、基层体育委员"双员制"长效机制,打通体育公共服务"最后一公里",进一步提升基层体育治理能力。

5.积极推进体教融合改革。深入贯彻落实国家体育总局、教育部《关于深化体教融合促进青少年健康发展的意见》,会同省教育厅研究制订《关于深化体教融合促进青少年健康发展的实施意见》。积极争取国家体育总局在我省开展体教融合试点,进一步完善体教融合体制机制,构建体育后备人才"一条龙"培养体系,推动青少年文化学习和体育锻炼协调发展。

6.稳步推进体育社会组织改革。编制《关于加快构建全省体育社会组织四个体系建设工作的行动纲要》,加快推动体育社会组织形成完善的工作网络体系、制度管理体系、绩效评估体系和政策激励体系,提升体育社会组织活力和参与社会治理能力。继续推进体育社团实体化改革和标准化建设,制订并试行《体育社会组织活力指数》。

(二)加快完善全民健身公共服务体系

1.深入开展体育现代化县(市、区)创建。今年,省政府将正式命名首批体育现代化县(市、区)。这次创建将严格对标《浙江省体育现代化县(市、区)创建考核指标(2019—2021年)》实行差额创建,请申报的24个县(市、区)抓实抓细,认真做好收官冲刺各项工作,确保高质量创建。扎扎实实做好国家全民运动健身模范市、县(市、区)创建工作,力争创建质量、通过数量走在全国前列。

2.持续推进基层体育场地设施建设。深入贯彻实施《浙江省公共体育设施管理办法》,研究制订《浙江省公共体育设施建设专项规划》等政策文件。各地要积极争取将体育场地设施建设纳入2021年各级政府民生实事项目。持续推进百姓身边健身设施建设,全省新增省级全民健身中心3个、乡镇(街道)全民健身中心10个、体育公园(体育设施进公园)55个、足球场(含笼式足球场)55个、村级全民健身广场110个、社区多功能运动场220个、百姓健身房600个,努力打造城镇社区"10分钟健身圈"。

3.统筹做好全民健身赛事活动和参赛工作。坚持全省"一盘棋",积极备战决战陕西全运会群众体育比赛,力争参赛项目全覆盖,金牌及奖牌总数保持在全国第一集团。各地要不断扩大全民健身活动参与度,大力举办全省农村文化礼堂运动会、幼儿体育大会、"8.8"全民健身日、"浙里"系列赛事活动,创新举办"我要上全运"浙江省社区运动会,不断创新"云赛事"等全民健身赛事活动举办形式,推动线上场景和线下活动的深度整合。

4.提升全民健身科学化指导水平。印发实施《浙江省体育局关于进一步加强社会体育指导员队伍建设的实施意见》,建立社会体育指导员培训、管理、运行、作用发挥长效机制,不断提高社会体育指导员的上岗率和服务实效。优化完善浙江省全民健身发展指数评估指标体系,运用指数评估结果直观反映全省各市全民健身工作状况。各地要依托有条件的医疗机构设立国民体质测试站点,鼓励社会力量建设运营运动康复中心等体医融合实体机构,探索建立群众体育教练员、运动防护师评价标准,加快推进体医融合发展。

(三)全力打好训练备战"三大攻坚战"

1.统筹推进疫情防控与训练备战。这个周期以来,省游泳队、举重队、赛艇皮划艇队、帆船帆板队常年分散在宁波、嘉兴、淳安、象山、泰顺、上虞等地外训,有关市、县体育部门提供了细致周到的保障服务。台州、杭州、宁波等市还主动承接空手道、女子足球、女子拳击等"省队联办"任务。特别是疫情发生以来,各地和有关单位表现出强烈的政治担当和大局意识,做了大量服务保障工作。在这里,我代表省局党组向大家表示衷心感谢!当前,要准确研判把握冬春季疫情风险演变的新形势,聚焦常态化、精准化、实战化,慎终如始、毫不松懈、压紧压实防控责任和措施,严格落实"源头防控+专班运作+清单管理+精密智控"机制,实现疫情防控和训练备战"两手硬、两战赢"。

2.决战决胜东京奥运会、陕西全运会。按照袁家军书记"精心组织、全力备战,以最佳状态参加奥运、亚运、全运比赛"指示精神,对标既定目标,高效推动各项训练备战工作落实落细落地。一要精准分析研判,细化备战方案。主动加强和国家体育总局沟通对接,第一时间掌握各项目的奥运会选拔机制,细化重点项目资格赛备战方案,加强参赛方案研究,力争我省有更多运动员参加奥运会。同时,精细化做好信息情报工作,及时掌握主要对手情况并抓好针对性训练。二要加强科学训练,提高竞技水平。坚持"三从一大"科学训练原则,在强化体能训练基础上,突出专项训练,进一步提高比赛能力和水平。统筹做好东京奥运会、陕西全运会双线作战,力争我省运动员以最佳状态投入比赛中,切实提高夺金率。三要整合全省资源,形成备战合力。奥运全运备战是今年全省体育战线的头等大事,特别是在当前的冲刺阶段,要充分发挥集中力量办大事的制度优势,形成备战合力。接下来,因为学院亚运会训练场馆改造,多支省队要集中外训,要严格按照"有利于疫情防控、有利于队伍管理、有利于训练备战、有利于服务保障"的原则,统筹谋划考虑外训方案,请相关市、县(市、区)全力支持、精心服务,共同为备战决战创造良好条件。

3.持续抓好北京冬奥会、杭州亚运会备战工作。继续抓好北京冬奥会备战,争取有浙江籍运动员参赛,进一步推动冰雪运动在浙江普及和开展。杭州亚运会是在家门口首次举办的国际综合性运动会,也是向党的二十大献礼的重大赛事,决不能掉链子。积极争取与总局共建国家集训队备战杭州亚运会的新机制,力争参赛项目、参赛人数、金牌数量创造历史最佳,实现"办赛出彩、参赛出色"。

(四)加快推动体育产业高质量发展

1.积极培育体育消费新载体。全力支持宁波、绍兴、金华开展国家体育消费城市试点工作。开展体育消费统计试点工作。严格落实国务院办公厅关于特色小镇规范健康发展的工作要求,做好国家级和省级运动休闲小镇的规范、衔接工作,认定首批省级运动休闲乡镇,进一步发挥"体育+"综合效应。进一步优化省级体育产业发展资金使用,围绕年度体育产业工作设定资金绩效目标和工作清单,提高财政资金使用绩效,进一步放大乘数效应。做好体育彩票新游戏研究和争取工作,继续加强渠道创新,促进网点提质增效,推动体育彩票安全健康发展。

2.深入推进户外运动产业发展。按照"全域运动"的理念,推动各区域户外运动项目差异化、特色化发展。持续推进"环浙步道"建设,认定首批"环浙步道"示范段,召开全省"环浙步道"建设工作现场会,发布《"环浙步道"总体规划》《健身步道建设规范》,形成可复制可推广的环浙步道建设样本。发布航空运动、水上运动、马拉松运动发展规划。继续办好省户外运动大会、省运动休闲旅游节、长三角运动休闲体验季、长三角国际体育休闲博览会等活动。

3.着力打造品牌赛事。体育赛事是体育产业的核心,对挖掘和释放消费潜力、提高城市品质和综合竞争力具有重要意义。去年,省局专门出台文件推进体育赛事改革构建现代化赛事组织体系,努力打造体育赛事强省。希望各地结合"十四五"规划编制,努力将体育赛事纳入当地体育事业和经济社会发展全局加以统筹谋划,积极推进赛事之城、赛事集聚县(市、区)建设。省局将建立健全赛事评估机制,进一步加大对品牌赛事、职业赛事的扶持激励力度,使体育赛事真正成为推动经济社会持续发展的重要引擎。精心谋划打造薪火相传红色马拉松等红色系列赛事,为建党100周年献礼。精心组织省第二届生态运动会,做好"体育+"文章,提升品牌内涵,高质量打通"两山"转换通道。积极谋划长三角青少年运动会、长三角城市联赛,推出大运河水上嘉年华、大运河龙舟、皮划艇系列赛。办好省第四届体育大会。各有关单位、各地体育部门要与金华市密切配合,进一步做好省第十七届运动会各项筹备工作。

4.推动智能体育产业发展。推动5G通信技术、人工智能、云计算、移动穿戴设备在体育领域的整体应用,加快推进体育产业重点领域数字化消费、生产、运营,推进体育产业"上云用数赋智"。推动体育产业智慧化管理,做实做细体育产业机构名录库,用数据说话、用数据决策、用数据管理。继续完善政采云体育用品采购平台,提高平台使用绩效。

(五)全力以赴筹备好2022年杭州亚运会

1.扎实推进重点项目建设。对标对表习近平总书记重托和省委、省政府要求,各有关部门要紧扣"比赛场馆2021年3月底前、训练场馆2022年5月底前全面竣工验收并交付使用"这两个重要时间节点,倒排工期,加快进度,确保场馆按时交付使用。黄龙体育中心要全面完成亚运改造任务。学院要加快推进训练场馆改造,年内实现正式开工。

2.全力做好竞赛筹备组织工作。大型综合性运动会筹备,竞赛是核心。从今年开始,要加速推进竞赛筹备组织工作,确定亚运会分项、小项预设方案及总赛程,完成各项目单元竞赛日程编制,按照"一馆一方案"总体要求,制定场馆化运行方案,配齐配强运行团队,通过承接项目测试赛或引进相关大型赛事,进一步积累办赛经验。积极对接国家反兴奋剂中心,做好反兴奋剂检查站建设相关工作。

3.扎实推进杭外分赛区筹备工作。承担亚运会任务的宁波、温州、金华、绍兴、德清等市、县要紧扣节点、倒排时间,联动推进各项筹备工作。同时结合办赛项目和城市元素,策划开展"一市一品"主题活动,营造喜迎亚运的良好氛围。各地要协同推进亚运城市行动,以筹办工作牵引和推动基础设施改善、城市品位提升、社会治理优化、体育事业全面进步。

(六)全面加强体育系统自身建设

1.聚焦聚力党的政治建设。紧紧围绕建党100周年重大主题,把政治建设摆在最突出位置抓紧抓实,进一步巩固深化"不忘初心、牢记使命"主题教育成果。始终把学习宣传贯彻习近平新时代中国特色社会主义思想作为一项重大政治任务,深入学习贯彻党的十九届五中全会、省委十四届八次全会精神,进一步增强"四个意识",坚定"四个自信",自觉做到"两个维护"。强化"抓好党建是本职、不抓党建是失职、抓不好党建是不称职"的责任意识,树立大抓基层的鲜明导向,锻造坚强有力的基层党组织,实现基层党组织全面进步、全面过硬。做深做细做实体育社会组织党建工作,进一步加强党对体育工作的全面领导。

2.持续推进清廉体育建设。坚持"发现问题、形成震慑、推动改革、促进发展"的工作方针,全面推进局党组巡察工作。深化运用监督执纪"四种形态",进一步强化对权力运行的监督。深入开展清廉体育"五个一"专项活动,持续加强纪律教育、警示教育。严格执行中央八项规定精神和改进工作作风要求,把加强作风建设特别是反对形式主义官僚主义贯穿全面从严治党始终,持之以恒纠治"四风",始终保持正风肃纪的高压态势。

3.坚决做好反兴奋剂工作。坚决贯彻落实习近平总书记关于反兴奋剂工作系列重要批示精神,建立健全以"拿道德的金牌、风格的金牌、干净的金牌"为导向的全覆盖、全周期、常态化、制度化的反兴奋剂教育机制,深化与派驻纪检组的协作联动,全面抓好"两长制""七强七重主体责任清单""八督八查监督责任清单""反兴奋剂问责办法"等制度和办法的实施,着力构建权责明晰、上下联动、齐抓共管的反兴奋剂工作格局,确保兴奋剂问题"零出现""零容忍"。

4.建设高素质的体育干部人才队伍。以《浙江省体育局干部人才工作五年规划》为统领,打好干部人才队伍建设"选、育、管、用"组合拳。一要着力拓宽"选"的视野。进一步挖掘体育系统自身人才资源潜力,面向社会广泛吸纳、集聚各界各类人才,注重从退役优秀运动员中留一批、从全国知名高校引一批、面向社会和基层招一批,逐步解决体育教练员配备不足的问题。二要着力搭建"育"的平台。进一步拓宽年轻干部多岗位实践锻炼渠道,实施优秀教练员、精英运动员培养"双百工程",加强青少年运动员文化教育和优秀运动员学历教育,提升体育干部人才培养使用效益。三要着力完善"管"的机制。加强干部日常监督管理,把严管与厚爱结合起来,激发干事创业动力。完善优秀运动员进退队常态化管理机制。四要着力加大"用"的力度。进一步创新运动员、教练员激励机制,统筹使用各类型、各年龄段干部,加大年轻干部培养使用力度。

5.提高依法治体水平。深入学习贯彻习近平法治思想,增强法治意识,不断完善依法治体工作体系,推进"证照分离"改革、信用监管工作延伸扩面和严格规范公正文明执法,进一步提高体育领域行政决策法治化水平,努力打造法治政府建设的体育样板。

6.进一步做好体育宣传工作。以决战东京奥运会、陕西全运会与筹办杭州亚运会、北京冬奥会为重点,做好新闻宣传和媒体服务相关工作,营造积极备战、进取向上的舆论氛围。紧扣建党100周年主题主线,协调组织中央、省级主流媒体开展采风活动,进一步讲好浙江体育故事,展现浙江体育成就。积极发挥浙江体育融媒体中心新阵地的作用,推动媒体融合发展。

蓝图已经绘就,实干成就未来。让我们以习近平新时代中国特色社会主义思想为指引,解放思想,开拓创新,顽强拼搏,奋勇争先,忠实践行"八八战略",奋力打造"重要窗口",努力交出高水平建设现代化体育强省的高分报表,为争创社会主义现代化先行省而不懈奋斗!

专记

第32届夏季奥运会

第32届夏季奥运会浙江体育健儿夺得历史最佳成绩

第32届夏季奥林匹克运动会受疫情影响推迟一年,于2021年7月23日至8月8日在日本东京举行。本届奥运会比赛项目共设33个大项、339个小项。中国体育代表团431名运动员参加了30个大项、225个小项的比赛,取得38枚金牌、32枚银牌、19枚铜牌,共计89枚奖牌,位列金牌榜和奖牌榜第二位,金牌数追平了境外参加奥运会的最好成绩。

浙江省共有1名体育官员、33名运动员、11名教练员和3名科医人员入选东京奥运会中国体育代表团。在浙江运动员参加的12个大项比赛中,共获得7枚金牌、2枚银牌、2枚铜牌和1个第四名、3个第五名、2个第六名、1个第七名、3个第八名,破2项世界纪录,创5项奥运会纪录,破3项亚洲纪录,金牌数位列全国第一,续写了"浙江届届奥运有金牌"的殊荣,创造了浙江奥运参赛史上最好成绩。省委、省政府向中国体育代表团发出创纪录的7封贺电,在全国引起热烈反响。

8月24日至9月5日,第16届夏季残奥会在日本东京举行。浙江省共有28名运动员、17名教练员和工作人员参加本届残奥会。浙江籍女子轮椅射箭运动员周佳敏担任开幕式中国代表团旗手。在第16届夏季残奥会上,浙江残疾人运动员夺得7枚金牌、7枚银牌、7枚铜牌,打破5项世界纪录,居全国前列。

第32届夏季奥运会浙江运动员、教练员、工作人员入选名单

一、体育官员(1人)
中国体育代表团副秘书长　郑瑶
二、运动员(33人):
田径:谢震业、李玲、徐惠琴
游泳:汪顺、徐嘉余、何峻毅、洪金权、余依婷、吴卿风、朱梦惠、柳雅欣
三人篮球:万济圆
沙滩排球:王凡
羽毛球:陈雨菲、黄雅琼、郑思维、王懿律
举重:石智勇
自行车:张鹏
体操:管晨辰
皮划艇:王丛康、李冬崟、王楠

帆船:陈莎莎、徐臧军、杨学哲、高海燕、魏梦喜

射击:杨倩、王璐瑶、林俊敏、赵中豪

马术:张兴嘉

三、教练员(11人)

陶剑荣、周铁民、楼霞、朱志根、夏煊泽、黄展忠、徐惊雷、孟关良、邵国强、葛宏砖、裘赛荣

四、科医人员(3人)

陈佳豪、王雅伦、沈昪

第32届夏季奥运会浙江运动员获前八名人员名单

项目	小项	运动员	成绩	名次	备注
射击	女子10米气步枪	杨倩	251.8环	第一名	创奥运会纪录
射击	10米气步枪混合团体	杨倩		第一名	资格赛633.2环破世界纪录、创奥运会纪录
举重	男子73公斤级	石智勇	总成绩364公斤	第一名	总成绩破世界纪录,抓举、挺举、总成绩创奥运会纪录
游泳	男子200米个人混合泳	汪顺	1分55秒00	第一名	破亚洲纪录
羽毛球	混合双打	王懿律		第一名	黄东萍
羽毛球	女子单打	陈雨菲		第一名	
体操	女子平衡木	管晨辰		第一名	
游泳	4×100米混合泳接力	徐嘉余	3分38秒86	第二名	
羽毛球	混合双打	郑思维黄雅琼		第二名	
田径	男子4×100米接力	谢震业	37秒79	第三名	
篮球	女子三人篮球	万济圆		第三名	
游泳	女子4×100米混合泳接力	余依婷吴卿风		第四名	预赛
游泳	男子100米仰泳	徐嘉余	52秒51	第五名	
游泳	女子50米自由泳	吴卿风	24秒32	第五名	
游泳	女子200米个人混合泳	余依婷	2分09秒57	第五名	
皮划艇	女子四人皮艇500米	李冬崟王 楠	1分38秒121	第六名	周玉、马青
射击	男子25米手枪速射	林俊敏		第六名	

项目	小项	运动员	成绩	名次	备注
游泳	女子4×100米自由泳接力	朱梦惠 吴卿风	3分34秒76	第七名	预赛、决赛分别破亚洲纪录
田径	女子撑杆跳高	徐惠琴	4.50米	第八名	
游泳	女子200米仰泳	柳雅欣	2分08秒48	第八名	
皮划艇	男子双人皮艇1000米	王丛康	3分19秒612	第八名	卜廷凯

第16届残奥会浙江运动员获前三名人员名单

项目	级别	运动员	成绩	名次
女子400米自由泳	S6级	蒋裕燕	5分04秒57 （破世界纪录）	第一名
女子50米蝶泳	S6级	蒋裕燕	34秒69 （预赛破世界纪录）	第一名
男女混合4×50米自由泳接力	20分	王李超	2分15秒49 （破世界纪录）	第一名
		姚攒		第一名
女子67公斤级举重		谭玉娇	133公斤	第一名
射箭复合弓混合团体	W1	张天鑫	138环	第一名
场地自行车男子1000米个人计时赛	C1-3级	李樟煜	1分03秒877 （刷新世界纪录）	第一名
女子100米仰泳	S6级	蒋裕燕	1分20秒65	第二名
男子200米个人混合泳	SM8级	徐海蛟	2分21秒06	第二名
场地自行车混合750米团队赛	C1-5级	李樟煜	1分03秒877	第二名
男子100米自由泳	S5级	王李超	1分10秒45	第二名
男子50米蝶泳	S5级	王李超	31秒81	第二名
男子50米自由泳	S11级	华栋栋	26秒18	第二名
盲人门球		杨明源、余钦权、胡明耀、蔡长贵、陈亮亮		第二名
场地自行车男子3000米个人追逐赛	C1级	李樟煜	3分39秒273	第三名
赛艇混合双人双桨赛	PR2级	蒋继剑	8分49秒42	第三名
女子100米自由泳	S6、S7并级比赛	蒋裕燕	1分11秒07 （破S6级世界纪录）	第三名
女子100米蛙泳	SB4级	姚攒	1分50秒77	第三名
男子50米仰泳	S5级	王李超	33秒38	第三名

项目	级别	运动员	成绩	名次
男子50米自由泳	S5级	王李超	31秒35	第三名
男子400米自由泳	S11级	华栋栋	4分34秒89	第三名

（省残联 供）

第十四届全国运动会

第十四届全国运动会浙江运动员再创辉煌

第十四届全国运动会于2021年9月15日至27日在陕西省举行。本届全运会对标巴黎奥运会,新增攀岩、冲浪、滑板、霹雳舞等项目,共设35个竞技项目(含410个小项)、19个群众项目(含185个小项)。

浙江省共有675名运动员参加陕西全运会竞技项目比赛,共获得44枚金牌、35枚银牌、37枚铜牌,奖牌总数116枚,超4项世界纪录、创4项全国纪录,综合成绩排名分列金牌榜第三位、奖牌榜第三位。游泳、羽毛球、射击、皮划艇、帆船帆板等项目的集团优势进一步显现,"三大球"项目取得重大突破,省队市办项目结出硕果,竞技体育综合实力跻身全国前列。

浙江省共有824名运动员参加群众项目比赛(因疫情影响,气排球、篮球、羽毛球及足球4个项目比赛延期进行),获得比赛类项目16枚金牌、6枚银牌、9枚铜牌,展演类项目2个一等奖、8个二等奖、3个三等奖,金牌数位居全国第二,充分体现了浙江省深厚的群众体育基础。

10月26日,省委、省政府隆重召开浙江奥运全运健儿庆功表彰大会,袁家军书记、王浩代省长等省四套班子领导亲切接见了浙江体育健儿,勉励大家奋力拼搏、再创佳绩。

第十四届全国运动会浙江代表团获竞技体育前八名人员名单

项目	运动员	成绩	名次	备注
男子4×100米接力	谢震业	38秒50	第一名	联合组队
女子撑竿跳高	李玲	4.70米	第一名	
女子跳远	龚璐颖	6.46米	第一名	
男子100米自由泳	何峻毅	48秒51	第一名	
男子200米自由泳	汪顺	1分46秒14	第一名	
男子100米仰泳	徐嘉余	53秒26	第一名	
男子200米仰泳	徐嘉余	1分56秒89	第一名	

项目	运动员	成绩	名次	备注
男子200米个人混合泳	汪顺	1分56秒33	第一名	
男子400米个人混合泳	汪顺	4分12秒76	第一名	
男子4×100米自由泳接力	潘展乐、汪顺 洪金权、何峻毅	3分13秒53	第一名	
男子4×100米自由泳接力	沈加豪、郑瀚 张昕晨、钱智勇		第一名	预赛
男子4×200米自由泳接力	汪顺、洪金权	7分12秒06	第一名	联合组队
男子4×100米混合泳接力	徐嘉余、何峻毅	3分32秒86	第一名	联合组队
男子4×200米混合泳接力	徐嘉余、毛飞廉、 沈加豪、汪顺	7分56秒88	第一名	
男子4×200米混合泳接力	李广源、董亦凡、 赵梁州、洪金权		第一名	预赛
女子200米个人混合泳	余依婷	2分10秒12	第一名	
女子400米个人混合泳	余依婷	4分38秒39	第一名	
女子4×100米自由泳接力	朱梦惠、吴卿风	3分35秒50	第一名	联合组队
女子4×100米混合泳接力	余依婷、吴卿风	3分58秒23	第一名	联合组队
女子4×200米混合泳接力	柳雅欣、叶诗文 尹嘉禾、吴越	8分45秒09	第一名	
女子4×200米混合泳接力	童霖、余依婷 钱心安、李欣瑜		第一名	预赛
混合4×100米混合泳接力	徐嘉余	3分43秒33	第一名	联合组队
羽毛球女子单打	陈雨菲		第一名	
羽毛球男子双打	周昊东、王昶		第一名	
羽毛球混合双打	王懿律		第一名	黄东萍
体操女子U14组团体	黄卓凡、金孝轩、杨佳敏、张清颖、张欣怡	415.091分	第一名	
沙滩排球男子U17组	洪伟强		第一名	
	方易		第一名	
沙滩排球女子成年组	王凡		第一名	
三人篮球女子成年组	万济圆		第一名	联合组队
足球男子20岁以下	李一嘉、林圣博、林伟强、黄鑫鹏、吴笑阳、高天语、李佳豪、吴宇航、应宇潇、尹杰、谭洋、陈永杰、赵越政、李亚伦、潘禹升、王宇辰、金忆杭、谢鸿宇、王晓峰、刘承瀚、张焯傲、贵昕杰		第一名	

项目	运动员	成绩	名次	备注
举重男子73公斤级总成绩	石智勇	365公斤	第一名	破全国纪录 超世界纪录 抓举170公斤 挺举195公斤
摔跤男子65公斤级	袁绍华		第一名	
帆船男子水翼帆板级	李涛		第一名	
帆船男子470级	徐臧军		第一名	王洋
帆船混合诺卡拉17级	杨学哲		第一名	
帆船女子49人级	陈莎莎		第一名	
女子帆板RS:X级长距离	闫铮		第一名	
帆船女子470级	高海燕、魏梦喜		第一名	
皮划艇男子双人划艇500米	季博文、缪飞龙		第一名	
皮划艇男子双人皮艇1000米	王丛康		第一名	卜廷凯
皮划艇男子双人皮艇500米	吴江、徐佳炜		第一名	
皮划艇男子四人皮艇500米	王丛康		第一名	
皮划艇女子四人皮艇500米	李冬釜、王楠		第一名	周玉、马青
射击女子10米气步枪	王芝琳		第一名	
射击女子10米气步枪团体	杨倩、王芝琳、韩佳予		第一名	
射击10米气步枪混合团体	杨倩		第一名	
自行车男子团体竞速赛	李建鑫、罗泳佳、陆家辰、严炜明	43秒019	第一名	
田径男子100米	谢震业	10秒	第二名	
田径男子200米	谢震业	20秒	第二名	
田径男子800米	奚枭横	1分28秒37	第二名	
田径女子撑竿跳高	徐惠琴	4.55米	第二名	
田径女子800米	饶欣雨	2分02秒38	第二名	
男子1500米自由泳	费立纬	15分13秒	第二名	
男子100米仰泳	李广源	54秒	第二名	
男子200米仰泳	李广源	1分58秒	第二名	
男子100米蝶泳	李朱濠	52秒	第二名	
男子4×200米自由泳接力	陈恩德、徐嘉余、费立纬、潘展乐	7分17秒	第二名	
男子4×200米自由泳接力	王昊、徐一舟、郑瑞、钱智勇		第二名	预赛

项目	运动员	成绩	名次	备注
男子4×100米混合泳接力	李广源、毛飞廉、洪金权、潘展乐	3分35秒	第二名	
男子4×100米混合泳接力	吴俊杰、董亦凡、沈加豪、钱智勇		第二名	预赛
女子200米仰泳	柳雅欣	2分09秒	第二名	
女子200米蛙泳	叶诗文	2分24秒	第二名	
女子200米个人混合泳	叶诗文	2分11秒	第二名	
男女混合4×100米混合泳接力	李广源、毛飞廉、余依婷、朱梦惠	3分47秒	第二名	
男女混合4×100米混合泳接力	吴俊杰、董亦凡、钱心安、吴越		第二名	预赛
羽毛球混合双打	郑思维、黄雅琼		第二名	
体操男子跳马	陈忆路	14.630分	第二名	
蹦床女子团体	曹云珠、陈凌云、范心怡、王子维、乐丹丹	162.895分	第二名	
排球男子U20组	徐鑫、王滨、刘徐登、王家懿、陆赵政、陈翱宇、刘日治、孙文俊、王森炳、宫铭昊、叶首君、曾洋杰		第二名	
篮球男子U19组	吕杭迅、张洪硕、时振恺、陆翊铭、景天雨、刘双语、任俊哲、郭阔、王奕霖、余嘉豪、冯铭臻、李佳恒		第二名	
足球女子18岁以下	梅璟艳、周燕、林瑾、屈子影、徐诗思、刘鑫、张若楠、占林飞、刘嘉宁、王婷婷、袁平平、张皓滢、金宇轩、方潇潇、吴梦瑶、张伊、王安楠、熊静、张雨竹、张蒽、郑惠文、戴欣媛		第二名	
拳击男子91公斤级	陈奕融		第二名	
拳击女子57公斤级	葛雅琪		第二名	
空手道男子-67Kg级	项佳豪		第二名	
皮划艇男子双人划艇1000米	季博文、缪飞龙		第二名	
皮划艇女子双人皮艇500米	李冬崟		第二名	周玉
男子帆船470级	徐建勇、王吉昌		第二名	
帆船470级混合团体长距离	王兰心、王晶、兰景铖、张萍、		第二名	
男子帆板RS:X级	陈昊		第二名	

项目	运动员	成绩	名次	备注
女子帆板 RS:X 级	闫铮		第二名	
女子帆板 RS:X 级长距离	史红梅		第二名	
射击 10 米气步枪混合团体	王岳丰、王芝琳		第二名	
射击 10 米气手枪混合团体	冯思璇、刘军辉		第二名	
射击男子 10 米气步枪团体	余浩楠、王岳丰、江轩乐		第二名	
马术场地障碍赛个人	段义华	12 分	第二名	
田径男子十项全能	华梓惠	7553 分	第三名	
男子 400 米栏	叶安安	50 秒 33	第三名	
女子撑竿跳高	陈巧玲	4.50 米	第三名	
女子 1500 米	郑小倩	4 分 17 秒 60	第三名	
女子跳远	华诗慧	6.30 米	第三名	
男子 50 米自由泳	张周健	22 秒	第三名	
男子 100 米自由泳	潘展乐	49 秒	第三名	
男子 200 米自由泳	洪金权	1 分 47 秒	第三名	
男子 400 米自由泳	费立纬	3 分 51 秒	第三名	
女子 100 米自由泳	吴卿风	54 秒	第三名	
女子 100 米仰泳	傅园慧	1 分 00 秒	第三名	
女子 4×100 米混合泳接力	傅园慧、叶诗文、钱心安、朱梦惠	4 分 02 秒	第三名	
女子 4×100 米混合泳接力	柳雅欣、颜欣、谢宁、吴越		第三名	预赛
羽毛球男子双打	王懿律、郑思维		第三名	
网球混合双打	吴易昺、叶秋语		第三名	
排球男子成年组	任郡勃、张景胤、李成康、王智儒、张冠华、陈磊炀、李咏臻、杨一鸣、刘浩男、金志鸿、王传琦、许桐溪		第三名	
篮球男子 U22 组	林孝天、程帅澎、李林峰、刘泽一、王奕博、赖俊豪、朱旭航、张大宇、吴前、余嘉豪、朱俊龙、杜金伦、李涵、姚欣		第三名	
女子沙滩排球	李涵、姚欣		第三名	
拳击女子 75 公斤级	叶金		第三名	
武术套路团体	查苏生、杨程、孙鹏豪、应王飞、褚优贝、张骞尹、吴灵芝	57.934 分	第三名	
武术散打男子 60 公斤级	陈鸿儒		第三名	

项目	运动员	成绩	名次	备注
空手道女子-55公斤级	谢瑜		第三名	
空手道女子-61公斤级	刘亚倩		第三名	
空手道男子-75公斤级	陈奥林		第三名	
女子单人皮艇200米	俞诗梦		第三名	
女子双人划艇500米	李舒琪、殷昕怡		第三名	
男子单人划艇1000米	季博文		第三名	
激流回旋男子极限皮艇	吕陆辉		第三名	
帆船男子49人级	洪伟、周志博		第三名	
帆船女子470级	施锦秀、徐娅妮		第三名	
女子帆板RS:X级	史红梅		第三名	
男子10米气手枪	刘军辉		第三名	
女子10米气手枪	卢恺曼		第三名	
女子10米气步枪	杨倩		第三名	
小轮车男子竞速赛	黄超雷	45秒268	第三名	
马术场地障碍赛团体	段义华、张兴嘉、徐昊、陈贺其勒图	23分	第三名	
马术场地障碍赛个人	徐昊	12分	第三名	
女子霹雳舞	曾莹莹		第三名	
田径女子标枪	顾心洁	57.27米	第四名	
田径混合4×400米接力	王久香、钟晗哲、饶欣雨、顾晓飞	3分19秒89	第四名	
田径混合4×400米接力	丁依蕊		第四名	预赛
女子跳远	陆敏佳	6.30米	第四名	
女子七项全能	刘静逸	5509分	第四名	
男子200米自由泳	费立纬	1分49秒	第四名	
男子400米自由泳	陈恩德	3分51秒	第四名	
男子800米自由泳	费立纬	8分02秒	第四名	
男子200米个人混合泳	毛飞廉	2分01秒	第四名	
女子50米自由泳	吴卿风	25秒	第四名	
女子100米自由泳	朱梦惠	54秒	第四名	
女子100米蝶泳	余依婷	59秒	第四名	
羽毛球男子团体	周昊东、郑思维、黄宇翔、陈旭君、任朋嶓、林贵埔、王懿律、王昶、汪浩天、方开		第四名	

续表

项目	运动员	成绩	名次	备注
羽毛球女子团体	黄雅琼、陈雨菲、倪博文、郑岚、吕学舟、任琳菲、韩千禧、王心缘、吴梦莹、林昕		第四名	
体操男子U17组团体	陈夏凯、刘文浩、屈正、王雨豪、喻宇豪	603.319分	第四名	
体操女子高低杠	黄卓凡	14.500分	第四名	
体操女子团体	陈妍菲、管晨辰、黄卓凡、黎琪、罗欢、张欣怡	211.096分	第四名	
蹦床女子网上个人	范心怡	55.133分	第四名	
赛艇女子轻量级双人双桨	潘旦旦、邹佳琪		第四名	
男子单人皮艇1000米	王丛康		第四名	
女子四人皮艇500米	钱秋蓉、孙婉婷、王吉、俞诗梦		第四名	
男子单人划艇1000米	朱嘉栋		第四名	交流山西
激流回旋女子极限皮艇	史莹莹		第四名	
帆船男子49人级	温在鼎、王柳涵		第四名	交流内蒙古
女子25米运动手枪	冯思璇		第四名	
场地自行车女子团体竞速赛	蒋雨露、陈飞飞	32秒841	第四名	
山地自行车女子越野赛	杭敏燕	1小时31分49秒	第四名	
田径女子跳高	夏煜琳	1.80米	第五名	
男子200米自由泳	陈恩德	1分50秒	第五名	
女子200米仰泳	童霖	2分12秒	第五名	
网球男子双打	何叶聪、布云朝克特		第五名	
网球女子双打	韩馨蕴、叶秋语		第五名	
网球男子单打	吴易昺		第五名	
体操男子个人全能	杨皓楠	84.798分	第五名	
女子跳马	陈妍菲	13.700分	第五名	
女子平衡木	管晨辰	13.920分	第五名	
蹦床女子网上个人	曹云珠	55.015分	第五名	
篮球女子U19组	葛佳盈、陈怡君、周琪、徐安琪、陈婧、罗杭、孙凤艺、王乐宜、胡多灵、张宇新、朱一璇、孙羽茜		第五名	
沙滩排球女子U17组	胡域然、王佳仪		第五名	
摔跤男子67公斤级	贝家辉		第五名	

项目	运动员	成绩	名次	备注
拳击男子57公斤级	陈志豪		第五名	
武术散打男子90公斤级	胡旭君		第五名	
空手道男子-67公斤级	王伟程		第五名	
空手道男子个人型	宋正旺		第五名	
空手道女子个人型	彭宇欣		第五名	
跆拳道男子-58公斤级	洪鑫鑫		第五名	
跆拳道男子-58公斤级	张豪		第五名	
男子水翼帆板级	黄敬业		第五名	
帆船混合诺卡拉17级	陈雨、周倩情		第五名	
帆船男子470级	董文局、忻奥		第五名	交流内蒙古
射箭男子个人淘汰赛	展羽翔		第五名	
场地自行车女子250米个人计时赛	陈飞飞	19秒034	第五名	
击剑男子花剑团体	郭腾、杨志锋、周文彬、黄百民		第五名	
击剑女子花剑团体	蔡苑廷、林绮雯、林晓湄、胡卉		第五名	
马术盛装舞步赛团体	贾海涛、支忠信、黄一宝、王羿皓		第五名	
攀岩男子两项全能赛	陈勇辰		第五名	
男子20公里竞走	李晓彬	1小时22分57秒	第六名	
男子撑竿跳高	韩涛	5.55米	第六名	
男子4×400米接力	叶安安、王艺杰、钟晗哲、顾晓飞	3分08秒51	第六名	
男子铁饼	王汉亮	56.30米	第六名	
女子撑竿跳高	任梦茜	4.30米	第六名	
女子400米栏	丁依蕊	57秒70	第六名	
男子50米自由泳	潘展乐	23秒	第六名	
男子100米自由泳	洪金权	49秒	第六名	
男子200米自由泳	钱智勇	1分50秒	第六名	
男子100米蝶泳	沈加豪	53秒	第六名	
男子200米个人混合泳	吴俊杰	2分02秒	第六名	
女子50米自由泳	朱梦惠	25秒	第六名	
女子4×200米自由泳接力	李欣瑜、钱江月、柳雅欣、吴越	8分05秒	第六名	

项目	运动员	成绩	名次	备注
女子4×200米自由泳接力	钱心安		第六名	预赛
男子水球	胡巍杰、陆磊、周滔、江斌、许广浩、李骏、金平平、石云峰、贾安楠、张健、陈寅、董天艺、仇成城		第六名	
体操女子自由操	陈妍菲	12.860分	第六名	
艺术体操个人全能	王澜静	85.10分	第六名	
三人篮球女子成年组	王佳琦、王海媚、张敏、董可尔		第六名	
足球男子18岁以下	赵淇瑞、刘浩帆、李炎、鲍盛鑫、陈绍洋、麻皓齐、李奇峰、刘柏杨、见哈苏尔·卡哈尔、羊燕军、汤楷祺、黄道兴、姜伟、唐天臣、张玉全、盛天、朱春有、陶书剑、阿布力克木·阿布都沙拉木、卜文俊、邓翔宇、刘毅臣		第六名	
赛艇女子四人单桨	陈佳敏、舒燿云、闻嘉奕、叶依妮		第六名	
男子单人划艇200米	徐佳炜		第六名	
女子双人皮艇500米	孙婉婷、俞诗梦		第六名	
女子单人划艇200米	殷昕怡		第六名	
激流回旋女子单人皮艇	史莹莹		第六名	
帆船女子49人级	王颖倩、苏晓雅		第六名	
男子25米手枪速射	林俊敏		第六名	
小轮车女子竞速赛	许欢	44.602秒	第六名	
小轮车男子竞速赛	张帅帅	47.284秒	第六名	
山地自行车女子越野赛	肖梦雅	1小时33分13秒	第六名	
男子霹雳舞	金熙彬		第六名	
男子200米自由泳	徐一舟	1分50秒	第七名	
男子400米自由泳	李晨赫	3分54秒	第七名	
男子100米仰泳	吴俊杰	56秒	第七名	
女子100米仰泳	童霖	1分02秒	第七名	
女子200米个人混合泳	郑惠予	2分16秒	第七名	
艺术体操个人全能	张瑀渊	80.05分	第七名	
举重男子81公斤级总成绩	陆星宇	364公斤	第七名	

项目	运动员	成绩	名次	备注
举重女子87公斤级总成绩	彭黎娜	243公斤	第七名	
男子太极拳、太极剑全能	王静申	19.046分	第七名	
女子太极拳、太极剑全能	戴丹丹	18.839分	第七名	
空手道男子-75公斤级	陈锦超		第七名	
跆拳道女子-49公斤级	闻人云涛		第七名	
柔道女子-63公斤级	张雯		第七名	
赛艇女子双人单桨	董郗娅、舒燿云		第七名	
男子帆板RS:X级	刘云生		第七名	
女子470级	王可欣、肖海伦		第七名	交流内蒙古
女子10米气步枪	黄雨婷		第七名	
射箭女子团体淘汰赛	郑怡钗、季钰露、李木子		第七名	
马术盛装舞步赛个人	贾海涛		第七名	
女子两项全能赛(16岁以下组)	孙露宁		第七名	
女子跳高	黄敏	1.75米	第八名	
男子跳远	周科琦	7.70米	第八名	
男子200米自由泳	王昊	1分51秒	第八名	
男子100米蛙泳	毛飞廉	1分06秒	第八名	
男子100米蝶泳	张周健	57秒	第八名	
女子1500米自由泳	周婵臻	16分45秒	第八名	
女子100米仰泳	柳雅欣	1分02秒	第八名	
女子200米蝶泳	尹嘉禾	2分13秒	第八名	
女子200米个人混合泳	钱心安	2分24秒	第八名	
女子4×100米自由泳接力	钱心安、李欣瑜、吕越、谢宁	3分47秒	第八名	
女子4×100米自由泳接力	林欣彤、颜欣		第八名	预赛
体操男子团体	曹君晟、陈忆路、田昊、杨皓楠、杨锦芳、曾嘉俊	321.425分	第八名	
排球女子成年组	蒋虞晓、蓝佳莉、汪慧敏、王梦玥、杨妍钰、王娜、沈佳蓉、李静、朱悦洲、于师羽、刘雨、孙若箐		第八名	
三人篮球女子U19组	顾楠、邬佳怡、鲍一诺、张雨朦		第八名	
摔跤男子67公斤级	俞晨旭		第八名	
男子单人皮艇1000米	林来杰		第八名	
女子四人皮艇500米	裘艺、施佳怡、王琪、章徐炜		第八名	

项目	运动员	成绩	名次	备注
激流回旋男子单人皮艇	吕陆辉		第八名	
射箭男子团体淘汰赛	金涛、鲁帅、展羽翔		第八名	
飞碟女子双向	雷俞萍	115中	第八名	
场地自行车女子团体追逐赛	李晗清、詹晓露、金晨虹、张一沂、孙靖烨		第八名	
场地自行车女子250米个人计时赛	蒋雨露		第八名	

第十四届全国运动会浙江代表团获群众体育前三名人员名单

项目	运动员	名次	备注
象棋男子团体公开组	王天一、赵鑫鑫、黄竹风	第一名	
象棋女子团体业余组	金银姬、王利红	第一名	
国际象棋男子个人公开组	丁立人	第一名	
国际象棋女子个人业余组（快棋）	胡佳妮	第一名	
草地掷球男女混合三人赛	毛永敏、刘国强、宋素珍、缪新红	第一名	
塑质地掷球女子三人赛	岑伟飞、程锡平、张美玲、郑胜燕	第一名	
大金属地掷球女子双人连续抛击	郭晓敏、王昉、王美	第一名	
男子12人龙舟500米	陈文斌、林尚青、温从锈、周绪相、林学快、梁亦柏、刘荣唱、林宝勇、陈永华、陈思旭、陈仕平、王锋、陈上界、潘支暖	第一名	
男子12人龙舟1000米	陈文斌、林尚青、温从锈、周绪相、林学快、梁亦柏、刘荣唱、林宝勇、陈永华、陈思旭、陈仕平、王锋、陈上界、潘支暖	第一名	
混合12人龙舟1000米	陈文斌、林尚青、林宝勇、陈仕平、林学快、刘荣唱、陈思旭、金均英、黄燕京、周艳、高慧玲、龚美萍、洪卸军、潘支暖	第一名	
男子速度轮滑500米争先赛	任卫士	第一名	
围棋女子个人公开组	汪雨博	第一名	
围棋女子个人公安民警组	胡铭闽	第一名	
羽毛球混合双打A组	李王晶尔、赵文涛	第一名	
沙滩足球男子组	徐文通、郑静、沈栋栋、朱少华、竺安民、方伟达、金银忠、章建平、李悦糠、李龙海、王伟、吴昊、薛圣东、土鲁逊·买买提	第一名	
十一人制足球男子企事业单位组	程仁钦、程川、麦钲彦、曹廷方、黄凌杰、曾宗一、付小盼、高世斌、罗红卫、潘登、张施文、张础、叶安钊、胡仪斌、付强、丁高峰、陆琪斌、林彬驰、刘海亮	第一名	

项目	运动员	名次	备注
乒乓球男子团体	张洪铭、朱振宇、冯伟、王炜、朱立耀、陈旭	第二名	
乒乓球男子单打60—69岁组	冯伟	第二名	
网球女子团体	胡书琴、吴乔漪、于姣、宋禹宛圻	第二名	
大金属地掷球女子单人连续抛击	郭晓敏	第二名	
女子速度轮滑10000米积分淘汰赛	吕春姣	第三名	
女子12人龙舟100米	金均英、黄燕京、周艳、高慧玲、龚美萍、洪卸军、方建萍、葛韶芳、施水英、叶娟凤、于红新、章瑛、章正兰、夏淑英	第三名	
混合12人龙舟200米	陈文斌、林尚青、林宝勇、陈仕平、林学快、刘荣唱、陈思旭、金均英、黄燕京、周艳、高慧玲、龚美萍、洪卸军、潘支暖	第三名	
塑质地掷球男子三人赛	王平、姜永胜、李春峰、周伟军	第三名	
围棋男子个人公开组	连笑	第三名	
围棋女子全民团体组	郑璐、朱怡晨	第三名	
桥牌男子团体赛(公开组)	连若旸、尤坚勇、陈岗、钱劲松、杨立新、忻国芳	第三名	
乒乓球女子团体	江琪、陈雪君、吴晓丹、金小平、朱淑芬、张钰晨	第三名	
广播体操团体赛企事业单位组	卜斌阳、曹莹莹、丁弋娜、康乔莉、李程男、李建强、林成、刘娜、刘晓庆、柳根、马嫦玮、茅晓栋、莫筱兰、沈斌、宋俏俏、汪艳杰、王涛、许美佳、张巍、朱湘	一等奖	
企事业单位组42式太极拳竞赛套路	俞成波、赵建成、戚百明、金蔡平、陈建华、金建英、吕国芳、蒋春凤、周伟平、杨仙萍、杨仙丽、周敏	一等奖	
健身气功五禽戏企事业单位组	潘林莉、郝江、包谨阳、郑英、应慧娟、张德萍	二等奖	
广场龙舞城市街道(社区)组	刘嘉辉、余天益、李虎、罗银、费鑫凯、江腾奋、江振强、俞科峰、陈维奇、宋兴达、陈磊、张云、竺斌坤、杨丽清	二等奖	
广场龙舞农村乡镇组	陈晶晶、陈亮亮、陈凯、陈松盛、陈州、罗张敏、王明杰、王旭、王宗马、印旭凯、杨登、陈斌斌、陈柯君、张孟杰	二等奖	
广场龙舞企事业单位组	毛磊、鲍周威、柳灏、陈大业、陈湘儒、宋百益、胡学科、吴鲁威、董仲恺、应君威、余存炳、毛龙、唐斌杰、江健方	二等奖	
农村乡镇组42式太极剑竞赛套路	李亚芳、吴友义、石国芬、华亚芬、夏卫成、翁瑾、华亚红、陈幼芳	二等奖	
城市街道组42式太极剑竞赛套路	程文渊、黄友芹、王兰芬、章祖尧、李林敏、方秀妹、林荷玲、李文武	二等奖	

续表

项目	运动员	名次	备注
农村乡镇组太极拳(八法五步)	叶维仙、谢慧琴、邵桂英、何秋明、余也飞、单忠浩、周小燕、叶林凤、王晓玲、陈爱儿、邓平、陈刚	二等奖	
农村乡镇组42式太极拳竞赛套路	陈乐峰、郑小娥、高乐、伍建徽、陈余银、叶明勇、吴雪芬、吴琴、林小湖、叶小蕾、朱育平、包秀阁	二等奖	
广播体操三人赛企事业单位组	陈超璠、钟懿萌、程光宇	三等奖	
健身气功气舞城市街道(社区)组	陈溢锋、唐楚钦、朱剑萍、陈反明、彭小春、章洪	三等奖	
健身气功气舞企事业单位组	毛文敏、朱超英、王莉莉、梅亮、方敏、李瑞	三等奖	
广场舞健身秧歌(鼓)农村乡镇组	孙菊妹、王利平、章荣香、李菊花、陈婭、张金玲、陈丽君、陈群斐、张彩香、黄菊芹、黄莹丹、王秀兰、胡桂芬、王彩菊、徐群英、李春燕、潘菊秀、陈伟红	三等奖	
广场舞健身秧歌(鼓)城市街道组	陈艳飞、陈瑛、胡晓芬、骆卫青、沈晓雷、宋青、胥建华、徐美香、姚文旭、俞嫣红、张红霞、张惠花、张淑妃	三等奖	
城市街道组24式简化太极拳	郦培乐、石信苗、王志文、黄仲欢、赵建萍、杨晓飞、王月琪、孙飞英、沈周羽、郦水英、曹春风、蔡雅红	三等奖	
农村乡镇组24式简化太极拳	郑后良、汪新强、周先义、周延林、任志龙、庄卫萍、周亚美、俞爱娜、毛叶飞、李亚娟、江秀叶、杜小玉	三等奖	
企事业单位组24式简化太极拳	谢蔚、吴建飞、袁莹、张军、郑玲英、汤水明、吴吉余、吴建平、祝楠、汪桔仙、刘银霞、兰云芬	三等奖	
农村乡镇组42式太极拳竞赛套路	应金顺、杜国来、陈庆赠、周桂花、邵金春、罗荷琴、於岩明、胡菊花、郭东香、陈霞芬、陈媚、陈莲琴	三等奖	

全国第十一届残运会暨第八届特奥会浙江代表团获全国第二名

2021年10月29日晚,全国第十一届残运会暨第八届特殊奥林匹克运动会在陕西西安闭幕。在本届残运会上,浙江代表团斩获142金83银57.5铜,超8项世界纪录,打破22项全国纪录。金牌数超越上届137.5金的成绩,创历史新高,以微弱差距仅居东道主陕西代表团之后,浙江代表团金牌数、奖牌数均居全国第二。

本届残运会,浙江省共派出317名运动员,参加了包括冬季、夏季残奥听奥的田径、游泳、自行车、射箭、举重、羽毛球、乒乓球、网球、跆拳道、赛艇、皮划艇、单板滑雪、越野滑雪、高山滑雪、冰壶、盲人柔道、盲人足球、坐式排球、盲人门球、聋人篮球20个大项的角逐。游泳、赛艇、田径等项目运动员实现了新老队员接力,一批后起之秀纷纷亮相成为夺金的中坚力量。

游泳、赛艇、皮艇三支"浙江水军"表现抢眼,领跑金牌和奖牌榜,共获得63金40银25铜,其中游泳项目共夺得42金,近20%的金牌被浙江获得;赛艇、皮艇共获得21金,近90%的金牌为浙江所得。来自游泳队最年轻运动员、年仅14岁的沈珈慧首次参加全国残运会,夺得1金1铜,同样是首次参加全国残运会谢志立勇夺3金2银1铜;在东京残奥会上获得2枚金牌的绍兴籍运动员蒋裕燕在本届运动会中获得9金,成为本届残运会上名副其实的"夺金王";38岁的老将杜剑平"老当益壮"勇夺3金1银4枚奖牌;在新设项目盲人射箭上,浙江省6名参赛运动员获得3枚银牌的不俗成绩,令人惊喜;在集体项目上,浙江省盲人门球男、女队和聋人篮球女队均实现全国残运会"四连冠",坐式排球男队继上届残运会后再次卫冕冠军,展示了浙江省在上述项目上的绝对优势。

本届残运会浙江省参加了单板滑雪、越野滑雪、冰壶等冬季项目,共获得9金1银2铜,参赛成绩取得新突破,为备战2022年北京冬残奥会打下基础。浙江运动员在群众体育象棋、围棋、轮椅舞蹈等6个项目中共获得4金3银4铜,展示了浙江残疾人群众体育蓬勃发展的良好局面。

浙江省组织了40名运动员参加本届特奥会,运动员们在赛场上分享快乐、增进友谊,在田径、滚球、乒乓球、羽毛球、篮球、轮滑等项目中获得了14金21银23铜的好成绩。浙江代表团相关负责人表示,浙江省在残特奥会上取得的良好成绩,将引导社会各界更加关心关注残疾人体育运动,也将引领更多的残疾人积极主动参与康复健身活动,增强自信,强健体魄,助推残疾人事业高质量发展,促进残疾人更好融入社会、实现梦想,共建共享共同富裕美好生活,展示"重要窗口"特殊风景线亮丽风采。　　　　　(省残联　供)

政策制度性文件

国务院文件

国务院文件一览表

序号	文件名	发布时间	文号
1	国务院关于印发全民健身计划(2021—2025年)的通知	2021年7月8日	国办发〔2021〕11号

国家体育总局等部委文件

国家体育总局等部委文件一览表

序号	文件名	发布时间	文号
1	反兴奋剂管理办法	2021年7月20日	国家体育总局令第27号
2	体育总局关于印发《关于进一步规范和加强地方体育行政执法工作的若干意见》	2021年2月2日	体规字〔2021〕1号
3	国家体育总局 国家发展改革委联合印发《关于加强社会足球场地对外开放和运营管理的指导意见》	2021年2月22日	体经字〔2021〕24号
4	体育总局关于印发《运动员技术等级标准》的通知	2021年2月25日	体竞字〔2021〕30号
5	国家发展改革委 体育总局关于印发"十四五"时期全民健身设施补短板工程实施方案》的通知	2021年4月20日	发改社会〔2021〕555号
6	体育总局 公安部关于加强体育赛场行为规范管理的若干意见	2021年5月17日	体规字〔2021〕2号
7	体育总局 工业和信息化部 公安部 自然资源部 交通运输部 文化和旅游部、国家卫健委 应急管理部 市场监管总局 中国气象局 中国银保监会关于进一步加强体育赛事活动安全监管服务的意见	2021年6月25日	体规字〔2021〕3号
8	体育总局关于印发《"十四五"体育发展规划》的通知	2021年10月8日	体发字〔2021〕2号
9	体育总局关于贯彻落实法治宣传教育第八个五年规划(2021—2015年)的实施意见	2020年10月13日	体政字〔2021〕153号
10	国家发展改革委 体育总局 自然资源部 水利部 农业农村部 国家林业和草原局 农业发展银行关于推进体育公园建设的指导意见	2021年10月23日	发改社会〔2021〕1497号

续表

序号	文件名	发布时间	文号
11	体育总局关于印发《国家高水平体育后备人才基地认定办法》的通知	2021年12月7日	体规字〔2021〕5号
12	体育总局关于印发《关于加强公共场所全民健身器材配建管理工作的意见》的通知	2021年12月14日	体规字〔2021〕8号
13	体育总局办公厅关于印发《课外体育培训行为规范》的通知	2021年12月14日	体青字〔2021〕111号
14	体育总局关于印发《公共体育场馆基本公共服务规范》的通知	2021年12月15日	体规字〔2021〕7号
15	体育总局关于印发《全民健身基本公共服务标准（2021年版）》的通知	2021年12月28日	体规字〔2021〕9号
16	体育总局关于印发《关于进一步规范和发展体育培训的意见》的通知	2021年12月31日	体规字〔2021〕10号

浙江省委、省政府文件

浙江省人民政府办公厅关于高水平建设现代化体育强省的实施意见

浙政办发〔2021〕16号

各市、县（市、区）人民政府，省政府直属各单位：

为贯彻落实《国务院办公厅关于印发体育强国建设纲要的通知》（国办发〔2019〕40号）精神，高水平建设现代化体育强省，经省政府同意，制定本实施意见。

一、主要目标

——到2025年，基本建成体育强省。基本形成全覆盖、均等化的全民健身公共服务体系，人均体育场地面积达到2.8平方米，经常参加体育锻炼人数比例达到43.5%以上，国民体质监测合格率达到94.5%以上。青少年身体素养显著提升，儿童青少年总体近视率降低5%。竞技体育项目布局优化，综合实力和对国家的贡献率进一步提高。赛事体系健全，基本建成体育赛事强省。体育产业总产出达到5000亿元，体育产业增加值占国内生产总值（GDP）比重达到2%以上。体育文化全面普及，体育人才培养、选拔和使用机制不断完善，体育治理体系更加科学，数字体育建设加快，体育整体智治水平明显提升。

——到2035年，建成现代化体育强省。形成高水平的全民健身公共服务体系，建立运动促进健康新模式。人均体育场地面积达到3.5平方米，经常参加体育锻炼人数比例达到50%，国民体质监测合格率稳定在96%以上。竞技体育综合实力显著增强，我省运动员在国际大赛上对国家的贡献率明显提升。形成现代化赛事体系，建成体育赛事强省。体育产业总产出突破1万亿元，体育产业增加值占GDP比重达到3%以上，成为国民经济重要产业。体育文化和体育精神成为激励浙江儿女创新创业新动能。建成体育人才强省。体育改革持续深化,建成整体智治的现代化体育治理体系。

二、主要措施

(一)实施全民健身服务惠民行动

1.全面加强全民健身场地设施建设。加快提高人均体育场地面积,打造城市社区"10分钟健身圈",高质量实现行政村体育设施全覆盖。市县政府制定公共体育设施专项规划,并纳入国土空间规划,落实年度实施计划。加强健身步道、全民健身中心、体育公园、百姓健身房等场地设施建设。落实城市基础设施、新建居住区按标准配套建设群众健身设施要求,并逐步提高建设标准。合理利用城市空置场所、地下空间、公园绿地、建筑屋顶等添建健身设施。推动未来社区健身设施建设。落实公共体育场地设施免费或低收费向公众开放政策,推动机关、学校、企业等的体育场地设施开放共享。全面提升体育场地设施智慧化水平,建设公共体育服务体系。优化完善乡村健身场地布局和设施供给。建设体育现代化县(市、区)。[责任单位:省体育局、省发展改革委、省教育厅、省自然资源厅、省建设厅、省农业农村厅,各市、县(市、区)政府。列第一位的为牵头单位,下同]

2.开展丰富多样的全民健身活动。制定全民健身实施计划。建设国家全民运动健身模范县(市、区)。举办全国和长三角区域全民健身赛事活动,提升"浙里健"系列赛事活动能级。建立群众性竞赛活动体系,制定实施青少年、妇女、老年人、农民、职业人群等群体的体质健康干预计划。开展残疾人体育活动,发展康复体育。推动足球、篮球、排球(以下统称"三大球")运动的普及,大力开展冰雪运动。推进幼儿体育发展。[责任单位:省体育局、省教育厅、省卫生健康委、省总工会、省妇联、省残联,各市、县(市、区)政府]

3.提供科学的全民健身指导服务。加快建立运动促进健康新模式,推动从注重治病向注重健康转变,打造健康浙江升级版。实施健康促进行动,建设运动促进健康服务中心,推动健身运动进社区、进乡村、进机关、进学校、进企业。实施《国家体育锻炼标准》,建立面向全民的运动水平等级标准和评定体系。构建全民健身发展指数评估体系,定期发布省全民健身发展指数。加强运动科学研究,构建运动康复体系,建立运动处方数据库。加强省市县三级体育总会建设,推广基层体育委员工作制度,壮大社会体育指导员队伍,完善全民健身志愿服务长效机制。[责任单位:省体育局、省教育厅、省民政厅、省卫生健康委,各市、县(市、区)政府]

4.切实加强学校体育工作。落实学生校内每天体育活动时间不少于1小时的要求,帮助青少年掌握2项以上运动技能。将体育科目纳入初高中学业水平考试范围,纳入中考计分科目,并逐步提高分值。推动高校办高水平运动队。加强学生体质健康监测的评估、指导和监督,并纳入政府考核体系。建立分学段(小学、中学、大学)的青少年体育赛事体系。促进青少年体育俱乐部、户外营地等发展,加强新型体校建设,推动体校特色运动队、俱乐部运动队、大中小学运动队建设。鼓励社会体育俱乐部参与学校体育指导、培训和服务。[责任单位:省教育厅、省体育局,各市、县(市、区)政府]

(二)实施竞技体育实力提升行动

1.创新竞技体育发展模式。坚持开放办体育,创新优秀运动员培养和优秀运动队组建模式,构建竞技体育发展新体系。统筹体育科技资源,构建跨学科、跨地域、跨行业、跨部门的协同创新平台,做强省体育科学研究所,提升体育科学研究能力和水平。综合评

估竞技体育项目发展潜力和价值,建立竞技体育公共投入的效益评估体系。(责任单位:省体育局、省科技厅)

2.科学布局竞技体育项目。巩固发展优势项目,做精做强基础项目,优化调整弱势项目,形成层级清晰、重点突出的项目布局。适度扩大运动项目规模,全力发展羽毛球、网球、田径、游泳、举重、射击、自行车、赛艇、皮划艇、帆船等项目。实施"三大球"振兴计划。实施冰雪运动普及推广计划,推动我省冬季项目取得重大突破。[责任单位:省体育局,各市、县(市、区)政府]

3.优化竞技体育训练体系。坚持"三从一大"原则,做好奥运会、亚运会、全运会等重大赛事训练备战工作。打造现代化体育综合训练基地,布局一批优秀运动员、教练员海外培训基地,支持各地建设国家级、省级综合性或单项训练基地。加强优秀运动队复合型保障团队建设,提高全周期、精细化科学训练管理水平。发挥体校和社会体育俱乐部优势,加强竞技体育后备人才培养。[责任单位:省体育局,各市、县(市、区)政府]

(三)实施体育赛事提质赋能行动

1.着力构建完善的赛事体系。编制体育赛事发展规划。完善体育赛事项目布局,大力培育"三大球"、乒乓球、羽毛球、网球、田径、游泳、中国象棋、围棋等赛事。依托我省山水人文资源,举办山地越野、汽车摩托车、航空、水上运动等项目大型赛事。构建赛事平台,打造赛事之城,形成"一市多品、一县一品"赛事格局。深化赛事管理制度改革。建立体育赛事评估体系。[责任单位:省体育局、省公安厅、省自然资源厅、省建设厅、省交通运输厅、省水利厅、省林业局、浙江海事局、民航浙江安全监管局,各市、县(市、区)政府]

2.着力打造顶级品牌赛事。全力办好2022年杭州亚运会、亚残运会,实现办赛精彩、参赛出彩,提升我省体育综合实力和国际影响力。积极申办国际高等级赛事,承办全国重大赛事,办好省运会、省体育大会等省级赛事。高质量举办"三大球"、乒乓球、网球等省级联赛,支持各级单项体育协会举办高水平体育赛事。完善浙江马拉松赛事体系。[责任单位:省体育局、省残联,各市、县(市、区)政府]

3.着力培育职业体育赛事。坚持体育赛事市场化、商业化、职业化方向,完善职业体育联赛体制,培育国内领先的职业联赛市场。加大扶持力度,支持职业体育俱乐部建设。推进竞技体育职业化改革,完善职业体育俱乐部法人治理结构,建立体育经纪人制度,探索适应地方体育发展模式和职业体育特点的职业运动员管理制度。支持职业体育俱乐部参加国际国内职业体育赛事。(责任单位:省体育局)

(四)实施体育产业倍增提效行动

1.打造现代体育产业体系。优先发展运动休闲产业,重点发展户外运动产业,鼓励发展时尚运动产业。依托自然资源优势,推进登山步道、汽车自驾营地、航空飞行营地、水上运动基地及帆船游艇码头等基础设施建设,大力发展山地运动、水上运动、海洋体育,培育冰雪运动、航空运动、电竞运动等新业态。做大做强体育装备制造业,鼓励发展智能体育产业,培育一批高端运动装备品牌。大力发展竞赛表演、体育培训、体育传媒与信息服务等体育服务业。拓展体育健身、体育观赛、体育旅游等消费新场景,建设国家体育消费试点城市。推动体育彩票高质量发展。[责任单位:省体育局、省发展改革委、省经信厅、省文化和旅游厅,各市、县(市、区)政府]

2.创新体育产业发展平台。加快以杭州为中心的大湾区体育城市群建设。培育一批运动休闲特色乡镇,建设一批运动休闲旅游基地和全域户外运动休闲产业带,打造一批体育装备制造、运动休闲服务、精品体育赛事等体育产业平台。实施环浙步道建设工程。建设体育产业园区、体育众创空间、体育服务综合体。建立全省体育资源交易平台。[责任单位:省体育局、省发展改革委、省经信厅、省自然资源厅、省文化和旅游厅,各市、县(市、区)政府]

3.强化体育市场主体培育。加强体育行业领军型企业、高成长性企业、隐形冠军企业和上市体育企业培育。大力扶持体中小企业发展,培育一批运动康复机构。吸引国内外著名体育企业总部、运营中心、研发中心落户,支持国际体育组织总部落户或设立分支机构。加大对体育企业发展的政策扶持力度。引导企业跨界转型,参与体育市场开发。[责任单位:省体育局、省经信厅,各市、县(市、区)政府]

(五)实施体育文化培育繁荣行动

1.大力弘扬体育精神。传承中华体育精神,发展体育公益、体育慈善和体育志愿服务文化。普及阳光体育、文明观赛、文明健身等文明礼仪。提升运动员、教练员的职业素养,建立健全体育荣誉体系,培育新时代体育明星。加强反兴奋剂工作。(责任单位:省体育局)

2.传承优秀体育文化。依托我省特色优势体育项目,形成浙江体育文化符号。重视优秀民族、民间、民俗体育的保护推广,推广畲族等民族体育文化。办好省少数民族传统体育运动会。鼓励支持社会力量兴建体育文化场馆、体育文化传承中心。[责任单位:省体育局、省民宗委、省文化和旅游厅,各市、县(市、区)政府]

3.加强体育文化传播。实施体育文化创作精品工程,组织创作具有时代特征、体育内涵、浙江特色的体育文化作品,开展体育影视、体育音乐、体育摄影、体育动漫、体育收藏品等展示和评选活动。支持各级各类融媒体中心打造体育融媒体产品,构建体育全媒体传播格局。(责任单位:省体育局、省文化和旅游厅、省广电局)

(六)实施体育改革争先创优行动

1.加快体育数字化改革。构建数字体育整体智治体系。充分利用体育数据归集共享管理系统,实现体育领域"掌上办事""掌上办公"。健全一站式公共体育服务系统,为群众提供便捷的菜单式公共体育服务。建设体育赛事、体育产业数字化管理系统和综合训练管理系统,推进体育赛事"一件事"改革。(责任单位:省体育局、省发展改革委、省大数据局)

2.深化体育领域"放管服"改革。深化"最多跑一次"改革,完善事中事后监管机制,提升服务效率。实施公共体育场馆服务大提升改革。加强依法治体,推动健全体育领域法规制度和标准,全面实施"互联网+监管",统筹推进综合行政执法和体育行业信用体系建设,构建以信用为基础的新型体育监管体制。[责任单位:省体育局、省发展改革委、省司法厅、省市场监管局,各市、县〔市、区)政府]

3.深化社会力量办体育改革。完善社会力量办体育政策体系,引导社会资本踊跃投资体育产业,支持社会力量参与体育场地设施建设运营、举办各类体育赛事活动、参与竞技体育人才培养。(责任单位:省体育局)

4.推进体育社会组织改革。推进党的基层组织和工作全覆盖,健全以法人治理为核心的组织架构,完善体育社会组织现代化治理机制,制定体育社会组织分级分类管理制度。(责任单位:省体育局)

(七)实施体育开放交流合作行动

1.努力提高浙江体育事业对国家的贡献度。深度融入全国体育发展大局,完善省部共建国家运动队机制。主动承办国际国内重大体育赛事、承担国家体育改革试点,推动若干重点运动项目国家级训练基地落户。加强与兄弟省(区、市)在体育训练、体育康复、体育产业、体育人才培养等方面的交流合作。深化与港澳台地区的体育交流合作。(责任单位:省体育局)

2.加快推进长三角体育一体化。共建高品质全民健身公共服务体系。丰富长三角体育联盟精品活动,构建赛事联合申办机制,共同打造国际性、区域性体育品牌赛事。加强备战训练战略合作,共享训练基地和科研保障资源。推动建立长三角体育产业协调发展新机制。[责任单位:省体育局、省发展改革委、省文化和旅游厅,各市、县(市、区)政府]

3.拓展体育领域国际合作。加强与"一带一路"沿线、中东欧国家和地区的体育交流合作,推进体育用品装备、体育赛事、体育旅游、体育会展等相关产业跨境发展,落实中华武术"走出去"战略。拓宽优秀运动队国际训练渠道,探索竞技体育备战训练、技术人才引进的全球化战略布局和合作。[责任单位:省体育局、省发展改革委、省文化和旅游厅,各市、县(市、区)政府]

(八)实施体育人才强基领航行动

1.提升竞技体育人才能级。加强体育高等院校建设,支持浙江体育职业技术学院提升人才培养规格,创建本科层次高校。实施优秀教练员、精英运动员"双百培养工程计划",完善运动员选拔机制和教练员培养遴选管理体系,设立"教练员学院"。加大裁判员培养力度,不断提高国际级、国家级裁判员占比。加大体育科研、体能训练、运动康复等专业人才的引进培养力度。(责任单位:省体育局)

2.扩大社会体育人才规模。深化省内外高校合作,加强体育基础理论研究人才培养。加强社会体育指导员管理,重点培训专业技能型社会体育指导员。搭建体育产业人才培训平台,培育体育产业领域领军人物和复合型人才。加强体育行业职业技能培训和技能人才评价工作,规范高危险性体育项目市场准入和持证上岗制度。(责任单位:省体育局、省教育厅、省人力社保厅)

3.完善体育人才培养激励机制。加强体育竞赛管理、体育产业运营、运动健康服务等人才培养。选派重点项目、重点领域专业人才出国(境)培训、留学,支持与海外高水平机构联合培养体育人才,吸引国内外高水平退役运动员、教练员等来浙创业就业。构建体育人才配套奖励、考核和动态管理机制,建立体育人才数据库。深化体育专业人员职称制度改革。(责任单位:省体育局、省教育厅、省人力社保厅)

三、保障措施

(一)加强党的领导

把党的领导贯穿于体育强省建设的各领域、全过程,以全面从严治党引领体育治理现代化。深化清廉体育建设,实现党的纪律监督对体育工作的全覆盖。

（二）加强政策支持

各级政府要科学制定本地区落实体育强省建设的具体目标任务，并纳入当地国民经济社会发展规划。完善公共财政体育投入机制，多渠道筹措资金支持体育强省建设。加大政府性基金与一般公共预算的统筹力度，加大政府向社会力量购买公共体育服务力度。加强体育项目和体育场地设施建设用地保障。全面推进体育标准化建设。

（三）加强协同推进

加强各部门联动，定期研究、统筹推进体育强省建设各项工作。发展改革、教育、科技、公安、民政、财政、人力社保、自然资源、建设、农业农村、文化和旅游、卫生健康、体育、残联等部门和单位要建立目标任务分解考评机制，确保体育强省建设目标如期完成。

浙江省人民政府办公厅

2021年3月23日

浙江省人民政府关于印发
浙江省全民健身实施计划（2021—2025年）的通知

浙政发〔2021〕33号

各市、县（市、区）人民政府，省政府直属各单位：

现将《浙江省全民健身实施计划（2021—2025年）》印发给你们，请结合实际认真贯彻执行。

浙江省人民政府

2021年11月6日

浙江省全民健身实施计划（2021—2025年）

为进一步落实全民健身国家战略，推进新时代全民健身高质量发展，建设高水平现代化体育强省，更好满足人民群众日益增长的健身需求，制定本实施计划。

一、总体要求

以习近平新时代中国特色社会主义思想为指导，贯彻落实党的十九大和十九届历次全会精神，坚持以人民为中心，坚持新发展理念，以深化改革激发活力，以系统理念和数字化引领发展，加快推动建成覆盖城乡、便民惠民、持续发展、不断完善的全民健身公共服务体系，努力为我省打造"重要窗口"、争创社会主义现代化先行省、高质量发展建设共同富裕示范区作出积极贡献。到2025年，全省经常参加体育锻炼人数比例达到43.5%以上，人均体育场地面积达到2.8平方米以上，城乡居民达到《国民体质测定标准》合格以上人数比例达到94.5%以上,创成体育现代化县(市、区)30个以上,城市社区"10分钟健身圈"基本建成,高质量实现行政村体育设施全覆盖。

二、主要任务

(一)加强全民健身制度体系建设

推进全民健身公共服务标准体系建设,以标准化规范化引领工作,落实国家全民健身公共服务标准。实施体育现代化乡镇(街道)建设规范、大中型体育场馆智慧化建设和管理规范等地方标准,制定全民健身重点领域相关标准,鼓励体育社会团体制定项目团体标准。(责任单位:省体育局、省市场监管局。列第一位的为牵头单位,下同)健全全民健身公共服务制度体系,落实《浙江省公共体育设施管理办法》(省政府令第384号),制定实施社会体育指导员队伍建设、基层体育委员工作制度等政策文件。确保全民健身基本公共服务全面覆盖、均等享有。(责任单位:省体育局,各市、县〔市、区〕政府。以下均需各市、县〔市、区〕政府参与,不再列出)

(二)增加全民健身场地设施供给

实施全民健身体育场地设施建设普惠工程。编制健身设施补短板五年行动计划,实施点单式与分配制相结合的建设模式,增补室内体育场馆,合理布局多类型体育健身设施,增加农村地区体育健身设施供给。积极参与未来社区建设,推广装配式健身设施。新建省级全民健身中心15个、体育公园(体育设施进公园)250个、足球场(含笼式足球场)250个、村级全民健身广场300个、社区多功能运动场1000个、百姓健身房3000个。(责任单位:省体育局、省发展改革委、省自然资源厅、省建设厅、省交通运输厅、省水利厅、省农业农村厅)实施公共体育场馆服务提升工程,着力打造具有全国示范引领水平的全省公共体育场馆服务标杆群。支持公共体育场馆专业化、社会化运营。实施百姓健身房星级评定制度。完善公共体育场馆免费或低收费开放补助政策。(责任单位:省体育局、省发展改革委、省教育厅、省机关事务局)

(三)提升科学健身指导服务水平

加强全民健身"双员"(社会体育指导员、基层体育委员)队伍建设。实施社会体育指导员星火工程,打造"百千万"社会体育指导员骨干队伍。推广应用社会体育指导员管理服务系统,完善评价激励机制,提高社会体育指导员指导率,推广基层体育委员工作制度,开展线下与线上科学健身指导。(责任单位:省体育局、省教育厅、省民政厅、省人力社保厅)健全省市县三级国民体质监测网络,实施省3—69周岁公民体质评价等级标准。提供标准化体质测试服务,推广个人运动健康档案和运动建议服务。提高《国家体育锻炼标准》达标测验的覆盖率、达标率和优良率。(责任单位:省体育局、省教育厅、省卫生健康委)

(四)发挥全民健身社会组织作用

实施体育社会组织培根工程。推进体育社会组织实体化改革,实施业余运动等级评定,增强体育社会组织创新活力。实现市县两级体育总会实体化,县(市、区)"1+25"组织模式(1个体育总会和25个以上在民政部门登记注册的体育社会组织)全覆盖。全省登记注册和备案的体育社会组织达到2万个。获得社会组织等级评估5A级的体育社会团体达到120家以上,3A级以上体育社会团体覆盖率达到65%。健全法人治理结构,推进

体育社会团体依法依规独立运行。(责任单位:省体育局、省民政厅)

(五)完善全民健身赛事活动体系

举办省体育大会等全民健身品牌赛事活动,发展民间、民俗体育赛事和少数民族体育项目,常态化开展青少年、老年人和残疾人等群体的体育活动。举办覆盖各类群体的线上赛事活动。(责任单位:省体育局、省教育厅、省民宗委、省大数据局、省总工会、省妇联、省残联)培育游泳、球类、武术、自行车等大众体育赛事,促进马术、击剑、街舞、航空运动、汽摩运动、智能体育等时尚体育赛事发展,鼓励举办冰雪运动赛事。打造具有长三角区域特色的原创品牌赛事。(责任单位:省体育局、省公安厅、省建设厅、省交通运输厅、省水利厅、浙江海事局、民航浙江安全监管局)

(六)推进全民健身事业融合发展

深入推进体教融合,实施青少年体育春苗工程,保障学生每天校内、校外各1小时体育活动时间,帮助青少年掌握2项以上运动技能。建立分学段、跨区域的青少年体育赛事活动体系,强化少先队实践育人作用。强化体育评价,建立学生日常参与、体质监测和专项运动技能测试相结合的考查机制,将达到国家学生体质健康标准作为学校教育教学考核重要内容。积极推进体育考试改革,完善测试标准,逐步提高分值。(责任单位:省教育厅、省体育局)深入推进体卫融合,制定实施促进体卫融合发展的指导意见,从注重治已病向注重治未病转变。推动签约医生、家庭医生等医务人员和社会体育指导员开展运动知识、健康知识交叉培训。编制运动预防慢性病技术指南。将国民体质测试纳入健康体检范围,制定运动康复治疗项目列入医院收费目录等制度。(责任单位:省体育局、省教育厅、省卫生健康委、省医保局)深入推进体旅融合,推动山地户外营地、航空飞行营地、汽车自驾运动营地、运动船艇码头、滑雪场等体育旅游设施建设。打造具有全国知名度的体育旅游目的地、精品线路、精品景区25个(条),培育农业休闲、赛事旅游集聚区。打造"运动浙江、户外天堂"和"国际知名运动休闲目的地"品牌。(责任单位:省体育局、省发展改革委、省经信厅、省文化和旅游厅)

(七)推进全民健身领域改革创新

坚持整体智治理念,实施数字体育引领工程。整合健身场地、赛事活动、健身指导、体质测试等便民事项,打造公共体育一站式服务应用。研发智慧场馆管理系统,推进智慧健身路径、智慧健身步道、智慧体育公园建设。(责任单位:省体育局、省发展改革委、省大数据局)完善社会资本进入全民健身领域的政策措施。鼓励社会力量建设运营全民健身设施、体卫融合实体机构等。鼓励公共体育场馆和学校体育场馆引入专业机构运营管理。完善以市场化为主的办赛机制,健全体育赛事活动多元化投入机制和多样化运营模式。(责任单位:省体育局、省卫生健康委)

(八)厚植全民健身精神文化底蕴

大力弘扬群众体育传统文化。加强民间、民俗、民族体育的保护、推广和创新。推动各地体育博物馆、体育名人堂和体育档案馆建设,做好体育文物藏品征集和收藏管理保护。(责任单位:省体育局、省民宗委、省文化和旅游厅)积极培育全民健身时尚文化。鼓励体育影视、音乐、摄影、美术、动漫等作品创作展示。开展健身明星、运动达人等群众体育明星评选活动。培育体育公益、慈善和志愿服务文化。(责任单位:省体育局、省文化和旅游厅、省广电局)努力营造全民健身浓厚氛围。宣传科学健身知识,推广全民健身经验,讲述全民健身故事,树立全民健身榜样,推动形成全民健身意识深入人心、全民健身活动融入生活、全民健身文化影响社会、全民健身品牌成为典范、全民健身氛围更加浓厚的良好局面。(责任单位:省体育局、省广电局)

三、保障措施

(一)加强组织领导

市县政府要把全民健身公共服务体系建设纳入国民经济和社会发展规划,把全民健身重点工作纳入政府民生实事,形成部门联动、责任清晰、分工明确、齐抓共管的工作机制。体育部门牵头制定实施公共体育设施专项规划。

(二)强化经费保障

保障公共财政对全民健身公共服务的投入,建立政府主导、社会力量参与的投入机制,增加体育彩票公益金用于全民健身比例,发挥政府扶持体育发展专项资金引领带动作用,鼓励引导社会资本投入,提高资金使用绩效。

(三)加强督促指导

各地要充分发挥实施全民健身计划领导小组作用,将全民健身工作纳入经济社会发展核心指标体系,建立督导机制,加强对全民健身重点工程和民生实事等的指导监督,强化新闻媒体等社会监督,确保工作落实。

(四)实施绩效评估

市县政府要制定全民健身实施计划(2021—2025年),开展实施情况年度评估,并于2025年进行全面评估。评估结果与全民运动健身模范市、县(市、区)和体育现代化县(市、区)等创建相关联,确保任务如期完成。

浙江省体育局等委办局文件

省发展改革委　省体育局关于印发
《浙江省体育改革发展"十四五"规划》的通知

浙发改规划〔2021〕86号

各市、县(市、区)人民政府,省直属各单位:

现将《浙江省体育改革发展"十四五"规划》印发给你们,请结合实际,认真组织实施。

附件:浙江省体育改革发展"十四五"规划

浙江省发展和改革委员会　浙江省体育局

2021年3月29日

浙江省体育改革发展"十四五"规划

"十四五"时期,是浙江开启高水平全面建设社会主义现代化、努力成为新时代全面展示中国特色社会主义制度优越性的重要窗口的关键时期。根据《体育强国建设纲要》《浙江省国民经济和社会发展第十四个五年规划和二〇三五年远景目标纲要》和《浙江省高水平建设现代化体育强省实施意见》总体部署,为明确"十四五"时期浙江体育改革发展的目标任务,制定本规划。

一、现实基础与发展环境

(一)发展成就

"十三五"时期,我省体育事业快速发展,顺利完成各项目标任务,为体育强省建设奠定了坚实基础。

全民健身服务达到新水平。率先启动体育强县(市、区)、体育现代化创建。实现城乡"15分钟健身圈"。全省人均体育场地面积达到2.4平方米,经常参加体育锻炼人数占比达42%,国民体质监测合格率达93.8%。建成省级全民健身活动中心33个,社区多功能运动场1087个,乡镇(街道)全民健身中心、中心村全民健身广场(体育休闲公园)等798个,游泳池(含拆装式游泳池)532个,小康体育村升级工程5560个,百姓健身房1015个,社会足球场地1013片。每万人体育社会组织达到2.2个,每千人拥有社会体育指导员2.6人。

竞技体育成绩取得新突破。综合实力跻身全国前列,保持届届奥运有金牌的荣誉。里约奥运会,浙江运动员共获得2枚金牌、2枚银牌、3枚铜牌。第十三届全运会创历史最好成绩,金牌数居全国第二位。印尼雅加达亚运会创境外参赛历史最好成绩,金牌数居全国第二位。第十四届全国冬季运动会成绩实现历史性突破。共获得奥运冠军2个、世界冠军42个、亚洲冠军61个、全国冠军746个。创建18个国家级高水平体育后备人才基地、50个省级高水平体育后备人才基地。全省有国家队集训运动员101人,布局2019—2022新周期业余训练后备人才55321人,比上个周期增加12621人。

赛事体系建设实现新进步。出台《浙江省体育赛事管理办法》,建立全省赛事统一发布、报名、成绩共享平台,省级青少年体育赛事和体育社团赛事培训活动承办权通过中介平台实现公开交易,推行体育赛事保险"一站式"服务。全省累计举办国际性赛事200多场、全国性赛事720多场、省级赛事1200余场,体育赛事影响力进一步提升。

体育产业发展得到新提升。2019年全省体育产业总产出2615亿元,增加值845.45亿元、占GDP比重1.35%。体育法人单位3.6万家,数量居全国第三位。建成国家体育产业示范基地9个、国家体育产业示范单位5个、国家体育产业示范项目8个。全省体育彩票销量755.95亿元,筹集公益金196.28亿元,均列全国第四位。

体育文化宣传呈现新气象。《体坛报》和省体育局官方网站、微信、微博传播力持续提升,在全国体育系统率先建成体育融媒体中心。完成《浙江通志·体育志》编辑出版。

体育改革创新迈出新步伐。温州社会力量办体育改革试点经验向全国推广、在全省扩面延伸,社会力量办体育成为我省体育改革的"金名片"。体育领域"放管服"改革走在全国前列,"互联网+政务服务"主要指标领跑全国。公共体育场地设施100%纳入全民健身地图。

亚运会筹办取得新进展。组建2022年杭州亚运会组委会,55个竞赛场馆建设有序推进,确定40个亚运会、22个亚残运会竞赛项目设置。

(二)短板与不足

在取得成绩的同时,也要清醒地看到:我省全民健身公共服务体系有待进一步完善,场地设施等体育公共服务供给仍然不足,地区间、城乡间不平衡不充分问题依然存在。竞技体育综合竞争力有待进一步提升,运动项目规模偏小、发展不均衡,训练备战体系还不完善。体育产业发展潜力有待进一步激活,产业规模还不够大、质量不够高。体育赛事培育有待进一步加强,赛事"一站式"服务体系还不够完善,赛事活动影响力、带动力还不够强。体育治理体系有待进一步健全,基层基础不够扎实,体育公共服务标准规范不够健全,体育市场主体、社会组织有待进一步培育等。这些短板和问题制约着我省体育事业进一步发展,需要下大力气,切实加以解决。

(三)机遇与挑战

新发展阶段,是浙江体育大发展、大提升、大跨越时期。习近平总书记对体育工作高度重视。2020年9月22日,习近平总书记主持召开教育文化卫生体育领域专家代表座谈会并发表重要讲话,赋予体育新定位、作出新部署,从国家战略和发展全局高度明确了体育发展新要求。党中央、国务院加强了体育强国建设的顶层设计。国务院办公厅印发的《体育强国建设纲要》提出,努力将体育建设成为中华民族伟大复兴的标志性事业。省委、省政府对我省体育事业发展作出了新部署。省委十四届八次全会《建议》、省政府工作报告、省"十四五"规划《纲要》等明确了体育强省建设的目标要求、发展方向和工作部署。杭州亚运会是浙江体育事业跨越发展、全面升级的重要契机。2022年杭州亚运会、亚残运会的举办,将全面优化提升我省体育发展的环境和基础设施,推动体育事业大发展。

进入新发展阶段,体育发展也呈现新特征、面临新挑战。体育现代化是以人为核心的现代化的重要标志。享受体育乐趣、参与体育活动、增强身体素质、厚植体育文化等成为现代化、高品质生活的重要象征。人民群众需要更加科学、健康、丰富、优质的体育服务,对体育公共服务和体教融合、体旅融合提出了更高要求。新发展格局对体育发展提出新要求。在以国内大循环为主体、国内国际双循环相互促进的新发展格局背景下,人民群众的体育消费进一步激发,要求加强体育公共服务供给,推动体育与科技融合,加快体育产业高质量发展。疫情防控常态化对体育治理能力提出新课题。新冠肺炎疫情影响广泛深远,体育发展不稳定性不确定性增加,全民健身、体育赛事、体育交流等受到不同程度的影响制约。

二、聚焦争创体育现代化先行省,奋力推进体育强省建设

(一)指导思想

坚持以习近平新时代中国特色社会主义思想为指导,深入贯彻党的十九大和十九届二中、三中、四中、五中全会精神,学习贯彻习近平总书记考察浙江重要讲话精神和关于体育工作的重要论述,立足新发展阶段,贯彻新发展理念,构建新发展格局,以数字化改革为牵引,以创新为根本动力,以满足人民日益增长的美好生活需要为根本目的,坚持"忠实践行'八八战略'、奋力打造'重要窗口'"主题主线,推动体育发展全面融入"争创社会主义现代化先行省"大局,全面贯彻落实体育强国、健康浙江、体育强省建设部署,率先构建更亲民、更便利、更普惠的全民健身公共服务体系,率先探索治理更加多元、发展更可持续的竞技体育浙江路径,率先打造规模更大、结构更优、机制更活的现代体育产业体系,率先建设整体智治的体育改革治理体系,推动体育事业成为"重要窗口"建设的标志性成果之一。

(二)基本原则

坚持融入大局。加强党对体育的全面领导。牢固树立系统观念和全局思维,坚定不移推动体育融入大局发展,跳出体育发展体育,全力推动体育工作纳入全省战略全局,纳入省委、省政府中心工作,在融入大局中借势借力,在服务大局中彰显价值,持续提升体育的影响力、贡献率。

坚持为民惠民。牢固树立以人民为中心的发展思想,始终将提高人民健康水平、满足人民群众对美好生活向往、促进人的全面发展作为体育改革发展的出发点和落脚点。聚焦体有所健,从群众最关心的事做起,尽力而为、量力而行,加快构建更高水平的全民健身公共服务体系,助力共同富裕。

坚持争先争光。发挥竞技体育在体育强省建设中的"硬核"作用,坚定不移提升竞技体育综合实力。持续巩固拓展、优化提升竞技体育运动项目总体布局。坚持科学训练、分类指导,做实做厚竞技体育项目,力争有更多浙江运动员在国际国内赛场上争金夺银,为社会主义现代化先行省建设注入强大精神力量。

坚持整体智治。全面推进体育数字化改革,以数字化改革引领体育全方位改革,把数字化、一体化、现代化贯穿体育治理全过程各方面,综合集成推进体育治理全方位、系统性、重塑性变革,形成整体智治、高效协同的体育治理体系,为建设高水平现代化体育强省提供坚强保障。

(三)主要目标

围绕争创体育现代化先行省,聚焦聚力高质量、竞争力、现代化,推动形成政府主导有力、社会规范有序、市场充满活力、人民积极参与、社会组织健康发展、公共服务完善的体育发展新格局,实现体育工作"六个走在前列"。2025年基本建成体育强省。

——打造全民健身服务惠民先行区。基本建成覆盖城乡、便民惠民的现代化全民健身公共服务体系,全民健身成为人民群众品质生活的标志。人均体育场地面积达到2.8平方米以上,建设城市社区"10分钟健身圈",经常参加体育锻炼人数比例达到43.5%以上,城乡居民体质监测合格率达到94.5%以上,创建体育现代化县(市、区)30个以上,全省体育社会组织达2万个。群众体育发展走在全国前列。

——打造竞技体育综合实力新高地。稳步提升我省在国际大赛中对国家的贡献度。我省运动员参加东京奥运会、巴黎奥运会获得金牌,北京冬奥会有运动员参赛并取得较好成绩,2022年杭州亚运会创造参赛历史最好成绩,第十四届和第十五届全运会实现"保六争三"。拓宽优化运动项目布局,提升"三大球"竞技实力,冬季项目取得新突破。创建国家级、省级体育后备人才基地60个以上。竞技体育发展走在全国前列。

——打造全国知名体育赛事增长极。健全完善体育赛事体系,每年举办国际性赛事达80场次以上、全国性赛事300场次以上,成功举办2022年杭州亚运会、亚残运会。努力打造5个以上"体育赛事之城",形成"一市多品、一县一品"的区域赛事布局。基本建成体育赛事强省,体育赛事影响力和贡献率走在全国前列。

——打造高端体育产业集聚区。聚焦体育产业倍增提效,体育产业总规模、增加值年均增长12%以上,体育产业总产出达到5000亿元以上,体育产业增加值占GDP比重达到2%以上,体育服务业占体育产业增加值比重达到60%以上。创建国家体育产业基地30个以上,培育体育上市公司、省级运动休闲基地和体育示范企业120个以上,体育彩票销售额达600亿元。体育产业发展走在全国前列。

——打造彰显特色的体育文化高地。大力传承弘扬中华体育精神,加强体育文化培育、传播和推广。深入挖掘优秀运动项目文化,培育优秀体育文化作品,讲好体育故事,打造具有浙江特色的体育文化品牌。深化媒体融合,持续开展"浙江体坛十佳"评选活动。加强体育文史工作,筹办浙江体育博物馆,兴建10个体育主题博物馆、展览馆、陈列馆和体育名人堂。体育文化发展走在全国前列。

——打造体育整体智治示范区。以数字化改革引领体育全面深化改革,全省体育行政管理、全民健身服务、赛事和训练管理方式、流程、手段、工具等普遍实现数字化,实现体育政务服务和管理"一张网"掌控,公共体育"一站式"服务,体育赛事、运动员教练员职业生涯管理"一件事"办理,社会力量办体育改革持续深化,体育法规、规划、政策、标准、评估体系更加完善。体育整体智治水平走在全国前列。

表1 "十四五"体育改革发展主要指标

类别	序号	指标	单位	2020年实绩	2025年目标	指标属性
全民健身	1	人均体育场地面积	平方米	2.4	2.8以上	预期性
	2	经常参加体育锻炼人数比例	%	42	43.5以上	预期性
	3	国民体质监测合格率	%	93.8	94.5以上	预期性
	4	省体育现代化县(市、区)	个	——	30以上	预期性
	5	足球场建设	片/万人	0.79	0.85	预期性
竞技体育	6	奥运会、亚运会、全运会	——	保持奥运会届届有金牌	东京奥运会、巴黎奥运会确保有金牌;杭州亚运会创历史最好成绩;第14、15届全运会金牌数"保六争三"	预期性
	7	冬季运动项目	——	——	北京冬奥会有运动员参赛;全国冬运会取得6枚以上金牌,创历史最好成绩	预期性
	8	省队联办	个	——	新增2个全运会大项	预期性

类别	序号	指标	单位	2020年实绩	2025年目标	指标属性
体育赛事	9	全国顶级俱乐部联赛运动项目	个	3	5以上	预期性
	10	赛事之城	个	—	5以上	预期性
	11	品牌赛事	个	76	100以上	预期性
	12	国家级以上裁判员	人	371	450	预期性
体育产业	13	体育产业规模	亿元	3000	5000	预期性
	14	体育产业增加值占GDP比重	%	1.4	2.0	预期性
	15	人均体育消费支出	元	2300	3000以上	预期性
	16	培育省级运动休闲乡镇	个	19	50以上	预期性
体育文化	17	新建体育博物馆、展览馆、陈列馆和体育名人堂等	个	—	10以上	预期性
体育改革	18	公共体育"一站式"服务应用覆盖率	%	—	100	预期性
	19	体育赛事"一件事"应用覆盖率	%	—	100	预期性
	20	运动员教练员职业生涯管理"一件事"应用覆盖率	%	—	100	预期性

【注】2020年体育产业规模3000亿元,体育产业增加值占GDP比重1.4%,人均体育消费支出2300元等为预估数。

三、高标准实施体育强省八大行动计划,交出体育高质量发展的高分报表

(一)实施全民健身惠民计划,构建更高水平的全民健身公共服务体系

制定全民健身实施计划,深入推进全民健身模范市(县)、体育现代化县(市、区)创建工作,全面推进体育公共服务均等化、标准化、优质化,构建现代化全民健身公共服务体系。

1. 加快体育场地设施规划建设

推动各市县政府制定公共体育设施专项规划,并纳入国土空间规划,落实年度实施计划。实施全民健身体育场地设施普惠工程,打造城市社区"10分钟健身圈",高质量实现行政村体育设施全覆盖。"十四五"期间,新增省级全民健身中心15个、体育公园250个、足球场(笼式足球场)250个、村级全民健身广场300个、社区多功能运动场1000个、百姓健身房3000个。推进步道建设,建成1万公里"环浙步道系统"。推广"公园绿地+体育""廊道+体育""商场+体育"等新模式,挖掘开发利用旧厂房、屋顶、高架桥下、地下室及河滩地等空间,建设公共体育设施。加强未来社区体育设施建设,建立健全体育部门参

与新建居住区、社区规划、验收机制,落实国家新建居住区和社区配套群众健身设施标准。落实公共体育设施和符合条件的学校体育设施100%向社会开放政策,推动机关事业单位体育场地设施应开尽开,引导企业体育场地设施开放共享。

2. 创新完善全民健身活动体系

持续开展适应青少年、妇女、老年人、农民、职工等群体的全民健身活动。开展残疾人体育活动,发展康复体育。大力发展路跑、游泳、球类、自行车等大众体育项目,鼓励发展轮滑、帆船、赛艇、赛车、航空、极限运动等时尚运动项目,推广冰雪运动项目,传承弘扬传统、民间体育项目和少数民族体育项目,促进居家健身项目常态化。引导扶持社区体育健身俱乐部、体育健身团队等自发性群众体育组织规范化发展。推进"互联网+体育组织"发展模式,打造一批全民健身活动传播平台。推广工间操制度,实施运动水平等级评定制度。构建全民健身发展指数评估体系,定期发布全省全民健身发展指数白皮书。

3. 加强体医融合

推动健康关口前移,加快建立运动促进健康新模式。实施体医融合发展行动计划,创新科学健身指导服务供给模式,推行医务人员运动健身知识和社会体育指导员健康科普知识的交叉培训,提高健身指导技能水平。推进科学健身指导服务进机关、进社区、进镇村、进学校、进企业。健全全民健身常态化监测机制,依托医疗机构和国民体质监测站点开展运动促进健康的服务与指导。加强运动科学研究,构建运动康复体系,建立体医融合复合型专业队伍与运动健康档案数据库,推广群众就医诊疗、运动指导"双处方"康复模式,发挥全民科学健身在健康促进、养生保健、疾病预防和康复治疗中的积极作用,形成体医结合的健康管理与服务模式。

4. 深化体教融合

坚持健康第一的教育理念,制定实施我省深化体教融合促进青少年健康发展意见,推动青少年文化学习和体育锻炼协调发展。深入开展阳光体育活动,学校、家庭、社会联动,保障学生每天校内、校外各1小时体育活动时间,帮助青少年熟练掌握2项以上运动技能,养成终身体育锻炼习惯。加强体育特色学校和阳光体育后备人才基地建设,构建"一校一品""一校多品"的学校体育新格局。支持各地在体育传统特色学校的基础上,建立健全小学、中学、大学"一条龙"体育人才升学机制。畅通优秀退役运动员、教练员等担任学校体育教练或体育教师渠道。加快构建青少年体育竞赛体系,实现运动员统一注册、运动水平等级统一评定、体育赛事联合举办。深化各项目协会与青少年体育俱乐部合作,发展青少年体育俱乐部、户外体育活动营地。

专栏1 全民健身重点工程

1. 浙江省全民健身中心工程。总建筑面积约21万平方米。2025年,基本建成省全民健身中心,打造全国一流的全民健身综合体。

2. 城市社区足球场地建设工程。到2025年,新建居住区至少配建一片非标准足球场地设施,既有城市社区因地制宜配建社区足球场地。

3. 百姓健身房建设工程。到2025年,全省新建百姓健身房3000个。制订《浙江省百姓健身房星级评定办法》,加快推进百姓健身房融合发展。

4. 市县体育公园建设工程。到2025年,新增体育公园250个,实现县(市、区)体育公园全覆盖、体育设施进公园3个以上。

5. 环浙步道建设。建成10000公里"环浙步道",创办"环浙"系列越野赛,制定《"环浙步道"总体规划》《"环浙步道"建设导则》《健身步道建设规范》。

6. 体医融合发展行动计划。健全全民健身常态化监测机制,推进国民体质监测站点向运动促进健康站点转变,推广科学健身、伤病防护、运动康复等运动促进健康新模式,制定实施青少年、妇女、老年人、农民、职业人群、残疾人等群体的体质健康干预计划。

7. 体教融合发展行动计划。落实国家体育总局和教育部《关于深化体教融合促进青少年健康发展的意见》,制定浙江省深化体教融合实施办法。

(二)实施竞技体育争光计划,锻造更具实力的竞技体育硬核力量

构建更加科学、更具活力和竞争力的竞技体育发展新体系,全力做好奥运会、亚运会、全运会等重大赛事训练备战,争取优异成绩,为国争光、为省添誉。

1. 统筹推进疫情防控和训练备战

坚持做好常态化疫情防控,聚焦疫情防控和训练备战"两手硬、两战赢",按照常态化、精准化、实战化要求,落实运动训练单位科学训练备战工作。坚持"三从一大"科学训练原则,构建科学严密的训练体系,强化队伍管理,抓好训练过程,全力打造复合型优秀运动队、培养优秀运动员。紧盯备战目标,优化落实运动队"一人一案一团队"保障方案,深化"四个体系"建设和"最多提一次"服务,助力提升运动成绩和比赛竞争力。精心组织奥运会、亚运会、全运会等重大赛事的参赛选拔工作,不断提升我省在国际大赛中对国家的贡献度。

2. 优化竞技体育项目布局

研究把握体育运动发展规律和变化趋势,综合评估项目发展潜力和价值,巩固发展田径、游泳、举重、羽毛球、网球、皮划艇、赛艇、帆船、射击等传统基础项目和优势项目。着力提升"三大球"等集体球类项目竞争力。推动冬季运动项目发展。调动整合社会力量参与竞技体育。适度扩大全省竞技体育项目规模,鼓励全省各地重点发展符合本地实际、具有区域特点的竞技体育项目,填补全省优秀运动队竞技项目空白。

3. 推进数字科技助力竞技体育

科学把握竞技体育训练规律,推动数字赋能。推进运动员运动档案数据化、模块化建设,加强数据挖掘及分析,为运动员选材培养提供科学依据,提高运动员成才率。加强体育情报信息收集分析,注重训练理念、方法和手段的研究和创新,提高训练科学性。建设体育科技协同创新平台,整合训练、科研、医务资源,着力推进优秀运动队的训科医一体化复合型训练团队建设,构建优秀运动员个性化科研攻关与科技保障新模式。加强国际合作,建设世界一流的"训、科、医、教、服"一体化训练基地。大力推进训练场馆数字化、智能化改造,筹划成立浙江数字化体能训练中心,为科学化训练监控和决策提供支撑。

4．加强竞技体育后备人才队伍建设

突出重点,布局创建国家级、省级高水平体育后备人才基地60个以上。深化推进10所以上新型体校改革发展,创建省级阳光体育后备人才基地160所以上。坚持开放办体育,鼓励青少年体育俱乐部等社会力量参与体育后备人才培养。创新、丰富体育后备人才综合训练营活动,建立省优秀运动队运动员教练员与基层运动员教练员开展互动训练比赛、教学教研、选材培训等活动平台,每年动态选拔、培养重点竞技体育后备人才700人以上。全省业余训练后备人才布局稳固在5万人以上。夯实业余训练基础,鼓励支持杭州、宁波、温州等地深化开展游泳等项目优质后备人才培养试点。

专栏2　竞技体育重大工程

1．奥运会、亚运会、全运会争光计划。东京奥运会、巴黎奥运会确保获得金牌,北京冬奥会有浙江运动员参赛,杭州亚运会创历史最好成绩,第十四届和第十五届全运会金牌数全国排名"保六争三"。积极争取合办国家队。

2．"三大球"振兴计划。全运会"三大球"项目力争取得一枚以上金牌,男子篮球、男子排球项目全国俱乐部顶级联赛力争进入前三名,女子篮球、女子排球项目全国俱乐部顶级联赛力争进入前六名,男子足球、女子足球项目全国俱乐部顶级联赛力争进入前八名。

3．深化省队联办培养模式。在5个以上市开展省队项目联办,全省开展运动项目大项达到全运会设置大项占比80%以上。

4．科技助力竞技体育工程。加强国际交流合作,强化国家重点实验室建设,优化竞技体育科研攻关团队,推进浙江运动医学中心建设,打造省级优秀运动队训科医保障团队15个以上。

5．制定省竞技体育发展指数评估指标体系。深化研究全省运动项目发展规律和变化趋势,科学、准确、客观、综合评估竞技体育发展质量和水平,建立竞技体育基础条件、实践过程及综合效果等内容组成的评估体系,引领、推动竞技体育和业余训练高质量发展。

(三)实施体育赛事提质计划,打造更加完善的体育赛事体系

把体育赛事作为体育事业的重要载体和体育产业的核心业态,集聚高端要素,培育赛事品牌,打造体育赛事强省,推动体育赋能城市、运动振兴乡村,助力经济高质量发展。

1．全力办好杭州亚运会、亚残运会

坚持"绿色、智能、节俭、文明"办赛理念,统筹推进杭州亚运会、亚残运会筹办和备战参赛工作,高标准、高质量完成各项办赛任务,努力实现"办赛精彩、参赛出彩",提升浙江体育综合实力和国际影响力。有序推进场馆新建、改造和重大配套基础设施建设,确保按期保质完工并投入使用。充分考虑场馆的长久利用和可持续利用,拓展延伸重大赛事举办、赛事文化传播、赛事经济发展、健身健康促进等功能。全力做好竞赛组织工作,推进办赛标准化、科学化、智慧化。

2．健全体育赛事体系

编制实施体育赛事发展规划,完善体育赛事项目布局。积极申办举办国际足联俱乐部世界杯、WTT世界乒乓球联赛、世界排球联赛、女排世俱杯等国际性重大赛事。成功举办省第十七届运动会、省第四届体育大会、省第四届海洋运动会和省生态运动会等综合性特色赛事活动。高质量举办足球、篮球、排球等项目的省级联赛,支持各级单项体育协会举办高水平单项体育赛事。完善全省职业(业余)体育联赛机制,培育具有浙江特色的职业(业余)体育赛事。着力打造"浙里健"系列品牌赛事活动。推进品牌赛事活动规划、培育和管理,重点扶持发展前景广、国际化程度高的品牌赛事,力争全省品牌体育赛事达到100项以上。推进体育俱乐部分级分类管理,鼓励优秀运动队与企业合建职业俱乐部。支持职业体育俱乐部参加国际国内职业体育赛事,力争5个以上运动项目的职业俱乐部进入全国顶级联赛。支持职业体育市场化,鼓励发展赛事赞助、赛事广告、门票销售、赛事版权等赛事经济。加快以杭州为中心的大湾区体育城市群建设,推动具有较好办赛基础的设区市打造体育赛事之城。支持各县(市、区)围绕区域特色举办各类大赛,创造自主品牌及民族民间民俗体育赛事活动,打造一批赛事集聚县(市、区),形成"一市多品、一县一品"区域赛事格局。

3．推进体育赛事标准化规范化

建立健全体育赛事活动组织、流程、服务、安全等标准。加强赛事注册管理,完善全省青少年比赛运动员注册交流制度。加强裁判员管理,推动裁判员培养、使用、监管的标准化建设。加强改进赛风赛纪,营造良好赛事环境。建立体育赛事评估体系,发布全省体育赛事发展年度报告。坚决贯彻落实习近平总书记关于反兴奋剂工作指示批示精神,加强反兴奋剂斗争,全面落实"两长制""七强七重主体责任清单""八督八查监督责任清单""反兴奋剂问责办法"等制度,建立全员动员、全面覆盖、全链条管控的防反兴奋剂防控体系,确保兴奋剂问题"零出现""零容忍"。

专栏3　重大体育赛事活动

1．积极举办国际性重大赛事。成功举办2022年杭州亚运会和亚残运会、2021年国际足联俱乐部世界杯、WTT世界乒乓球联赛、世界排球联赛、女排世俱杯,积极申办在我省具有广泛群众基础和项目基础的各类国际比赛。重点在田径、游泳、举重、足球、篮球、羽毛球、网球、武术、赛艇、皮划艇、帆船、射击、自行车等项目赛事上有新突破。

2．"浙里健"系列品牌赛事活动。全力打造具有浙江特色的综合性和单项体育赛事活动。巩固提升浙江省体育大会、浙江省海洋运动会、浙江省生态运动会、浙江省女子体育节、浙江省阳光体育运动会、浙江省少数民族传统体育运动会等节会举办水平和影响力,扩大提升长三角系列赛事。重点规划"浙里跑""浙里游""浙里骑"等品牌赛事。完善马拉松赛事体系,打造以杭州马拉松为龙头,全省各地各具特色品牌的马拉松和路跑赛事生态系统。

（四）实施体育产业倍增计划，打造更富竞争力的现代体育产业体系

坚持供需两端发力，持续提升体育产品供给质量，激发体育消费新需求，加快培育经济发展新动能，力争体育产业总产出翻一番，努力提升体育产业对经济的贡献度。

1. 加快建立现代体育产业体系

提升扩大体育制造业规模，引导企业开展数字化、智能化改造，着力打造一批规模10亿元以上的智能健身设备、水上运动装备、山地户外装备产业集群。鼓励体育制造与竞技体育、全民健身融合，推进体育装备制造企业向服务业延伸发展，形成全产业链优势。促进"体育+"产业融合发展。对接"四条诗路"建设，推进"体育+文旅"发展，打造一批国家体育旅游示范基地，形成3-5个具有国际影响力的体育旅游目的地，10条以上国家级体育旅游精品线路。推进体育助力乡村振兴，将具有特色资源的乡村培养成体育休闲、体育赛事旅游集聚区。构建以健身休闲和竞赛表演为核心，体育教育培训、场馆服务、体育贸易、体育传媒、体育健康服务、体育旅游等全面发展的体育服务业体系。基本建成体育产业基础数据库，促进数字体育产业创新发展。坚持体育彩票公益定位，推动体育彩票业高质量发展。

2. 优化体育产业发展布局

持续推进户外运动"两带三区四网"总体规划实施工作，聚焦"运动浙江、户外天堂"品牌，打造"国际知名运动休闲目的地"。持续深化城市联动发展，重点建设打造杭—嘉—湖"体育数字与智能创新都市圈"、杭—甬—绍—舟"时尚赛事与消费创新都市圈"、温—台—金"体育智造与贸易创新都市圈"、衢—丽"体育生态与旅游创新都市圈"。结合中国（杭州、宁波）跨境电子商务综合试验区建设，促进体育贸易和体育制造业企业通过"互联网+外贸"实现优进优出。支持山区26县体育产业加快发展，引导全省赛事活动和资金向基层倾斜，推动各类体育企业和组织向基层延伸覆盖。

3. 培大育强体育市场主体

推进市场主体跨界合作，实施战略并购、强化联动协作，培育一批体育行业领军企业，支持有条件的体育企业发展成为"平台型企业"。培育一批具有本土优势和较强竞争力的中小型体育企业，体育法人单位数超过4万个。积极吸引国内外著名体育产业公司总部、区域总部、运营中心、营销中心和研发中心落户浙江。鼓励体育企业建立战略联盟，推动形成一批体育与科技、旅游、健康、教育行业协同发展和利益共享联合体，推广体育用品制造与营销服务"一条龙"运营模式，打造一批户外运动上下游企业联合体。支持体育企业和高校等联合组建战略联盟，认定一批产学研用一体化协同创新项目，建成一批省级体育产业研发中心或实验室。做大做强"政采云"体育装备馆，探索建立体育资源交易平台。

4. 拓展体育消费新模式

加快推进国家体育消费试点城市建设，培育2-3个国家体育消费示范城市，打造知名时尚体育消费中心。完善体育消费支持政策，支持公益性群众健身消费。积极拓展体育健身、体育观赛、体育培训、体育旅游等消费新空间，打造市场化、消费型体育公园50个以上、体育服务综合体30个以上，满足不同层次体育消费需求。创新体育消费场景，大力发展中老年运动康复、中青年体育休闲、青少年体育培训和幼儿体适能产业。加快线上

线下融合,丰富线上智能体育赛事供给,支持体育行业企业拓展网上市场,提高线上体育消费占比。到2025年,实现全省体育消费总规模超过2000亿元,人均体育消费支出达到3000元左右。

专栏4　体育产业重大工程

1. 数字体育产业创新发展工程。推进体育产业数字化进程,深化打造浙江省体育产业名录数据库、全域户外运动智慧信息平台、"政采云"体育装备馆,优化高危险性体育项目场所数据库。建立健全经营高危险性体育项目场所信用评价体系。

2. 户外运动提质工程。规划建设航空飞行营地50个、汽车自驾运动营地30个、户外运动项目2000个,建设10000公里"环浙步道",打造"山上运动之道"。

3. 国家体育消费示范城市培育工程。积极推进国家体育消费试点城市建设,培育2—3个国家体育消费示范城市。

4. 体育重大设施建设工程。全省规划建设体育重大项目35个,其中新建项目20个,续建项目15个,总计投资金额超600亿元。

(五)实施体育文化繁荣计划,营造更具影响力的体育文化氛围

大力弘扬浙江精神和中华体育精神,宣传奥林匹克文化,传承和推广传统民族体育文化,提升浙江文化软实力,以体育文化助力体育强省建设。

1. 保护传承优秀体育文化

加强对民间、民俗、民族体育的保护、推广和创新,推动开展青少年体育传统文化教育。实施传统体育文化挖掘与保护工程,依托已有场馆筹办浙江体育博物馆,引导社会力量兴建各种富有特色的体育主题博物馆、档案馆、展览馆和体育名人堂。谋划举办浙江传统体育精英赛,办好省少数民族传统体育运动会。开展民族传统体育文化进校园活动,加强武术、龙舟、围棋、中国象棋、桥牌等项目推广。

2. 大力弘扬体育精神

以重大体育赛事活动为载体,倡导文明健身、文明观赛、文明参赛,弘扬公平竞争、拼搏精神和团队文化。以奥运会、亚运会、全运会等重大赛事为契机,挖掘提炼"浙江冠军群像"精神,编纂发行《浙江奥运群英谱》,讲好浙江"届届奥运有金牌"背后的精神故事。开展体育名将进校园、进社区、进学校、进机关"四进"活动。建设8个反兴奋剂学习教育基地。加强优秀运动队思想政治工作,打造具有鲜明体育特色的党建品牌。支持体育公益慈善事业发展,加强体育志愿者培训与管理,加快形成专业的志愿服务力量。

3. 加强体育文化传播

依托杭州亚运会、省运会等品牌体育赛事,加强运动项目文化、体育赛事文化的宣传。积极扶持体育文艺创作,开展体育文学、体育电影、体育电视剧、体育音乐、体育摄影的展示和评选等活动,创造一批具有时代特征、体育内涵、中国气派和浙江特色的体育文化产品。发挥浙江体育融媒体中心作用,建立省市县三级体育部门融媒体矩阵。加强体育文史研究,编印《浙江体育年鉴》。健全体育新闻发布制度,拓展体育对外宣传。

专栏5　体育文化重大工程

1. 体育文化挖掘与保护工程。开展体育文物、档案、文献的收集与整理,采取多种形式创办10个以上体育博物馆、展览馆、陈列馆和体育名人堂。

2. 体育文化传播工程。定期开展浙江"体坛十佳"评选活动,开展体育名将进校园、进社区、进学校、进机关"四进"活动。

3. 体育宣传强基工程。持续推进省市县平台共建、资源共享,发挥浙江体育融媒体中心作用,力争3个设区市、10个县(市、区)的体育部门入驻融媒体平台,打造浙江体育融媒体矩阵。建设一支100人以上的体育宣传队伍。

(六)实施数字体育赋能计划,形成更具浙江辨识度的体育治理体系

聚焦数字赋能、制度重塑、整体智治,把数字化改革的理念和实践贯穿到体育工作全过程、覆盖到体育改革全领域,推动体育治理重要领域体制机制、组织架构、方式流程、手段工具系统性重塑,引领支撑体育强省建设。

1. 全面推进体育数字化改革

对标全省数字化改革目标要求,持续推动数字体育迭代升级。依托一体化智能化公共数据平台,建好省体育数据仓,推动省市县三级体育公共数据对接联通,打造"一张网"体育协同治理"驾驶舱"。迭代政务服务和管理系统,梳理整合体育业务,推动体育主要领域核心业务数字化,细化数字政府和数字社会综合应用,全面对接"浙里办""浙政钉",实现"掌上办""一网办"。健全公共体育"一站式"服务应用,实现全省全民健身服务"一张图"。建成体育训练一体化管理应用,提高竞技训练全周期、精细化、科学化水平。打造体育赛事"一站式"服务应用,以数字化提升赛事服务水平。建设体育产业数字化管理应用,发挥数字体育在资源要素配置中的优化集成作用。到2021年底,基本建成覆盖全省的体育公共数据平台,50%核心业务形成数字产品,体育公共服务"一站式"应用上线运行。到2022年,体育公共数据平台趋于完善,80%核心业务形成数字产品,形成2个以上跨部门多业务协同应用。到2025年,体育领域核心业务实现数字化。

2. 开展"一件事"集成改革

围绕赛事管理服务、体育人才管理服务等,推进业务流程再造、多跨高效协同、工作闭环管理。推动赛事"一件事"集成改革。围绕办赛、参赛、观赛,打造全省体育赛事发布系统,构建跨部门的体育赛事活动综合服务机制,建立网上裁判员选用和信用体系,实现体育赛事申办、运动员注册报名、赛事信息查询、票务信息查询预订、观赛导览等场景"一站式"服务。推进优秀运动员、教练员职业生涯管理"一件事"改革。围绕优秀运动员集训、试训、招聘、停训以及退役安置,教练员录用聘任、教育培训、职称评审、岗位变动、奖惩以及退休等事项,推进运动员教练员生涯管理的规范化、标准化、数字化。

3. 深化社会力量办体育改革

聚焦重点突破领域,开展社会力量办体育重点改革试点,建立健全社会力量办体育1+X政策体系。完善鼓励社会力量参与体育场地设施建设运营的政策措施,引导有条件的场馆实行集团化管理。鼓励社会力量开展健身指导、科学训练、运动康复等业务,投资运营体医融合实体机构。完善社会力量举办赛事活动的扶持激励机制,深化赛事管理运

行机制改革,健全多元化赛事举办运营模式,加快形成以市场化为主的办赛机制。完善社会力量参与竞技体育人才培养支持政策,鼓励社会力量参与学校体育训练课程和专业指导。

4. 深化体育"放管服"改革

深化"互联网+政务服务",全面实施"互联网+监管",提升体育领域办事效率。加强依法治体,加快完善体育法规、规划、政策、标准、评估体系,统筹推进综合行政执法和体育行业信用体系建设,加快构建以信用为基础的新型体育监管体制。制定实施体育公共服务标准,以标准化推进体育公共服务均等化。构建体育强省评估指标体系。实施公共体育场馆服务大提升工程。支持黄龙体育中心率先建成示范智慧场馆,推动《大中型体育场馆智慧化建设和管理规范》落地,加快全省公共体育场馆智慧化场景体验全覆盖,打造以黄龙体育中心为龙头、其他大中型公共体育场馆为主体、各类小型场馆为重要补充的具有国内领先水平的全省公共体育场馆群。

5. 推进基层体育治理体系改革

按照实体化、社会化、规范化、专业化要求,加快体育社会组织改革,激发各级体育社会组织活力。实施体育社会组织强基工程,引导体育社会组织参与群众健身指导。研究制定体育社会组织分级分类管理制度,实施省体育社团活力指数评估制度。健全完善政府向体育社会组织购买服务机制和配套政策。加强各级体育总会和单项体育协会建设,推进县级体育社会组织"1+25"模式,乡镇(街道)备案体育社会组织"1+8"模式。到2025年,全省获得5A以上评估等级的体育社会团体达到150家以上,3A级以上体育社会团体覆盖率达到65%。构建专业技能型社会体育指导员培训机制,社会体育指导员在浙江体育公共服务平台注册率和指导率大幅提升。总结推广基层体育委员工作机制和做法,力争实现全省所有县(市、区)社会体育指导员、基层体育委员"双员制"全覆盖。

专栏6　体育重大改革

1. 构建体育数字化改革"114"工作体系。1个省体育局数据归集共享管理系统(省体育数据仓),1个政务服务和管理系统,4大核心业务应用(公共体育"一站式"服务应用、体育训练一体化管理应用、体育赛事"一站式"管理应用、体育产业数字化管理应用)。

2. 实施公共体育场馆服务大提升工程。实施《关于推进公共体育场馆服务大提升的实施意见》《大中型体育场馆智慧化建设和管理规范》,完成全省119家公共体育场馆的快捷服务、便民服务、硬件改造、公益服务、运营管理、环境改造、文化氛围、智慧场馆八大提升计划,全面推进公共体育场馆智慧化建设。

3. 强化体育社会组织四个体系建设。编制《高质量推进全省体育社会组织体系建设工作的行动纲要》,加快推动体育社会组织形成完善的工作目标体系、制度管理体系、绩效评估体系和政策激励体系,提升体育社会组织活力和参与社会治理能力。推进体育社团实体化改革和标准化建设,制订实施《体育社会组织活力指数》与《浙江省体育社团评估办法》。

4. 推广体育基层治理"双员制"。推广基层体育委员工作制度,制定实施《关于建立基层体育委员工作机制的实施意见》,构建基层体育委员组织网络。打造社会体育指导员全省万人骨干团、各市千人骨干团、各县(市、区)百人骨干团。

5.开展体育赛事"一件事"改革。梳理赛事"一件事"核心业务,明确试点单位,开发完善赛事一站式服务平台并向全省推广。下发赛事"一件事"指南等文件,建立全省统一的赛事申办、发布、报名、成绩查询、等级申报确认等一站式服务平台。

6.加快体育标准体系建设。构建体育强省建设指标体系,研究制定体育公共服务标准,构建群众健身运动水平等级标准和评定体系,研究建立赛事"一站式"服务标准,完善体育社会组织管理标准体系。

(七)实施体育开放合作计划,开辟更为广阔的体育发展新空间

坚持开放办体育,主动服务全国体育发展大格局,全方位参与长三角一体化联动发展,积极融入"一带一路"建设,大力开展对外交流活动,以开放促交流、以合作促发展,全面提升浙江体育的影响力和美誉度。

1.进一步提升浙江体育国家贡献力

加大优秀运动员、教练员培养和输送,深化省部合作共建国家运动队机制,争取在国际性重大赛事上贡献更多浙江力量。主动承担体育外交任务,积极申办承办国际性体育赛事。大力开展体育文化交流活动,积极承办全国综合性体育赛事及单项体育赛事,主动承担体育改革工作试点以及国家体育训练基地建设任务。加强区域体育交流合作,与北方省市开展冰雪项目合作,加强与其他兄弟省(市、区)体育训练、体育康复、体育产业、体育人才培养等交流合作。支持鼓励全省各地与省外城市开展合作。深化与港澳台地区体育交流合作。

2.推进长三角体育一体化

全面对接长三角体育产业一体化布局,充分发挥长三角体育产业联盟作用,建立政府部门、社会组织、企业单位三大联盟的协调发展新机制,推动全面融入长三角城市群体育产业高质量一体化进程。完善长三角地区联合办赛体制机制,提升联合办赛能力,共同申办承办国际性重大体育赛事。重点培育一批体育赛事特色功能区、体育旅游特色功能区、体育信息与商贸特色功能区、体育康体特色功能区、体育产学研特色功能区等省际功能区。积极举办长三角国际体育休闲博览会、长三角体育产业高峰论坛等活动,促进体育经济文化交流合作。

3.推进体育国际交流合作

积极推进体育用品装备、体育赛事、体育旅游、体育会展等体育产业跨境发展。深化与国际体育组织和知名体育企业交流合作,推动更多国际重大体育赛事和商业化赛事落地浙江。拓宽优秀运动队国际训练渠道,加强国外高水平教练顾问团队建设,探索竞技体育备战训练、技术人才引进的全球化战略布局和合作,积极引进国际体育组织落户浙江。组织青少年体育人才赴境外学习交流,邀请国外运动员来浙交流参赛。

专栏7 体育开放合作重大政策

1.深化长三角体育一体化合作机制。加强长三角体育联盟建设,支持各级政府、

体育协会、体育企业和相关机构开展多领域跨区域体育合作。完善长三角地区联合办赛的体制机制。办好长三角运动休闲体验季、运动休闲博览会、体育产业高峰论坛等品牌活动。

2. 实施浙江体育人才"走出去"计划。选派优秀运动员和教练员赴美国、澳大利亚、匈牙利等国进行学习培训,推动建设游泳、田径、皮划艇、赛艇等项目海外训练基地。

3. 加强浙江与国际体育交流合作。深化与西澳州、静冈、匈牙利等合作,在院校建设、师资培训、人员访学等方面建立体育合作机制。探索竞技体育技术人才引进的全球化战略布局,聘请高水平外籍教练员助力提升我省竞技体育水平。

(八)实施体育人才引育计划,筑牢更加坚实的体育强省发展根基

贯彻人才强省、创新强省战略,制定全省体育人才发展中长期规划,实施高层次人才培养专项计划,加大各类体育人才招引培育力度,不拘一格聚人才、用人才、留人才,加快形成符合高水平现代化体育强省建设要求的体育人才支撑体系。

1. 优化竞技人才培养模式

加快体育高等院校建设,支持浙江体育职业技术学院提升人才培养规格、创建本科层次高校,支持宁波、温州等有条件的地方创建体育类院校。创新竞技体育人才培养、选拔、激励保障机制,加强具有国际视野、创新思维和先进理念的领军型教练员队伍建设,持续实施"双百培养工程计划"。建立面向社会开放的省队优秀运动员选拔机制,优化一、二、三线运动队合理布局。加大精英教练员、优秀教练员培养、招引力度,培养一批领军型教练员。完善教练员培养、遴选和管理体系,建立一线教练员定期服务基层选材、指导训练工作机制。加强全省各级裁判员培训管理,新增国家级以上裁判员200人以上,一级裁判员2500人以上。

2. 加强社会体育各类人才培养

与省内外高校合作共建体育智库,开展体育公共政策研究、体育人才培养和决策咨询。构建体育产业人才联合培养机制,支持龙头骨干企业、高校、社会组织成立体育职业技能培训机构,建设一批体育实训基地,认定一批体育人才培养机构,设立一批人才创新培养试点项目,着力培育数字体育、赛事运营、运动员经纪等体育产业新业态人才。开展体育行业职业技能培训和评价工作,规范高危体育项目市场准入和持证上岗制度。支持退役运动员再就业,为退役运动员从事体育相关职业搭建平台,鼓励知名退役运动员、教练员参与体育社会组织工作,培育引进一批体育社团领头人和高水平社会组织专业人才。

3. 完善体育人才培养体制机制

贯彻"人才强省"战略,争取把体育高层次人才纳入各级党委政府人才计划。建立政府、学校及体育院校、企业、社会组织等多方参与的现代化体育人才培养体系。贯彻落实《关于深化体育专业人员职称制度改革的实施意见》,建立健全体育专业人员职称制度配套政策,不断完善社会化、开放化的体育技能人才评价聘用制度。创新体育人才激励保障机制,加大对各层次体育人才的激励力度。

专栏8　体育人才重大政策

1. 双百培养工程计划。打造国际高水平教练顾问团队,动态建立"名师工作室"15个以上。完善教练员培养、遴选和管理体系,建立具备教练员潜质的优秀运动员后续成长激励机制,重点培养100名以上中青年教练员。动态选拔120名以上精英运动员备战奥运会、亚运会和全运会。

2. 体育专业人员职称体系建设。健全完善教练员、运动防护师职称体系建设,完善地方评价标准,稳步下放评审权限,建立社会化、开放式评价机制。

四、加强规划实施保障

(一)加强党的领导

加强新时期党对体育改革发展工作的全面领导,完善上下贯通、执行有力的组织体系,以党的建设引领体育治理现代化,确保党中央、省委的决策部署落地生根。以全面从严治党引领全面从严治体,深入推进清廉体育建设,实现党的纪律监督对反兴奋剂、赛风赛纪、重大体育工程项目等领域的全覆盖。

(二)明确职责分工

各级政府要形成部门联动、责任清晰、分工明确、齐抓共管的体育改革和发展工作协同机制,各地应结合实际制定具体实施方案和专项工作计划,明确本地区"十四五"体育阶段目标、发展重点和组织保障。

(三)加强要素保障

强化资金保障,加大财政对体育事业和产业发展的投入力度,发挥政府扶持体育发展专项资金的引领带动作用。完善公共财政体育投入机制,支持各地建立政府主导、社会力量广泛参与的体育发展经费投入机制,加大体育投融资政策扶持力度,多渠道筹措资金支持体育发展。强化用地保障,科学编制省、市、县各级体育设施建设专项规划,将用地布局纳入国土空间规划予以保障,并做好体育用地预留。鼓励以长期租赁、先租后让、租让结合等方式,供应体育项目建设用地。

(四)加强监督考评

完善体育事业和体育产业统计制度、标准和体系,创新对体育发展的考核评价方式,建立健全体育发展考核与评价指标体系,强化考核评价结果应用。科学制定目标任务考核制度,加强对目标任务的管理和监督,各级各有关部门要根据规划目标清单,逐年逐项分解落实工作任务,跟踪推进。实施规划年度监测分析、中期评估和总结评估。褒扬激励在群众体育、竞技体育、体育产业、体育改革等领域中作出突出贡献的集体和个人。

浙江省体育局关于印发浙江省设立健身气功站点许可告知承诺实施办法的通知

浙体群〔2021〕97号

各市、县(市、区)体育行政部门:

《浙江省设立健身气功站点许可告知承诺实施办法》已经局长办公会议审定,现印发给你们,请认真贯彻落实。

浙江省体育局

2021年4月10日

浙江省设立健身气功站点许可告知承诺实施办法

第一条　为持续深化"放管服"改革,优化营商环境,进一步深入推进"证照分离"改革,明确设立健身气功站点审批告知承诺的规则和程序,提高行政审批效率,创新和加强事中事后监管,根据《中华人民共和国行政许可法》《中华人民共和国体育法》《健身气功管理办法》《浙江省人民政府关于印发浙江省进一步深化"证照分离"改革全覆盖试点工作实施方案的通知》(浙政发〔2020〕18号)和《浙江省人民政府关于印发浙江省涉企经营许可告知承诺实施办法的通知》(浙政发〔2020〕20号),制定本办法。

第二条　本办法适用于浙江省行政区域内采用告知承诺制办理设立健身气功站点行政许可业务。

第三条　本办法所称的告知承诺,是指个人或单位(以下简称"申请人")在浙江省行政区域内申请设立健身气功站点时,体育行政部门事先告知设立健身气功站点的相关要求,申请人以书面形式签订告知承诺书,承诺其遵守告知事项要求,并承担相应的法律责任,体育行政部门依申请进行受理、审查,并当场作出行政许可决定的行政许可方式。

第四条　体育行政部门应当做好设立健身气功站点审批实行告知承诺制的政策解读和办事引导,明确告知承诺制和一般程序审批制关于适用范围、条件、办理时限、监管措施等的区别。

第五条　申请人在提出设立健身气功站点申请时,可以自主选择是否适用告知承诺方式。申请人不选择告知承诺方式的,按照一般程序办理。

申请人或其法定代表人、主要负责人、实际控制人被列入严重失信名单的,或因未达到许可条件,被撤销设立健身气功站点许可决定,且被撤销许可的信息被作为不良信息记入许可人信用档案的,在该不良信息的保存和披露期限届满或者信用修复前,不适用告知承诺。

第六条　申请人提出适用告知承诺方式设立健身气功站点申请的,体育行政部门应当一次性告知申请人以下内容:事项所依据的主要法律、法规、规章的名称和相关条款;准予行政许可应当具备的条件、标准和技术要求;申请材料的名称、提交方式和期限;申请人作出承诺的时限和法律效力,以及逾期不作出承诺、作出不实承诺和违反承诺的法律后果;其他应当告知的内容。

第七条　体育行政部门应当在办公场所、政务服务大厅、部门网站和政务服务网等场所或平台公布设立健身气功站点的申请书、告知承诺书格式文本,便于申请人获取和下载。

第八条　申请人选择适用告知承诺的,应当当面递交、在线提交或邮寄给体育行政部门以下材料:

(一)申请书。内容包括:申请人信息(姓名或单位名称、住所、联系方式等)、习练功法、习练人数、负责人以及社会体育指导员相关信息等;

(二)申请人身份证或法人登记证书(营业执照);

(三)承诺书;

(四)体育行政部门告知的其他材料。

第九条　申请人应当对下列内容作出确认和承诺:

(一)已经知晓体育行政部门告知的全部内容,所填写的基本信息真实、准确,所作承诺是申请人的真实意思表示;

(二)能够满足体育行政部门告知的条件、标准和技术要求;

(三)能够在约定期限内提交体育行政部门告知的相关材料;

(四)愿意在经营活动中遵守相关法律、法规、规章和技术规范,并接受监督和管理;

(五)愿意承担承诺不实、违反承诺的法律责任。

第十条　体育行政部门对申请人提交的申请书、承诺书及相关材料进行审查。申请人符合适用告知承诺的情况,并按要求作出承诺的,体育行政部门应当当场作出行政许可决定,依法送达申请人许可证书。

第十一条　申请人承诺已具备经营许可条件的,领证后即可开展经营活动;申请人尚不具备经营许可条件但承诺领证后一定期限内具备的,达到经营许可条件并按要求提交材料后,方可开展经营活动。

第十二条　体育行政部门作出准予行政许可决定后,应当在15个工作日内,通过现场检查或部门协查等方式,对申请人的承诺内容组织核查。

第十三条　申请人在告知承诺书约定的期限内未提交材料或者提交的材料不符合要求的,体育行政部门应当依法撤销许可决定。申请人不符合承诺条件开展经营的,体育行政部门应当责令其限期整改;申请人逾期不整改或整改后仍达不到要求的,应当依法撤销许可决定。

第十四条　体育行政部门发现通过告知承诺取得许可的申请人不具备原审批条件且无法联系的,经公告后依法撤销行政许可,并办理注销手续。

第十五条　体育行政部门应当建立申请人信用档案。对申请人在规定期限内未提交材料的,或者提交材料不符合要求的,以及承诺不实或者违反承诺的,应当记入申请人的信用档案,同步纳入国家企业信用信息公示系统,并共享到省公共信用信息平台,依法对外公示。

申请人涉嫌违反国家相关法律、法规规定的,依法移交有关部门进行处理。

第十六条 本办法自2021年6月1日起施行。

浙江省体育局关于进一步推进公共体育场馆服务大提升工作的通知

浙体群〔2021〕124号

各市、县(市、区)体育部门:

根据《国务院办公厅关于加强全民健身场地设施建设 发展群众体育的意见》(国办发〔2020〕36号)、《国家体育总局关于公共体育场馆开放使用综合试点工作方案》(体群字〔2021〕81号)、《关于推进全省公共体育场馆服务大提升的实施意见》(浙体政〔2020〕108号)有关要求,进一步明确各场馆服务大提升工作目标和任务,提高场馆开放使用效益,现将有关工作通知如下:

一、主要任务

(一)实施智慧服务提升计划。根据场馆类别,实现场地预定、门票购买、培训及活动报名等线上服务。引入自助服务机、人脸识别设备、无人值守闸机、灯控、门禁等智能化硬件,实现场馆运营服务全流程自助。建立意见反馈通道,部署客流监测设备、智能导览系统,利用平台集成技术,实时展示场馆场地预定情况、场内人数、剩余车位、场内服务设施等公共服务信息数据,提升场馆智慧化服务品质。将线上服务和数据接入省体育公共服务应用,实现体育服务的"整体智治、高效协同"。(2021年12月底前完成)

(二)实施智能管理提升计划。提升公共体育场馆场地、票务、停车智能化管理能力,建立场馆即时感知、高效运行、智能监管等功能为一体的新型运行模式。建设数字化驾驶舱,整合场馆内部原有设备及应用平台、通过能耗监测平台、安防监控平台,对场馆重要设备、人员进行空间定位和数据协同,实现设备全生命周期管理,构建场馆管理的"智慧大脑"。(2022年6月底前完成)

(三)实施公益服务提升计划。坚持公共体育场馆公益性定位,落实公共体育设施开放与使用新要求,严格按照要求做好公共体育场馆低免开放,室外田径场跑道、健身路径等部分设施常态化免费开放。为区域内健身群众统一投保公众责任险,保障群众运动健身合法权益。积极搭建公益服务平台,整合运动员、教练员、体育教师及社会体育指导员等各类社会资源,为群众健身提供公益指导,对智能健身器材使用进行说明及指导。鼓励体育社会组织、社会培训机构入场开展公益赛事、公益培训等各类公益服务活动。(2021年12月底前)

(四)实施便民服务提升计划。合理规划新能源汽车、电瓶车充电设备。设置第三卫生间、母婴室、轮椅坡道等特殊群体服务设施。设立自助休闲区和共享站点,提供便民座椅、自助售卖机、自助寄存柜、共享充电设备、共享雨具等服务。提供露天场地、室内场馆直饮水服务。设置应急伤病救助服务点,配置AED除颤仪。保留人工窗口和电话专线,方便老年人进行现场预约和电话预约,结合场馆日常运营情况,为老年人提供一定数量的现场购票名额,并设置现金收付窗口。(2021年12月底前完成)

(五)实施快捷服务提升计划。合理优化区域交通组织,完善公共交通站点设置。实行场馆环道人车分流,优化场馆内部交通流线及标识标牌,提高通行效率。优化停车场规划,合理划分机动车、非机动车停车区域,设置车辆泊位电子信息牌,实时更新车辆泊位信息,实现停车缴费自助办理,鼓励提供先离场后缴费或ETC缴费服务。合理设置场馆区域一体电子导览设备,为健身人群进出体育场馆、使用健身器材提供必要的信息引导,不同功能用房应配置相对应的标识,场馆出入口、场馆内部设置醒目的引导标识。(2021年12月底前完成)

(六)实施设施建设提升计划。统筹体育和公共卫生、应急避难(险)设施建设,在公共体育场馆新建或改建过程中预留改造条件,结合实际制定应急使用转换方案,确保在重大疫情、重大灾难发生时能够第一时间投入。开展低碳体育场馆创建行动,适度改造场馆出入口、外立面及沿街屋面,进一步提升场馆整体形象。适当增加区域景观建设,丰富场馆景观元素,扩大绿化植被面积,美化场馆整体环境。推广绿色建材和可再生资源,及时更换和维护场馆塑胶跑道、地板、草坪、泳池、运动器械等设施设备,升级场馆照明、音响扩声、新风换气系统,进一步提升群众观赛体验。鼓励增设少年儿童运动专区,配套运动设施,推动少年儿童参与运动健身。提升改造公共淋浴间硬件条件,改善消费者体验。(2022年6月底前完成)

(七)实施综合运营提升计划。适应人民群众体育健身消费新趋势,着力打造体育场馆服务综合体,合理规划场馆办公、运动培训、健身休闲、竞赛表演、餐饮服务、购物娱乐、文艺演出、商业宣传等区块,推动培训、会展、文化演出等相关商业活动有序开展,鼓励有条件的场馆开展冰上项目,进一步丰富体育场馆功能业态,有效提升体育场馆商业价值和社会价值,满足群众多元化需求,提升公共体育场馆整体竞争力。稳步推进公共体育场馆第三方专业运营管理体制改革。(2022年6月底前完成)

(八)实施文化氛围提升计划。积极引入国际、国内的高水平高规格体育赛事活动,面向公众低免开放,营造良好赛事文化氛围,提升公众体育文化品位。合理规划区域夜间灯光布置,打造夜间灯光秀。加强体育公益宣传,适当增加区域内体育公益广告投放量,普及体育公益理念。结合场馆项目特点,加强体育文化宣传,全方位展示冠军文化、运动健身、健康生活等内容。(2022年6月底前完成)

二、保障措施

(一)加强组织领导。各地将公共体育场馆服务效益提升工作作为体育数字化改革重要任务来抓,进一步明确工作目标,强化责任分工,确保目标任务高质量落实。省体育局将建立工作督导平台,推动改革工作落地落实。

(二)实行项目管理。各地体育场馆服务提升工作要实行项目化管理机制,成立工作专班,结合本地实际,制定实施方案,列明具体计划和完成时间,做到工作到点、责任到人。

（三）落实经费保障。各地要负责具体经费保障,鼓励社会力量参与服务提升工程,通过引入社会资本,助力相关工作顺利推进。

（四）严格考核评价。公共体育场馆服务提升工作纳入省委全面深化改革（"最多跑一次"改革）重点任务清单和考评内容,纳入省对市体育工作考核内容。各地体育部门要强化督查力度,细化考核指标,推动改革高效开展,取得实效。联系人:省体育局政策法规处叶齐齐,群众体育处黄柯伟,联系方式:0571-85061271,0571-85062025。

浙江省体育局

2021年5月17日

关于推行全省大众体育运动水平等级评定制度的通知

各省级体育协会:

根据《体育强国建设纲要》"建立面向全民的体育运动水平等级标准和评定体系"的要求,为进一步推动我省全民健身国家战略的实施,经省体育局党组研究同意,决定从今年下半年起,在全省试点推行大众体育运动水平等级评定制度。现将《关于推行全省大众体育运动水平等级评定制度的实施方案》（试行）（见附件）印发你们,请遵照执行。

全面推行大众体育运动水平等级评定制度是深化全民健身制度改革的带有全局性的一项重大改革举措,有利于最大限度地调动人民群众参与健身的积极性,增强参与者的获得感、荣誉感和幸福感;有利于对培训市场的规范管理,促进体育消费,带动体育产业的发展;有利于体育后备人才的发现和培养,为竞技体育发展奠定更扎实的基础;有利于体育社团自我管理功能和自我造血功能的增强,推动体育社会组织整体的健康发展。希望各省级体育协会充分认识此项工作的重大意义,积极主动地参与试点推广工作,切实发挥作用,为全省全民健身工作开创新局面作出应有的贡献。

专此通知。

附件:《关于推行全省大众体育运动水平等级评定制度的实施方案》

浙江省体育总会

2021年5月28日

附件

关于推行全省大众体育运动水平等级评定制度的实施方案

（试行）

为全面贯彻落实《体育强国建设纲要》关于建立面向全民的体育运动水平等级标准

和评定体系精神,进一步转变政府职能,发挥体育社会组织的功能作用,大力推进我省大众体育运动水平等级评定制度的实施工作,特制订大众体育运动水平等级工作实施方案如下:

一、指导思想和基本原则

(一)指导思想

以习近平新时代中国特色社会主义思想为指引,深入贯彻落实《体育强国建设纲要》,围绕健康浙江和现代化体育强省建设总目标,对标"重要窗口"和"共同富裕示范区"建设的新要求,进一步推进全民健身领域的制度创新,更广泛地调动体育社会组织和健身参与者的积极性,不断提升我省全民健身事业和体育产业的发展质量和水平,为全民健身国家战略的实施和我省现代化体育强省建设作出新的贡献。

(二)基本原则

——聚焦推动 把实施大众体育运动水平等级制度作为体育战线贯彻新发展理念,构建新发展格局的一项带有全局性创新改革的重大举措和重要抓手,努力聚焦人民群众的健身需求和诉求,打造统一平台,创新体育公共服务和体育智治新模式。

——标准引领 建立健全大众体育运动水平等级标准,注重大众体育运动水平等级内涵拓展和相对统一,从组织架构、工作流程和手段工具进行全方位、系统性的重塑,通过以点带面,形成操作规范,体现高质量、高水平和引领性。

——高效协同 理顺并明确体育管理部门、体育社会组织在推行大众体育运动水平等级制度中的工作职责分工,结合数字化改革,加强部门间、部门与体育社团间的紧密协作,在"浙里办"建立公开、透明、高效的协作管理系统,为制度实施创造有利条件。

——创新特色 对标对表"重要窗口"新要求,努力把大众体育运动水平等级制度打造成数字体育的变革之地,人民群众参与健身的快乐园地,全民健身战线"浙江模式"的展示平台。

二、实施工作的基本思路

根据省委省政府数字化改革"一年出成果、两年大变样、五年新飞跃"的时间节点要求,把大众体育运动水平等级制度实施工作纳入省局数字化改革的重点工作,作为带动全民健身重要工作抓手来抓,力争在今年下半年全面启动。具体工作思路如下:

(一)构建大众体育运动水平等级评定工作目标体系

坚持目标导向和改革导向,加强顶层设计,把贯彻新发展理念,创建新发展方式,优化体育公共服务供给,满足人民群众参与健身需求作为大众体育运动水平等级评定制度实施工作的价值取向和目标追求,努力构建大众体育运动水平等级制度的工作目标体系。

1.总体目标:到2025年,基本实现全省大众体育运动水平等级评定工作全覆盖,形成标准相对统一、运行更加规范、管理高效便捷的工作新格局,力争成为有效推动全民健身的强有力工作抓手和引领示范"窗口"。

2.具体工作目标:

——探索建立具有特色的大众体育运动水平等级评定的标准和规范体系;

——创建全国领先的大众体育运动水平等级评定的数字化管理平台;

——体育社团治理能力和自我发展水平得到新提升,服务人群数量呈现快速稳健增长。

（二）建立完善大众体育运动水平等级评定工作体系

坚持公益导向和问题导向,按照政府支持、部门监管、协会主导、社会参与的总体工作思路,明确职责分工,落实主体责任,规范有序推进等级评定工作。

1.监管工作

明确此项工作由省体育局群体处、省体育总会秘书处牵头总负责,主要负责整体工作方案设计和组织实施协调工作;局政法处、经济处、机关党委、局信息中心等处室单位配合,政法处负责相关标准和规范的指导工作;经济处负责财务和收费规范的指导和监督;机关党委负责执行监督工作;局信息中心负责平台建设和技术规范指导工作,局其他处室根据工作需要配合支持。

2.组织实施工作

由省级体育（项目）协会作为组织实施主体,主要负责本项目运动水平等级评定标准和规范的制订;省、市、县（市、区）体育（项目）协会根据分级管理的原则负责具体实施工作和平台管理。市、县体育总会有意愿参与项目标准制订和试点推广工作的,可采用"揭榜挂帅"形式,向省体育总会和省级项目协会提出试点申请。

3.评估评价工作

由省体育总会聘请相关专家或第三方,对等级评定标准和相关规范进行科学论证,并公开广泛征求社会意见,接受社会监督,争取社会支持。

4.宣传推广工作

争取省内外新媒体的广泛支持,由省体育记者协会不定期组织进行专题报道和广泛宣传,提高大众体育运动水平等级评定制度的吸引力和影响力,发挥等级评定制度的集群扩散效应。

5.工作进程安排

第一批试点拟动员足球、篮球、体育舞蹈、游泳、跆拳道、马拉松及路跑、马术、轮滑、棋类、钓鱼、社会体育指导、汽车和摩托车、健身气功等有意愿、具有广泛群众基础、具备较强工作力量的省级协会踊跃申报实施方案和标准,先期在组织专家评审的基础上确定6-8个试点单位,以后逐年推广,争取到2025年普及到所有项目协会。

（三）探索建立大众体育运动水平等级评定标准体系

坚持标准先行、数字化引领的导向,鼓励和支持省级协会抢占标准制订制高点,争取作为全国项目标准制订的试点单位;合力创建完善数字化运行管理和应用场景运用的新平台,发挥示范引领作用。

1.规范性文件

研究制订和完善大众体育运动水平等级评定规范性指导文件,为依法推行评定制度提供相应的法理依据。由省体育总会秘书处负责起草《关于推行大众体育运动水平等级评定的制度的通知》和《浙江省大众体育运动水平等级评定管理办法》,以及会同机关党委建立监督窗口。

2.标准及运行规范

研究制订各项目运动水平等级标准和规范。由各省级相关协会起草制订《浙江省大众体育XX项目运动水平等级标准》《浙江省大众体育XX项目运动水平等级评定操作规范》《浙江省大众体育XX项目运动水平等级评委公开选拔制度》以及财务和收费等规范。

3.统一窗口办理

在"浙里办"平台设立大众体育运动水平等级评定统一窗口,接受健身人群的申报、注册、等级认定、电子证书、统计等网上办理工作,方便规范管理和群众申报。由省体育局授权各相关协会负责具体维护和更新,并纳入公共体育"一站式"服务应用。

4.等级设置原则

原则上大众体育运动水平等级分运动技能等级和体能等级两大类,运动技能等级由省级项目协会根据实际制订,体能等级由省社会体育指导员协会制订,由省、市、县(市、区)三级协会分别开展评定工作。青少年运动员技术等级评定制度由省体育局另订。

(四)制订大众体育运动水平等级评定工作评价激励体系

坚持创新发展、激励先进导向,对大众体育运动水平等级评定工作出色的协会和市、县予以表扬激励。

1.设立"一件事改革创新奖"评先表扬项目,对工作中有创新、有亮点的协会予以表扬。

2.制订等级评定激励政策、对受表扬的协会在政府购买服务中予以优先考虑。

3.试行年度评估制度,出台大众体育运动水平等级评定年度工作报告对社会公开发布。

浙江省体育局关于印发《浙江省体育产业发展"十四五"规划》等四个规划的通知

浙体经〔2021〕189号

各市、县(市、区)体育部门,省体育局机关各处室、各直属单位:

现将《浙江省体育产业发展"十四五"规划》《浙江省航空运动产业发展规划(2021—2025年)》《浙江省马拉松及相关运动发展规划(2021—2025年)》《浙江省水上运动产业发展规划(2021—2025年)》等四个规划印发给你们,请结合实际,认真组织实施。

浙江省体育局
2021年7月22日

浙江省体育产业发展"十四五"规划

"十四五"是在新的历史起点上继续推动我省"干在实处、走在前列、勇立潮头"的重要时期,也是高水平建设现代化体育强省的关键时期。为应对更加复杂多变的国内外环境,高质量推进全省体育产业发展,根据《浙江省国民经济和社会发展第十四个五年规划和二〇三五年远景目标纲要》和《浙江省体育改革发展"十四五"规划》的总体部署,制定本规划。

一、"十四五"浙江体育产业发展面临的形势

"十三五"时期我省体育产业发展取得显著成效。"十三五"规划的总体进展超过预期,四大主要目标和九项量化指标全面完成,为推进全省经济社会发展作出了积极贡献。一是产业规模持续扩大。2015—2019年全省体育产业总规模从1507.83亿元增至2614.76亿元,年均增长率为14.75%;增加值从463.35亿元增至845.45亿元,年均增长率为16.22%,远高于同期GDP增速。2019年全省体育产业增加值占同期GDP比重达1.35%,宁波、温州、嘉兴、金华四市这一占比超过1.50%。体育产业对促进现代化体育强省建设和培育经济增长新动能的贡献日渐突出。二是产品供给更加丰富。以健身休闲和竞赛表演为引领,以体育用品制造为支柱,体育场馆服务、体育教育培训、体育中介、体育传媒与信息服务共同发展的供给体系基本形成。杭州亚运会成功申办,《浙江省户外运动发展纲要(2019—2025年)》出台,全域户外智慧信息服务平台和"政采云"体育装备馆等具有浙江标志的成果涌现。多地创新体育供地形式,不断提高体育场地设施建设水平和服务质量。冰雪运动广泛开展,冰雪场地覆盖到11个地级市,成为"南展"典范。三是市场活力不断增强。社会力量办体育取得突破性进展,民间投资体育产业热情高涨,2019年全省共有体育产业法人单位36600家,其中企业31920家,占比87.21%;以水上运动器材、户外运动装备、家庭健身设备为代表的体育用品市场竞争力明显增强。四是产业基础愈发夯实。全省体育场地空间稳步扩大,2020年全省共有体育场地19.32万个,体育场地面积14956.52万平方米,人均体育场地面积从2016年的1.60平方米增至2.40平方米,超过全国均值0.20平方米。"十三五"期间,全省共举办国际性赛事200多场,全国性赛事720多场,省级赛事1200多场,处于全国领先水平。五是产业综合贡献度日渐显现。亚运城市行动持续推进,体育赋能城市卓有成效。长三角体育一体化发展有序推进,我省率先发起长三角运动休闲体验季、中国·长三角国际体育休闲博览会和长三角体育产业高峰论坛,为长三角体育一体化积极贡献力量。运动振兴乡村稳步推进,"十三五"期间,共培育省级运动休闲乡镇27个,推行"体育+"特色村、体育部门结对帮扶,在探索"两山"转化、践行城乡均衡化发展等方面形成新思路、新路径、新模式。六是体彩销量持续增长。"十三五"期间,全省体育彩票累计销量达到755.95亿元,筹集公益金196.28亿元,平均增长率分别达到11.62%和10.13%,排名全国前列,为体育事业和国家公益事业作出新贡献。

表1 "十三五"时期体育产业主要规划指标完成情况

指标	2015年基期值	2019年完成情况	2020年目标值
1.体育产业总规模	1507.83亿元	2614.76亿元	超过3000亿元
2.体育产业增加值	463.35亿元	845.45亿元	
3.体育产业增加值在国内生产总值中的比重	1.08%	1.35%	超过1.20%
4.体育服务业增加值占比	50.07%	56.74%	超过40%
5.国家体育产业示范基地数	共3个	新增6个	新增2个
6.国家体育产业示范单位数	共2个	新增3个	新增8个
7.国家体育产业示范项目数		新增8个	
8.人均体育场地面积	1.60平方米	2.34平方米	超过2.40平方米
9.具有国际影响力的体育旅游目的地		2个	2个

但总体上看,我省体育产业尚处于发展初期,与人民群众多层次、多元化体育需求之间的矛盾是当下面临的主要问题。市场在体育资源配置中的决定性作用发挥不够,社会力量投资体育产业的体制机制障碍依然存在。体育产业发展效率不高,创新要素驱动不够,产业链还须进一步培育和完善。体育产业发展协同机制不健全,与相关产业融合不深,城市与城市之间、城乡之间联动不强。体育产品与服务供给能力有待提高,体育消费驱动不足与有效需求创造不够并存,体育产业发展的综合效益在"十四五"期间还有很大的提升空间。

"十四五"时期,我国将进入新发展阶段,体育产业迎来发展新机遇。社会运行和民生需求推动体育产业深化供给侧结构性改革,拓展体育产业发展新领域;加快体育强省建设,推进体育体制机制创新,开启体育产业发展新征程;利用杭州亚运会筹办契机,加速推进城市国际化、新型基础设施建设等重大举措,展现体育产业发展新景象;"数字一号工程2.0版"深度推进,数字经济和科技应用示范引领,注入体育产业发展新动能;长三角一体化大市场的形成,区域优质体育资源共享、赛事共办和人才联合培养等一系列举措加快落实,开拓体育产业发展新空间。

二、"十四五"浙江体育产业发展的总体要求

(一)指导思想

以习近平新时代中国特色社会主义思想为指导,全面落实党的十九大和十九届二中、三中、四中、五中全会精神,贯彻习近平总书记关于体育工作的重要论述,坚持新发展理念,以高质量发展为主线,以高水平建设现代化体育强省为目标,以杭州亚运会为引领,以提升消费需求为导向,着力建体系、强要素、优布局,持续稳企业、补短板、提供给,进一步争先创优、树典范、促共享,不断满足人民群众对美好生活的新期待,为我省建设共同富裕示范区,成为新时代全面展示中国特色社会主义制度优越性的重要窗口贡献力量。

（二）基本原则

补短板与锻长板齐头并进。破解长期制约我省体育产业发展的瓶颈问题，着力补齐影响产业高质量发展的关键短板。充分发挥比较优势，加快布局面向未来的要素资源，围绕重点体育产业链、龙头企业、重大投资项目等，寻求关键突破，推动重点领域形成规模效应和比较优势。

强供给与扩需求共同发力。充分发挥政府的重要作用，进一步放权利、建规范、搭平台，激发体育产业发展活力与潜力。推进需求侧改革，把握社会、市场、居民体育需求的新变化，引领、创造、满足新需求。

重创新与立标杆相辅相成。继续探索体育体制机制创新，推动体育产业创新驱动、结构调整、动能转换。加快推动体育产业转型升级，提升产业整体竞争力、辐射力、影响力，为全国乃至全球体育产业发展提供浙江经验、浙江样板和浙江方案。

惠民生与促发展相得益彰。牢固树立以人民为中心的发展思想，完善体育产业为民生服务的长效机制，最大限度满足人民日益增长的体育健康需求。高质量促进体育产业发展，充分发挥产业对社会进步和城市发展的持续催化作用，培育经济发展新动能。

（三）发展目标

打造更多具有浙江辨识度的发展成果，建设数字体育创新发展示范区、全域户外运动示范区、亚运遗产综合利用示范区、时尚体育消费中心和智能体育制造中心，形成"三区两中心"体育产业发展格局，成为全国体育产业高质量发展标杆省。

产业规模跃上新高地。体育产业总规模和增加值年均增长12%以上，到2025年体育产业总规模达到5000亿元，体育产业增加值在地区生产总值中的比重超过2%，体育服务业占体育产业增加值比重达到60%以上。

体育消费迈入新阶段。到2025年，全省体育消费总规模超过2000亿元，人均体育消费支出超过3000元；体育消费基础更加扎实，全省经常参加体育锻炼的人数比例达到43.5%以上，人均体育场地面积达到2.8平方米。体育彩票年度销售额达到600亿元。

产业品牌形成新典范。到2025年，每年举办10项以上国际高水平体育赛事，累计培育100项品牌赛事。共获评30个以上国家体育产业基地、项目或单位，培育体育上市公司、省级运动休闲基地和体育示范企业120家以上。

到2035年，体育产业的辐射和带动效应更加显著，体育产业总规模突破1万亿元，增加值占全省生产总值比重达到3%以上，成为我省国民经济支柱性产业。

表2 "十四五"时期体育产业发展主要指标

指标	"十三五"末预期完成情况	2025年
1.体育产业总规模	3000亿元	5000亿元
2.体育产业增加值在地区生产总值中的比重	1.4%	超过2%
3.人均体育场地面积	2.4平方米	2.8平方米
4.人均体育消费支出	2300元	3000元
5.创建国家体育产业基地、项目或单位	25个	30个以上

三、主要任务

(一)加快建设具有国际竞争力的现代体育产业体系

1.建设数字体育创新发展示范区。以推进体育产业数字化转型为突破,推动数字赋能全产业链协同转型。以智能技术应用为引领,以智能制造为方向,以体育设施智能化改造为基础,以数字体育服务创新为重点,以整体智治为支撑,打造数字体育创新发展示范区。到2025年,数字体育示范引领和辐射带动作用显著增强,成为我省智能技术应用和现代数字政务改革示范行业,发展水平居全国前列,部分领域达到全球领先。

专栏1　数字体育创新发展工程

加强智能技术应用,深化数字科技类企业和体育行业合作,实现运动场景感知化、运动体验数据化、运动展示互动化、运动社交情境化。

建立浙江省体育产业数据统计分析中心。搭建体育产业单位名录库、品牌赛事库、体育产业人才管理库、体育产业重大项目库和国外体育产业动态信息库。

优化服务平台,完善浙江省体育公共服务管理应用系统和"政采云"体育装备馆。

梳理形成体育数字化改革的重大需求清单、跨场景应用清单、重大改革清单,率先探索体育数字化改革标准规范体系。

2.发展现代体育服务业。构建以健身休闲和竞赛表演为核心,体育教育培训、体育场馆服务、体育贸易、体育传媒、体育健康服务、体育旅游等共同发展的体育服务业体系。深度开发从幼儿到老年各个阶段的生活性体育服务,壮大体育金融、体育中介、体育技术转移、体育人力资源等生产性体育服务。推进体育服务业集聚发展,打造具有文化内涵的体育服务品牌。促进各种形式的体育商业模式、产业形态创新应用,鼓励体育服务企业发展平台经济、分享经济、体验经济。

3.打造智能体育制造中心。鼓励体育制造工艺升级,引导企业开展数字化、网络化、智能化改造,鼓励体育企业研发新材料、专研新设计,拓展定制服务。培育智能体育装备本土品牌,鼓励外向型制造企业开拓国内市场,推动产业链核心环节本土化。支持智能体育制造园区建设,支持体育制造企业争创国家级企业技术中心、国家级智能制造示范项目,推动形成一批营收过十亿元的智能健身设备、水上运动装备、山地户外装备集群。

专栏2　智能体育制造平台建设工程

建立智能体育装备公共技术服务平台,提供传统制造业智能化改造"问询"服务,满足家用健身产品、户外用品、可穿戴式智能设备、运动鞋服等领域的中小微体育企业智能研发需求。

支持行业龙头牵头组建企业共同体,打通从基础技术研究、应用研究到孵化中试和产业化的创新链条,培育1—2家"体育装备+工业互联网"标杆企业。

4.推动体育与相关产业融合。推动体医融合发展,建立体育和卫生健康等部门协同、全社会共同参与的运动促进健康新模式,建设一批体育医院和社区运动健康促进中

心。加强青少年体质健康、中老年慢性病等领域的非医疗健康干预。加快体教融合发展，支持社会力量进入学校，壮大青少年体育教育培训业，探索建立以赛事成绩积分为基础的青少年运动水平等级认证体系。鼓励文旅体融合发展，挖掘体育在文旅体融合过程中的桥梁和枢纽作用，将体育产业与诗路文化带、大运河文化带、生态海岸带、海岛公园建设等重大规划相衔接，建设一批具有国际水准、功能复合、业态集聚的文商旅体综合体。

（二）推动创新要素成为体育产业发展新引擎

5.加速科技应用与突破。制定赛事科技创新计划，加强生物技术、人工智能、可穿戴设备、安全防范等技术在智能化办赛领域的应用，鼓励运用5G通信、超高清、云计算等技术提高赛事制播质量，提升观众观赛体验。鼓励加强运动捕捉技术、3D建模技术在体育教育培训业中的应用。制定推广场馆智能化建设标准，鼓励体育场馆利用AR/VR、全息技术改造沉浸式体验空间。鼓励发展全场景"云上"体育展演。探索健身器材、场地设施物联网智能管理应用。加强高等院校、科研院所和上下游企业的协同创新，联合攻关体育产业领域关键技术瓶颈。

6.激发资本活力与潜力。引导体育资本健康发展，鼓励设立由政府出资引导、社会资本参与的体育产业投资基金。引导有实力的体育企业以资本为纽带，实行跨地区、跨行业的兼并重组，支持我省体育企业海外融资并购，鼓励和引导体育企业上市融资，新增体育类上市公司2家以上。推动赛事活动承办权、场馆经营权等通过体育产权平台公开交易。开展体育企业应收账款、知识产权等质押贷款创新，加强对先进体育制造业集群、体育科技企业的信贷支持，创新增设适合中小微体育企业的信贷品种。

7.加强人才培养与服务。探索"政产学研用"联合培养体育产业人才的方式方法。鼓励龙头企业联合高校、科研院所成立体育职业技能提升机构，培育一批产教融合型试点企业，创建一批体育实验实习实训基地，认定一批体育人才培养示范机构，做大做强体育产业新型智库平台。完善人才激励机制，建立常态化、制度化的人才交流机制，为高层次人才加入体育行业提供便利条件。开展体育就业形势监测，开展体育就业质量评价。为退役运动员从事体育相关职业搭建平台。

8.强化数据支撑与引领。整合全民健身、竞技体育、体育产业、体育政务等领域数据，提升体育数字化建设水平。以场馆服务、赛事运营、健身指导等重点领域数据为核心，搭建体育产业大数据中心。加强体育大数据分析与应用，实现体育产业单位名录库、高危行业监管、体育产业信用体系数据共享。引导企业挖掘体育消费数据，促进供需匹配和精准对接。

（三）形成联动发展的体育产业布局

9.持续优化特色产业布局。完善"四区五带十群"产业总体布局，从新业态、新模式、新亮点着力推动四大都市区体育产业发展，以多元复合和高质量为目标推动五条运动休闲带发展，以科技创新、品牌打造和转型升级为抓手推动十大体育装备制造集群做强做大。推动户外运动"两带三区四网"建设，形成山水陆空户外运动广泛开展，时尚特色户外运动均匀分布，多种项目竞相呼应的户外运动发展格局。

10.重点建设四大体育创新经济圈。发挥杭州都市圈创新创业优势，利用杭州国家数字经济创新发展试验区、湖州国家新型信息消费示范城市和嘉兴长三角现代化体育活力城市的建设机遇,打造杭-嘉-湖"体育数字与智能创新经济圈",形成智能制造、智能管理、智能创新、智能应用为一体的智能体育突破创新集合体。发挥体育消费试点城市的引领作用,打造杭-甬-绍-舟"时尚赛事与消费创新经济圈",提高承接国际水上运动赛事能力,形成体育赛事引流推动消费城市建设样板区。打造温-台-金"体育智造与贸易创新经济圈",建设温州民营体育经济活力城,加快发展沿海高端水上用品制造集群,建设台州水上体育用品体验式贸易中心和金华体育制造智能化转型先行区。抓住衢州、丽水"大花园建设"机遇,打造衢-丽"体育生态与旅游创新经济圈",探索体育助力乡村振兴新路径,打造体绿融合、体旅融合发展示范区。

(四)加快形成体育市场主体集聚高地

11.鼓励社会力量参与。深化体育赛事审批制度改革,支持利用市场机制引入社会资本投资赛事。引导各设区市吸引高水平职业俱乐部落地注册并以城市冠名,采用"以奖代补"的政府资助方式给予奖励。支持社会组织承接体育教育培训、咨询等政府购买服务项目,引入第三方评价机制,将评价结果作为选择承接主体的重要依据。鼓励社会力量投资建设和运营体育服务综合体、体育公园等体育设施,推广优质项目的规划、投资、建设和运营经验。支持社会资本投资建设与管理百姓健身房。

12.培植体育龙头企业。鼓励企业开展跨界合作,强化联动协作,加快培育一批市场占有率高、品牌影响力大的领军企业。积极促进体育资源和生产要素向体育龙头企业、跨国公司、知名体育民营企业等优质企业集聚。引进一批投资规模大、产业带动能力强的体育产业项目,培育一批国际竞争力强的体育企业。实施体育"独角兽"企业培育工程,对符合体育产业未来方向的品牌企业进行分类分级梯度扶持。

13.引导发展体育企业联合体。推动形成一批体育、科技、旅游、健康、教育行业融合发展和利益共享协作体。鼓励体育企业强强联合、优势互补,打造产业发展共同体。发挥龙头企业强链护链的作用,支持有条件的体育企业发展成为"平台型企业"。鼓励中小体育企业以专业化分工、服务外包、订单生产等方式与大企业建立稳定的合作关系。推广体育用品制造与营销服务"一条龙"运营模式,打造一批户外运动上下游企业联合体。

(五)夯实产业高质量发展的空间设施基础

14.加强体育场地设施顶层设计。启动各设区市体育场地设施现状调查,评估场地设施布局与运营管理、开放使用情况,2022年前完成《浙江省健身设施建设补短板五年行动计划》。推动各市县政府制定公共体育设施专项规划,将公共体育设施建设纳入国土空间规划和"新基建"建设目录,实现"县级场馆全覆盖"。支持建设一批能够承办国际电竞、霹雳舞、滑板、攀岩、冲浪赛事的专业场馆设施。

专栏3　体育场地设施提升工程

完善村(社区)、乡镇(街道)、县(区)和市级各类体育场地设施建设标准,提高人均体育场地面积。在杭州每个区、县(市)建成1个以上亚运主题公园,每个乡镇(街道)建成1公里以上亚运慢行道。

统筹规划社区体育场地设施布局,鼓励通过非标准场地建设或集中建设的方式,

打造城市社区"10分钟健身圈"。

加大农村健身设施提档升级,梯次性推进体育进农村文化礼堂,高质量实现行政村体育设施全覆盖。

开展足球场地建设专项行动,支持浙江绿城足球学校、浙江毅腾足球俱乐部等训练基地的改扩建和新建工程,加快桐庐女足训练基地扩建工程。推进社区配建足球场地设施,形成多层次足球场地供给体系。

15.加快体育场地设施建设市场化进程。继续推进体育场馆"改造功能、改革机制"工程,推动公共体育场地设施第三方专业机构运营管理,鼓励有条件的场馆实行集团式管理和管理品牌输出。推进体育场馆运营业态改造,适当增加体育教育培训、健康医疗、休闲娱乐等商业空间。鼓励社会力量充分利用城市边角地、路桥附属用地、建筑屋顶、老旧工厂等空间资源投资建设体育场地。通过适当提高容积率、支持健身设施开放经营等方法,鼓励土地开发企业主动建设体育场地设施。加快体育空间与城市空间深度融合,鼓励体育服务业态进驻城市商业中心、教育养老设施、文化场馆。支持学校体育场馆进行社会通道改造,鼓励以购买服务方式引入专业机构运营管理。

16.推动体育场地设施运营和服务迭代升级。鼓励大型体育场馆和社区体育场地设施的经营权通过公开平台招募运营团队。深化和落实公共体育场馆快捷服务、便民服务、硬件改造、公益服务、运营管理、环境改造、文化氛围和智慧场馆八大服务提升计划。支持经营管理类、智能产品研发类、信息服务平台类体育场馆服务企业发展。出台浙江省《大中型体育场馆智慧化建设和管理规范》,力争在2025年前完成全省公共体育场地设施智慧化改造。完善升级浙江全民健身电子地图,实现公共体育健身设施全部纳入地图并实现导航、查询等功能。做好体育场地设施与国家社区体育活动管理服务系统的对接。

(六)提升体育产品与服务供给能力

17.丰富体育赛事活动供给。加强赛事规划,做好杭州亚运会等重大赛事筹办工作。加大对引进和申办重大赛事的研究,鼓励举办足球、篮球、排球、田径、网球、电竞等职业赛事。推动阳光联赛以及马拉松、越野跑、自行车、垂直登高、智力运动等群众体育赛事发展。支持举办攀岩、滑板、冲浪、霹雳舞及虚拟体育等新兴赛事。引进、创办水上运动、山地户外、冰雪运动、航空运动、汽车摩托车、极限运动等时尚赛事,举办浙江省户外运动大会。

专栏4 品牌赛事培植工程

培育品牌体育赛事,提升《浙江省重点培育品牌体育赛事名录库》示范引领作用,加强赛事文化挖掘与宣传推广,编制示范案例,2025年品牌赛事达到100项。

建立体育赛事品牌认证制度,通过优化赛事服务保障、赛事营销推广、优先给予赛事专项资金补助等形式提供相应支持。

制定年度赛事活动计划,公布赛事活动资源,通过市场交易方式确定办赛主体。建立多部门一站式赛事活动综合服务机制。

> 建立品牌体育赛事评估体系,开发赛事引进决策评估系统,搭建赛事管理、评估、扶持和赛事权益交易平台。

18.打造"运动浙江 户外天堂"。推动登山、徒步、骑行、素质拓展等传统型、基础型山地户外运动项目普及化、规范化、全域化发展,打造国家级山地户外运动示范区。依托钱塘江、瓯江、滨海等水域资源,发展皮划艇、赛艇、漂流、垂钓、龙舟、帆船帆板、游艇、桨板、海钓等水上项目,打造国家级国民水上休闲运动中心。鼓励建设一批室内外滑雪场、滑冰场、仿真冰场等冰雪运动设施,重点开展速度滑冰、花样滑冰、冰壶、冰球等冰上项目,推进实施冰雪运动进校园计划。发展滑翔伞、动力伞、热气球、动力三角翼、运动飞机、航模等航空运动项目,加强航空飞行营地建设,支持各类航空小镇和通用机场建设。引导场地汽车、汽车越野、场地摩托车等汽摩运动项目发展,鼓励各地建设汽车摩托车运动场地、汽车自驾运动营地和房车露营地。

专栏5 户外运动提质工程

加大自然资源向户外运动开放的力度,分类制定我省允许开展的体育赛事活动目录。

出台户外运动设施建设标准文件,规范建设要求,发布浙江省户外运动标识标牌。

改进户外运动基础设施,统筹安排资金建设"环浙步道"系统,充分整合山路古道、绿道、健身步道、林道、防火道、户外穿越线路等资源,联通山上运动之道,实现省内闭环、省际畅通,到2025年建成1万公里;规划建设2000个户外运动点;建成向社会开放的航空运动场地100个,汽车自驾运动营地30个。

发挥户外运动在拓展全域旅游中的作用,打造3—5个具有国际知名度的体育旅游目的地,10条国家级体育旅游精品线路,100条省级体育旅游精品线路。

完善全域户外智慧信息服务平台,推动我省户外体育资源的整合与联动,强化平台运营和开源导流,与旅游、文化等相关行业数据形成联通。

19.树立运动振兴乡村典范。推动体育元素融入乡村振兴战略,将体育产业发展纳入乡村规划。依托"环浙步道"完善乡村步道、自行车路网等慢行交通系统,建设乡村徒步骑行服务驿站。建成一批体育特色鲜明、产业融合、产村融合、城乡融合发展的体育特色村庄。鼓励乡村开通体育短视频账号、体育旅游小程序等宣传平台,打造一批乡村体育旅游目的地和精品线路。提升运动休闲乡镇建设质量,在产业发展、综合整治、镇村联动等方面提档升级。

20.实现体育彩票高质量发展。深入推进责任彩票建设,引导大众理性购彩。积极扩大客群规模,实现购彩群体从"少人多买"向"多人少买"过渡,重点发展年轻与女性购彩群体,着力改善客群结构。与综合体、便利店等百姓生活场所拓展合作,构建多样化、便利化购彩渠道,为大众提供更加便利、更好体验的购彩服务。以客户需求为导向,优化产品供给,增加购彩者消费黏性,培养健康购彩习惯,实现体育彩票综合价值,推动市场健康持续发展。

（七）打造亚运遗产综合利用示范区

21.提升亚运效应和潜能。深挖杭州亚运会经济拉动功能,促进赛事与餐饮、住宿、旅游、康养、文化娱乐、广告传媒、科技信息、会展博览、商业商务等产业互动发展,为服务业增加新动能。积极吸引国际体育组织、体育经纪公司、体育传媒公司、体育制造业品牌总部和研发中心在我省落地,进一步提升体育资源市场化配置水平。推进与国际体育组织、国内外体育企业合作,争取更多国际重大体育赛事和商业化赛事落户浙江,推动浙江体育融入世界体育格局。充分利用杭州亚运的无形资产,促进亚运遗产开发与传承,将杭州亚运会办成浙江"重要窗口"建设中最具辨识度的重大标志性成果。

22.加强亚运场馆赛后利用。围绕打造体育赛事、全民健身、体育教育培训、体育产业发展和城市景观五大平台,构建亚运场馆赛后利用服务体系。以亚运场馆为依托,引进高端体育赛事,积极承担国内外具有影响力的体育竞赛活动。利用亚运场馆,结合周边旅游资源、社会人文环境,打造一批集体育、旅游、餐饮、娱乐为一体的体育休闲旅游景点。扩大亚运场馆联动的广度与深度,探索场馆协同利用和无形资产联合开发的路径和方法。

（八）打造全国知名时尚体育消费中心

23.扩大体育消费人口。以杭州亚运会为引领,推进全民健身工程,引导时尚健康消费理念,推动体育成为人们一种健康的生活方式。探索通过政府购买服务等方式,利用财政资金促进群众健身消费的可行性。促进各年龄段体育素养和专项技能的培养,着重提升青少年运动技能水平,培育未来体育消费潜力。进一步完善体育市场监管体系,畅通体育消费者维权渠道,营造更加舒心的消费环境。鼓励保险机构开发场地设施责任、运动人身意外伤害等体育保险。

24.建设体育消费新载体。推进国家体育消费试点城市建设,培育1—2个国家体育消费中心城市。以场景营造为核心,推进传统运动空间向体育消费空间转换,积极布局马术、击剑、射箭、霹雳舞、模拟滑雪、极限运动等时尚运动项目,打造50个以上市场化运作、具有消费引领的体育公园,建设30个以上体育特色鲜明、经济效益良好的体育服务综合体。充分发挥绿色开放空间引流聚人兴业作用,将体育消费场景与亲子互动、公共艺术、户外游憩、微度假、田园生态旅居、休闲餐饮等业态叠加,促进绿水青山生态价值转化。鼓励体育装备门店向沉浸体验中心、创新科技展馆、品牌文化中心的新零售概念发展。鼓励冰雪场地创新四季运营产品结构。完善电竞产业链,加强赛事引进、俱乐部培育和平台建设。

25.打造新型体育消费模式。激发"互联网+体育"消费潜力,支持线上体育教育培训、运动知识付费App应用推广。创新无接触式体育消费模式,引导发展无人值守健身场地、智能化装备卖场、直播零售、虚拟体育赛事等新场景。鼓励以新消费联动体育新制造,以销定产解决供需错位,打造一批线上线下相融合的运营新模式。鼓励有条件的地区探索全民健身赢积分、赛事活动赢积分等方式提振体育消费,推行运动银行等体育消费模式。

（九）推动更具活力的区域一体化发展

26.加强重点领域协作。加强体育助力省内一体化建设,推动体育重大领域和关键环节改革先行先试,率先在四大体育创新经济圈开展数字体育、户外运动、体育制造、体育消费等项目合作。推动我省全面融入长三角体育一体化进程,加强西塘、姚庄与金泽、朱家角、黎里等先行启动区在体育资源共享、赛事联办、信息互通、项目合作等方面的联动。加强省际毗邻区域体育产业协同,推动长三角地区共建国家体育产业创新试验区。完善长三角地区联合办赛体制机制,支持创建水上运动、足球、篮球、轮滑、斯诺克、越野跑、冰雪、滑板、龙舟等休闲运动项目区域联赛品牌。共同组织举办区域性大型体育赛事活动,为长三角地区共同申办、承办重大国际性体育赛事储备力量。

27.打造产业一体化合作品牌。充分发挥体育融入长三角一体化发展"首站战略"中的积极作用,继续提升长三角运动休闲体验季、中国·长三角国际体育休闲博览会和长三角体育产业高峰论坛等品牌活动影响力。发挥浙江全域户外智慧信息服务平台的示范作用,不断更新平台内容,扩充平台功能,推动建立长三角户外智慧信息服务平台。进一步完善政府采购云服务商圈,推广"政采云"体育装备馆,搭建长三角体育装备器材网上采购平台。

28.推动体育市场一体化发展。加强省体育产业资源交易平台建设,积极对接长三角体育产业资源交易平台。推进体育产品与服务标准化建设,联合研发和推广长三角体育赛事、健身休闲服务、体育教育培训、体育设施装备、体育场所规范等重点领域标准。加强长三角体育产业统计和体育消费调查,助推长三角体育产业数据中心建设。加强区域联动监管,联合开展长三角体育知识产权保护。

四、保障措施

1.加强党的领导。充分发挥党总揽全局、协调各方的领导核心作用,坚定不移把党的领导始终贯穿我省体育产业发展全过程。提高政治站位、强化协同配合,形成上下联动、多方参与、共同推进、执行有力的工作格局和体制机制保障,确保党中央、省委的决策部署落地生根。

2.深化"放管服"改革。完善体育产业政策,优化政府购买服务方式,在产业要素配置、公共体育服务、事中事后监管等领域加大改革创新力度,持续推进社会力量办体育。围绕建设"整体智治"数字政府,完善"浙里办—体育公共服务专区",实现跨层级、跨业务、跨部门的高效协同。加强体育执法和市场监管,细化监管举措,加大人工智能、云计算、大数据等新技术在体育市场监管中的应用。完善健身休闲、教育培训等重点领域的监管制度体系,建立由赛事风险评估、预案审核、防疫培训、应急响应、属地监管等构成的赛事科学管理联动工作机制。对体育产业新业态、新模式、新项目坚持审慎包容监管,以行业规范促进安全健康有序发展。

3.健全产业统计制度。健全体育产业统计机制和部门间信息共享机制,会同相关部门建立体育产业统计工作协同制度,探索制定体育产业统计核算规范,明确体育产业统计核算指标体系、具体算法、数据来源和统计口径等,推进体育产业统计核算标准化。落实基层体育产业统计人员配置,提升体育产业单位名录库建设质量。加强体育消费统计监测,开展消费趋势分析。制定省体育产业发展指数评估指标体系,适时开展体育产业重点行业监测。

4.推进体育标准化建设。建立政府主导制定的标准与市场自主制定的标准协同发展的工作机制,引导社会各方参与标准的申报、制定、实施、监督全过程。鼓励体育龙头企业积极参与国家标准和行业标准制定。加强户外运动设施建设、家用健身产品制造、智慧体育场馆建设等领域省级标准制修订,完善健身休闲业、竞赛表演业、体育教育培训业省级标准体系,推动先进标准提升为国家标准。

5.强化督导落实。各地依据本规划,结合实际制定本级体育产业规划,明确职责分工,加强协调配合,及时反馈各项举措实施情况和工作进度,切实推进有效落实。加强部门联动,统筹推进全省体育产业发展。加强对规划实施情况的评估、监督、检查,及时解决实施中出现的新问题、新情况,确保本规划顺利实施。

浙江省航空运动产业发展规划(2021—2025年)

航空运动涵盖运动飞机、热气球、滑翔、飞机跳伞、轻小型无人驾驶航空器、航空模型六大类共26个运动项目。航空运动产业是以航空运动项目为载体,提供相关系列产品、服务和产业链的经济活动总称,具有科技附加值高,消费时尚性强,带动相关产业作用明显等特点。大力发展航空运动产业,是推动通用航空产业发展的强劲引擎,是人民群众美好生活追求的重要组成部分,是助推高水平建设现代化体育强省、建设共同富裕示范区的重要力量。为贯彻落实《航空运动产业发展规划》(体经字〔2016〕692号)、《浙江省人民政府办公厅关于建设民航强省的若干意见》(浙政办发〔2018〕67号)、《浙江省人民政府办公厅关于促进全民健身和体育消费 推动体育产业高质量发展的实施意见》(浙政办发〔2020〕17号)等文件精神,加快航空运动的普及,壮大航空运动产业,促进体育消费,特制定本规划。规划实施时限为2021—2025年。

一、产业现状与发展环境

(一)产业现状

随着低空空域管理改革的推进,鼓励航空消费政策的出台,我省航空运动产业快速发展,产业规模逐步提升。

一是运动项目日趋丰富。滑翔伞、动力伞、动力三角翼、运动飞机、直升机、飞机跳伞、室内跳伞、热气球、模拟飞行、航空模型、无人机等航空运动项目,我省均有布局。

二是场地设施逐渐增多。向社会开放的航空运动场地有46处。其中,获得中国航空运动协会命名的航空飞行营地25个、校园航空飞行营地8个。

专栏1　航空飞行营地及校园航空飞行营地名单
一、航空飞行营地25个
杭州建德航空飞行营地(国家航空飞行营地示范单位)、杭州亚联航空飞行营地、杭州永安山航空飞行营地、杭州中天白马湖航空飞行营地、杭州茅山航空飞行营地、杭州五二零航空飞行营地、宁波咸祥航空飞行营地、温州罗家山航空飞行营地、温州藤桥航空飞行营地、温州楠溪江航空飞行营地、温州索鹰航空飞行营地、温州卡玛亚米航空

飞行营地、温州浙南运动航空飞行营地、绍兴万丰航空飞行营地、嘉兴九龙山航空飞行营地、嘉兴大尖山航空飞行营地、嘉兴天旭航空飞行营地、湖州莫干山航空飞行营地、安吉铜锣山驭风航空飞行营地、金华横店航空飞行营地、金华大斗山航空飞行营地、金华飞神航空飞行营地、台州安基山航空飞行营地、天台白鹤九龙山航空飞行营地、丽水羊上航空飞行营地

二、校园航空飞行营地8个

杭州求知小学校园航空飞行营地、杭州开元中学校园航空飞行营地、杭州江南实验学校校园航空飞行营地、杭州市长寿桥小学、杭州市基础教育研究室附属学校、建德市工业技术学院、金华东苑小学校园航空飞行营地、龙泉东升教育集团校园航空飞行营地

三是产业体系初步形成。全省有航空运动企业和航空运动俱乐部58家,航空运动装备制造企业7家。初步形成竞赛表演、飞行体验、飞行培训、装备制造协调发展的航空运动产业体系,并呈现出与旅游、教育、文化等产业融合发展的态势。

四是参与人数不断增多。发展航空运动的县(市、区)持续增多,吸引了大量省内外航空运动爱好者参与。2019年全省航空运动消费人数超过50万人次,2020年受疫情影响有所下降。

五是发展环境日益完善。各级政府对航空运动的支持力度不断加大,行业管理逐渐规范,社会组织日趋壮大。省、市、县(市、区)三级航空运动社会团体的数量达到20家。

专栏2　航空运动社会团体名单

浙江省航空运动协会、浙江省模型无线电运动协会、杭州市航空运动协会、杭州市模型无线电定向运动协会、温州市航空运动协会、宁波市模型无线电运动协会、温州市航空运动发展协会、温州市海陆空模型运动协会、金华市航空运动协会、湖州市模型和无线电运动协会、丽水市航空运动协会、嘉兴市模型无线电运动协会、杭州市富阳区航空运动协会、台州市海陆空模型协会、桐庐县航空运动协会、丽水市航空航天模型运动协会、海宁市航空运动协会、青田县航空航天模型运动协会、嘉善县航空运动协会、武义县航空运动协会

(二)制约与不足

一是产业规模较小,结构不尽合理;二是产业经营人才缺乏,培训体系尚待形成;三是航空运动的普及程度不高,青少年的参与度较低,消费潜力激发不够;四是相关法律法规、产业标准尚不健全,场地开放、赛事活动等安全标准有待完善,低空空域有待进一步开放。

(三)发展环境

一是良好的自然环境和区位优势。我省地处长三角南翼,属于亚热带季风气候区,四季分明,气候温和,山水资源充足,具备发展航空运动的天然优势。民营经济较发达,为航空运动发展提供了有利的市场环境。浙江省居民人均可支配收入居全国各省(区)首位,消费潜力较大。我省航空飞行营地数量居长三角省(市)首位,实施长三角一体化

发展战略,引领航空运动消费升级,具备区位优势。

二是良好的政策环境和发展空间。体育总局、省政府系列文件明确要求,支持航空运动项目发展和航空飞行营地建设。推动民航强省建设,加快通用航空与航空运动、文化旅游等产业的融合发展,为航空运动产业发展营造了良好的政策与市场空间。

二、总体要求

(一)发展思路

以习近平新时代中国特色社会主义思想为指导,以推进体育产业供给侧结构性改革为主线,以满足大众航空运动消费需求为中心,以培育壮大航空运动产业为重点,以完善基础设施网络体系为关键,以体制机制创新为动力,充分发挥自然资源和区位优势,推动航空运动产业快速发展,加快航空运动消费提质扩容,为促进全民健身和全民健康做出新贡献。

(二)基本原则

坚持放管结合、安全第一。大力推动放管结合、优化服务,做好行业规范和安全监管。深化安全责任意识,强化安全主体责任制、监管责任制和岗位责任制,确保飞行安全和国家、社会、公众安全。

坚持市场导向、改革创新。引导航空运动市场主体创新理念和发展模式,提高产品和服务质量,激发消费需求。深化航空运动产业的体制机制改革,调动社会参与积极性和创造性。

坚持统筹协调、融合发展。统筹协调社会资源,推进航空运动与旅游、通航、健康、科技、文化等产业融合,实现跨越式发展。

(三)发展目标

到2025年,全省初步构建布局合理、功能完善、门类齐全的航空运动项目体系,基本形成安全规范、管理有效、广泛参与、军民融合的航空运动产业发展格局,航空运动产业发展水平全国领先。市场环境显著优化,安全监管更加完善,法律法规体系更加健全,人才体系更加完备。航空运动相关企业150家,向社会开放的航空运动场地100处,其中航空飞行营地50个,以航空运动为特色的运动休闲小镇、体育赛事活动若干个,航空运动年消费人数达到300万人次。

三、空间布局

引导各市因地制宜发展航空运动项目,引导建立品质化、差异化的发展格局,打造航空运动集聚区、航空运动飞行带,构建我省航空运动"一网、三区、三带"的空间布局。

专栏3 各市重点发展的航空运动项目
杭州市:滑翔伞、动力伞、运动飞机、直升机、飞机跳伞、室内跳伞、热气球、模拟飞行、航空模型、无人机
宁波市:滑翔伞、动力伞、运动飞机、航空模型、无人机
温州市:滑翔伞、动力三角翼、运动飞机、模拟飞行、航空模型、无人机
嘉兴市:滑翔伞、动力伞、动力三角翼、无人机、航空模型
绍兴市:运动飞机、直升机、热气球、航空模型、模拟飞行、特技飞机、滑翔伞

湖州市:滑翔伞、动力伞、运动飞机、热气球

金华市:滑翔伞、动力三角翼、运动飞机、直升机、热气球、航空模型、无人机

衢州市:动力三角翼、滑翔伞、运动飞机、热气球

舟山市:动力伞、滑翔伞

台州市:滑翔伞、动力伞、运动飞机、航空模型、无人机

丽水市:滑翔伞、动力伞、动力三角翼、运动飞机、直升机、热气球、航空模型、无人机

一网,一个航空运动飞行网络。串联各个航空飞行营地和通用机场,形成一个覆盖全省并辐射华东地区的航空运动飞行网络。

三区,三个航空运动产业集聚区。构建浙西北、浙中、浙东南三个航空运动产业集聚区,大力发展航空运动项目,丰富航空运动业态。

三带,三个航空运动飞行带。依托航空飞行营地和通用机场,构建杭州—湖州、嘉兴—丽水、温州—舟山三个航空运动飞行带,开展以运动飞机(含水上运动飞机)为主体的体育飞行活动。

四、主要任务

(一)夯实产业基础

强化航空运动产业设施建设。支持建设向社会开放的滑翔伞、动力伞、动力三角翼、固定翼运动飞机、水上飞机、旋翼机、直升机、热气球、航空模型、无人机等航空飞行营地,实施星级化标准管理,省级扶持体育发展专项资金给予奖励。培育一批航空运动服务综合体,提供飞行体验、飞行器购买、执照培训、停放托管、维护保养、飞行申请、气象信息、紧急救援、竞赛表演、科普博览、休闲娱乐等消费服务。鼓励创建以航空运动为特色的运动休闲小镇。发展模拟飞行、室内跳伞等室内场馆,鼓励航空航模展馆(展区)、航空科普基地、航空教育基地、航空培训学校等场地设施建设。

推进航空运动服务数字化建设。依托全国"去飞行"智能航空体育消费服务平台,打造航空运动数字化服务,为大众提供航空运动服务信息。建立航空运动安全运营智慧服务平台,提升航空运动安全管理的信息化水平。

(二)丰富赛事供给

健全航空运动赛事体系。加强与国际航空运动组织合作,鼓励举办航空运动的国际顶级赛事和展会。支持承办和举办国家级航空运动赛事,鼓励举办长三角地区的联赛。引导各类航空运动社会团体、俱乐部举办联赛、交流赛、表演赛、邀请赛,丰富群众身边的赛事活动。探索政府、协会和企业联办模式,支持滑翔伞、跳伞、航空模型、无人机等项目的高水平运动队。

培育航空运动品牌赛事。支持各地培育航空运动品牌赛事,鼓励滑翔伞、动力伞、动力三角翼、运动飞机、飞行嘉年华、航空模型、无人机等赛事,提升赛事专业度、知名度、贡献度。对列入《浙江省重点培育品牌体育赛事名录库》的入库赛事,符合条件的给予适当奖励。

（三）促进体育消费

加快航空运动普及。鼓励开展中小学校航空科技体育活动,开设航空模型、模拟飞行等航空体育课程,打造校园航空飞行营地和青少年航校,支持学校与航空运动培训机构合作。鼓励航空飞行营地申报中小学生研学实践教育基地和营地,培养青少年参与航空运动兴趣。支持广播电视、多媒体传媒等渠道宣传普及航空运动,科普航空运动知识。加强航空运动交流活动,广泛举办航空运动论坛、分享会。

扩大航空运动消费。广泛开展群众参与度高的各类航空运动休闲娱乐活动,丰富节假日赛事、展会活动供给。鼓励举办飞行表演、飞行体验、飞行嘉年华等航空运动旅游活动。支持开发多样化的培训课程与服务,培育航空运动体育爱好者。探索建设航空运动消费服务平台,整合产品服务、休闲体验、文化交流、情感沟通等功能,增强航空运动消费黏性。

（四）壮大市场主体

鼓励通过资本并购、合资合作、联合开发、连锁经营等方式做大做强航空运动企业。鼓励体育器材制造企业进军航空运动装备制造业。鼓励引进运动飞机、热气球、动力伞、无人机等设施设备制造企业,支持电动运动飞机的开发、引进和发展,打造运动飞机制造强省。鼓励航空运动制造企业延伸产业链,发展服务业,重视航空运动消费服务对生产制造的带动作用,推进航空运动消费服务与制造的联动发展。支持设计开发航空运动文创与科技产品。

（五）加强组织建设

完善航空运动社会组织。完善全省航空运动社会组织网络,鼓励有条件的市、县（市、区）成立航空运动协会。支持航空运动协会实体化运营,在营造航空运动氛围、组织航空运动活动、服务航空运动爱好者等方面发挥积极作用。完善航空运动运营安全、项目论证、资质认定、证书培训、赛事举办的标准与评级,强化行业自律,引导行业健康发展。

支持航空运动俱乐部发展。支持设立航空运动俱乐部,完善俱乐部法人治理结构,鼓励航空运动俱乐部向"专、精、特、新"方向发展,强化特色经营、特色产品和特色服务。

（六）推进融合发展

大力发展"航空运动+旅游",打造一批航空运动旅游目的地,推动开发一批以航空运动为特色的旅游线路和产品。促进航空运动与教育、应急管理、健康等产业的融合发展,拓展航空运动在航空航天教育培训、抢险救灾、医疗救护等领域中的作用。

五、保障措施

（一）加强组织领导

将发展航空运动产业纳入各级体育行政部门议事日程,结合本地区实际,进一步明确航空运动产业发展的目标和要求,构建推动航空运动组织发展保障机制,重视对航空运动产业发展中重点和难点问题的研究和解决,加强与其他部门协作联动,推进航空运动规划的编制实施,促进航空运动产业健康发展。

（二）加强政策保障

切实落实国家和省政府支持航空运动发展的规划布局、税费、价格、土地等政策。加强与空管部门联动协调,完善低空空域开展航空运动的飞行申报流程。引导市、县(市、区)制订发展航空运动的扶持政策。引导社会力量参与航空运动产业,鼓励金融机构拓宽对航空运动企业贷款的抵质押品种类和范围,鼓励设立由社会资本筹资的航空运动投资基金。鼓励保险公司根据航空运动项目特点和不同年龄段人群,开发提供相关场地责任保险、运动人身意外伤害保险和第三方责任险。

(三)加强安全监管

规范航空运动经营体系和市场行为,强化安全监测和过程监管,提高航空运动产业在市场主体、设施建设、服务提供、技能培训、人员资质、安全管理、器材装备、飞行规则等方面的标准化水平。加强航空运动从业人员的安全教育和安全培训,提升赛事活动的风险评估、安全预警、安全管理能力,落实设施装备、应急救援等保障措施,强化安全主体责任、构建协同联动机制。协调空管、民航等部门,建立健全航空运动综合监管工作体系。鼓励航空运动协会承接航空运动产业公共服务、强化飞行安全的行业自律管理。加强航空运动产业统计工作,建立名录库和监测机制,加强领域信用体系建设。

(四)加强人才培养

按照"政府统筹、行业共建、企业参与、院校执掌"的原则,鼓励高等院校、职业学校开设航空运动相关专业,鼓励校企合作培养经营策划、运营管理、技能操作等专业人才。探索研究依托社会力量设立浙江省航空运动学校,纳入全国航空运动学校体系。加强从业人员从业资质培训,支持开展航空运动飞行证书培训,拓展培训空间,提升培训效果。加强从业人员职业培训,提高航空运动场所工作人员的服务水平和专业技能,加强航空运动人才培育的国际、国内交流与合作。

浙江省马拉松及相关运动发展规划(2021—2025年)

近年来,马拉松成为我国发展最迅速、群众参与性最广的体育赛事之一。为贯彻落实《国务院关于加快发展体育产业 促进体育消费的若干意见》(国办发〔2014〕46号)、《浙江省人民政府办公厅关于促进全民健身和体育消费 推动体育产业高质量发展的实施意见》(浙政办发〔2020〕17号)等文件精神,发展以人民为中心的马拉松运动,满足人民美好生活需要,推动高水平建设现代化体育强省、高质量建设共同富裕示范区,特制定本规划。规划实施时限为2021—2025年。(注:规划中的"马拉松及相关运动"涵盖超马、全马、半马、10公里跑、5公里跑、越野跑、毅行等)

一、发展现状

(一)发展基础

一是规模快速增长。近5年,马拉松运动蓬勃发展,马拉松及相关赛事数量和跑者人数逐年递增。2016年全省举办马拉松及相关赛事198项,参与人次达到35万。2017年295项,参与人次56万。2018年321项,参与人次66万。2019年365项,参与人次81万。2020年,受疫情影响,线下赛事155项,参赛人次30万。2017—2019年全省规模赛事(800

人以上路跑赛事、300人以上越野赛事)数量连续三年位列全国首位,完成半马及以上里程项目的人次从7.4万增长到了14.8万。11个市均成立了跑团等社会组织,其中"杭跑会"和"浙大户外"俱乐部合计拥有会员近1.5万人。据不完全统计,2020年各类跑团等社会组织数量达到1048家,其中杭州413家、温州226家、嘉兴72家。

二是赛事历史悠久。20世纪80年代开始,我省各类马拉松及相关赛事开始出现。1983年,举办了浙江省职工马拉松比赛、杭州市首届职工马拉松比赛、舟山地区马拉松。1986、1987年相继举办了浙江省马拉松、越野跑比赛。80年代创办并延续至今的赛事有:温州市元旦健身跑(1982年创办)、宁波迎新元旦身跑(1984年创办)、杭州马拉松(1987年创办)等。

三是赛事特色鲜明。我省新型城镇化建设进程快、山地资源丰富,具备举办各种马拉松及相关赛事的优越条件。马拉松及相关赛事呈现出类别丰富、等级全面、形式多样的特点。举办了包括超级马拉松、全程马拉松、半程马拉松、10公里赛、短距离欢乐跑、主题跑赛事、20—40公里、40—100公里以及百公里及以上的越野赛,几乎涵盖了马拉松、越野跑项目的全类别赛事。举办了精英赛、冠军赛、团体赛、接力赛等满足专业及业余选手的不同等级赛事。举办了女子马拉松、少儿马拉松、新闻记者马拉松等特色赛事。

四是行业健康发展。近几年,马拉松管理体系逐渐健全。制定了《浙江省体育局关于引导浙江境内马拉松及相关运动赛事健康有序发展的通知》(浙体经〔2015〕134号),引导规范马拉松及相关运动赛事的组织和举办。成立了浙江省马拉松及路跑协会,推出了浙江马拉松积分赛,对在省内参赛的跑者进行成绩排名。举办了全省马拉松裁判员培训班、赛事监督管理培训班以及各类评优活动,强化行业管理,提升办赛品质。

(二)存在问题

马拉松及相关运动在快速发展的同时,也存在一些问题。赛事监管力度不够,缺乏完善的赛事标准体系,存在一定的安全隐患。赛事体系不够完善,群众身边的赛事活动不够丰富。产业发展不够充分,赛事运营企业数量少、规模小、专业程度不高,赛事价值挖掘能力偏弱、市场开发不够。国际化程度不高,参赛的国家(地区)不够多,参赛的国际选手较少,国外媒体宣传力度不足。全省没有马拉松高水平运动队,缺乏高水平专业人才。

二、总体要求

(一)指导思想

以习近平新时代中国特色社会主义思想为指导,落实全民健身国家战略,服务"健康中国""健康浙江"建设,以改革创新为动力,以全民健身为立足点,以促进消费为抓手,推动马拉松及相关运动高质量发展。

(二)基本原则

一是确保安全有序。认识马拉松运动项目特征、本质,遵循科学规律,讲究科学锻炼,加强安全保障,建设保障体系,防控相关风险,确保马拉松运动在浙江科学化、可持续发展。

二是坚持协同发展。立足全省经济社会和体育发展实际,加强顶层设计,坚持把增强人民群众身体素质、提高人民群众健康水平放在工作首位,充分发挥马拉松运动"连接器"的功能,促进经济、社会、文化协同发展。

三是促进机制创新。以浙江入选中国田径协会首批马拉松分级管理试点单位的契机,充分发挥马拉松运动参与人群广、社会影响大的特点,创新政府、社会、市场"三轮驱动"马拉松管理机制,使马拉松运动成为全省全民健身运动的样本和标杆。

四是引导社会参与。吸引社会资本,调动社会力量支持马拉松运动的健康发展。充分发挥市场在资源配置中的决定性作用,引入多元化投资主体,开发出更多符合市场消费需求、形式丰富多彩的马拉松运动产品及服务。积极推动互联网的融合,开发各类可穿戴智能装备,推进产业结构调整,最大限度释放市场潜力。

三、发展目标

到2025年,马拉松及相关运动年赛事活动数量达到500项。每年举办全程马拉松赛事10项,半程马拉松赛事100项,路跑、越野和毅行赛事若干项。围绕"大花园"建设,举办马拉松、越野、毅行的系列赛。完善马拉松及相关运动的步道建设,基本建成1万公里的"环浙步道"系统。马拉松及相关运动年参赛人次达到120万人,其中全程和半程年完赛人次达到25万人。俱乐部、跑团等社会组织数量达到1500家,成为推动马拉松等项目发展的主要力量。

四、主要任务

(一)完善马拉松赛事体系

制定完善《浙江马拉松等级赛事与特色赛事评定办法》《浙江省马拉松及路跑赛事管理办法》。促进马拉松赛事特色化发展,完善和开发40项精英赛、接力赛、超级马拉松、团体赛等特色化赛事。举办300项马拉松、越野赛、10公里赛、社区跑、景区跑等系列赛事,培育"浙江马拉松大花园"品牌。在省运会、市运会中纳入中长跑赛事项目。构建全省马拉松积分赛事体系,形成积分赛、全满贯、超级全满贯的完赛激励机制。促进马拉松赛事全覆盖发展,以杭州马拉松为龙头,各市培育1项万人级全程马拉松赛事;各县(市、区)培育1项半程马拉松赛事;各乡镇(街道)创造条件培育1项特色赛事。推动马拉松赛事的长三角一体化发展,探索举办长三角区域的马拉松系列赛。提升马拉松赛事办赛品质,培育5项世界田径标牌赛事,10项中国田径协会标牌赛事。

专栏1 马拉松赛事体系

1.积分赛即遵循自愿加入、资源共享等原则,进入浙江马拉松积分赛体系的赛事。

2.全满贯即完成积分赛体系中11个不同地级市的全程或半程马拉松赛事。

3.超级全满贯即完成积分赛体系中的所有马拉松赛事。

4."浙江马拉松大花园"包含"跑遍大花园"马拉松路跑、"行环浙步道"毅行徒步大会和"越绿水青山"山地越野赛三大主题。

(二)激发消费活力

加强赛事及相关产业链的开发,鼓励开展跑者训练营、分享会、测试赛等延伸服务,满足多元消费需求。创新办赛模式,支持举办线上、线下相结合的各类赛事,开发云赛事平台。鼓励结合楼宇、人工智能等新场景创新举办特色马拉松赛事。培育"夜健"促进夜间经济发展,鼓励开展"夜跑"等各类赛事活动。探索建立马拉松及相关运动的"运动银行"消费激励机制,培养终身运动习惯。开展消费调查,加强对马拉松赛事价值的评估研究。

(三)加强步道建设

制定出台《浙江省公共健身步道技术要求》,推动各地将健身步道的设施要求融合到登山步道、古道、绿道、慢行道、防洪道等道路建设中,开展分级分类评定,形成"环浙步道"体系。健身步道沿线加强营地、驿站等辅助设施建设,因地制宜建设一批马拉松运动休闲小镇。助力"四条诗路"文化带建设,鼓励各地建设马拉松主题公园,打造马拉松精品线路50条。完善马拉松跑道的功能设施,包括路面材质、宽度、坡度的设计要满足马拉松运动需求,适当增加跑步驿站,提供补给、存包、换装等服务。

(四)壮大社会组织

鼓励社会组织依法注册登记,规范行业运营。强化马拉松社会组织的自治管理,引导制定法规章程,提高管理规范。制定马拉松运动公共服务标准,加大政府购买服务力度,支持符合条件的社会组织举办群众身边的赛事活动。鼓励、支持运作规范、科学专业的社会组织和运营公司向跑者和普通市民提供日常训练指导服务。支持社会力量举办马拉松高水平运动队,根据比赛成绩予以适当奖励。完善社会组织建设,举办十佳跑团评选活动,培育马拉松讲师团队伍。支持企事业单位、社会团体、社区、大学组建各类俱乐部、跑团,广泛开展社会指导服务、公益培训活动。

专栏2 社会组织建设工程

1.各市、各县(市、区)均成立马拉松及路跑协会,推广马拉松及相关运动。

2.制定马拉松运动公共服务标准,加大政府购买服务力度,支持符合条件的社会组织举办群众身边的赛事活动。

3.支持社会力量办马拉松高水平运动队,根据比赛成绩予以适当奖励。

4.构建基层马拉松指导服务体系,马拉松运动的社会体育指导员人数达到1000人。

5.培育马拉松讲师团队伍,优秀讲师达到100名,定期开展马拉松运动健康、产业发展等交流培训。

6.举办浙江省十佳跑团评选、浙江省马拉松人物评选。

(五)构建安全体系

做好重大赛事安全风险防范化解工作,强化底线思维,增强忧患意识,以高度的政治自觉、扎实细致的措施确保体育赛事活动的安全。加强对竞赛规程、疫情防控、医疗急救、组织保障等方案的审核监管,建立监管、评估、预警、应急的标准化体系。压实赛事安全生产工作主体责任,建立赛事熔断机制。严格落实浙马积分赛(系列赛)与浙江马拉松等级赛事与特色赛事评定办法工作,加强对赛事的安全监管。倡导科学健身理念,普及马拉松健身知识,编制马拉松运动训练和参赛指南。组建马拉松运动医疗、急救团队,进行常态化的急救培训。推进浙马"心"计划,加强配备AED等相关设备,提升全民健身的安全保障水平。做好赛事安全和医疗工作,推动"浙江马拉松体检库"建设,构建马拉松赛事配套设施及医疗服务体系,保障跑者生命安全。

专栏3　浙马"心"计划
做好运动风险管控是有效降低运动性猝死的关键。推进"浙马路跑•与你同行"项目,共同推进浙马"心"计划。2021—2025年,体育基金会对市、县(市、区)级体育场资助配备AED。倡导其他慈善组织和社会力量对体育馆、游泳馆等场所,以及学校体育场馆进行AED配置并进行急救培训。推进浙江省急救跑者培训及急救跑者库计划,建立跑者体检数据库。

(六)推动融合发展

推动马拉松及相关运动与旅游、文化、教育、科技、健康等产业深度融合,挖掘赛事活动内涵。推动"体育＋旅游",充分发挥地域特色,打造一批马拉松运动休闲旅游示范基地,培育一批马拉松精品路线、优秀项目,扶持一批"专精特新"马拉松赛事运营企业。推动"体育＋文化",鼓励开发马拉松徽章、奖牌、影视作品等文化创意产品,加大马拉松等周边产品开发。推动"体育＋教育",鼓励学校开展中长跑课程,支持学校与马拉松专业机构合作,组建学校俱乐部、跑团,举办校际比赛。省级马拉松赛事中增设青年组、亲子跑、迷你跑等项目。推动"体育＋科技",应用现代信息技术,建设马拉松健身大数据中心,探索马拉松科技运用,搭建全省马拉松从业者线上交流平台,促进马拉松产业转型升级。推动"体育＋健康",开发马拉松科学训练、运动康复、训练指导、急救服务、风险监控的可穿戴设备及数据平台。

(七)促进文化交流

基于"请进来、走出去"原则,鼓励举办国内外友好城市、姐妹城市、"一带一路"城市马拉松赛事及文化交流活动。推动长三角马拉松运动一体化发展,联合举办一批马拉松、越野跑赛事,完善城市马拉松赛事名额直通机制。加强与世界田径、国际马拉松和公路跑协会、中国田径协会以及国内外马拉松组织的联系,在沟通信息、参与会议、业务指导、名额互换等方面紧密合作。组织本省赛事运营单位与国际城市马拉松赛事开展多种形式的文化交流。加强与省内外高校、专业培训机构、康复机构等交流,开展跑者服务、赛事调研等合作。结合本地特色民俗风景,建设马拉松公园和马拉松特色村镇,营造全省马拉松文化氛围。加强与赞助商、运营商、中介商、媒体、名人等合作交流,搭建马拉松赛事招商平台和交流平台,加强马拉松线上运动内容生产、聚合、传播。借助2022杭州亚运会契机,依托现有场馆资源,展示浙江马拉松运动文化,传播马拉松精神。结合传统媒体、互联网社交平台,传播马拉松知识,弘扬马拉松文化。

(八)培养专业人才

建设马拉松裁判员和专业人才数据库,加强与省外、国际高水平马拉松人才培养机构合作,定期开展技术培训、会议研讨。开展赛事运营、安全监督、裁判员、应急救援等专项培训,扩大人才队伍,提升人才水平。到2025年,培育马拉松赛事裁判员1000人、医疗跑者800人、评估观察员100人,建设一支马拉松、越野跑赛事专业评估队伍。

五、保障措施

(一)加强组织领导

各级体育部门加强与发展改革、财政、自然资源、交通、运输等部门的联动,根据实际需要建立体育、公安、卫生等多部门联合的"一站式"马拉松赛事服务机制、部门协同工作机制"。注重马拉松运动的规划引领,加强马拉松运动组织行业管理机制,健全各级协会、跑团和跑者紧密结合的组织架构。在此基础上,各司其职、密切配合,增强工作的前瞻性、系统性、创造性,按照规划确定的发展目标,把握工作重点、主要任务,细化工作分工,明确工作责任,逐项落实目标及任务,加快推进落实本规划。

(二)强化政策保障

完善马拉松运动相关法律法规体系,研究制定马拉松赛事管理办法及扶持政策,开展调查研究和跟踪分析,加强横向联动、有机衔接,形成工作合力,及时解决政策落实过程中遇到的困难和问题,确保完成规划制定的各项目标、任务。

(三)完善监督考评

将马拉松及相关运动赛事体系、步道建设、社会组织建设纳入健康浙江、体育现代化县(市区)考核指标体系,加强动态监测和考核评估。建立由体育局、社会团体等共同参与的马拉松运动联席会议制度,对规划的推进与完成情况进行动态跟踪监测和考核评估,为调整目标、任务和制定政策措施提供依据,确保本规划目标、任务如期完成。由省体育局具体组织对本规划实施的监督考评工作。

浙江省水上运动产业发展规划(2021—2025年)

水上运动主要涵盖龙舟、赛艇、皮划艇、桨板、帆船(板)、摩托艇、滑水、冲浪、漂流等项目。水上运动产业是以江河、湖泊、海洋为载体,以竞技、休闲、娱乐、旅游、探险为主要形式,面向大众提供相关产品和服务的一系列经济活动,是健身休闲产业的重要组成部分。发展水上运动产业,有利于丰富群众体育健身活动、促进水域生态资源保护、提升水上运动装备制造业水平、加强水上运动人才建设。为贯彻落实《浙江省人民政府办公厅关于促进全民健身和体育消费推动体育产业高质量发展的实施意见》(浙政办发〔2020〕17号)、《浙江省户外运动发展纲要(2019—2025年)》(浙体经〔2019〕133号)等文件精神,特制定本规划。规划实施时限为2021—2025年。

一、发展环境

(一)产业现状

随着社会经济与人民生活水平的提高,人们对水上运动的关注度不断增加,参与人群日益广泛,健身需求快速增长,水上运动产业迎来了发展机遇。

一是基础设施逐渐增加。全省拥有各级各类水上运动中心14家,运动船艇码头38个,水上运动特色的运动休闲小镇培育单位2家。水上运动基础设施的稳步增加,为水上运动产业发展提供了场地支持。

专栏1　水上运动中心和运动休闲小镇

一、已建和在建水上运动中心14家

千岛湖国家水上运动训练中心、杭州亚运会水上运动中心(在建)、浙江省水上运动管理中心茅家埠基地、杭州市水上运动中心、宁波市水上运动训练基地、宁波市梅山湾国际帆船中心、象山县松兰山中国·浙江海洋运动中心(在建)、温州市水上运动中心、温州瓯海龙舟运动中心、嘉善县汾湖水上运动中心、绍兴市水上运动中心、绍兴曹娥江水上运动中心、金华婺城区水上运动中心、丽水南明湖水上运动中心(在建)

二、水上运动特色的运动休闲小镇培育单位2家

杭州千岛湖石林港湾运动小镇、温州泰顺县百丈镇时尚运动小镇

二是船艇制造全国领先。我省水上运动制造业发展优势明显,水上运动船艇制造产量位居全国第一。其中龙舟年产量约2000条,占全国总产量的80%。皮划艇年产量约15万条,占全国总产量的60%。赛艇年产量5000余条,占全国总产量的90%。

三是服务业日益繁荣。水上运动项目日趋丰富,皮划艇、赛艇、帆船帆板、龙舟、桨板、滑水、冲浪、皮艇球等项目均有落地。水上运动高水平赛事逐渐增多,2019年举办了国际级赛事12项、国家级赛事10项,2020年受新冠肺炎疫情影响有所减少。水上运动与旅游产业融合加速,出现了一批具有代表性的运动休闲旅游产品,如杭州千岛湖皮划艇、宁波北仑帆船游艇、温州瓯江龙舟、绍兴上虞摩托艇等。

专栏2　2019年举办的水上运动高水平赛事

一、国际级赛事12项

中国杭州(西湖)国际名校赛艇挑战赛、杭州之江杯国际皮划艇邀请赛、杭州钱塘江国际冲浪对抗赛暨冲浪嘉年华、宁波国际划联龙舟世界杯、温州楠溪江国际桨板公开赛、湖州皮艇球亚洲杯赛、绍兴环城河皮划艇马拉松世界系列赛、中国绍兴(上虞)中外名校赛艇挑战赛、绍兴曹娥江国际摩托艇公开赛、绍兴曹娥江国际龙舟大奖赛、绍兴CPSL艇球超级联赛、国际动力冲浪板中国公开赛(丽水站)水上嘉年华。

二、国家级赛事10项

全国皮划艇静水冠军赛、全国帆板冠军赛、中国·千岛湖水上(赛艇、皮划艇)马拉松公开赛、中国·建德龙舟邀请赛、中国皮划艇巡回赛(杭州)、宁波全国青少年皮艇球锦标赛、全国SUP桨板锦标赛暨湖州西山漾"十漾连珠"皮划艇马拉松赛、浙中龙舟大赛、金华全国电动冲浪板锦标赛、中国衢州滑水公开赛。

四是市场主体不断扩大。水上运动相关企业快速发展,涌现了一批全国知名企业。如,浙江华鹰控股集团有限公司获得国家体育产业示范单位称号,"无敌牌"赛艇是2008年北京奥运会、2012年伦敦奥运会以及2016年巴西奥运会指定用品。水上运动体育社会组织数量逐渐增多,其中省级体育协会2家,市级体育协会21家,各类水上运动俱乐部75家。

（二）存在的问题

水上运动产业刚起步,存在发展不充分、制度不健全等问题。一是基础设施不足。面向大众提供水上运动服务的船艇码头数量少,基础设施网络尚未形成。二是水域使用不足。受环境保护、安全隐患、城市风貌等因素影响,可开展水上运动的公共水域范围较少。水域使用申请审批部门较多、流程繁琐,缺乏高效协同的机制。三是监管力度不足。水上运动的场地设施、赛事活动、应急救援等相关标准不完善,责任体系不完善。四是产业发展刚起步。水上运动项目普及程度低,参与人数较少,产品、服务有效供给不足,赛事体系不健全。

（三）发展机遇

一是水域优势得天独厚。我省水域广阔,江河湖海俱全。省域内河流众多,有钱塘江、瓯江、灵江、苕溪、甬江、飞云江、鳌江、曹娥江八大水系。湖泊遍布,西湖、南湖、千岛湖等湖泊全国知名。海洋资源丰富,海岸线总长6600多公里,居全国第一。二是消费需求快速增长。我省社会经济发展和人民生活水平均居全国前列,长三角大湾区的区位优势激发了更多消费潜力,人民群众对水上运动的消费需求呈现快速增长趋势。三是政策环境助力发展。省委省政府全面推动生态海岸带、十大名山公园和十大海岛公园建设,拓展水上运动发展空间。

二、总体要求

（一）指导思想

坚持以习近平新时代中国特色社会主义思想为指引,以"八八战略"为统领,深入贯彻落实"创新、协调、开放、绿色、共享"的发展理念,践行"绿水青山就是金山银山"理念,深化"放管服"改革、推进产业供给侧结构性改革,挖掘和释放消费潜力,优化水上运动产业发展环境,推动水上运动向市场化、科技化、专业化、品牌化方向高质量发展。

（二）基本原则

合理布局、协调共赢。以现有水域资源为依据,因地制宜、科学规划,统筹区域布局,增强水上运动发展的整体性和系统性。结合产业分布,着力推动水上运动产业与相关产业的融合互动,形成协同高效、竞争力强的产业集聚区。

跨界融合、开放互动。发挥品牌赛事在产业发展中的引导作用,促进水上运动产业与健康、旅游、教育、文化、互联网等产业深度融合,不断催生新模式、新业态,激发产业发展潜力与活力。加强交流与合作,发挥"重要窗口"作用。

深化改革、创新驱动。落实"最多跑一次"改革,充分发挥市场在资源配置中的决定性作用,更好发挥政府作用,拉动产业投资消费。鼓励结合人工智能、大数据等新技术,创新水上运动项目,举办线上线下相结合的赛事活动,研发智能运动装备器材,创新商业模式。

安全环保、绿色发展。牢固树立安全发展理念,增强安全责任意识,提高并完善安全监管能力。坚持生态优先、绿色发展,在发展的同时注重保护生态、防治环境污染,切实引导水上运动产业绿色可持续发展,成为实现"绿水青山就是金山银山"转化的载体和通道。

（三）发展目标

到2025年，初步建成结构合理、法规完善、门类齐全、社会参与、市场繁荣的水上运动产业体系。产业规模快速增长，基础设施进一步完善，建设公共船艇码头（停靠点）示范城市1个，国家级国民水上休闲运动中心1个。器材装备制造更加集聚，服务产品供给更加充分，打造形成"一区三带"的产业布局。赛事活动愈发丰富，完善水上运动赛事体系，培育水上运动品牌赛事10项。社会组织更加活跃，强化省、市、县三级水上运动协会建设，培育各类水上运动俱乐部100家。水上运动广泛普及，建设水上运动特色学校100家，举办青少年水上运动联赛。

三、空间布局

依据我省水域资源分布状况、水上运动项目集聚态势，因地制宜，着力构建"一区三带"的总体布局。

（一）一区

水上运动装备制造集聚区。杭州、宁波、绍兴、金华等地，推动皮划艇、赛艇和龙舟等生产制造企业集聚，加强布局水上运动服装、专业船桨、防水眼镜、运动相机、救生设备等产业链，促进产业集聚，形成区位优势。引导水上运动装备制造上下游企业组建联盟，建设特色产业园区，完善生产要素，降低企业成本，形成规模经济。

（二）三带

一是钱塘江水上运动带。充分挖掘钱塘江水系资源，沿江区域布局皮划艇、赛艇、冲浪等运动项目，推动沿江船艇码头、水上运动基地等设施建设。进一步完善衢江、千岛湖、新安江、富春江、曹娥江等水域沿线建设水上运动码头、赛事中心、培训中心等设施，支持建设公共船艇码头（停靠点）示范城市，培育水上运动品牌赛事。

二是浙东滨海运动带。以浙东滨海水域资源为依托，开发帆船帆板、游艇、摩托艇、潜水、海钓等海洋体育项目。推动宁波市奉化区、象山县打造时尚水上运动集聚区。加强与旅游产业深度融合，打造海洋运动休闲旅游度假产品。大力发展海洋特色休闲健身服务业，支持宁波北仑建设国民水上休闲运动中心。

三是瓯江水上运动带。依托瓯江水系丰富的水域资源，发展龙舟、皮划艇、桨板、滑水、漂流等运动休闲旅游产品。推动丽水市打造国家级水上运动基地。结合节假日举办水上嘉年华、表演赛、体验日等活动，打造瓯江"水上运动旅游目的地"品牌。积极推动瓯江水系知名流域如松阴溪、千峡湖、珊溪等建设沿江沿湖运动休闲小镇，开发水域资源，构建"水上运动+旅游"的运动休闲带。

四、主要任务

（一）完善基础设施建设

加快水上运动船艇码头设施建设。鼓励有条件的城市建设公共船艇码头（停靠点），推行设计、建设、运营、管理一体化模式，打造国家知名的公共船艇码头（停靠点）示范城市。支持湖泊型旅游景区、临湖型商业住宅区等区域建设船艇码头，推动大运河、富春江、瓯江等水域码头改造，增加可供水上运动使用的船艇码头数量。各地结合水上运动项目特点和大众运动需求，建设水上运动中心和运动休闲小镇，满足体育赛事和运动休闲产业发展。加大对现有水上运动设施的改造力度，盘活现有水上设施资源，推广管办分离、公建民营等运营管理模式。

（二）培育多元市场主体

发挥水上运动装备制造领先优势，推动船艇制造向智能化、高端化转变，引导龙头企业开发具有自主知识产权的高科技水上运动产品，完成从"浙江制造"到"浙江设计""浙江智造"转变。鼓励水上运动制造企业向运动服务延伸发展，参与水上运动赛事开发，组建水上运动教育培训、旅游景点开发、酒店餐饮等上下游产业链的同业联盟，丰富产业内容，创新服务理念，向大众提供更加优质的水上运动服务。

（三）壮大社会组织力量

鼓励发展水上运动协会、社团、俱乐部等各类体育社会组织，构建水上运动的省、市、县（市、区）三级协会组织网络，支持各类水上运动的民办社团、俱乐部发展。推动省级协会制定行业规划和社会组织服务规范，引导社会组织健康发展。鼓励市、县（市、区）级协会举办各类赛事活动，普及水上运动知识和技能，提升水上运动的群众参与度。支持符合条件的社会组织开展水上运动社会体育指导员培养和从业人员技术培训认证工作，促进水上运动专业化、规范化。实施水上运动俱乐部组建计划，支持水上运动俱乐部通过承接赛事、技能培训、企业团建、开展社区活动等多种方式实现市场化运营。支持退役运动员从事水上运动项目指导，创办水上运动俱乐部，普及水上运动技能，组织水上运动赛事，传播水上运动文化。

（四）繁荣竞赛表演活动

完善水上运动赛事体系建设，构建广泛参与、形式多样、等级清晰的金字塔型水上运动赛事体系。鼓励围绕多样化体育需求，创建业余水上运动赛事等级、达标等级体系，丰富群众身边的水上运动赛事活动，营造人人参与的赛事氛围。积极承办国际级、国家级水上运动赛事，满足群众对高水平专业赛事的观赏需求。支持企业举办商业性赛事，打造水上运动系列赛，鼓励增加陆地用划船机、测功仪等智能化赛事项目。鼓励探索商业化运营模式，支持各类赛事采用冠名、赞助、特许经营等方式开发无形资产。

（五）扩大体育消费市场

丰富水上运动项目供给，针对不同层次消费人群开发不同等级、不同类型的服务产品，促进水上运动消费扩容。鼓励开展皮艇球娱乐、龙舟竞速等体验活动，提高民众参与度，培育水上运动人群。结合"互联网+水上运动"营销模式，发展跨区跨境、线上线下、体验分享的水上运动服务新业态，增强水上运动消费黏性。鼓励有条件的城市、企业、学校、俱乐部、景区开展水上运动主题文化活动，开发赛艇、皮划艇等体验参与型产品，通过网络直播、电视报道、报纸刊登等形式营造水上运动氛围，进一步宣传和推广水上运动，激发群众参与热情。

（六）推动产业融合发展

推动"水上运动+旅游"发展。鼓励旅游景区根据实际条件合理增设水上运动项目。支持水上运动与民俗节庆活动融合开展，鼓励端午节龙舟赛、水上嘉年华等运动休闲旅游产品。

加快"水上运动+教育"发展。支持水上运动社会组织培养青少年的水上运动兴趣，鼓励学校与专业机构合作，实施"百校水上课程"计划。鼓励建设水上运动特色学校，培养一批热爱水上运动、具备水上安全自救及互救技能的青少年。鼓励建设以水上运动为主题的青少年研学基地,开展水上运动夏令营、训练营等活动。

专栏3 "百校水上课程"计划

1.联合教育部门创建100家水上运动特色学校,开展水上运动课程,普及水上运动知识。

2.加大购买服务力度,支持学校创新机制向水上运动协会、俱乐部、企业购买水上运动教学、安全知识普及和运动技能培训等服务。

3.联合教育部门举办青少年U系列赛事、俱乐部联赛和校际联赛,培养水上运动后备人才。

加强"水上运动+文化"发展。鼓励水上运动社会组织与环保公益组织合作,开展以水资源保护为主题的宣传教育活动。加强与新闻媒体的协作融合,挖掘水上运动名人示范效应,组织开展水上运动文化主题活动,宣传水上运动文化内涵,扩大水上运动项目影响力。

(七)加强学术科研交流

建立水上运动智库平台,研究水上运动发展规划,开展水上运动装备器材的标准制订与技术研发,制订水上运动培训体系、赛事体系、服务体系、安全体系等规范,打造水上运动科研创新标杆。支持高等院校、科研院所、运动休闲小镇、龙头企业合力建设水上运动创新研究平台,支持国家体育总局水上运动中心与浙江大学共建中国水上运动发展研究中心。加强"海上一带一路"国际交流合作,围绕帆船、帆板、冲浪等水上运动项目进行产业沟通,推动水上竞技人才的国际化培养。支持举办国际级水上运动高峰论坛,建立常态化、便捷化的水上运动国际沟通交流机制。

五、完善保障措施

(一)深化改革创新机制

积极推动海事、水利、环保、自然资源、应急等部门建立协同机制,推进水上运动产业在水资源保护、陆地水域使用管理、海域使用管理、码头基地建设、体育船艇登记管理、市场管理、从业规范安全保障等方面政策法规的制定,完善行政服务事项的一站式服务机制。编制全省公共水域水上运动地图,规划设计水上运动项目布局的水域位置、使用时段及运动项目,扩大水域使用范围。严格落实监管责任,加强对水上运动的项目规划、赛事组织、标准制定,加强水上从业人员专业技术培训和资质认定。

(二)强化财政金融扶持

鼓励各地加大财政金融扶持力度,重点扶持品牌体育赛事、公共船艇码头示范城市、国民水上运动休闲中心等示范项目。鼓励银行等金融机构创新水上运动相关企业的贷款方式,开发适合水上运动企业的小微金融产品。支持企业通过社会领域产业专项债券等方式融资。鼓励保险机构积极开发水上运动保险产品。

(三)落实土地使用政策

统筹考虑水上运动用地布局,对符合国土空间规划、水域保护规划、"三线一单"生态环境分区管控方案的重大水上运动项目,增加水域使用指标。鼓励各地利用集体建设用地、符合条件的"四荒"土地发展水上运动产业。鼓励地方将废弃厂房、闲置空房、楼宇平台等改造成水上运动基础设施,提高土地利用率,保障体育用地。

（四）加强人才培养引进

鼓励高等院校开设水上运动专业,与行业协会、知名企业建立联合培养机制,培养一批培训管理、赛事运作、制造研发、安全救援等复合型水上运动专业人才。加强从业人员资质培训,定期组织教练员、裁判员、社会指导员等专业技术培训,以及经营管理、产业发展、赛事运营等产业管理培训。加强水上运动员退役转岗培训,强化复合型人才培养。

（五）完善安全制度保障

构建水上运动安全保障机制,加强水上安全救援队伍建设。开展水域安全评估,逐步建立水上运动安全员岗位标准与培训体系,构建水上运动安全与救援培训基地。开展安全教育讲座,编制安全指导手册,加强从业人员水上运动安全意识和风险识别鉴定能力,提升救援技能。制订应急预案,定期组织救援演练,完善应急措施。

（六）建设数字监测体系

完善浙江省水上运动产业统计监测机制。在"全域户外智慧信息服务平台"基础上,制订水上运动产业统计工作方法和工作流程。定期监控产业发展动态,发布产业统计数据,为科学制定水上运动产业的政策规划提供数据支撑。

浙江省体育局关于印发《浙江省数字体育建设"十四五"规划》的通知

浙体办〔2021〕229号

各市、县（市、区）体育部门,省体育局机关各处室、各直属单位:

现将《浙江省数字体育建设"十四五"规划》印发给你们,请结合实际,认真组织实施。

浙江省体育局

2021年8月26日

浙江省数字体育建设"十四五"规划

"十四五"时期是浙江开启高水平全面建设社会主义现代化新征程的第一个五年,为进一步加快"整体智治、唯实惟先"的服务型政府建设,充分发挥数字体育在忠实践行"八八战略"、奋力打造"重要窗口"、探索构建新发展格局有效路径、高水平建设现代化体育强省、高质量发展建设共同富裕示范区中的重要作用,根据《浙江省国民经济和社会发展第十四个五年规划和二〇三五年远景目标的建议》《浙江省高水平建设现代化体育强省实施意见》《浙江省数字政府建设"十四五"规划》《浙江省公共服务"十四五"规划》《浙江省体育改革发展"十四五"规划》总体部署,制定本规划。

一、建设背景

(一)发展回顾

"十三五"时期,全省体育系统深入贯彻落实省委省政府关于"数字浙江"建设重大决策部署,围绕"掌上办事""掌上办公"建设目标,以"最多跑一次"改革为引领,不断加快数字体育建设步伐,推进数字体育重点项目建设,信息技术广泛应用于全民健身、训练管理、赛事活动、体育产业等各领域,形成了体育事业发展与信息化建设互为依托、体育数字化转型工作整体推进的新局面。

1.数字体育总体架构基本形成。围绕省委省政府"最多跑一次"改革、省体育局"最多提一次"服务的工作要求,遵循省政府"四横三纵"七大体系设计总体架构,全面梳理体育领域核心业务,推动流程再造、数据共享,制定出台《浙江省体育局数字化转型建设三年行动方案(2019—2021年)》,确定"1114"总体架构下的建设方案即建设"一平台、一仓、一网、四应用"(一个体育大平台、一个体育数据仓、一个综合智能服务门户、四大核心业务应用),加快推进数字体育建设。

2.政务服务体系建设深化落实。聚焦政务服务2.0工作任务,梳理全省体育系统权责清单和公共服务事项清单,按照"最多跑一次"改革要求,完善办事流程和办事指南,实现体育公共服务事项全面领跑,事项跑零次率、材料电子化比率、网办率均提升至100%,网上办、掌上办成效显著。稳步推进"互联网+监管",实现省本级监管主项覆盖率达到100%。开展体育领域全省统一行政处罚办案系统建设,完成处罚事项梳理和实施清单编制工作。在省公共信用信息平台上搭建完成浙江省高危险性体育项目场所(游泳)信用监管模型,实现信用评价结果分级分类差异化监管和扶优限劣,进一步提升监管效率和执法效能。

3.政府服务和履职效能有效提升。贯彻落实省委省政府关于推进"掌上办公之省""掌上办事之省"部署要求,大力优化提升"浙政钉""浙里办"涉及体育领域的模块。深化"浙政钉"全省体育系统移动办公应用建设,推进"浙政钉"与省体育局智慧协同办公系统"最多提一次"全面融合,促进高效协同运行,优化"掌上办公"。持续深化机关内部"最多跑一次"系统应用,积极对接协调内跑平台"零办件"事项流程再造工作,做到"应网办尽网办",机关内部最多跑一次事项时限配置率达到100%。稳步推进场馆数字化、智能化改造,公共体育场地设施100%纳入全民健身地图。在"浙里办"打造"体育公共服务专区",实现全民健身地图、全域户外、"浙里跑"、体彩开奖公告等应用接入"浙里办—体育公共服务专区"。

4.数字体育项目建设有序推进。在"1114"总体架构下,系统梳理全民健身、训练管理、赛事活动、体育产业四大核心业务,深入分解业务单元,细化管理颗粒度,设计业务协同模型、数据共享模型,厘清数据资源清单。依托政务云公共应用组件和公共数据资源,统筹建设浙江省体育公共服务管理综合应用系统,实现科学健身指导、体育社会组织服务管理、赛事活动报名、青少年运动员注册等,为打造体育公共服务"一站式"应用奠定基础。进一步抓好省体育局数据归集共享管理系统(省体育数据仓)数据归集、治理、共享和开放,完成543项数据资源目录建设,从需求、供给两侧共归集全省体育部门近89万条数据,在一体化智能化公共数据平台发布13个无条件开放数据资源和16个受限开放数据资源,有效实现体育领域数据共享和开放,为政府数字化转型提供安全可靠、高效便捷的数据支撑。

5.网络安全保障能力不断增强。全省体育系统全面推进网络安全基础建设,强化网络安全管理,落实主体责任,修订完善相关网络与信息安全管理制度。深入贯彻网络安全等级保护制度,严格落实定级备案、整改加固、等级测评等环节,从信息系统、数据安全、制度建设等多个层面开展全面体检,进一步加固信息系统安全,提升信息安全和数据安全水平。积极参加网络安全攻防演练,部署完成浙江省体育行业网络信息安全可视化态势感知平台和网站群运维检测平台,以可视化呈现方式,掌握全省体育系统的网络安全态势并进行安全决策分析,确保网络安全问题"早发现、早预警、早处理"。

6.组织领导体制机制逐步完善。着力构建体育数字化转型工作大格局,不断加强探索创新,全面构建统筹有力、系统完备的工作体系。实施"一把手"工程,建立层次分明、职责明晰的体制架构,加强对体育数字化转型的组织领导和统筹推进;建立高效协同、运转顺畅的"领导小组+工作专班"工作机制,成立全民健身、训练管理、竞赛管理、体育产业和"互联网+政务服务""互联网+监管"五个工作专班,落实专班实体化运作,坚持工作例会制度,确保各项工作落到实处;建立监督有力、推进有序的清单化闭环督查晾晒机制,定期对推进情况进行督查;完善健全工作目标绩效考评办法和考核标准,推动体育数字化转型工作走深走实。

总体来看,我省数字体育建设初见成效,但也还存在不少短板和问题:体制机制方面,组织管理体制改革有待深化,省市县一体化推进体系尚未健全,数字体育人才队伍储备不足,规范标准有待健全;业务应用方面,服务管理效能有待提升,多跨应用场景有待进一步拓展;创新发展方面,数字体育对深化体育领域改革的作用尚未充分发挥,科学决策支撑能力有待加强,体卫融合、体教融合数字化赋能有待进一步挖掘。

(二)发展形势

1.国家发展战略提出新要求。以习近平同志为核心的党中央高度重视网络安全和信息化工作,把信息化作为我国抢占新一轮发展制高点、构筑国际竞争新优势的契机,不断推进理论创新和实践创新。党的十九届五中全会提出,要加快数字化发展,加强数字社会、数字政府建设,提升社会治理、公共服务等数字化智能化水平,到二〇三五年基本实现国家治理体系和治理能力现代化。"网络强国""数字中国""健康中国""体育强国"等战略,为数字体育发展指明方向、提供遵循。

2.数字化改革进入新阶段。省委十四届八次全会全面部署数字化改革工作,要求加快建设数字浙江,从整体上推动省域经济社会发展和治理能力的变革,从根本上实现省域整体智治、高效协同,努力成为"重要窗口"建设的重大标志性成果。以数字化改革为牵引,全面深化改革,推动省域高质量发展将是浙江省"十四五"的主旋律。体育数字化改革要深入贯彻省委省政府数字化改革部署要求,深刻把握数字化改革的定义和内涵,统筹运用数字化技术、数字化思维、数字化认知,把数字化、一体化、现代化贯穿体育工作全过程、覆盖体育改革全领域,在根本上实现体育事业整体智治、高效协同,推进体育治理体系和治理能力现代化。

3.数字体育发展迎来新机遇。数字体育正处于加速发展机遇期,已从理论研究向探索实践转变,从保障服务转变成引领性、创新性工作。数字体育作为"数字浙江"重要组成部分,是转变体育发展方式、创新体育公共服务、培育新的经济增长点的战略举措,是体育发展改革主动适应新常态的必然选择,立足新发展阶段、贯彻新发展理念、构建新发展格局,数字体育建设至关重要。数字体育建设要依托"互联网+体育"的创新技术模式,打造数字体育服务生态圈,推动数字体育新业态,形成数字体育经济新动能。

4.数字体育服务呈现新需求。在全民健身上升为国家战略大背景下,体育消费需求更加多样,市场更加广阔。群众在健身休闲、竞赛表演、场馆服务、装备制造、服务贸易、体育旅游、体育康复等方面的信息化、智能化需求迅猛增长,对数字体育生活更加向往。面对新形势,应大力推进数字化技术在全民健身、训练管理、赛事活动、体育产业等方面开展应用,培育体育产业新模式和新业态,助力体育产业提质升级。

5.网络空间安全面临新挑战。网络安全上升为国家安全战略,涉及数字体育建设的信息安全与数据安全,与国家安全、经济运行、社会秩序和公众利益息息相关,是国家信息安全防护重要组成部分。应对来自全球范围的威胁与挑战,全面提升网络与信息安全管理水平,是保障职能部门信息业务延续的关键,需正确处理安全和发展、开放和自主、管理和服务的关系,不断提高对网络规律的把握能力、对网络舆论的引导能力、对信息化发展的驾驭能力、对网络安全的保障能力,持续完善网络空间安全体系,为数字体育建设保驾护航。

二、总体要求

(一)指导思想

坚持以习近平新时代中国特色社会主义思想为指导,紧紧围绕忠实践行"八八战略"、奋力打造"重要窗口"主题主线,贯彻落实习近平总书记关于网络强国、数字中国、体育强国等重要论述精神和考察浙江工作重要讲话精神,坚持人民至上、共同富裕,保障基本、均等可及,补强弱项、扩大供给,数字牵引、机制创新原则,贯彻创新、协调、绿色、开放、共享的新发展理念,紧紧围绕"数字浙江"建设及"互联网+"行动目标,以数字化改革为牵引,聚焦数字政府、数字社会,强化数字赋能,展现未来社区、数字乡村体育元素,深入推进体育数字化改革,将体育事业与现代信息技术深度融合,建立资源开放共享、运作协同高效、体制机制健全、政策标准完善的支撑体系,推动数字体育规范化建设,优化提升体育管理效能,创新体育公共服务模式,提高竞技体育训练科技含量,夯实体育产业发展基础,更好地满足人民群众对高层次、多样化、均等化公共服务需求,助力数字经济、数字社会建设,为打造"整体智治、唯实惟先"的现代政府和数字化治理"浙江样本"作出积极贡献,不断增强人民群众获得感、幸福感、安全感,为高水平建设现代化体育强省、高质量发展建设共同富裕示范区提供有力支撑。

(二)基本原则

坚持系统观念、统筹推进。严格遵循浙江省数字化改革"四横四纵两端"总体架构和"152"体系架构,强化系统观念、用好系统方法、统一体育数字化改革话语体系,把系统工程方法解决问题的思路与体育数字化改革的一般特征紧密结合起来。坚持以增量开发、循序渐进为推进模式,通过"三张清单"为抓手,借助最佳应用清单为标尺,定好规则规矩,推动体育数字化改革更加体系化规范化。完善改革系统机制,加强综合统筹,持续优化平台和系统架构,在大场景中找准小切口,以重大任务牵引打造重大应用,加快形成体育领域的实践成果、理论成果和制度成果。

坚持需求导向、以人为本。坚持以需求为导向,立足于城乡居民日益增长的体育健身需求,利用现代信息技术推进政府体育管理方式变革,转变体育发展方式,提升体育公共服务能力。立足全民健身、训练管理、赛事活动、体育产业的实际需求,发挥信息化对科学高效配置资源的支撑和服务功能,切实增强人民群众对数字体育建设带来便捷、高效、创新服务的满意度,惠及城乡居民。进一步梳理改革需求,深入谋划多跨场景,厘清堵点痛点难点问题,以数字驱动制度重塑,以多跨场景应用为重要抓手,推动体育数字化改革走深走实。

坚持资源整合、共享协同。统筹做好数字体育顶层设计和整体规划,按跑道模式推进,所有工作都体系化规范化,在跑道内运行,加快体育数字化资源整合和集约化建设,逐步推进、分步实施。以全民健身、训练管理、赛事活动、体育产业等主要领域为重点,运用现代信息技术打造一批集成应用,以未来社区、数字乡村为切入点,推动多跨应用场景落地见效,为社会空间所有人群提供全链条、全周期多样、均等、便捷的社会服务,为社会治理提供系统、及时、高效的管理支撑,发挥"民生服务+社会治理"双功能作用,让城市和乡村变得更安全、更智能、更美好、更有温度。

坚持安全有序、健康发展。坚持网络安全与信息化发展同步推进,健全管理制度,落实网络安全主体责任,加快全省体育系统网络安全和信息化保障体系建设,统筹提升全省体育数字化发展水平和网络安全保障能力,坚持网络安全与系统建设"同步规划、同步建设、同步运行"。构建网络安全综合防御体系和管理制度,始终守住网络信息安全和公共数据安全底线。

坚持政府引导、社会参与。发挥政府在数字体育中的社会管理和政策引导作用,促进信息技术与体育产业深度融合发展。鼓励社会参与、吸引社会投资,促进体育领域公共资源全面开放,引导社会各界参与开发利用;探索运用政府和社会资本合作模式,支持引导社会资本投资数字体育领域,建立公益性服务、企业化管理、社会化运营的服务模式。

(三)发展目标

"十四五"时期,紧紧围绕省委省政府数字化改革决策部署,深入贯彻落实"整体智治、高效协同"理念,聚焦"应用成果+理论成果+制度成果",按照"一年出成果、两年大变样、五年新飞跃"要求,按跑道模式推进,主动对接省里重点打造的"浙里"系列和子跑道,进一步找准和细化体育部门的子跑道,完善工作机制,全力推进体育数字化改革工作。围绕数字政府、数字社会等系统建设,依托一体化智能化公共数据平台资源,有效整合全省数字化体育资源,打造集全民健身、训练管理、赛事活动、体育产业为一体的省体育公共服务管理综合应用,推进一批多跨应用场景,重点打造"一张图、一件事、一指数","一张图",即全民健身地图2.0版,实现公共体育"一站式"服务;"一件事",即体育赛事"一件事"、运动员教练员职业生涯管理"一件事"、体育彩票管理"一件事"、防反兴奋剂"一件事"等,通过"一件事"撬动体育领域体制机制改革;"一指数",即浙江体育发展指数,包括全民健身发展指数、竞技体育发展指数和体育产业发展指数,对全省体育发展进行综合评价和整体画像。

按照数字政府、数字社会综合集成工作要求,以未来社区、数字乡村为切入点,推动场景应用综合集成,实现"体有所健"目标,进一步增强智慧化体验、数字化服务,满足群众对高层次、多样化、均等化体育公共服务的需求,通过数字赋能推进体育治理体系和治理能力现代化,更好地为人民群众提供便捷高效的体育服务,为建设高水平现代化体育强省提供坚强保障。具体分三步走:

——2021年底前,基本建成覆盖全省体育行业的体育公共数据平台,50%核心业务形成数字产品,体育公共服务"一站式"应用上线运行。

——2022年底前,体育公共数据平台趋于完善,80%核心业务形成数字产品,形成2个以上多跨应用场景。

——2025年底前,体育领域核心业务全面实现数字化。

到2035年,以数字化手段全面推进体育事业全方位、系统性、重塑性变革,打造整体智治、高效协同的体育公共服务管理集成应用,构建管理上高效协同,服务上普惠便捷,技术上互联互通的智慧体育服务体系,加强体育数字化改革,推动全民健身、训练管理、赛事活动、体育产业等领域的业务协同、数据共享、技术融合,多跨应用场景全面拓展,数字体育理论体系和制度规范体系基本健全,数字体育建设成效显著,基本实现体育治理能力现代化,人民群众的获得感、幸福感、安全感全面提升。

三、重点任务

(一)完善数字体育总体架构体系

紧紧围绕数字化改革总目标,按照"1114"体育数字化转型总体架构,全面建成"浙江省体育公共服务管理综合应用系统、浙江省体育公共数据平台(省体育数据仓)、综合智能服务门户、四大核心业务应用",实现"强化体育公共服务职能,完善体育公共服务体系,提高体育公共服务水平"的战略目标。打造体育业务应用统一发布、运营及运维的支撑平台,构建统一的云应用架构与信息生态系统,全面实现体育应用轻松上云、业务快速创新。按照网络安全等级保护基本要求,加强网络安全防护体系建设,实现网络安全态势感知,保障通信网络安全性和可靠性,提升安全防御能力。构建数据资产安全防护体系,实现数据分类分级管控、数据脱敏展示、数据冗余备份、分级授权访问控制,确保数据安全管理工作可量化、可追溯、可评估,筑牢数据安全防线。

专栏1　数字体育基础能力建设

1.健全制度规范。在创新实践的基础上进一步加强理论研究,制定深化数字体育建设工作要点、浙江省体育公共数据管理办法、体育公共数据分类分级实施细则及体育行业数据标准规范等,构建数字体育建设标准体系,推动标准实施和监督管理。

2.构建数字体育公共服务能力中心。充分利用政务云各项资源和能力的基础上,根据体育行业特性,提取各项体育业务的公共需求,由主题应用算法、专题应用数据、运营策略和制度规范共同构成面向全省的数字体育公共服务能力中心,为各类数字化

业务应用提供服务,将各类数据形象化、直观化、具体化地按主题进行交互展示,对不同维度的数据进行组合分析,满足不同应用场景和决策分析的需求。

3.完善浙江省体育公共数据平台(省体育数据仓)建设。迭代升级浙江省体育公共数据平台(省体育数据仓),设计搭建体育大脑,对体育数据和信息进行智能分析、研判评价,推动科学决策和高效执行。完善涵盖健身场地、体质测试、体育组织、赛事活动、科学训练、体育行业人员等基础数据库,为实现创新应用、共享开放、决策监管提供科学有效的数据支撑。通过利用一体化智能化公共数据平台共享数据,依据浙江省公共数据分类分级原则,建设体育信息主题库和标签库,充分挖掘体育数据的应用价值。适时推进体育领域数据高铁建设,补齐数据归集工作不够及时、数据质量不够高、数据内在关联逻辑性不够强等短板。全面实现浙江省体育公共数据平台(省体育数据仓)与一体化智能化公共数据平台及国家体育大数据中心,在数据归集、治理、共享和开放方面实现无缝对接,进一步消除数据孤岛,推进数据共享开放,探索开展数据开放创新应用。

(二)提升政府服务和履职效能

坚持以人民为中心,依托浙江省一体化在线政务服务平台"浙里办",将离散的业务系统和数据有机整合为一个规范标准、敏捷协同的有机整体,为社会机构和公众提供一体化、智能化、均等化的办事服务,高质量推进实现"网上一站办、大厅就近办、办事更便捷",引领政务服务由"可办"转向"好办易办",推动体育公共服务数字化、智慧化,提升老百姓获得感。持续推进机关内部"最多跑一次"改革,坚持以机关内部办事需求为导向,全面梳理机关内部办事事项,优化办事流程,确保机关内部非涉密事项100%实现在线办理。围绕党政机关整体智治建设任务,全面梳理重大任务和核心业务,充分利用政府数字化转型成果,建设党政机关整体智治综合应用中体育部门功能模块组、整体智治专题门户等,加快形成全局"一屏掌控"、政令"一键智达"、执行"一贯到底"、服务"一网通办"、监督"一览无余"等体育领域集成应用,实现党的全面领导"制度""治理""智慧"三个维度纵深推进,开创体育部门整体智治新格局。推进"互联网+监管"能力提升,以浙江省高危险性体育项目场所信用监管责任体系构建为重点,有序推进浙江省体育领域信用监管体系建设,建立健全信用监管责任体系,提高监管效能。

专栏2　推动政务服务"一网通办"提质增效

1.整体智治专题门户建设。围绕党政机关整体智治建设任务,按照"四个体系"、两单两图,全面梳理省体育局重大任务和核心业务,加快推进党政机关整体智治中体育部门的综合应用建设。

2.整合优化政务办公系统。全面对接"浙里办"和"浙政钉",深化"浙政钉"全省体育系统移动办公建设,加强省、市、县(市、区)三级体育部门协同工作能力,着力破解部门间多次跑、多头跑、签字多、环节多等难题。推进体育政务大协同体系建设,着力打造全景工作台和各类业务办公"微应用",通过大数据挖掘分析展示多场景数据看板,促进信息共享、强化工作监督,实现政务运作高效协同。

3.深化"浙里办"应用。在"浙里办"中迭代升级体育公共服务专区,整合体育公共服务,打造集全民健身、训练管理、赛事服务、体育产业为一体的高质量特色服务专区,为群众参与健身锻炼、体质测评、科学训练、赛事活动提供一站式服务。

4.推进体育赛事文化创新发展。借助现代信息技术,开展内容资讯、赛事直播、融媒体中心等方面的数字体育建设。加强体育咨询供给,在互动电视平台内开设浙江体育专区,加强对浙江体育的聚焦、关注、播报,丰富老百姓的体育文化生活。建设浙江体育融媒体中心,实现全省体育信息、体育宣传、体育新闻的统一调度。利用"5G+融媒体"合作方式,在省级场馆内主办的赛事实现赛事直播与信息发布。加强对品牌赛事的直播、转播,尤其是对我省主办、承办的标志性或有较大影响力、品牌培育价值高、群众喜闻乐见的赛事活动进行直播、转播,同时加大对IP体育赛事活动的孵化、培育与引进,打造新型合作模式。

(三)健全体育公共服务管理体系

围绕数字政府、数字社会等系统建设,以"城市大脑+未来社区"为核心,加快公共体育数字化改革,落实数字生活新服务行动,完善体育公共服务"一站式"应用,深化全省全民健身"一张图",迭代升级体育社会组织,构建省、市、县(市、区)、乡镇(街道)体质测试与健身指导服务网络体系,实施大中型体育公共场馆智慧化改造,完成全省大中型公共体育场馆智慧化场景体验全覆盖,实现全省运动健身基础设施"线上线下"全面融合,推进百姓健身房建设和体育进社区、进乡村文化礼堂,方便群众在"家门口"参与健身锻炼,实现群众获取体育公共服务"一次不用跑",为群众提供系统性、持续性健康保障服务,推动全民健身与体卫深度融合,提升全民幸福指数。

专栏3　全民健身服务能力建设

1.迭代升级全民健身地图。拓展丰富全民健身地图应用场景,将全域户外、环浙步道等纳入全民健身地图,推动全省体育资源的整合与联动,构建全方位的线上体育场馆预约服务体系,进一步提升服务群众体育健身满意度。基于"数字浙江"的统一用户体系和信用体系,探索建设全省范围内的"健身码"开放认证平台,引导建立全省公共体育场所之间的互信机制,建设运动积分、会员权益的共享联盟,实现全省公共体育场所一码通行。

2.推进智慧体育场馆建设。依托"互联网+体育"的创新技术模式,推进云计算、大数据、物联网、5G等新一代信息技术在智慧场馆中的创新应用,进一步提升公共体育场地设施服务能力,提高场馆智能化管理服务水平。利用人工智能采集设备,对经营数据与客流数据进行综合应用,实现客流引导疏散、人力结构优化、场馆项目、功能区域设计等多项智慧化应用,提升体育场馆公共服务水平。进一步加深数字和实体体育产业的融合,推动"数字孪生"技术在智慧场馆建设中的应用,让体育场馆更加人性化、智慧化。

3.推动全民健身与体卫深度融合。整合健身场所、体育社会组织、国民体质监测、体育社会指导员等基础数据,开发国民体质分析预测模型和个性化科学健身指导推荐算法,全面接入体质监测站、智能体测小屋,完善省市县三级国民体质监测网络,实现科学化、专业化、全程化、智能化的运动健康管理。建设浙江"体卫融合"服务平台,与卫生和健康相关单位多跨协同,实现体质与健康档案管理、科学健身指导、运动康复、慢性病运动干预的动态闭环服务。迭代升级体育社会组织服务管理系统,通过全省社会体育指导员在线履职服务,实现全省体育社会组织服务闭环管理,提高体育锻炼人群组织化程度,推动健身活动与健身指导的专业化。

(四)推动体育训练管理数字赋能

加快推进竞技体育训练备战领域数字化改革,推动浙江体育职业技术学院(以下简称"学院")智慧校园建设,加强对"训、科、医、教、管"五方面数据的采集,形成训练管理大数据池,围绕训练备战过程中态势掌控"精细化"、工作流程"便捷化"、辅助决策"精准化"和大赛指挥"高效化"的目标,全面建成省级训练备战和业余训练管理两大板块为主要内容的数字化训练管理系统,以科技助力训练备战,以数据服务训练管理,全面提升训练备战质效。

专栏4 体育训练智慧化建设

1.推进大赛赛事指挥信息系统建设。依托数字化训练管理系统,建设大赛赛事指挥信息系统,将资格/决赛报名、成绩发布、赛事预告、后勤保障和会议通知等应用功能由线下迁移至线上,提高大赛组织指挥的协同性和高效性,满足通过手机即可观赛指引和参赛指挥的需求,达到赛事信息实时同步的要求,解决信息不对称的问题。

2.开展智慧校园建设。升级扩容学院校园网络基础设施,提升校园网络数据处理能力,不断完善校园数字化环境,为智慧校园建设提供坚固的基石;建立学院数字化管理体系,提高校园管理质量和效率,提升服务水平;加强体育情报信息收集分析,注重训练理念、方法和手段的研究和创新,为教学和科研服务提供有效支撑;大力推进优质数字课程资源建设,积极探索面授教学与在线学习相结合的混合式学习课程新模式,充分发挥信息化技术的作用和价值,实现人才培养模式的创新,提升学校办学质量和教育教学水平。

3.推进优秀运动员、教练员职业生涯管理"一件事"改革。围绕优秀运动员集训、试训、招聘、停训以及退役安置,教练员录用聘任、教育培训、职称评审、岗位变动、奖惩以及退休等事项,推进训练备战工作流程再造,实现运动员教练员生涯管理的规范化、标准化、数字化。

4.推动训练管理和备战智慧化发展。将省级训练单位、省队联办单位和业训机构训练场馆和教室的视频监控、人脸识别等系统按照统一的标准规范分阶段、分批次引接融合至数字化训练管理系统,并依托系统实现训练计划和方案总结的线上填报,从而实现对运动队、运动员训练态势的精细化掌控,进而提升运动队科学化管理水平。将训练备战和管理过程中涉及的备战情报收集、比赛成绩认定、考核评选、文化考试等统计工作量大、人工成本高、耗费时间长的重要业务和工作环节由线下迁移至线上,实现流程再造,简化工作流程,提高工作质效;建立运动员全运动生命周期档案,为运动员进退队管理、训练效果评估、教练员绩效考评、"双百评定"等环节的精准决策提供数据支撑;通过对接科技助力系统采集训练数据,基于数据挖掘技术,围绕运动员竞技水平、训练过程和相关保障要素进行科学分析、辅助决策、指导训练,提高训练水平和训练质量;同时,依托数字化训练管理系统,支持各省级训练单位及省体育科学研究所开展体育训练关键技术联合攻关,提升训练效果,提高伤病预防和运动康复水平。

(五)深化体育赛事服务集成改革

围绕办赛、参赛、观赛三大应用场景,加快实施体育赛事"一件事"、防反兴奋剂"一件事"集成改革。整合赛事赛前评估、赛事申办、赛事信息发布、赛事报名、裁判员选派执裁、赛事成绩查询、赛事绩效评估和赛事监管等各个环节的资源,借助数字化、信息化手段,打造全省体育赛事发布系统,构建跨部门的体育赛事活动综合服务机制,加强多跨协同,实现赛事全过程数字化监管,为体育赛事安全可控可管提供有效支撑,建立网上裁判员选用和信用体系,实现体育赛事申办、运动员注册报名、赛事信息查询、票务信息查询预订、观赛导览、赛事应急响应等场景"一站式"服务,助力成功举办亚运会和亚残运会,引导体育赛事管理向数字化发展,推进体育赛事与信息化的深度融合,全面提升体育赛事管理效能。

专栏5　体育赛事智慧化建设

1.开展赛事"一件事"集成应用。持续深化赛事"一件事"集成改革,梳理核心业务,围绕办赛、参赛和观赛子场景,推进赛事多跨应用场景拓展,优化赛事"一件事"办事流程,深化推进体育赛事改革。

2.优化完善赛事服务管理系统。迭代升级赛事服务管理系统,实现省、市、县(市、区)三级体育部门对各类赛事全方位、一体化管理。对政府办赛、部门办赛、协会办赛和社会性、商业性赛事举办,实现一网通办。

3.建立完善的裁判员管理体系。进一步推进建设裁判员基础信息库,实现裁判员综合能力的统计分析,为执裁选派管理提供决策服务。深化裁判员服务管理系统建设,实现对省、市、县(市、区)三级裁判员分级注册、分级管理、考试培训、考核评价和选派执裁及裁判信用体系的统一监管和服务。构建全省注册裁判员积分考核管理评价体系,对省、市、县(市、区)三级裁判员按执裁赛事等级、考核评价、培训考试、学习情况、奖惩记录等维度进行积分管理,实现对裁判员的推荐选派和晋级管理,进一步促进裁判员专业水平提升。

(六)创新体育产业服务管理模式

推动数字经济与实体经济融合发展,将数字体育建设融入体育产业服务和管理的全过程,发挥数字体育在资源要素配置中的优化集成作用。积极培育数字体育新产品、新服务和新业态,推进数字体育建设示范区、示范点、产业集聚区。增强浙江体育产业发展核心竞争力,推动体育产业服务便利化、体育产业管理数字化,加快构建浙江体育产业新优势。

<table>
<tr><td colspan="1">专栏6　体育产业数字化建设</td></tr>
</table>

专栏6　体育产业数字化建设
1.开展体育彩票管理"一件事"应用。依托阳光征召系统打造体彩网点申办应用场景,对接总局体育彩票中心帷胜系统,在线解决信息变更具体需求场景,提供设备维护、票务处理等管理业务服务场景,升级体彩门店的数字化赋能管理。 　　2.推动体育产业核心业务数字化应用迭代升级。优化完善体育产业机构名录库管理系统、高危体育项目管理系统和全域户外信息系统,运用数字化技术全面支撑体育产业管理工作。推动体育产业核心业务梳理,打造一批多跨应用场景,促进数字体育产业创新发展。 　　3.深化浙江政府采购网(政采云平台)体育装备交易平台建设。充分应用"政府采购电子卖场一体化的建设成果"以及政采云平台完善的采购供应链路和全方位的线上监管体系,为体育装备采购增效赋能。通过平台创新交易机制、完善标准商品库建设,推动制造厂商和商品资源等要素资源集约共享,更好地实现体育装备采购"专业智能""便捷高效"。

四、保障措施

（一）加强组织领导

组建深化数字体育建设工作专班,推行"领导小组+项目化管理+专班化运作"方式,完善数字体育建设工作协调推进机制,加强对数字体育建设的组织领导和统筹推进。建立健全数字体育建设考核评价指标体系,强化目标任务管理,对数字体育建设全生命周期进行动态评估,强化考核结果应用,确保数字体育科学部署、有序建设、协调推进,做到政策导向和群众需求相结合,短期效益和长远利益相统一,资产投入与应用实效相协调。推行体育数字化改革"揭榜挂帅"机制,鼓励基层创新,实现体育数字化改革应用场景"一域突破、全省共享",组织评比典型应用和"最佳实践",实现体育数字化改革协同攻关、多点开花。

（二）强化项目管理

强化体育领域项目统筹管理力度,以"一本账"三张清单形式推进规划落实、强化业务指导,建立健全数字化项目评审机制,提高通用组件、公共资源的使用率,避免重复建设,实现体育事业发展与信息化技术有机融合。加强数字化建设规范标准建设,统一数字体育项目建设、验收及运维的规范标准。加大数字体育建设资金投入,加强体育数字化改革相关政策法规、制度标准的培训和宣传工作,统一思想认识、提高业务能力、营造良好工作氛围。

（三）优化要素配置

大力推进社会力量办数字体育,鼓励应用开发以市场资本为主,遵循产业发展规律,积极培育多元市场主体,充分调动全社会积极性、主动性和创造性,多渠道筹措资金,提供适应群众需求、丰富多样的体育产品和体育服务。加强与信息化龙头企业的战略合作,探索政企合作机制,培育一批先行先试的体育数字化重点企业。制定科学的项目评价指标体系,实现项目经费与绩效评价挂钩,对体育数字化改革工作成效明显的单位,在承接数字化改革重大项目试点方面予以优先支持。

（四）加强人才支撑

加大体育数字化专业人才引进力度，建立健全数字体育专家智库和专家咨询机制，鼓励专家、科研人员参与体育数字化改革理论研究、规划设计、应用创新和教育培训。鼓励体育部门直属单位设置数字化工作机构和专职人员配备，加快建立数字体育建设高层次、复合型人才培育机制，健全体育部门技术型人才的职业发展体系，建立多元化的岗位晋升通道和激励机制。针对不同层次、不同类别体育工作者对信息技术认知度、接受度的差异，建立完善多层次、多形式的数字体育培训课程体系，持续推动体育工作者数字化素养提升。

（五）健全安全体系

贯彻落实《中华人民共和国网络安全法》等法律法规，积极开展等级保护、风险评估、安全测评、应急管理等国家相关法律法规和标准规范要求的网络安全建设，推进体育系统的信息技术应用创新，完善网络信息安全保障体系和安全管理机制，提升网络信息安全防护水平。贯彻落实国家和省公共数据分类分级相关规定，加强数据安全管理，建立公共数据开放的预测预警、风险识别、风险控制、应急处置、安全审计等管理机制，制定全省体育系统公共数据分类分级实施细则和公共数据管理规范。

浙江省体育局关于印发《浙江省竞技体育发展"十四五"规划》的通知

浙体训〔2021〕260号

各市、县（市、区）体育部门，省体育局机关各处室，各直属单位：

现将《浙江省竞技体育发展"十四五"规划》印发给你们，请结合实际，认真组织实施。

浙江省省体育局

2021年9月22日

浙江省竞技体育发展"十四五"规划

"十四五"时期，是浙江开启高水平全面建设社会主义现代化、努力成为新时代全面展示中国特色社会主义制度优越性的重要窗口的关键时期。为明确"十四五"时期浙江竞技体育改革发展的目标任务，根据《浙江省人民政府办公厅关于高水平建设现代化体育强省的实施意见》《浙江省体育改革发展"十四五"规划》，制定本规划。

一、现实基础与发展环境

（一）发展成就

"十三五"期间，我省竞技体育事业快速发展，顺利完成各项目标任务，为体育强省建设奠定了坚实基础。

综合实力不断提升。浙江运动员参加国际国内比赛成绩创造新的历史。里约奥运会共获得2枚金牌、2枚银牌、3枚铜牌。第十三届全运会共获得53金34银38铜，金牌数居全国前列，创历史最好成绩。印尼雅加达亚运会共获得24金18银8铜，创境外参赛最好成绩，金牌数居全国前列。第十四届全国冬季运动会成绩实现历史性突破。2016—2020年期间，共获得世界冠军42个、亚洲冠军61个、全国冠军746个。

项目发展成效显著。游泳项目在全国继续保持集团优势；举重、羽毛球、射击、田径、帆船等项目取得较大突破；空手道等项目实施省队联办并取得一定成效；冬季项目进一步发展，"跨界跨项选材"成效明显。

训练体系更加完备。建立健全"四个体系"及重点运动员"一人一案一团队"保障机制，在运动队全面推行"最多提一次"服务，推进训练备战规范化、科学化、制度化，为我省竞技体育事业深化改革加快发展提供强有力保障。

人才队伍持续加强。优秀教练员、运动员、后备人才培养成果显著，建立名师工作室19个，省级科医保障团队14个，遴选优秀中青年教练员培养人选119人，精英运动员121人，科医人员10人，优秀后备人才200人。创新国家体育总局与地方共建国家队模式，组建中国（浙江）国家游泳队。2019—2022新周期业余训练后备人才布局人数55321人，其中奥运全运项目51825人，非奥项目3496人，布局总人数比上个周期增加12000多人。

体校基地扩面增量。大力推进新型体校建设，制定实施《浙江省县级体校改革发展实施方案》，新建、提升县级体校26所。创建国家级高水平体育后备人才基地18个、省级各类高水平体育后备人才基地50个；创建省级训练基地30个、体育传统项目学校阳光体育后备人才基地151个。会同教育部门建设国家级、省级校园足球特色学校1579所。

（二）短板与不足

一是竞技体育综合竞争力有待进一步提升，运动项目规模偏小，省队联办项目绩效还不够突出，冬季项目建设尚处于起步阶段，人才基础比较薄弱；二是"三大球"等集体项目发展不快，优秀运动员培养有待加强，比赛竞争力不够强；三是科技助力创新驱动不足，科学管理和训练水平有待提升；四是体制机制有待进一步完善，体教融合不够深入，职业体育发展不充分；五是数字技术应用和场景打造成效不够明显等。

（三）机遇和挑战

"十四五"时期，浙江围绕奋力打造"重要窗口"和高质量发展建设共同富裕示范区，争创社会主义现代化先行省，对竞技体育高质量发展提出新要求。高水平现代化体育强省建设为竞技体育高质量发展注入新动力，将推动竞技体育为国争光能力获得新提升，对竞技体育人才队伍建设、深化体教融合发展等工作指出新路径。东京奥运会上我省体育健儿取得7金2银1铜成绩，创造了浙江省参加奥运会历史最好成绩，金牌数位居全国第一，为竞技体育高质量发展提供良好机遇。杭州亚运会是浙江体育事业跨越发展、全面升级的重要契机，2022年杭州亚运会、亚残运会的举办将全面优化提升我省竞技体育发展的环境和基础设施,将大力推动竞技体育事业大发展。大数据、物联网和云计算等信息技术的发展,推动科技助力、数字赋能,竞技体育数字化发展迎来新变革。同时,也要看到,新冠肺炎疫情影响广泛深远,竞技体育发展不稳定性不确定性增加,训练备战、赛事举办、国际交流等受到不同程度的影响制约。

二、总体要求

(一)指导思想

以习近平新时代中国特色社会主义思想为指导,全面贯彻党的十九大和十九届二中、三中、四中、五中全会精神和习近平总书记对浙江工作的重要指示以及对体育工作的重要论述精神,落实体育强国、健康浙江、体育强省建设部署,以改革创新为动力,遵循竞技体育发展规律,结合浙江实际,坚持争光争先、科技助力、改革引领、整体智治、固本强基,进一步完善竞技体育管理体制和运行机制,率先探索治理更加多元、发展更可持续的竞技体育浙江路径,不断提升为国争光能力,提高竞技体育综合效益,竞技体育综合实力走在全国前列。

(二)基本原则

坚持争光争先。坚持将立德树人贯穿运动员成长全生命周期,不断提升运动员为国争光的使命感和荣誉感,力争更多浙江运动员在国际国内赛场上争金夺银,发挥竞技体育在体育强省建设中的"硬核"作用,为社会主义现代化先行省建设注入强大精神力量。对标"重要窗口"和"共同富裕示范区"建设,打造具有世界影响力的运动项目,培养具有国际竞争力的优秀运动员,持续提升我省竞技体育综合实力,保持走在全国前列。

坚持科技助力。统筹体育科技资源,加强体育科技协同,强化先进设施设备的应用,提升训练信息化和智能化水平。坚持和丰富"三从一大"科学训练原则,从实战出发,增强训练创新能力,坚持刻苦训练,不断提升核心竞争力。

坚持改革引领。推动举国体制与市场经济相结合,加快竞技体育领域体制机制改革。鼓励社会力量参与竞技体育和后备人才培养工作,激发竞技体育发展活力,适度扩大竞技体育规模;深化体教融合,培养优秀体育苗子,促进竞技体育可持续健康发展。

坚持整体智治。牢固树立系统观念,加强统筹协调,持续推动竞技体育融合发展,不断提升竞技体育影响力。深化体育数字化改革,推动数字赋能竞技体育,提升体育训练一体化管理应用,提高竞技训练全周期、精细化、科学化水平;实施优秀运动员、教练员职业生涯管理"一件事"改革,不断完善治理体系,提升治理能力。

坚持固本强基。坚持优势项目优先发展,持续打造优势项目的集团优势,全力发展潜优势项目,不断提升竞技水平;结合浙江特点,科学合理布局发展冰雪项目。加大体育后备人才培养,加强体育后备人才基地建设,夯实竞技体育人才基础。

(三)发展目标

围绕2025年浙江省竞技体育综合实力走在全国前列的目标,推动管理体制和运行机制更具活力,竞技体育数字化水平不断提升,形成具有时代性、引领性、开放性的竞技体育发展新格局。稳步提升我省在国际大赛中对国家的贡献度,实现2021年东京奥运会、2024年巴黎奥运会获得多项金牌,2022年北京冬奥会有运动员参赛,2022年杭州亚运会创造参赛历史最好成绩。拓宽优化项目布局,提升"三大球"竞技实力,冬季项目取得新突破,2021年第十四届全运会、2025年第十五届全运会"保六争三",力争取得更好成绩,稳固第一集团地位。提升运动训练科学管理水平,深化体教融合改革,优秀后备人才不断涌现,创建国家级、省级体育后备人才基地60个以上。

表1 "十四五"竞技体育发展主要指标

一级指标	序号	二级指标	单位	2020年实绩	2025年目标	指标属性
综合竞争力	1	东京奥运会、巴黎奥运会	—	—	夺得多项多枚金牌	预期性
	2	杭州亚运会	—	—	2022年杭州亚运会创最好成绩	预期性
	3	第14、15届全运会	—	—	保六争三	预期性
	4	北京冬奥会	—	—	有运动员参赛	预期性
	5	内蒙古全国冬运会	—	—	取得6枚以上金牌,创历史最好成绩	预期性
项目布局	6	开展大项达到全运会设置大项占比	%	76.47%	80%	预期性
	7	省队联办	个	8	10	预期性
	8	全国俱乐部顶级联赛	—	—	男子篮球、男子排球项目全国俱乐部顶级联赛力争进入前三名,女子篮球、女子排球项目全国俱乐部顶级联赛力争进入前六名,男子足球、女子足球项目全国俱乐部顶级联赛力争进入前八名	预期性
	9	进入全国顶级俱乐部联赛运动项目	个	3	5个以上	预期性
科学训练	10	建设浙江运动医学中心	个	—	1个	预期性
	11	成立浙江数字化体能训练中心	个	—	3个	预期性
	12	建设海外训练基地	个	—	2个	预期性
整体智治	13	优秀运动员、教练员职业生涯管理"一件事"改革	项	—	1项	预期性
	14	完善数字化训练管理系统	个	—	1个	预期性
	15	落实反兴奋剂"两长制"	项	—	1项	预期性
人才强体	16	建成省级优秀运动队复合型保障团队	个	14个	15个以上	预期性
	17	重点培养优秀中青年教练员	人	—	100名以上	预期性

续表

18	动态选拔、培养精英运动员备战奥运会、亚运会和全运会	人	—	120 名以上	预期性
19	动态选拔培养体育后备人才	人	—	700 人以上	预期性

三、主要任务

(一)优化项目布局,提升综合实力

立足浙江实际,把握竞技体育项目发展规律和变化趋势,突出重点、优化结构,充分发掘我省竞技体育项目发展潜力和竞争力。

1.巩固发展优势项目。巩固发展游泳、举重、羽毛球、射击、体操、田径、皮划艇、赛艇、帆船等优势项目,进一步夯实优势项目后备人才基础,促进项目稳步发展;不断增加优势项目人才厚度,持续提升优势项目集团优势。

2.持续推进潜优势项目。持续推进网球、空手道、射箭、自行车、马术等潜优势项目的发展,进一步优化项目布局,完善人才梯队建设,提升项目比赛竞争力,加快潜优势项目转化为新的优势项目,提升我省竞技体育整体竞争力。

3.振兴"三大球"运动项目。加大"三大球"普及推广力度,增加运动项目人口。建立健全体育人才培养体系,完善各级体校运动项目布局,推进项目进校园,畅通优秀体育后备人才培养渠道。遵循"三大球"发展规律,制定"三大球"竞赛组织、人才培养、基地建设等政策,持续加大对项目发展的支持和投入。积极向国家队输送"三大球"优秀人才,不断提升对国家的贡献度。稳步提升"三大球"职业体育水平。

4.拓展冬季运动项目。贯彻落实习近平总书记提出办冬奥会的目的是"带动三亿人参与冰雪运动"的重要指示,落实"北冰南展西扩东进"战略,结合浙江实际,重点发展速度滑冰、花样滑冰、冰球以及滑雪等冰雪运动项目。全力保障钢架雪车、雪车及跳台滑雪等优秀运动员的训练备战,进一步加大国家队后备人才输送力度。整合国内外训练资源和科技力量,加强与北方省(区、市)开展冰雪运动项目合作,积极引进国外高水平团队先进经验,力争冬季运动项目在国内外大赛中取得新的突破。

5.优化调整弱势项目。对标国家优势项目,结合浙江实际,加快跳水、乒乓球等项目改革发展。进一步加强武术、柔道、拳击、摔跤、跆拳道等项目建设,努力提升项目竞技水平。跟踪综合评估省队联办项目,动态调整优化绩效不高的项目。鼓励社会力量参与竞技体育改革发展,支持各地重点发展符合本地实际、具有区域特色的竞技运动项目,填补我省优秀运动队竞技项目空白。

专栏1　优化项目布局工程

1.扩大竞技体育项目规模。力争开展的大项达到全运会设置大项占比80%以上。

2.振兴"三大球"集体项目。全运会"三大球"项目力争取得金牌;男子篮球、男子排球项目全国俱乐部顶级联赛力争进入前三名;女子篮球、女子排球项目全国俱乐部顶级联赛力争进入前六名;男子足球、女子足球项目全国俱乐部顶级联赛力争进入前八名。

(二)强化科学训练,提升助力效应

坚持"三从一大"科学训练原则,以解决运动训练的关键问题为着力点,发挥科技助力、数字赋能作用,强化科学训练、刻苦训练,不断提升科学训练水平。

1.提升科学化训练水平。遵循训练规律,更新训练理念,借鉴国际先进训练经验,积极开展训练方法、技术创新,加强训练数据的分析和运用,不断提升比赛竞争力。夯实基础体能,提升专项能力,促进体能训练标准化、科学化。坚持从实战出发,赛练结合、以赛领训、以训促赛,实现竞赛和训练一体化发展。

2.持续推进科技助力。统筹体育科技资源,强化体育科技协同,加强与高校合作,建立优秀运动员个性化科研攻关与科技保障新模式。强化重点运动员先进训练设施设备保障,提高训练过程的信息化和智能化,逐步实现体育科技服务对各层级运动员的全覆盖。整合训练、科研、医务资源,建设世界一流的"训、科、医、教、服"一体化竞技体育综合保障基地,打造训科医一体化复合型训练团队。

3.积极打造高等级训练基地。打造现代化体育综合训练基地,推动建设游泳等项目省优秀运动队海外训练基地。支持各地建设国家级、省级综合性或单项训练基地,吸引国家队及外省优秀运动队到我省训练交流。推动省优秀运动队与基层运动队共同训练,统一训练理念,规范训练要求。

专栏2 科技助力工程

1.推进浙江运动医学中心建设。加强国际交流合作,强化国家体育总局重点实验室建设,优化竞技体育科研攻关团队。

2.建设浙江数字化体能训练中心。优先围绕优势项目,打造人工智能关键技术赋能竞技体育智慧化实时反馈应用系统,为提升运动训练效果和比赛成绩提供及时准确的评估和指导。

3.建设海外训练基地。推动建设游泳、田径、皮划艇、赛艇等项目美国、澳大利亚、匈牙利海外训练基地。

(三)深化改革,打破体制壁垒

坚持集中力量办大事,深化推动社会力量办竞技体育改革延伸扩面,逐步建立"共建共治共享"新格局。

1.深化体教融合改革发展。制定实施《关于深化体教融合促进青少年健康发展的实施意见》。开展高校办高水平运动队改革试点,鼓励支持高校联办省一线运动队。健全体育后备人才培养体系,畅通小学、中学、大学"一条龙"体育人才升学机制。加强省级体育传统项目学校阳光体育后备人才基地建设,持续发展"体校+学校+俱乐部"等多元办队路径,构建"一校一品""一校多品"的学校体育新格局。畅通我省优秀退役运动员、体校教练员进入学校兼任、担任体育教师和教练员的渠道。加快构建青少年体育竞赛体系。深化各项目协会与青少年体育俱乐部合作。

2.深化社会力量参与竞技体育改革。制定完善社会力量办竞技体育的政策举措,打破体制、政策及区域壁垒,鼓励全省各地重点发展符合本地实际、具有区域特色的竞技体育项目。科学谋划运动队联办项目布局,创新运动队组建方式,探索省优秀运动队省队市办、省企联办和业余运动队市队企办、协会共办等多种办队模式。优化冬季项目省队联办模式,主动合作开展雪上项目。

3.加快职业体育改革进程。加强职业体育发展规划引导,不断优化职业体育发展环境。鼓励具备条件的运动项目走职业化道路,支持运动员、教练员职业化发展,引导优秀运动队与企业合作组建职业俱乐部。以足球、篮球、排球、网球、羽毛球、乒乓球等社会关注度高、市场空间大、国际影响力强、商业潜力大的项目为引领,以马术、高尔夫球、帆船、拳击、冰雪运动等项目为补充,积极培育一批竞技水平高、经济效益好、社会声誉佳的职业体育俱乐部,打造具有浙江特色的职业体育发展体系。

专栏3　开放办竞技体育工程

1.加强新型体校建设。持续推进10所以上新型体校的改革与发展,创建省级阳光体育后备人才基地160所以上。

2.深化省队联办培养模式。在5个以上市开展省队项目联办,力争新增2个全运会大项。

3.推动职业体育俱乐部建设。积极培育一批竞技水平高、经济效益好、社会声誉佳的职业体育俱乐部;支持职业体育俱乐部参加国际国内职业体育赛事,力争5个以上运动项目的职业俱乐部进入全国顶级联赛,创造具有浙江特色的职业体育精品。

(四)坚持整体智治,提升治理效能

加快完善竞技体育相关配套政策、标准,建立健全竞技体育发展政策制度体系。加强竞技体育科学管理,加快竞技体育治理能力现代化。

1.深化"四个体系"建设。紧盯备战目标,统筹疫情防控和训练备战"两手硬、两战赢",深化指标体系、工作体系、政策体系、评价体系"四个体系"建设和"最多提一次"服务,实行"专班运作+清单管理",细化量化目标举措,形成管理闭环。把握全省运动项目发展趋势,制定实施浙江省竞技体育发展指数评估制度,建立竞技体育基础条件、实践过程及综合效果等内容组成的指标体系,科学、准确、客观、全面评估竞技体育发展质量和水平,引领推动我省竞技体育和业余训练工作高质量发展。

2.加快推动数字赋能。围绕体育数字化改革,打通竞技体育全链条数据,不断完善从业余训练到专业训练全覆盖的数字化训练管理系统,提升体育训练一体化管理应用,提高竞技训练全周期、精细化、科学化水平。深化优秀运动员、教练员职业生涯管理"一件事"改革,加快运动员档案数据化、模块化建设,强化数据挖掘与分析,提高运动员成材率。推进训练场馆数字化、智能化改造,为提升运动训练效果和比赛成绩提供指导,为科学化训练监控和决策提供支撑。

3.强化赛风赛纪和防反兴奋剂。以全面从严治党引领全面从严治体,深入推进清廉体育建设,实现党的纪律监督对反兴奋剂、赛风赛纪等方面的全覆盖。加强运动队党建工作,强化运动员思想政治教育,全面推行"五环党建工作法"。牢固树立竞技体育"道德的金牌、风格的金牌、干净的金牌"意识,进一步完善教练员和运动员遵纪守法的约束机制,坚持公平竞赛,打造良好赛风和形象。深入开展赛风赛纪和反兴奋剂专项治理,建立全员动员、全面覆盖、全链条管控的防反兴奋剂防控体系,全面落实"两长制""六增六防""七强七重""八督八查"等制度,确保兴奋剂问题"零出现""零容忍"。

专栏4 整体智治工程

1.浙江省竞技体育发展指数评估体系建设。制定实施竞技体育发展指数评估指标体系,综合评估各地市竞技体育发展水平,促进全省竞技体育可持续高质量发展。

2.完善数字化训练管理系统。建立完善训练参赛指挥系统、运动员赛前文化在线测试平台,推进运动员档案数据化、模块化建设,加强数据挖掘及分析,为运动员选材、训练备战、文化学习等提供科学依据,提高运动员成才率。

3.落实反兴奋剂"两长制"。构建反兴奋剂教育体系和严密的兴奋剂风险防控体系,持续保持反兴奋剂工作高压态势,切实完善责任体系,强化对兴奋剂问题监督执纪问责等形成良好制度机制。

(五)加强人才培养,实现可持续发展

大力实施"双百培养工程计划",加快高水平竞技体育人才培养,优化人才结构,形成梯队合理、规模和质量效益明显的竞技体育人才队伍,加快形成符合高水平现代化体育强省建设要求的竞技体育人才支撑体系。

1.打造高水平运动员队伍。围绕打造一支作风优良、能征善战的省优秀运动队,强化运动队的思想政治工作,不断提升综合素养。完善运动员选拔标准和程序,建立面向全社会开放的省队运动员选拔机制。持续推行优秀运动队服务保障"最多提一次"改革,强化重点运动员"一人一案一团队"保障机制,为运动队提供高水平高质量高效率服务保障。推进运动员职业生涯"一件事"改革,深化省部合作共建国家运动队机制,本周期内浙江籍国家队集训运动员人数年均数稳定在100人以上。

2.打造高水准教练员队伍。加强国际高水平教练员顾问团队建设,动态建立名师工作室15个以上,打造一支具有国际视野、创新思维和先进理念的领军型教练员队伍。完善教练员培养、遴选和管理体系,建立具备教练员潜质的优秀运动员后续成长激励机制,培育精英教练员100名以上。加强年轻教练员队伍建设。提升基层教练员执教能力,建立一线教练员定期服务基层选材和指导训练长效工作机制。完善教练员考核评价机制,不断提升教练员综合能力。

3.打造复合型训练保障团队。围绕奥运全运科技攻关重大任务,合理配置教练员、科医保障人员和科技攻关团队,构建"重大项目+重大任务+科技攻关团队+科研保障平台"新模式,不断完善复合型团队建设。加强机能监控、体能训练、运动康复、心理干预、运动表现分析、营养保障等多学科有机融合与跨专业人才培养,建立完善省级优秀运动队复合型保障团队15个以上。推动将高水平竞技体育科研人员纳入高层次人才池,吸引国内外高水平训练学专家、体能训练师、运动康复师、运动表现分析师等参与训科医保障工作。

4.加强后备人才队伍建设。坚持开放办体育,鼓励青少年体育俱乐部等社会力量参与体育后备人才培养。创新、丰富体育后备人才综合训练营活动,建立省优秀运动队教练员、运动员与基层运动员、教练员开展互动训练比赛、教学教研、选材培训等活动平台。每年动态选拔、培养重点竞技体育后备人才700人以上,创建国家级、省级高水平体育后备人才基地60所以上。新周期全省业余训练后备人才布局人数稳定在5万人以上。支持杭州、宁波、温州等地开展游泳等项目优质后备人才培养试点。

专栏5　人才强体工程

1.完善高水平运动员选拔培养机制。建立面向社会开放的省队优秀运动员选拔机制,优化一、二、三线运动队梯队建设;积极争取与国家队共建合作;探索拓宽与其他省市联合培养运动员渠道。

2.持续实施"双百培养工程计划"。完善教练员培养、遴选和管理体系,建立具备教练员潜质的优秀运动员后续成长激励机制,重点培养100名以上中青年教练员;动态选拔、培养120名以上精英运动员备战奥运会、亚运会和全运会。

3.实施浙江体育人才"走出去""请进来"计划。加强国外高水平教练顾问团队建设,选派优秀运动员和教练员赴美国、澳大利亚、匈牙利等国进行学习培训,聘请俄罗斯、西班牙、韩国等国家的高水平教练员助力提升浙江省竞技体育水平。

四、保障措施

(一)加强组织领导

进一步加强党对竞技体育工作的全面领导,坚决贯彻党中央、国务院决策部署,贯彻落实省委、省政府工作要求。进一步完善组织体系,建立跨部门合作共享的竞技体育发展工作协同机制、青少年体育工作联席会议制度,实现部门协同、分工明确、高效运转,推动竞技体育高质量发展。

(二)强化要素保障

完善竞技体育经费投入机制,建立以政府投入为主,多渠道、多形式调动社会各界力量投入为补充的专项资金筹集模式。健全运动员、教练员奖励激励制度。建立健全适应竞技体育特点的人才遴选和聘用制度、人事制度、薪酬制度、评价制度。坚持引育并重,以更开放、更灵活的机制引进竞技体育领军人才、拔尖人才和创新型人才团队。加大运动员教育、成才规划、退役出路等方面的扶持力度,打通退役运动员"再就业"和担任学校教练员之路。

(三)加强监督评估

科学制定竞技体育目标任务考核制度,逐年逐项分解落实,跟踪推进实施。坚持年度考核与周期考核、人才质量与大赛成绩、短期实绩与长期效益相结合,对竞技体育综合实力进行全面考核评估。建立健全我省竞技体育发展指数和综合评价指标体系,对竞技体育发展进行全过程动态评估。

浙江省体育局关于印发《体育领域高质量发展推进共同富裕示范区建设行动方案(2021—2025年)》的通知

浙体政〔2021〕261号

各市、县(市、区)体育部门,省体育局机关各处室、各直属单位:

为深入贯彻省委十四届九次全会精神,全面落实《浙江高质量发展建设共同富裕示范区实施方案(2021—2025年)》,不断健全全民健身公共服务体系,奋力推进高水平现代化体育强省建设,省体育局研究制定《体育领域高质量发展推进共同富裕示范区建设行动方案(2021—2025年)》。现印发给你们,请认真组织实施。

浙江省体育局
2021年9月22日

体育领域高质量发展推进共同富裕示范区建设行动方案
(2021—2025年)

为深入贯彻省委十四届九次全会精神,全面落实《浙江高质量发展建设共同富裕示范区实施方案(2021—2025年)》,不断健全全民健身公共服务体系,奋力推进高水平现代化体育强省建设,特制定本行动方案。

一、总体目标

坚持以满足人民日益增长的美好生活需要为根本目的,围绕"体有所健",着力推进公共体育服务普惠优质共享,到2025年,基本形成全覆盖、均等化的全民健身公共服务体系,建成体育健身"15分钟公共服务圈",办好杭州亚运会,基本建成体育强省,推动体育成为共同富裕示范区"全民健康的基石、产业发展的支柱、奋斗精神的动力"。

——加快公共体育设施的规划建设,人均体育场地面积达到2.8平方米,县(市、区)体育"一场两馆"覆盖率达到80%以上。

——广泛开展全民健身活动,全省经常参加体育锻炼比例达到43.5%以上。

——持续提高城乡居民体质健康水平,国民体质合格率达到94.5%以上。

——培养和输送一批具有国际竞争力的优秀运动员,在国际重大赛事上贡献更多浙江力量,竞技体育综合实力走在全国前列。

——促进体育产业倍增发展,体育产业规模达5000亿元以上,增加值占GDP比重达2%以上,人均体育消费支出3000元以上。

二、主要举措

1.实施公共体育设施建设"增量提质"行动。编制各市县公共体育设施专项规划和

《浙江省全民健身设施建设补短板五年行动计划》。坚持因地制宜、突出实用、发展均衡、共建共享原则,推动全省11市建成"四个一"工程,即有一个公共体育场、一个公共体育馆、一个公共游泳馆或全民健身中心(含室内游泳池)、一个体育公园。以体育现代化县(市、区)创建为抓手,推动县(市、区)体育"一场两馆"建设,体育现代化县(市、区)建有标准化、智慧化的体育"一场两馆",山区26县努力建成小型便民、功能多元的体育"一场两馆"。结合未来社区、乡村新社区建设,布局建设居民方便可达、小型多样、安全智慧的全民健身场地设施。新建省级全民健身中心15个、体育公园(体育设施进公园)250个、足球场(含笼式足球场)250个、村级全民健身广场300个、社区多功能运动场1000个、百姓健身房3000个,建成1万公里"环浙步道系统"。推进全民健身中心、户外健身器材、百姓健身房、健身步道、体育公园等场地设施智慧化改造,实现精准服务、跨场景服务、智能服务。(群众体育处、体育经济处)

2.实施体育场地设施服务便民利民行动。完善公共体育场馆免费或低收费开放政策,落实《浙江省公共体育设施管理办法》开放与使用要求,确保公共体育设施免费或低收费向公众开放。落实符合条件的学校体育设施100%向公众开放,推动机关事业单位的体育设施公休日、法定节假日向公众开放,引导推动企业体育场地设施向社会开放共享,提高体育设施使用率。深入实施大中型公共体育场馆服务大提升,提高大中型体育场馆运营效率和服务水平。完善公共体育设施应急、疏散、消防、环保等安全标准,确保规范使用、安全健身。(群众体育处、体育经济处)

3.实施全民健身服务"高质量均等化"行动。全面落实《浙江省全民健身实施计划(2021—2025年)》和健康浙江全民健身专项行动。打造群众身边的体育志愿服务骨干队伍,开展全民健身服务进机关、进社区、进镇村、进学校、进企业行动,拓展线下与线上相结合的健身指导服务,推广工间操制度,探索实施浙江省大众体育业余运动水平等级评定制度。健全和提升国民体质健康监测网络,推进国民体质监测站点向运动促进健康服务功能转变,构建智慧化、系统化、专业化的科学健身指导服务体系。广泛开展全民健身赛事活动,引进举办各类国际国内重大赛事,建立覆盖全领域、全行业、全人群的竞赛体系,做大做强"浙里健"系列品牌赛事,打造品牌赛事"一市多品""一县一品",持续办好生态运动会、农村文化礼堂运动会、社区运动会等赛事活动。(群众体育处、体育竞赛处)

4.实施体育产业倍增富民行动。围绕"运动振兴乡村、体育赋能城市",推进"体育+文旅",对接"四条诗路"建设,打造一批国家级体育旅游示范基地、体育旅游目的地和体育赛事旅游集聚区,积极推进国家体育产业基地建设。推进"体育+未来社区""体育+乡村振兴",加快体育融入共同富裕基本单元。推动"运动浙江、户外天堂"建设,以"环浙步道"、运动休闲乡镇、运动装备制造基地等为载体,打造"国际知名运动休闲目的地"和长三角户外运动消费中心。以国家体育消费试点城市建设为抓手,拓展体育观赛、体育培训、运动康复等消费新场景。探索建立"运动银行"新模式,提升群众健身消费的积极性。实施体育赛事提质计划,高标准高质量完成杭州亚运会、亚残运会办赛参赛任务,健全体育赛事体系,打造"赛事之城"和"赛事集聚县",建设体育赛事强省。(体育经济处、群众体育处、体育竞赛处)

5.实施体育助力山区26县共富行动。加大对山区26县体育基础设施建设的支持力度,全民健身设施补短板建设项目立项和资金向山区26县倾斜。省级主办的体育赛事活动、运动休闲乡镇认定、体育产业基地评选等向山区26县倾斜并给予重点扶持。加强山区26县体育师资培训工作。探索举办山区26县篮球、足球、乒乓球等赛事活动。(体育经济处、群众体育处、体育训练处、体育竞赛处)

6.实施体育文化繁荣行动。实施竞技体育争光计划,实施优秀运动员、教练员"双百"培养计划,全面提升竞技体育综合实力和国家贡献力,在2024年巴黎奥运会上力争取得多枚金牌,走在全国前列,全运会稳居第一集团,杭州亚运会取得历史最好成绩。加强体育后备人才培养,新周期全省业余训练后备人才布局人数稳固在5万人以上。努力打造浙江特色的体育文化品牌,筹建浙江体育博物馆,推动一批体育主题博物馆、展览馆、陈列馆等建设。以重大体育赛事为载体,以浙江运动员摘金夺银为契机,弘扬公平竞争、拼搏精神和团队文化,展现体育强省风采。鼓励奥运冠军、世界冠军等进社区、进学校、进企业、进农村,积极参与志愿服务等社会公益活动,弘扬宣传体育精神和浙江精神,增强全省人民的自豪感和凝聚力,为建设共同富裕示范区注入强大的精神力量。(办公室、体育经济处、体育训练处)

7.实施体育改革争先创优行动。深化社会力量办体育改革,积极推进体育公共服务社会化改革,完善社会力量办体育的政策制度和体制机制,鼓励国有企事业单位、民营企业、社会组织等投资兴办普惠性非营利性的体育服务机构。完善鼓励社会力量参与体育场地设施建设运营的政策措施,引导有条件的场馆实行集团化管理、连锁化运营。构建"双员制"基层体育治理新机制,实现全省所有县(市、区)基层体育委员、社会体育指导员"双员制"全覆盖,打通基层体育公共服务"最后一公里"。深化体育社会组织实体化改革。研究制定体育社会组织分级分类管理制度,探索实施省体育社团活力指数评估制度。健全完善政府购买服务机制,激发体育社会组织活力和服务能力。(政策法规处、群众体育处、体育经济处)

8.实施数字体育赋能行动。对标省委数字化改革"152"大跑道,围绕"体有所健",大力推进体育数字化改革。打造全民健身公共服务地图2.0版。依托"浙里办",构建覆盖全省主要公共体育场馆、体育健身场地设施和百姓健身房,以及运动促进健康指导站点的"全民健身公共服务地图",方便群众"找场地、找活动、找组织、找指导",实现全民健身"一站式"服务。实施"一件事"集成改革,围绕体育赛事、运动员教练员职业生涯管理、体育彩票管理、反兴奋剂等"一件事"改革,撬动体育领域体制机制改革创新。全方位构建浙江群众体育、竞技体育、体育产业发展指数评估制度,全面动态评价各地体育事业发展状况,对全省体育发展水平进行数字化综合评价和整体画像。到2025年,体育领域核心业务实现数字化,全面赋能高水平现代化体育强省建设。(政策法规处、办公室、体育经济处、群众体育处、体育训练处、体育竞赛处、人事处)

三、保障措施

9.加强组织领导。省体育局成立体育领域高质量发展推进共同富裕示范区建设工作领导小组,省体育局主要负责人任组长。全省体育系统建立上下联动、高效协同、一抓到底的贯彻落实机制。

10.强化政策保障。推动各地建立政府主导、社会力量广泛参与的全民健身经费投入机制,切实保障公共财政对全民健身公共服务的投入。集中财力办大事,提高资金绩效,发挥政府扶持体育发展专项资金的引领带动作用,鼓励和引导社会资本投入全民健身事业。

11.健全考评机制。建立健全体育领域高质量发展建设共同富裕示范区综合评价办法,将相关指标纳入全民运动健身模范市(县)、浙江体育现代化县(市、区)等创建工作体系,纳入对各市体育工作考评。

浙江省体育局　浙江省文化和旅游厅　关于认定2021年度浙江省运动休闲旅游示范基地、精品线路和优秀项目的通知

浙体经〔2021〕264号

各市、县(市、区)体育部门、文化和旅游局,各有关单位:

为更好地发展运动休闲旅游产业,提升体育旅游消费,推动体育产业高质量发展,总结推广我省体育旅游经验和成果,浙江省体育局与浙江省文化和旅游厅联合开展2021年度浙江省运动休闲旅游示范基地、精品线路和优秀项目评定工作。经自主申报、专家评审、实地考察和公示等程序,现认定杭州湘湖旅游度假区等9个基地为浙江省运动休闲旅游示范基地(2022—2024),认定萧山戴村国家登山健身步道(登山)—戴村森林骑行道(骑行)—云石滑翔伞基地(无动力滑翔)—三清园户外运动公园(户外拓展)等9条线路为浙江省运动休闲旅游精品线路(2022—2024),认定滑雪(桐庐生仙里国际滑雪场)等25个项目为浙江省运动休闲旅游优秀项目(2022—2024)。

望各项目单位以此为契机,在进一步加强日常安全管理的基础上,依托山水资源和区位优势,融入长三角一体化,助力打造共同富裕示范区,引领体旅融合产业新业态,充分发挥运动休闲旅游示范作用。

附件:2021年度浙江省运动休闲旅游示范基地、精品线路和优秀项目名单

浙江省体育局　浙江省文化和旅游厅
2021年9月29日

附件

2021年度浙江省运动休闲旅游示范基地、精品线路和优秀项目名单

一、2021年度浙江省运动休闲旅游示范基地(9个)
1.杭州湘湖旅游度假区
2.宁波九龙湖旅游度假区

3.象山东旦时尚运动海滩

4.温州瓯歌云顶运动休闲园

5.安吉云上草原

6.海宁尖山休闲运动基地

7.嵊泗基湖滨海运动基地

8.仙居神仙居景区

9.缙云黄龙景区

二、2021年度浙江省运动休闲旅游精品线路(9条)

1.萧山戴村国家登山健身步道(登山)—戴村森林骑行道(骑行)—云石滑翔伞基地(无动力滑翔)—三清园户外运动公园(户外拓展)

2.洞头连港环岛公路(骑行)—临海悬崖栈道仙岩段(徒步)—东岙沙滩(游泳)

3.安吉江南天池(滑雪)—大竹海(登山)—藏龙生态旅游(滑道)—环太湖赛道(山地自行车)

4.海宁盐官百里钱塘生态绿带(重走长征路户外拓展)—芳草青青房车营地(房车露营)—盐官古城(观潮定向)

5.嵊州清溪漂流(漂流)—覆卮山滑草(滑草)—万年石浪(攀浪)

6.柯桥东方山水乐园(水陆两栖车)—浙江国际赛车场(赛车)—鉴湖直升机场(飞行)

7.柯城两溪绿道(骑行)—飞鸿神网谷(绳网运动)—大荫山丛林穿越探险乐园(丛林穿越)

8.仙居神仙居(飞拉达)—永安溪绿道(漂流)—淡竹休闲谷(徒步)

9.温岭山海之韵景区(玻璃漂流)—龙门沙滩(帆船)—洞下沙滩(冲浪)—金沙滩黄金海岸(露营)

三、2021年度浙江省运动休闲旅游优秀项目(25个)

1.滑雪(桐庐生仙里国际滑雪场)

2.超级滑板车(千岛湖沪马探险乐园)

3.滑翔伞(富阳永安山滑翔基地)

4.越野速降骑行(杭州勇峰自行车公园)

5.滑雪(临安大明山)

6.山地车越野(宁波山地车越野公园)

7.赛车(宁波铭泰赛道)

8.滑雪(奉化商量岗滑雪场)

9.滑翔伞(慈溪伏龙山滑翔伞基地)

10.冰雪运动(温州中体冰雪城)

11.湖畔露营(泰顺百丈户外运动基地)

12.航空运动(泰顺浙南运动航空飞行营地)

13.滑雪(文成绿水尖滑雪场)

14.飞行体验(德清莫干山通航机场)

15. 自行车速降（长兴城山沟景区）
16. 游艇（绍兴玛德游艇俱乐部）
17. 室内滑雪（绍兴乔波冰雪世界）
18. 峡洞漂流（绍兴会稽山）
19. 热气球（武义大斗山飞行营地）
20. 滑雪（磐安滑雪场）
21. 户外拓展（龙游龙山）
22. 沙滩卡丁车（普陀塔湾金沙景区）
23. 滑雪（天台山雪乐园）
24. 漂流（缙云三溪）
25. 卡丁车（缙云壶镇）

浙江省体育局　浙江省教育厅印发
《关于深化体教融合促进青少年健康发展的实施意见》的通知

浙体训〔2021〕268号

各市人民政府、省级有关单位：

《关于深化体教融合 促进青少年健康发展的实施意见》已经中共浙江省委全面深化改革委员会第十五次会议审议通过。经省政府同意，现印发给你们，请结合实际认真贯彻执行。

浙江省体育局 浙江省教育厅
2021年9月30日

（此件公开发布）

关于深化体教融合促进青少年健康发展的实施意见

为全面贯彻落实习近平总书记关于体育强国建设的重要指示和全国教育大会精神，深化体教融合发展，加快健康浙江、教育强省、体育强省建设，助力高质量发展建设共同富裕示范区，培养德智体美劳全面发展的社会主义建设者和接班人，根据《国务院办公厅关于印发体育强国建设纲要的通知》《体育总局 教育部关于印发深化体教融合 促进青少年健康发展意见的通知》（体发〔2020〕1号）和《浙江省人民政府办公厅关于高水平建设现代化体育强省的实施意见》，结合浙江实际，提出以下实施意见。

一、全面加强学校体育工作

（一）全面提升体育课程质量

树立"健康第一"的教育理念，面向全体学生，配齐配强体育教师，开齐开足上好体育课。确保小学一二年级每周4课时，三至六年级和初中每周3课时，高中阶段每周2课时。学前教育阶段开展适合幼儿身心特点的游戏活动，培养体育兴趣爱好。小学每天安排1节户外活动课，列入校本课程计划。鼓励基础教育阶段学校每天开设1节体育课。切实落实30分钟大课间活动。高等教育阶段将体育纳入人才培养方案，学生体质健康达标、修满体育学分方可毕业。（责任单位：省教育厅）指导学生掌握2项以上运动技能，促进学生享受乐趣、增强体质、健全人格、锤炼意志。（责任单位：省教育厅、省体育局，各市、县〔市、区〕政府）

（二）全面提高学生体质健康水平

严格执行《国家学生体质健康标准》的基本要求，推动我省青少年速度、力量、耐力等体能素质明显提高，肥胖、近视、脊柱侧弯和学生心理健康问题的发生率明显下降，健康知识和身体素养全面提升。（责任单位：省教育厅、省卫生健康委）建立健全各地逐级上报、上级随机抽查复核、动态分析预测、评价结果应用的学生体质健康监测评价体系，学生体质健康测试合格率达95%以上。（责任单位：省教育厅、省体育局、省卫生健康委，各市、县〔市、区〕政府）

（三）开展丰富多彩的青少年体育活动

加强家庭、学校、社区联动，切实保障学生每天校内、校外各1个小时体育活动时间，逐步养成终身体育锻炼的习惯。（责任单位：省教育厅、省体育局，各市、县〔市、区〕政府）学校每年至少举办2次学生运动会或体育文化节。（责任单位：省教育厅）开展浙江省有体育特色的幼儿园建设，持续办好幼儿体育活动。（责任单位：省教育厅、省体育局）推广武术、棋类等中华传统体育项目，弘扬和传承中华传统体育文化。开展冰雪运动项目，推动足球、篮球、排球三大球和乒乓球、羽毛球、网球三小球项目发展。支持中小学校结合地域特点开展游泳、龙舟、舞龙舞狮以及海岛运动、山地运动等特色体育运动项目。（责任单位：省教育厅、省体育局，各市、县〔市、区〕政府）

（四）大力发展校园足球

建立以教育部门统筹管理、体育部门支持配合、各级各类学校全面参与、社会各界广泛支持的青少年校园足球管理和运行机制，探索建立富有浙江特色、符合人才成长规律、青少年广泛参与、运动水平持续提升、体制机制充满活力、基础条件保障有力、文化氛围蓬勃向上的校园足球发展模式。到2025年创建校园足球特色学校2000所。（责任单位：省教育厅、省体育局，各市、县〔市、区〕政府）

（五）优化学生体育评价机制

建立健全"运动参与+体质健康测试+运动技能测试"的学业评价机制，将体育科目纳入中考学业水平考试范围，科学设置中考体育测试内容、方式和计分办法，科学确定项目并逐步提高分值。（责任单位：省教育厅、省体育局，各市、县〔市、区〕政府）

（六）健全学校体育督导评价体系

严格落实教育部《中小学校体育工作评估办法》（教体艺〔2014〕3号），加强对学校体育的组织管理、教育教学、条件保障、学生体质、监督检查等指导、监督和评估。(责任单位:省教育厅)加大督导检查力度,对政策落实不到位、学生体质健康达标率和素质测评合格率持续下降的地方政府、教育行政部门和学校负责人,依法依规予以问责。(责任单位:省教育厅、省体育局、省卫生健康委,各市、县〔市、区〕政府)

(七)加快体育高等院校及体育专业建设

完善全省体育专业教育和公共体育教育体系,加强全省高校院系、专业和体育学科建设,提升体育科研和决策咨询研究水平,发挥其在项目开展、科研训练、人才培养等方面的作用。加强体育单独招生的普通高校专业建设,加大教练员、裁判员和体育管理人才的培养力度。(责任单位:省教育厅、省体育局)

二、完善青少年体育赛事体系

(八)统筹安排全省青少年体育赛事

体育、教育部门共同制定年度竞赛计划,统一注册资格,分别组织实施各项赛事活动。统筹安排省大学生、中学生运动会与浙江省运动会。建立健全分学段(小学、初中、高中、大学)的四级青少年体育赛事体系,完善省、市、县三级竞赛制度。鼓励各地打造具有地方特色的青少年体育品牌赛事活动。(责任单位:省教育厅、省体育局,各市、县〔市、区〕政府)

(九)加强数字化改革牵引

严格执行国家体育总局、教育部制定的青少年(学生)运动技能等级标准和运动技术等级标准,依托数字社会综合应用,建立运动员注册、等级评定、信息公示、查询"一站式"服务应用。全面推进公共体育场馆数字化、智慧化建设,打通全省公共体育场馆和各类学校体育场馆数据平台,推动数据共享、资源共用。(责任单位:省体育局、省教育厅)

(十)发挥体育协会组织作用

以足球、篮球、排球、棋类等运动项目为重点,充分发挥单项体育协会的专业性、权威性,突出学生体育协会的作用,积极推动青少年体育赛事的组织和开展。(责任单位:省体育局、省民政厅、省教育厅)

(十一)健全赛事成绩评估奖励制度

对我省参加世界大学生运动会、世界中学生运动会、世界单项学生体育赛事、全国运动会、全国学生(青年)运动会、全国单项锦标赛田径、游泳、射击等项目运动员的成绩纳入体育、教育部门双方绩效评估机制。(责任单位:省教育厅、省体育局、省财政厅)对培养输送体育后备人才、取得重大体育赛事成绩的运动员、教练员、体育教师及相关单位给予褒扬。(责任单位:省教育厅、省体育局、省财政厅,各市、县〔市、区〕政府)

三、大力建设体育特色学校和高校高水平运动队

(十二)开展体育传统特色学校建设工作

积极培育推广"一校一品""一校多品"校园体育模式,着力提升阳光体育活动质量,形成富有区域特点的校园体育文化品牌。鼓励学校在项目普及的前提下建立各年龄段梯队的学校运动队,积极参与校际比赛、联赛和运动会的比赛。鼓励各地推进体育传统特色学校、阳光体育后备人才基地建设。到2025年建成体育传统项目学校阳光体育后备人才基地160所以上。(责任单位:省教育厅、省体育局,各市、县〔市、区〕政府)

（十三）支持高校建设高水平运动队

支持我省高校积极申报设立高水平运动队,特别是足球、篮球、排球等集体项目运动队。支持各高校以省队联办、市队联办的形式建立高水平运动队。建立更加灵活的学生运动员学籍管理制度,畅通进入省优秀运动队通道。完善高校高水平运动员文化教育相关政策,通过学分制、延长学制、个性化授课、补课等方式,在不降低学业标准要求、确保教育教学质量的前提下,为优秀运动员完成学业创造条件。(责任单位:省教育厅、省体育局)

（十四）拓宽青少年运动员升学通道

教育、体育部门联合制定体育传统特色学校体育特长学生招生标准和规则,畅通体育特长学生升学渠道。完善学籍管理,建立健全小学、初中、高中项目"一条龙"训练体系,开展相同项目体育训练,组成对口升学单位,解决体育人才升学断档问题。(责任单位:省教育厅、省体育局,各市、县〔市、区〕政府)

四、深化体校改革

（十五）促进体校高质量发展

继续贯彻落实《关于进一步加强运动员文化教育和运动员保障工作的指导意见》(国办发〔2010〕23号),将体校义务教育学生的文化教育全部纳入国民教育体系,规范办学要求,改善办学条件,提升办学质量。建立综合评估体系,加强对体校建设的评估和督导,推进体校高质量发展。到2025年建设高水平体育后备人才基地60所以上。动态做好全省体育后备人才布局网,2023—2026年期间布局人数稳定在5万人以上。(责任单位:省体育局、省教育厅、省发展改革委、省财政厅,各市、县〔市、区〕政府)

（十六）推进县级体校改革发展

落实《浙江省县级体校改革发展实施方案》(浙体青〔2017〕313号),持续推动县级体校改革,深化推进10所以上县级新型体校改革发展。新型体校应做好运动项目布局,建立5个以上运动项目,并纳入健康浙江考核评估。(责任单位:省体育局、省教育厅、省财政厅、省人力社保厅,各市、县〔市、区〕政府)

（十七）全面提升青少年运动员综合素质

支持体校等训练单位与优质中小学校以共建、联办的方式为青少年运动员提供更好教育资源。根据体校发展和教育教学需要等情况核定学校教职工编制,合理配备文化课教师,教育行政主管部门负责按照核定的编制为体校选派文化课教师,加强教育教学管理。教育行政部门应加强对运动员文化教育工作的指导和督查。(责任单位:省体育局、省教育厅、省发展改革委、省财政厅,各市、县〔市、区〕政府)

（十八）积极拓展体校办学功能

各级各类体校在确保完成体育后备人才培养任务的同时,可利用场地设施、教学服务、师资力量为社会提供服务,努力把体校建设成为高水平竞技体育人才培养基地、青少年体育运动训练示范基地、全民健身服务培训基地、青少年体育训练中心。(责任单位:省体育局,各市、县〔市、区〕政府)

（十九）保障体校教师和教练员待遇

体校教师教研活动、继续教育、学科优质课评选、职称评聘等纳入当地教育部门统一管理,与当地普通中小学校或中等职业学校教师享有同等待遇。落实专职教练员伙食补助等政策。支持教练员参与学校体育课教学和课外体育活动,为大中小学校提供专项运动技能培训服务的教练员,按规定领取报酬。(责任单位:省体育局、省教育厅、省财政厅、省人力社保厅,各市、县〔市、区〕政府)

五、充分发挥体育社会组织的作用

(二十)鼓励和支持青少年体育俱乐部发展

在场地建设与租赁、青少年体育俱乐部与学校合作等方面对青少年体育俱乐部给予政策支持,到2025年各市每万名青少年至少拥有1.5个以上青少年体育俱乐部。积极引导青少年体育俱乐部参与青少年体育冬夏令营等体育活动。(责任单位:省体育局、省教育厅、省财政厅、省民政厅,各市、县〔市、区〕政府)

(二十一)支持体育社会组织服务学校体育工作

鼓励各地出台政策,规范引导体育社会组织参与、服务学校体育工作,支持体育社会组织参与开展学校体育训练、承办各类体育赛事、开展各项培训服务。(责任单位:省体育局、省教育厅,各市、县〔市、区〕政府)

六、加强体育师资和教练员队伍建设

(二十二)提升基层教练员业务能力

加大对全省体校教练员、体育传统特色学校教练员、体育教师和青少年体育俱乐部教练员的培训力度。(责任单位:省体育局、省教育厅)将教练员培训业绩与注册、参赛资格和职称晋升挂钩,切实提升全省基层教练员、体育教师的业务水平和能力。(责任单位:省体育局、省人力社保厅、省教育厅,各市、县〔市、区〕政府)

(二十三)加强体育教师和教练员队伍建设

制定我省优秀退役运动员进校园担任体育教师和教练员办法,畅通优秀退役运动员、体校教练员进入学校兼任、担任体育教师的渠道。(责任单位:省体育局、省教育厅、省人力社保厅)采取安置优秀退役运动员、招聘体育训练专业毕业生和引进急需紧缺高层次体育人才等措施,充实体育师资、教练员队伍。(责任单位:省体育局、省教育厅)选派优秀体育教师、教练员、裁判员参加专业技能培训,提高体育教学和课余训练水平。(责任单位:省教育厅、省体育局,各市、县〔市、区〕政府)

(二十四)在学校设立专兼职教练员岗位

制定在大中小学校设立专兼职教练员岗位的实施方案。将学校体育教练员岗位纳入专业技术岗位,岗位名称和岗位等级执行国家和我省相关规定。(责任单位:省教育厅、省体育局、省人力社保厅)组织开展专门培训,优秀退役运动员经培训合格并通过考试,可担任体育教练员或体育教师。(责任单位:省教育厅、省体育局,各市、县〔市、区〕政府)

七、加强组织实施,强化各项政策保障

(二十五)建立体教融合发展工作机制

加强组织领导,成立由省政府办公厅、省教育厅、省体育局牵头,省委宣传部、省发展改革委、省民政厅、省财政厅、省人力社保厅、省自然资源厅、省建设厅、省卫生健康委、省税务局、省市场监管局、浙江银保监局、团省委等部门参与的青少年体育工作联席会议机制,定期研究解决体育教育融合发展中存在的困难问题,研究制定有关推进方案和具体

措施。(责任单位:省教育厅、省体育局)

(二十六)制定出台各项保障政策

研究制定体育特长学生的评价、升学保障等政策。体育教师承担的课外体育活动和组织训练竞赛等活动计入工作量。(责任单位:省教育厅、省体育局、省人力社保厅、省财政厅)。执行培训补偿政策,切实保障"谁培养谁受益"。支持场地设施向青少年免费或低收费开放,将开展青少年体育情况纳入大型体育场馆综合评价体系。(责任单位:省体育局、省教育厅、省财政厅,各市、县〔市、区〕政府)

(二十七)加强体育宣传工作

加大体育项目文化、中国体育历史、中华体育精神的宣传力度,充分利用各种宣传平台,深入开展对体育工作先进集体、先进个人、青少年体育赛事、重大体育活动的宣传报道,营造全社会关注、重视青少年体育的良好氛围。(责任单位:省委宣传部、团省委,各市、县〔市、区〕政府)

(二十八)建立考核督导机制

把学生体质健康水平纳入各级政府、教育部门、体育部门、学校的考核体系。建立联合督导机制,对体教融合中涉及学校体育、全民健身、竞技体育的相关政策执行情况要定期评估,对执行不力的要严肃追责。(责任单位:省教育厅、省体育局,各市、县〔市、区〕政府)

本实施意见自2021年11月1日起施行。

浙江省体育局关于印发
《进一步加强社会体育指导员工作的实施意见》的通知

浙体群〔2021〕340号

各市、县(市、区)体育主管部门,省体育局机关各处室:

现将《浙江省体育局关于进一步加强社会体育指导员工作的实施意见》印发给你们,请结合实际认真贯彻执行。

浙江省体育局

2021年12月13日

(此件公开发布)

浙江省体育局关于进一步加强社会体育指导员工作的实施意见

为深入贯彻落实《全民健身条例》和全民健身国家战略,推进新时代社会体育指导员工作,加强社会体育指导员队伍建设,提升社会体育指导员能力素质,充分发挥他们在传授健身技能、组织健身活动、宣传健身知识等方面的作用,现制定如下实施意见:

一、指导思想

以习近平新时代中国特色社会主义思想为指导,坚持以人民为中心,以数字化改革为引领,切实发挥社会体育指导员在全民健身中的主力军作用,切实解决全民健身志愿服务"谁来做""做什么""怎样做"的问题,打通科学健身指导服务"最后一公里"。建立健全选拔、培训和服务评价激励机制,激发社会体育指导员活力,提高社会体育指导员上岗率,形成具有浙江特色的社会体育指导员工作机制。

二、主要任务

(一)加强社会体育指导员骨干队伍建设

1.遴选培训对象。围绕群众健身需求,突出"爱健身、有情怀、懂技能、会组织"的目标导向,注重从有志愿服务意愿的健身骨干中遴选培训对象。

2.优化师资结构。省、市、县三级可结合实际,组建专业社会体育指导员讲师团队,开展全民健身志愿服务研究,编写培训教材,开展社会体育指导员培训。培训团队主要由理论素质较高、实践能力较强、专项技能突出的体育专业教师、国家级和一级社会体育指导员、体育管理人员、体育社会组织骨干等组成。

3.拓展培训内容。以社会体育指导员工作职责、健身技能、组织能力、综合管理等方面为培训内容,坚持"训用一致"原则,加强实操业务技能培训,不断丰富培训项目,结合地方特色和各地需求增设健身效果好、群众参与度高的体育项目,加强优秀传统体育项目培训。

4.创新培训模式。积极探索政企合作、购买服务等方式,开展多元化培训。建立线上线下贯通的培训模式,线上培训以理论知识学习为主,线下培训以健身技能传授为主,将短期集训转变为常态化培训,使每个社会体育指导员至少掌握1-2个项目技能。

5.规范培训机制。建立规范化培训机制,按照大纲要求完成等级培训任务。各级体育主管部门、经体育主管部门批准的协会应当开展社会体育指导员培训。开展培训时,应当对报名参加社会体育指导员技术等级培训的人员进行审查,制定科学的培训计划,落实培训内容,评价培训效果,对培训合格人员颁发证书。

(二)规范社会体育指导员工作机制

6.实施网络注册。省体育局开发建设社会体育指导员信息管理平台(以下简称平台),各市、县(市、区)应结合实际完善相应功能,安排专人做好辖区内社会体育指导员信息的管理和维护。各级体育主管部门负责将本地新增和晋级社会体育指导员在平台上及时登记注册。

7.实现数据管理。体育主管部门和社会体育指导员协会应当引导社会体育指导员将志愿服务情况及时上传平台,通过平台实时采集社会体育指导员服务次数、服务时长和群众评价等量化指标,为社会体育指导员晋级、激励、退出提供可靠的数据支撑。

8.加强晋级管理。根据《浙江省社会体育指导员管理办法》,晋升培训合格并上岗服务应达到以下相应要求,三级社会体育指导员晋升至二级,在担任三级社会体育指导员期间,原则上要在平台志愿服务满160个小时以上;二级社会体育指导员晋升至一级,在担任二级社会体育指导员期间,原则上要在平台志愿服务满120个小时以上。社会体育指导员上岗履职情况经平台审核后,获得相应积分,作为奖励和评优的主要依据。

9.促进作用发挥。通过委托授权、职能转移、购买服务等多种形式,引导各级社会体育指导员协会在会员招募、业务培训、服务管理等方面发挥重要作用。各级体育主管部门或社会体育指导员组织应当每年举办1次以上社会体育指导员交流展示活动,展现社会体育指导员工作成果。

10.明确服务要约。社会体育指导员协会或体育社会组织、社会体育指导员与服务对象之间可以根据需要订立协议,明确双方的权利和义务,约定指导服务的内容、方式、时间和保障措施等。有下列情形之一的,双方应当签订书面协议:

(1)开展可能发生人身危险的指导服务活动的;

(2)开展涉外社会体育指导服务活动的;

(3)指导服务期限在一个月以上的;

(4)为各类赛事活动提供志愿服务的;

(5)组织社会体育指导员在本省行政区域外开展志愿服务活动的;

(6)社会体育指导员、社会体育指导员所在组织,以及服务对象任何一方要求签订书面协议的;

社会体育指导员、社会体育指导员组织、指导服务对象在志愿指导服务活动中发生争议的,可以通过协商、调解、仲裁等途径解决,也可以依法向人民法院提起诉讼。必要时,体育主管部门应当提供帮助。

(三)健全全民健身志愿服务体系

11.纳入志愿服务体系。社会体育指导员是"以自己的时间、知识、技能、体力等从事志愿服务"的热心奉献者,是"具备专业知识、技能提供专业志愿服务"的志愿者,各级体育主管部门应当积极协调本地志愿服务工作机构,将社会体育指导员工作纳入志愿服务工作体系,引导社会体育指导员在科学健身指导、赛事活动组织、体育场地设施使用和维护、体育宣传等方面发挥作用,各地组织大型体育赛事活动时可优先录用社会体育指导员参与志愿服务工作。

12.加强阵地建设。各级体育主管部门要加强社会体育指导员阵地建设,建立健全社会体育指导员工作站点,根据人口密度、年龄结构、体育场地设施等情况合理安排社会体育指导员,形成自上而下的科学组织架构和服务体系,各基层文化体育组织、群众性体育组织和全民健身设施的管理单位根据实际安排一定数量社会体育指导员,鼓励各地建设一批有标志性的社会体育指导员志愿服务岗位。

13.定期开展服务。各级体育主管部门或社会体育指导员协会应当定期组织社会体育指导员进机关、进企业、进学校、进社区、进农村开展志愿服务工作,组织开展乡镇(街道)、乡村(社区)体育赛事活动,丰富基层文化体育生活。

三、保障措施

14.强化组织领导。各级体育主管部门要主动把抓好社会体育指导员工作作为推动全民健身事业的重要抓手,切实承担起统筹规划、协调指导和服务保障的职责,推动形成部门主管、社会参与的工作格局。各市、县(市、区)体育主管部门每年至少开展2次社会体育指导员工作研究,及时帮助解决开展工作时遇到的新情况、新问题。

15.加强经费保障。各级体育主管部门应当在本级事业经费预算中列支社会体育指导员工作经费,鼓励各行业体育协会、体育单项协会等单位为社会体育指导员工作提供经费,鼓励社会各界对社会体育指导员工作提供资助和捐赠。社会体育指导员工作经费应当专款专用。

16.完善基础条件。各级体育主管部门应当为社会体育指导员从事健身指导工作提供必要的场地、器材、工装等基本条件,解决就餐、交通等方面的实际困难,购买安全责任和意外伤害的保险。

17.建立激励机制。组织开展"最佳社会体育指导组织""优秀社会体育指导员"等先进典型推选工作,建立以服务时长、服务次数、服务效果为主要指标的评价体系。县(市、区)、市、省级最佳社会体育指导组织、优秀社会体育指导员应逐级推选产生,推选工作分别于当年度10月底前、12月底前和下一年度3月底前完成,未实行本级推选的不得参加上一级最佳社会体育指导组织、优秀社会体育指导员评选。建立优秀社会体育指导员激励回馈机制,县级以上人民政府可结合实际采取免费或优惠使用公共体育场地设施、借阅图书、观看体育比赛、文艺演出等措施予以激励。

18.注重宣传引导。各级体育主管部门要为社会体育指导员搭建更多平台,给予更多支持,激发和引导广大体育爱好者参与社会体育指导员工作。充分利用广播、电视、报刊、网络等媒体积极宣传社会体育指导员的志愿服务和奉献精神,及时报道在全民健身事业中常年坚守、任劳任怨、无私奉献的社会体育指导员,增强社会体育指导员的荣誉感和影响力,营造全社会尊重、关爱社会体育指导员和社会体育指导员组织的浓厚氛围。

各级体育主管部门应当依据《社会体育指导员管理办法》(2011年国家体育总局令第16号)和《浙江省志愿服务条例》(2018年修订版),结合实际制定本意见的实施细则。

本实施意见自2022年2月1日起施行。

浙江省体育局　浙江省教育厅　关于印发
《浙江省体育类校外培训机构准入指引(试行)》的通知

浙体经〔2021〕359号

各市、县(市、区)体育部门、教育部门:

现将《浙江省体育类校外培训机构准入指引(试行)》印发给你们,请认真遵照执行。

浙江省体育局　浙江省教育厅

2021年12月27日

（此件公开发布）

浙江省体育类校外培训机构准入指引(试行)

为贯彻落实《中共中央办公厅、国务院办公厅关于进一步减轻义务教育阶段学生作业负担和校外培训负担的意见》《国务院办公厅关于规范校外培训机构发展的意见》精神,促进全省体育类校外培训机构规范有序发展,根据《中华人民共和国民办教育促进法》《中华人民共和国民办教育促进法实施条例》《中华人民共和国公司法》《民办非企业单位登记管理暂行条例》等法律法规及相关规范性文件,制定本指引。

一、适用范围

本指引所称体育类校外培训机构,是指经由属地行政主管部门审批,在市场监管部门或民政部门注册登记,利用非国家财政性经费,以传授和提升某种体育技能为目的,从事中小学生体育类课程培训服务的非学历培训机构。

二、机构设置

(一)举办者

体育类校外培训机构的组织形式应为公司或者民办非企业单位。举办者应是国家机构以外的社会组织、企业或自然人,坚持社会主义教培方向和教育公益属性,并具备相应条件。

举办者是社会组织或企业的,应具有中华人民共和国法人资格,信用状况良好,未被列入社会组织异常名录或严重违法失信单位名单,无不良记录。举办者是自然人的,应具有中华人民共和国国籍,具有政治权利和完全民事行为能力,信用状况良好,无犯罪记录。

联合举办的培训机构应签订联合开办协议,明确合作方式,明确各自计入注册资本或开办资金的出资金额、方式和比例以及各方权利义务和争议解决方式等内容。

外商投资企业以及外方为实际控制人的社会组织举办校外培训机构的,应符合我国有关法律、法规和规章的规定。

(二)机构名称

体育类校外培训机构名称应符合国家行政法规的有关规定,名称中不得含有歧义或误导性词汇,应符合《企业名称登记管理规定》《民办非企业单位名称管理暂行规定》《体育类民办非企业单位登记审查与管理暂行办法》的规定。

(三)开办资金

体育类校外培训机构应具有与其开办规模相适应的资金投入,稳定的经费来源。开办资金应不少于30万元,须经法定机构验定,并严格按照相关规定使用。

(四)法定代表人和管理人员

体育类校外培训机构的法定代表人,应具有中华人民共和国国籍,在中国境内定居,信用状况良好,无犯罪记录,有政治权利和完全民事行为能力,由校外培训机构董事长、理事长或行政负责人担任。

体育类校外培训机构的行政负责人,应有政治权利和完全民事行为能力,信用状况良好,无犯罪记录,无违法违规开办记录,身体健康,具有大学专科及以上学历,且有3年以上的专业管理经验。不得兼任其他培训机构的行政负责人。

(五)章程

体育类校外培训机构应依法制定章程,符合《中华人民共和国公司法》《民办非企业单位登记管理暂行条例》《体育类民办非企业单位登记审查与管理暂行办法》中关于章程的有关规定以及国家、省里的其他相关规定。

三、场地设施

(一)场地性质

举办者应提供与培训类别和规模相适应的稳定、独立使用的固定场所(含办公用房、培训场地和其他必备场地)、设施。培训场地应符合全国性单项体育协会的相关规则,培训场所应符合安全、质检、消防、卫生、环保等标准。举办者以自有场所举办的,应提供开办场所的产权证明材料;以租用场所开办的,应提供具有法律效力的租赁合同(协议),租赁期限自申请开办之日起不得少于2年。

中小学校在完成教学计划后,应充分利用体育场地设施,组织提供学生课外体育培训服务。

(二)场地面积

体育类校外培训机构开办场地面积与办学内容和规模相适应,能满足培训需要。培训场地面积应不少于开办场所面积的2/3。棋牌类体育项目每班次培训的人均培训面积不小于3平方米,其他体育项目每班次培训的人均培训面积不小于5平方米(人均培训面积=培训场地总面积/同一时间场上学员人数,其中培训场地总面积指用于培训的场地面积,不包括配套服务场所面积)。

(三)设施设备

体育类校外培训机构应具有与培训类别、培训层次、培训项目和培训规模相适应的、符合国家标准的设施设备和器材等。要按照采光和照明国家有关标准,落实好青少年近视防控要求。其中具有一定危险性的体育类培训项目,机构应做好防护措施,设立警示标牌,并配备基本医疗用品。开办场所存在噪音危害的,机构应采取有效的措施隔音降噪。同一时间开展两项及以上体育项目,各体育项目培训区域之间应设置必要性隔离带。

(四)安全要求

体育类校外培训机构场所必须符合国家关于消防、环保、卫生等管理规定要求,应符合《建筑设计防火规范》《建筑内部装修设计防火规范》等消防技术标准的要求,室内装修、装饰应使用不燃、难燃材料,采光、照明、通风、给排水应达到相关要求。使用室内场地开展培训的,应定期对场地进行通风换气,保持室内空气清新、无异味。体育类校外培训机构应将各类安全制度、安全注意事项和特殊要求、平面示意图及疏散通道指示图等悬挂在明显位置;设置醒目的安全指示标志,并确保安全疏散通道畅通。要建立"人防、物防、技防"三位一体的安全防范体系,实现视频监控全覆盖,制定事故应急处置预案并定期开展应急处置演练。培训机构应对从业人员进行设施操作、消防安全、应急救护等方面培训。培训机构应购买经营场所责任险,为参加培训人员购买人身意外险,为参加高危项目培训的人员购买专门保险。

四、从业人员

(一)基本条件

体育类校外培训机构所聘从事培训工作的人员必须遵守宪法和法律,热爱培训事业,具有良好的思想品德和相应的专业技能和培训能力。其中聘用教练应持有以下至少一种证书:1.体育教练员职称证书;2.社会体育指导员职业资格证书;3.全国性单项体育协会颁发的体育技能等级证书;4.体育教师资格证书;5.经人力资源和社会保障部确定的人才评价机构颁发的体育职业技能等级证书;6.经省级(含)以上体育行政部门认可的相关证书。开展高危体育项目的课外体育培训,从业人员必须具备国家规定的职业资格。聘用外籍人员须符合国家有关规定。

(二)人员配备

体育类校外培训机构必须根据所开设培训项目及规模配备不少于3人的专职人员,配齐具有相应任职资格和任职条件的专兼职教师,其中签订一年以上任职合同的专职教练、教学人员原则上不低于机构从业人员总数的50%。原则上每班次培训的学员人数不超过35人,超过10名学员的培训应至少配有2名教学人员。

(三)人员管理

体育类校外培训机构应与聘用的从业人员依法签订劳动合同、缴纳社会保险,保障其工资、福利待遇和其他合法权益。对初次招用人员,应当开展岗位培训。

体育类校外培训机构应对拟招用从业人员进行违法犯罪信息查询,受到剥夺政治权利或者故意犯罪受到有期徒刑以上刑事处罚的人员不得录用。从业人员的基本信息、从业资格、从教经历、任教课程等信息应在机构培训场所及平台显著位置公示,并及时在统一监管平台备案。

中小学校应充分调动体育教师、专兼职教练员主观能动性,自主开发具有本校特色的校本体育课程内容,满足学生多样化需求。同时可通过采购服务等方式引入校外专业人员补充师资力量。

五、培训内容

(一)课程内容要求

体育类校外培训机构应树立"健康第一"的理念,坚决抵制"应试体育"思维,不开展"应试体育"广告宣传,实事求是制订和发布招生信息,认真履行服务承诺,制定与其培训项目相对应的培训计划,合理安排教学内容。课程内容需符合党的教育方针和立德树人根本要求,科学高效地实施素质教育,以提高学生身体素养和健康水平为落脚点,促进中小学生全面发展,不得违背教育规律和学生身心发展规律,不得以任何形式开设学科类课程内容。培训时间不得和当地中小学校教学时间相冲突,培训结束时间不得晚于20:30。

(二)培训材料要求

体育类校外培训机构应制订与课程相配套的课程标准和教学计划,培训材料可选用正式出版物或自主编写的面向中小学生的学习材料。正式出版的培训材料,在培训机构招生简介、平台上予以公示。采用自主编写培训材料的培训机构,应建立培训材料编写研发、审核、选用使用及人员资质审查等内部管理制度。

所有培训材料应存档保管、备查,保管期限不少于相应培训材料使用完毕后3年。

六、审批登记

体育类校外培训机构审批登记实行属地管理。举办者向体育行政部门提出申请,相关主管部门按规定对符合条件的体育类校外培训机构出具审核意见。市场监管部门、民政部门分别负责登记发放营业执照、民办非企业单位登记证书。体育类校外培训机构必须经审批登记后才能开展培训,其中高危险性体育项目(游泳、滑雪、攀岩、潜水等)校外培训机构,应同时取得相应《经营高危险性体育项目许可证》后才能开展培训。

七、资金监管

体育类校外培训机构应根据市场需求、培训成本等因素确定培训机构收费项目和标准,向社会公示、接受监督。利用公共体育设施开展的体育培训应符合《浙江省公共体育设施管理办法》相关规定。

八、附则

各设区市要按照本准入指引的要求和当地实际,研究制订本地区体育类校外培训机构准入的具体设置要求、审批登记办法和流程。

本准入指引自2022年2月1日起施行。在本指引实施前已设立的体育类校外培训机构,须在两年内按本指引要求,重新审核登记。国家法律、法规和规章关于校外培训机构设置标准另有新规的,从其规定。

党建

概　况

【开展党史学习教育】抓好示范引领,建立周学习制度,抓实党员领导干部示范学习和带头宣讲,局党组理论学习中心组开展专题学习17次,举办"体育大讲堂"6期。局党组成员带头讲党课,各级党员领导干部深入到基层联系点、所在党支部宣讲,带动各级党员干部讲党课、学党史、感党恩。用活红色资源,举办"习近平与浙江体育情缘"图片展;组织"2021复兴之路·薪火驿传百公里接力赛"、红动马拉松系列赛,以体育视角回顾建党历程;开展"红动浙江 温暖有光"系列活动,在红视频大赛、红色主题诗文征集、红色运动会等活动中推动党员群众传承红色基因;开展"忆党史守初心 奋进体育新征程"庆祝中国共产党成立100周年主题党日活动。抓好学史力行,聚焦建设百姓健身房、社区多功能运动场、足球场、健身广场等场地设施1040个,更好地满足群众就近就便健身需求;组织"体育下乡·红色行""棋文化进农村文化礼堂"等体育惠民活动,助力乡村振兴,"我们的村运"成为乡村振兴新品牌;开展"慈善一日捐"活动,1025名党员干部职工参与捐款,筹集慈善款247742元;积极动员党员干部参加"同心聚力助攻坚——党员青年点亮微心愿"活动,截至目前共点亮微心愿417个,捐助89220元。

【抓好基层组织建设】组织召开局系统全面从严治党工作会议、党建工作述职会等,组织开展2020年度民主评议党员、星级评定和党建述职评议,制定下发《2021年省体育局直属机关和事业单位党的工作要点》,统一部署局系统党建重点任务,扎实推进基层党组织标准化规范化建设。严格落实"三会一课"等党内组织生活,推行党支部分类定级、星级管理,深度挖掘"五环"党建工作法内涵,全面提高党支部建设质量。开展"两优一先"评选表彰工作,孟关良被评为"浙江省担当作为好支书",40名党员、10名党务干部、8基层党组织分别被评为省体育局优秀共产党员、优秀党务工作者和先进基层党组织。开展局系统党员干部思想问卷调查,分析党员干部思想现状和原因,做实做细局系统干部思想状况调查工作。

【推进清廉体育建设】局党组主动对标对表中央巡视反馈问题,研究出台《中共浙江省体育局党组贯彻中共浙江省委关于落实中央巡视反馈问题整改工作方案的若干措施》,推出五方面20条举措。出台《中共浙江省体育局党组关于纵深推进清廉体育建设的实施意见》,以深化六大领域清廉体育单元建设为抓手,深入推进清廉体育建设,深入防范和化解风险,营造风清气正的良好政治生态。

【做好党建引领保障工作】强化党建引领,推广"五环党建工作法",将党支部建在运动队,一体推进党史学习教育与奥运全运备战,激发为党旗增辉、为国争光、为省添誉的强大动力。联合驻省政协机关纪检监察组切实加强对东京奥运会、陕西全运会的纪律作风建设,在省级运动队推行防反兴奋剂"两长制"(运动队队长和督导长),"七强七重主体责任清单""八督八查监督责任清单"等制度,努力实现运动成绩与精神文明双丰收。

【强化监督执纪】召开局系统全面从严治党工作会议、局系统警示教育大会,进一步推进全面从严治党工作。配合驻省政协机关纪检监察组,对2名处级干部给予党纪处分,形成有力震慑。开展重要会议执行制度情况自查自纠,召开体育社团监督管理工作会议,对2家体育协会进行抽查。针对检查反馈巡察发现的问题,及时督促指导有关直属单位进行整改。扎实做好疫情防控监督工作。

2021复兴之路·薪火驿传百公里接力赛成功举行

4月11日上午,随着发令枪响,来自100支参赛队的首棒选手从上海中共一大会址纪念馆出发,跑向浙江嘉兴南湖之畔,用接力赛的形式连接两地——2021复兴之路·薪火驿传百公里接力赛开启。这是2021年首个以迎接建党百年为主题的跨省体育赛事,也是推进落实长三角体育一体化高质量发展的有益实践。

在嘉兴终点,省人大常委会副主任姒健敏、省政府副秘书长蔡晓春、上海市体育局局长徐彬、嘉兴市委书记张兵等出席颁奖仪式。仪式由省体育局局长郑瑶主持。

复兴之路·薪火驿传百公里接力赛南湖区大桥镇路段

本次赛事的队伍由公开报名和定向邀请组成,定向邀请的队伍来自公安、医疗、高校、解放军等系统和遵义、井冈山、西柏坡等地。赛道共设7个接力点,全长132.8公里。跑者们风雨兼程、奋勇争先。跑者进入浙江境内后,总共设3站,先后途经嘉善祥符荡科创绿谷、嘉善西塘千年古镇、南湖区浙江清华长三角研究院创新基地等赛段,一路绿化景观宜人,陆路水路相映,美丽乡村亮眼,沿途数万市民为选手加油鼓励。

在《没有共产党就没有新中国》的歌声中,跑者们与赛会组织者共同点亮红船启航仪式,现场气氛达到高潮。最终,嘉兴红船先锋队以7小时50分19秒4夺冠,徐汇一队与上海公安队分列二、三。

本次赛事主题围绕"薪火"和"曙光"展开并贯穿赛事始终,从中共一大会址点燃火炬,星火手环在各接力点逐个被点亮,经过七个接力点的传承,星星之火最终汇聚于嘉兴南湖,选手们通过终点后,现场100支接力棒的光芒组成了一枚闪亮的党徽,寓意中国共产党人的精神和使命一直在传承。

除此,主办方还开设了"线上跑"活动,截至4月9日,2021复兴之路线上跑赛事项目累计报名人次高达26293人次;3月25日开始的"百年传承·启跑新程"党史知识竞赛同样应者云集,大家纷纷通过线上党史知识答题的形式,来一场从中共一大会址纪念馆到嘉兴南湖的"线上智力跑",截至4月9日,答题次数达124469次。

本次赛事指导单位为中共上海市委宣传部、中共浙江省委宣传部、长三角区域合作办公室,由上海市体育局、浙江省体育局、嘉兴市人民政府、东浩兰生(集团)有限公司主办,支持单位为黄浦区人民政府、徐汇区人民政府、闵行区人民政府、松江区人民政府、青浦区人民政府、嘉善县人民政府,由上海东浩兰生赛事管理有限公司、上海驿传薪火体育有限责任公司、浙江省体育竞赛管理中心、嘉兴市体育局承办。

省体育局召开党史学习教育动员大会

3月18日,浙江省体育局召开党史学习教育动员大会。会议深入学习贯彻习近平总书记在党史学习教育动员大会上的重要讲话精神,紧紧围绕全省党史学习教育部署安排,全面动员部署和组织推进局系统党史学习教育。局党组书记、局长郑瑶出席会议并讲话。

会议指出,全局上下要提高政治站位,深刻认识党史学习教育的重大意义,通过党史学习教育,进一步感悟思想伟力,强化忠诚意识。要通过党史学习教育,进一步把握历史发展规律和大势,强化辩证思维和战略思维。要通过党史学习教育,进一步深化对党的性质宗旨的认识,强化为民情怀。要通过党史学习教育,进一步增强风险防范意识,强化斗争精神。

会议强调,要全面对标对表,准确把握党史学习教育的目标和要求。要紧扣"一个主题",即要把做到"两个维护"作为贯穿整个党史学习教育的第一主题,体育人要努力争做"两个维护"的排头兵,把对党忠诚作为我们体育人首要的政治品质。要抓住"两个环节",抓好学习和实践这两个环节,打牢思想根基,推动事业发展。要做好"三个结合",把学党史与学习习近平新时代中国特色社会主义思想、学习《习近平在浙江》采访实录相结合,与学习新中国史、改革开放史、社会主义发展史相结合,与学习新中国体育发展史、浙江体育发展史相结合。要确保"四个做到",做到学史明理,学史增信,学史崇德,学史力行,切实把学习教育成果转化为"十四五"良好开局的实际成效。要落实"五个专题",即"我在红船起航地学党史"专题学习活动,"忆党史、话初心、担使命"专题教育活动,"学史鉴今明使命,百年体育新征程"专题宣传活动,"办实事、解难题、做贡献"专题实践活动,以及召开专题组织生活会。

会议强调,省体育局系统各级党组织,要迅速动员组织开展党史学习教育,突出重点、务求实效,切实确保党史学习教育高质量开展。一是加强组织领导。党员领导干部要带头发挥好"关键少数"的示范带动作用,广大党员要把学习教育作为一次思想点名、精神整队,做到学有所思、学有所悟、学有所得。二是强化政治引领。树立正确的党史观,加强思想引导和理论辨析,正本清源、固本培元,弘扬党史的浩然正气和英雄之气。三是牢固树立为民服务宗旨,把办实事、解难题的切入点着力点找准找实。四是注重方式方法。坚持规定动作与自选动作相结合、集中学习和自主学习相结合,真正做到学思用贯通、知信行统一。五是防止形式主义。防止搞形式、走过场,应付了事,学习教育要往心里走、往实里走。

省局党组领导班子成员,省纪委省监委派驻省政协机关纪检组相关负责人,机关全体人员,各直属单位领导班子成员、纪检监察机构人员,浙江体育职业技术学院各竞技体育系党组织书记及纪检委员等近100人参加会议。

省体育局开展庆祝中国共产党成立100周年主题党日活动

6月28日下午,浙江省体育局开展"忆党史守初心 奋进体育新征程"庆祝中国共产党成立100周年主题党日活动,以体育人的方式庆祝党的百年华诞。省体育局领导班子成员,老党员代表,下属单位主要负责人,局机关全体党员,"两优一先"代表共110余人参加,省体育局党组书记、局长郑瑶出席活动并讲话。省委党史学习教育第十四巡回指导组副组长曹启文,省纪委省监委派驻省政协纪检监察组副组长汪樟德到会指导。

忆往昔,一代代的共产党人鞠躬尽瘁、屡建功勋,为民族解放、国家建设、改革发展贡献了砥柱力量。现场,郑瑶向老党员代表颁发了"光荣在党50年"纪念章,省体育局共有48名老党员获此殊荣。现场还表彰了省体育局"优秀共产党员""优秀党务工作者""先进基层党组织"。随后,在郑瑶的带领下,全体党员重温入党誓词,新党员第一次举起右拳宣读入党誓词。

回顾历史,不是为了从成功中寻求慰藉,而是为了总结历史经验、把握历史规律,增强开拓前进的勇气和力量。郑瑶勉励全体党员,"坚守入党誓词不动摇,始终对党绝对忠诚;守好红色根脉不松劲,始终铭记初心使命;践行根本宗旨不懈怠,始终为民谋利造福;推进事业发展不止步,始终保持奋斗姿态。"

郑瑶强调,我们即将迎来党的百年华诞,即将迎来东京奥运会、陕西全运会的"大考"。在这重要的历史时刻,要以庆祝建党百年华诞为契机,以更高的站位、更深的认识、更实的举措,守好红色根脉,传承红色基因,汲取红色力量,争当学史悟思、增信崇德、为民办事、勇开新局的时代先锋,在决战决胜"三大战役"、高水平建设现代化体育强省中不断开拓干在实处、走在前列、勇立潮头的新境界,用优异成绩向党的百年华诞献礼。

与会人员还前往省黄龙体育中心冠军楼参观图片展。

坚持党建引领　积极传递体育正能量

2021年10月26日,我省高规格召开全省体育工作会议、奥运全运健儿凯旋总结表彰大会,袁家军同志在会上强调:鼓励开展奥运冠军、世界冠军等知名运动员进社区、进学校、进企业、进农村等"四进"活动,弘扬宣传体育精神和浙江精神。会后,我省奥运全运健儿立即行动起来,走进基层、走近群众,通过一系列党建和公益活动,大力弘扬体育精神,传递体育正能量,以特别的体育感染力和影响力,助推共同富裕示范区建设。重点是"四个一"活动。

聆听一堂生动党课。10月27日上午,省体育局党组书记、局长郑瑶为24位体育健儿和金牌教练上了一堂《祖国利益高于一切——"请党放心、强国有我"》奥运主题党课,深情分享了奥运全运赛场上的各种感动,总结了我省体育健儿的敢于担当打硬仗、勇于挑战攀高峰、勇于拼搏续辉煌、坚守初心甘于奉献的体育精神,寄语各位奥运选手、教练员与党员干部保持本色,牢记"我是谁";学会感恩,牢记"依靠谁";坚定理想,牢记"为了谁"。并要求广大运动员、教练员做到"要胸怀大志,始终把为国争光、为省添誉的使命扛在肩上,不要贪图享乐""要勤于学习,不断提升综合素养,不要虚度年华"等"八要八不要"。会上,各位奥运、全运冠军和金牌教练员进行交流发言,感谢祖国培养,听党话、感党恩、跟党走,努力在以后大赛中取得优异成绩。

捐赠一份特殊礼物。10月26日,杨倩、石智勇、汪顺、管晨辰4位东京奥运冠军及谢震业、徐嘉余、叶诗文、王芝琳、万济圆、王丛康6位陕西全运会冠军,集体参加了"藏冠于民"——浙籍奥运全运选手参赛纪念物捐赠仪式。杨倩拿出了"奥运爆款"小黄鸭发卡,汪顺捐赠了夺冠时的泳裤,石智勇捐赠了陪伴自己11年的训练腰带,谢震业带来了破200米亚洲记录的训练鞋和运动帽,其他运动员也都捐出了陪伴自己多年的参赛纪念品。捐赠物品将入驻筹建中的浙江体育博物馆,通过以物载情,传递体育正能量,以此激励人、感染人、影响人,让体育精神与金牌文化得以更好传承与弘扬。

种植一片飘香金桂。10月26日,杨倩、石智勇、汪顺和管晨辰到黄龙体育中心的"浙江省奥运冠军林",每人种下一棵金桂。石智勇宣读植绿、护绿倡议书。杨倩表示,植树活动很有意义,"只有脚踏实地过好每一天才能迎来收获,就像植树一样,只有播种才能有收获"。汪顺认为"种植的不仅是一棵金桂,更是浙江体育的新希望"。吕林、孟关良等奥运冠军前辈也陪同参加活动,并看望了自己当年种下的金桂。植树活动寓意奥运冠军的优秀品质,激励全省人民干在实处、走在前列,同时宣传环保理念,引导人们关注生态、关注绿色。

开展一次青春对话。10月27日,奥运冠军石智勇、全运冠军谢震业、万济圆和李涛走进浙大紫金港校区,与百余位浙大同学在紫云篮球场互动交流篮球运动,开设特殊的"冠军公开课",以趣味性、互动性方式传递体育精神。之后到求是大讲堂,以访谈的形式分别讲述自己的奋斗故事,石智勇表示"梦想会一直延续。我会一直给自己设立更高的目标和要求",谢震业鼓励大家"暂时的失败不算什么,一次比赛、一次实验的失败会为之后的成功积累经验,努力的过程宝贵且有意义,明天会更好"。万济圆、李涛也现身说法,鼓励同学们保持初心、勇敢追梦。通过与大学生互动,奥运冠军奋斗的故事起到榜样引领作用,在年轻人中产生共鸣。

群众体育

概　况

【科学谋划"十四五"全民健身工作】认真研究制定《浙江省全民健身计划(2021-2025年)，经过专家论证、公开征求意见、合法性审查等环节，前后修订二十余次，已于2021年11月6日由省政府正式印发。

【推进省政府民生实事体育项目建设】提前超额建设完成2021年省政府体育民生实事项目，完成率达到115.6%。共新增体育公园(体育设施进公园)55个(完成率110%)、足球场(含笼式足球场)55个(完成率110%)、村级全民健身广场110个(完成率110%)、社区多功能运动场220个(完成率110%)、百姓健身房600个(完成率120%)，群众健身锻炼硬件条件持续改善。

【参赛陕西全运会群体比赛获优异成绩】在已经完赛的第十四届全运会群众体育比赛中，浙江省代表团共组织678名运动员参加了18个大项121个小项的决赛，在比赛类项目中获得16金6银9铜，暂列金牌榜第二，金牌数量大幅度超过上届天津全运会(9枚)；在展演类项目中共获得2个一等奖，8个二等奖和9个三等奖，位居全国前列。为做好全运会群众体育赛事备战参赛工作，组织开展了"我要上全运"主题活动，共有超过1.8万人次参与全省选拔，其中新浙江人超过2000人，充分体现了浙江省全民健身的广度、厚度和热度。

【全民运动健身模范市、县(市、区)创建】共有杭州、嘉兴、绍兴、金华、衢州5个地级市和淳安、江北、宁海、德清、安吉5个县(市、区)申报创建全国全民运动健身模范市、县(市、区)，预计创成国家全民运动健身模范市、县(市、区)3个。首批浙江省体育现代化县(市、区)2021年12月组织验收，将创成体育现代化县(市、区)17个。

【广泛开展全民健身赛事活动】连续6年举办全国新年登高江山主会场活动。联合杭州亚组委、省委宣传部、省建设厅共同主办省首届社区运动会，以城市社区居民为参赛对象；联合杭州亚组委、省委宣传部、省农业农村厅举办2021年省农村文化礼堂运动会，以农村居民为参赛对象，真正实现我省全民健身全地域、全人群、全覆盖。全省各地已开展各类全民健身赛事活动1万余场次，参与人数800多万人次。全省共开展社会体育指导员培训约8000人次。

【抓好全民健身公共服务系统2.0建设】完成数字政府体育领域综合应用(治理端)核心业务版块的集成工作，建成公共体育场馆服务大提升考核评价系统。完成"体有所健"综合集成PC端和手机端的建设，加快完善"浙里健身"应用场景，提升整合全民健身地图，科学健身指导等已建应用。建立体育场地设施规范化标准，提升体育场地设施数据完整性、准确性。推进社会体育指导员信息梳理工作，共有31250名社会体育指导员完成重新登记注册。修订《2020年浙江省全民健身发展指数评估指标体系》，完成《2020年浙江省全民健身发展指数评估报告》。

【推进公共体育场馆服务大提升】国家体育总局将浙江列为首批公共体育场馆开放使用综合试点省份。全省119家公共体育场馆已完成八大提升计划中5个方面的提升内容,整体进度已达到70%,预计将于2022年6月底前完成所有提升任务。通过一系列亲民、便民、惠民措施,相较2020年同期,全省公共体育场馆在做好疫情常态化防控工作的同时,全年对外开放时长由95397小时增加至109345小时,增幅14.6%。全年服务群众人次由3566万增加至4144万,增幅16%。

【加强体育社会组织建设】实现省级体育社会团体党建工作全覆盖(正式党支部2家,临时党支部57家,派驻党建指导员2家)。实现浙江省体育社会组织服务窗口平台与省民政厅体育社会组织通道数据共享。指导正式成立省定向运动协会、省健身气功协会、省街舞运动协会3个单位。印发《关于高质量推进全省体育社会组织体系建设工作的实施意见》《关于推行全省大众体育运动水平等级评定制度的通知》,在省级体育社团中开展体育社团活力指数评估工作。

全国新年登高健身大会主会场第六年落户江山

2021年1月1日,当新年的第一缕阳光照亮世界自然遗产地——浙江江山江郎山时,已有数千健身爱好者迎着朝霞拾级而上,以登高这样最传统的方式,祈福2021健康喜乐。

2021年全国新年登高活动主会场

全国新年登高活动是国家体育总局主办的传统全民健身活动。从1996年至今,每年都于元旦在全国各地举行,有着"1号赛事活动"之誉。自2016年以来,全国新年登高健身大会中心主会场,已经连续六年落户浙江江山江郎山。每年都由央视体育频道现场直播,具有广泛、深远的影响力。

从观郎坪到会仙岩,从一线天到登天坪,在逶迤的山道上红彤彤一片。身着统一红色的背心、头戴红色帽子,以及运动过后一张张红扑扑的笑脸,无不映衬出喜庆的氛围。

在这支浩浩荡荡的登山大军中,嘹亮的歌声一下子吸引众人的目光。原来,这是江山市文联的登山方阵。一边登山一边集体高唱《我和我的祖国》《没有共产党就没有新中国》,歌声久久在山间回荡。

登高健身大会的活动一经公布,江山全市的20多个乡镇(街道),以及几十个部委办局,马上发动起来,争相组团参加。有的乡镇,大清早驱车一个多小时赶来,规模至少在几十人以上。

国家登山队队长、登山家袁复栋，已是第三次来到江郎山。他与其他七位登山勇士，在向大家"拜年""祈福"的同时，也向全国的健身爱好者发出全民健身的倡议。袁复栋在采访时表示，"攀登珠峰，是一项神圣的事业、使命，登顶后感觉荣耀；攀登江郎山，则是一项很好的健身运动，锻炼、赏景一举两得，是一次心灵的旅行"。

连续六年举办新年登高健身大会，让小城江山成为运动之城、幸福之城、活力之城。登山，又不仅仅是登山。借助这个独特的节日，"江"与"山"转起来、动起来。

与登高健身大会举办同步，整座城都被体育激发着无限的活力。绵延的江郎山，还正在举办一项越野跑赛事：中国天空跑系列赛。选手们从江郎山出发，途经峡口老街、戴笠秘宅、仙霞关，终点为廿八都，分为25公里组、50公里组，串联起近十个景点，参赛的同时还是一次江山人文地理之旅。广西选手覃桂介绍，这是他连续第五年来江山参加这项赛事，"特别喜欢江山的山山水水、喜欢这里浓厚的体育氛围，果然是'江山如此多娇'"。

每年的元旦已经俨然成为江山又一个特有的"全民健身日"。在须江挑战冬泳、垂钓争霸，体育馆里中年篮球比拼、乒球厮杀，全民健身火爆，上万人都在新年第一年以运动的方式，祈愿健康、拥抱健康。

中国登山协会主席李致新认为，新年登高不仅仅是一种祈福、健身的方式，"门槛低、因地制宜即可开展的登山运动"，还是振兴乡村的重要手段。他说，浙江是绿水青山就是金山银山"两山"理念的发源地，山水资源丰富，更要广泛发动、开展登山运动，把"体育+旅游"的文章做好。

2021年浙江省群体(体总)工作会议举行

4月13日，2021年浙江省群体(体总)工作会议暨体育现代化县(市、区)创建工作培训会在绍兴上虞举行。与改革创新相关的热词被频繁"划重点"。围绕众多惠及老百姓健身的热门话题，会议对"十四五"和今年全省的群体工作提出了新要求。

"十三五"时期，浙江省坚持以人民为中心的发展思想，聚焦高质量、竞争力、现代化，聚焦体育强省建设，圆满完成了"十三五"规划确定的主要目标任务，群众体育事业发展取得了历史性成就。

"改革"与"创新"在浙江群众体育事业发展中得到生动诠释。天台县探索实施基层体育委员工作制度改革试点，不仅打通了基层体育管理服务"最后一公里"，还踏出了基层体育治理体系改革新步伐；宁波市积极探索"体医协作，形成合力"，注重与市级重点医院建立运动健康体检试点，为人民群众开展体质监测和健康管理指导；嘉兴市创新社区体育"运动家"，以"社区"这一生活场景为单位，通过智能物联技术，为域内群众提供体育场地、社群组织、公益培训、社会体育指导员"约教"等10项一站式应用功能。以"互联网+体育服务"模式，着力破解"百姓去哪儿健身"问题。截至3月底，使用人次已破5万，参与运动17万余次，受到居民群众的普遍认可。

与会代表还实地走访考察了上虞滨江体育公园,公园沿上虞母亲河"曹娥江"而建,造福周边数万市民。在得到了数字化的有效加成后,公园内的智慧路灯通过热成像技术,实时监测步行者消耗热量及心率情况。可视化智能健身路径不仅可以计数,还能智能评估健身者消耗的卡路里,让健身效果一目了然。而在上虞游泳馆,预定情况、人流量、设施占用情况、泳池水温等信息均以大数据形式集成,让健身者掌握一手信息。从检票入闸到开关更衣柜门,健身者可凭提前录入的"掌脉"走遍全馆,帮健身者杜绝手环丢失或指纹泡发而不能读取的窘境。

浙江省体育局副局长胡国平表示,群众体育工作要立足新发展阶段,贯彻新发展理念,构建新发展格局,以数字化改革为引领,以体育现代化创建为抓手,努力构建更高水平的全民健身公共服务体系,确保"十四五"开好局。

第一届长三角体育节启动

6月8日下午,在上海举行的第一届长三角体育节推介会,宣告第一届长三角体育节正式启动。长三角体育节是由长三角三省一市体育部门联合打造和轮流举办的区域性自主品牌赛事活动。第一届长三角体育节以"绿色、健康、融合、共享"为主题,其中7月至9月为预选赛阶段,总决赛于10月举办。

第一届长三角体育节分为正式项目和推广项目。正式项目赛事为长三角地区重点培育的自主品牌赛事,分为预选赛(城市赛)与总决赛两个层级,将在足球、篮球、汽车运动(含摩托车)、轮滑、水上运动、自行车、路跑7个项目中,通过专家评审选拔3-5项优质赛事入围;推广项目作为正式项目的梯队赛事,具备了升级成为正式项目的条件,将在橄榄球、武术、飞镖、跳绳等项目中择优录取8-10项赛事,将在本届长三角体育节总决赛期间进行。与此同时,为了让更多优质赛事能够脱颖而出,组委会还预留了正式项目和推广项目互相转化的通道。

第一届长三角体育节活动板块包括长三角体育圈全民健身大联动、长三角全民健身嘉年华等内容。在10月份举行的长三角体育圈全民健身大联动在原长三角体育圈全民健身大联动的基础上进行了升级和拓展,进一步丰富活动内容,增加活动的趣味性和互动性,营造更优质的长三角体育圈全民健身联动平台。而长三角全民健身嘉年华活动则从9月延续到11月,在此期间对三省一市举办的全民健身展示活动进行有机整合,在长三角区域形成相互呼应、高效联动的全民健身活动氛围,为长三角的运动爱好者提供最系统、最优质的全民健身赛事活动。

第一届长三角体育节招募期为6月9日至6月28日,从商务合作到赛事活动申办都面向社会公开招募,具备体育赛事办赛能力和资质的体育社团或企业可报名申办。组委会开通了"长三角体育节"官方微信小程序信息服务平台,通过统一发布竞赛规程信息、提供单位/个人报名端口、颁发电子版纪念证书等形式,整合区域优质资源,并便利实施阶段用户报名参与。

比赛项目除总决赛在上海举办外,浙江、江苏、安徽将举办分站赛。值得一提的是,此次体育节处于"双奥"周期的峰值,同时位于618和双11之间,既有欧洲杯决赛、NBA总决赛、全民健身日、十四运会、CBA新赛季等体育热点及主题日,又串联了暑假、七夕、开学季、教师节、中秋节、国庆节、重阳节等传统节假日,可谓激活体育营销、触达消费者的黄金档期。

浙江省体育局公布2020年浙江省一级社会体育指导员名单

浙体群〔2021〕93号

2021年4月2日,浙江省体育局向社会公布了762人的浙江省一级社会体育指导员名单及证书编号:

一、杭州市(86人)

指导项目:街舞(29人)。班颖、戴剑、陈喆、潘恒、吴晓伟、杨莉、张曦晨、张云鹏、赵彦宇、冯慧通、周孟龙、楼铠鑫、劳婷婷、罗丹宁、郑禹豪、杨天淞、叶婷婷、万少波、刘鹏程、季荣鹏、郑佳惠、张钰、陈珂、吴姝娴、王智、赵丹、王红波、蒙长青、刘展舆(证书编号:ZJ0001200001-ZJ00012000029,按姓名顺序排列)

指导项目:健身秧歌(16人)。叶英、管水霞、朱雪花、徐淑伟、张昊楠、林和芳、王鸿敏、蔡秋华、杨屏英、唐维克、金万柔、陈金花、徐文哲、张少玲、肖桂香、褚晓玲(证书编号:ZJ0001200030-ZJ00012000045,按姓名顺序排列)

指导项目:桨板(13人)。邵飞、董建强、丁建桥、李锦群、游贵荣、余越峰、焦阳、胡仙秀、潘德明、厉建红、屠维君、黄洁、徐成旺(证书编号:ZJ0001200046-ZJ00012000058,按姓名顺序排列)

指导项目:广场舞(排舞)(2人)。余琳、王敏(证书编号:ZJ0001200059-ZJ00012000060,按姓名顺序排列)

指导项目:综合管理(2人)。叶振辉、金晓晓(证书编号:ZJ0001200061-ZJ00012000062,按姓名顺序排列)

指导项目:气排球(3人)。胡利群、李建、蒋猛(证书编号:ZJ0001200063-ZJ00012000065,按姓名顺序排列)

指导项目:篮球(4人)。莫利军、方圆、莫洋洋、李煜(证书编号:ZJ0001200066-ZJ00012000069,按姓名顺序排列)

指导项目:武术(3人)。龚娅飞、姚宏良、张婕(证书编号:ZJ0001200070-ZJ00012000072,按姓名顺序排列)

指导项目:登山(14人)。陈建军、詹可培、姚雷鑫、朱旭、苏铁军、朱虹、何翠莲、卢建勇、王雪、饶羽、俞灿良、张文治、陈继、童波(证书编号:ZJ0001200073-ZJ0001200086,按姓名顺序排列)

二、宁波市(79人)

指导项目：街舞(5人)。任旭慧、安东飞、张琪琪、陈杰、胡马克(证书编号：ZJ0001200087-ZJ0001200091,按姓名顺序排列)

指导项目：健身秧歌(1人)。刘慧玲(证书编号：ZJ0001200093-ZJ00012000093,按姓名顺序排列)

指导项目：广场舞(曳步舞)(1人)。江爱军(证书编号：ZJ0001200094-ZJ00012000094,按姓名顺序排列)

指导项目：桨板(4人)。陈德全、童一瑶、李鹏程、陆琦(证书编号：ZJ0001200095-ZJ00012000098,按姓名顺序排列)

指导项目：广场舞(排舞)(10人)。胡亚婷、刘洁、张建芬、赵飞琴、陶灵敏、王芳、张琳萍、卓立华、金桂芹、陈英琴(证书编号：ZJ0001200099-ZJ00012000108,按姓名顺序排列)

指导项目：综合管理(2人)。王满堂、赵智杰(证书编号：ZJ0001200109-ZJ00012000110,按姓名顺序排列)

指导项目：气排球(20人)。类兴刚、许方景、杨幼伟、沃浩涛、陈央、樊锋波、蒋环波、韩勇、金晓磊、郑学军、陆静峥、徐春、胡春艳、张佳梅、尤胜利、劳丹波、高鑫武、谢军、史若怡、陈松(证书编号：ZJ0001200111-ZJ00012000129,按姓名顺序排列)

指导项目：篮球(1人)。邹苏盼(证书编号：ZJ0001200130-ZJ00012000130,按姓名顺序排列)

指导项目：象棋(27人)。励同和、徐基建、韩鹏俊、史佳晖、王解南、童先富、黄帅、刘贵强、励娴、胡玉彪、张忠华、虞国成、仇孝楠、江明雷、王建力、胡高勇、刘祖逵、邹建伟、陈高产、汪宁、洪柳、吴和国、黄晓东、梅正余、余利英、屠祖清、徐颖霞(证书编号：ZJ0001200131-ZJ00012000157,按姓名顺序排列)。

指导项目：登山(8人)。胡嘉璇、傅臣、高秀兰、吴义法、

励超、田传军、金浪、郑则旭(证书编号：ZJ0001200158-ZJ00012000165,按姓名顺序排列)

三、温州市(74人)

指导项目：街舞(8人)。郑铭伟、杨东、徐瑞凯、王阿木古冷、程超、蔡海勇、倪舟舟、金盛玮(证书编号：ZJ0001200166-ZJ00012000173,按姓名顺序排列)

指导项目：健身秧歌(32人)。周春芬、金惠华、池云婷、林萍、戚秋萍、季月琴、胡会林、邓洁帆、陈美玲、余秀莲、郑建萍、朱莲芳、詹晓燕、郑娟娟、刘丽霞、伍玉娟、方玉燕、全芳兰、张晓萍、陈陆英、郑松香、周小燕、张建芬、吴臻、陈丽丽、黄冬平、林萍、陈美玲、侯晓敏、刘丽霞、林小珠、虞小玲(证书编号：ZJ0001200174-ZJ0001200205,按姓名顺序排列)

指导项目：广场舞(曳步舞)(3人)。张瑄婧、季志华、姜凤月(证书编号：ZJ0001200206-ZJ0001200208,按姓名顺序排列)

指导项目：健身气功(1人)。金海燕(证书编号：ZJ0001200209-ZJ0001200209,按姓名顺序排列)

指导项目：足球(5人)。李海勇、李绝奇、李剑、金小林、王奇(证书编号：ZJ0001200210-ZJ0001200214,按姓名顺序排列)。

指导项目:广场舞(排舞)(3人)。金良菊、谷谷、洪芹(证书编号:ZJ0001200215-ZJ0001200217,按姓名顺序排列)

指导项目:综合管理(11人)。金文俊、黄瑞英、周龙德、王奔、麻旭珍、陈双双、林秋莲、李欧凯、王璞、王仁则、郑朝煌(证书编号:ZJ0001200218-ZJ0001200228,按姓名顺序排列)

指导项目:篮球(3人)。金永杰、林圣斌、郑春祥(证书编号:ZJ0001200229-ZJ0001200231,按姓名顺序排列)

指导项目:象棋(3人)。张翔、徐燎、林乃军(证书编号:ZJ0001200232-ZJ0001200234,按姓名顺序排列)

指导项目:武术(4人)。孙洁、杨波、陈怡、项朝晖(证书编号:ZJ0001200235-ZJ0001200238,按姓名顺序排列)

指导项目:登山(3人)。李凌峰(证书编号:ZJ0001200239-ZJ0001200239,按姓名顺序排列)

四、湖州市(31人)

指导项目:街舞(4人)。王子明、朱利忠、罗武俊、吴昊(证书编号:ZJ0001200240-ZJ0001200243,按姓名顺序排列)

指导项目:广场舞(曳步舞)(2人)。桂年芬、胡丽佳(证书编号:ZJ0001200244-ZJ0001200245,按姓名顺序排列)

指导项目:桨板(12人)。蒋立旗、许长风、吴美堂、黄水娥、毛佳怡、孙涛、刘炼、文娟娟、吴勇、沈琦、谈晔、林国男(证书编号:ZJ0001200246-ZJ0001200257,按姓名顺序排列)

指导项目:足球(1人)。黄慎(证书编号:ZJ0001200258-ZJ0001200258,按姓名顺序排列)

指导项目:广场舞(排舞)(2人)。姚兰娣、吴晶(证书编号:ZJ0001200259-ZJ0001200260,按姓名顺序排列)

指导项目:综合管理(3人)。赵丹、陈龙涛、王永(证书编号:ZJ0001200261-ZJ0001200263,按姓名顺序排列)

指导项目:气排球(3人)。王华、曹美玲、高自然(证书编号:ZJ0001200264-ZJ0001200266,按姓名顺序排列)

指导项目:武术(1人)。王陈一郎(证书编号:ZJ0001200267-ZJ0001200267,按姓名顺序排列)

指导项目:登山(3人)。蔡金田、沈燕、姜晓瑜(证书编号:ZJ0001200268-ZJ0001200270,按姓名顺序排列)

五、嘉兴市(44人)

指导项目:街舞(6人)。周家欢、蔡俊、汪淼、毛伟晓、何可、王旭(证书编号:ZJ0001200271-ZJ0001200276,按姓名顺序排列)

指导项目:广场舞(曳步舞)(1人)。邹霞英(证书编号:ZJ0001200277-ZJ0001200277,按姓名顺序排列)

指导项目:桨板(3人)。童丹、黄继琴、陈勇(证书编号:ZJ0001200278-

ZJ0001200280,按姓名顺序排列)

指导项目:健身气功(1人)。陈荣亮(证书编号:ZJ0001200281-ZJ0001200281,按姓名顺序排列)

指导项目:足球(4人)。顾梦丹、沈彬、步蓝星、许维佳(证书编号:ZJ0001200282-ZJ0001200285,按姓名顺序排列)

指导项目:综合管理(21人)。肖高兰、姚志新、何冠群、郝东华、山亚萍、徐凤懿、谢直胜、曹汉婷、何爱军、朱剑、张洁、顾亦凡、屠运琴、刘方星、吕煜寰、沈金明、杨华鑫、孔洁、郜成珠、钱惠英、刘雅仙(证书编号:ZJ0001200286-ZJ0001200306,按姓名顺序排列)

指导项目:气排球(2人)。马晓伟、俞舒珊(证书编号:ZJ0001200307-ZJ0001200308,按姓名顺序排列)

指导项目:登山(6人)。夏立兵、朱勤峰、吴亚毅、许勤锋、沈冲、杨博(证书编号:ZJ0001200309-ZJ0001200314,按姓名顺序排列)

六、绍兴市(140人)

指导项目:街舞(6人)。尉家斌、华佳蕾、魏成然、王钱英、姚丽娜、俞梦黎(证书编号:ZJ0001200315-ZJ0001200320,按姓名顺序排列)

指导项目:广场舞(曳步舞)(3人)。阮美英、张素英、朱建丽(证书编号:ZJ0001200321-ZJ0001200323,按姓名顺序排列)

指导项目:桨板(1人)。何徐锋(证书编号:ZJ0001200324-ZJ0001200324,按姓名顺序排列)

指导项目:健身气功(6人)。陈慧、王禛浩、俞峰、周琴、陈溢锋、朱红义(证书编号:ZJ0001200325-ZJ0001200330,按姓名顺序排列)

指导项目:足球(28人)。叶堃、周海锋、宋勤烽、马益田、王颖舒、卢露、赵荣明、吴鹏剑、宋丙夫、傅华安、金凯宁、葛振江、任航群、高官忠、倪佳峰、蔡坚、石利光、陈力冰、王鲁威、胡什榕、韦晨、谢车斌、沈予欢、叶秋静、林俊、陈梦白、韩智港、吕冶钢(证书编号:ZJ0001200331-ZJ0001200358,按姓名顺序排列)

指导项目:综合管理(1人)。王森钰(证书编号:ZJ0001200359-ZJ0001200359,按姓名顺序排列)

指导项目:气排球(1人)。周俊(证书编号:ZJ0001200360-ZJ0001200360,按姓名顺序排列)

指导项目:篮球(86人)。陈建雄、潘雨安、季函洋、江诚、张晓隆、傅诗缘、吴泓磊、杨琳、林智伟、吴林勇、潘一阳、张广宇、江恒杰、韩昊轩、范林明、陈金德、陆琦斌、高鹏飞、布德、金光洋、王城钢、石丁杰、葛浩波、李佳劻、毛洪涛、陈泓烨、宫垚翔、徐明明、田君、俞杜清、梅蕾、陈鑫彪、梁艺涛、应越、陈宏钊、方倩、成静茹、柳凯、林海东、陈泽韩、金高建、相潮阳、叶啸宇、潘红玲、徐冰鹏、何鹏亮、武娇、刘璐铭、章鹏程、李灿、久昂达瓦、苏竞成、吴梦凡、周笛、邱作浩、桑旦桑姆、何家俊、俞洁杨、胡天翔、赵晟宇、黄志维、李源、胡雯馨、唐清萍、董逸城、黄辉、郑世亮、范来恩、张威、陈誉、陈灏、应泽平、梁健驰、姚旭烽、吴律飞、徐海炳、林志杰、普阿尼、桑珠、吴超宇、张诚勇、来啸天、陈鸿杰、布古阿南、孟铭、桑旦加措(证书编号:ZJ0001200361-ZJ0001200446,按姓名顺序排列)

指导项目：象棋（3人）。徐狄明、卢迅康、黄文苗（证书编号：ZJ0001200447-ZJ0001200449，按姓名顺序排列）

指导项目：登山（5人）。吕芳、蔡斌、张旗、钱坚、王丹华（证书编号：ZJ0001200450-ZJ0001200454，按姓名顺序排列）

七、金华市（87人）

指导项目：街舞（5人）。何晶晶、徐玮、吐尔洪江·托乎提、吴军松、郑文磊（证书编号：ZJ0001200455-ZJ0001200459，按姓名顺序排列）

指导项目：健身秧歌（5人）。孙萍、王俊笑、吴武红、张红霞、宋青（证书编号：ZJ0001200460-ZJ0001200464，按姓名顺序排列）

指导项目：广场舞（曳步舞）（1人）。程明珠（证书编号：ZJ0001200465-ZJ0001200465，按姓名顺序排列）

指导项目：健身气功（7人）。翁正林、孔樟德、陈松花、孙雅静、马波文、王湘艳、仇惠君（证书编号：ZJ0001200466-ZJ0001200472，按姓名顺序排列）

指导项目：足球（1人）。顾菲菲（证书编号：ZJ0001200473-ZJ0001200473，按姓名顺序排列）

指导项目：广场舞（排舞）（26人）。赵龙君、李娜、翁颖、姚文旭、郑欲晓、胡晓芬、蔡兰贞、雷蕾、蒋敬芳、李晓芬、张胜男、吴风英、陈慧、谭爱勤、潘红珊、季尔夫、程月莲、吕松乘、朱媛、何海燕、朱秋元、叶英群、郑丹、翁群仙、叶丹、杜潇（证书编号：ZJ0001200474-ZJ0001200499，按姓名顺序排列）

指导项目：综合管理（2人）。俞丁、汤志伟（证书编号：ZJ0001200500-ZJ0001200501，按姓名顺序排列。）

指导项目：篮球（2人）。毛晟扬、吴伟健（证书编号：ZJ0001200502-ZJ0001200503，按姓名顺序排列）

指导项目：象棋（1人）。张东炜（证书编号：ZJ0001200504-ZJ0001200504，按姓名顺序排列）

指导项目：武术（34人）。成成、代德志、李冬、陈军、赵小建、舒建南、钱有华、姜梓芬、程继芬、金遇姜、冯文进、朱俊义、武智伟、诸葛淑华、王丹、王亚仙、何亦非、吴小飞、龚妙媛、吴国荣、李岩水、陈惠媚、傅祝琴、金玉琴、楼伟、胡文革、李建萍、张雷岗、张烈瑜、朱芳岭、王斌、吕伟兴、任雨潇、王淑珠（证书编号：ZJ0001200505-ZJ0001200538，按姓名顺序排列）

指导项目：登山（3人）。金国忠、薛朝、金国锋（证书编号：ZJ0001200539-ZJ0001200541，按姓名顺序排列）

八、衢州市（53）

指导项目：街舞（4人）。韩欣、钟永玮、陈斯文、刘浩楠（证书编号：ZJ0001200542-ZJ0001200545，按姓名顺序排列）

指导项目：桨板（3人）。蓝仁燕、周莹、孙盘邦（证书编号：ZJ0001200546-ZJ0001200548，按姓名顺序排列）

指导项目：健身气功（18人）。朱方、金秀芳、余建明、许丽琴、冯慧萍、邓蓓、桑秀琴、张德萍、余顺根、叶秀仙、卫萍、徐建英、封欢、林霖、奚萍、董政华、朱超英、琚惠芳(证书编号:ZJ0001200549-ZJ0001200566,按姓名顺序排列)

指导项目:足球(3人)。毛小琴、祝贺斌、江浩(证书编号:ZJ0001200567-ZJ0001200569,按姓名顺序排列)

指导项目:广场舞(排舞)(21人)。何晓琴、宁慧琴、徐水花、谢淑华、毛黎华、张春雅、黄雅娟、王晓娟、刘苏萍、温美芳、严莹、毛爱红、郑晓红、曾爱娟、沈小红、陶林玲、周敏华、吴学智、郑霞、徐建凤、吴秀梅(证书编号:ZJ0001200570-ZJ0001200590,按姓名顺序排列)

指导项目:综合管理(1人)。邱旗(证书编号:ZJ0001200591-ZJ0001200591,按姓名顺序排列)

指导项目:象棋(3人)。闫超慧、俞滢、郑胜萍(证书编号:ZJ0001200592-ZJ0001200594,按姓名顺序排列)

九、舟山市(20人)

指导项目:街舞(1人)。王巍(证书编号:ZJ0001200595-ZJ0001200595,按姓名顺序排列)

指导项目:健身秧歌(2人)。胡英君、郑英姿(证书编号:ZJ0001200596-ZJ0001200597,按姓名顺序排列)

指导项目:广场舞(曳步舞)(5人)。江儿、王海君、虞亚红、江友菊、林满刚(证书编号:ZJ0001200598-ZJ0001200602,按姓名顺序排列)

指导项目:桨板(4人)。李季、郑海波、刘小虎、魏汝领(证书编号:ZJ0001200603-ZJ0001200606,按姓名顺序排列)

指导项目:健身气功(3人)。刘剑影、侯佑明、严飞君(证书编号:ZJ0001200607-ZJ0001200609,按姓名顺序排列)

指导项目:综合管理(1人)。李大立(证书编号:ZJ0001200610-ZJ0001200610,按姓名顺序排列)

指导项目:象棋(2人)。郑高明、张华(证书编号:ZJ0001200611-ZJ0001200612,按姓名顺序排列)

指导项目:登山(2人)。徐盈、毛腾飞(证书编号:ZJ0001200613-ZJ0001200614,按姓名顺序排列)

十、台州市(24人)

指导项目:街舞(3人)。王晓伟、周莹莹、潘超(证书编号:ZJ0001200615-ZJ0001200617,按姓名顺序排列)

指导项目:健身秧歌(4人)。杨琴斐、连爱柳、蒋淼鑫、朱红艳(证书编号:ZJ0001200618-ZJ0001200621,按姓名顺序排列)

指导项目:桨板(2人)。郭慧斌、许财磊(证书编号:ZJ0001200622-ZJ0001200623,按姓名顺序排列)

指导项目:健身气功(4人)。杨天花、叶林青、范福仙、谢小芳(证书编号:ZJ0001200624-ZJ0001200627,按姓名顺序排列)

指导项目:足球(1人)。何灵锋(证书编号:ZJ0001200628-ZJ0001200628,按姓名顺序排列)

指导项目:广场舞(排舞)(2人)。符梅琴、陶丽华(证书编号:ZJ0001200629-ZJ0001200630,按姓名顺序排列)

指导项目:综合管理(2人)。张哲倡、凌元敏(证书编号:ZJ0001200631-ZJ0001200632,按姓名顺序排列)

指导项目:气排球(2人)。王齐恩、王贤坚(证书编号:ZJ0001200633-ZJ0001200634,按姓名顺序排列)

指导项目:篮球(1人)。王驰强(证书编号:ZJ0001200635-ZJ0001200635,按姓名顺序排列)

指导项目:象棋(3人)。王正军、王利红、王小根(证书编号:ZJ0001200636-ZJ0001200638,按姓名顺序排列)

十一、丽水市(49)

指导项目:街舞(5人)。刘潘潘、刘春英、吴伟、陈奇、胡赟杰(证书编号:ZJ0001200639-ZJ0001200643,按姓名顺序排列)

指导项目:健身秧歌(6人)。吕美英、肖红、郭勇芬、詹少燕、郑娇柳、陈红(证书编号:ZJ0001200644-ZJ0001200649,按姓名顺序排列)

指导项目:健身气功(26人)。邹小珍、蓝丽周、陶家庆、戴丽女、江肖蔚、江涌涛、吕慧琴、杨建胜、王丽华、张璟、陈玲玲、吴夏英、张菊花、陈丽华、陈晓芬、林满红、范雪慧、范传桂、徐苏英、项水翠、黄红梅、夏小英、李冬莲、周燕芬、叶少珺、吴丽芬(证书编号:ZJ0001200650-ZJ0001200675,按姓名顺序排列)

指导项目:广场舞(排舞)(2人)。蒋志珺、林小芬(证书编号:ZJ0001200676-ZJ0001200677,按姓名顺序排列)

指导项目:综合管理(1人)。金炳发(证书编号:ZJ0001200678-ZJ0001200678,按姓名顺序排列)

指导项目:气排球(1人)。陈理伟(证书编号:ZJ0001200679-ZJ0001200679,按姓名顺序排列)

指导项目:象棋(7人)。张帮海、周爱民、于新海、李常松、泮建根、侯美娟、周兴荣(证书编号:ZJ0001200680-ZJ0001200686,按姓名顺序排列)

指导项目:登山(1人)。邱碧云(证书编号:ZJ0001200687-ZJ0001200687,按姓名顺序排列)

十二、浙江体育职业技术学院(75人)

指导项目:排球(45人)。任郡勃、王智儒、王传琦、刘浩男、杨一鸣、龚钰杰、金志鸿、李成康、吕天佑、吴浩、颜婉莉、赵婧好、曾惠临、程瑞、丛晓慧、王滨、王家懿、陈翔宇、王森炳、陆赵政、章添博、孙文俊、郑锦怡、蒋虞晓、蓝佳莉、于师羽、汪慧敏、杨妍钰、李静、王梦玥、方婧、叶彤、朱悦洲、刘雨、沈佳蓉、孙若箐、殷茵、周元、宫在峰、谢涛、马俊、宓昕宇、吴卫、胡彩莲、沈彬(证书编号:ZJ0001200688-ZJ0001200732,按姓名顺序排列)

指导项目:篮球(22人)。单婉丽、朱丹丹、万济圆、董可尔、张敏、王海媚、王佳琦、王梦奇、陈佳楠、王乐宜、王福英、余乐平、陆政延、张洪硕、陆翊铭、吕杭迅、赵杭、张珏、何苹、王芳、孙珍珠、余佳锦(证书编号:ZJ0001200733-ZJ0001200754,按姓名顺序排列)

指导项目:田径(1人)。马利亚(证书编号:ZJ0001200755-ZJ0001200755,按姓名顺序排列)

指导项目:帆板(1人)。许娟秋(证书编号:ZJ0001200756-ZJ0001200756,按姓名顺序排列)

指导项目:武术(4人)。崔文娟、史卫东、王汝妃、乐美勇(证书编号:ZJ0001200757-ZJ0001200760,按姓名顺序排列)

指导项目:航模(1人)。王源(证书编号:ZJ0001200761-ZJ0001200761,按姓名顺序排列)

指导项目:健身气功(1人)。徐苏瑾(证书编号:ZJ0001200762-ZJ0001200762,按姓名顺序排列)

2021年浙江省"优秀社会体育指导员"和"最佳社会体育志愿服务组织"名单

一、优秀社会体育指导员

杭州市(14人):金维佳、谢庭恺、杨建龙、奚旺泉、章华、刘小红、瞿斐建、金国泉、沈莉莉、周妙奎、华雪霞、李艳、方晓伟、高宗训

宁波市(11人):刘得凯、谈国芬、胡传庆、徐孝东、邵裕轶、孙能妹、韩建绒、陈何娜、章成都、马维凤、仇孝楠

温州市(13人):叶艇、郑果果、夏晓媚、刘丽萍、李绍闹、管优优、陈容容、胡志雄、胡鹏、陈乐引、陈德水、包新文、白希祥

湖州市(6人):程英俊、刘新美、雷仲孝、沈密、张爱萍、黄晓华

嘉兴市(9人):孔洁、段素芳、陈欣怡、曹春春、徐渊、陆飞越、沈庭芳、杨恩明、贺敏

绍兴市(7人):高超、王志钢、张涛、厉苗军、沈良辉、应利钢、赵真璐

金华市(10人):姚卸妹、鲍冬梅、余耀义、李娟、沈人海、陈美蓉、杨初放、张阳照、陈梅娟、蔡园园

衢州市(7人):吴建英、陈建平、罗欢乐、谢淑华、邱旗、朱佑根、洪炳福

舟山市(5人):陈海斌、王国富、刘萍、宋萍娟、史卫群

台州市(10人):朱妮妮、陶领凤、王海斌、潘汝清、何祥桂、朱照庆、陈超、崔巧云、曹静、陈美玲

丽水市(10人):陈建华、杨建胜、卢炎、肖红、陈金香、江喜亮、张伟忠、陈少英、郭永红、金雪珍

二、最佳社会体育志愿服务组织

省本级:浙江省黄龙绿鹰足球俱乐部

杭州市:杭州市西湖区兰里跑团俱乐部、杭州市萧山区广场健身舞协会、杭州市游泳协会志愿者服务队、杭州市余杭区武术协会

宁波市:宁波市北仑区球迷协会

温州市:温州市排舞广场舞协会

嘉兴市:嘉兴市秀洲区自行车运动协会、嘉兴市棋类运动协会

绍兴市:绍兴市社会体育指导员协会

金华市:金华市金东区老年人体育协会、义乌市武术协会木兰拳分会

衢州市:衢州市柯城区空竹运动协会、衢州市开化县跑步运动协会

舟山市:舟山市武术协会

台州市:台州市路桥区体育总会、台州市临海市登山协会、台州市天台县围棋协会

丽水市:丽水市社会体育指导员协会

2021年浙江省体育社会组织情况统计表

指标名称	代码	合计(个)	国家	省级	地市级	县区
甲	乙	01	02	03	04	05
体育社会组织总数	A01	3,825	0	110	710	3,005
其中:体育社会团体	A02	2,673	0	70	516	2,087
体育基金会	A03	33	0	5	1	27
体育类民办非企业单位	A04	1,119	0	35	193	891
体育社会组织专职工作人员总数	A05	1349	0	137	222	990
其中:男	A06	879	0	73	144	662
女	A07	470	0	64	78	328
研究生及以上	A08	22	0	15	1	6
本科	A09	375	0	65	74	236
大专	A10	458	0	49	95	314
中学(中专)及以下	A11	494	0	8	52	434
中共党员	A12	491	0	34	33	424
民主党派	A13	37	0	0	0	37
共青团员	A14	41	0	0	2	39
无党派人士	A15	29	0	0	4	25
群众	A16	751	0	103	183	465
40周岁以下	A17	481	0	70	161	250
40周岁(含)—60周岁	A18	688	0	64	45	579
60周岁及以上	A19	180	0	3	16	161

2021年浙江省社会体育指导员发展情况表

指标名称	代码	合计	获得技术等级称号的人数					获得职业资格的人数				
			小计	国家级	一级	二级	三级	小计	指导师	高级	中级	初级
甲	乙	01	02	03	04	05	06	07	08	09	10	11
截至年末累计审批人数	A01	243547	201496	147	11510	50559	139280	42051	67	492	6151	35341
其中：本年度审批人数	A02	36663	34444	82	193	3388	30781	2219	0	0	201	2018

2021年浙江省健身场地设施统计表

指标名称		甲	数量(个/条)	器材件数(件)	场地面积(平方米)	场地长度(米)	投资总额(万元)	其中：财政资金	彩票公益金	社会资金
代码		乙	A01	A02	A03	A04	A05	A06	A07	A08
合计		01	6189	20014	3869789.18	920896.00	704736.62	549307.12	36518.72	118910.78
村级农民健身工程		02	1076	--	100111.00	--	51447.10	39539.45	1371.65	10536.00
乡镇体育健身工程		03	73	--	95219.00	--	21351.97	20849.97	232.00	270.00
全民健身路径工程		04	2158	20014	160139.00	--	5227.06	2771.09	1769.42	686.55
全民健身活动中心	大、中型	05	8	--	260931.00	--	35162.00	22931.00	231.00	12000.00
	小型	06	394	--	226931.00	--	13272.00	11535.00	1292.00	445.00
户外健身场地设施	体育公园	07	79	--	488337.00	--	312279.47	308431.03	742.44	3106.00
	全民健身广场	08	89	--	233317.00	--	6661.95	3836.42	1250.53	1575.00
	户外体育营地	09	4	--	34272.80	--	1840.00	940.00	50.00	850.00
	社区运动场地	10	535	--	513950.38	--	29053.69	4952.01	22509.68	1592.00

指标名称		甲	数量 (个/条)	器材件 数(件)	场地面积 (平方米)	场地长度 (米)	投资总额 (万元)	其中:财 政资金	彩票 公益金	社会资金
	健走步道	11	316	--	--	614796.00	23993.50	22800.50	188.00	1005.00
	登山步道	12	67	--	--	306100.00	2263.00	1077.00	329.00	857.00
其他场地设施		13	1390	--	1756581.00	--	202184.88	109643.65	6553.00	85988.23

2021年浙江省国民体质监测站点基本情况表

指标名称	代码	数量
甲	乙	01
累计建立国民体质测试站(点)总数(个)	A01	1235
其中:本年度新增国民体质测试站(点)数(个)	A02	8
本年度接受国民体质测试人数(人)	A03	310081

竞技体育

概　况

【决胜东京奥运会】在第32届夏季东京奥林匹克运动会上,我省共有33名运动员(女子运动员18人、男子运动员15人)、11名教练员和3名科医人员随中国体育代表团出征东京奥运会,参加田径、游泳、羽毛球、射击、举重、赛艇、帆船、体操、排球(沙滩排球)、篮球(三人篮球)等项目角逐。浙江体育健儿不辱使命,出色发挥,获得7枚金牌、2枚银牌、2枚铜牌,金牌数位列全国第一,不仅续写了浙江"届届奥运有金牌"的殊荣,还创造了浙江奥运史上新的辉煌。

【决胜陕西全运会】在陕西举行的第十四届全运会上,浙江省代表团共有675名运动员进入决赛,参加了28个大项比赛,参赛人数创造我省参赛全运会历史之最。全体将士顽强拼搏、奋勇争先,竞技项目取得44金、35银、37铜,超4项世界纪录,创4项全国纪录,综合成绩排名分列金牌榜第3位、奖牌榜第3位,参赛成绩居各省(市、自治区)"第一集团"的方阵。此外,浙江省还获得体育道德风尚奖,取得运动成绩和精神文明双丰收,再铸浙江体育新辉煌。

【制定出台体教融合文件】浙江省体育局、浙江省教育厅于2021年9月30日印发《关于深化体教融合 促进青少年健康发展的实施意见》(浙体训〔2021〕268号),并于2021年11月1日起正式施行。主要特色亮点:增加校内体育活动,打造体育特色校园,拓展校外体育活动渠道,充分发挥社会力量的优势,突出数字化改革引领,拓宽人才培养渠道。

【制定出台发展规划】根据《浙江省人民政府办公厅关于高水平建设现代化体育强省的实施意见》《浙江省体育改革发展"十四五"规划》,制定出台《浙江省竞技体育发展"十四五"规划》。

浙江省女子围棋队首夺围甲冠军

2021年4月3日,受疫情影响延期到2021年的第八届中信置业杯中国女子围棋甲级联赛,全部赛程在线上结束,浙江体彩队最终夺冠,创造队史最好成绩。

浙江体彩队夺冠后合影

事实上,早在上一轮,浙江体彩队在以2比1战胜山西书海路鑫队的时候,就已经提前一轮夺得冠军,成为女子围甲联赛举办以来第二支夺得冠军的队伍。

这是中国女子围甲联赛的第八个年头,前七届冠军都被於之莹领衔的江苏队夺得。浙江队不仅打破了江苏队独占鳌头的局面,也创造了女子围甲创办以来浙江队的最好成绩。

省体育局发布竞技体育发展五年规划

9月22日,省体育局印发《浙江省竞技体育发展"十四五"规划》的通知。

《通知》提出,围绕2025年浙江省竞技体育综合实力走在全国前列的目标,推动管理体制和运行机制更具活力,竞技体育数字化水平不断提升,形成具有时代性、引领性、开放性的竞技体育发展新格局。

"十三五"期间,浙江省竞技体育事业快速发展,顺利完成各项目标任务,为体育强省建设奠定了坚实基础。综合实力不断提升。2016—2020年期间,我省共获得世界冠军42个、亚洲冠军61个、全国冠军746个。项目发展成效显著,训练体系更加完备,人才队伍持续加强,体校基地扩面增量。

"十四五"规划中,浙江省立足浙江实际,把握竞技体育项目发展规律和变化趋势,突出重点、优化结构,充分发掘浙江竞技体育项目发展潜力和竞争力。一方面巩固发展优势项目、持续推进潜优势项目、优化调整弱势项目,另一方面加大推广"三大球"运动项目、拓展冬季运动项目。坚持"三从一大"科学训练原则,以解决运动训练的关键问题为着力点,发挥科技助力、数字赋能作用,强化科学训练、刻苦训练,不断提升科学训练水平,积极打造高等级训练基地。同时,加快完善竞技体育相关配套政策、标准,建立健全竞技体育发展政策制度体系;加强竞技体育科学管理,加快竞技体育治理能力现代化,深化"四个体系"建设,加快推动数字赋能,强化赛风赛纪和防反兴奋剂。

竞技体育人才培养新政解"民"忧

温州体校心桥体操艺术俱乐部、吕志武游泳俱乐部、平阳育英体校、兴华羽毛球俱乐部……这些在浙江省内乃至全国都具有一定知名度的基层体校、俱乐部都蕴含着社会力量办体育的有益探索。

2020年12月省政府发布的全国首份鼓励支持社会力量办体育的省级政策文件《浙江省人民政府关于鼓励支持社会力量办体育 加快推进体育改革与发展的若干意见》中,第五部分就明确提出"鼓励支持社会力量参与竞技体育人才培养",分别从构建多元化竞技体育人才培养格局,改革青少年运动员注册、交流、参赛选拔机制,创新教练员培养评价制度,完善赛事成绩奖励政策4个方面提出相应政策措施,在参与竞技体育人才培养方面打破体制壁垒,在运动员注册参赛及奖励、教练员职称评审及使用、体育后备人才基地认定等方面给予社会力量同等待遇,从而深化体教融合,逐步消除体育、教育部门主办赛事在参赛资格和成绩认定方面的限制。

温州体校心桥体操艺术俱乐部成立之初,在保留温州体校在编教练员基础上,利用自身机制灵活性优势,高薪引进人才,聘请国内外知名教练。市体校无偿提供1900平方米的训练场馆和价值220万元的器材,心桥俱乐部则承担运营维护费用,并负责训练管理工作。同时,心桥体操俱乐部学员一方面可接受市体校专业教练员提供的教学,另一方面可享受心桥旗下幼儿园优质的文化课教育资源。俱乐部成立以来,先后向国家队输送优秀运动员8人,向浙江省队输送200余人次,培养的人才共获得奥运冠军1次,世界冠军7次,亚运会冠军2次,全国冠军100余次,省运会冠军42次。

温州打破以往单纯依靠各级体校的路径依赖,通过公私合办、民办公助、民间独资、体教结合等方式,实现举国体制与市场机制双管齐下,形成社会力量办竞技体育的"温州模式"。

这一模式也在全省迅速推广,世界冠军吴鹏退役后创建了鹏之星,目前俱乐部和杭州多所小学开设了游泳课程,通过政府购买服务方式推行水上安全课。体教结合,让体育回归教育,让从事竞技体育的运动员有书读,让广大青少年能更多享受运动带来的乐趣。

衢州市柯城区实验小学以"学校+俱乐部"的创新模式,培养出了一批以国奥球员童磊为代表的优秀足球人才,董子健、程添乐、巫羿锦等小球员也入选了新一期国家少年队;绍兴诸暨的海亮中学的橄榄球队,多年来同教育、体育部门紧密合作,这里的孩子既有机会进入国家青年队,也可以凭借橄榄球的特长升入高等学府;在宁波奉化实验中学将委托基地在学校设立训练点,以便挖掘和培养射击人才,培养出张巧颖等多位世界冠军。

2021年浙江省等级运动员发展情况表

项目	代码	等级运动员									
		合计		国际级运动健将		运动健将		一级运动员		二级运动员	
		合计	女	国际级运动健将	女	运动健将	女	一级运动员	女	二级运动员	女
甲	乙	01	02	03	04	05	06	07	08	09	10
合计	A01	3514	1328	0	0	0	0	1022	456	2492	872
游泳	A02	672	319	0	0	0	0	207	108	465	211
跳水	A03	0	0	0	0	0	0	0	0	0	0
花样游泳	A04	0	0	0	0	0	0	0	0	0	0
水球	A05	0	0	0	0	0	0	0	0	0	0
公开水域游泳	A06	0	0	0	0	0	0	0	0	0	0
射箭	A07	31	11	0	0	0	0	9	5	22	6
田径	A08	1147	319	0	0	0	0	76	22	1071	297
羽毛球	A09	52	26	0	0	0	0	24	13	28	13
皮划艇激流回旋	A10	1	1	0	0	0	0	0	0	1	1
皮划艇静水	A11	94	34	0	0	0	0	71	25	23	9
棒球	A12	0	0	0	0	0	0	0	0	0	0
五人篮球	A13	269	111	0	0	0	0	58	22	211	89
三人篮球	A14	105	43	0	0	0	0	71	28	34	15
拳击	A15	89	28	0	0	0	0	33	12	56	16
场地自行车	A16	8	0	0	0	0	0	7	0	1	0
公路自行车	A17	13	3	0	0	0	0	9	3	4	0
山地自行车	A18	6	3	0	0	0	0	1	0	5	3
BMX小轮车	A19	9	5	0	0	0	0	6	4	3	1
击剑	A20	48	16	0	0	0	0	10	5	38	11
足球	A21	16	9	0	0	0	0	0	0	16	9
五人制足球	A22	0	0	0	0	0	0	0	0	0	0
沙滩足球	A23	4	0	0	0	0	0	0	0	4	0
手球	A24	0	0	0	0	0	0	0	0	0	0
马术	A25	2	0	0	0	0	0	2	0	0	0
曲棍球	A26	0	0	0	0	0	0	0	0	0	0
柔道	A27	36	18	0	0	0	0	9	4	27	14

项目	代码	等级运动员									
		合计		国际级运动健将		运动健将		一级运动员		二级运动员	
		合计	女	国际级运动健将	女	运动健将	女	一级运动员	女	二级运动员	女
现代五项	A28	0	0	0	0	0	0	0	0	0	0
体操	A29	14	8	0	0	0	0	14	8	0	0
艺术体操	A30	19	19	0	0	0	0	16	16	3	3
蹦床	A31	0	0	0	0	0	0	0	0	0	0
赛艇	A32	89	33	0	0	0	0	52	21	37	12
帆船	A33	23	12	0	0	0	0	17	9	6	3
射击	A34	31	19	0	0	0	0	17	11	14	8
排球	A35	140	57	0	0	0	0	60	24	80	33
沙滩排球	A36	28	14	0	0	0	0	15	7	13	7
垒球	A37	0	0	0	0	0	0	0	0	0	0
乒乓球	A38	200	79	0	0	0	0	114	55	86	24
跆拳道	A39	39	19	0	0	0	0	16	9	23	10
网球	A40	71	29	0	0	0	0	23	11	48	18
铁人三项	A41	0	0	0	0	0	0	0	0	0	0
举重	A42	35	10	0	0	0	0	6	1	29	9
摔跤	A43	54	17	0	0	0	0	19	6	35	11
中国式摔跤	A44	1	1	0	0	0	0	1	1	0	0
冬季两项	A45	0	0	0	0	0	0	0	0	0	0
冰壶	A46	0	0	0	0	0	0	0	0	0	0
冰球	A47	0	0	0	0	0	0	0	0	0	0
花样滑冰	A48	0	0	0	0	0	0	0	0	0	0
短道速滑	A49	0	0	0	0	0	0	0	0	0	0
速度滑冰	A50	0	0	0	0	0	0	0	0	0	0
高山滑雪	A51	0	0	0	0	0	0	0	0	0	0
越野滑雪	A52	0	0	0	0	0	0	0	0	0	0
自由式滑雪	A53	0	0	0	0	0	0	0	0	0	0
跳台滑雪	A54	0	0	0	0	0	0	0	0	0	0
单板滑雪	A55	0	0	0	0	0	0	0	0	0	0
北欧两项	A56	0	0	0	0	0	0	0	0	0	0
雪车	A57	0	0	0	0	0	0	0	0	0	0

项目	代码	等级运动员									
		合计		国际级运动健将		运动健将		一级运动员		二级运动员	
		合计	女	国际级运动健将	女	运动健将	女	一级运动员	女	二级运动员	女
钢架雪车	A58	0	0	0	0	0	0	0	0	0	0
雪橇	A59	0	0	0	0	0	0	0	0	0	0
潜水	A60	0	0	0	0	0	0	0	0	0	0
蹼泳	A61	0	0	0	0	0	0	0	0	0	0
滑水	A62	0	0	0	0	0	0	0	0	0	0
摩托艇	A63	0	0	0	0	0	0	0	0	0	0
救生	A64	0	0	0	0	0	0	0	0	0	0
健美操	A65	4	2	0	0	0	0	3	1	1	1
街舞	A66	0	0	0	0	0	0	0	0	0	0
技巧	A67	5	3	0	0	0	0	0	0	5	3
高尔夫球	A68	8	3	0	0	0	0	8	3	0	0
保龄球	A69	0	0	0	0	0	0	0	0	0	0
掷球	A70	0	0	0	0	0	0	0	0	0	0
台球	A71	0	0	0	0	0	0	0	0	0	0
藤球	A72	0	0	0	0	0	0	0	0	0	0
壁球	A73	0	0	0	0	0	0	0	0	0	0
橄榄球	A74	0	0	0	0	0	0	0	0	0	0
软式网球	A75	0	0	0	0	0	0	0	0	0	0
热气球	A76	0	0	0	0	0	0	0	0	0	0
运动飞机	A77	0	0	0	0	0	0	0	0	0	0
跳伞	A78	0	0	0	0	0	0	0	0	0	0
滑翔	A79	0	0	0	0	0	0	0	0	0	0
航空模型	A80	0	0	0	0	0	0	0	0	0	0
车辆模型	A81	0	0	0	0	0	0	0	0	0	0
航海模型	A82	0	0	0	0	0	0	0	0	0	0
定向	A83	0	0	0	0	0	0	0	0	0	0
业余无线电	A84	0	0	0	0	0	0	0	0	0	0
围棋	A85	21	9	0	0	0	0	7	5	14	4
国际象棋	A86	0	0	0	0	0	0	0	0	0	0
象棋	A87	2	2	0	0	0	0	1	1	1	1

续表

项目	代码	等级运动员									
		合计		国际级运动健将		运动健将		一级运动员		二级运动员	
		合计	女	国际级运动健将	女	运动健将	女	一级运动员	女	二级运动员	女
桥牌	A88	0	0	0	0	0	0	0	0	0	0
武术套路	A89	34	13	0	0	0	0	1	0	33	13
武术散打	A90	33	10	0	0	0	0	0	0	33	10
健身气功	A91	0	0	0	0	0	0	0	0	0	0
登山	A92	0	0	0	0	0	0	0	0	0	0
攀岩	A93	3	0	0	0	0	0	2	0	1	0
攀冰	A94	0	0	0	0	0	0	0	0	0	0
汽车	A95	0	0	0	0	0	0	0	0	0	0
摩托车	A96	0	0	0	0	0	0	0	0	0	0
轮滑	A97	0	0	0	0	0	0	0	0	0	0
毽球	A98	0	0	0	0	0	0	0	0	0	0
门球	A99	0	0	0	0	0	0	0	0	0	0
舞龙舞狮	A100	0	0	0	0	0	0	0	0	0	0
龙舟	A101	0	0	0	0	0	0	0	0	0	0
钓鱼	A102	0	0	0	0	0	0	0	0	0	0
风筝	A103	0	0	0	0	0	0	0	0	0	0
信鸽	A104	0	0	0	0	0	0	0	0	0	0
体育舞蹈	A105	0	0	0	0	0	0	0	0	0	0
健美	A106	1	0	0	0	0	0	1	0	0	0
拔河	A107	0	0	0	0	0	0	0	0	0	0
飞镖	A108	0	0	0	0	0	0	0	0	0	0
电子竞技	A109	0	0	0	0	0	0	0	0	0	0
空手道	A110	50	20	0	0	0	0	32	15	18	5
健身	A111	0	0	0	0	0	0	0	0	0	0
冲浪	A112	6	2	0	0	0	0	4	1	2	1
滑板	A113	1	1	0	0	0	0	0	0	1	1

2021年浙江省后备人才项目分布情况表

		总计	体育运动学校	竞技体校	单项运动学校	体育中学	少年儿童体育学校(业余体校)	本科院校	其他
单位数(个)		132	8	1	7	35	60	0	21
合计		31856	3797	9	126	1651	24218	0	2055
后备人才数	游泳	3060	431	0	0	0	2331	0	298
	跳水	20	0	0	0	0	20	0	0
	花样游泳	0	0	0	0	0	0	0	0
	水球	0	0	0	0	0	0	0	0
	公开水域游泳	0	0	0	0	0	0	0	0
	射箭	625	56	0	0	60	491	0	18
	田径	3552	605	0	0	326	2442	0	179
	羽毛球	1398	63	0	0	0	1025	0	310
后备人才数	皮划艇激流回旋	29	15	0	0	0	13	0	1
	皮划艇静水	618	58	0	30	0	529	0	1
	棒球	25	0	0	0	0	25	0	0
	五人篮球	2154	166	0	0	406	1480	0	102
	三人篮球	136	87	0	0	0	49	0	0
	拳击	799	177	0	0	30	588	0	4
	场地自行车	281	62	0	0	0	174	0	45
	公路自行车	174	48	0	0	0	126	0	0
	山地自行车	69	9	0	0	20	40	0	0
	BMX小轮车	66	7	0	0	0	59	0	0
	击剑	757	22	0	0	30	625	0	80
	足球	3002	180	0	0	240	2205	0	377
	五人制足球	263	0	0	0	0	263	0	0
	沙滩足球	0	0	0	0	0	0	0	0
	手球	65	0	0	0	0	65	0	0
	马术	132	37	0	0	0	95	0	0
	曲棍球	0	0	0	0	0	0	0	0
	柔道	640	130	0	0	56	436	0	18
	现代五项	0	0	0	0	0	0	0	0
	体操	521	84	0	0	0	434	0	3

续表

		总计	体育运动学校	竞技体校	单项运动学校	体育中学	少年儿童体育学校(业余体校)	本科院校	其他
	艺术体操	253	36	0	0	0	217	0	0
	蹦床	352	40	0	5	0	307	0	0
	赛艇	651	58	4	43	0	545	0	1
	帆船	203	11	5	13	0	173	0	1
	射击	1148	335	0	0	0	811	0	2
	排球	1142	242	0	0	0	832	0	68
	沙滩排球	164	0	0	0	0	156	0	8
	垒球	106	0	0	0	0	106	0	0
	乒乓球	1496	36	0	0	149	1096	0	215
	跆拳道	1367	160	0	0	36	1068	0	103
	网球	714	0	0	0	0	683	0	31
	铁人三项	0	0	0	0	0	0	0	0
	举重	947	169	0	0	53	722	0	3
	摔跤	852	140	0	0	35	658	0	19
后备人才数	中国式摔跤	177	78	0	0	0	97	0	2
	冬季两项	0	0	0	0	0	0	0	0
	冰壶	0	0	0	0	0	0	0	0
	冰球	29	29	0	0	0	0	0	0
	花样滑冰	0	0	0	0	0	0	0	0
	短道速滑	20	0	0	0	0	20	0	0
	速度滑冰	20	0	0	0	0	20	0	0
	高山滑雪	0	0	0	0	0	0	0	0
	越野滑雪	0	0	0	0	0	0	0	0
	自由式滑雪	0	0	0	0	0	0	0	0
	跳台滑雪	38	0	0	0	0	20	0	18
	单板滑雪	10	0	0	0	0	10	0	0
	北欧两项	0	0	0	0	0	0	0	0
	雪车	0	0	0	0	0	0	0	0

2021年浙江省等级裁判员发展情况表

项目	代码	等级裁判员									
		合计		国际级裁判员		国家级裁判员		一级裁判员		二级裁判员	
		合计	女	国际级裁判员	女	国家级裁判员	女	一级裁判员	女	二级裁判员	女
甲	乙	01	02	03	04	05	06	07	08	09	10
合计	A01	1976	626	0	0	0	0	761	236	1215	390
游泳	A02	160	51	0	0	0	0	53	25	107	26
跳水	A03	0	0	0	0	0	0	0	0	0	0
花样游泳	A04	0	0	0	0	0	0	0	0	0	0
水球	A05	0	0	0	0	0	0	0	0	0	0
公开水域游泳	A06	0	0	0	0	0	0	0	0	0	0
射箭	A07	37	6	0	0	0	0	12	3	25	3
田径	A08	222	59	0	0	0	0	73	16	149	43
羽毛球	A09	138	37	0	0	0	0	0	0	138	37
皮划艇激流回旋	A10	38	15	0	0	0	0	38	15	0	0
皮划艇静水	A11	0	0	0	0	0	0	0	0	0	0
棒球	A12	0	0	0	0	0	0	0	0	0	0
五人篮球	A13	72	12	0	0	0	0	0	0	72	12
三人篮球	A14	0	0	0	0	0	0	0	0	0	0
拳击	A15	0	0	0	0	0	0	0	0	0	0
场地自行车	A16	21	5	0	0	0	0	21	5	0	0
公路自行车	A17	0	0	0	0	0	0	0	0	0	0
山地自行车	A18	0	0	0	0	0	0	0	0	0	0
BMX小轮车	A19	0	0	0	0	0	0	0	0	0	0
击剑	A20	74	10	0	0	0	0	8	1	66	9
足球	A21	140	14	0	0	0	0	69	7	71	7
五人制足球	A22	0	0	0	0	0	0	0	0	0	0
沙滩足球	A23	0	0	0	0	0	0	0	0	0	0
手球	A24	4	0	0	0	0	0	0	0	4	0
马术	A25	0	0	0	0	0	0	0	0	0	0
曲棍球	A26	0	0	0	0	0	0	0	0	0	0
柔道	A27	2	0	0	0	0	0	0	0	2	0
现代五项	A28	0	0	0	0	0	0	0	0	0	0

续表

项目	代码	等级裁判员									
		合计		国际级裁判员		国家级裁判员		一级裁判员		二级裁判员	
		合计	女	国际级裁判员	女	国家级裁判员	女	一级裁判员	女	二级裁判员	女
体操	A29	28	27	0	0	0	0	0	0	28	27
艺术体操	A30	31	11	0	0	0	0	0	0	31	11
蹦床	A31	0	0	0	0	0	0	0	0	0	0
赛艇	A32	37	15	0	0	0	0	37	15	0	0
帆船	A33	18	5	0	0	0	0	18	5	0	0
射击	A34	28	12	0	0	0	0	14	9	14	3
排球	A35	101	40	0	0	0	0	0	0	101	40
沙滩排球	A36	0	0	0	0	0	0	0	0	0	0
垒球	A37	4	0	0	0	0	0	4	0	0	0
乒乓球	A38	150	78	0	0	0	0	0	0	150	78
跆拳道	A39	93	33	0	0	0	0	60	29	33	4
网球	A40	97	35	0	0	0	0	0	0	97	35
铁人三项	A41	0	0	0	0	0	0	0	0	0	0
举重	A42	21	13	0	0	0	0	21	13	0	0
摔跤	A43	0	0	0	0	0	0	0	0	0	0
中国式摔跤	A44	0	0	0	0	0	0	0	0	0	0
冬季两项	A45	0	0	0	0	0	0	0	0	0	0
冰壶	A46	0	0	0	0	0	0	0	0	0	0
冰球	A47	0	0	0	0	0	0	0	0	0	0
花样滑冰	A48	0	0	0	0	0	0	0	0	0	0
短道速滑	A49	0	0	0	0	0	0	0	0	0	0
速度滑冰	A50	0	0	0	0	0	0	0	0	0	0
高山滑雪	A51	0	0	0	0	0	0	0	0	0	0
越野滑雪	A52	0	0	0	0	0	0	0	0	0	0
自由式滑雪	A53	0	0	0	0	0	0	0	0	0	0
跳台滑雪	A54	0	0	0	0	0	0	0	0	0	0
单板滑雪	A55	0	0	0	0	0	0	0	0	0	0
北欧两项	A56	0	0	0	0	0	0	0	0	0	0
雪车	A57	0	0	0	0	0	0	0	0	0	0
钢架雪车	A58	0	0	0	0	0	0	0	0	0	0

项目	代码	等级裁判员									
		合计		国际级裁判员		国家级裁判员		一级裁判员		二级裁判员	
		合计	女	国际级裁判员	女	国家级裁判员	女	一级裁判员	女	二级裁判员	女
雪橇	A59	0	0	0	0	0	0	0	0	0	0
潜水	A60	0	0	0	0	0	0	0	0	0	0
蹼泳	A61	0	0	0	0	0	0	0	0	0	0
滑水	A62	0	0	0	0	0	0	0	0	0	0
摩托艇	A63	0	0	0	0	0	0	0	0	0	0
救生	A64	0	0	0	0	0	0	0	0	0	0
健美操	A65	0	0	0	0	0	0	0	0	0	0
街舞	A66	52	6	0	0	0	0	50	5	2	1
技巧	A67	0	0	0	0	0	0	0	0	0	0
高尔夫球	A68	0	0	0	0	0	0	0	0	0	0
保龄球	A69	0	0	0	0	0	0	0	0	0	0
掷球	A70	0	0	0	0	0	0	0	0	0	0
台球	A71	25	13	0	0	0	0	14	8	11	5
藤球	A72	0	0	0	0	0	0	0	0	0	0
壁球	A73	0	0	0	0	0	0	0	0	0	0
橄榄球	A74	0	0	0	0	0	0	0	0	0	0
软式网球	A75	0	0	0	0	0	0	0	0	0	0
热气球	A76	0	0	0	0	0	0	0	0	0	0
运动飞机	A77	0	0	0	0	0	0	0	0	0	0
跳伞	A78	0	0	0	0	0	0	0	0	0	0
滑翔	A79	0	0	0	0	0	0	0	0	0	0
航空模型	A80	3	1	0	0	0	0	0	0	3	1
车辆模型	A81	8	0	0	0	0	0	8	0	0	0
航海模型	A82	4	1	0	0	0	0	4	1	0	0
定向	A83	0	0	0	0	0	0	0	0	0	0
业余无线电	A84	0	0	0	0	0	0	0	0	0	0
围棋	A85	29	4	0	0	0	0	0	0	29	4
国际象棋	A86	12	7	0	0	0	0	12	7	0	0
象棋	A87	84	13	0	0	0	0	71	12	13	1
桥牌	A88	21	11	0	0	0	0	0	0	21	11

项目	代码	等级裁判员									
		合计		国际级裁判员		国家级裁判员		一级裁判员		二级裁判员	
		合计	女	国际级裁判员	女	国家级裁判员	女	一级裁判员	女	二级裁判员	女
武术套路	A89	0	0	0	0	0	0	0	0	0	0
武术散打	A90	0	0	0	0	0	0	0	0	0	0
健身气功	A91	0	0	0	0	0	0	0	0	0	0
登山	A92	0	0	0	0	0	0	0	0	0	0
攀岩	A93	22	8	0	0	0	0	21	8	1	0
攀冰	A94	0	0	0	0	0	0	0	0	0	0
汽车	A95	0	0	0	0	0	0	0	0	0	0
摩托车	A96	0	0	0	0	0	0	0	0	0	0
轮滑	A97	43	11	0	0	0	0	43	11	0	0
毽球	A98	0	0	0	0	0	0	0	0	0	0
门球	A99	80	60	0	0	0	0	41	35	39	25
舞龙舞狮	A100	13	4	0	0	0	0	13	4	0	0
龙舟	A101	0	0	0	0	0	0	0	0	0	0
钓鱼	A102	49	2	0	0	0	0	49	2	0	0
风筝	A103	0	0	0	0	0	0	0	0	0	0
信鸽	A104	0	0	0	0	0	0	0	0	0	0
体育舞蹈	A105	8	7	0	0	0	0	0	0	8	7
健美	A106	0	0	0	0	0	0	0	0	0	0
拔河	A107	0	0	0	0	0	0	0	0	0	0
飞镖	A108	0	0	0	0	0	0	0	0	0	0
电子竞技	A109	3	0	0	0	0	0	3	0	0	0
空手道	A110	0	0	0	0	0	0	0	0	0	0
健身	A111	0	0	0	0	0	0	0	0	0	0
冲浪	A112	0	0	0	0	0	0	0	0	0	0
滑板	A113	0	0	0	0	0	0	0	0	0	0

浙江省体育局　浙江省人力资源和社会保障厅
关于公布沈瑾等18人具备体育教练员职务任职资格的通知

浙体人〔2021〕30号

各市体育局、人力资源和社会保障局,省级有关单位:

经浙江省体育教练员高级专业技术职务任职资格评审委员会2020年12月15日评审通过,杭州市陈经纶体育学校沈瑾、杨雨、倪加琦,宁波体育运动学校张成,新昌县少年体育学校章华林,绍兴市体育运动学校沈芳,绍兴市上虞区少年儿童业余体校单伟,金华市体育运动学校廖俭颖,温岭市青少年业余体育运动学校陈华明,浙江省射击射箭自行车运动管理中心方炎辉,浙江省智力运动管理中心(浙江省社会体育指导中心)潘磊具备高级教练职务任职资格,时间从2020年12月15日算起。

经国家体育总局破格审定,杭州市陈经纶体育学校范启龙、夏明磊具备国家级教练职务任职资格,绍兴市体育运动学校徐子杰具备高级教练职务任职资格,杭州市模型无线电运动中心李晓霞具备三级教练职务任职资格,时间从2018年12月31日算起。

浙江育英职业技术学院汤剑辉、温州体育运动学校蒲云亮具备高级教练职务任职资格,绍兴市体育运动学校洪涌具备一级教练职务任职资格,时间从2019年12月31日算起。

浙江省体育局　浙江省人力资源和社会保障厅
2021年1月20日

浙江省体育局　浙江省人力资源和社会保障厅
关于公布谢圣松等8人具备体育教练员职务任职资格的通知

浙体人〔2021〕296号

各市体育部门、人力资源和社会保障局,省级有关单位:

根据国家体育总局《关于2020年度教练员职称评审结果的通知》(体人字〔2021〕543号)的通知,经国家体育总局评审,宁波市水上(游泳)运动学校谢圣松,浙江省水上运动管理中心奚春群、雷文斌,浙江省射击射箭自行车运动管理中心葛宏砖具备国家级教练职务任职资格,时间从2020年12月31日算起。

根据国家体育总局《关于2020年度跨季跨项跨界输送运动员至冬季项目教练员职务任职资格审定结果的通知》(体人字〔2021〕544号),经国家体育总局破格审定,宁波体育运动学校刘琦具备国家级教练职务任职资格,丽水市体育运动训练中心周俊杰、玉环市体育事业发展中心王焱磊具备高级教练职务任职资格,新昌县少年体育学校俞小波具备中级教练职务任职资格,时间从2020年12月31日算起。

浙江省体育局　浙江省人力资源和社会保障厅

2021年10月28日

浙江省体育局关于公布彭凯等10位同志具有体育教练员中级教练任职资格的通知

浙体人〔2021〕342号

各市体育部门、省级有关单位:

经浙江省体育局教练员中级专业技术职务评审委员会评审通过,长兴县体育中心(长兴县少年儿童业余体校)彭凯,安吉县体育中心(安吉县少年儿童业余体育学校)邢维峰、王晨、潘福星、黄庭、万春,绍兴市体育运动学校李永健,绍兴市水上运动训练中心(绍兴市水上运动训练学校、绍兴市水上运动管理中心)王帅,绍兴市柯桥区少年儿童业余体育学校孙新昌,浙江省水上运动管理中心郑小龙等10人具有中级教练资格,现予公布。

上述同志任职资格的取得时间为2021年11月10日。

浙江省体育局

2021年12月13日

青少年体育

概　况

【创建后备人才基地】创建2021—2024周期浙江省体育传统项目学校阳光体育后备人才基地。根据浙体训〔2020〕301号文件通知要求,通过自评、复评,已经有44学校申报浙江省体传校阳光体育后备人才基地,2021年组织统评、公示和命名工作。2021年下拨扶持经费565万元,对已创建的115所体育传统项目学校阳光体育后备人才基地进行支持。

根据浙体训〔2020〕156号文件通知要求,通过自评、复评,已有68所体校申报省级体育后备人才基地,2021年通过组织统评,有64所体校命名为省级体育后备人才基地。2021年下拨扶持经费2280万元,对上一周期已创建的68个省级基地进行支持。

【做好青少年赛前文化测试工作】根据《省体育局关于青少年体育比赛赛前运动员文化测试工作管理实施办法》要求,2021年将运动员赛前文化考试纳入省体育局对市局体育工作年度考核内容和浙江省体育后备人才基地认定办法的指标条目,促使各级体育部门、各级体校和全体教练员、运动员更加重视运动员文化教育工作,提高运动员文化知识水平。

【开展青少年体育综合训练营活动】2021年体育运动项目综合训练营活动于1月–12月利用寒暑假进行,参加综合训练营活动的学生共计3400名左右,开展项目在53项次以上、每个项目开展时间不少于15天。

【开展体育师资、教练员培训工作】2021年先后开展了为期3天的田径、游泳、网球、体操、排球、帆船板、射击项目精英教练员培训,培训人员238人;开展了为期45天的浙江省优秀教练员培养百人工程实施计划,培训人员38人。

浙江省第六届青少年学生阳光运动会举行

5月14日,由浙江省体育局、浙江省教育厅主办,宁波市体育局、宁波市教育局支持,浙江省体育竞赛中心、宁波市镇海区文化和广电旅游体育局、宁波市镇海区教育局承办的"浙江省第六届青少年学生阳光体育运动会开幕式暨交流会"在宁波镇海区举行。

会上,省级阳光体育学校分管校长等围绕着"体教融合促发展·阳光少年浙里强"展开讨论,旨在让体育、教育部门共同探讨体教融合、深化青少年阳光体育发展,在会上传递政策、分享经验,进一步深化体育教学改革,加强学校体育工作,搭建体育平台,共建共享阳光体育赛事活动,为助力各地体教融合工作发展、深化体教改革增添新的动力。

在阳光体育交流大会上,浙江省体育局副局长张亚东致开幕辞,邀请了江苏省体育局青少处处长刘斌,杭州市教育局体卫艺处副处长张丹,绍兴市体育局党组书记、局长吴海明,嘉兴市辅成教育集团乐剑林,宁波市镇海区张和祥小学校长、书记王红燕就体教融合的主题进行阳光体育政策解读和经验分享。

浙江省体育局体育竞赛处处长毛鹏飞、国家体育总局青少年体育司发展指导处陈石、宁波市镇海中学副校长沈虎跃和宁波市鄞州区蓝青小学校长沈斌围绕"体教融合促发展"的主题进行沙龙讨论。四位嘉宾各自分享了自己关于体教融合与青少年体育健康的经历与体会，现场讨论气氛十分浓厚。

当天晚上，浙江省第六届青少年学生阳光体育运动会开幕式在宁波市镇海区职业教育中心学校体育馆举行。浙江省体育局副局长张亚东、浙江省教育厅副厅长汤筱疏、宁波市体育局局长张霓、绍兴市体育局局长吴海明以及全省体育教育局分管领导、全省阳光基地学校的校领导等参加了此次开幕式。体操奥运冠军江钰源发出倡议，鼓励参赛选手向阳而动，争做阳光少年。

省第六届青少年学生阳光体育运动会开幕式在宁波镇海举行

本届阳光体育运动会作为全国青少年"未来之星"阳光体育大会分会场，突出"淡化锦标、淡化竞技、培养兴趣，促进青少年学生全面发展"的办赛宗旨，践行"我参与、我运动、我健康、我快乐"的理念，共设15个大项，包括趣味田径、游泳、篮球、排球、足球、乒乓球、羽毛球、网球、短式网球、射击、跆拳道、武术套路、啦啦操、快乐体操、射箭。各项比赛于5—8月在全省各地进行。省级阳光体育后备人才基地学校、体育传统项目学校、体育特色学校等411所学校6509人组队参加。

浙江省举行第十四届幼儿体育大会

5月29日下午，2021年省第十四届幼儿体育大会开幕式暨省第十三届幼儿特色体育表演大赛在绍兴市奥体中心举办。

本次比赛共有来自杭州、宁波、金华等各地市的32支队伍约600个运动员参加，小运动员们展示了各种具有幼儿特色的体育活动项目，如小篮球、小足球、武术、空竹、舞龙、踏板车、滑板、花样轮滑、军体搏击、跳绳、跆拳道等，展现了大家积极向上的热情。值得一提的是，今年作为建党一百周年，现场也有不少队伍展示了红色主题的表演。

6月开始,省第八届幼儿篮球表演大赛、省首届幼儿啦啦操表演大赛、省第十届幼儿国际趣味田径表演大赛、省第十四届幼儿轮滑表演大赛、省第三十届幼儿基本体操表演大赛、省第十四届电子百拼、创意积木表演大赛等诸多赛事也都陆续举办。

浙江省第十四届幼儿电子百拼、创意积木表演大赛落户横店

6月26日,2021年浙江省幼儿体育大会暨浙江省第十四届幼儿电子百拼、创意积木表演大赛在横店国贸会堂开幕。

本次活动以"奔跑吧·少年"为主题,坚持"健康第一"的理念,构建家庭、学校、社会联动的活动体系,促进儿童青少年增强体质、健全人格、锻炼意志、全面发展为宗旨。

活动由浙江省体育局、浙江省体育总会、浙江省关心下一代工作委员会等10个相关单位主办,浙江省幼儿体育协会、东阳市文化和广电旅游体育局、东阳市体育总会承办。

来自全省各级各类幼儿园、活动中心、少年宫、培训中心等单位未满7周岁的学龄前儿童积极参与了本次大赛。600多名萌娃凭借自己的聪明才智用拼搭方式完成各种电路实验,依靠天马行空的想象力将积木拼出自己喜欢的作品。电子百拼跟传统的电路安装不同,它可以按照图来拼装,也可以按照幼儿自己的想象来拼装,大胆地试验自己的想法。幼儿可根据电路图拼出数百种不同的趣味电路,实现发光、发声、发热等多种功能。电子百拼图中"串联、并联、正极、负极……"这些名词对孩子而言不再是抽象难懂的物理电路知识,而是一个个会发光的灯泡、会转动的小风扇。幼儿们在玩中学,学中玩,动手动脑相结合,创新思维能力和动手实践能力得到提高。

2021—2024周期浙江省体育传统项目
学校阳光体育后备人才基地名单

序号	学校名单	开展项目
1	杭州市第十中学	击剑
2	杭州市富阳区郁达夫中学	田径
3	杭州市富阳区春江中心小学	足球
4	建德市实验小学	排球
5	建德市明珠小学	跆拳道
6	宁波市爱菊艺术学校	艺术体操
7	宁波市江北区实验小学	游泳、羽毛球
8	宁波市奉化区溪口镇中心小学	排球
9	余姚市第一实验小学	田径

续表

序号	学校名单	开展项目
10	象山县石浦镇新港小学	田径
11	温州市第二外国语学校	网球、足球
12	温州市瓯海区任岩松中学	排球
13	温州市第五十一中学	网球、女子篮球
14	瑞安市飞云中学	篮球、皮划艇
15	温州市仰义第二小学	足球
16	温州市新风实验小学教育集团	田径、足球、篮球
17	长兴县龙山中学	田径、篮球、排球
18	安吉县第二小学	田径、足球
19	湖州市飞英小学	乒乓球
20	嘉兴南湖国际实验学校	网球、短式网球
21	嘉兴市第三中学	田径、排球
22	桐乡市实验小学教育集团城北	游泳
23	上海外国语大学附属浙江宏达	击剑
24	绍兴市北海小学教育集团	蹦技、游泳、羽毛球
25	嵊州市马寅初初级中学	田径
26	上虞区百官小学	田径、羽毛球、摔跤
27	诸暨市滨江初级中学	田径
28	浙江师范大学附属中学	田径、女子篮球
29	东阳市巍山镇怀鲁小学	田径、网球
30	金华市荣光国际学校	乒乓球、射击、篮球、游泳
31	金华市站前小学	田径
32	江山市城南小学	田径、乒乓球、足球、健美操
33	衢州市柯城区大成小学	足球、健美操
34	龙游县第三中学	田径、举重、皮划艇、赛艇
35	舟山市定海区第五中学	田径
36	舟山市普陀区沈家门第一小学	田径、篮球、健美操、足球
37	浙江省临海市回浦中学	篮球
38	温岭市新河中学	排球、沙滩排球、赛艇
39	临海市桃渚中学	手球、藤球、毽球
40	玉环市城关第一初级中学	篮球、田径、游泳
41	莲都外国语学校	田径
42	莲都区花园中学	篮球、田径

序号	学校名单	开展项目
43	义乌市树人中学	武术套路

2021年浙江省青少年体育活动组织及体育俱乐部情况表

指标名称	代码	截止年末累计数(个)					本年新增(个)				
		合计	国家	省	地市	县区	合计	国家	省	地市	县区
甲	乙	01	02	03	04	05	06	07	08	09	10
合计	A01	1311	50	268	647	346	197	0	64	77	56
青少年户外体育活动营地	A02	26	2	6	16	2	5	0	0	5	0
青少年校外体育活动中心	A03	1	1	0	0	--	0	0	0	0	--
青少年体育俱乐部	A04	243	29	41	173	--	0	0	0	0	--
体育传统项目学校	A05	846	0	157	422	267	110	0	0	57	53
高水平体育后备人才基地	A06	195	18	64	36	77	82	0	64	15	3

杭州亚运会

概　况

　　【确定竞赛项目】项目设置方面,明确亚运会竞赛项目40个大项、亚残运会22个大项。具体来说,目前,杭州亚组委共设置了游泳、射箭、田径、羽毛球等40个大项61个分项482个小项。与上届赛事相比,新增了3V3篮球、板球、电子竞技、霹雳舞、桥牌、软式网球、游泳马拉松等7个分项,优化调整后共新增17个小项。

　　【场馆建设基本完成】55个比赛场馆和31个训练场馆,1个亚运村和5个运动员分村等场馆设施建设基本完成。10家知名企业成为杭州亚运会官方合作伙伴,签约赞助商和供应商层级企业80余家。会徽、吉祥物、主题口号以及核心图形、色彩系统、体育图标、火炬形象、官方体育服饰等相继发布。开幕式主创团队正式公布,目前正深化创意文案。

　　【技术代表任命】2021年与亚洲(国际)单项体育组织通过视频会议等形式开展联络,71名技术代表已全部完成任命,为杭州亚运会提供了强有力的竞赛技术支持。

　　【全面开展亚运测试赛】2021年7月以来,已顺利举办田径、帆船、龙舟、篮球、公开水域、公路自行车等8项测试赛,达到"检验场馆、锻炼队伍、组织有序、运行顺畅、感受良好"的预期目标。落实20项全国性以上申报作为亚运会测试赛事。黄龙体育中心骨干团队建立,进入实质性运行阶段。

　　【亚运文化展示】亚运系列纪录片、官方会刊杂志、亚运主题优秀音乐作品等亚运品牌建设不断强化,亚运文化推广活动反响热烈。上线"智能亚运一站通"观赛平台,突出"智能亚运"特色。针对国际疫情形势依然严峻的背景,编制杭州亚运会疫情防控总体方案。

　　【召开团长大会】成功召开代表团团长大会、第一次世界媒体大会等国际会议,确定亚运会大家庭饭店和官方接待饭店,不断加强综合保障能力。赛会志愿者全球招募反响热烈,申请人数共计30余万人。

　　【深化合作】距离杭州亚运会开幕还有不到300天,杭州亚运会筹办进入最后冲刺阶段。杭州亚组委进一步深化与亚奥理事会、各国家(地区)奥委会联系与合作,按照总体工作计划和重要里程碑事件安排,推动场馆建设收官,提升场馆办赛能力,提高城市亚运温度,深化智能亚运研究,优化开闭幕式创意,强化疫情风险研判,为赛会成功举办奠定坚实基础。

高标准高质量高效率推进"两个亚运"筹办工作

　　1月7日上午,第19届亚运会组委会第五次执委会暨全委会、亚残运会组委会第二次执委会暨全委会通过视频方式举行。国家体育总局局长、中国奥委会主席苟仲文,中国残联主席、中国残奥委会主席张海迪,省长郑栅洁出席会议并讲话。

国家体育总局、中国残联及有关部委领导高志丹、李颖川、李建明、周长奎、吕世明、贾勇、王梅梅、李玲蔚，省市有关领导成岳冲、王文序、裘东耀出席。会议听取了市委副书记、市长刘忻所作的杭州亚运会、亚残运会筹办工作报告，审议通过竞赛项目设置等事项。市领导戴建平、缪承潮、陈卫强参加。

郑栅洁首先代表省委省政府和袁家军书记，对国家体育总局、中国残联和国家有关部委给予浙江的关心指导表示感谢。他说，办好杭州亚运会、亚残运会是浙江"重要窗口"建设中最具辨识度的重大标志性成果。我们要始终牢记习近平总书记嘱托，对标北京冬奥会和冬残奥会，坚持高标准、高质量、高效率，按照总体工作计划，全力以赴做好筹办各项工作，确保到今年底"基本具备办赛条件、基本实现运行就绪"的备战目标。重点要突出体育亚运，紧盯场馆建设这个关键，坚持质量第一、节俭办会，倒排时间抓进度、争分夺秒抢时间，高品质实现场馆建设收官，高标准推进场馆化运行，高水平开展赛事保障。要突出城市亚运，围绕"办好一个会，提升一座城"，建强城市交通，做优城市生态，完善城市配套，加快建设"智慧城市"，让赛事保障更有力、城市运转更高效。要突出品牌亚运，开闭幕式力求更佳效果，市场开发力求更大效益，亚运宣传力求更浓氛围，讲好亚运故事，增强群众获得感，让亚运会真正成为"全民的盛会""我们的亚运"。要突出问题导向、目标导向、效果导向，以科学完善的工作推进机制，全力保障筹办工作落地见效，向党中央和全国人民交出一份满意答卷。

苟仲文对浙江省委省政府、杭州市及各委员单位一年来所做的卓有成效的工作给予充分肯定。他指出，杭州亚运会、亚残运会是在"两个一百年"历史交汇期举办的重大体育盛会。办好"两个亚运"，有利于展示中国抗疫成果，提振亚洲乃至世界人民战胜疫情的信心，促进竞技体育水平提升和体育精神传播，助推体育强国建设。今年是筹办的关键之年，要科学统筹各项工作，真正使杭州亚运会深入人心，留下记忆。

张海迪指出，要把筹办亚残运会的过程变成传播残疾人体育精神、关心关爱残疾人事业的过程。要积极营造扶残助残、残健融合的社会氛围，让更多残疾人共享社会发展成果。要促进亚洲残疾人组织的团结与合作，提高亚洲残疾人体育运动水平。

王浩检查调研杭州亚运会场馆建设

10月19日下午，省委副书记、代省长王浩在杭州检查调研杭州亚运会、亚残运会场馆建设和筹办工作。他指出，办好杭州亚运会、亚残运会是贯彻落实习近平总书记关于体育强国重要论述的具体实践，是建设"重要窗口"和共同富裕示范区的重大标志性成果。做好杭州亚运会、亚残运会筹办工作使命光荣、时间紧迫、意义重大。目前筹办已进入最后的冲刺阶段，我们一定要牢记习近平总书记嘱托，进一步提高政治站位，胸怀"国之大者"，切实增强使命感、责任感和紧迫感，把思想、工作、力量和精力聚焦到亚运会上来，紧之又紧、细之又细、实之又实抓好任务落实，付出百倍努力办一届"中国特色、浙江风采、杭州韵味、精彩纷呈"的体育文化盛会。

杭州奥体中心主体育场"大莲花"将承担杭州亚运会、亚残运会开闭幕式及亚运会田径比赛项目,目前正在对部分区域进行改造提升。王浩走入主体育场,察看场馆改造情况,听取竞赛项目、场馆布局和网球中心基本情况介绍,对各项筹办工作取得的进展表示肯定。王浩指出,场馆建设是成功举办"两个亚运"的前提。越到收尾阶段,越要抓紧抓实、精益求精,紧盯时间节点,完善功能配套,抓好后续设施设备测试检验,确保场馆高质量如期投用。

杭州奥体中心体育馆和游泳馆已在今年9月底完成体育赛事功能验收,双馆连体的建筑,与"大小莲花"交相辉映,共同组成未来杭州城市地标。王浩实地察看场馆设施,要求每个场馆都要坚持问题导向、需求导向,倒排时间节点,抓紧开展运营服务、技术保障、安全保障等测试,及时发现问题、查漏补缺,提高精准化、精细化管理和服务水平,为亚运会期间安全高效运行做好最充分准备。

王浩在检查调研中指出,杭州市和省级相关部门要牢固树立大局意识,进一步夯实工作责任,加强组织领导,从细节着眼、从点滴做起,下足绣花功夫,坚持严精细实,确保只留经典、不留遗憾。要防范化解各种风险隐患,完善工作方案和预案,采取有效应对措施,统筹抓好疫情防控、安全保卫、培训演练等工作,精细做好志愿服务、交通运输、住宿餐饮、医疗卫生等服务保障工作,切实提高赛事组织和服务水平。要抓住亚运契机,聚焦"办好一个会、提升一座城",深入实施亚运城市行动,加快建设"智慧城市",全方位提升城市品质和形象,努力给亚洲人民留下独特的浙江印象和难忘的亚运记忆。

刘忻参加。

杭州2022年亚运会、亚残运会二级标志发布

2021年5月10日,杭州2022年第19届亚运会、第4届亚残运会二级标志线上发布。二级标志是亚运会、亚残运会视觉形象体系的重要组成部分。根据惯例,国际综合性赛事一般会开发若干个二级标志,作为会徽等一级形象标志的补充,应用于对应的特定场景。杭州亚运会、亚残运会二级标志包括可持续标志、公众参与标志、测试赛标志、智能标志、火炬传递标志、文化活动标志、志愿者标志七种。

SUSTAINABILITY
Hangzhou 2022

可持续
杭州2022年亚运会、亚残运会二级标志

可持续标志:以拟人手法描绘人与环境的共生关系,寓意着人与自然相互依存,共生发展,将被应用于城市景观、赛场及其周边环境建设等体现"绿色亚运"的场景。

PUBLIC PARTICIPATION
Hangzhou 2022

公众参与
杭州2022年亚运会、亚残运会二级标志

公众参与标志:传达着互相铆合、互相链接、集聚力量的图形意象,象征凝聚你我、合作无间的亚运精神,将被应用于亚运进学校、进社区(村)、进社团、进机关(企业)等相关的活动。

TEST EVENT
Hangzhou 2022

测试赛
杭州2022年亚运会、亚残运会二级标志

测试赛标志:融合运动员在田径赛场上奋勇拼搏的定格瞬间与钟表刻度,寓意着更快、更高、更强的体育拼搏精神,将被应用于杭州亚运会各项测试比赛场馆内氛围营造和相关物料设计。

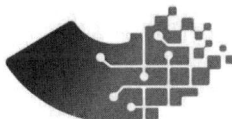

SMART GAMES
Hangzhou 2022

智能
杭州2022年亚运会、亚残运会二级标志

智能标志:以链接在一起的电子和网络,凸显杭州5G、互联和智能的城市定位,将被应用于宣传"智能亚运"的相关场景,以体现创新活力,展示城市魅力。

TORCH RELAY
Hangzhou 2022

火炬传递
杭州2022年亚运会、亚残运会二级标志

火炬传递标志:以燃烧的火焰为主形象,象征亚运之火传递的神圣瞬间,是火炬传递活动中最重要的基础视觉元素,将作为火炬传递活动中各种道具、物料和景观设计的核心。

CULTURAL EVENT
Hangzhou 2022

文化活动
杭州2022年亚运会、亚残运会二级标志

文化活动标志：提炼了良渚玉璜中的传统纹样赋予图形中，展现中华五千年文明的古今传承，将被应用于杭州亚组委举办的各项文化活动。

VOLUNTEER
Hangzhou 2022

志愿者
杭州2022年亚运会、亚残运会二级标志

志愿者标志：以外部众多心形构成的正形和两个人共同托起一颗爱心的负形，完美诠释亚运之爱的汇集与凝聚，将被应用于志愿者招募及志愿者相关系列活动。

七个二级标志以各具特色的图形特征诠释着不同亚运活动主题，在统一的视觉结构关系和色彩体系下，形成相互关联、有机和谐的整体。

同时，二级标志造型上呼应亚运会、亚残运会会徽，尤其与亚运会徽形成互补关系，二者可视为由一对同心圆衍生而来，传递了"珠联璧合"之意。在色彩上，二级标志采用杭州亚运会、亚残运会的色彩体系，并根据各自的表现力，形成一个完整的色环系统，完美呼应了亚运会、亚残运会的视觉风格，也是亚运会、亚残运会多彩缤纷、精彩无限的诠释与延展。

该项目设计工作由中国美术学院设计艺术学院院长毕学锋教授担任艺术指导，视觉传达设计系教师王弋领衔并带领团队历时近半年、反复修改论证后共同创作完成。这些二级标志将被广泛应用于其对应的活动场景，以丰富杭州亚运会、亚残运会视觉形象元素，更好地塑造杭州亚运会、亚残运会品牌形象，展现杭州亚运会、亚残运会筹办理念及中国文化。

杭州2022年第19届亚运会技术代表大会线上开幕

12月15日，杭州2022年第19届亚运会技术代表大会线上开幕，会期两天。

亚奥理事会副主席、体育委员会主席宋鲁增,亚奥理事会亚运会与竞赛部主任海德·法曼,杭州亚组委副秘书长、浙江省体育局副局长张亚东,亚组委副秘书长、杭州市副市长陈卫强,亚组委副秘书长、杭州市政府副秘书长毛根洪,杭州市体育局局长金承龙等领导嘉宾;亚奥理事会、亚洲(国际)各单项体育协会,杭州亚运会各竞赛项目技术代表及竞赛主任;杭州亚组委相关业务领域、竞赛场馆工作人员等300余人线上参会。杭州亚组委副主席、国家体育总局副局长、中国奥委会副主席高志丹以视频形式致辞。

亚运会技术代表(TD)是经亚奥理事会授权的国际单项体育组织(IF)或亚洲单项体育联合会(AF)向亚组委指派的技术专家,代表亚洲(国际)单项体育联合会,对相关比赛项目的竞赛规范和要求进行指导。

赛前举办技术代表大会是亚运会的筹办惯例,将帮助各技术代表及时、全面地了解赛事筹备情况,并就相关工作提出意见建议,以确保亚运会的筹办工作符合亚奥理事会与单项体育组织的规范要求。

会上,杭州亚组委向参会各方详细汇报了竞赛管理、反兴奋剂、注册、抵离、媒体运行、转播服务、场馆建设、信息技术、交通、制服、亚运村、餐饮、住宿、新冠肺炎疫情应对措施及医疗服务14个业务领域的筹备情况,现场回答了部分技术代表与竞赛主任的相关问题。

为帮助因疫情无法入境现场参加本次大会的技术代表全面了解竞赛场馆的具体情况,从今年9月起,杭州亚组委组织专业团队前往55个亚运会竞赛场馆实地拍摄场馆硬件设施、运行流线等内容,制作成VR全景地图以供技术代表参阅。据悉,为便于群众了解亚运会竞赛场馆情况,VR全景地图将逐步向公众开放。

陈卫强代表杭州亚组委做总结时指出,杭州将做好疫情防控工作,为亚洲(国际)单项体育联合会及技术代表提供安全、有序的工作环境。同时尽力满足技术代表的各项需求,搭建起技术代表与竞赛场馆团队间的沟通桥梁,确保赛事筹备工作顺利开展。

后续,杭州亚运会各技术代表将通过视频形式,与各竞赛场馆团队进行一对一地对接交流和信息共享。场馆团队将向技术代表详细介绍场馆比赛场地、运行流线和竞赛组织等基本情况,并根据技术代表的相关要求与建议进一步完善赛事筹备工作。

重要赛事

概　况

【谋划体育赛事改革十四五规划】编制《浙江省体育赛事改革发展"十四五"规划》,以数字化建设为总揽,确立赛事体系"科学构建"工程、赛事品质"系统提升"工程、赛事效益"集聚提振"工程、赛事标准"建设规范"工程、赛事安全"综合治理"工程和后亚运场馆"综合利用"工程等赛事改革"六大工程",引进培育高端精品体育赛事,打造"赛事强省"金名片。初步编制浙江省赛事之城和赛事集聚县创建评估标准,以"赛事之城""赛事集聚县"为抓手,突出赛事资源、赛事产业、赛事人才、大众化参与和城市发展等方面,引领各市、县(市、区)推进全省品牌赛事打造和赛事强省建设。

【落实体育赛事社会风险评估】为贯彻落实《浙江省重大决策社会安全风险评估实施办法》,推进我省举办的各类体育赛事活动的顺利组织实施,省体育局根据赛事级别、参与人数、是否占用公共资源涉及公共安全等方面,对我省体育赛事活动分级分类和对应社会风险等级进行探索,规范社会风险评估流程,推动《浙江省体育赛事活动社会安全风险评估工作实施细则》制定,为全省赛事活动的社会风险工作提供有实操性和借鉴的实施细则。

【数字化改革】进一步完善体育公共服务平台中竞赛管理服务数字化建设,迭代升级现有青少年运动员注册、赛事发布、赛事报名、裁判员管理应用;进一步完善竞赛专题数据库,现有青少年运动员注册库信息近20万条,裁判员注册信息1.9万人,业余教练员注册信息1.3万人,青少年报名参赛信息15万条。新增赛事申办服务、反兴奋剂和裁委会建设应用,实现反兴奋剂线上学习、测试和准入,兴奋剂检查官、纯洁体育讲师一站式管理。

【落实省运会筹备工作】成立第十七届省运动会筹办委员会,成立工作专班,推进实体化运作。正式下发竞赛规程总则,两次召开全省训练竞赛条线省运会备战参赛工作会议,听取各方意见建议。成功举办了18场省运会测试赛,完成市级以"迎亚运省运"为主题的赛事活动近300场;通过线上线下双渠道,征集确定省运会系列宣传标识并运用到城市和赛事宣传中,启动省运会形象大使、志愿者招募和赞助商征集工作,并成功签约首家省运会赞助企业;通过省运会倒计时一周年活动发布火炬形象、传递线路,完成了省运会开闭幕式相关建议方案。

【办好省青少年竞技和阳光体育系列赛】与省教育厅联合举办省青少年竞技和阳光体育系列赛,继续联合举办2021年浙江省第六届青少年学生阳光体育运动会。本届运动会共设田径、游泳、篮球、乒乓、武术等15个大项。通过阳光体育运动会为青少年提供展示体育才能的良好平台,培养青少年的体育兴趣,提高体育技能,从而为青少年养成终身体育的理念意识打下良好基础。

【切实加强赛事安全督查工作】。深入推进全省体育赛事安全监管工作。成立4个专项督查组,分赴11个设区市、22个县(市、区)和省本级有关单位对赛事安全工作进行了全方位督导检查,着力抓好赛事安全工作。

浙江省举行第四届体育大会

10月22日晚,浙江省第四届体育大会开幕式在浙江省衢州市体育中心体育场举行。副省长成岳冲宣布开幕。市委书记汤飞帆致欢迎辞,省体育局局长郑瑶致开幕辞,省政府副秘书长蔡晓春、市四套班子领导吴国升等出席,市委副书记、政法委书记吴舜泽主持开幕式。来自全省各地的体育健儿、各界来宾、全场观众共同见证了这一激动人心的时刻。

浙江省第四届体育大会开幕式在衢州市体育中心体育场举行

省体育大会是浙江省规格最高、规模最大的综合性群众体育盛会。本届体育大会由浙江省人民政府主办,浙江省体育局和衢州市人民政府承办,共有46个大项、457个小项,省内11个地级市代表团和12个省级行业体协(系统)、省(部)属企业代表团参赛。在项目设置上,既突出重点又统筹兼顾,充分展示了浙江省群众体育近年来的发展成果。同时,兼顾陕西全运会群众项目的备战和选拔。充分考虑了衢州"绿水青山"的资源优势,区市组增设了啦啦操、柔力球、幼儿基本体操、山地自行车、跳绳、桨板救生、轮滑球7个项目。行业体协组增设了笼式足球、健身气功、广播体操3个项目。大会最终设置了登山、钓鱼、风筝、龙舟等46个涉山涉水和群众普及度高的大项。其中气排球、健身排舞(广场舞)、龙舟三个项目比赛的报名人数位居前三。柔力球、啦啦操、桨板救生、山地自行车等项目,是首次进入省体育大会竞赛项目。

2021年4月,浙江省第四届体育大会正式开赛。10月28日上午,历时近7个月的浙江省第四届体育大会在圆满完成各项赛事后顺利闭幕。

浙江省体育局局长郑瑶表示,本届体育大会以"礼约衢州、动享四体"为主题,以简约、安全、精彩为风尚,圆满完成46个大项比赛和配套赛会活动,是一届精彩文明、厉行节俭、开创新风的体育盛会。

此次"四体会"的承办,衢州以"打造全民运动健身模范市,推进四省边际中心城市建设"为目标,全市7个赛区共同协力办好优良盛会、展现优美环境、提供优质服务,营造了"全员共享、全民四体"的运动氛围,向建党100周年献礼。

"全民参与是根本,快乐运动是核心",衢州将承办四体会的初心融汇在了整个办赛过程中。在大会期间,积极开展以"全民健身与体育大会同行"为主题的群众健身跑、健步走活动,让衢州动起来,让全民动起来,为高质量发展建设共同富裕示范区,打造四省边际中心城市注入新的活力。

浙江省第二届生态运动会在宁波东钱湖启幕

4月24日上午9点,浙江省第二届生态运动会开幕式在风景如画的东钱湖畔盛大启幕。这标志着宁波鄞州作为本届生态运动会的首站系列赛举办地将开启为期一个多月的航模、风筝、龙舟、桨板、桨板瑜伽、皮艇球以及迷你马拉松等一系列涉山涉水的户外比赛项目的帷幕。

在开幕式现场,浙江省人民政府副省长成岳冲,中共宁波市委副书记、宁波市人民政府市长裘东耀,浙江省人民政府副秘书长蔡晓春,浙江省体育局党组书记、局长郑瑶,中共宁波市委常委、鄞州区委书记、东钱湖旅游度假区党委书记褚银良,宁波市人民政府副市长许亚南一起用毛笔点亮了象征本届生态运动会正式开幕的浙江生态运动长卷,这也意味着浙江全省在"八八战略"的指引下,坚持"一张蓝图绘到底,一任接着一任干"的优良传统。

本届生态运动会由浙江省体育局、浙江省文化旅游厅、浙江省水利厅、浙江省生态环境厅、浙江省农业农村厅、浙江省自然资源厅、浙江省交通运输厅、浙江省住房和浙江城乡建设厅共同主办。

9点30分,2021年东钱湖迷你马拉松在东钱湖环湖南路沿线彩虹道鸣枪开跑,1200名马拉松爱好者参与了本次赛程为5公里的迷你马拉松的比拼,选手们沿湖而跑,真正做到了人与山水和谐共融,快乐跑马在画卷之中。与此同时,2021年长三角地区桨板瑜伽交流大会、2021年长三角城市龙舟赛、2021年长三角皮艇球公开赛、2021年长三角桨板公开赛及2021年长三角风筝表演赛在东钱湖水域同步激情上演。

开幕式的后半段,一台以"绿水青山 运动浙江"为主题的文艺表演给现场观众带来了穿梭于山水之间的视觉盛宴。演出分为《山水之乐 运动之心》和《生命不息 美美与共》两个篇章,以全方位视角表现人与生态自古以来的和谐共生之美,阐述鄞州、宁波、浙江生态体育的建设成果,展开了一张全民感山水之美、享运动之乐的美好画卷。

为营造浙江省第二届生态运动会的浓厚氛围,主办方不仅组织了精彩的系列赛事,更策划了一系列体现本届生态运动会特色的活动。比如:4月23—24日,在鄞州万象汇举行浙江省第二届生态运动会系列活动——"惠聚美好"宁波体育推介活动暨鄞州区体文旅消费展,将"体育、文化、旅游、赛事、直播"等多种元素大融合,有近50家企业参展。以便让更多市民了解生态运动会,真正参与到生态运动会中来,促进购物消费。

本届运动会从4月开始,将历时半年多,在宁波市鄞州区、安吉县、天台县、温岭市、淳安县、德清县、新昌县省内七地接力办赛。宁波市鄞州区作为本届生态运动会的"开启之站",无论是场地设置、项目选择、群众参与,均为之后的六站开了个好头。

本届运动会以全省各地普遍开展的涉山涉水类户外项目为主,涵盖绿水类、青山类、表演类和特色类等运动类型,以游泳、皮划艇、龙舟、垂钓、马拉松、自行车、冰雪等涉山、涉水运动休闲项目为主,各县(市、区)山水资源,以体育为载体助推"四大建设"和当地经济社会发展。

今年生态运动会还将推出不少"新玩法"。在各站赛事积分与奖励、奖牌整体性设计等方面加以创新,激发群众持续关注、参加的热情,彰显"网红打卡"特性。将生态运动会系列赛事与当地文化和旅游宣传、文化和旅游品牌展示相结合,提升赛事的可玩性和持续性。

2021年长三角水上运动节
暨京杭大运河(杭州)运动·文旅嘉年华举行

10月23日,2021年长三角水上运动节暨京杭大运河(杭州)运动·文旅嘉年华开幕式在拱墅区城北体育公园隆重举行。本次活动由长三角体育赛事联盟、浙江省体育局、杭州市体育局、拱墅区人民政府共同主办,致力于打造成一个以专业水上赛事活动为依托,集运动、观赛、体验、娱乐等为一体的市民群众广泛参与的体育品牌活动,是一场长三角联动、全城热动、全民参与的时尚运动嘉年华。

杭州市政府党组成员、副市长陈卫强出席开幕式并宣布开幕。浙江省体育局党组成员、副局长张亚东,安徽省体育局党组成员、副局长戴忠林,拱墅区委副书记、区长冯晶,杭州市体育局党组成员、副局长吴璐琪,浙江省水上运动管理中心主任孟关良,拱墅区副区长包晓东,江苏省体育局综合业务处四级调研员许石军出席并共同启动开幕装置。

此次水上运动节赛事设置了电动冲浪板、赛艇、皮划艇三个项目的竞速赛和龙舟表演赛,共吸引了300余名长三角地区选手参赛。赛艇竞速赛设置了男子双人双桨、女子双人双桨、男子四人双桨、女子四人双桨4个组别的200米直道竞速赛;皮划艇竞速赛设置了男子单人皮划艇和女子单人皮划艇2个组别的200米直道竞速和2000米绕标赛;电动冲浪板竞速赛则为环圈竞速赛,23—24日两天的比赛将角逐出所有组别和项目的名次,各组别项目前8的选手将获得相应的奖金奖牌,总奖金高达15万人民币。

水上比赛如火如荼进行的同时,精彩纷呈的"五好"嘉年华活动也吸引了近万市民参与。

浙江省重点培育品牌体育赛事名录库(2021年)

序号	地市	赛事名称
1	省级	杭州马拉松
2	省级	浙江省足球超级联赛

续表

序号	地市	赛事名称
3	省级	浙江自行车联赛
4	省级	浙江马拉松接力赛
5	省级	浙江省中老年篮球邀请赛
6	杭州	"舞动中国——排舞联赛"总决赛
7	杭州	国际(杭州)毅行大会
8	杭州	钱塘江国际(杭州)公益骑行大会
9	杭州	中国·杭州环千岛湖国际公路自行车赛
10	杭州	千岛湖大铁113国际铁人三项赛
11	杭州	杭州大宋108公里国际越野赛
12	杭州	杭州西湖跑山赛
13	宁波	"一带一路"中国四明山100公里山地户外运动挑战赛
14	宁波	奉化海峡两岸桃花马拉松
15	宁波	CEC中国汽车耐力锦标赛(宁波站)
16	温州	温州马拉松赛
17	温州	楠溪江国际户外休闲嘉年华
18	温州	浙江马拉松精英赛
19	温州	全国跳绳联赛(温州乐清站)
20	湖州	凯乐石莫干山跑山赛
21	湖州	中日韩围棋元老赛暨中国围棋甲级联赛(长兴专场)
22	湖州	安吉山川"两山杯"全国山地户外运动多项赛
23	湖州	TNF100莫干山国际越野跑挑战赛
24	湖州	南浔古镇桨板公开赛
25	嘉兴	浙江"平湖·当湖十局杯"CCTV电视围棋快棋赛
26	嘉兴	中国掼牛争霸赛
27	嘉兴	CBSA海宁斯诺克国际公开赛
28	绍兴	绍兴国际马拉松赛
29	绍兴	曹娥江国际半程马拉松赛
30	绍兴	唐诗之路天姥山越野赛
31	绍兴	绍兴皮划艇马拉松
32	绍兴	绍兴曹娥江摩托艇公开赛
33	金华	横店马拉松
34	金华	飞神集团全国车辆模型系列赛
35	金华	中国山水四项公开赛

续表

序号	地市	赛事名称
36	金华	中国摩托车越野锦标赛(永康站)
37	衢州	衢州马拉松
38	衢州	钱江源国家公园马拉松
39	衢州	全国新年登高健身大会南方主会场
40	衢州	烂柯杯全国围棋冠军赛
41	衢州	灵鹫山百公里国际越野赛
42	衢州	中国山地自行车公开赛总决赛(浙江常山站)
43	衢州	中国·江山全国"美丽乡村"攀岩系列赛
44	舟山	舟山群岛马拉松
45	舟山	神行定海山系列赛事
46	舟山	岱山海峡半程马拉松
47	舟山	1390海岛越野赛
48	台州	柴古唐斯括苍越野赛
49	台州	台州国际马拉松
50	台州	中国·神仙居全球高空扁带挑战赛
51	台州	温岭黄金海岸跑山赛
52	台州	中国·台州国际武术节
53	丽水	庆元县廊桥国际越野赛
54	丽水	遂昌百里红军古道定向越野赛

2021年浙江省体育赛事统计表

指标		代码	合计			国际性体育赛事		
			赛事数量(个)	参赛人次(人次)	赛事收入(万元)	赛事数量(个)	参赛人次(人次)	赛事收入(万元)
甲		乙	01	02	03	04	05	06
合计		A01	2921	1051366	5327.18	10	4825	1.00
综合性赛事		A02	244	317344	95.00	0	0	0.00
单项赛事	合计	A03	2677	734022	5232.18	10	4825	1.00
	游泳	A04	62	17044	31.00	2	3	0.00
	跳水	A05	0	0	0.00	0	0	0.00
	花样游泳	A06	0	0	0.00	0	0	0.00

续表

指标		代码	合计			国际性体育赛事		
			赛事数量（个）	参赛人次（人次）	赛事收入（万元）	赛事数量(个)	参赛人次（人次）	赛事收入（万元）
单项赛事	水球	A07	0	0	0.00	0	0	0.00
	公开水域游泳	A08	8	2892	45.00	0	0	0.00
	射箭	A09	15	2106	54.70	0	0	0.00
	田径	A10	109	64521	262.20	1	1	0.00
	羽毛球	A11	141	33147	113.20	0	0	0.00
	皮划艇激流回旋	A12	3	1500	0.00	0	0	0.00
	皮划艇静水	A13	9	1812	100.00	0	0	0.00
	棒球	A14	6	2740	0.00	0	0	0.00
	五人篮球	A15	288	106351	304.70	0	0	0.00
	三人篮球	A16	60	19120	57.10	0	0	0.00
	拳击	A17	9	1306	5.00	0	0	0.00
	场地自行车	A18	6	1988	5.00	0	0	0.00
	公路自行车	A19	15	5586	505.00	0	0	0.00
	山地自行车	A20	6	1137	78.00	0	0	0.00
	BMX小轮车	A21	2	395	0.00	0	0	0.00
	击剑	A22	23	5213	34.20	0	0	0.00
	足球	A23	222	53455	198.48	0	0	0.00
	五人制足球	A24	56	12561	38.00	0	0	0.00
	沙滩足球	A25	7	3510	49.00	0	0	0.00
	手球	A26	0	0	0.00	0	0	0.00
	马术	A27	5	700	1.23	0	0	0.00
	曲棍球	A28	0	0	0.00	0	0	0.00
	柔道	A29	9	1488	50.00	0	0	0.00
	现代五项	A30	0	0	0	0	0	0.00
	体操	A31	4	703	0.00			
	艺术体操	A32	1	100	20.00			
	蹦床	A33	6	10500	0.00			
	赛艇	A34	4	601	170.00	0	0	0.00
	帆船	A35	9	1797	95.64			
	射击	A36	10	1127	0.00	0	0	0.00
	排球	A37	115	24057	155.00			

续表

指标		代码	合计			国际性体育赛事		
			赛事数量（个）	参赛人次（人次）	赛事收入（万元）	赛事数量(个)	参赛人次（人次）	赛事收入（万元）
单项赛事	沙滩排球	A38	8	738	73.78			
	垒球	A39	2	300				
	乒乓球	A40	227	42197	246.20	1	500	0.00
	跆拳道	A41	51	11826	130.00			
	网球	A42	80	14620	141.40			
	铁人三项	A43	4	2340	220.00			
	举重	A44	9	2479	61.60	0	0	0.00
	摔跤	A45	13	7282	54.00			
	中国式摔跤	A46	3	409	10.00			
	冬季两项	A47						
	冰壶	A48						
	冰球	A49	1	225				
	花样滑冰	A50	1	24				
	短道速滑	A51	1	49				
	速度滑冰	A52						
	高山滑雪	A53						
	越野滑雪	A54	4	491	2.00			
	自由式滑雪	A55						
	跳台滑雪	A56						
	单板滑雪	A57						
	北欧两项	A58						
	雪车	A59						
	钢架雪车	A60						
	雪橇	A61						
	潜水	A62						
	蹼泳	A63						
	滑水	A64						
	摩托艇	A65						
	救生	A66	3	5140	0.00			
	健美操	A67	20	15228	9.00			
	街舞	A68	10	4243	26.90			

续表

指标		代码	合计			国际性体育赛事		
			赛事数量（个）	参赛人次（人次）	赛事收入（万元）	赛事数量(个)	参赛人次（人次）	赛事收入（万元）
单项赛事	技巧	A69						
	高尔夫球	A70	9	1051	70.00	1	120	
	保龄球	A71	3	288	2.00			
	掷球	A72	4	525				
	台球	A73	6	456	0.00			
	藤球	A74	1	200	0.00			
	壁球	A75	1	200				
	橄榄球	A76	3	1007				
	软式网球	A77	1	70				
	热气球	A78						
	运动飞机	A79						
	跳伞	A80						
	滑翔	A81						
	航空模型	A82	9	8573	0.00	2	4000	0.00
	车辆模型	A83	5	870	50.60			
	航海模型	A84	5	1131	50.00			
	定向	A85	16	6261	25.50			
	业余无线电	A86	1	526				
	围棋	A87	150	30465	260.47			
	国际象棋	A88	29	9970	2.59			
	象棋	A89	122	17679	50.89			
	桥牌	A90	48	10406	140.26			
	武术套路	A91	130	24302	63.47			
	武术散打	A92	8	2430	5.27			
	健身气功	A93	28	4795	20.00			
	登山	A94	33	25696	29.80			
	攀岩	A95	9	2026	15.00	0	0	0.00
	攀冰	A96						
	汽车	A97	17	3780	0.00	2	200	
	摩托车	A98	1	220				
	轮滑	A99	45	10959	40.60			

续表

指标		代码	合计			国际性体育赛事		
			赛事数量（个）	参赛人次（人次）	赛事收入（万元）	赛事数量(个)	参赛人次（人次）	赛事收入（万元）
单项赛事	毽球	A100	7	1702	0.00			
	门球	A101	129	21904	187.00	0	0	0.00
	舞龙舞狮	A102	6	1926	5.00			
	龙舟	A103	17	7093	148.00			
	钓鱼	A104	37	3410	120.30			
	风筝	A105	11	2433	0.00			
	信鸽	A106	17	5195	82.50			
	体育舞蹈	A107	26	12255	182.50			
	健美	A108	4	2273	70.00			
	拔河	A109	14	3181	1.20			
	飞镖	A110	13	1581	2.00			
	电子竞技	A111	5	4950	127.00			
	空手道	A112	5	1087	0.00			
	健身	A113	47	15794	128.90			
	冲浪	A114	5	64	4.00	1	1	1.00
	滑板	A115	3	240	0.00			

2021年浙江省体育赛事统计表(续)

指标		代码	全国性赛事			地方性体育赛事					
						省级赛事			市级及以下赛事		
			赛事数量（个）	参赛人次（人次）	赛事收入（万元）	赛事数量（个）	参赛人次（人次）	赛事收入（万元）	赛事数量（个）	参赛人次（人次）	赛事收入（万元）
甲		乙	07	08	09	10	11	12	13	14	15
合计		A01	126	96286	1131.12	258	111933	1732.84	2527	838322	2462.22
综合性赛事		A02	2	200	0.00	9	36688	0.00	233	280456	95.00
单项赛事	合计	A03	124	96086	1131.12	249	75245	1732.84	2294	557866	2367.22
	游泳	A04	2	9	0.00	7	3579	0.00	51	13453	31.00
	跳水	A05									
	花样游泳	A06									
	水球	A07									

指标		代码	全国性赛事			地方性体育赛事					
						省级赛事			市级及以下赛事		
			赛事数量（个）	参赛人次（人次）	赛事收入（万元）	赛事数量（个）	参赛人次（人次）	赛事收入（万元）	赛事数量（个）	参赛人次（人次）	赛事收入（万元）
单项赛事	公开水域游泳	A08							8	2892	45.00
	射箭	A09				2	490	20.00	13	1616	34.70
	田径	A10	5	2040	215.00	9	5947	7.00	94	56533	40.20
	羽毛球	A11	0	0	0.00	9	5251	48.00	132	27896	65.20
	皮划艇激流回旋	A12							3	1500	
	皮划艇静水	A13	2	842	100.00	0	0	0.00	7	970	0.00
	棒球	A14	2	680	0.00				4	2060	
	五人篮球	A15	8	31180	122.00	15	5405	89.00	265	69766	93.70
	三人篮球	A16	2	10180	30.00	3	620	0.00	55	8320	27.10
	拳击	A17	1	1		3	988	0.00	5	317	5.00
	场地自行车	A18	3	1378	0.00	2	460	0.00	1	150	5.00
	公路自行车	A19				2	2977	425.00	13	2609	80.00
	山地自行车	A20				3	421	78.00	3	716	0.00
	BMX小轮车	A21				1	130	0.00	1	265	
	击剑	A22				3	1497	28.00	20	3716	6.20
	足球	A23	3	495	18.78	26	5976	88.70	193	46984	91.00
	五人制足球	A24	1	200		1	60		54	12301	38.00
	沙滩足球	A25	1	900	20.00	2	960	0.00	4	1650	29.00
	手球	A26									
	马术	A27				1	200		4	500	1.23
	曲棍球	A28									
	柔道	A29				4	1029	25.00	5	459	25.00
	现代五项	A30									
	体操	A31							4	703	0.00
	艺术体操	A32				1	100	20.00			
	蹦床	A33	4	10000	0.00	2	500	0.00			
	赛艇	A34	2	250	170.00	1	351	0.00	1	0	0.00
	帆船	A35	4	1106	5.00	4	631	90.64	1	60	0.00
	射击	A36	2	4	0.00	6	923	0.00	2	200	0.00

续表

指标		代码	全国性赛事			地方性体育赛事					
						省级赛事			市级及以下赛事		
			赛事数量（个）	参赛人次（人次）	赛事收入（万元）	赛事数量（个）	参赛人次（人次）	赛事收入（万元）	赛事数量（个）	参赛人次（人次）	赛事收入（万元）
	排球	A37	6	636	20.00	11	2697	27.00	98	20724	108.00
	沙滩排球	A38	1	9		4	284	73.78	3	445	
	垒球	A39	1	150					1	150	
	乒乓球	A40	1	300	20.00	16	6500	77.40	209	34897	148.80
	跆拳道	A41	2	2000	0.00	4	771	80.00	45	9055	50.00
	网球	A42	7	778	0.00	16	3940	72.90	57	9902	68.50
	铁人三项	A43	1	600	70.00				3	1740	150.00
	举重	A44	2	1765	0.00	2	308	56.60	5	406	5.00
	摔跤	A45	2	3918	0.00	4	714	40.00	7	2650	14.00
	中国式摔跤	A46				3	409	10.00			
	冬季两项	A47									
	冰壶	A48									
	冰球	A49				1	225				
	花样滑冰	A50				1	24				
单项赛事	短道速滑	A51				1	49				
	速度滑冰	A52									
	高山滑雪	A53									
	越野滑雪	A54	1	13	0.00	2	370	2.00	1	108	0.00
	自由式滑雪	A55									
	跳台滑雪	A56									
	单板滑雪	A57									
	北欧两项	A58									
	雪车	A59									
	钢架雪车	A60									
	雪橇	A61									
	潜水	A62									
	蹼泳	A63									
	滑水	A64									
	摩托艇	A65									

续表

指标		代码	全国性赛事			地方性体育赛事					
						省级赛事			市级及以下赛事		
			赛事数量（个）	参赛人次（人次）	赛事收入（万元）	赛事数量（个）	参赛人次（人次）	赛事收入（万元）	赛事数量（个）	参赛人次（人次）	赛事收入（万元）
	救生	A66							3	5140	0.00
	健美操	A67	3	2800	0.00	1	450		16	11978	9.00
	街舞	A68				2	728		8	3515	26.90
	技巧	A69									
	高尔夫球	A70				2	245	30.00	6	686	40.00
	保龄球	A71							3	288	2.00
	掷球	A72							4	525	
	台球	A73	1	128		2	128		3	200	0.00
	藤球	A74							1	200	0.00
	壁球	A75							1	200	
	橄榄球	A76							3	1007	
	软式网球	A77							1	70	
	热气球	A78									
	运动飞机	A79									
	跳伞	A80									
	滑翔	A81									
	航空模型	A82	2	2400	0.00	3	1133	0.00	2	1040	
	车辆模型	A83	3	600	0.60	2	270	50.00			
	航海模型	A84	1	288	0.00	1	180	50.00	3	663	
单项赛事	定向	A85	2	450	20.00				14	5811	5.50
	业余无线电	A86							1	526	
	围棋	A87	8	1208	0.00	10	3423	46.72	132	25834	213.75
	国际象棋	A88	1	10	0.00	1	286		27	9674	2.59
	象棋	A89	2	97	20.00	6	2124	0.00	114	15458	30.89
	桥牌	A90	4	940	62.00	5	955	57.00	39	8511	21.26
	武术套路	A91				4	939	0.00	126	23363	63.47
	武术散打	A92				1	500	0.00	7	1930	5.27
	健身气功	A93							28	4795	20.00
	登山	A94	3	10780		2	400	3.00	28	14516	26.80

续表

指标	代码	全国性赛事			地方性体育赛事					
					省级赛事			市级及以下赛事		
		赛事数量（个）	参赛人次（人次）	赛事收入（万元）	赛事数量（个）	参赛人次（人次）	赛事收入（万元）	赛事数量（个）	参赛人次（人次）	赛事收入（万元）
攀岩	A95	1	200	0.00	3	877	0.00	5	949	15.00
攀冰	A96									
汽车	A97	9	1000	0.00				6	2580	
摩托车	A98				1	220				
轮滑	A99				9	1787	2.00	36	9172	38.60
毽球	A100							7	1702	0.00
门球	A101	1	220	9.00	4	1150	60.00	124	20534	118.00
舞龙舞狮	A102	1	200		2	938	5.00	3	788	
龙舟	A103	2	1336	0.00	1	300		14	5457	148.00
钓鱼	A104	1	180	52.74	3	584	34.10	33	2646	33.46
风筝	A105	4	203	0.00	3	230	0.00	4	2000	0.00
信鸽	A106	2	560	70.00	1	115	2.00	14	4520	10.50
体育舞蹈	A107	1	1000	20.00	2	550	23.00	23	10705	139.50
健美	A108	2	750	70.00				2	1523	
拔河	A109							14	3181	1.20
飞镖	A110							13	1581	2.00
电子竞技	A111	2	1300	15.00				3	3650	112.00
空手道	A112	1	1		3	886	0.00	1	200	
健身	A113				1	1000	10.00	46	14794	118.90
冲浪	A114	1	1	1.00	2	61	1.00	1	1	1.00
滑板	A115							3	240	0.00

体育经济

概 况

【优化体育产业结构】全面梳理总结"十三五"时期浙江体育产业发展情况,编制出台《浙江省体育产业发展"十四五"规划》。持续做好品牌赛事培育,积极引进国际重大体育赛事长期落户浙江,支持地方打造各具特色的品牌赛事,持续培育浙江自主品牌体育赛事,不断提升杭州马拉松赛、环太湖国际公路自行车赛、绍兴马拉松赛、临海柴古唐斯括苍越野赛、海宁斯诺克国际公开赛、龙游亚太汽车拉力赛等赛事的影响力。支持办好以"健身过大年·运动贺新春"为主题的第二届全国智能体育大赛·2021春节档系列赛事活动,共吸引18万人报名参赛,总计完成赛事30多万人次。

【培育体育市场主体】积极支持体育市场主体发展,联合商业银行为体育企业提供信贷支持,截至2021年11底完成银行授信24.76亿元,支持体育企业127家。积极搭建体育企业服务平台,充分发挥浙江省体育产业联合会、浙商总会体育产业委员会等产业协会服务平台,举办百家体育企业走进地方等推介活动,举办浙体产业精英培训、浙体产业沙龙,定期发布《浙体产业周刊》,目前已发布127期共1735条资讯,正式上线运行浙体产业(企业)宣传视频号——"HI运动浙江",抖音、B站每条宣传视频点赞都超5000次以上,取得良好传播效果。

【促进体育消费】作为省政府促消费专班成员单位,积极参与促消费相关政策、工作研制。指导宁波、绍兴、金华3地开展国家体育消费试点城市相关工作。支持金华积极推进"运动银行"建设,深化"体育+互联网"融合发展;支持宁波、温州、绍兴等地探索发放体育消费券,用于体育场馆、体育培训、体育健身等方面,带动体育消费超1.5亿元。

【发展户外运动产业、智能体育产业】印发《浙江省航空运动产业发展规划(2021-2025年)》《浙江省马拉松及相关运动发展规划(2021—2025年)》《浙江省水上运动产业发展规划(2021-2025年)》三个专项规划。积极推进"环浙步道"建设,构建省域环线和区域环线、环状步道和线状步道相结合的局域网状步道系统,联通省内山上运动之道,实现省内闭环、省际畅通。2021年已完成1500公里。

【推动体育与相关产业融合发展】深入实施"体育+"工程。打造体育旅游融合新模式,联合省文旅厅连续十年举办浙江省运动休闲旅游节,联合开展浙江省运动休闲旅游示范基地、精品线路和优秀项目评选,共同认定省级体育旅游示范基地31个、精品线路20条、优秀项目120个。在传统旅游景区中植入更多的体育元素,提升旅游过程的参与度与体育感。推动体育教育融合发展,联合省教育厅印发《关于深化体教融合 促进青少年健康发展的实施意见》,强化政策保障,对增加儿童青少年体育服务供给,培养德智体美劳全面发展的社会主义现代化建设者和接班人具有重要意义。

【搭建体育产业平台载体】搭建企业展示平台,截至2020年底中国·长三角国际体育休闲博览会已累计举办十一届,长三角体育产业高峰论坛连续举办三届;上线政采云体育装备馆,开启"互联网+体育采购"新模式,目前全馆上线商品类目600多个,覆盖70多个体育项目器材,供应商104家,覆盖品牌300多个,商品数量4100多个,实现交易金额超

3500万元。持续推进33个国家体育产业基地建设和品牌打造,鼓励有条件的地区(单位、项目)争创国家体育产业基地。继续开展浙江省运动休闲基地认定工作,目前全省共认定省级运动休闲基地25个。积极推荐申报国家体育旅游示范基地,宁波市东钱湖旅游度假区、湖州市莫干山国际旅游度假区入选2021国家体育旅游示范基地名单。

政策支持

2021年浙江省体育产业工作情况报告

近年来,浙江紧紧围绕"建设新时代全面展示中国特色社会主义制度优越性重要窗口""高质量发展建设共同富裕示范区"的新目标新任务,坚持创新引领,充分挖掘体育消费潜力,坚持供需两端发力,推动体育产业实现高质量发展。

一、体育产业发展基本情况

体育产业核心数据。2019年全省体育产业总产出2615亿元,增加值845亿元,同比分别增长13.5%和12.4%,增加值占GDP的比重为1.35%,比重比上年提高0.05个百分点。其中,体育服务业创造增加值480亿元,占比56.8%。全省体育产业法人单位34627家。2020年全省体育产业总产出2776亿元,增加值881亿元,同比分别增长6.2%和4.2%,增加值占GDP的比重为1.36%,比重比上年提高0.01个百分点。其中,体育服务业创造增加值501亿元,占比56.9%。全省体育产业法人单位3.7万余家。

体育消费相关数据。2020年全省人均体育消费支出2300元。宁波、绍兴、金华三地入选国家体育消费试点城市。经测算,2020年宁波居民体育消费总规模达到252.44亿元,人均体育消费为2684.31元,占人均生活消费支出的7.8%,占人均可支配收入的4.5%;绍兴居民体育消费总规模达到135.72亿元,人均体育消费2574.93元,占人均消费支出的8.15%;金华居民体育消费总规模达213.06亿元,人均体育消费2801.98元,占人均消费支出的9.1%。2019年度,浙江省马拉松及路跑赛事365场,800人以上路跑和300人以上越野赛事229场。参赛人数达到80多万人次。2020年度,浙江省马拉松及路跑赛事155场,800人以上路跑和300人以上越野赛事26场。参赛人数30多万人次。

表 2015—2020年体育产业核心数据对比

年度	总产出(亿元)	增加值(亿元)	GDP占比(%)
2015	1508	463	1.08
2016	1683	526	1.11
2017	1843	593	1.15
2018	2304	752	1.30
2019	2615	845	1.35
2020	2776	881	1.36

二、体育产业工作开展具体情况及主要成果

贯彻落实国办43号文件情况。2020年4月以省政府办公厅的名义印发《关于促进全民健身和体育消费 推动体育产业高质量发展的实施意见》(浙政办发〔2020〕17号),从7个方面提出了20条具有浙江特色的举措。

体育产业基础工作情况。从2008年开始联合省统计局开展全省体育产业统计调查和数据推算工作,每年发布《浙江省体育产业公报》,公布全省及各市体育产业总产出、增加值等数据。2020年全省体育产业总产出2776亿元,创造增加值881亿元,占GDP比重为1.36%;全省共核查上报体育产业法人单位37670家。持续推进标准化工作,以数字化改革为契机,发布实施《大中型体育场馆智慧化建设和管理规范》(浙江省地方标准),探索游泳场馆数字化改革,研究建立统一信息平台。充分发挥浙江省体育产业联合会的作用,联合会秘书处有专职工作人员4人,重点组织开展百家体育企业走进地方、浙体产业沙龙等活动。重视体育产业人才队伍建设,加强系统内产业人员的学习,每年组织开展全省体育产业干部培训班,2021年全省体育产业专题培训班在衢州柯城举办,全省各地市分管副局长及体育产业职能处室负责人、各县(市、区)体育部门领导、省局直属单位体育产业工作分管领导等共计150余人参加。

省级体育产业引导资金及发展基金设立情况。自2014年起设立每年5000万元的浙江省体育产业发展资金,2017年起资金额度提高到1亿元。重点用于鼓励竞赛表演、场馆经营与健身服务、运动休闲、产业创新、顶级联赛职业俱乐部、产业基地等6大类项目的发展。2021年为进一步提高财政资金的使用绩效,增强地市对资金安排使用的主动性和责任感,将省级体育产业发展资金的安排使用权全部划拨地市,印发《浙江省体育局关于进一步加强省体育产业发展资金使用管理的通知》(浙体经〔2021〕200号),明确资金使用方向包括体育产业示范奖励、顶级职业联赛俱乐部奖励、其他体育产业的奖补(包括但不限于补助"环浙步道"建设、支持品牌赛事培育、浙江省体育产业示范企业和浙江省运动休闲旅游示范基地、精品线路、优秀项目奖励等),具体由各地结合工作实际安排使用。据统计,2021年投入1亿元省级体育产业发展资金,共有180个体育产业项目获得资金支持,带动社会投资11.59亿元。

创新工作开展情况及成效。稳步推进体育小镇建设。严格落实《国务院办公厅转发国家发展改革委关于促进特色小镇规范健康发展意见的通知》(国办发〔2020〕33号)要求,全面清理各类体育小镇。将"浙江省运动休闲小镇"更名为"浙江省运动休闲乡镇",将原"国家级运动休闲特色小镇"试点项目纳入"浙江省运动休闲乡镇"统一管理。通过省地共建、导师指导、资金奖补、平台搭建、赛事赋能、媒体宣传、会议督促、动态评估等8个方面的举措,全力支持运动休闲乡镇建设。正式印发《浙江省运动休闲乡镇认定办法》,目前全省共有省级运动休闲乡镇(培育单位)30个,首批乡镇认定工作正在进行中。全力推进"环浙步道"建设。按照"以人为本、以找代建、最少干预、勾连成网"要求,构建省域环线和区域环线、环状步道和线状步道相结合的网状步道系统,联通省内山上运动之道,2025年计划建成总里程10000公里"环浙步道",目前已勾勒出总长约为2019公里的环浙步道主线。成功举办两届"环浙·登顶11峰"线下活动线上直播,2021年的直播时间达到4.5小时,在线在到2668万人次;上线"环浙11峰"官方数字小程序,运动达人们可以通过小程序打卡、分享,获得专属"登顶证书"。探索编制浙江省体育产业发展指数,制定省体育产业发展指数评估指标体系。

参与体育产业区域一体化工作开展情况。深化长三角地区体育产业协作,共同开展2021年度长三角地区精品体育旅游项目评选,组织举办长三角运动休闲体验季等相关活动,编写长三角体育产业蓝皮书。

三、"十三五"体育产业发展情况总结

一是产业规模不断扩大。2015—2020年,浙江省体育产业总规模和增加值快速增长,总规模从1508亿元增长到2776亿元,年均增长率为13.0%;增加值从463亿元增长到881亿元,年均增长率为13.7%。体育产业总规模和增加值的增速均远远高于同期GDP增速,凸显出体育产业发展的巨大潜力。产业结构持续优化,体育服务业增加值占比不断提高,从2015年的50.07%上升到2020年的56.89%。从业态来看,健身休闲业、中介服务业、体育培训业和体育传媒业发展最为迅猛。

二是产业体系更加完善。"十三五"期间,浙江省体育产业体系不断健全,基本形成了以体育用品业为核心,健身休闲、体育场馆服务、体育培训、体育传媒与信息服务共同发展的产业体系。近年来,随着产业融合态势加深,体育与旅游、康养、会展、科技等融合培育出众多新兴业态。以户外徒步、自驾运动为核心的逐梦仙居体育旅游休闲线路、宁海国家登山健身步道等精品体育旅游线路受到青睐,运动休闲基地、运动休闲乡镇建设卓有成效。

三是市场主体活力倍增。2020年全省共有体育产业法人单位37000余家。行业龙头企业频出,既培育了申洲国际、莱茵体育、大丰实业、浙江永强、健盛集团、牧高笛等体育上市公司,也培育了阿里体育、宏优体育、横店体育、乐刻体育等众多国内知名体育企业,永康、宁海等多个体育用品制造出口集群在浙江省迅速崛起。

四是产业贡献日益凸显。浙江省体育产业增加值占地区GDP比重持续上升,产业贡献度逐步提升。2015-2020年体育产业占当年GDP比重由1.08%提升至1.36%,提前达成"十三五"发展目标。宁波、温州、嘉兴、金华四个地级市体育产业占GDP比重均超过1.5%,对全省体育产业增加值的贡献接近75%,产业的集聚效应逐渐显现。体育产业的综合社会效益开始受到重视,已经成为县(市、区)经济结构调整和产业转型升级的重要抓手。

五是产业基础愈发夯实。体育人口的持续增长为体育消费市场扩张奠定良好基础。2020年末浙江省经常参加体育锻炼(含学生)的人数占比达42%。体育消费市场显示出巨大的发展潜力。运动鞋服、运动器材、健身服务、户外运动、幼儿青少年体育培训、体育健康服务等成为体育消费的高频领域,可穿戴设备、运动康复仪器等新兴消费不断涌现。杭州、宁波、温州、绍兴、嘉兴等地相继发放体育消费券促进全民体育参与。

六是发展平台不断搭建。全省成功创建国家体育产业基地33个,占全国(298个)的11%,总数位居全国第一。积极持续培育打造运动休闲乡镇,彰显体育特色,赋能乡村振兴,全省共有省级运动休闲乡镇培育单位30个。积极搭建金融服务平台,携手金融机构,为体育企业提供信贷支持,截至2021年11底完成银行授信24.76亿元,支持体育企业127家。

四、"十四五"体育产业发展规划研制情况以及"十四五"时期的发展思路、主要目标及重点任务等

于2021年7月22日以省体育局的名义印发《浙江省体育产业发展"十四五"规划》。《规划》起草的总体考虑是,以习近平新时代中国特色社会主义思想为指导,全面落实党的十九大和十九届二中、三中、四中、五中全会精神,贯彻习近平总书记关于体育工作的重要论述,坚持新发展理念,以高质量发展为主线,以高水平建设现代化体育强省为目标,以杭州亚运会为引领,以提升消费需求为导向,着力建体系、强要素、优布局,持续稳企业、补短板、提供给,进一步争先创优、树典范、促共享,不断满足人民群众对美好生活的新期待,对"十四五"时期全省体育产业发展作出系统谋划和战略部署。《规划》由4个部分构成。第一、二部分为总论,主要阐述"十三五"时期浙江体育产业发展取得的成就、"十四五"时期发展面临的形势、指导思想、基本原则和发展目标。第三部分为分论,分节呈现"十四五"时期体育产业发展的主要任务,从调整产业结构、集聚创新要素、调整发展布局、培育市场主体、完善设施体系、扩大有效供给、发挥亚运效益、促进体育消费和推动区域一体化九个重点领域阐述"十四五"时期体育产业发展的思路和重点工作。第四部分为保障措施,主要考虑了深化体制机制改革、健全产业统计制度、推进体育标准化建设、强化督导落实四个角度。

主要目标:打造更多具有浙江辨识度的发展成果,建设数字体育创新发展示范区、全域户外运动示范区、亚运遗产综合利用示范区、时尚体育消费中心和智能体育制造中心,形成"三区两中心"体育产业发展格局,成为全国体育产业高质量发展标杆省。

产业规模跃上新高地。体育产业总规模和增加值年均增长12%以上,到2025年体育产业总规模达到5000亿元,体育产业增加值在地区生产总值中的比重超过2%,体育服务业占体育产业增加值比重达到60%以上。

体育消费迈入新阶段。到2025年,全省体育消费总规模超过2000亿元,人均体育消费支出超过3000元;体育消费基础更加扎实,全省经常参加体育锻炼的人数比例达到43.5%以上,人均体育场地面积达到2.8平方米。体育彩票年度销售额达到600亿元。

产业品牌形成新典范。到2025年,每年举办10项以上国际高水平体育赛事,累计培育100项品牌赛事。共获评30个以上国家体育产业基地、项目或单位,培育体育上市公司、省级运动休闲基地和体育示范企业120家以上。

到2035年,体育产业的辐射和带动效应更加显著,体育产业总规模突破1万亿元,增加值占全省生产总值比重达到3%以上,成为我省国民经济支柱性产业。

主要任务:提出了加快建设具有国际竞争力的现代体育产业体系、推动创新要素成为体育产业发展新引擎、形成联动发展的体育产业布局、加快形成体育市场主体集聚高地、夯实产业高质量发展的空间设施基础、提升体育产品与服务供给能力、打造亚运遗产综合利用示范区、打造全国知名时尚体育消费中心、推动更具活力的区域一体化发展九大任务。

五、加快发展体育产业的意见建议

一是完善政策,优化体育产业发展的顶层设计。结合体育产业发展实际,研究制定具有实质性内容和可操作性的产业政策,如从国家层面明确林草资源用于体育赛事活动的政策支持,进一步提升利用空余或闲置土地、工业厂房、仓储用房、"三改一拆"等资源兴办体育设施和体育产业园项目相关手续办理的便利度等。

二是夯实基础,建立健全体育产业统计体系。健全体育产业统计机制和部门间信息共享机制,会同相关部门建立体育产业统计工作协同制度,探索制定全国统一的体育产业统计核算规范,明确体育产业统计核算指标体系、具体算法、数据来源和统计口径等,推进体育产业统计核算标准化。提升体育产业单位名录库建设质量,建立体育产业机构名录动态更新机制。

2021年浙江省体育产业公报

经测算,2021年全省体育产业总产出4272亿元,增加值1362亿元,同比分别增长17.4%和13.7%,增加值占GDP的比重为1.85%。

一、体育服务业

2021年,全省体育服务业总产出851亿元,增加值421亿元,占全省体育产业增加值的比重为30.9%。其中体育健身休闲活动 增加值为81亿元,占体育服务业比重为19.2%。2021年,全省体育彩票年销售量169亿元,体育彩票业创造增加值11.5亿元。

二、体育制造业

2021年全省体育制造业总产出2806亿元,增加值678亿元,占体育产业比重为49.8%。其中全省体育用品制造业增加值为102亿元,运动机织服装制造和运动休闲针织服装制造业增加值257亿元,分别占体育制造业比重为15.1%和37.8%。

三、体育销售业

2021年,全省体育销售业总产出530亿元,增加值247亿元,占全省体育产业的比重为18.1%。

四、体育建筑业

2021年,全省体育建筑业总产出85亿元,增加值17亿元,占全省体育产业增加值的比重为1.2%。

2021年浙江省体育产业总产出和增加值(按行业分)

	总产出(亿元)	增加值(亿元)	增加值比重(%)
体育产业合计	4271.99	1362.04	100
体育服务业	850.77	420.77	30.9
体育制造业	2806.33	678.03	49.8

	总产出(亿元)	增加值(亿元)	增加值比重(%)
体育销售业	529.73	246.57	18.1
体育建筑业	85.16	16.67	1.2

2021年浙江体育产业总产出和增加值（按体育产业统计分类）

体育产业类别名称	总量(亿元)		结构(%)	
	总产出	增加值	总产出	增加值
全省体育产业合计	4271.99	1362.04	100	100
体育管理活动	47.20	23.03	1.1	1.7
体育竞赛表演活动	5.94	2.97	0.1	0.2
体育健身休闲活动	117.45	80.71	2.7	5.9
体育场地和设施管理	29.45	14.30	0.7	1.1
体育经纪与代理、广告与会展、表演与设计服务	153.30	49.94	3.6	3.7
体育培训与教育	114.03	83.70	2.7	6.1
体育传媒与信息服务	178.67	77.99	4.2	5.7
其他体育服务	204.54	88.01	4.8	6.5
体育用品及相关产品制造	2806.33	678.03	65.7	49.8
体育用品及相关产品销售、出租与贸易代理	529.92	246.68	12.4	18.1
体育场地设施建设	85.16	16.67	2.0	1.2

2021年全省及各市体育产业总产出和增加值

	体育产业总产出(亿元)	体育产业增加值(亿元)	占GDP比重(%)
全省	4271.99	1362.04	1.85
杭州	1141.93	312.13	1.72
宁波	1057.15	318.64	2.18
温州	426.72	153.82	2.03
嘉兴	409.26	136.78	2.15
湖州	150.86	54.42	1.49
绍兴	296.76	92.22	1.36
金华	413.90	128.09	2.39
衢州	50.43	21.61	1.15

	体育产业总产出(亿元)	体育产业增加值(亿元)	占GDP比重(%)
舟山	32.15	9.61	0.56
台州	228.59	84.43	1.46
丽水	69.23	24.84	1.45

注:1。表中若总量与分量合计尾数不等,是因数值修约误差所致,未做机械调整。

2。公报增加值和增长速度按现价计算,体育产业划分按《国家体育产业统计分类(2019)》。

《浙江省乡村振兴促进条例》9月1日施行
体育成为乡村振兴新支点

浙江省第十三届人民代表大会常务委员会第三十次会议通过《浙江省乡村振兴促进条例》(以下简称《条例》),《条例》于2021年9月1日起正式施行。

作为公认的绿色产业,体育与乡村振兴的生态底色相匹配,在乡村振兴过程中,体育力量也发挥着重要作用。记者从浙江省体育局经济处了解到,浙江省体育局目前正在培育更多省级运动休闲乡镇、打造环浙步道建设、赛事引进带动体育消费、体育设施进文化礼堂等措施,塑造浙江省乡村振兴新形态。

近几年,浙江省重点培育省级运动休闲乡镇,目前已有30个入选。培育省级运动休闲乡镇是转化两山理论的重要通道,浙江省体育局将继续培育这样的特色体育乡镇,为浙江打造国际知名的"运动休闲目的地"奠定基础。

从2020年开始,浙江省一直全力打造环浙步道的建设,到2025年目标建设一万公里,主线建设2019公里。2021年,规划已经全部确定,下半年将正式铺开,通过串珠成链,点线面结合,形成绿道经济带,带动浙江省的文旅体融合发展,让绿道成为"体育+经济"发展的新引擎。

环浙绿道的建设将进一步促进体旅融合,激活体育消费,让包括体育受众在内的消费者从传统的观赏性旅游向体验型旅游发展,也是将绿水青山转化为金山银山的有效途径。

近年来,浙江省体育赛事也在乡村得到蓬勃开展,体育赛事成为提升乡村品质和形象、改善和丰富民生、打造乡村经济增长的重要引擎。生态运动会、青少年高尔夫球锦标赛等赛事纷纷走进乡村,通过体育与文化、旅游、生态资源、农业等领域的深度结合,为乡村振兴注入新动能。

浙江省体育局以小康体育村升级工程为抓手,加大对农村文化礼堂体育设施建设的投入,开展体育进农村文化礼堂,进一步丰富了老百姓的文化体育生活。浙江省农村文化礼堂运动会,让文化礼堂"动起来";送体育服务下乡,进一步增强了农村文化礼堂内涵。

此外,浙江省体育局还以健身指导为载体,加大对社会体育指导员的再培训力度,让他们免费为基层群众开展喜闻乐见的项目展演、科学健身指导、健康大讲堂等活动,进一步提高广大群众科学健身水平。

2021年长三角地区体育一体化发展推进会举行

3月30日,2021年长三角地区体育一体化发展推进会在上海衡山北郊宾馆举行。上海市体育局、江苏省体育局、浙江省体育局、安徽省体育局、上海体育学院主要领导出席会议,共同为长三角体育一体化办公室揭牌。

本次会议紧扣"一体化"和"高质量"两个关键,贯彻落实《长三角地区体育一体化高质量发展的若干意见》,审议通过了《长三角体育一体化协作协议(2021—2025)》,确定了长三角体育全领域一体化的协作机制,成立了长三角体育一体化联席会议。根据协议内容,"十四五"期间长三角体育一体化工作将主要从推动区域规划衔接和联动发展、推进落实全民健身国家战略、促进区域竞技体育联动发展、打造体育产业协同发展典范、形成体育赛事协调发展新格局五个方面全面发力。

会议同时审议了《长三角地区体育产业一体化发展规划(2021—2025)》,提出"国际公认的现代体育产业集群""全国体育产业高质量发展的先行者""区域一体化高质量发展的示范区""双循环发展新格局建设的引领区"的区域发展目标。

2020年,长三角地区体育一体化工作稳步推动,合作路径进一步拓宽,产业联动进一步加强,赛事体验进一步升级。

经国家体育总局批准,上海市体育局联合江苏省、浙江省、安徽省体育局印发《长三角地区体育一体化高质量发展的若干意见》,这是第一份长三角区域体育领域全面协同发展的指导性文件,从全民健身、竞技体育、体育产业、体育赛事等4个方面提出了19项具体任务。此外,三省一市体育局还联合印发了《长三角地区汽车运动产业发展规划(2020—2025年)》,加快发展汽车运动产业,激发健身休闲产业发展活力。

依托上海联合产权交易所,上海市体育局联合苏、浙、皖三省体育局共同建立长三角体育资源交易平台,推动体育资源共享、信息互通、平台共建、业务共拓。在做好疫情防控工作的前提下,各产业协作项目有序推进,第七届长三角运动休闲体验季、2020中国长三角体博会、中国长三角体育产业高峰论坛等活动成功举行。

与此同时,上海体育学院上海运动与健康产业协同创新中心联合三省一市体育局,共同编写出版了《长三角地区体育产业发展报告(2018—2019)》。长三角体育产业协作会发布2020年度长三角地区精品体育旅游目的地、线路、赛事和汽车自驾运动营地,长三角"体旅深融"工作加速推进。

在疫情防控背景下,长三角一体化赛事活动有序开展。首届"久事杯"长三角超级足球赛(上海站)顺利举办,第二届环意 RIDE LIKE A RPO 长三角公开赛、"桨下江南"水上桨类马拉松赛在长三角一体化示范区成功完赛。区域性全民健身联赛同样气氛活跃,浙江嘉兴长三角体育圈全民健身大联动、江苏常熟第十二届长三角城市龙舟邀请赛、"宜和东方杯"2020长三角城市龙舟联谊赛、长三角跆拳道精英赛等深受长三角运动爱好者追捧。

会上,与会单位还就新一年度长三角体育一体化重点合作项目进行展示。今后,长三角地区体育一体化发展推进会将每年一季度在沪、苏、浙、皖轮流召开。

体育休闲

全国体育两博会,"体育 + "让"浙"三座城市展光辉

11月26日至28日,2021中国体育文化博览会、中国体育旅游博览会在广州开幕,本届"两个博览会"以"新使命、新征程、同圆梦"为主题,共设体育文化体育旅游主题展区等五大板块。

"两个博览会"开幕式现场

"两个博览会"设置了体育文化体育旅游主题展区、各地体育文化体育旅游展区、国家及国际组团展区、体育消费及服务展区、智慧化体育展示区五大展区。

此次,浙江省体育局以体育消费城市为主题参展,展台以绿水青山为主要基调,体现了"七山一水二分田"的浙江如何依靠丰富户外运动资源的特色,打造全域户外运动示范区和时尚体育消费中心,现场吸引了不少观众驻足。

此次展览,入选"国家体育消费试点城市名单"的宁波、绍兴、金华三个城市也交出了自己的"作业",通过这个平台,一方面旨在展示浙江在促进体育消费方面的举措和成果,另一方面,也是对这三个城市的鼓励和督促,希望他们在体育消费方面拿出"浙江经验"。

此前,宁波、绍兴、金华三市体育局相继发布2020年本市居民体育消费调查报告。结果显示,三市居民人均年体育消费为2684元、2575元、2802元。这一数字已接近或达到欧美发达国家人均400美元以上的水平,在全国居于领先地位。

金华市体育局法规产业处相关负责人介绍,去年金华分别有29.3%、20.2%的居民购买过户外运动装备和智能体育装备。这一数字背后是当地日趋普及的户外徒步穿越、露营探险等运动。在当地的社交圈中,这些运动被视为代表了全新生活方式,在体育领域的新消费方式也成为一种潮流和时尚。

融合,同样是体育消费不断出圈跨界,创造的全新消费业态。以宁波为例,目前宁波已创建省运动休闲小镇6个、省运动休闲旅游精品线路1个、省运动休闲旅游优秀项目13个。登山、露营、帆船等高端项目飞入寻常百姓家。

古城绍兴,今年通过举办"迎亚运·悦健身"全民健身体育消费季,共分为五期累计已发放113万张消费券,带动消费超7200万元。此举目的明确——培育更多体育人口,从而夯实体育消费的基础。

据统计,2020年浙江省市县联动先后投放10亿文旅消费券;全省体育娱乐用品销售逆势增长30.9%,体育用品成年度消费"宠儿";多地"夜经济"中,体育消费成为主力军……旺盛的消费需求背后,更有悄然升级的消费结构、不断优化的消费环境,折射出浙江体育消费新变化、新机遇。

产业基地

浙江体育再添11席"国字号"

4月8日,国家体育总局经济司2020年国家体育产业基地评选结果正式结束公示,浙江省新增国家体育产业基地11家,其中,示范基地2个(三门县、安吉县)、示范单位6家(万丰航空工业有限公司、绍兴上虞大康体育健身设施制造有限公司、牧高笛户外用品股份有限公司、浙江省黄龙体育中心、杭州乐刻网络技术有限公司、杭州孚德品牌管理有限公司)、示范项目3个(健盛之家功能性运动面料研发、莫干山郡安里体旅综合体、台州柴古唐斯·括苍越野赛)。新增总数和新增示范单位数量居全国第一。目前全国共有国家产业基地298个,浙江省占11%。

国家体育产业基地,评选自2006年开展以来,浙江省先后成功创建国家体育产业示范基地9个、示范单位5家、示范项目8个。加上本轮新增的11家,国家体育产业基地总数将达到33家,其中示范基地、示范单位、示范项目各11家。值得一提的是,其中"含金量"最高的国家体育产业基地数量,浙江省以11个基地位列全国首位。

值得关注的是,浙江省获评的体育产业示范单位中,体育制造、场馆运营、竞赛表演、健身休闲等类别均有入选,这也反映浙江体育产业各个方向齐头并进的势头。

近年来,浙江体育产业呈现高速增长态势,2019年全省体育产业总产出2614.76亿元,创造增加值845.45亿元,占GDP比重为1.35%,高于全国0.21个百分点。2015—2019年全省体育产业总规模从1507.83亿元增至2614.76亿元,年均增长率为14.75%,远高于同期GDP增速。

"十四五"时期,浙江省提出实施体育产业倍增计划,建设更富竞争力的现代体育产业体系。总规模、增加值预期年均增长12%以上,体育产业总产出达到5000亿元以上,体育产业增加值占GDP比重达到2%以上,实现全省体育消费总规模超过2000亿元,人均体育消费支出达到3000元左右。

体育彩票

2021年浙江省体育彩票销售概况

【全年销售体育彩票169.13亿元】2021年共销售体育彩票169.13亿元,同比增长27.97%,筹集体彩公益金44.79亿元,同比增长20.36%,均排名全国第3位。现有渠道规模11000多家,同比增长10.2个百分点,为社会提供2万多个就业岗位。全年共中出100万元以上大奖159注,代扣代缴个人偶然所得税3.5亿元。小微零售渠道、非理性购彩者预防和干预试点工作进展顺利。

【推进体育彩票宏观管理】省体彩中心高质量制定《浙江省体育彩票发展"十四五"规划》,对继续推动浙江体育彩票高质量发展具有重要的指导意义。通过专题培训、钉钉线上平台等途径,组织开展对体育行政部门分管领导、分管处室负责人、体彩机构各级人员责任彩票培训,提升责任意识、底线意识和风险意识,全年共开展责任彩票培训117场。参与总局体彩中心责任彩票讲师选拔培养工作,建立责任彩票讲师管理机制,开展责任彩票认知度调研,及时了解各级机构人员责任彩票意识现状。

【常态化做好疫情防控】持续密切关注疫情形势变化,科学合理、稳妥有序、从严从实做好常态化疫情防控。第一时间将疫情情况通知到各市中心及每一个实体店,要求各市中心、每位专管员联系好实体店从业人员,加强疫情防控的警示宣贯和防控举措落实。开展疫情防控日报机制,每日摸排2万余名从业人员身处位置和身体状况等情况并第一时间上报。积极推进从业人员疫苗接种,为已完成疫苗接种的从业人员发放胸牌,筑牢实体店安全防线。

【全力推进数字化改革】省体彩中心按照省体育局党组部署,全力推进数字体彩建设。建设"可看、可用、会思考"的体彩大脑。浙江体彩大脑8月正式上线,通过合规监管、数据分析、综合预警、网络监测、业务促销、巡检管理等方面为省、市中心管理提供技术支持,及时发现各类异常和潜在的风险,及时处理,及时自查,及时规避。集成联办体彩"关键小事"。11月30日,体彩管理"一件事"在"浙里办"App正式上线运行。从网点申请、设备维护管理到公益宣传,真正实现信息多跑路、业主购彩者少跑腿,实现一站搞定体彩"关键小事"。打造体彩电子契约生态。开展代销合同电子化管理,全年签订电子合同1098份,实现全流程实体店数字化管理,减少代销合同管理成本。

《2020浙江省体育彩票社会责任报告》发布

11月,浙江省体育彩票管理中心正式发布《2020浙江省体育彩票社会责任报告》。报告从推动党建纵深发展、领导全员抗疫复工、牢记体彩责任使命、携手多方合作共赢、推动建设和谐社会等方面,全面展示了浙江体彩履行社会责任情况。

报告显示,2020年,浙江体彩为国家筹集体彩公益金37.14亿元,提供就业岗位22000余个。

坚持党的领导、加强党的建设,是体彩事业的根和魂。在省体育局党组正确领导下,省体彩中心强化党建引领,积极探索浙江体彩特色的党建工作,推动党建工作融入体彩事业高质量发展,不断增强党组织的战斗力和凝聚力。

浙江体彩大力推动风险防控体系建设,成立了以省中心主任为组长的体育彩票风险防控专项工作领导小组;落实各项风险防控制度,承担全国体彩应急管理试点工作;夯实内控管理,建立健全"三重一大"事项决策前的提议、会商、酝酿程序;牢固树立"安全是体育彩票生命线"意识,把安全工作摆在首位;倡导理性购彩,对购彩者进行理性投注宣传和引导,开展全省体彩从业者的培训,不断提升从业人员理性购彩引导能力。

浙江体彩实体店面向社会公开征召代销者,严格落实阳光邀约管理办法,积极响应"最多跑一次"改革,深化推进实体店阳光邀约机制,主动改进实体店征召办理流程和时限,将审批时限缩短至8个工作日,成功实现"跑零次"。2020年,浙江体育彩票阳光邀约系统共收到申请3312份,开设实体店1456家。

2020年,浙江体彩销售体育彩票132.16亿元,为国家筹集体彩公益金37.14亿元,位列全国第4位,代扣代缴个人偶然所得税3.58亿元,提供就业岗位22000余个。

2020年,浙江体彩省级体育彩票公益金支出53399.5万元,其中群众体育支出39162.5万元,竞技体育支出14237万元;市、县级体彩公益金用于体育事业支出94219.35万元,有力推动了浙江体育强省建设和公益事业发展,交出了浙江体彩人的时代答卷。

浙江体彩积极投身社会公益事业

浙江体彩积极投身社会公益事业,2020年组织了爱心小板凳、抗疫勇士助梦行动、居家健身运动汇、点亮健康中国等线上线下活动198场,并成立志愿服务队,全年开展志愿者活动11项,志愿服务时长达690小时;开展体彩驿站"党建+公益服务"建设,从全省体彩实体店中优选3500家设立体彩驿站,面向广大群众提供包括爱心漂流伞在内的免费便民服务,把体彩驿站建成"党建宣传点、公益落脚点、爱心服务点"。浙江体彩在践行公益中,也涌现出不少模范榜样,湖州市体育彩票管理中心原主任谢妙武、舟山体彩实体店代销者何瑞刚、嘉兴体彩实体店代销者李国良在2020年获得总局体彩中心颁发的公益善举"体彩追梦人"荣誉称号。

浙江体彩持续支持男排、篮球、游泳、马术、自行车、射箭、击剑、马拉松等项目,助力浙江省竞技体育事业发展;响应全民健身号召,浙江体彩致力于发展群众体育,支持、举办各类群众体育赛事和活动,广泛发动人民群众参与全民健身,传播健康的生活理念。

浙江体彩坚持向客户提供快乐、健康、安全、负责任的游戏产品,不断丰富体育彩票游戏产品,满足购彩者多元化的购彩需求。2020年10月,全新改版的全国联网游戏7星彩在浙江上市,为喜欢数字型游戏的购彩者提供了更好的购彩体验;受到越来越多年轻市民喜欢的即开型彩票,全年共上市24款新票种,其中,锦鲤、7彩宝石颇受购彩者青睐。

一直以来,有效保护中奖者信息都是体现体育彩票责任感的重要环节,浙江体彩严格保护购彩者及中奖者的个人信息,确保中奖者个人信息不泄露。

浙江体彩坚持以购彩者为中心,建立"7×12小时"客服热线,聆听公众声音,不断改善自身服务,树立良好的品牌形象;不断优化购彩环境和服务形式,提升全省体彩工作服务质量,努力为购彩者提供便捷、丰富的购彩体验。

近年来,浙江体彩还持续加强与伙伴的交流合作,推进社会渠道拓展。2020年,浙江体彩基于"5分钟生活圈"和"15分钟体验圈"的布局思路,加强异业合作、品牌跨界合作,促进体育彩票走进知名企业、便利店、商业综合体、高速服务区、高端社区等,截至2020年底,浙江体彩已建成覆盖市、县、乡村,涵盖传统实体店和商业综合体、十足集团、美宜佳、高速商贸、沃尔玛、邮政等行业渠道的多业态同步发展新格局。

面对疫情,浙江体彩牢记体彩使命、履行岗位职责,始终把人民群众生命健康安全放在第一位,高标准做好全省体彩领域疫情防控工作。第一时间成立新冠肺炎疫情防控工作领导小组,及时了解掌握全省体彩系统疫情防控情况,协调全省体彩系统防疫工作;通过体彩自媒体向公众宣传科学防疫知识,号召全民居家健身;省中心党总支发起致全省体彩系统党员倡议书,号召全体党员充分发挥先锋模范作用,履行党员义务。全省体彩人上下同心、众志成城,迅速响应组建志愿者团队,投身基层防疫工作。

疫情防控期间,浙江体彩累计投入抗击疫情专项资金4674万元,全省体彩人中涌现出24个疫情防控先进个人、12个疫情防控先进群体。

随着2020年各项工作有序推进,浙江体彩积极做好对外宣传工作,宣传覆盖千万人次。

"十四五"开局之时,浙江体彩将继续以高度的社会责任感和使命感,建设负责任、可信赖、健康持续发展的国家公益彩票,继续支持体育事业和公益事业的发展,为新阶段的奋斗征程贡献体彩力量。

2021年浙江省体育彩票发行情况表

指标名称	代码	金额(万元)
甲	乙	01
本年销售体育彩票金额	A01	1691308.09
其中:电脑彩票	A02	1492752.82
即开型彩票	A03	198555.27
体育彩票公益金提取额	A04	220083.92
其中:电脑彩票	A05	200228.40
即开型彩票	A06	19855.52
发行费情况	A07	
其中:上年结余	A08	6631.14
本年本级收入	A09	172435.67
本年本级发行费支出	A10	41290.71
体育彩票销售佣金	A11	129395.04
年末结余	A12	8381.06
体育彩票销售网点数量(个)	A13	11286

2021年政府性基金(彩票公益金)预算支出表

指标名称	代码	金额(万元)
甲	乙	01
彩票公益金收入	A01	140,615.82
其中:本年彩票公益金收入	A02	135,910.25
上年结余	A03	4,705.57
彩票公益金支出	A04	137,314.55
其中:体育设施	A05	26,221.38
群众体育	A06	40,716.19
竞技体育	A07	33,628.39
青少年体育	A08	11,623.69
其他(含体育扶贫)	A09	25,124.90

场馆设施

"十四五"期间,浙江省重大体育项目将投入422亿元

5月28日,省政府办公厅印发《浙江省重大建设项目"十四五"规划》,明确"十四五"期间安排重大建设项目245个,总投资82637亿元。其中实施类项目235个,总投资78732亿元,"十四五"计划投资54458亿元;谋划类项目10个,总投资3905亿元(谋划类项目为"十四五"期间开展前期工作的项目)。

其中,体育类重大项目为推进全民健身场地设施建设,加快提高人均体育场地面积,打造社区"10分钟健身圈"。重点建设亚运村、杭州奥体中心等亚运场馆和省全民健身中心等2个项目。"十四五"期间,计划投资422亿元。

其中,亚运场馆建设工程包括亚运村、杭州奥体中心等共计划投资658亿元,"十四五"期间计划投资400亿元;省全民健身中心计划投资23.3亿元,"十四五"期间涉及投资额为22.1亿元。

省全民健身中心的建设责任单位为省体育局,根据目前规划,未来省全民健身中心工程将是一个占地约47亩,依然规划为体育用地和住宅用地。其中,体育用地依然占主要大部分,小部分住宅用地从体育场沿街移到了南面健康路沿街。

除了新建的两个场馆外,其余场馆均会拆迁、重建。包括健身活动中心、智力运动中心、亚洲体育东部中心、智能体育运动中心、运动康复中心、科学健身指导中心、体育文化科技展示中心等"七中心"的体育超级综合体,可以提供游泳、网球、足球、篮球等数十项群众喜爱的运动。建成后,这里能够更好地满足人民群众日益增长的体育健身需要,大大提高体育公共综合服务能力。

此外,打造"10分钟"健身圈已被列入2021年十方面民生实事工程,2021年,我省将新增体育公园(体育设施进公园)50个、足球场(含笼式足球场)50个、村级全民健身广场100个、社区多功能运动场200个、百姓健身房500个,新建绿道1000公里。随着一系列亚运场馆投入试用以及全民健身场地设施的供给,在"十四五"末,有望实现人均体育场地面积达到2.8平方米以上。

浙江体育局关于公布2020年浙江省体育场地统计调查主要数据

根据国家体育总局《关于做好2020年体育场地统计调查工作的通知》(体经字〔2019〕598号)要求,浙江省按照县(市、区)属地管理、社区行政村网格化统计调查原则,在全省范围内开展了体育场地统计调查工作。2021年7月23日,浙江省体育局公布了相关数

据,截至2020年12月31日,全省体育场地主要数据如下:

一、总体情况

浙江省共有各类体育场地193218个,场地总面积14956.52万平方米。

平均每万人拥有体育场地29.92个,人均体育场地面积2.32平方米(2020年浙江省常住人口6456.76万,比2019年增幅10.37%)。

二、体育场地分类

(一)室内室外场地

室内体育场地45131个,面积944.95万平方米。

室外体育场地148087个,面积14011.57万平方米。

(二)基础大项场地

田径场地9783个;游泳场地2365个。

(三)主要球类场地

足球场地5098个;篮球场地44595个;排球场地4559个;乒乓球场地32439个;羽毛球场地7352个。

(四)冰雪运动场地

滑冰场地20个;滑雪场地11个。

(五)体育健身场地

全民健身路径55224个;健身房10673个;健身步道20907.58公里。

(六)大型体育场馆

体育场14个;体育馆33个;游泳馆6个。

三、体育场地特点

(一)不同类型场地数量

不同类型场地数量列前3位的是全民健身路径55224个、篮球场地38650个、乒乓球场地17512个。

(二)不同类型场地面积

占比最大的是健身步道类场地,4509.63万平方米,占全省体育场地总面积的30.15%,其次为篮球类场地2716.36万平方米,占比18.16%。

(三)体育场地城乡分布

城镇的体育场地121896个,占全省体育场地总量的63.09%;场地面积10155.37万平方米,占全省体育场地总面积的67.90%。乡村的体育场地71322个,占全省体育场地总量的36.91%;场地面积4801.15万平方米,占全省体育场地总面积的32.10%。

(四)体育场地行业分布

体育行业的场地8686个,占全省体育场地总量的4.50%;场地面积880.01万平方米,占全省体育场地总面积的5.88%。

教育行业场地58413个,占全省体育场地总量的30.23%;场地面积5784.56万平方米,占38.68%。

其他行业的场地126119个,占全省体育场地总量的65.27%;场地面积8291.95万平方米,占55.44%。

2021年浙江省体育健身场地设施统计表

指标名称	代码	合计	村级农民体育健身工程	乡镇体育健身工程	全民健身路径工程	全民健身活动中心	
						大、中型	小型
甲	乙	01	02	03	04	05	06
数量(个/条)	A01	6189	1076	73	2158	8	394
器材件数(件)	A02	20014	--	--	20014	--	--
场地面积(平方米)	A03	3869789.18	100111.00	95219.00	160139.00	260931.00	226931.00
场地长度(米)	A04	920896.00	--	--	--	--	--
投资总额(万元)	A05	704736.62	51447.10	21351.97	5227.06	35162.00	13272.00
其中:财政资金	A06	549307.12	39539.45	20849.97	2771.09	22931.00	11535.00
彩票公益金	A07	36518.72	1371.65	232.00	1769.42	231.00	1292.00
社会资金	A08	118910.78	10536.00	270.00	686.55	12000.00	445.00

2021年浙江省体育健身场地设施统计表(续)

指标名称	代码	户外健身场地设施						其他场地设施
		体育公园	全民健身广场	户外体育营地	社区运动场地	健走步道	登山健身步道	
甲	乙	07	08	09	10	11	12	13
数量(个/条)	A01	79	89	4	535	316	67	1390
器材件数(件)	A02	--	--	--	--	--	--	--
场地面积(平方米)	A03	488337.00	233317.00	34272.80	513950.38	--	--	1756581.00
场地长度(米)	A04	--	--	--	--	614796.00	306100.00	--
投资总额(万元)	A05	312279.47	6661.95	1840.00	29053.69	23993.50	2263.00	202184.88
其中:财政资金	A06	308431.03	3836.42	940.00	4952.01	22800.50	1077.00	109643.65
彩票公益金	A07	742.44	1250.53	50.00	22509.68	188.00	329.00	6553.00
社会资金	A08	3106.00	1575.00	850.00	1592.00	1005.00	857.00	85988.23

2021年浙江省体育基本建设情况表

指标名称	代码	合计
甲	乙	01
本年计划投资(万元)	A01	97445.39
其中:财政资金	A02	69578.39
民间投资	A03	27867.00
本年完成投资(万元)	A04	96210.24
其中:财政资金	A05	64772.89
民间投资	A06	31437.35
本年新增体育场地数量(个)	A07	1217
本年新增体育场地面积(平方米)	A08	2568,818.37

体育科研与教育

体育科技

概　况

【竞技体育科研保障】2021年,重点做好备战阶段运动员身体机能保障工作,确保运动员以最佳状态投入比赛,共进行运动生化类测试8857人次,运动生理类测试1012人次。常态化做好两中心体能测试工作,协助四家训练单位完成体能比武工作,积极探索形成符合新体能标准的体能测评方案。围绕重点项目、重点运动员,结合实战实际,实施专项体能训练方案,同时做好康复性防伤体能训练,矫正运动员不良体态,预防伤病发生,保持运动员良好体能状态。

【开展学术管理与科研诚信工作】修订完成《浙江体育职业技术学院科研工作管理办法》,积极组织8大类科研项目申报,实施评审3次,全年立项6项。全面实施科研诚信承诺制,建立科研诚信档案,签订承诺书,将科研诚信建设要求落实到课题申报、结题等各环节,积极营造良好的学术氛围。

【完善浙江省全民健身发展指数评估指标体系】根据评估指标统计方法,进行深入研究,完善浙江省全民健身发展指数评估指标体系评估指标统计计算标准,完成2020年度浙江省全民健身发展状况关键指标数据报告,涵盖共11项关键指标数据,直观反映全省各市全民健身工作状况。

【反兴奋剂工作】高要求、严标准完成兴奋剂检查工作。全年完成234例赛内外自查任务,并协助总局反兴奋剂中心完成东京奥运会、陕西全运会赛前、赛内检查任务10批次,总计248例。除做好专业运动队运动员、辅助人员反兴奋剂准入教育外,还延伸覆盖至群众赛事参赛运动员、辅助人员及团部成员,确保参加陕西全运会的人员干干净净参赛。

【开展学术研究相关工作】发布国基金、省科技厅、国家体育总局、省体育局等各类申报信息,按流程对申请项目进行论证和推荐。作为承担单位获得国家体育总局决策咨询研究项目立项1项,浙江省软科学研究计划项目1项,省体科所所级课题3项。作为项目参与单位,获得浙江省重点研发计划项目立项1项。推荐全民健身研究中心选送的《完善我省体卫融合服务体系助力共同富裕示范区建设》参评2021年度全省体育系统优秀调研成果评选。

浙江两单位获国家体育总局2021年决策咨询重点研究项目立项

4月21日,国家体育总局办公厅公布了2021年国家体育总局决策咨询研究项目立项名单,确定了53个项目立项(其中重大项目6个,重点项目27个,一般项目20个)。浙江体育科学研究所(浙江省反兴奋剂中心)的《百万公里健身步道建设实施对策研究》获重点项目立项,宁波大学《体育竞赛裁判员管理制度研究》获一般项目立项。

浙江省高校新生体质健康测试数据出炉

9月底,浙江省教育厅公布2020学年高校新生(浙江籍高中毕业生)体质健康情况报告,浙江省高校新生体质健康测试总成绩平均分为72.51分,合格率为90.99%,优秀率为1.57%,良好率为19.25%。

2020学年,浙江省105所高校(含独立学院)共上报了329106名高校新生(浙江籍高中毕业生)的体质健康测试数据,除去部分信息不全的省内生源和外省生源数据,实际采集浙江籍高校新生有效数据共228157人。按生源所在高中学校统计,样本量在30人及以上的高中学校744所(普通高中学校539所、中等职业学校205所)。

《国家学生体质健康标准(2014年修订)》从身体形态、身体机能和身体素质等方面综合评定学生的体质健康水平,总分评分等级是90分以上为优秀,80—89.9分为良好,60—79.9分为及格,59.9分以下为不及格。根据相关项目得分和等级评定标准,对各高校上报的有效测试数据,按生源所在地区和高中学校进行分类统计,并计算合格率(60分以上)、优良率(80分以上)等指标。

2021年浙江省体育科技统计表

指标名称	代码	合计	国家级	省部级	其他
甲	乙	01	02	03	04
科研课题数量(个)	A01	14	0	5	9
科技课题经费(万元)	A02	345.60	0.00	339.60	6.00
科技基地数量(个)	A03	1	—	—	—

体育教育

2021年浙江体育职业技术学院教育工作概况

【升本工作取得实质性进展】坚决贯彻省委、省政府部署,在省体育局指导下,浙江体育职业技术学院召开全院动员部署会,进一步明确工作专班,建立工作清单,对标本科院校建设各类条件进行分析研究。加强与省教育厅联系沟通,学院升本工作已列入《浙江省"十四五"时期高等学校设置规划(草案)》,并向教育部作出汇报。

【深化"训学融合"育人机制】修订各专业人才培养方案,加强专业和课程建设,开展了6门精品和4门优质在线开放课程。积极构建符合竞技体育类院校特点的思政课体系,打造"学—练—研—创—赛"五位一体模式,提升教师课程思政教学能力,建设"思想道德修养与法律基础"课程思政示范项目。统筹推动课堂教学改革,通过开展补课、教师下队、线上线下混合教学等形式,实现运动员比赛训练和文化水平提升"双满足",5个外训教学点实现线上教学全覆盖。推进附属体校与萧山开发区指导中心共建,通过共享优质资源,不断提升开发区中小学体育教学和附属体校运动员学生文化教学质量。成立教学督导评估工作领导小组,启动高职院校督导评估工作。

【做好招生就业、继续教育等工作】切实编制各专业招生计划,分别录取三年制、五年制运动训练专业51人、88人,与省内五所体校联合招收五年一贯制学生59人,有101名优秀运动员被录取为浙江大学、北京体育大学本科专业学生。组织开展学生评优评奖,获得2019—2020学年度国家奖学金1人,被《人民日报》专题报道;7名2021届毕业生被评为省级优秀毕业生。积极做好就业指导和服务工作,开展书记院长走访企业活动,2021届高职学生就业率达96.44%。认真做好各类专业技术人员继续培训教育工作,完成143批次、7443人次的职业技能鉴定。

浙江体育职业技术学院举行2021届学生毕业典礼

2021年7月7日,浙江体育职业技术学院2021届学生毕业典礼在教工路校区小礼堂举行。学院领导、办公室、教学与学生管理处、体育系等部门负责人和相关人员,2021届毕业班班主任、任课教师和2021届毕业生代表参加线下毕业典礼。为确保学院安全备战全运,本次典礼采取线上+线下的形式,并适当控制参加线下学生人数,其余毕业生可以在超星平台观看视频转播。

观看完各班制作的毕业视频后,毕业典礼在庄严的国歌声中正式开始。浙江体育职业技术学院副院长厉丽玉对同学们提出了三点希望:一是希望大家眼里有光,心中有爱;二是希望大家心中有梦想,脚下有力量;三是希望大家勿忘母校,常回家看看。致辞后,厉丽玉副院长为毕业生代表颁发毕业证书。

典礼上,学院对优秀毕业生进行了表彰。会上宣读了省教育厅和学院的表彰决定,教学与学生管理处负责人为获得2021年度省级、院级优秀毕业生代表颁发了荣誉证书。

教师代表、毕业生代表分别发言,为毕业生送去美好的祝福和殷切的期望。

为了进一步做好校友工作,有效保持毕业生与母校的沟通联系,促进交流合作、共同进步,在典礼上举行了2021届毕业生校友联络员聘任仪式,体育系胡桂英主任为校友联络员颁发证书。

2021年浙江省体育系统从业人员情况表（教育）

指标名称	代码	专业技术人员			
		小计	高等学校教师	中等专业学校教师	中小学教师
甲	乙	01	02	03	04
合计	A01	395	45	126	224
体育行政机关	A02	0	0	0	0
运动项目管理部门（优秀运动队）	A03	0	0	0	0
本科院校	A04	0	0	0	0
职业、运动技术学院	A05	68	45	0	23
体育运动学校	A06	127	0	95	32
竞技体校	A07	0	0	0	0
少年儿童体育学校（业余体校）	A08	187	0	31	156
单项运动学校	A09	0	0	0	0
体育中学	A10	0	0	0	0
训练基地	A11	0	0	0	0
体育场馆	A12	0	0	0	0
体育科研机构	A13	0	0	0	0
其他事业单位	A14	13	0	0	13
其他	A15	0	0	0	0

宣传文化交流

体育宣传

概　况

【围绕重大主题宣传浙江体育】做好全国"两会"、全省"两会"新闻宣传,聚焦全省体育局长会议,推出"聚力奋进新征程"系列报道,挖掘全省体育战线的好做法、好经验;及时推出"体育记者走遍山区26县""共同富裕 体育接棒"主题报道,彰显在共同富裕示范区建设过程中体育领域的作用与贡献;加强对政策的权威解读,如《关于高水平建设现代化体育强省的实施意见》等出台后,第一时间推出"新政解读"专版专栏,及时回应社会关切。

【做好奥运全运宣传报道】充分整合融媒体资源,发挥合作平台的力量,立体呈现东京奥运会和陕西全运会两大赛事。特派记者赴东京着力以融媒体形式全方位、多维度呈现东京奥运会盛况,开设《在东京,听"维维"道来》《奥运观察》等原创栏目,实现良好的传播效果,全媒体平台流量累计超过1亿4145万;报纸端更侧重对比赛的深度报道,共刊发《赴东瀛　浙样赢》奥运特刊10期,58个专版109篇稿件。派出7名记者进行跟踪报道陕西全运会,同步推出《浙军·陕击战》全运特刊,共10期61个专版,刊发稿件141篇(含群众项目20篇),全媒体平台发布《"周"游记》《全运"撩"起来》《"陕"耀浙江》等栏目,收获流量总计达到1亿2529万。

【聚焦红色主题宣传】紧扣庆祝建党百年华诞主题主线,聚焦"奋斗十四五、奋进新征程"这一主题,先后推出"学习党史 感念党恩""浙江体育·红色档案""感念百年党恩 开启崭新征程"等报道,浓墨重彩宣传阐释新时代的伟大意义和体育成就,多维度展现浙江体育人勇担时代使命,传承革命薪火的精神。4月11—16日,组织以"浙样红·体育见证百年风云变迁"为主题的中央主流媒体新闻采风,在CCTV5、《中国体育报》等媒体平台刊发相关稿件23篇,反响热烈。邀请6位浙籍奥运冠军共同拍摄《守百年红色根脉 听百秒青春誓言》专题宣传片,在杭州地铁、户外大屏推播,获得广泛好评。

【协同发力形成宣传合唱】以"全媒体时代和媒体融合发展"为要义,推进媒体深层次融合,充分发挥各个平台深度融合,形成聚合共振效应。不断深化与浙江电视台、华数集团合作,联合制作、播出《体育最前线》《我的体育圈》等电视内容。注重打造精品小视频,策划播出展现浙江体育健儿积极备战专题报道《我的冬训日记》、凸显体教融合特色的《别人家的体育校长》系列专题、展现体育参与共同富裕专题新闻《共同富裕 体育接棒》等,以电视、小视频的形式生动反映浙江体育的蓬勃生机。

2020年浙江体育十大新闻事件出炉

2020年,尽管受到新冠疫情的影响,但浙江体育领域仍是大事、盛事叠加,取得了一个又一个亮眼的成绩。

由浙江省体育记者协会主办,体坛报社承办的2020年度浙江体育十大新闻事件评选活动揭晓。本次评选从浙江全省11个设区市为单位自荐开始,经海选后,从近40条新闻事件中初选出20条候选新闻事件。经20多位省内体育领域相关专家和资深媒体人的投票,最终产生十大体育新闻事件。具体名单如下:

1.众志成城,体育浙军全力抗疫。自疫情发生以来,浙江体育人第一时间投入疫情防控工作。浙江省体育局推出"'宅'家也爱做运动"等线上健身活动,累计收到原创视频2.9万条,点击量达6.4亿次;全省近150家体育场馆(中心)、20多家机构向"最美战疫人"免费开放;实现全省运动员"零感染"并保持正常训练,浙江体育职业技术学院成为疫情爆发以来,全省唯一正常运转的高校;连续出台多项政策,为体育企业纾困解难,多家体育企业向医院、学校捐赠体育用品。

2.2022年亚运会筹办工作取得阶段性重要成果。4月,杭州亚运会吉祥物——智能小伙伴"江南忆"组合正式发布,亚运会音乐作品全球征集随之启动。截至12月底,杭州亚运会已有10家官方合作伙伴,15家首批签约赞助商。除此,在建的42个比赛场馆累计完成总投资的87.83%,33个训练场馆完成前期改造,亚运村108幢建筑全部结顶。

3.功勋教练徐国义因病逝世。游泳功勋教练徐国义因病于7月19日在北京逝世,终年50岁。徐国义是宁波人,1994年开始担任游泳教练工作。执教26年来,先后培养出叶诗文、徐嘉余、陈慧佳、李朱濠等众多游泳名将。

4.绿城足球完成改革。9月11日,浙江能源绿城足球队新队名发布会举行,浙江省国资委下属企业、浙能电力的控股方浙江能源集团,收购绿城足球的创始人宋卫平持有的浙江绿城足球俱乐部50%股份。此后,绿城足球更名为"浙江能源绿城足球俱乐部"。

5.浙江省首届生态运动会 展示体育"硬核"力量。9月19日—12月13日,经省政府同意,浙江在全国率先创新举办首届省级生态运动会,分别在丽水、宁波、金华、温州、湖州和台州举行。比赛选择在风景秀丽、生态良好之地举行,突显体育与生态结合,运动与绿色相融的办赛宗旨,共有近25000人参与。

6."社会力量办体育"改革试点全国现场推进会在温州召开。9月29日,"社会力量办体育"改革试点全国现场推进会在温州召开。自2017年温州成为全国唯一的社会力量办体育改革试点市以来,浙江省积极探索举国体制与市场机制相结合的体育发展新路子,总结了一批可复制推广的经验,逐步形成了社会力量办体育的浙江模式。

全国男子举重锦标赛石智勇超世界纪录

7.全国举重锦标赛 石智勇超世界纪录。10月23日,在开化举行的2020年全国男子举重锦标赛暨东京奥运会模拟赛上,里约奥运会冠军石智勇以抓举164公斤,挺举199公斤,总成绩363公斤获得三项冠军。其中,挺举199公斤破全国纪录超世界纪录,总成绩363公斤平世界纪录。

8.浙江省"十四五"规划建议出炉 2035年建成体育强省。11月19日,中国共产党浙江省第十四届委员会第八次全体会议通过了《中共浙江省委关于制定浙江省国民经济和社会发展第十四个五年规划和二〇三五年远景目标的建议》。其中指出,在浙江省2035年远景目标中,将基本实现高水平现代化,成为新时代全面展示中国特色社会主义制度优越性的重要窗口,明确指出"率先实现教育现代化、卫生健康现代化,建成体育强省"。

9.浙江百姓健身房实现县(市、区)全覆盖。至2020年12月底,浙江省共新建百姓健身房1015家,实现了全省90个县(市、区)全覆盖,超额完成2020年省政府十方面民生实事中"新增百姓健身房1000个"的任务目标,在家门口享受低免、便捷、优质的室内健身服务成为浙江百姓实打实的体育福利。

10.天台创新基层体育委员机制打通体育服务"最后一公里"。2020年以来,天台县率先开展基层体育委员工作机制试点,有效破解基层体育活动支撑弱、参与低、组织难等问题,延伸体育公共服务基层"触角",构建覆盖城乡"点、线、面"结合的群众体育服务网络。

全省体育宣传工作会议在武义召开

7月7日,2021年全省体育宣传工作会议在武义召开。省体育局党组书记、局长郑瑶在会上围绕"勇于担当作为、锐意改革创新,为高质量发展建设共同富裕示范区贡献体育力量"发表讲话。省体育局副局长吕林主持会议。金华市委常委、市政府党组成员祝伦根、武义县委副书记、县长帅朝晖到会祝贺。

2021年是中国共产党成立100周年,是现代化体育强省和共同富裕示范区建设的开局之年,是东京奥运会、陕西全运会的决胜之年,也是筹办杭州亚运会和金华省运会的冲刺之年。全省体育战线围绕庆祝中国共产党建党100周年和忠实践行"八八战略"、奋力打造"重要窗口"的主题主线,坚持向中心聚焦、为大局聚力,紧紧围绕省委省政府中心工作,紧扣全省体育重点工作任务,宣传工作有力服务大局大事、有效应对大战大考,全面提升体育宣传引领力、浙江体育软实力、体育事业凝聚力,进一步彰显打造"重要窗口"、助力共同富裕的体育风采。

会议强调,体育部门要坚定不移全面深化体育改革,探索构建浙江体育全面开放新格局。全面深化数字化改革,发挥基层和群众首创精神,创新开展体育数字化改革"揭榜挂帅"活动,打造数字体育2.0版;纵深推进社会力量办体育改革,及时总结各地改革试点中的好做法好经验;着力推进体教、体卫、体旅融合改革。郑瑶希望,各地要进一步重视和抓好重大改革的主题宣传,不断把全面深化改革推向前进,努力形成更多可复制可推广的标志性成果。

关于做好奥运、全运的新闻宣传工作,一要通过新闻舆论助力疫情防控与训练备战,激励浙江健儿顽强拼搏、奋勇争先,决战决胜东京奥运会、陕西全运会;二要加强舆论引导,努力营造宽松的舆论氛围和环境;三要聚焦浙江运动员在奥运会、全运会赛场的表现,挖掘金牌背后的故事,全面展现奋力拼搏、勇攀高峰的浙江体育人形象。

会议要求,体育宣传工作要自觉承担"举旗帜、聚民心、育新人、兴文化、展形象"的使命任务,第一时间将工作成效提升转化为改革经验、制度成果、理论体系,形成浙江体育改革发展的一张张"金名片"。

金华市通报了十七届省运会宣传工作总体安排。绍兴上虞区、武义县、体坛报社进行了工作经验交流汇报。

省体育局机关各处室、直属单位主要负责人,各设区市、县(市、区)体育部门负责人,以及中央驻浙媒体、省级媒体代表参加会议。

体育文化

概　况

2021年,浙江省体育局进一步加强体育文史工作,营造更具影响力的体育文化氛围。做好体育文史、文献的收集与整理工作,全年完成《浙江体育史料》6期,《浙江体育年鉴2020》的编撰工作。保护传承优秀体育文化,启动浙江体育博物馆筹办工作。先后赴成都体育学院博物馆、四川省体育博物馆、嘉兴博物馆以及浙江省博物馆考察调研,结合浙江实际,对体育博物馆筹建工作提出具体建议,形成《浙江体育文化展示中心筹建工作调研报告》。

《浙江体育史料》出版145期

截至2021年第6期，《浙江体育史料》创刊至今总计出版了145期。

1978年党的十一届三中全会作出了改革开放的战略部署，在体育领域，中华全国体育总会提出了《关于收集和整理体育文史资料的决定》。浙江省体委根据全国体总的决定，加强了对体育文史工作的领导，于1982年在绍兴召开了全省体育文史工作会议，成立了体育文史工作委员会，并以内部刊物的形式不定期出版《浙江体育史料》。

《浙江体育史料》从1982年创刊至2021年底，共计出版145期。出版时间之长，出版期数之多，出版内容之丰富、质量之好，都是有目共睹无可争辩的，表现出强大的生命力。在全国其他省市出版的同类刊物中如鹤立鸡群，遥遥领先。

《浙江体育史料》之所以久办不衰，得益于浙江省体育局领导的重视和关心，以及历届文史办公室负责主编的人员扎实的工作、广大文史工作者的积极。具体可分为三个阶段：

第一阶段合计出版24期，即：1982—1985（总1—9期），1986—1994（总10—20期），1995—1996（总21—24期）。第二阶段合计出版31期，即：1999—2005（总25—52期），2006（总53—55期）。第三阶段合计出版90期，即：2006（总56期），2007（总57—60期），2008—2017（总61—120期），2018（总121—127期），2019—2021（总128—145期）。

《浙江体育史料》的出版，为浙江省体育事业发展留下了宝贵的历史资料，更为编写《浙江省体育志》（1985年出版）、《浙江通志·体育志》（2020年出版）提供了大量原始资料，为浙江体育文化的繁荣做出了积极的贡献。

浙江体育新增两位"文化"推广大使

7月6日，在金华武义举行的第五届浙江省体育文化宣传展示推广会，浙江体育文化又迎来了两位新的代言人、推广者——体操奥运冠军江钰源、象棋世界冠军赵鑫鑫。两位新任全省体育文化宣传推广大使不仅竞技体育战绩骄人，对于体育文化的理解也十分深入。

江钰源表示，体育文化是时代精神的重要组成部分，体育精神的内涵包括爱国、超越、拼搏、合则、尊重等，推广体育文化要从平时做起。赵鑫鑫则认为，体育文化中的"软实力"尤为重要，全民健身需要全民参与，只有在体育运动中才能真切地感受体育精神、体育文化的魅力，把这份体育精神和体育文化传递给更多人责无旁贷。

两位新的推广大使江钰源(左二)和赵鑫鑫(右二)

　　三年来,羽毛球世界冠军王琳,武术世界冠军王地,射击奥运冠军朱启南,赛艇世界冠军徐东香,2004年雅典奥运会、2008年北京奥运会的皮划艇双料奥运冠军孟关良,赛艇世界冠军严诗敏先后成为了体育文化的代言人,为浙江体育文化发出自己的声音。

　　本次推广会的主题为"数'智'赋能、文旅体融合","数"是数字化,"智"就是智能化,从数字化到数智化,浙江体育正在向着数字、科技、智能的方向大踏步迈进。现场,9家新闻媒体、体育机构与体育社团组织的代表成为全场的焦点,各单位围绕体育文化、数"智"赋能这一主旨,结合自身领域,充分阐述体育文化的理念、主张,通过生动鲜活的事例,表达对体育文化的理解、感悟,在展示体育文化的同时,彰显了体育传媒、体育社团、体育企业的文化软实力。

　　作为媒体代表,新蓝网推出了"美好体育"这一全新概念,积极助力体育成为百姓美好生活方式;中体文化则提出让"体育更聪明",为体育融入新动能,用大数据、云计算推进数字化转型与升级,大大提升了体育的智慧化;杭州大明山滑雪场代表认为,推广会为全省体育机构提供了展示自我的舞台,大明山景区做足"白雪换白银"的文章,在文化、体育、旅游融合方面做了更多新尝试。此外,还有走出国门、亮相国际,发扬球迷文化、推广浙江体育文化的金力球迷用品,分享了"走出去,共分享"的经验,以生动鲜活的事例为浙江体育文化鼓与呼。

　　近年来,浙江省体育文化蓬勃发展,2021年5月发布的《浙江省体育改革发展"十四五"规划》中明确提出,"十四五"时期,浙江要实现体育工作"六个走在前列",其中就包含了体育文化。围绕高水平建设现代化体育强省,浙江将进一步弘扬体育精神,加强体育文化传播。

浙江三位奥运冠军入选新华社年度十佳运动员

　　12月28日,新华社体育部评选出2021年中国十佳运动员,其中有三名浙江奥运冠军入选,分别为杨倩、汪顺和陈雨菲,备受关注。

在今年的东京奥运会上,浙江共夺得了7金2银2铜,金牌数、奖牌数位列全国各省(市、自治区)第一;在第十四届全运会上,浙江代表团44金35银37铜收官。

其中,杨倩凭借在东京奥运会女子10米气步枪决赛中的首金以及10米气步枪混合团体赛金牌,成为中国第一位"00后"奥运双金得主,因此当之无愧地名列十佳首位。

汪顺在东京奥运会男子200米混合泳中,打破美国选手17年的垄断获得一枚宝贵金牌。又在全运会赛场,他报名六个项目全部夺金,不仅在200米、400米个人混合泳上实现三连冠,而且凭借15枚全运金牌荣登多金王榜首。

陈雨菲在东京奥运会羽毛球女单决赛中,苦战三局战胜戴资颖,为国羽摘得第五枚奥运女单金牌。全运会中,陈雨菲卫冕女单冠军,因此同样入选十佳。

其余7位十佳运动员分别为"百米飞人"苏炳添、跳水奥运冠军施廷懋、乒乓球全满贯得主马龙、铅球奥运冠军巩立姣、冰雪公主谷爱凌、举重冠军吕小军以及奥运双金得主张雨霏。

对外交流

概　况

【概述】2021年,浙江省体育局严格落实外事出访各项规定,加强统筹协调,圆满完成年度各项外事任务。省体育局共接待来自1个国家和地区的访问交流团2批8人次;全年派出因公出国(境)团组29批93人次,分别赴12个国家和地区参加体育比赛或训练。

【重点团组外事出访】认真做好重点团组的外事报批和出访保障工作。共预审出访卡塔尔、阿曼、乌兹别克斯坦、日本、意大利、阿塞拜疆、美国等地的双跨团27个(共计85人次),自组团2个(共计8人次)。2021年围绕东京奥运备战工作,认真做好郑瑶局长赴日本东京奥运会保障团、体坛报社总编辑黄维赴日本东京奥运会媒体团等重要团组的外事服务保障。

【重点人员入境保障】在省外办的大力支持下,省体育局扎实做好浙江体育足球俱乐部外籍教练员乔迪等优秀体育人才的引进工作,顺利引入2名外籍运动员和7名外籍教练员。充实的外援团队大大增强了浙江足球俱乐部的竞争实力,2021年第十四届全运会上浙江男子U20足球队战胜了新疆队夺得冠军。

【积极拓展对外合作】2021年省体育局先后两次接待匈牙利驻沪总领事博岚先生一行,局领导陪同博岚先生实地参观杭州市陈经纶体育学校、杭州市水上运动中心和千岛湖水上运动训练基地,就体育领域深入合作进行了友好交流,并结合疫情常态化工作探讨体育发展新路径。2021年6月,组织浙江省电子竞技协会和日本静冈县电子竞技协会进行视频会谈,并就两地电子竞技项目情况和行业发展进行交流探讨。

2021年省体育局出访情况汇总表

序号	团组名称	出访时间	出访国家或地区	出访人数	负责人	备注
1	篮球	2月12—25日	卡塔尔	1	余嘉豪	随团
2	乒乓球	2月23日—3月22日	卡塔尔	1	向鹏	随团
3	帆船	3月19日—4月12日	阿曼	7	唐宏	自组团
4	举重	4月15—30日	乌兹别克斯坦	3	石智勇	随团
5	排球	4月26日—5月4日	日本	4	李咏臻	随团
6	蹦床	6月2—8日	意大利	1	赵漪波	随团
7	篮球	6月11日—7月7日	菲律宾、意大利	1	余嘉豪	随团
8	跆拳道	6月12—25日	黎巴嫩	2	朱峰	随团
9	奥运会	7月1日—8月1日	日本	2	汪海波	随团
10	奥运会	7月13日—8月8日	日本	2	徐建勇	随团
11	奥运会	7月17日—8月10日	日本	1	向鹏	自组团
12	奥运会	7月17日—8月11日	日本	1	郑瑶	随团
13	奥运会	7月18日—8月10日	日本	1	张鹏	随团
14	奥运会	7月19日—8月5日	日本	1	朱亚洁	随团
15	奥运会	7月19—31日	日本	3	李耀强	随团
16	奥运会	7月19日—8月6日	日本	3	邵国强	随团
17	奥运会	7月19日—8月9日	日本	23	何峻毅	随团
18	奥运会	7月19—28日	日本	3	闻人云涛	随团
19	奥运会新闻	7月22日—8月10日	日本	1	黄维	
20	奥运会	7月25日—8月2日	日本	2	姚妍君	随团
21	奥运会	7月25日—8月10日	日本	9	王雅伦	随团
22	奥运会	7月31日—8月10日	日本	1	王澜静	随团
23	排球	9月7—22日	日本	4	沈安东	随团
24	体操	10月12日—11月10日	日本	1	朱洁亚	随团
25	艺术体操	10月22日—11月3日	日本	1	王澜静	随团
26	乒乓球	11月5日—12月3日	美国	1	向鹏	随团
27	蹦床	11月11—25日	阿塞拜疆	5	赵漪波	随团
28	田径	11月25日—2022年8月5日	美国	2	王雅伦	随团
29	乒乓球	11月29日—12月13日	葡萄牙	3	王建军	随团
30	访问	12月3—9日	中国香港、中国澳门	2	邵国强	随团
31	网球	12月3—12日	中国澳门	10	王迎政	随团
32	游泳	12月12—25日	阿联酋	12	汪顺	随团

2021年省体育局接待访浙团组一览表

序号	团组名称	来访时间	负责人	人数	来访国家	备注
1	参观交流团	3月18日	博岚	5	匈牙利	驻沪总领事
2	参观交流团	6月11日	博岚	3	匈牙利	驻沪总领事
3	绿城引进	1月6日	乔迪、阿尔瑙、米克尔	3	西班牙	
4	绿城引进	1月29日	阪仓裕二、贝尔杜	2	日本	
5	绿城引进	2月28日	迪诺	1	南非	
6	绿城引进	2月28日	马修斯	1	巴西	
7	绿城引进	5月18日	弗兰克	1	克罗地亚	
8	绿城引进	11月16日	维多利亚	1	西班牙	

局属单位

浙江体育职业技术学院

【概述】2021年,在省体育局党组的坚强领导下,学院党委深入学习贯彻习近平新时代中国特色社会主义思想,坚决贯彻省委和省体育局党组决策部署,实干担当,争先创优,积极统筹疫情防控和备战参赛,奥运全运取得优异成绩,本科院校创建工作取得实质性进展,各项工作取得新的成效,实现了"十四五"良好开局。

【党的领导全面加强】深入学习领会习近平"七一"重要讲话精神以及党的十九届五中、六中全会和省委十四届八次、九次、十次全会精神,对标对表抓好贯彻落实,全年组织党委理论学习中心组(扩大)学习会18次。坚持党委领导下的校长负责制,不断推进"五强"领导班子建设,严格贯彻执行民主集中制,实行"三重一大"事项党委会集体决策制度。成功召开学院第二届党代会,选举产生第二届党委委员和新一届纪委委员。强化组织领导,建立党史学习教育领导小组,召开动员部署会,组织开展党员领导干部讲授党史专题党课,邀请专家学者作党史专题讲座,进行"学党史、知党情、跟党走"知识竞赛、基层党组织书记"微党课"评比活动等,组织奥运冠军积极参与"四进"活动。切实贯彻新时代党的组织路线,严肃党内政治生活,落实"三会一课"、主题党日、民主评议党员等党内基本制度。扎实推进党支部标准化规范化建设,将党建工作与中心工作同研究、同布署、同落实,积极打造和深化"五环"党建品牌实践模式,继续发挥重点运动队"第一书记",切实加强党的领导。严格落实党委主体责任和纪委监督责任,与各级党员干部签订个性化的全面从严治党责任书或廉洁自律承诺书。落实开展经常性监督和正风肃纪检查,建立健全"四责协同"机制,开展"一清理、两专项"、亚运会重点工程专项监督等工作,对发现的问题及时研究并落实整改。

【决战决胜奥运全运】东京奥运会上,学院运动员获得5金2银1铜,创造了学院征战奥运的历史最好成绩。陕西全运会上,学院夺得28金23银23铜,充分发挥了浙江竞技体育大本营的应有作用。学院小球系羽毛球队被人力资源和社会保障部、国家体育总局授予"全国体育系统先进集体",学院大球系获"浙江省模范集体"称号,学院被省政府记"集体一等功"2次。坚持"三从一大"和创新训练相结合,注重基础体能和专项体能相结合,加大外训、外赛交流力度,积极学习借鉴国内外先进的训练理念和方法。紧抓教练员队伍建设,推行聘用首席教练员和训练备战专家顾问制,激发教练员争先创优的积极性。狠抓运动队训风训纪建设,严抓运动队日常管理。落实"一金一案一策一技一团队一书记"制度,为运动员提供个性化保障方案,及时解决实际问题。严把运动员入学、转试训、招工关口。组织开展后备人才训练营,有序推进后备人才储备选拔。2021年共选调体校生59人、体校重点生66人,招聘运动员21人,转试训运动员33人,办理停训36人、终止试训8人、终止集训83人。

【提升科医保障能力】加强复合型保障团队建设,充分整合科研、医务、体能、康复等人员力量,加强多学科联合研究和攻关,确保运动员高强度训练比赛和良好的竞技状态。推进反兴奋剂工作"两长制",进一步落细落实主体责任和监督责任。举办反兴奋剂知识专题讲座12场、教育拓展活动5场,共1000余人次参加。加大对运动员行踪信息申报以及饮食、营养品、就医用药等环节的日常督查管理。全年未发生兴奋剂违规事件。修订完成《浙江体育职业技术学院科研工作管理办法》，积极组织8大类科研项目申报，实施评审3次，全年立项6项。全面实施科研诚信承诺制，将科研诚信建设要求落实到课题申报、结题等各环节，积极营造良好的学术氛围。

【不断完善内部治理】全面部署落实省疫情防控各项工作要求，严格做好进出校园人员管理和各竞技体育系外训点管控，做好防疫物资储备和重点区域消杀。开展师生疫苗接种工作，做到"应接尽接"。做好运动队外出训练、比赛及返程后的各项防疫工作，守住"零疫情"发生底线。全面梳理盘点学院章程和各项规章制度，对现行规章制度进行梳理。根据调整后的学院事业单位属性和内设机构设置，完成学院章程的修订。编制完成并启动实施学院改革发展"十四五"规划，修订完善学院党委会、院长办公会议事规则和议事清单。深化行政办公业务在线化、一体化服务模式，围绕"掌上办事、掌上办公"，学院各类钉钉审批流程74个，基本实现审批流程从线下到线上的转变。逐步推进训练管理数字化，积极构建浙江省优秀运动队参加重大比赛的身体机能监控数据平台，配合推进运动员技术等级确认公权力大数据监督平台建设。严格执行领导干部考核办法、个人有关事项报告制度和社团兼职规定。按照干部管理权限，做好科级干部轮岗交流，2021年新提任科级干部33名，从地方调动训竞管理干部1名，面向社会招录17个岗位20人。严格预算管理，强化统筹调控，科学合理编制学院2021年内部预算分配方案。围绕事前绩效评估、事中绩效监控、事后绩效评价，完成年度预算绩效管理。

【提升校园文化宣传影响力】围绕东京奥运会、陕西全运会组织宣传报道，全年微信公众号推送备战宣传56篇，学院夺得奥运5金信息，得到人民日报、人民网等主流媒体关注。紧扣建党100周年和党史学习教育主题主线，组织开展以"感念百年党恩、开启崭新征程"为主题系列人物访谈活动，讲述重点运动员、教练员尤其是奥运冠军、世界冠军的感人故事，大力弘扬体育精神，传递体育正能量。赴温州永嘉县、洞头县开展"送体育下乡"活动，实现竞技体育反哺群众体育，服务社会。

浙江省水上运动管理中心

【概述】2021年，省水上运动管理中心在省体育局党组的正确领导和各级部门的大力支持下，紧紧围绕省政府和省体育局目标任务，保质保量完成了奥运和全运的参赛任务，交出了竞技体育靓丽成绩单，实现了"十四五"良好开局。

【推进党史学习教育】2021年是中国共产党建党100周年，中心紧紧围绕"学党史、悟思想、办实事、开新局"的总要求，深入学习贯彻习近平新时代中国特色社会主义思想和习近平总书记重要指示批示精神，2021年全国体育局长会议精神、全省体育工作会议精神和省局党组的决策部署，切实把思想和行动统一到党中央决策部署上来。成立党史学习教育领导小组，领导班子成员充分发挥引领作用，在自我学习的同时积极参加各支部"三会一课"和主题党日等各类学习活动，认真分享所学所思，扎实推进党史学习教育。

开展建德淳安象山儿童走进水上中心、党员领取微心愿、听专题党课、看系列视频、慈善一日捐、党员心语、参观红色教育基地等活动,将党史学习教育与训练备战、关爱贫困儿童有机结合,推动党史学习教育深入基层一线。以党史学习教育为契机,围绕编制《浙江省水上运动发展"十四五"规划》,积极服务运动队一线,常态化开展"贴心事"活动,确保训练备战有力有序推进。

【赢取奥运全运大丰收】创造历史佳绩。中心共有8人参加东京奥运会,其中:李冬鋆、王楠获得皮划艇项目女子四人皮艇500米第6名,这是中国女子四人艇在奥运会上获得的最佳战绩;王丛康获得皮划艇项目男子双人皮艇1000米第8名,这是继北京奥运会后中国皮划艇队创造的历史最好成绩。陕西全运会中心以11金7银7铜的佳绩交出了漂亮的答卷。其中:皮划艇静水项目获得5金2银3铜,分别是男子500米双人划艇、男子1000米皮艇、男子双人皮艇500米、女子四人皮艇和男子四人皮艇;帆船帆板项目获得6金5银3铜,分别是男子水翼帆板、女子帆船49erFX级、男女帆船混合诺卡拉17级、女子帆板RS:X级长距离和障碍滑全能赛、男子帆船470级、女子帆船470级;皮划艇激流回旋项目更是取得历史性突破,由吕陆辉获得1枚宝贵的铜牌,创造了浙江水上全运会历史最好成绩。此外,中心共参加全国赛事11场,参赛人数达到200余人。2021年度共获得128枚奖牌(金牌52,银牌49,铜牌27),其中包含52个全国冠军(一类冠军28个)。全年共有来自全省9个地市的253名运动员参加了中心大集训,截止目前已有65名运动员成为长期集训生。

【队伍管理有条不紊】中心各项重点工作顺利完成,不断完善各项制度,已将68个制度汇编成册。持续做好疫情防控工作,强化安全防范意识,全力保障各项赛事参与率,在队伍转场运输、水上陆上训练安全、食品安全等多个环节严格管控并做好应急预案。人才队伍建设不断完善。持续做好运动员招生工作,全年完成26名优秀运动员招聘工作以及14名运动员转试训工作。持续做好中心公开招聘和干部提拔任用工作。反兴奋剂工作稳步进行。通过反兴奋剂活动小屋、大屏幕反兴奋剂知识轮播等学习和宣传方式,形成反兴奋剂宣传教育常态化和制度化机制。进一步完善中心快递收发站管理,不定期对运动员宿舍、食堂等关键部位进行突击检查,严格自查自纠,将反兴奋剂工作覆盖到训练、参赛、工作和生活等环节,切实加强运动队在疫情防控常态化条件下兴奋剂风险防控工作。

浙江省射击射箭自行车运动管理中心

【坚持党建统领】2021年,浙江省射击射箭自行车运动管理中心坚决贯彻落实中央、省委省政府和省体育局党组重大决策部署,积极融入现代化体育强省建设,特别是围绕"共同富裕"和"重要窗口"等政治主题书记上党课4次,支部书记上党课6次;中心班子成员带头严肃开展批评与自我批评,严格落实民主集中制,积极维护中心良好的政治生态。严格落实民主生活会、谈心谈话等制度机制以及"三会一课"和"党员学习日"等党内组织生活,狠抓各运动队党务理论学习,激发中心每一名运动员、教练员责任感和使命感。党风廉政建设持续加强,组织中心全体干部签订全面从严治党责任书和廉政承诺书,构建中心党总支成员"一岗双责"、中心党总支纪检委员监督责任"四责协同"机制,推进运动队党建思政教育,规范运动员进退队管理;对物资采购、工程招投标等重点领域实行全程监督,加强专项资金使用管理。

【聚焦奥运全运】2021年中心以奥运、全运为目标,坚持"金牌优先发展战略",实施"金牌运动员培养工程",2021年中心在全国一类赛事中获得4金7银6铜。其中在2020东京奥运会上共有6名运动员、1名教练员入选东京奥运会参赛队伍,是中心成立以来入选人数最多、涉及项目范围最广的一届奥运会,并且射击运动员杨倩摘得射击女子10米气步枪与混合团体2枚奥运金牌,成为中国射击队第一位在同一届奥运会上收获2枚金牌的运动员,创造了中心征战奥运的历史最好成绩;在2021年陕西全运会上共获得131个参赛席位,获得4金4银6铜,并且超2项世界纪录、破2项全国纪录、平1项全国纪录,1支运动队和8名运动员获得体育道德风尚奖,在参赛项目、参赛人数、参赛成绩等方面均创历史新高。此外,浙江省射击队荣获"全国体育先进集体"光荣称号。

【坚持备战机制】突出保障备战奥运会、全运会重点项目和重点运动员,做好奥运与全运交接转换工作;落实执行中心党总支成员和各科室联系服务各运动队制度,持续推行"最多提一次"服务,以运动队为主体,切实提升备战质量和效益;坚持刻苦训练和科学训练并重、基础体能和专项体能两全。2021年举办省级赛事共6场,全国体育赛事1场,通过比赛让运动队得到锻炼,增强队伍实战能力。重视科医助力训练,开发射击脑电系统,多形式提升运动员的认知能力,增强中心医务保障力量,为一线运动队提供专业医疗保障服务。

【数字化转型】中心在原有数字体育建设基础上,进一步细化组织构造、简化行政审批流程,提高行政效率;中心持续推进以"数字化"促"科学化"训练的管理体系建设,训练场馆监控率先接入省体育局数字化训练管理系统全景立体指挥平台,实时监测训练动态;融入省级训练单位科技助力试点项目,构建运动员身体机能监控数据平台,使之成为中心备战重大赛事的科技助力系统,逐步实现重点运动队"智慧化训练"。

【推进体制建设】制定《请销假管理制度(讨论稿)》等相关制度,用制度管人管事,继续推进中心制度化、规范化进程;坚持从教练员队伍建设为突破口,坚持结果导向、绩效挂钩,让一批优秀青年教练到主教练岗位,优化教练员队伍的整体结构;建立教练员的激励机制,满足教练员的各种合理需要,促使教练员主动创新和改善现有的训练方式,切实提高运动员的技战术能力;总结奥运会、全运会备战参赛经验,科学谋划和实施新周期备战工作,做大做强射击项目,组建移动靶和反曲弓项目,破解弱势项目发展"瓶颈"。

【夯实队伍建设】充分发挥中心班子的领导核心作用和主体责任,坚持为担当者担当、为负责者负责,树立重实干重业绩的用人导向。2021年完成优秀运动员公开招聘9人,集训运动员转试训8人;完成1次公开招聘工作,共招聘2人,增强干部力量;选派干部挂职锻炼,提升干部能力;完成中心内设机构调整工作,使得分工配置更加合理。

浙江省智力运动管理中心

【全面落实从严治党】2021年,浙江省智力运动管理中心全体人员扎实开展党史学习教育活动,召开党史教育专题理论学习、党课讲座、宣讲十九届六中全会精神。严肃认真开展党内政治生活,严格执行三会一课制度及《关于新形势下党内政治生活的若干准则》,组织全体党员认真学习党章开展主题党日活动,赴红色教育基地参观学习,召开党风廉政教育主题党日活动。积极发展党员,壮大党员队伍。将优秀中层干部、教练员、运动员吸收进党组织中来。

【打造浙江智力体育梦之队】2021年是全运会年,中心承担着浙江全运会群众体育项目参赛的重任。我省共派出824名群众体育项目选手参与比赛,参加了19个大项、138个小项决赛。中心下属的围棋、象棋、国际象棋三支队伍在本届全运会群众赛事中取得了6金2铜的优异成绩。中心各运动队在国内各项赛事中也表现优异,在2021年全国航海模型锦标赛中航模队以10金11银14铜的成绩获得全国冠军,以中心年轻队员为班底的遥控帆船组拿到了本次比赛三个小项9枚奖牌中的7枚。高度重视高水平后备人才的培养和梯队建设,2021年共招收集训运动员20余名,试训运动员8名,正式运动员3名,通过各项培训集训、青少年比赛、智运会队伍组建、备战集训、以赛代练等方式,提高运动员的竞技水平,促进项目可持续发展。

【打造智力体育交流高地】2021年,中心积极联合省委宣传部、第19届亚组委办公室、浙江省农业厅举办2021年浙江省棋文化进农村文化礼堂系列活动,活动结合建党百年红色元素,以棋艺对战、知识宣讲、文艺表演等多种形式,为农村文化礼堂注入了新的活力。浙江省棋文化进农村文化礼堂系列活动已在全省11个地市130个村级文化礼堂举办,直接参与群众已超过3万人次,赛事直播观看人次累计超过300万。王天一、蒋川、赵鑫鑫、金海英等著名象棋国手,纷纷响应号召,带着大量的棋具、棋书走进文化礼堂,走进当地学校,与当地爱好者近距离交流棋艺,令参与者在学习的过程中加大了参与热情。2021年,中心模型队持续推进送科技体育进校园活动,送教到全省包括杭州、宁波、温州、湖州、金华、丽水等多个地市的23所中小学,送教活动参与人数超过5000人次;举办了2021浙江省科技体育(模型文化节)科技创新大赛,本次比赛人群包括青少年及社会各界模型爱好者,为科技体育在我省"新时代工匠培育工程"发挥基础性作用进行尝试。

【数字化改革】中心按照"整体智治"的理念和省体育局数字体育建设要求,从管理智能化、训练智能化、档案智能化三方面着手,加强中心数字化建设。利用钉钉完成疫情防控常态化及日常审批管理工作,方便中心随时管控,充分利用钉钉简化办公流程;运用服务器+云端+客户端的方法实现了利用手持设备远程连接中心数据库,随时随地进行训练,大大提升了训练的效率和便利性。开展中心人事档案数字化工程的前期准备工作,对中心全体行政人员档案进行了初步审查并查漏补缺。

浙江体育科学研究所

【政治建设进一步加强】2021年,浙江体育科学研究所贯彻落实中央、省委、省体育局党组重要会议精神和重大决策部署,强化理论武装,力求学深悟透,深入持续学习《习近平在浙江》等特色教材、指定学习读本和重要参考材料等。多形式多层次组织开展党史学习教育和庆祝建党100周年的学习和活动。结合人事干部调整,顺利完成支部换届选举,进一步健全职责分工、议事规则。认真开展党史学习教育专题组织生活会,积极打造"五化""五带头"支部。加强党员队伍建设,严格按照《中国共产党发展党员工作细则》发展党员。严格执行中央八项规定及其实施细则精神和我省"36条办法",持之以恒做好正风肃纪工作。组织开展党风廉政主题党日活动,学习有关党风廉政重要讲话精神,结合典型案例,加强警示教育,注重科研人员职业道德和职业素质教育。推动党史学习教育和十九届六中全会精神转化为具体举措和实际行动,为省域90个县市区的24万余群众提供了涵盖"身体形态、身体机能、身体素质测试及个性化健身指导"在内的国民体质测试服务,惠及人数之多列全国首位。

【抓好疫情防控】认真贯彻落实省委省政府、省体育局关于疫情防控的各项工作指示精神,加强疫情防控宣传和指导,加强部门间信息沟通和配合保障,严格执行日常和训练基地疫情防控要求;减少聚集,采取线上模式开展全民健身和反兴奋剂共计7次培训;全面落实主动防控,倡导全体职工进行新冠肺炎疫苗接种,严密做好日常防护,密切关注自身及家人健康状况。

【科研全力保障竞技体育备战】2021年,共派驻7名科研人员至省射击自行车中心和省水上中心,全力做好运动队东京奥运会和陕西全运会科研备战保障工作。千岛湖科研组按周、按季、按需进行精细化机能保障工作,给予教练员量化的负荷监控指标反馈,做好训练强度监控和效果评价。长兴科研组做好重点运动员机能恢复监控和训练强度监控,通过探索不同功率自行车的组合训练,积极发挥运动生物力学和运动康复学科作用。配合国家皮划艇队和国家赛艇队女轻(浙江组)开展各项科研工作,积极掌握国家队浙籍运动员的训练情况,做好科研方面程序化参赛方案的研究;科研人员随浙江场地自行车队赴北京外训,负责国家队浙籍运动员的科研保障工作。强化体能训练,进一步提高比赛能力和水平。

【服务社会民生】全方位指导体育现代化县(市、区)创建工作。为创建单位做好考核指标专业解读,提高申报质量;协助创建单位完成年度国民体质监测方案的制定与实施,并给予实地技术督导;核查创建考核指标人均体育场地面积的填报数据,并出具相应证明材料。赴江苏、本省相关地市开展调研,起草《浙江省促进"体卫融合"发展实施指导意见》(讨论稿);梳理本省深化体医融合工作存在的主要问题,撰写"完善我省体卫融合服务体系助力共同富裕示范区建设"调研报告,针对性的提出对策建议与下一步工作举措。常态化做好"健康浙江"体育工作考核中的国民体质监测合格率、人均体育场地面积等考核指标的技术督导和后期数据审核、统计和报告撰写工作。编制完成《马拉松赛事大众选手运动风险防控服务指南》浙江省地方标准送审稿,撰写完成《浙江省全国第五次国民体质监测及活动现状调查公报》,全民健身指导科学、有效、合理、安全。编写《健身步道建设规范》草案,已报送省市场监管局立项。开展2020年品牌体育赛事名录库的综合评估,设计评估指标30个,完成评估数据2520条,完成评估报告、工作报告。

【助力体育产业研究】协调推动《浙江省航空运动发展规划(2021—2025年)》《浙江省水上运动发展规划(2021—2025年)》《浙江省马拉松及相关运动发展规划(2021—2025年)》三个专项运动规划的调查研究、征求意见、研讨论证、修改完善等工作,编写完成三项规划送审稿。持续做好品牌赛事名录库评估工作,对2021年评估指标进行了修订,增加了赛事安全与保障措施方面的指标,对本年度申报的105项赛事进行逐一评估,形成年度评估报告。牵头起草《关于开展"环浙步道"建设工作的指导意见》《关于进一步推进"环浙步道"建设工作的实施方案》、"环浙步道"建设技术要求、"环浙步道"数据采集技术要求,联合开发"环浙采集"App和"环浙采集"SaaS数字化管理平台;编制"健身步道技术要求"地方标准草案,现已获得立项;指导各市开展"环浙步道"市域环线规划工作及数据采集工作。

【反兴奋剂工作】组织实施反兴奋剂准入教育"回头看"工作,赴训练单位进行实地查看、听取汇报、个别访谈和抽查考试等,共抽查运动员及辅助人员255名,确保严格落实责任,准入无一遗漏。协助省各训练单位建立省级反兴奋剂教育基地,依托现实载体进行实物展示、知识答题、视频学习、互动游戏等,宣传和教育反兴奋剂知识理念。拍摄制作反兴奋剂宣传片,并在杭州地铁循环播放,加大反兴奋剂工作宣传力度。开发在线教育系统,开展线上网络课程培训,全省体育系统行政管理人员、各训练单位运动员均可以登录学习。成立省反兴奋剂工作督查小组,重点对食品、药品、营养品三品防控风险及赛事、训练单位反兴奋剂工作体系建设进行工作督查。拟定《浙江省重点运动员反兴奋剂工作精准化服务实施方案》,全方位推动反兴奋剂工作"零出现"。为备战东京奥运会、陕西全运会,扎实做好讲师及检查官招募、培训工作,2021年总计开展反兴奋剂教育活动40场,覆盖5237人次。

【多维度推进数字化建设】围绕全面建成省级训练备战平台,构建运动训练大数据模型和训练备战辅助决策系统。联合三家省级训练单位组成"省级训练单位科技助力团队",对浙江省优秀运动队备战重大比赛的科技助力系统进行研究,构建浙江省优秀运动队参加重大比赛的身体机能监控、关键技术优化数据平台和数字化冠军模型,逐步完善和加强浙江代表团备战重大赛事的科技助力工作。在浙里办政务平台上线"反兴奋剂工作一件事"。完成省兴奋剂检查官、纯洁体育教育讲师队伍信息记录,便于反兴奋剂工作团队建设及管理。全面升级改造"国民体质数据管理系统",初步实现"国民体质测试工作流程纳入'浙里办'App管理"和"呈现体质测评报告和个性化锻炼指导服务"两项服务功能的扩展。

【体育科研】本年度科研人员在期刊上发表论文2篇(其中获SCI收录1篇),专著著作1本,专利授权3项。由于疫情原因,本年度国内学术交流和培训均以线上形式开展。《浙江体育科学》杂志双月刊,按时出版6期,刊登论文117篇;出版增刊1期,刊登运动训练学论文36篇;撰写《浙江体育科学研究所"十四五"规划》,联合钱江晚报开展"测测你的身体年龄"公益服务活动。

浙江省黄龙体育中心

【概述】2021年,黄龙体育中心以党史学习教育激活争先动力,抓纲带目夯基础,全面规范促提升,圆满完成省委庆祝建党100周年大型文艺演出保障任务,场馆改造完成率约97%,全年经营收入1.39亿元,各项事业逐步呈现新气象新面貌。

【党建工作高质量发展】始终把加强党的政治建设摆在首位,在局直属单位率先出台"第一议题"制度,学习重要讲话、重大决策部署等40余项。高标准推动党史学习教育扎实开展,创新开设"黄龙讲堂",充分利用"学习强国""云课堂"等线上载体,构建党员学习教育大网络。开展"7+1"系列庆祝活动、"五个一百"活动等配套活动为重点的党史学习教育190次。中心领导带头讲党课,组织8090青年宣讲员主动靠前,激发广大青年党员理论学习内生动力。推进支部建设标准化。根据部门职能和实际情况,对支部设置进行调整优化,不断增强党建与部门业务耦合力。严格落实党员领导干部参加双重组织生活、"三会一课"等基本制度,进一步加强党员发展工作,推进党员作用发挥长效化,深入开展"三为"专题实践活动。全员签订"个性化"全面从严治党工作责任书或廉洁自律承诺书。严格落实民主集中制,修订完善中心党委贯彻执行"三重一大"决策制度实施办法,进一步规范重大事项决策行为。紧盯重点领域、重要岗位、重要节点,加大廉洁宣教频度与监督检查力度,坚决纠正"四风"。持续正风肃纪示廉,以问题为导向开启一轮作风方面自查自纠。

【高质量推进亚运筹备】坚决打赢场馆改造收官战,截至12月,累计完成总投资额约9.53亿元,约占批复概算10.6265亿元的89.73%,全年完成资金支付2.94亿元,场馆改造基本完成。坚决打好场馆运行攻坚战,坚持自我革新,积极适应从以往竞委会办赛模式向场馆化运行模式的转变,按节点完成总体运行进度安排,推进场馆群运行团队组建,推进运行计划编制,推进运行设计相关工作。打响后亚运时代规划落位提升战,通过召开专家座谈会等方式听取意见建议,进一步优化完善业态规划。在对接亚组委优先确保场馆使用需求前提下,多措并举逐步推动业态规划落位。积极尝试引入高质量赛事落户黄龙,以杭州亚运会赛事为重心,统筹谋划贯穿亚运前后的重大赛事、品牌赛事布局规划。在自主运营空间谋划健身指导中心、健身房、青少年培训项目等场地布局,在优化体育健身服务供给同时为后亚运气膜馆迁移做好准备。

【重大活动保障】全年中心场馆开放率达98%,累计接待健身人数121.65万人次,超年度目标10.6%,其中低免开放累计接待24.03万人次;累计举办各类赛事活动111场,超年度目标11%,其中举办公益体育活动63场。省委"庆建党百年活动"作为亚运改造后承接的首场重大活动,中心发扬连续作战精神,优化应急指挥体系,日均投入近150人,服务总时长超5万小时,圆满完成活动保障任务,专题报告获时任浙江省委常委、宣传部部长朱国贤批示表扬。高标准推进场馆服务大提升,53个小项基本完成,随着"提供运动伤病应急服务""打造冠军文化"等项目落地,场馆服务能力进一步提升。结合总局公共体育场馆开放使用试点工作,进一步优化完善形成涵盖十大提升计划的任务清单并推进实施。牵头构建浙江省体育场馆 以科学化标准评价场馆开放综合绩效。开展群众满意度问卷调查,广泛征求群众意见建议,推进服务标准化建设,加强对一线服务人员管理,开展微笑服务、工作技能等业务培训,切实提升服务能力。制定省级文明单位创建工作规划,统筹推进各项创建活动。打造了一块体育文化交流展示阵地,开展了一系列体育文化主题活动,进行了4000多小时志愿服务。

【推动品牌黄龙建设】围绕智慧体育,办好运动健身"一件事",完善"动感黄龙"小程序等"掌上服务",推进户外智能健身设施、空中跑道智慧设施、智能足球等具体项目,推动服务侧数字化供给能力升级;建好内部管理"一平台",构建包含综合、赛事、人车、设备、能耗、安全、环境和运营等八大态势的"智慧场馆大脑",在实现服务端百姓"一站式"体验同时,大幅提升场馆管理端工作效能;织密智慧输出"一张网",牵头编制的全国首个智慧场馆省级地方标准于2月正式实施,积极参与行业标准《中国智慧(体育)场馆标准化白皮书》和团体标准《智慧体育场馆建设标准》编制工作,按标准推进程序均已进入后期工作。进一步推动黄龙智慧场馆系统品牌输出,省内场馆覆盖率达1/3,累计覆盖9省共53家体育场馆。

围绕文体培训,公益体育活动影响力不断提升,形成以"黄龙晚高峰""黄龙体育课"为重点的"黄龙"品牌公益活动体系。2021年"黄龙体育课"共计开展24个项目课程,辐射影响5.5万余人次,"黄龙晚高峰"成功举办路跑大会、橄榄球等群众性赛事活动,累计参与达1000余人次。抓住"双减"政策机遇,加强团队管理、优化教练员队伍结构,优化课程设置并针对不同群体实行个性化定制服务,目前自有培训项目达到13个,全年承接各类定制赛事活动25场,参与6000多人次。积极推动"黄龙"优质培训活动品牌走出去,与杭师大、浙艺、学军等共13所学校开展赛事活动、课程开发和人才培养等方面合作,"黄龙体育课推动体教融合"被授予"浙体产业十周年高光事件"。

围绕场馆运营,勇于探索创新,以公开招标方式向社会购买场馆日常运营服务。包玉刚游泳场通过公开招标实行游泳培训业务外包,较自营期间利润增幅达43%。探索以"轻资产"模式稳步推进场馆运营输出。积极尝试市场化运作,场馆公司成功中标临浦体育馆,首次以市场方式拓展经营版图。此外,中心与万科集团就天空体育馆运营开展合作,实现场馆运营管理和体育培训向社区级场馆输出,为百姓健身"最后一公里"破题。继续做好舟山分中心运营管理工作,舟山场馆全年接待全民健身30.52万人次,其中低免接待26.25万人次,组织承接赛事活动52场,其中公益活动46场。在抗击台风"烟花"期间,安置避灾人员近1000人。

【深化场馆内部改革】突出问题导向,通过建立部门年度绩效考核办法、查找影响阻碍部门和中心发展的问题、成立专班推动重难点问题处理等多种方式,提升内部精准治理水平。以专班化形式推动网球馆合作等四大重难点问题处理,全力配合局体育党组巡察组开展巡察工作,全面梳理巡视问题整改完成情况,做好整改落实情况回头看。围绕黄龙"以事为主、突出公益、宜企则企"的定位,进一步推进事企分离,着力突出人、财、物相对分离,加强中心对发展公司人、财、物、考核的监督管理。制定《加强发展公司公开招聘管理暂行办法》《加强发展公司财务管理暂行办法》,指导公司提升人事、财务等方面精细化管理水平。加强真实成本核算,指导公司制定绩效考核方案,除考核公司收入、利润外,明确员工收入与全年营收、利润等考核正相关。进一步加强对公司在招标采购、纪律作风等方面的监督指导。全面加强对安全生产管理工作组织领导,严格落实常态化疫情防控举措,制定应急预案,配齐入馆信息核验设备,及时补齐防控短板,加强疫情防控监督检查,确保各项具体措施落实到位。制定软件正版化工作责任制度等6项制度,健全安全隐患报送、信息沟通、联查协作等机制,完善安全生产制度保障体系。

浙江省体育竞赛中心

【构建党建工作新格局】2021年,浙江省体育竞赛中心以中央指定的学习读本为主要内容,定期开展集中学习,引导广大党员干部学党史、悟思想、开新局。办好每月主题党日活动,组织全体人员参观省档案馆、绍兴周恩来纪念馆,开展"六个一"主题教育活动。积极组织开展志愿服务,彰显党员责任担当,进行点亮微心愿活动;学习贯彻党的十九届六中全会精神,组织开展相关内容宣讲及交流研讨活动。进一步加强中心党支部的自身建设与管理,加大对"四风问题"的监督查找,推进八项规定落实。着重抓好领导班子、中层干部、党员干部3支队伍建设,建设谋政勤学型领导班子,提升党员干部综合素质。认真落实"三重一大"集体决策等制度,严格遵守省体育局有关公务接待、公车管理、办公用房等规定,重新修定《竞赛中心内部控制手册》,进一步严明工作纪律、规范工作秩序。

【赛事聚焦"生态+特色"】浙江省第二届生态运动会于4月拉开帷幕,在宁波市鄞州区、安吉县、天台县、淳安县、德清县省内五地接力办赛。赛事以涉山涉水类户外项目为主,实现"体育+文化+旅游+生态+农业"的组合效应,让绿水青山在大体育发展格局中释放最大的生态价值。赛事吸引了浙江省、长三角区域乃至全国的代表队,极大带动了承办地的各类消费。安吉站灵峰乐跑和灵峰夜行两项赛事的线上报名到号牌领取、赛道计时、智能判罚、成绩排名、完赛物资及奖牌领取等一系列流程全部由物联智慧系统自动实现,参与者的体验感、获得感大大增强,数字改革的成果在赛事活动中得到彰显。淳安站的徒步、房车体验、铁人三项及定向赛4项活动直接参赛运动员达3000余人,陪同人员约5000余人,活动是对千岛湖运动休闲环境和生态度假旅游的一次充分展示。安吉孝丰赋石龙舟大赛的举办,很好得将河道整治、河道开发与水上运动项目结合,大大提高了水上资源利用率。德清站在赛事整体设计过程中,保持着对本地特色、群众性体育这两者的重点考量,德清"竹"文化元素的暖场节目、活动项目充分体现了生态+运动的赛事主旨,展现了人与环境的和谐共处。

【自行车赛事筹备】以打造浙江大湾区自行车公开赛和浙江自行车联赛为主要抓手,兼顾环太湖等相关赛事,共同推进"浙里骑"赛事体系逐步形成,促进自行车骑行运动安全、科学、健康发展。10月连续完成2021浙江自行车联赛海盐站、西湖龙坞站两站赛事,原计划的其他自行车赛事因政府防疫明确要求取消举办。

【长三角水上运动节】2021长三角水上运动节以推进长三角区域一体化发展和弘扬保护京杭大运河文化为主题,分为竞赛与嘉年华两部分,共设置电动冲浪板、赛艇、皮划艇三个项目的比赛。活动致力于打造成一个以专业水上赛事活动为依托,集运动、观赛、体验、娱乐等为一体的市民群众广泛参与的体育品牌,是一场长三角联动、全城热动、全民参与的时尚运动嘉年华。现场共有央视频移动网、新华社现场云、新浪微博、今日头条等多家直播平台,累计观看数1270万。

【"红动浙江"马拉松系列赛】复兴之路·薪火驿传百公里接力赛拉开了2021年"红动浙江"马拉松系列赛序幕,赛事围绕"薪火"和"曙光"主题展开并贯穿始终,以超级马拉松接力赛的形式"重走一大路",800名选手组成100支参赛队伍从上海中共一大会址点燃火炬,在各接力点逐个点亮星火手环,经过7个接力点的传承汇聚于嘉兴南湖,并在现场用100支接力棒组成了一枚闪亮的党徽,寓意中国共产党人的精神和使命一直在传承。

【浙马跑团百公里接力赛】"庆祝建党百年·传递红船精神"浙江省跑团百公里接力赛活动以省内10个地级市为坐标,每站比赛选取省内一个红色革命根据地或教育基地,由101名党员跑友报名参加,完成100公里接力,号码簿按照1921—2021的年份定制,每一名跑友的号码都代表着百年征程中的一个年份。在每站赛事活动的竞赛组织、策划执行中充分结合比赛地红色历史文化,聚焦红色顶层设计,传递红色文化。

【路跑赛事分级管理】中心作为我省路跑赛事分级管理试点单位,积极协助中国田径协会对浙江省内A类赛事指导和监管,开展B、C类赛事积极有效指导和监管。对加入浙江马拉松积分赛的申请流程进行完善,建立"申请→审核→实地考察(首次办赛)→批复"四位一体工作机制,形成了以"杭州马拉松"为龙头、相关马拉松赛事互通积分的联动模式,推动我省马拉松及路跑赛事健康有序地发展。

【聚焦"群众+传承"】全年完成省青少年比赛65项,其中锦标赛23项,冠军赛17项,各类积分赛、分站赛和总决赛11项,阳光运动会比赛14项,共有来自全省11个地市24764名运动员、4981名教练员参加,组织2995名裁判员服务赛事。第四届体育大会赛事31项,共有来自全省11个地市6122名运动员、881名教练员参加,组织1028名裁判员服务赛事。比赛组织过程中,全力做好裁判员的选调、培训、赛区场地及食宿安排,以及疫情防控、应急防范方案制定等工作。配合竞赛处完成省运会单项规程编制工作,推进省运会标识征集设计论证及场馆建设、测试赛事安排等,开展场地器材、竞赛组织、裁判员选派等协调工作。截至12月,已完成11项省运会测试赛。

【赛事规范化管理】目前全省体育赛事工作,尚未建立一套完整有效的体育赛事评估方案、评估办法、评估指标和评价体系。中心在局竞赛处的指导下,积极开展调查研究,推动体育赛事评估体系建设及评估标准建立。制定中心"十四五"规划。"十四五"期间,中心将围绕体育竞赛这个核心,结合"一带一路"、大湾区建设、长三角一体化以及杭州2022亚运会契机,大力支持大型体育赛事引进、承办和体育品牌赛事的培育,鼓励支持社会力量承办体育赛事。计划"十四五"期间举办省级赛事1500场以上,全国性赛事1000场以上,国际性赛事250场以上,其中实现马拉松赛事年度10个全程马拉松、50个半程马拉松的目标。积极打造市本级、各县区品牌赛事,每年计划举办100个以上各级各类品牌赛事。

浙江省体育彩票管理中心

【概述】2021年,浙江省体育彩票管理中心坚持以习近平新时代中国特色社会主义思想为指导,以推深做实党史学习教育系列活动为契机,牢牢把握发展机遇,有力推进我省体彩市场健康发展。全年共销售体育彩票169.13亿元,同比增长27.97%,筹集体彩公益金44.79亿元,同比增长20.36%,均排名全国第3位。党风廉政和清廉体彩建设纵深推进,省体彩中心获得浙江省体育局先进基层党组织荣誉称号。

【抓好党建引领工程】通过党总支理论中心组带头学、各支部党员大会集中学、党员个体自主学,以及书记上党课、主题党日等多维度多层次的学习教育模式,引导党员、干部往深里学、往深里想。组织开展“红动浙江·温暖有光”红色系列公益活动,展现体彩风采,献礼百年华诞。“百年复兴路,体彩新征程”红色运动会先后走过湖州长兴、嘉兴南湖、温州平阳、台州三门、余姚梁弄、丽水遂昌6个革命老区,共吸引来自全省各地及各行各业的160多个党支部,共计1700余名党员参加。6月30日出版的省委办公厅《浙江信息(每日简报)》庆祝建党100周年主题专报以《省体彩“沉浸式”体验助推党史学习教育》予以了报道。

【纵深推进清廉体彩建设】严格落实“三重一大”集体决策制度,召开全面从严治党会议,结合岗位特点,省中心每位党员、职工签订个性化全面从严治党责任书或廉洁自律承诺书。集中组织党员、职工传达学习党风廉政和反腐败工作最新要求、典型案例。完善中心内控管理。修订《浙江省体育彩票管理中心党总支贯彻执行“三重一大”决策制度的规定》等制度6个,制定《浙江省体育彩票管理中心主任办公会议事规则》等制度7个。采购有资质的第三方公司对中心内控管理进行内审和评价,不断优化中心内控工作,切实保障中心工作安全、高效运行。

【加强人才队伍建设】坚持党管人才原则,通过民主推荐,选拔任用中层干部,进一步充实优化中层队伍力量和结构。扎实开展从业人员警示教育,在全省专管员培训班上,开展专题廉政警示教育,落实风险防控工作要求。全力配合做好巡察工作,认真完成巡察组交办的各项任务,确保巡察工作顺利开展。

【抓好为民服务工程】2021年,建立了班子成员和部门负责人联系市中心的工作机制,围绕重点难点热点问题,密集开展“三服务”调研,收集“三服务”意见建议45项,办结36项,持续推进9项。省中心党总支与台州、金华市体彩中心、十足公司、杭州市儿童医院等单位开展党建共建,帮助台州、金华中心和十足公司解决业务发展问题。与省文明办合作,在3500家体彩驿站升级1200家推出爱心漂流伞7天免押金借用公益服务,体彩驿站爱心漂流伞项目被评为全国体彩创新项目一等奖。连续第四年举办“爱心小板凳”活动,20000张体彩“爱心小板凳”走进全省各地市高铁站、客运码头、景区等24个服务点,为带孩子的游客及老人或行动不便者送上关怀。

【打好竞彩保卫战】积极围绕欧洲杯拓展竞彩特色主题店,开展竞彩主题营销活动、实体店精细化运营帮扶等工作,补上竞彩游戏短板。精细化培育市场。欧洲杯前夕,全省新增280家门店,打造竞彩主题实体店335家。开展为期6个月的竞彩游戏精细化运营帮扶,参与帮扶的中低销量实体店竞彩销量占全省比例从4月份的6.84%提升至10月份的13.99%。全年竞猜型游戏累计销售87.94亿元,排名全国第五位。建立竞彩端口筛选淘汰常态化工作机制,定期对竞彩端口实行末尾淘汰,优先保障、补充到新增网点。修订《浙江省体育彩票实体店全国联网单场竞猜游戏超限额销售管理办法》,明确省市中心、专管员的监管责任以及代销者、购彩者的理性劝导和如实申报义务。抓住欧洲杯、奥运会等重大赛事契机,积极开展竞彩主题宣传推广活动,进一步推动体育爱好者与购彩群体的双向转化,开展大型欧洲杯专题落地活动、大型落地活动、实体店观球活动,打造重点实体店335家,营造浓厚的竞猜氛围。与主流媒体合作,在线上开设竞彩专版赛事,在省级电视媒体开设专题电视节目,强化竞彩普及。

【打好渠道保卫战】加强渠道市场分析,开展挂图作战,做到空白区域及时找,市场薄弱区域及时补,低质量渠道及时换。积极推行网点阳光征召,2021年,全省共有申请报名者3009个,通过审核者1456个。创新渠道建设新模式。在2020年杭州试点10家商业综合体渠道拓展的基础上,2021年将试点范围扩大到全省11个地市,共计拓展商业综合体实体店59家,全年累计销量突破1亿元。持续拓展、维护十足、罗森、美宜佳等便利连锁渠道,大力开发位于交通枢纽、大型商超、景区、体育场馆、影院等特殊渠道的实体店。在全省开展渠道细分工作宣贯培训,率先在要求时限内完成10441家实体店标签收集工作。细化基于品牌形象的实体店分类模型,完成传统实体店分类。制订《浙江省关于基层队伍管理服务工作的实施方案》,召开专管员素质提升培训暨新专管员认证培训。积极争取财政支持,通过开展星级评定、疫情防控经营补助、实体店vpdn补助、提质增效扶持补助等各类项目,为实体店发放补助,帮助实体店减轻负担。

【打好年轻人保卫战】积极争取总局中心大力支持,研发具有浙江特色的即开新产品"中国瓷·龙泉窑"主题即开票、"汽车迷"主题即开票。巩固提升大乐透基础地位。紧抓大乐透全国派奖和国际大型赛事契机,开展大乐透、7星彩、排列3省级自主营销活动和地市自主营销活动。全年乐透型游戏累计销售58.97亿元,继续保持全国第二位。讲好青春品牌故事。开展"体彩 不止运动"、中国体育彩票千岛湖徒步大会、中国体育彩票首届街舞大赛等主题系列品牌推广活动。组织开展全省体彩红人培训班,着力培养一批体彩品牌KOC,提升体彩在新媒体平台的传播声量。"浙江体彩"抖音账号粉丝数由8.5万增长至14.1万,较去年同比增长约,65.7%,累计播放量超过3000万。策划"正青春 当奋斗"系列新闻专题,深入挖掘并展现年轻体彩人的精神风貌。持续支持男排、围棋、水上、网球、篮球、游泳、自行车、射箭、击剑等运动项目,将年轻运动员积极、阳光、拼搏的形象与体彩品牌调性契合,打造年轻的品牌IP。

【加强风险防控】对总局体彩中心终端强管制系统报警做到"有报警必停机、有停机必整改",坚决杜绝各类违法违规问题发生。持续推进开奖工作安全稳定运行,确保浙江体彩开奖工作无安全事故发生。通过QQ、微信群建立与合作媒体的日常沟通机制,加强对网络舆情的应急管理和处置。发布年度社会责任报告,获得中国企业社会责任报告四星半级。强化中心网络安全软硬件建设,对中心办公设备开展软件正版化使用情况检查与安装,利用第三方检测平台做好网络舆情的实时监测,确保宣传工作安全有序进行。

重视来信来访,第一时间予以接待处理、回复,做实做细群众思想工作。

【开展公益公信品牌建设】省、市中心上下联动,利用"报、网、端、微、屏"等平台载体,加大公益公信宣传力度,开展各项宣传推广工作。积极引导各市开展实体店、赛事公益金宣传工作,推出《公益体彩朝"浙"看》专题电视节目,全面展现浙江体彩公益金的社会贡献。下发《浙江省体育彩票公益金资助项目标牌设计及规范》,为各市开展体彩公益金宣传提供规范参考。积极推动省体育局对公益金资助项目的宣传督察工作,并纳入对各市体育部门年度考核、浙江省体育现代化县(市、区)考核的指标范畴,促进公益金项目宣传工作落到实处。

【增强创新发展能力】主动融入党委政府中心工作,探索跨界融合发展。主动与丽水龙泉、金华兰溪、衢州江山政府部门合作,推出"买体育彩票送景点门票"系列活动,充分利用体彩实体店业态多、覆盖面广的特点,助力共同富裕示范区建设,得到总局体彩中心领导的充分肯定。

浙江省体育服务中心(浙江省全民健身中心)

【抓好党建工作】2021年,浙江省体育服务中心(浙江省全民健身中心)坚持把学习贯彻习近平新时代中国特色社会主义思想摆首位,围绕党风廉政责任制工作部署,推进支部组织、思想、作风建设。组织全体党员干部集中学习"四史"教材,交流研讨《习近平在浙江》和习近平总书记重要讲话精神,推动党史学习教育走深走实。结合党史学习教育主题活动,赴三门、遂昌、余姚和临安等地开展专题实践活动,按时开展主题党日活动,组织党员学习交流、观看爱国电影、警示教育片。

【推进省全民健身中心工程进度】"三通一平"顺利完成。2021年3月,在拆迁审批、完成住户商户搬迁、资产报废等前期工作顺利完成的前提下,协助推动区有关单位和拆建公司的高效联动,历时2个月,场馆房屋全部拆除、场地平整及建筑垃圾清运等工作顺利完成,平整场地41000平方米,为2022年春季启动工程建设打下坚实基础。场馆设计进一步深化。数次组织或参与召开省全民健身中心场馆功能布局优化设计会、图审专家评审会、外立面泛灯光设计会等专题会议,重点深化各层平面功能、外立面景观和周边区域交通环境等设计细节。场馆和安置房两个项目公示圆满结束。

【全民健身公益培训系列活动】2021年,中心开展了"体育下乡•红色行"系列活动,组织党员干部奔赴有着悠久红色革命党史的三门县亭旁镇、遂昌县王村口镇、余姚市梁弄镇和临安高虹镇等28个点开展"送体育下乡"活动。全年共面向基层教师、学生群体开展海模、足球、乒乓球等体育技能培训,开展科学健身讲座,共为基层村镇配备体育健身器材1000余件,总价值达190余万元。持续塑造省全民健身中心公益传统品牌,2021年暑期分别在杭州临安锦绣钱塘、拱墅文体中心、下城文体中心三地同时面向青少年群体开展篮球、羽毛球和网球等公益培训。积极探索合作办赛的新路子,先后举办"时代浙商杯"乒乓球邀请赛、第二届"全民健身杯"门球赛等赛事活动,全年公益活动取得良好的效果。

【突出保障服务职能】派出专门工作组负责做好陕西全运会浙江代表团团部后勤保障工作,为非团部人员、专家、特邀嘉宾和各地市体育工作者提供住宿、票务和接送等方面周到的服务。2021年11月,首届上三角体育节在上海举办。中心协调组织轮滑、自行车、三人篮球和路跑等项目并组队赴上海参加比赛,其中,轮滑项目获28金22银17铜;飞镖项目取得城市杯硬式飞镖冠军、英式飞镖团体赛亚军,女子软式飞镖个人赛第二名;三人篮球也有两只业余队伍打入前六。

【推进"阳光后勤"建设】一年来,中心严格落实疫情防控工作部署,推进机关大楼及周边区域疫情防控常态化建设,特别是日常消毒卫生、进出测温亮码登记、疫情防控分工和突发应急处理等工作细节上形成闭环,有效做到全方位、无死角,确保机关大楼和代管住宅区全年平安。紧盯节假日、台风极端天气等关键时点,组织人员开展安全生产检查,重点检查水泵房、高压配电房、施工工地等关键环节,全面摸排安全事故隐患,全年未发生一起安全生产事故。重新委托具备专业资质企业提供消防维保服务,定期组织开展消防安全检查。

浙江省体育局信息中心

【开展党史学习教育】2021年,浙江省体育局信息中心推动党史学习教育扎实推进,第一时间成立党史学习教育工作专班,研究制定《浙江省体育局信息中心关于开展党史学习教育的实施方案》,组织学习必读书目、《习近平在浙江》等内容,组织全体党员参观党建历史场馆。在省体育局网站开设党史学习专栏,推送、发布相关稿件200余篇。赴省内重大赛事活动现场,开展"党史知识有奖问答"线下宣传活动,参与人数达万余人次。在"浙里办"体育公共服务专区开展第二届居家健身运动汇活动,为群众提供活动直播、预约健身场馆、健身指导视频、健身礼包等服务,累计访问量达183万。

【强化党风廉政建设】围绕中央、省委全会精神,开展集中学习、交流研讨和参观学习,通过浙政钉、微信等网络平台分享学习材料。严格落实支部党组织生活制度,开展主题党日活动,定期研究分析党员干部思想状况,严格贯彻执行"三重一大"决策制度,制定廉政风险防控措施,制定、修订相关制度,规范权力运行。

【体育数字化改革】抓好数字体育顶层设计,制定出台《浙江省数字体育"十四五"规划》,抓好体育公共数据管理配套制度,制定出台《浙江省体育公共数据管理暂行办法》等规范性文件,进一步加强体育公共数据统一管理,协助体育数字化改革专班制定体育数字化改革规范性文件。持续推进"互联网+政务服务""浙政钉2.0"工作,大力推进"浙里办"涉体应用的适老化改造。积极推进浙江省体育公共服务综合应用系统和"浙里健身"体育公共服务应用建设,浙江体育业务2.0(训练、竞赛、经济、人事)项目建设稳步推进,打造"居家健身运动汇"国庆专题活动版块,累计访问量(PV)约15万人次。稳步推进浙江省公共数据平台建设,迭代升级省体育数据仓,夯实完善体育事项"数据跑"基础,推进公共体育场馆和百姓健身房数据大屏建设。做好重点敏感时间节点的网络安全保障工作,持续做好网络安全检查、网络安全信息报送和网络安全等级保护测评工作,推进"政务一朵云"体育行业云区域网络安全体系建设。

【做强网上正面宣传】坚持凝心铸魂的宣传导向,围绕庆祝中国共产党建党100周年和忠实践行"八八战略"、奋力打造"重要窗口"主题主线,依托省局官方门户网站、微博、微信等宣传阵地,先后开设"共同富裕看浙里""党史学习教育"等多个专题宣传,报道省市县三级体育部门开展的理论学习、赛事活动以及创新探索和实践。坚持融合创新的宣传方式,在省局门户网站先后开设"2020东京奥运会""聚焦第十四届全运会""深化体育惠民 增强民生福祉"等14个专题,发布各类信息8233条;省局新浪微博发布各类信息1496条,在新浪微博政务微博榜浙江榜6900多个政务微博中排名进入前100名42次;"浙江微体育"发布各类信息1751条。加强与浙江在线、浙江发布等省级主流媒体的深度合作,借力"浙里办"和"学习强国"浙江平台,有效扩大浙江体育在主流媒体上的发声渠道。始终坚持服务为民的宣传实效。以浙马跑团百公里接力赛、红色运动会、浙江省第二届生态运动会等省内大型赛事活动举办为契机,以"浙里办·体育公共服务专区"宣传讲解为重点,全年开展线下宣传落地活动,宣传引导近万余人次。

浙江《体坛报》社有限责任公司

【坚持党建引领】根据省体育局党组关于党史学习教育工作部署安排,扎实推进党史学习教育工作,组织专题学习、领导干部上党课、专题宣讲、党员微党课宣讲、参观红色教育基地,全面推进党史学习教育提质增效。认真履行"第一责任人"和"一岗双责"主体责任,严格落实"三重一大""三会一课"和民主集中制,规范党员教育和管理,认真开展谈心谈话、批评与自我批评,切实增强组织生活的政治性和战斗力。

【坚持媒体融合】不断创新工作方式,围绕重大主题,讲好浙江体育故事,做好全国"两会"、全省"两会"新闻宣传的同时,聚焦全省体育局长会议,推出"聚力奋进新征程"系列报道;全媒体联动,做好东京奥运会、陕西全运会宣传,刊发《赴东瀛 浙样赢》奥运特刊10期,58个专版109篇稿件;推出《浙军·陕击战》全运特刊,共10期61个专版,刊发稿件141篇。联合中央和省级主流媒体开展"奥运冠军从'浙'出发"主题新闻采风,详细解码浙江体育批量"生产"奥运金牌、全运金牌的奥秘。

【策划推广赛事活动】发挥"媒体+体育"协同效应,策划举办第五届浙江省体育文化宣传展示会,邀请9家体育媒体、体育社团、体育企业进行体育文化展示,聘任2位奥运冠军、体育明星为"浙江省体育文化宣传宣传大使"。策划开展第五届冰雪运动嘉年华系列活动,创新将"红色历史+绿色体育+白色运动"相融合,先后在绍兴柯桥、丽水青田和宁波慈溪举办,总计近600人现场参赛,辐射人群超3000人。

【坚持规范管理】持续推进媒体融合纵深发展,10月27日,浙江体育融媒体中心正式启用,意味着在全媒体背景下报社转型初步成果的展示与亮相。启动制度的修、废、订工作,每个月设立"制度讨论日",统一新增、修订20多条内部制度,切实做到以制度管人、管钱、管事。做好人才的引进、培育工作。始终把做好发行工作摆在突出重要的位置,抓好报纸发行投递工作。

体育社团

浙江省体育总会

【坚持党建引领】围绕建党100周年重大主题,坚持和加强党对体育工作的全面领导。配合局机关党委推进各层级体育社会组织党建工作,实现省级体育社会团体党建工作全覆盖(正式党支部2家,临时党支部57家,派驻党建指导员2家),明确了党建工作主体责任,确保省级体育社会组织改革方向。按要求部署省级体育社团重要会议执行制度情况抽查工作,进一步增强推动社团改革发展的思想自觉、政治自觉和行动自觉。

【破解体育社团改革"瓶颈"】推进数字体育建设,实现浙江省体育社会组织服务窗口平台与省民政厅体育社会组织通道数据共享,分解全省体育社会组织2021—2025年建设任务,指导各市进行体育社会组织"浙里办"线上平台激活和录入工作。通过"浙交汇"面向社会公开推介2021年省级群体重点赛事活动,确定45项赛事活动,举办2021年全省体育总会秘书长及省级体育社团负责人培训班、社团展示交流之夜活动和2021年全省体育社团业务骨干培训班,征求政府购买省级体育社团服务、体育社团实体化改革和管理等方面意见建议。

【坚持规范管理】加强业务管理制度规范和程序规范,制订《浙江省省级协会秘书处和秘书长工作职责范式》《浙江省省级协会法人代表工作职责范式》等规定,要求体育社会组织强化制度规范,以制度管人,按制度办事。借力第三方评估、专业机构审计等,着力规范社团内部治理、加强社团监管。指导正式成立省定向运动协会、省健身气功协会、省街舞运动协会3个单位;指导省瑜伽健身运动协会、省冰雪运动协会2个单位申请成立事宜;推动省级体育类民办非企业单位的规范建设;推进省级体育社团换届工作。创新"浙江省体育总会"官方微信公众号自定义菜单目录,从三大总菜单"体总组织""活动专区""社团服务"引申出12个子目,作为各市体育总会、省级行业体协、单项运动协会的管理和业务指导,宣传推广科学健身和发布体育赛事和活动信息,开展对外交流窗口的平台。建立完善体育社会组织评估激励机制,省体育总会等4个单位荣获2017—2020年度全国群众体育先进单位;省龙舟协会会长王成云等4人荣获2017—2020年度全国群众体育先进个人。

【坚持创新发展】印发《关于高质量推进全省体育社会组织体系建设工作的实施意见》,在顶层设计上系统谋划体育社会组织改革路径;印发《关于推行全省大众体育运动水平等级评定制度的通知》,试点推行大众体育运动水平等级评定制度,足球、篮球、体育舞蹈、游泳、跆拳道、马拉松及路跑、马术、轮滑、棋类、钓鱼、社会体育指导、汽车和摩托车、健身气功13个项目协会参与申报工作,在专家评审的基础上确定6个项目进行首批试点,以后逐年推广。在省级体育社团中开展体育社团活力指数评估工作,以体育社团基本条件、治理结构、活动开展、绩效水平和群众满意度等测评为依据,对体育社团进行年度评估,结果向社会公布,作为政府购买服务和体育社会组织评先激励的依据,全面推进体育社团自身改革和体育治理能力现代化建设。

浙江省武术协会

【坚持党建引领】省协会党支部着力于加强党组织建设,结合党史学习教育,认真完成每月主题党日学习活动,组织观看《武汉日记》,组织支部党员赴井冈山开展红色之旅党建活动;通过钉钉视频,组织学习,进一步提高思想认识、提高政治站位,以党建引领协会工作,健全党组织有效参与协会决策管理的工作机制,以保证协会正确的发展方向。2021年,浙江省武术协会被国家体育总局授予2017—2020年度全国群众体育先进单位,顺利通过省民政厅浙江省5A社团复评。

【决战陕西全运】2021年,浙江省武术协会按照省体育局的部署,组队参加在陕西举行的第十四届运动会群众赛事活动——太极拳展演项目总决赛中,获得团体总分排名全国第一的优异成绩。省武术协会赛前召开专题会议商定参赛的基本思路和工作方案。下发省选拔赛竞赛规程,协调各市落实区域组队和选拔工作,确定了11支入围队伍代表浙江省参加陕西全运会决赛。省协会成立专家组,分别赴11支队伍所在地开展技术指导。各有关市、县武协领导、工作人员全身心扑在训练上,各领队和教练与运动员一起冒着酷暑坚持训练,体现了武术人的高尚武德,为取得优异成绩作出了积极贡献。

【庆祝建党百年】为庆祝建党100周年,浙江武术人在嘉兴市举办了《中华民族情、百拳贺百年》活动,同步举办了浙江省武术协会庆祝建党一百周年书画展,百名青少年组成的方阵演绎了中国武术百余种传统武术的精髓,用百余幅书画作品,展示了对党的热爱和新时代武术人能文能武、文武双全、德技双馨的武术新形象。

【加强制度建设】2021年省武术协会不断增强自身规范化建设,引导各级武术组织规范化发展。组织协会各分支机构认真学习总局武术运动管理中心、中国武术协会《清理整治武术乱象规范赛事活动管理办法》,认真排查填报,学习《关于进一步加强体育赛事活动安全监管服务的意见》,强化社会组织各项活动的安全管理要求。深化协会秘书处和内设机构的各项管理,以制度管人,以流程管事,努力提高综合能力、管理水平和服务质量。

【开展培训竞赛】坚持从严施教,在各培训班上严格实施"四会教学法"2.0版本,取得令人满意的效果。全年举办各类武术培训班8个,培训武术段位考评员65人、传统武术教练员90人、传统武术裁判员73人、太极推手教练员39人、形意拳教练员20人、咏春拳教练员15人、散打教练员22人,全省武术通讯员培训班64人、绵袍剑培训班32人。组织并选拔了24名优秀运动员参加了中国武术协会主办的"中拉太极拳网络大赛"并取得优异成绩,策化并主办了"中华民族情·百拳贺百年"大庆活动,主办了第六届浙江省太极拳公开赛和2021浙江省青少儿武术散打联赛—台州分站赛,指导衢州金庸武术大会、海宁"武侠雄飞"拳王争霸赛等赛事,助力竞赛工作顺利完成。

【规范段位工作】2021年省协会以武术段位要求为准绳、以现场展示为依据,依法依规做好浙江省武术中段位考试工作。384名中段位应试者,通过技术和理论两项考试共313人,通过率为81.51%。授予获得武术等级称号运动员中段位34人,散打运动员直接晋段者 31 人。全年全省中段位晋段人员共 378 人,全省新增武术段位二级考试点 5 个,全年初段位申报:11164 人。

浙江省老年人体育协会

【制订五年规划】按照省政府下发的《浙江省全民健身实施计划(2021—2025 年)》,结合浙江老年体育工作实际,科学编制全省老年人体育工作"十四五"发展规划,上报省体育局正式行文下发。《规划》对"十四五"时期全省老年体育工作的发展目标、实施举措和各项保障提出明确要求。

【各类先进评选】根据《关于开展 2017—2020 年度全国群众体育先进单位和先进个人评选表彰工作的通知》精神,浙江省老年人体育协会、宁波市老年人体育协会、台州市老年人体育协会、新昌县老年人体育协会获得全国群众体育先进单位称号,金华市老年人体育协会主席蔡健获得全国群众体育先进个人称号。中国老年人体育协会举办的"庆祝中国共产党成立 100 周年"征文、摄影作品征集展示活动,浙江省各级老年人体协积极参与并获得各类奖项。2021 年浙江省开展了 2017—2020 年度全省老年体育工作先进单位先进个人评选表彰工作,杭州市上城区老年体协等 207 个单位被为 2017—2020 年度浙江省老年体育工作先进单位、周晓丽等 373 人为 2017—2020 年度浙江省老年体育工作先进个人称号。此外,绍兴市老年人体育协会主席施淑汝被省老干部局评选为体育推广达人。

【搞好培训工作】2021 年采取分区域办班和走基层结合的方式,开展健身指导和健身项目技能培训。全省举行了木球、兜球、健身秧歌、气排球、桌上冰壶等 15 个项目的裁判员、教练员培训活动,培养了来自全省各地各项目裁判员、教练员 1500 人次。派员参加了全国老年人健身球操、气排球教练员裁判员培训班,多人被评为国家级裁判员、教练员。

【推进活动开展】2021 年,在嘉兴举行了全国气排球专委会会议,并举办了"追寻红色记忆 传承革命精神"2021 年全国老年人气排球推广交流活动(嘉兴站)活动。承办了全国老年人太极拳健身推广展示大联动主会场(桐庐)启动仪式,全国各地 2000 余名太极拳爱好者参加了展演。联合浙江省老年服务业协会,举行了"庆建党百年,展长者风采"2021 浙江省活力长者风采秀系列展演主题活动,累计参演节目 446 个,参与演出人员 5868 人。全省举行"庆七一、迎亚运"2021 年浙江省老年围棋、象棋、木球、兜球等 16 项老年体育交流(竞赛)活动。全年省级各项活动累计参加人员达到 1.2 万多人次。

【成立气排球专委会】2021 年,浙江省老年人体育协会气排球专项委员会成立。气排球专委会由省老年体协、各市、省直行业系统老年体协和被评为"全国老年气排球之乡"等单位联合组成,办公机构设在诸暨市五泄气排球馆内。11 月 20 日在五泄气排球馆举行了 2021 年浙江省老年人气排球交流活动开幕式暨五泄文体中心开馆仪式和省老年气排球专委会揭牌仪式,浙江省、绍兴市、诸暨市老年人体育协会领导出席仪式并为气排球专项委员会揭牌。

【注重科学健身】结合本省老年科学健身特点,老年科学健身授课实现"经常化、常态化、制作化",并为老年科学健身提供理论知识。2021年浙江省老年体育科学大讲堂活动,从4—12月派专家到全省15个市、县(区、市)进行授课,其对象是全省各地老年体育各项目的裁判员和教练员,听课老年人达到1600多人次,收到很好的效果。

【开展星级、特色项目评定】2020年度省老年体协命名杭州市拱墅区祥符街道蓝孔雀社区等24个单位为浙江省老年体育现代化村(社区)五星级。各辖区市积极创评浙江省老年体育现代化村(社区)四星级,各县(市、区)积极创评浙江省老年体育现代化村(社区)三星级,使基层老年体育队伍建设、场地建设、活动开展取得新的进展,为基层老年人参加体育活动提供了很好的服务。2021年开展第六批"特色之乡"创建工作,浦江县虞宅乡前明村、磐安县方前镇、盘峰乡、三门县、长兴县、台州市路桥区为"特色项目之乡""特色项目基地"称号。

【拓展宣传平台】4月27日,全国老年人体育新闻宣传培训班在我省宁波余姚市开班,来自全国省、区、市、行业体协,各专项委员会的32家单位近百名学员参加。浙江、山东、河南、四川的四个省老年人体协先后与大家分享了新闻宣传工作的经验。2021年全省及各市老年体育的重要新闻在中国老年体协官方网站、中国老年体协指导刊物《新老年》、中国老年体协会刊《老年体育报》登载的几率明显增加,我省老年体育新闻宣传的内容和宣传效应得到进一步拓展。

浙江省轮滑协会

【以党建为引领】省轮滑协会2020年4月成立临时党支部,自2021年换届以来,省轮协党支部制定党建工作计划,围绕建党100周年主题教育,开展政治理论学习、专题研讨会,坚持实行月例会制度,以及"喜迎建党百周年 促进轮滑新发展"地市协会走访等工作。

【强化组织建设】在省体育总会的关心指导下,协会首次面向社会公开招聘协会执行秘书长。自秘书处改革以来,省轮滑协会在党建引领、竞赛见功、社会支持、项目推广和人才培养等五个体系建设方面取得明显成效,并新建和修改完善《浙江省轮滑协会党建工作管理办法》等30余款协会规章制度,用制度规范管理协会各项业务工作。省轮滑协会成立了速度轮滑、自由式轮滑、单排轮滑球、滑板、产业、教育6个专项委员会,各个专项委员会配备分管会长进行统筹、指导。目前全省已有10个地市建立市级轮滑协会。

【完善赛事体系】以全国(国际)赛事为契机,提升顶尖运动员竞技水平。2021年十四届全运动上,浙江省轮滑队获得1金、1铜、3个第五、1个第七和1个第八的成绩;在亚运会自由式轮滑选拔赛中,浙江省轮滑队包揽男子组速度过桩项目1—4名的成绩,获得女子组速度过桩项目1金、1铜的成绩。协会受到省政府通报表扬。同时,被省体育总会授予第十四届全国运动会群众体育项目浙江省优秀组织、指导单位。以省级赛事为契机,促进整体水平高质量发展。2021年,根据省运会、省青少年锦标赛的竞赛安排,协会支持各地市积极备战省运会,组织做好轮滑市队选拔赛事,为整体提升轮滑竞技水平做了有力的支撑。以品牌赛事为契机,推动项目覆盖面快速扩大。本年度,协会积极主办"第一届长三角体育节轮滑比赛(浙江站)""中国·海宁国际轮滑公开赛"省轮滑联赛、省轮滑锦标赛等各类赛事。"中国·海宁国际轮滑公开赛"已入选2020年省体育局品牌赛事库。

【整合各方资源】以大众运动等级评定为抓手,推进团体标准制定工作。协会成立大众体育运动水平等级评定工作小组,先后赴杭州、嘉兴、宁波、温州、丽水、金华、舟山7个市级协会、30余家培训机构深入调研、走访,起草制定《大众轮滑运动技术等级评定规范速度轮滑》等4个团体标准,并于12月召开第一批团体标准评审会。发挥协会平台效能,助力省内产业科学发展。协会成立工作小组,先后赴嘉兴、宁波、金华等地市走访,听取行业建议,与温州聚集体育有限公司(迈克威品牌)达成器材类战略合作伙伴关系。引入跨界资源,推进协会规范高速发展。协会与浙江金道(杭州钱塘新区)律师事务所达成法务合作,做好法律方面的保驾护航。教育专项委员会与浙江育英职业技术学院、浙江东方职业技术学院初步达成校企合作意向。

【坚持公益行动】疫情发生后,全省轮滑人积极响应号召,省协会第一时间发出倡议,各地市协会相继加入到抗疫队伍中来,省市区三级协会成员积极报名抗疫志愿工作,协助街道、社区等一线疫情管控点,做好人员排查、体温检测等工作。在协会秘书处的统筹下,联合各地市协会、相关企业开展轮滑"三进三送"公益行动,分别向嘉兴、宁波、金华3市中的金峰文体等5家轮滑企业送去轮滑生产安全和质量把控宣讲会、座谈会;分别向杭州、温州、丽水3市中的柠檬社区等10余个社区送去轮滑公益教学活动;分别向武义县、永嘉县的2所山区小学捐献价值共计近20万元的轮滑装备。

【加强队伍建设】针对不同层次和要求,本年度共举办3期裁判员培训班,开展裁判继续教育,提高执裁水平,经过协会组织培训,共培养193名裁判员,扩大了我省轮滑裁判员队伍。协会通过市场运营,本年度共举办3期教练员培训班,开展教练业务水平提升工作,共培养了332名教练员,进一步提升了我省轮滑教练员的教学水平。

浙江省国际体育舞蹈协会

【加强协会班子建设】2021年,浙江省国际体育舞蹈协会不断加强和完善组织建设和制度建设,修改完善各项制度,充实调整了协会办公室、财务管理委员会、竞赛管理委员会、教师裁判管理委员会、考级管理委员会领导及班子建设,发挥各委员会的作用,使协会的日常管理更趋规范。

【完善赛事体系】省协会在做好疫控防控的前提下,发动各地市协会组织了各项体育舞蹈赛事。2021年先后举办了浙江省第四届体育大会体育舞蹈项目比赛、2021第二届"中少舞杯"体育舞蹈公开赛(杭州站)、丽水市第三届青少年体育舞蹈齐舞大赛、2021长三角体育舞蹈邀请赛暨第十二届体育舞蹈锦标赛、2021年温州市第六届全民运动休闲大会暨温州市体育舞蹈锦标赛、中国·丽水第五届体育舞蹈(国标舞)公开赛暨丽水市第十四届体育舞蹈锦标赛等赛事。

【开展教师教练培训】为加强体育舞蹈技术骨干队伍的管理和建设,温州市体育舞蹈协会、丽水市体育舞蹈协会、绍兴市体育舞蹈协会、杭州市体育舞蹈协会自发地组织各类裁判、教师培训考核。

【积极参与社会活动】2021年5月,绍兴市体育舞蹈协会分别组织人员参加了柯桥区第八届老年人运动会和绍兴市第十一届老年运动会的开幕式演出。2021年6月,宁波郁春晖文化发展有限公司主办的《春晖·国标舞会》在宁波中都开元名都大酒店举行。2021年10月,温州市体育舞蹈协会在温州市工人文化宫开展了体育舞蹈讲习活动。

【协会上下分工协作】疫情期间,各地市体育舞蹈协会捐赠了大量的抗疫物资,并派遣骨干参与抗疫志愿者工作。帮助各培训机构做好开学前的防疫准备,保证可以顺利复工复学。

浙江省水上救生协会

【加强协会内部安全管理】2021年,浙江省水上救生协会本着遵守国家宪法、法律、法规和政策,为会员单位服务、维护会员单位的权益,促进我省水上救生事业健康发展的宗旨,在省体育局、省体育总会的指导下,严格执行章程规定,充分发挥党组织建议权和督察权,重大事项、大额财务支出交由协会党支部与理事会共同协商、共同决策。5月白银事件发生后,协会立即成立安全工作领导小组,对协会举办的所有赛事活动进行安全风险排查,为协会各项活动举办发挥保驾护航的作用。

【开展公益活动】协会举办了"2021年浙江省防溺宣讲师培训班",为不断提升全省各地市防溺水骨干宣讲师的个人素养,规范我省开展防溺水宣讲活动,培养既有理论深度又有实操经验的防溺宣讲师打下了扎实的基础。开展浙江省第三届"大手拉小手.防溺不松手"防溺水进校园安全教育公益活动,重点开展防溺水进社区活动,在空旷的游泳池、体育馆、河塘边开展防溺水宣讲、演练、体验活动。宣传预防溺水,重在预防,重在防范措施的落实。各地市协会还通过报纸、电视台、公众号、网站扩大预防溺水宣传教育的知晓率、覆盖率,营造全社会关心青少年儿童生命安全的良好氛围。

【开展游泳救生员培训】协会在疫情期间做好疫情防控、会员服务的同时,积极拓展救生员培训工作,协会委派救生培训专家,分赴海宁、衢州、浙江体育职业技术学院、浙江理工大学联合开展了四期初级救生员培训。在宁波组织了一期中级救生员培训,培养了18名中级游泳救生员。

【履行社会义务】2021年协会与浙江黄龙体育中心合作,针对社会弱势群体、防疫工作者、军人开展公益游泳救生员培训,培训期间协会还为黄龙体育中心所有在职员工开展了AED急救公益培训。通过协会每年组织的公益活动,能为疫情下营造团结友爱,和谐相处的人际关系。

浙江省社会体育指导员协会

【围绕中心工作】2021年,浙江省社会体育指导员协会党支部组织赴嘉兴开展红船教育和党史学习活动,参与机关第四党支部的学习教育活动。进一步贯彻落实《浙江省社会体育指导员管理办法》,协助局职能部门出台《浙江省体育局关于进一步推进社会体育指导员工作的实施意见》进行工作调研,进一步明确工作目标和任务。

【顺利进行协会换届】在省体总秘书处指导下,经过充分酝酿和准备,协会第三届换届会议于12月20日以视频形式顺利召开。新组建的第三届协会理事会共有98名理事,其中会长和副会长7人,常务理事17人,为协会今后工作开展奠定了坚实的基础。

【纳入"志愿浙江"工作体系】为更好地弘扬社会体育指导员"奉献、服务、健康、快乐"宗旨,推动全省社会体育指导员工作上新台阶,拓展社会体育指导员工作领域,多次与浙江省委宣传部、文明办、民政厅等部门沟通研讨,将社会体育指导员工作纳入"志愿浙江"工作体系。参与省委宣传部、省文明办和省民政厅等单位联合开展的第二届浙江省志愿服务展示交流会暨项目大赛、全省"5个1"志愿服务宣传推选活动。选送1个优秀社会体育指导员团队参加浙江第二届志愿服务交流展示会;推送参加浙江省文明办组织的"5个1"志愿服务宣传推选活动,有1位优秀社会体育指导员获得2021年度浙江省"最美"志愿服务工作者。

【评选优秀表彰先进】在全省范围内评选出102位年度浙江省优秀社会体育指导员和19个"最佳社会体育志愿服务组织"。对评选活动进行宣传报道,肯定社会体育指导员和志愿服务组织在全民健身中做出的重要贡献,宣传社会体育指导员服务基层、服务群众、奉献社会的先进事迹,激发社会体育指导员的工作热情。

【政府购买服务】通过政府购买服务,参与"浙里办"体育公共服务应用平台"社会体育指导员履职"模块建设,目前社会指导员的信息管理等功能已经上线。协会在"浙里办"体育公共服务平台建设的主要工作有:连续开展6次全省社会体育指导员在"浙里办"体育公共服务平台的注册和激活通知工作;对所有激活的相关数据进行审核。截至2021年底,"浙里办"体育公共服务平台上指导员总数达到61694名,激活的指导员有7317名有履职记录,时长为412876.85小时。开展了3期广场舞、曳步舞和水上救生和康复项目培训一级社会体育指导员等级暨技能提高培训工作,培训人数250人。开展浙江省优秀社会体育指导员交流展示活动,结合社会体育指导员履职上岗,鼓励引导"爱体育、有情怀、懂技能、会组织"的社会体育指导员为群众提供科学健身指导。

浙江省幼儿体育协会

【协会工作成效显著】2021年,浙江幼儿体育工作在省体育局、省体育总会的领导下,协会上下团结一致、共同努力,全省各级幼儿体育协会及幼儿工作者大力支持配合,各项工作取得可喜成绩。省幼儿体育协会、金华市幼儿体育协会被评为"2017—2020年全国群众体育先进单位",省协会副理事长黄拥军、秘书长马素萍、嘉兴幼儿协会副会长周翠英被评"2017—2020年全国群众体育先进个人",省幼儿体育协会被省民政厅评为5A级社团,在省民政厅组织的"省级社团活力指数评估"中得分名列前茅;协会理事长王健、高级顾问余绍森被聘为"全国幼儿体育高级别专家组成员"。浙江省幼儿体育工作得到国家体育总局领导的充分肯定和高度赞赏,多次在全国会议上表扬,被称为"浙江样板、模式",值得全国推广。

【创新办赛模式】省幼儿体协在疫情防控背景下大胆创新比赛形式,大力发展幼儿体育线上活动。协会创新开展浙江省健康宝宝居家亲子云上运动会,网络视频点击量及相关新闻浏览量合计超3340万次,荣获国家体育总局颁发的"全民健身活力中国'定向战役·健康中国'居家定向大赛优秀组织奖"。协会组织开展幼儿体育大会各项线下赛事活动,全年成功开展省级表演大赛15项,直接参与人次达5329人。省幼儿体育大会已经形成线上线下双模式灵活转变的办赛模式,各地幼儿、家长参与热情高涨,影响力不断扩大。

【加强师资队伍建设】协会组织了线下的幼儿足球园长免费培训(省足协出资)、健身舞操培训班及电子百拼、创意积木培训班,共计172位老师参加培训。

【推进学术交流】举办"童心迎亚运 欢乐共成长"2021年浙江省幼儿体育与健康发展论坛,根据疫情防控要求,论坛采取线上直播的方式进行,全省的幼儿体育人通过云端齐聚一堂,共同谋划幼儿体育发展的新方向。本次论坛共收到1211份征文投稿,其中论文991份、教案220份。

【加强组织网络建设】全省各市、县(市、区)幼儿体育协会网络不断健全。截至2021年11月5日,随着杭州市幼儿体育协会成立,我省已成立8个市级幼儿体育协会。此外,杭州西湖区少幼儿体育协会、海宁市幼儿体育健康协会、义乌市幼儿体育协会、龙港市幼儿体育协会等县(市、区)级幼儿体育协会也已正式挂牌成立,全省幼儿体育工作组织网络和工作体系建设进一步完善。截至2020年底,我省共创建"体育示范幼儿园"162所,"体育特色幼儿园"182所,"幼儿体育教学实践基地"135所。这些优秀基地成为承载全省幼儿体育加快发展的重要载体。

【幼儿体育工作亮点纷呈】近年来,各市幼儿体育赛事活动和培训等工作蓬勃开展。杭州举办市第十三届幼儿健身操舞展示暨幼儿特色体育表演大会等活动,参与人数达到1554人。宁波举办了"春芽子杯"健美操比赛,近百名幼儿参与。温州举办2021年市首届幼儿街舞表演大赛等活动,参与人数达1249人。湖州承办2021年省第十四届幼儿体育大会暨第三届滑步车表演大赛等活动,参与人数达1140人。嘉兴举办了市幼儿教师游泳、定向运动培训等,参与人数约8000人。绍兴举办了2021迎亚运·绍兴市幼儿篮球、足球表演赛等活动,参与人数达2830人。金华举办了市第四届幼儿篮球表演大赛等活动,参与人数达3496人。衢州举办了省体育大会篮球、足球衢州地区选拔赛等活动,总参与人数约1000人。台州举办市首届幼儿趣味亲子运动比赛等活动,参与人数达3685人。丽水举办了丽水市幼儿体育大会暨幼儿篮球表演大赛等活动,参与人数约800人。

浙江省气排球协会

【党支部政治领引】2021年,浙江省气排球协会党支部先后开展"不忘初心,牢记使命"的主题教育党日活动、纪念中国共产党百年华诞的支部活动。党员主题活动的开展,将党员的自觉性和责任感与协会工作有机的结合在一起。

【组织建设成效显著】协会加强对组织建设工作的领导,注重对管理文件、工作活动程序的规范,包括协会各种活动的组织、主办,协会各项工作的分工、商议及审核流程,裁判员选派、晋级以及协会各类文件均有规范的流程规定,并自觉遵守和维护。

【社会办体育】省气排球协会在疫情常态化的非常时期,科学谋划,服务社会,成功举办了9项赛事活动,顺利完成2021年度浙江省气排球协会竞赛计划内大部分气排球赛事和"我要上全运"、浙江省第四届体育大会气排球比赛等大型活动任务。积极听取多方意见和建议,对本年度锦标赛分站赛、总决赛报名及赛制进行大胆改革。

【竞赛组织和疫情防控两不误】为确保竞赛组织和疫情防控两不误,组委会在竞赛组织和赛事服务保障等方面做了详尽的准备和安排,明确比赛期间疫情防控组织管理、预防预警、应急处置、保障措施、督查检查和责任追究等工作机制。承办单位还与属地公安、交通、卫生等部门建立建立联防联控机制,完善应急处置工作机制,协同做好比赛期间疫情防控和场馆及驻地周边环境综合治理安全工作。

【裁判、教练员队伍建设】协会全面推进裁判队伍建设,加强裁判团队的专业素质与业务水平的建设,进一步完善裁判员管理办法,有效做好裁判员培养与使用工作,使裁判员作风建设成为新常态。举办浙江省气排球教练员等级晋升培训班,参加培训的总人数达到100余人;省协会考核审批教练员近100名,为全省气排球项目的持续健康发展起到积极作用。

【努力扩大社会影响】省气排球协会始终把推广、组织、带领广大普通人群参与气排球运动作为工作的根本出发点和落脚点。在社会各界广大群众大力支持的基础上,积极寻求合作者和支持者,在岱山、泰顺、松阳、长兴、龙泉、慈溪、东阳等地分别合作举办了不同类别、层次的气排球比赛和活动。广大气排球爱好者和社会力量的大力支持为协会竞赛工作的开展起到了促进作用,为举办全国和全省性的赛事打下了坚实的基础。协会沈达军会长荣获2021年浙江省社会组织领军人物称号,再现省气排球协会在组织推广群众性体育项目的卓越贡献。

浙江省木球协会

【党建引领】浙江省木球协会重视党建工作,党建学习有条不紊。疫情发生后,协会号召全体党员积极投身志愿服务,同时协会积极推广居家健身锻炼方法,在会员微信群、微信公众号上发布相关居家健身信息,为防疫贡献自己力量。

【制度完善】协会致力于规范化内部建设,各项制度完善;在疫情常态化情况下,线上讨论协会各项事务,做到重大事项集体决策;协会财务工作规范有序,经费使用以高效与节约为原则;各项活动公开透明;协会公众号及时推送各项木球活动,协会自身建设完善。

【人才培养】协会培养多元人才,重视基础队伍建设。利用各级赛事培养裁判团队,做好人才梯队建设,培养一批具有国际水平的优秀木球运动员,通过各级培训,组建专业的木球讲师团。

【阵地建设】2021年,杭州市木球协会、绍兴上虞区老年体协木球分会、绍兴诸暨市老年体协木球专委会、金华东阳市老年人体协木球专委会、金华市老年体协木球分会先后成立,各地通过组建各种形式的木球组织,将木球运动分享给更多的人群。各级木球组织采用多种形式解决木球健身场地问题,杭州市体育局、金华东阳市木球专委会、绍兴上虞旅游度假区管委会、宁波市、丽水市嘉瑞君亭酒店、台州天台县始丰街道安科村等通过多种形式开辟了木球场地。2021年全省群体(体总)工作会议的与会人员考察了上虞滨江公园木球场。

【普及推广】浙江经验辐射省外,协会领导不断受邀接受中国木球协会(筹)及各省市的咨询,介绍浙江经验。福建闽岚隧道建设工程有限公司董事长薛理振和申体(上海)体育文化发展有限公司总经理董玉平专程赴中国木球教学与科研基地——浙江工业大学考察木球运动;采用线上和线下结合的方式在新疆乌鲁木齐举办木球等级教练员、裁判员培训班;协会派员赴西藏那曲市比如县开展送木球进藏援助活动,安徽省池州市老年体协木球专委会唐美芳副主任来杭交流学习。除在全省各地逐渐增加木球公益健身点,开设木球公益课堂外,组织开展"四进"公益推广活动,即木球运动进校园、进社区、进乡村、进公园。全年公益培训次数约几十场,培训人数多达3000余人。

【开展各级骨干培训】例如:衢州市老年体协组织各区县驻会领导参加木球培训,18位会长、副会长、秘书长等老体协领导参加,浙江工业大学金秋木球队成立暨首届木球骨干培训班,有20多位工大的退休教授和高校教职工参加,浙江省老年人木球培训交流活动在衢州开化举行,有10个地市近百名学员参加培训,东阳举办浙江省木球等级教练员、裁判员培训班,有50多位学员参加培训,舟山市举办木球教练员、裁判员培训班,有60多位学员参加,台州市老年体协举办木球培训班,近70位学员参加培训,浙江省木球协会举办木球等级教练员、裁判员培训班,有53位学员参加培训,35人获得一级裁判员资格。

【赛事活动】因疫情影响,浙江省第七届木球锦标赛暨第十届大学生木球锦标赛控制参赛人数,分杭州和丽水赛区进行。后按照逐步放开体育赛事和活动要求,组织参与了一些赛事活动,如浙江省第四届体育大会木球比赛在衢州常山举行,2021年浙江省老年人木球交流活动在衢州开化举行,首届长三角木球争霸赛暨上虞区运会木球比赛在上虞区滨江体育公园木球场举行。省内各地赛事层出不穷,各地举办了温州市第八届老年人运动会木球比赛、绍兴市第十一届老年人运动会木球交流活动、上虞区第十三届运动会木球比赛、首届金华市老年人木球交流活动、湖州市老年人木球交流活动、缙云县木球交流活动等。

【对外交流】浙江木球协会受邀多次代表中国木球协会参加国际会议或比赛交流,先后代表中国参加亚洲木球总会2021年会员大会、参加国际木球总会线上友谊赛、国际木球总会线上邀请赛、第一届国际线上木球竞赛等。

【成效显著】协会不断探索小众项目社团的社会化发展与融合之路,在2021年全省体总秘书长和社团负责人培训班上,省木协做了《"创新、协调、绿色、开放、共享"理念引领下的小众体育项目发展探索——以浙江省木球协会为例》的主题发言。《绍兴上虞:打造木球之区,赋能品质之城》一文入选浙江省体育局主编的《浙江省群众体育"三十六计"》一书;中国国际木球公开赛入围2020年浙江省体育产业项目库;2021年陈嵘会长被国家体育总局评为2017—2020年度全国群众体育先进个人,2021年浙江工业大学木球社被《中国青年报》和中国学联评为"全国高校百强学生社团"。

浙江省马拉松及路跑协会

【发挥支部作用】在本年度工作中,浙江省马拉松及路跑协会的各项重大决策、人事、合同协议及年度预算及大额支出都事先征求支部意见,充好发挥协会临时党支部的政治引领和把关作用。本年度,临时党支部开展了形式多样的学习活动。建立临时支部微信群,指定专人在微信群中发有关建党百年的学习资料链接,开展网上学习;加入学习强国网,自觉学习相关内容。组织支部成员观看"七一"庆祝活动直播等。

【走访会员单位】协会始终坚持把服务会员作为一项重要的工作,为了解疫情常态化时期,马拉松赛事运营的会员工作情况,协会领导率秘书处成员分别赴副会长单位上海世东体育管理有限公司和杭州悍将体育发展有限公司,了解他们在工作中遇到的困难和实际问题,为他们出谋划策。为全体会员免去会费,为会员单位无偿提供赛事所需的相关器材服务,选派赛道认证等技术服务等。

【举办接力赛活动及各类大赛】协会策划组织了"庆祝建党百年·传递红船精神——浙马跑团百公里接力赛"。接力赛自5月15日在嘉兴南湖区凌公塘主题文化公园开跑,跑过杭州、温州、台州、绍兴、金华等10个市的红色座标,共有241个跑团推选了1010位党员跑者以接力的方式完成100公里,庆祝中国共产党百年华诞;10月初10站活动完美收官。接力赛活动推出后,各级媒体对此次活动宣传篇数达到了74篇。此外,2021年,协会还举办了第二届马拉松征文大赛、马拉松摄影大赛、马拉松裁判培训班,取得良好效果。

【制订发展规划】为使我省的马拉松健康有序地发展,在对全省马拉松及相关运动调研的基础上,从发展现状、总体要求、发展目标、主要任务、保障措施等五个方面制定了符合浙江实际的《浙江省马拉松及相关运动发展规划(2021—2025年)》。协助省体总制定了《浙江马拉松及路跑运动大众跑者等级评定办法》。

【重视制度管理】2021年协会推出了《浙江马拉松大众跑者奖励办法(试行)》,修订了《浙江马拉松裁判员和赛事监督管理办法》。目前,协会共有8个办法、10个制度,内部管理机制不断完善。

【指导积分赛事】协会是杭州马拉松承办单位之一,协会秘书处积极配合竞赛中心,筹备杭马的各项工作,受疫情影响,2021年杭马延期了,但杭马筹备工作基本完成。为浙江马拉松积分赛和系列赛赛事提供技术指导和裁判选派是协会秘书处的重要工作之一。本年度对加入积分的申请进行完善:申请→审核→实地考察(首次办赛)→批复。并选派竞赛总管和骨干裁判协助各赛事组委会做好竞赛组织工作。

【完善宣传平台】协会目前有三个宣传平台,即浙江马拉松官网、微信公众号平台和《浙江马拉松》杂志。为用好宣传平台,协会微信平台和官网有专人负责,做到每月更新四期,宣传我省的马拉松及路跑赛事开展情况,传达国家体育总局、省体育局和省体总的有关精神。经浙江省新闻出版局核准审批,协会秘书处编印了《浙江马拉松》,杂志内容涵盖浙江马拉松积分赛和系列赛赛事、本协会副会长单位和理事单位介绍、首届浙江"十佳跑团"、浙江马拉松人物、浙江马拉松好新闻获奖作品和浙江摄影大赛作品获得作品等。

【积极参与活动】本年度,协会积极参加浙江省级体育社团五星级评定;参加"全民健身迎亚运"——省级体育社团交流展示之夜活动,策划表演了舞台剧《生命是场马拉松》;并指定副会长单位代表分享"我与亚运的故事"。秘书处工作人员积极参加全省社会组织领军人物研修班、省体育局竞赛处组织的裁判员管理干部培训班、省级体育社团负责人培训班等各项培训活动。

浙江省街舞运动协会

【思想政治建设】根据省体育局、省体育总会和省民政厅对体育社会组织党建工作的要求,2021年,在省街舞运动协会成立时同步成立了浙江省街舞运动协会功能型党支部,和团省委及钱塘区团委紧密联系,积极推进浙江省街舞运动协会团工委成立。

【搭建组织网络】2021年1月25日,浙江省街舞运动协会成立。省协会成立后,大力推进各级街舞协会和街舞俱乐部建设。市级层面,杭州、湖州、金华、舟山相继成立了街舞协会,绍兴、台州和丽水已取得了民政部门和体育部门同意成立市级街舞协会的批复,嘉兴和衢州都在积极地筹备成立。县级层面已经成立了街舞协会6家。

【开展赛事活动】街舞项目在相继被列为2024年巴黎奥运会、2022年杭州亚运会、青年奥运会、全运会正式比赛项目后,省体育局将街舞项目列入浙江省第17届运动会正式比赛项目。目前,浙江省举办的年度街舞赛事包括省街舞冠军赛、省青少年街舞锦标赛、省青少年街舞挑战赛和省幼儿街舞表演大赛。第一届省街舞冠军赛共有1325名运动员报名参赛,省首届幼儿街舞表演大赛共有600余名幼儿园小朋友参赛,取得了较好的社会效应。

【人才队伍培养】为做好全运会备战工作,我省在宁波市、金华市和台州市开展了街舞项目省队市办工作,并在第十四届陕西全运会上获得了女子组铜牌。目前全省街舞项目注册运动员达到 16480 人,二级以上裁判员共 82 人、街舞业余教练员 148 人、一级社会体育指导员 76 人、街舞业余运动员等级测评考官 89 人。省协会在全省开展街舞业余运动员等级评定工作,有近万人次通过了各级街舞业余运动员等级评定,并获得了相应等级称号。

【推进体教融合】为满足青少年儿童学习街舞的需求,让学校街舞运动开展更加规范科学,省街舞运动协会印发了《关于开展 2021 年度浙江省街舞运动教学训练基地评定工作的通知》,面向全省大中小学及幼儿园开展评定工作,确定杭州市保俶塔申花实验学校等 13 所学校为 2021 年度浙江省街舞运动教学基地。

【探索数字化平台建设】前期全面梳理协会的核心业务,在充分征求会员单位和社会机构意见的基础上,确定了以会员(单位)管理(注册、缴费、制证)、裁判员管理、教练员管理、社会体育指导员管理、赛事管理、业余运动员管理(注册、认证)为主线的应用场景,开发了以"浙里办 App""浙江省街舞运动协会"官方微信为入口,"浙江体育公共服务平台"为后台管理的"一微二端"数字化管理平台,初步形成了协会日常业务数字化管理"一件事"的网络闭环。

浙江省体育基金会

【概述】为了服务好省体育局中心工作,确保"十四五"开好局,2021 年,基金会以党史学习教育为契机,依据《中华人民共和国慈善法》《基金会管理条例》等法律法规及自身《章程》,创新工作思路,转变工作方法,做实做细体育公益事业,在支持全民健身、改善群众应急救护条件等方面持续探索,服务质量和服务实效得到有效提升。

"与你同行"项目运行情况:

【"1822·与你同行"】根据协议和捐赠人的意愿,围绕为国争光为省添彩、服务竞技体育发展大局的设定,主要资助在奥运会、全运会、亚运会上争金夺银的省级优秀运动员/队。

2021 年对体育人来说非常特殊,是历史上第一次奥运和全运同年,浙江体育健儿既要在奥运会上为国争光,又承担着为本省争金夺银的光荣使命,基金会想运动队所想,急运动队所急,积极筹集资金,为运动队备战奥运全运提供保障。春节前,省局主要领导赴京看望慰问我省在国家队训练的优秀运动员、教练员和科医保障人员,并送去慰问金。2021 年,基金会共慰问 1659 位优秀运动员、教练员、科医保障人员,送去 195.84 万元慰问金。

根据"1822·与你同行"项目的特性,为了将资助金额落到实处,以解除各优秀运动队在某一特定环节上的资金需求,基金会秘书处同志在理事长的带领下,深入浙江体育职业技术学院、省水上运动管理中心、省射击射箭自行车运动管理中心、省智力运动管理中心进行调研,细致了解这些训练单位真正的需要,有的放矢地投放资金超过 1000 万元,努力完成捐赠人的意愿。项目第三期直接资助各训练单位共 931 万元,其中包括:浙江体育职业技术学院556万元、浙江省水上运动管理中心210万元、浙江省射击射箭自行车运动管理中心100万元、浙江省智力运动管理中心65万元(注:2020年底已先行资助省水上中心、省射击中心各100万元,故2021年实际支付731万元)。

这些资助中,还包括子项目"意外互助·与你同行"。该子项目资助的是长期集训运动员购买意外伤害险、补助我省优秀运动员参加中华全国体育基金会提供的伤残互助险。既为集训运动员规避意外伤害风险和伤病治疗发挥了积极作用,填补了财政性经费无法保障集训运动员意外险的空白,也部分消除了运动员因所从事的项目不同,带来的投保保费负担不同的不合理性。

2021年,经各训练单位申报、秘书处审核,项目资助浙江体育职业技术学院、浙江省水上运动管理中心、浙江省射击射箭自行车运动管理中心三家单位的653名长期集训运动员购买意外伤害险共计12.27万元;资助上述三家单位的881名省优秀运动员购买伤残互助险共计5.06万元。

【"体能争优·与你同行"项目】根据《浙江省体育局关于进一步强化体能训练若干措施(试行)的通知》文件精神,设立"体能争优·与你同行",以奖励在体能训练及测试中表现优异的各训练单位的优秀运动队、运动员及相关人员。根据浙江体育职业技术学院、省水上运动管理中心、省射击射箭自行车运动管理中心上报关于运动队和个人获奖名单,经省体育局备战办审核批准,2021年项目第二期奖励330人次共计52.26万元。

2021年,浙江健儿在东京奥运会赛场拼下7金2银2铜创造历史,陕西全运会上又以44金35银37铜、116枚奖牌跻身"三甲"!虽然我们没有亲赴赛场竞技,但相信在这军功章上有捐赠者的心血和善意,也有基金会全体理事和秘书处全体同志的努力。

【"冠军摇篮·与你同行"项目】项目结合中华全国体育基金会"青少年体育助训关爱计划"联合实施。主要是为省内体校、业余训练学校及革命老区学校购置运动器材,助建"体能训练房",对受助学校管理人员和体能教练进行培训等,给予青少年体能训练提供硬件和软件方面的支持。

2021年该项目实施第八期,经当地体育部门推荐,项目组审核,有11所学校/单位申报入选项目并获资助,中华全国体育基金会与基金会共同捐赠资助入选学校/单位"体能训练房"设备各1套,共计108.60万元。

【"浙马路跑·与你同行"项目】这部分的资金捐赠主要来自于杭州马拉松的"标配"体育公益慈善跑。跑者通过捐款获得杭马专属名额和福利。捐赠款项主要用于共同推进浙马"心"计划——逐年资助我省县级及以上体育场所配置AED。

2021年由于疫情原因,杭马延期,但基金会依然向浙江省黄龙体育中心和遂昌县体育事业发展中心分别资助5台和1台AED(自动体外除颤器)。资助内容包含AED设备、放置AED的展示柜、急救培训以及后续相关需要更换的电池、电极片等零部件总计15.6万元。

【"公益体彩·与你同行"项目】项目为基金会与浙江省体育彩票管理中心共同设立,主要针对已从事一定年限体彩销售工作、因故(大病、灾害及伤亡等情况)出现经济特殊困难的体育彩票代销者、销售员等体彩从业人员给予资金救助。

2021年12月,项目资助省内20名中国体育彩票代销者、销售员等体彩从业人员,

5000元/人,共计10万元。

【非限定性项目】为深入学习贯彻党的十九届四中全会、十九届五中全会精神,大力弘扬慈善文化,基金会参与原杭州市下城区2021年度春风行动慈善资金募集活动,向原杭州市下城区慈善总会捐款1万元。

在浙江省体育局领导及相关职能处室负责人见证下,基金会理事长张杭平与卡尔美品牌浙江运营商杭州昌寿文化创意有限公司总经理李海进行捐赠签约,所捐赠服装用于第十四届全运会浙江代表团备战、参赛、领奖等所需。

资助浙江老干部活动中心46.8万元,资助款用于老干部活动中心购买运动器材,以提升离退休老同志的幸福感、获得感。

基金会与浙江大学医学院附属邵逸夫医院、浙江广慈医护有限公司捐赠签约。两家单位向基金会捐赠"立立来了"人人学急救的公益宣传视频和公益宣传手册10000份,以及线上"全民急救"课程培训名额(10000人次培训)、线下"全民急救"技能实践课程培训名额(20场培训或500人次培训)等。

资助浙江省体育系统老年志愿者服务队1万元,用于购置志愿者工作服。

【5A复评获二连冠】2021年对基金会自身来说,参加全省社会组织等级复评,努力实现5A二连冠是一项重要工作。基金会是在成立两周年后申请浙江省民政厅组织的社会组织等级评估,顺利取得5A等级。

2020年基金会向浙江省民政厅申报2021年度全省性社会组织复评。基金会一届理事会后期就在认真部署复评的准备工作,并积极参加浙江省民政厅组织的评估培训。二届理事会定下参加复评的工作任务后,基金会秘书处将参加复评工作列入工作实施计划。根据浙江省民政厅2020年和2021年两年评估最新要求,比较两年评估政策、指标的变化,归纳完善现有材料,分阶段对自身进行模拟评估打分。

9月27日,浙江省民政厅委托的第三方评估机构——浙江智普信用评估有限公司对基金会进行实地评估。评估人员肯定了基金会近五年来的工作和充足的材料准备,最终基金会复评再次取得5A等级。

【筹资情况】2021年,接受捐赠收入1329.70万元,其中包括:

省属企业捐赠1200万元,分别是浙江省能源集团有限公司500万元、浙江省国贸集团有限公司400万元、浙商证券股份有限公司100万元、浙江沪杭甬高速公路股份有限公司100万元、杭州翡翠城房地产开发有限公司100万元;体彩彩民个人捐赠76.70万元;中华全国体育基金会捐赠48万元;杭州博睿硕进广告有限公司(奥迪合作方)捐赠5万元。

【资产保值增值情况】2021年,资产保值增值平均年化收益率高于银行一年定期存款利率200BP(2%)以上,共计产生理财收益及利息收入122.79万元。

【经费使用规范情况】经费支出符合《中华人民共和国慈善法》要求。2021年公益事业支出1221.26万元,占2020年总收入1741.75万元的70.12%,符合《中华人民共和国慈善法》中当年公益事业支出"不得低于上一年总收入的百分之七十或者前三年收入平均数额的百分之七十"的要求;人员办公经费支出82.71万元,占2021年总支出1303.97万元的6.34%,符合《中华人民共和国慈善法》中"不得超过当年总支出的百分之十"的要求。

2021年接受2020年度财务审计和专项信息审计。第三方会计师事务所对基金会的年度财务审计和专项信息审计报告指出,基金会财务报表在所有重大方面按照《民间非营利组织会计制度》的规定编制,公允反映2020年的财务状况以及2020年度的业务活动成果和现金流量。

【不断加强自身建设】基金会功能型党支部围绕中心工作,夯实党建基础,不断提高党建工作质量。2021年,围绕党的十九大和十九届二中、三中、四中、五中、六中全会精神以及习近平总书记关于体育工作的重要论述,党支部每周组织学习党建会议精神及相关内容,全年学习近50余次,牢固树立"四个意识",坚定"四个自信",把"两个维护"落实到基金会履职尽责全过程。这期间,参观中国财税博物馆参与党课学习主题活动,学财税史迎党建百年,增强信念担当使;为传承红色基因,喜迎建党100周年,赴四明山革命根据地开展主题党日活动;此外,组织学习《中国共产党党和国家机关基层组织工作条例》《深刻领悟中国共产党为什么"能"的历史逻辑》《习近平强调的"试金石"》等重要文章,旨在凝聚党员力量,推进实际工作。

召开二届四次理事会会议。会议汇报了"1822·与你同行"——重点运动员、教练员及相关有功人员医疗保障项目方案、关于浙江省体育基金会拟申报2021年度全省性社会组织复评的报告和关于浙江省体育基金会秘书处员工工资调整情况的说明。经表决,全票通过2020年工作报告及2021年工作目标、2020年工作报告和财务决算、2021年财务预算等事项。

召开二届五次理事会会议。参会理事以通讯会议投票方式全票通过关于"1822·与你同行"项目(第三期)资助方案、选举周晓明、应瑾同志担任基金会理事的决议。会议接受沈斌同志不再继续担任基金会理事的请辞。

基金会一直注重与相关媒体的合作,2021年在体坛报编发刊登4个版面的年度专刊。杭马慈善跑报名信息先后发布在都市快报、体坛报和杭州日报App、浙江日报App。慰问"公益体彩 与你同行"项目受助体彩销售员报道先后发布在新华网、网易新闻、腾讯新闻。2021年,基金会网站"我会动态"上共发布35条新闻动态。

2021年,与杭州亚组委进行交流洽谈,探讨2022年杭州亚运会、亚残运会筹办工作,赛会期间、后期的合作可能性;与浙江省体育彩票管理中心交流洽谈"公益体彩·与你同行"项目合作内容。

为响应中共浙江省委关于"学习体育冠军,弘扬体育精神"的号召,感受体育健儿追求梦想、为国拼搏的精神,进一步培养当代青年坚毅、进取的良好品质,2021年12月,由省体育局领导带队,基金会联合东京奥运会冠军陈雨菲一行赴浙江省能源集团有限公司、浙江省国际贸易集团有限公司和浙江省交通投资集团有限公司举行"走进企业·携手同行"系列活动。陈雨菲与企业的羽毛球爱好者分享夺冠背后的艰辛历程,与企业青年代表座谈对话,展现了一名世界高水平运动员的风采,激励企业员工以新担当、新作为奋力争做世界一流企业。通过此次奥运冠军走进基层、走近群众活动,大力弘扬了体育精神,传递出体育的正能量。

与兄弟基金会多方交流,吸取有益经验。安徽、浙江两省省级体育基金会在浙江体育大厦举行交流会,两省体育基金会就体育基金会在党建工作、资金筹集、项目实施、体育培训等方面进行交流学习,双方一致认为:和衷共济、深化合作,才能不断推进长三角地区体育公益慈善领域的新发展。

此外,基金会赴良渚文化村社区公益基金会与其交流探讨。双方在自身建设、公益项目、未来发展等方面深入探讨,通过观看良渚文化村社区公益基金会公益宣传片、宣传册,进一步了解其文化和公益项目等。并希望未来可以增强交流,积极推进慈善领域方面的合作。

各市体育

杭州市

【概述】2021年,杭州市体育局坚持以习近平新时代中国特色社会主义思想为指导,紧紧围绕市委市政府整体工作部署,面向"杭州2035"的"大杭州、高质量、共富裕"新格局,坚持"数智杭州·宜居天堂"的发展导向,确立了"决战2021"年度工作主题,扎实推进杭州体育事业高质量发展,为杭州展现"重要窗口"的"头雁风采"和争当浙江高质量发展建设共同富裕示范区城市范例贡献体育力量。

【抓好党史学习】坚持集体学习和个人自学相结合。制定印发《杭州市体育局关于开展党史学习教育的实施方案》,开展党史专题学习,邀请省委党校党史专家开展局系统党史学习教育专题辅导,各支部(总支)以开展专题党课、主题党日、读书交流会等形式开展党史学习教育。坚持线上线下相结合。开展处级干部"学党史 践初心"线上政治理论培训,组织党员干部在线学习中央宣讲团"七一"重要讲话精神;组织党员干部走进中国共产党杭州历史馆等党史现场学习教育基地,开展微党课演讲、重温入党申请书等沉浸式党史学习教育活动。全面贯彻党的十九届六中全会精神,积极开展"六讲六做"大宣讲活动,切实把思想和行动统一到中央和省、市委部署上来,将学习贯彻全会精神的成果转化为实际行动。

【彰显实践特色】创建"AI动杭州·体育先锋"党建品牌,大力开展"办实事、解难题、减负担"专题实践活动,局领导带队深入基层一线,倾听群众呼声、回应群众关切,共收集意见建议,推出22项惠民举措。推进"送体育"惠民服务活动,将健身器材、公益培训、科学健身指导送入基层,为临安岛石镇新建1所百姓健身房和1个体育健身公园,为淳安县枫树岭镇实施小学阶梯教室和篮球场标准化改造提升,不断提升人民群众对杭州体育工作的满意度。

【推进共同富裕体育"2127工程"】围绕市委市政府"重点任务清单""重大改革清单""突破性抓手清单",抓好任务分解,梳理实施由体育局牵头、配合的目标任务,实施共同富裕体育"2127工程"。

【推进亚运场馆建设】举办亚运场馆运行工作部署大会,对杭州体育馆等亚运场馆运行工作进行部署,加快杭州体育馆、杭州游泳健身馆水球训练馆、全民健身中心手球训练馆和陈经纶体育学校足球训练场4个亚运会比赛、训练场馆的建设改造升级工程。

【开展体育健身活动】落实《杭州市亚运城市行动计划纲要》八大行动,构建"全民健身共享亚运10+100+1000+1500"赛事活动体系,广泛开展全民健身活动。举办2021年第三届国际樱花徒步节、2021年第十五届健美健身锦标赛、2021年第十八届乒乓球比赛、2021年第十三届羽毛球俱乐部联赛、2021高塔竞速赛等各类全民健身赛事活动1900余场。

【推进体育场地设施建设】新建全民健身中心、体育公园、社区多功能运动场、百姓健身房等群众身边的体育设施204处。统筹亚运场馆改造提升与公共体育场馆服务大提升工作要求,持续开展全市36个公共体育场馆服务大提升。汇同市教育局推动全市716家符合条件的学校体育场地设施向社会开放。制定实施全民健身设施补短板计划,2021年底人均体育场地面积预计增至2.4平方米以上。

【加强健身指导】充分发挥社会体育指导员作用,组织社会体育指导员进百姓健身房开展服务提升工作。全年举办各类健身培训等1400余场(次)。积极开展杭州市体质测试工作,全年测试服务量达4.2万例以上。推进体育社团等级评估和争先创优工作,提升体育社团公益服务综合水平。现共有市本级体育社团73家,民办非俱乐部41家。构建"全民健身共享亚运10+100+1000+1500"赛事活动体系,全市累计举办各项体育赛事活动1687场(次)。组队参加浙江省健身气功站点联赛(北部赛区)、浙江省文化礼堂运动会(北部赛区)等省级以上体育赛事12项。

【加快体卫融合发展】积极推进健康浙江、健康杭州建设,在2019年我市开展的"体医融合"试点工作基础上,在全市推进"体卫融合"运动促进健康指导中心试点工作,确定了杭州市五云山医院(杭州市健康促进研究院)、杭州师范大学附属医院、杭州市儿童医院、杭州市妇产科医院(杭州市妇幼保健院)为杭州市运动促进健康指导中心试点单位。

【重大赛事取得佳绩】在第32届东京奥运会上,杭州运动员10人参加了羽毛球、游泳、皮划艇静水、帆船、射击、足球6个大项10个小项的比赛,取得了1金1银、1个第6名、1个第7名、1个第8名、1个第11名、1个第13名、1个第19名的好成绩。自1984年杭州运动员吴小旋获得中国女子第一块奥运金牌起,杭州运动员在过去37年的6届奥运会中共获得10枚金牌,奥运金牌总数位列全国副省级城市第二。在第14届陕西全运会上,杭州市共有131名运动员参加了23个大项28个分项175个小项的竞技体育项目比赛,取得16枚金牌、11枚银牌、12枚铜牌,为浙江竞技体育综合实力跻身全国前三做出重要贡献。在浙江省第四届体育大会上,杭州市派出770余名运动健儿,在267个比赛小项中斩获83金67银54铜,取得总分1903.75分,金牌数、奖牌数、总分均位居全省第一。

【做好办赛和参赛工作】有序组织举办杭州市第二十届运动会。青少年部共设置24个大项、33个分项、777个小项、946枚金牌,与上届相比,增加了攀岩、空手道2个大项,山地车、小轮车、激流回旋3个分项。行业部共设8个大项。成功举办省击剑冠军赛等赛事。联合教育部门举办市阳光体育竞赛,牵头主办15项赛事。积极参与省级赛事。组织杭州市运动员参加浙江省青少年足球(女子丙组)冠军赛、省青少年BMX自行车锦标赛、省青少年足球(女子乙组)冠军赛、省青少年(儿童)羽毛球锦标赛、省青少年五人制篮球锦标赛(乙组)、省少年儿童体操锦标赛、省青少年皮划艇赛艇锦标赛等赛事。

【推进亚运会和省运会备战工作】贯彻落实"奥运争光计划"和"亚运争光"保障计划,做好重点运动员的服务保障工作,力争在家门口的亚运赛场上取得历史最好成绩。全力备战第十七届浙江省运动会,成立备战办,分解任务目标,巩固和扩大优势项目,紧盯弱势和潜优项目,确保保持金牌总数、奖牌总数、团体总分"三个第一"。

【加强竞技体育后备人才培养】在选材方面扩大战略视野,积极与国家体育总局及浙江省体育局就跳台滑雪、冲浪、女子足球、高尔夫(女子)、速度滑冰等5个项目实施合作办队、省队市办、社体联办。按照市级"市队联办"体育后备人才基地类型布局,确定杭州第四中学等101所学校(校区)为杭州市市级"市队联办"体育后备人才基地学校,并与上海体育学院体育教育训练学院共建实践教学基地,打造康复体能复合型团队。加强运动员教学工作,杭州市陈经纶体育学校报名参加2021年单招单考的73名运动员中,50名运动员被各类高等院校录取,录取率达68.5%。组织教练员和训练管理干部参加各级各类业务培训,实现运动项目从经验型向科技型转变。加大体育科研投入,对重点运动员开展身体形态测试、生化测试、体能测试等,根据测试数据调整营养补给,助力运动员科学训练。

【抓好后备人才梯队建设】根据运动项目情况和布局,有计划地培养体育专业人才和体育后备人才。认真组织杭州市青少年运动员进行省注册工作和运动员等级审核工作,本年度杭州市共新注册青少年(儿童)运动员近8000人次。共授予国家二级运动员技术等级称号707人次。积极配合上级体育部门,做好优秀运动员向上输送工作。目前共有在国家队运动员22人,在省队运动员237人。目前已有2个"国字号"运动队落户杭州。

【推进数智体育建设】成立数智体育建设工作领导小组,确定6大板块21个大项60个应用场景的治理内容。成立杭州市数字体育促进会。充分发挥专业机构、社会力量作用,对建设标准和内容进行专门研究。我市4个项目成功入选全省体育数字化改革"揭榜挂帅"项目。着眼解决群众健身高频需求和关键问题,打造"AI动杭州"平台,提供全民健身全流程服务。现有36个公共体育场馆、83家城市百姓健身房和134家民营健身场所纳入平台,实现查询、导航、预约、支付等相关功能。完善"体育大脑"建设,推进场馆数智治理,引入自助服务机、人脸识别、无人值守闸机等智能化设备,实现场馆运营服务的全流程自助。围绕训练、办赛、参赛等子场景,迭代升级赛事申报、发布、报名、组织、观看、成绩查询,运动员注册、运动员训练跟踪管理等一体化综合赛事管理平台建设,实现公共体育智慧管理水平全方位提升。在杭州城市大脑APP开设场景"体育健身",上架"健身地图""体育大讲堂""赛事报名""健身指导视频""百姓健身房""体育场馆""培训报名""校园健身"8个应用,搭载了查询导航、预约购票、活动报名、装备领用、现场签到、健身指导、刷码/人脸入场、更换校区等多项功能。在"浙里办App"上架"体育培训""校园健身"两个应用,分别搭载了查询导航、培训报名和报名登记、更换校区、扫码入园等功能,方便更多老年群体享受数字化改革成果。

2021舞动中国排舞联赛线上总决赛

【积极开展品牌体育赛事】通过线上、线下等形式,成功举办2021国际(杭州)毅行大会暨杭州绿道健康行、2021年长三角水上运动节、全国青少年高尔夫城市锦标赛、"庆祝中国共产党成立100周年——百城联动/百首原创/百万同跳"大型排舞展演活动等品牌赛事。其中，毅行大会参与人数达50余万人次，排舞展演活动参与人数达25余万人次。

【产业发展资金项目库项目申报评审】2021年起，省体育产业发展资金项目库项目的申报评审工作由地市独立完成。市体育局积极研究部署，经过专家评审、现场查验、公示汇报等环节，对14个顶级联赛俱乐部、5个产业示范项目和12个其他产业奖补项目给予产业发展资金扶持奖励，争取省级体育产业扶持资金2339万元。

【运动休闲旅游基地申报】做好浙江省运动休闲旅游示范基地、精品线路和优秀项目申报工作。根据省体育局和省文旅厅联合下发的评选文件要求，完成相关申报工作。我市获评1个示范基地、1条精品线路、5个优秀项目。

【体育彩票销售】截至12月31日，累计完成体彩销售额38.33亿元，同期增幅达30.08%，在全省占比达22.68%，超全省销量第二名15.77亿元，为杭州市筹集体彩公益金10.06亿元，为杭州贡献中奖票代扣代缴税收8000万元，居全省第一、全国第五。

【体育企业调查管理】继续完善"杭州市体育产业机构名录库"，优化体育企业进行注册的小程序功能，目前共收录体育产业机构6779家。打造杭州市重点企业名录库，对重点企业进行财报数据统计。办好杭州市体育产业发展论坛。组织召开2021年杭州市体育服务业企业(青少年体育培训机构)"双减"工作专题调研座谈会，做好课外体育培训机构排摸工作，确认595家课外体育培训机构。

【推进法治政府建设】加强党对法治政府建设工作的统筹领导，按时向市委市政府报告上年度局法治政府建设工作报告，并对全局依法行政和法治宣传教育工作进行了具体部署。依法规范重大决策程序，在局官方网站设立"行政执法公开"专栏，方便社会公众查询重大行政决策信息。加强规范性文件监督管理，做好局规范性文件的后评估和清理工作。积极发挥局法律顾问作用，加强政府法律顾问和合同管理工作。加强公务员学法用法，组织参加市管干部和公务员网上学法用法答题活动，组织全市体育行政执法培训，切实提高全市体育行政执法人员能力和水平。落实普法宣传教育责任，通过市体育局官网、"杭州体育"微信公众号、"AI动杭州"微信小程序、开展"普法宣传进企业"系列活动等方式，普及体育和亚运知识产权保护相关法规。

【严格规范体育市场管理】加大对高危险性体育项目、体育健身、体育培训等经营活动的安全监管，督促落实经营主体安全责任，保障广大市民安全地开展各类健身活动。对全市体育健身行业，开展了预付式消费风险防范化解和放心消费创建相关工作，及时掌握体育健身行业经营状况。持续推进"互联网+监管"，在全市体育系统推广使用"浙江省行政执法监管平台"和浙政钉"掌上执法"。监管事项清单应领事项认领率和行政检查事项年度覆盖率均达到100%。

【做好信用杭州建设】持续开展诚信宣传系列活动，向"信用杭州"网站报送联合奖惩案例4例。做好体育从业人员信用培训工作，组织57个体育服务业品牌200百余人参加全市体育服务业信用建设培训班。定期向社会集中发布杭州市体育消费投诉和涉及体育经营活动行政处罚信息，以发挥社会监督作用，保障消费者的知情权和选择权，在全市范围内营造安全放心的体育消费环境，助力我市创建国家社会信用体系建设示范城市。

宁波市

【概述】2021年是宁波体育发展史上具有重要里程碑意义的一年。在市委、市政府坚强领导下,全市体育系统迎难而上、顽强拼搏,东京奥运会和陕西全运会取得辉煌成绩,向全市人民交出了高分答卷,推动各项体育工作取得明显成效,实现了"十四五"良好开局。

【辉煌成绩前所未有】东京奥运会宁波市7名运动员夺得5枚金牌,并创造了1个世界纪录、1个奥运会纪录和1个亚洲纪录,成绩居国内城市之首。陕西全运会上,宁波籍运动员摘得20金、11银、11铜共42枚奖牌,成绩列全国各类型城市第四、副省级城市第二。竞技体育创造宁波市历史最辉煌成绩,被中国奥委会命名为"奥运冠军之城"。

【激励重视前所未有】市委、市政府历史上首次高规格召开宁波奥运全运健儿凯旋总结表彰大会暨全市体育工作会议,省委常委、市委书记彭佳学发表重要讲话,对现代化体育强市建设作出全面部署,为全市体育事业发展指明了方向。东京奥运会期间,宁波运动员每夺得一枚金牌,市委、市政府就第一时间向中国体育代表团发去贺电,为宁波运动员加油鼓劲、激励鞭策。

【获得荣誉前所未有】宁波市体育总会获评"2017—2020年度全国群众体育先进单位",宁波市体育局被省委省政府记集体一等功,被市委市政府授予模范集体。4家单位、20名个人被授予荣誉称号,8家单位、29名个人被记功,5家单位、21名个人获嘉奖。我市运动员杨倩、汪顺获评2021年"中国十佳运动员"。

【顶层设计前所未有】宁波市首部体育立法《宁波市全民健身条例》正式施行。着眼宁波体育今后加速发展,先后制定出台《宁波市体育发展"十四五"规划》和全民健身、竞技体育、体育产业等体育"十四五"专项规划,明确了现代化体育强市建设的"时间表""路线图""任务书",形成了"十四五"体育规划体系,体育事业四梁八柱基本成型。

【外引内育前所未有】中国皮划艇、赛艇协会总部和国家训练基地正式落户奉化,中国青少年帆船示范基地、中国内湖帆船产业实验基地落户东钱湖。积极推进世界帆联常驻办事机构及萨马兰奇全球航海运动基金落户宁波。宁波富邦职业篮球俱乐部组建并重归CBA联赛,我市拥有真正属于自己的本土职业球队。

【党的建设全面加强】深入学习贯彻习近平总书记"七一"重要讲话精神和十九届六中全会精神,局领导班子成员带头学习宣讲、带头调研指导、带头破解难题,深入推进"三为"服务和"六讲六做"大宣讲活动。隆重举行纪念建党100周年系列活动,向老党员颁发光荣在党50年纪念章,举行《冠军之路》赠书仪式。基层党建不断加强,逐级签订《党风廉政建设责任书》和《廉政承诺书》,层层压实管党治党责任。进一步优化干部队伍结构。挂牌成立市级反兴奋剂中心,构建反兴奋剂防控体系。支持鼓励体育界"两代表一委员"、党派人士、群团组织围绕中心、发挥作用。

【体育改革纵深推进】构建完善宁波体育数据仓,点亮市体育局在党政机关整体智治门户,完成数字政府民生保障板块和数字社会体有所健专栏建设。"一人一技"特色场景应用入选省揭榜挂帅项目。围绕奥运、全运、亚运等重要节点,大力加强体育宣传,弘扬体育精神,讲好体育故事。2021年宁波体育被《人民日报》报道30余次,国家级媒体报道超百次,新华社国内动态清样受到省委袁家军书记等领导批示。坚守体育意识形态主阵地,做好体育领域意识形态管控工作。

宁波籍运动员勇夺东京奥运会五枚金牌

【奥运健儿尽展风采】杨倩勇夺东京奥运首金,为中国赢得奥运开门红,孙春兰副总理代表党中央、国务院专门发去贺电。汪顺全力冲刺,打破了美国选手保持长达17年的垄断,勇夺男子200米混合泳金牌。举重运动员石智勇以破世界纪录的优异成绩,卫冕奥运冠军诠释中国力量。年仅16岁的体操运动员管晨辰首次参加奥运即登上最高领奖台。鄞州、奉化、慈溪为培养输送这些奥运冠军作出了积极贡献。

【全运赛场亮点纷呈】夺金项目多点开花,从上届全运会5个项目获9金,到本届全运会9个项目获20金,获奖牌项目从9个扩大到15个,宁波竞技体育综合竞争力大幅提升。多个项目创造历史,羽毛球周昊东、王昶组合、自由式摔跤袁绍华、场地自行车严炜明均为该项目浙江运动员历史上首次摘金,闫铮战胜奥运冠军夺金令人瞩目,游泳项目汪顺、余依婷联手拿下10金掀起夺金狂潮。更值得称道的是,射击奥运冠军杨倩在全运会上点燃主火炬,成为“00后”年轻运动员的代表。汪顺作为浙江代表团旗手入场,其帅气自信赢得了众多体育迷的称赞,体现了新一代宁波运动员的风采和精神风貌。镇海、海曙、余姚等地为培养输送这些优秀运动员作出积极贡献。

【亚运筹备进展顺利】亚帆中心建成投用并正式挂牌浙江海洋运动中心。圆满完成第14届全国运动会帆船比赛暨亚运测试赛,受到世界帆联、中帆协的高度肯定,开创了浙江省承办全运会决赛阶段正式比赛的先河。

【训竞基础更加牢固】加强体育后备人才基地建设,申报推荐国家级基地5所,创建省级基地13所,命名市级基地、训练点、体育传统项目学校183所,四级训练网络进一步巩固。街舞等省运会新设项目实施市队区办。加大运动员输送力度,向省级训练单位输送运动员21名。

【谋划布局民生体育】加快编制体育设施专项规划等文件。奉化、鄞州顺利通过省体育现代化县(市、区)评估验收。提前超额建设完成2021年政府体育民生实事项目,新增体育公园12个,百姓健身房80个,社区多功能运动场30个,足球场10个,人均体育场地面积达2.51平方米。

【公共服务持续提升】国家体育总局群体司对宁波市全民健身和提升体育公共服务专门考察调研,"市体育发展中心场馆服务大提升"代表全省市级场馆纳入总局改革试点,在全省率先制订场馆服务大提升标准。《加快智慧场馆建设,提升体育公共服务水平》案例入选首批健康浙江行动示范样板。

【竞赛成绩亮眼夺目】全运会群体项目取得比赛类项目4金1银3铜,展演类项目3个二等奖、1个三等奖,成绩较上届大幅提升。浙江省第四届体育大会共获得42块金牌、135块奖牌。

【赛事活动丰富多彩】主动应对疫情防控新形势,创新举办线上线下相结合的社区运动会,开展三江六岸健步走等全民健身品牌赛事活动,群众参与热情日益高涨,经常参加体育锻炼人数达42.2%。

【健身指导不断加强】办好青少年运动健康管理中心,推进全民健身与全民健康深度融合。创新开展"一人一技"体育技能公益培训,办好全民健身大讲堂,开展线上线下538期,受益465万余人次,城乡居民体质合格以上人数比例达94.1%。

【社会组织坚强有力】体育社会组织自身治理能力进一步提升,32个市级体育社团实施"单位会员制"改革,16个市级体育社会组织通过第三方评估,市级体育社团中3A级以上占比首次提升至50%以上。成立市水上运动协会,8个市级体育社团完成换届。

【产业基础不断夯实】2020年全市体育产业总产值达680亿元,占全省总量近四分之一;增加值200亿元,占全市GDP比重1.62%。5805家体育法人和产业活动单位入库(不含个体工商户)。体彩全年销量达22.59亿元,贡献地方税收2658万元,市场份额近58%,创历史新高被列为全国体彩小微渠道试点城市。

【消费试点深入推进】宁波市政府办公厅出台《宁波市推进国家体育消费试点城市建设实施方案》。完成2020年度居民体育消费调查,人均体育消费2684元。大力培育体育消费新载体,举办"热力宁波"体育市集系列活动10余场。

【示范创建成效显著】奉化区获评省运动休闲基地,新增国家体育产业示范基地1个(鄞州区)、示范单位1个(浙江力玄运动科技股份有限公司)、示范项目1个(宁海越野挑战赛);新列入省运动休闲乡镇培育名单2个(镇海九龙湖皮艇球运动乡镇和象山石浦半边山滨海运动乡镇)、申报2个(余姚梁弄四明山水悦动休闲乡镇和鄞州咸祥滨海蓝湾科技体育运动乡镇)。

【产业新动能加快培育】大力发展户外运动产业,串联规划建设宁波登山步道1200公里。培树本土体育品牌,开展体育名品培育工程,大丰体育等7家体育制造业企业列入首批培育名单。推进体银融合,与建设银行宁波市分行开展全方位合作,加大涉体企业授信力度,设立一站式体彩兑奖服务点。

温州市

【概述】2021年,在温州市委、市政府的坚强领导下,全市体育战线紧扣建党百年主题主线,坚持以人民为中心的发展思想,不断擦亮"体育让生活更美好"城市品牌,持续推动体育改革发展走在全国前列,打造了中国体育改革的"温州模式"。体育局主要负责人受到党和国家领导人接见,市体育局获2017—2020年度全国群众体育先进单位、全省唯一的"十三五"浙江省体育改革创新奖、浙江省参加第十四届全运会群众赛事活动突出贡献奖、2021年度浙江省竞技体育突出贡献奖、2021年度浙江省重大赛事优秀组织奖,2016—2020年全省依法治理创建活动成绩突出单位;2019—2021年连续3年获得市委、市政府考绩优秀单位,在打造高质量发展建设共同富裕示范区市域样板中交出温州体育的高分答卷,实现"十四五"的良好开局。省委常委、市委书记刘小涛对体育工作作出重要批示。

【党的领导全面加强】坚持和加强党对体育工作的全面领导,以"建设队伍、服务中心"为目标,一体推进机关党建"六大建设"。把学习宣传贯彻落实党的十九届六中全会精神,作为党史学习教育的核心内容,局党组书记先后两次赴基层宣讲六中全会精神。全年局党组先后召开集中学习会、集体研讨会和意识形态专题会。温州体育五幅图片入选市庆祝建党百年大型图片展,市体育局系统合唱团获得市直机关庆祝建党百年大合唱比赛金奖。

【体育改革纵深推进】体育总局将总结推广温州经验、将推进社会力量办体育列为2021年重点工作;总局两位副部级领导来温调研体育改革,并对温州改革成果给予充分肯定。"社会力量办体育改革全国试点""百姓健身房建设"两项工作被省里列入"重要窗口"绿箱成果。大力推进体育数字化改革,着力构建以全民健身地图2.0版、社会体育指导员上岗履职管理服务平台、国民体质检测服务平台、赛事活动4大核心业务场景应用为主要内容的智慧体育服务体系。调研报告《温州打造全国体育改革发展标杆城市的实践与思考》被省体育局评为一等优秀调研成果。

【亚运筹备有力有效】温州奥体中心二期、温州龙舟运动中心顺利建成,温州体育中心体育场改造提升工程完工。首次成功举办第十四届全国运动会龙舟决赛,央视新闻联播播出《全运会龙舟决赛在浙江温州拉开战幕》。举办杭州亚运会倒计时200天温州体育图片展。今年以来全市推动亚运会承办涉及的各领域各环节各方面任务落细落实,取得明显成效,营造了齐心协力"迎亚运"热烈氛围。

百姓健身房揭牌

【百姓健身品牌打响】以打造"数字化百姓健身房"为引领,全年新建百姓健身房57家,累计建成303家,其中13家实现数字化,数量居全省首位。建成百姓健身房数字展示平台,并成功接入"浙里办"平台,每月健身人次超7万,全省排名第二。率全国之先开展百姓健身房网络对抗赛,掀起网络健身浪潮。"百姓健身房"建设纳入中办和国办印发的《关于构建更高水平的全民健身公共服务体系的意见》,向全国全面复制推广,得到省委主要领导点赞和中央媒体报道,获评温州首批改革创新典型案例。

【全民健身蓬勃开展】市政府出台《温州市全民健身实施计划(2022—2025年)》。在全运会群众项目中获得5金2银3铜的历史最好成绩,名列全省首位。提前超额完成省民生实事体育项目,新增体育场地面积124万平方米、总面积达2386万平方米,居全省前列。完成第六届全民运动大会106个大项500多个分项超万个体育赛事活动任务,线上线下参与人次超百万,全年经常性参加体育锻炼人数达42%。完成市运会大众体育部30个大项、行业系统部16个大项比赛任务。推动体育社会组织健康发展,截至2021年底市属体育社团中3A等级以上46家,占比达56%,总数和占比均居全省各地市首位。

【竞技体育成绩辉煌】温籍体育健儿在东京奥运会上获得2枚银牌1个第五名和1个第八名的优异成绩,温州市参赛近三届奥运会历史最好成绩;"温州冬奥第一人"吴志涛出战男子四人雪车项目,创造了该项目中国队在冬奥会的最好成绩;参赛陕西全运会获11金12银10铜,成绩稳居全省第三。成功举办温州市第十七届运动会青少年部27个大项34个分项849个单项的赛事,是历年来规模最大、参赛人数最多的一届市运会;举办市青少年学生阳光体育运动会25项赛事,参赛学校达900余所,参赛学生将近24000人;参赛省级青少年竞技体育类赛事和省青少年学生阳光体育运动会,成绩列全省前三名。2022—2025周期新创2所全国羽毛球后备人才基地;2021—2024周期创成11所浙江省体育后备人才基地,其中9所为浙江省重点高水平体育后备人才基地,均列浙江首位;新命名"温州市社会竞技体育训练机构"19家,全市社会竞技体育训练机构达112家。体育类人才正式纳入"瓯越英才计划"。

【体育产业量质齐升】大力开展冰雪运动,启动百万青少年上冰雪活动,央视《冬奥来了》以2分多钟时长点赞温州充分利用社会力量办冰雪。完成国家乒乓球队在温集训、比赛任务,并由温州出发征战休斯敦世乒赛,被称为开启新一轮中美"乒乓外交",获评"2021

温州十大国际化事件"。成功举办2021年元旦健身跑、全国国际式摔跤锦标赛、"瓯江杯"帆船邀请赛、省第三届民俗体育精英赛等15项品牌赛事。出台全市首个非学科类校外培训机构准入标准和监督管理实施方案,得到国家体育总局和新华网等国家部委、中央主流媒体广泛宣传报道。全年体彩销量21.78亿元,筹集公益金5.96亿元、全省排名第二。全市体育产业总产出330.25亿元、增加值113.16亿元,增加值占GDP1.65%,占比列全省第二。

【体育融合共生发展】大力推进体育与教育、医疗卫生、旅游等"体育+"融合发展,形成全社会共同推动体育发展的强大合力。体教融合成效显著。联合市教育局出台《温州市体教融合工作联系会议制度(试行)》,推进武术、冰雪、足球等体育特色项目进校园,促进青少年健康成长。与北京体育大学联合举办业余训练管理干部和教练员能力提升培训班。体医融合持续深化。在市中西医结合医院试点国民体质测试与医疗健康体检相结合,将国民体质测试相关项目正式纳入居民医疗体检项目,促进运动康复产业发展。大力推进桃花岛二期工程、梦幻海湾等25个重点体育产业项目建设。出台全省首个"环浙步道"建设指导意见。把龙舟文化作为高水平推进文化温州建设的重要内容,建设龙舟博物馆,筹建温州龙舟学院,组建中华龙舟文化海外传播队伍。探索长三角区域体育一体化发展新路,举办首届上海虹口——浙江温州象棋、国际象棋网络交流赛,线上开展长三角曳步舞、健美操与啦啦操等8项赛事活动。办好温州第十四届体育年度奖,形成品牌效应。

【疫情防控安全有序】不折不扣地执行上级疫情防控的各项决策部署和要求,排查风险隐患。成立体育社团疫情防控应急支援服务大队,助力体育抗疫。严格重大体育活动疫情防控管理,按照"一赛事一方案"的原则,积极做好全运会龙舟赛、国家乒乓球队温州集训、第十七届市运会等大型赛事活动的疫情防控措施。全面加强体育赛事活动尤其是户外体育赛事活动安全管理工作,提出赛事活动安全工作"二十个强化"。2021年6月,由体育总局党组副书记、副局长王瑞连带队的国务院安委会安全生产督查组,来温督导检查体育领域安全生产工作,给予充分肯定。

湖州市

【概述】2021年在湖州市委、市政府的坚强领导下,市体育局认真学习贯彻中央、省市全委会精神,深入贯彻落实习近平总书记在浙江、湖州考察及对体育工作系列重要指示批示精神和全省体育工作会议精神,以数字化改革为抓手,锚定"体育365"工作目标,不断深化"在湖州看见美丽中国"的体育实践,推动生态体育发展,较好的完成了全年工作任务。湖州首创的"运动码"被列入国务院颁布的《全民健身计划(2021—2025)》,并写进国家体育总局发布的《全民健身工作案例》,入选2021全国健康促进优秀案例。德清县、安吉县、吴兴区顺利通过"浙江省体育现代化县(市、区)创建考核验收;高标准推进德清县、安吉县创建国家全民健身模范县。在第十四届全运会上,湖州运动员勇夺6枚金牌、4

枚银牌、9枚铜牌,参赛人数和参赛成绩均创历史之最率先制定出台7项体育类旅游新业态项目管理规范。制定出台了《湖州市体育事业发展"十四五"规划》《湖州市全民健身实施计划(2021—2025)》《湖州市社会力量办竞技体育后备人才训练机构扶持办法(暂行)》等文件,通过强化顶层设计助推我市体育事业高质量发展。

【党的领导全面加强】不断强化党的政治建设,切实用党的创新理论武装头脑、指导实践,专题研究党建工作、开展党组理论学习中心组集中学习、专题研讨、每月组织开展"党纪一刻钟"教育,加强意识形态阵地建设和管理。精心组织党史学习教育,通过组织全体党员干部瞻仰南湖"红船"、开展"红色运动会"、参加"南太湖体育大讲堂",让党员干部重温入党誓词、坚定"四史"政治信念,规范理论学习制度,确保学习效果。有力推进清廉体育建设,全面压实各级主体责任。制定下发2021年度全面从严治党和党风廉政建设工作要点,成立党风廉政建设和反腐败工作领导小组。开展全局系统廉政风险大排查大整治,从严从实做好廉政风险防控工作。

【体育改革全力推动】围绕建设共同富裕绿色样本,在推进全市全民健身公共服务体系中持续加力,制订出台《湖州市全民健身实施计(2021—2025)》;以实现"10分钟健身圈"城乡全覆盖为建设目标,探索共富先行的全民健身模式,构建亲民、便民、利民,更加均衡的全民健身公共服务体系,不断缩小城乡差距。以"数字化"改革为牵引,全市6家公共体育场馆持续进行服务大提升工作,场馆预定系统上线南太湖号、南太湖度假App。推进"运动码"迭代升级,助力体医融合平台建设,借力"运动码"成功开展线上AI挑战赛等系列赛事。目前,运动码注册用户达9.4万余人。指导市体校创建"湖州市体育运动学校训练场景"监控平台,目前已完成平台建设,将成为省内首个市级系统联通省级系统的地市。

【全民健身蓬勃发展】率先完成省民生事实建设任务,荣获浙江省民生事实突出贡献奖。全市人均体育场地面积达3.02平方米,位居全省第一。全市新建省市两级体育公园(体育设施进公园)10个、足球场(含笼式足球场)10个、社区多功能运动场20个、村级全民健身广场19个、百姓健身房32个。完成36个新建住宅区配套体育设施验收,新增353件健身器材。5月21日全面启动湖州市第三届全民健身节,8月8日,在湖州成功举办浙江省全民健身日主会场活动。持续抓好公共大型体育场馆低免开放,开展"周三全民健身免费开放日"活动,全年免费开放4003场,受益人群10.1万人次。大力推广全民健身公益大培训,全年共在南太湖App体育板块推出20期,观看人数达40余万人次。开展"三进"(进校园、进社区、进街道)公益培训工作。受益人数5.3万余人次。举办市级体育社会组织南太湖嘉年华活动,现场参与群众达3000余人次。首次推出开展"丰收杯"村运会、"南太湖杯"社区运动会,并指导各区县利用区域优势不断创新群众体育活动新路径。推进《湖州市社会体育指导员精英计划》,共培训精英社会体育指导员1000名,深入全市100个运动加油站开展公益性科学健身指导。"运动加油站"公益指导服务受到《人民日报》、新华网、中国蓝新闻等国家、省市级权威媒体的播报。探索行政村建立体育委员队伍,普及推广农村体育健身,开展运动健身和赛事活动,助力乡村发展。加强社会组织标准化建设,组织13个协会参加社会组织等级评估。新成立协会4个,完成4个协会换届工作。完善体育总会内部规章制度,对下拨协会经费项目做好事前有方案,事中有监督,事后有绩效。组织参加各类体育竞赛和社团活动140余项,参与者达8万余人次。

【竞技体育取得突破】召开亚运会筹备工作推进会,在原成立湖州市亚运筹备委员会基础上增设一办六部。市委书记王纲调研湖州亚运会筹备工作。场馆建设全力推进,已完成德清县体育中心体育馆改建工作的整体验收,地理信息小镇三人制篮球项目正在进行桩基工程和钢结构的施工。赛事保障体系全面提升,做好城市交通环境提升工作。亚运氛围日益浓厚,开展以"跃动湖州迎亚运"为主题的系列赛事活动,形成月月有活动的全民健身热潮。第十四届全运会上,湖州市运动员勇夺6枚金牌、4枚银牌、9枚铜牌,破1项全国纪录,参赛人数和参赛成绩均创历史之最。市政府召开备战浙江省第十七届运动会部署会,统筹推进省运会备战工作。制定阶段训练目标和成绩评估方案,努力构建"全方位、全过程、全覆盖"的备战管理体系。召开全市赛事安全工作相关会议,进一步梳理压实职责。对全市备案、注册、批准举办的147项体育赛事活动进行全面排摸。发布体育赛事活动操作指南,构建重大赛事活动风险评估、部门协同联动等机制,真正实现赛事活动安全网格化管理。

莫干山国际越野跑挑战赛

【体育产业加速发展】制定下发湖州市《关于加强浙江省体育产业发展专项资金(省转移支付)使用管理的通知》,指导支持各区县项目申报入库工作,2021年共4个项目成功入库,获补助资金110万元。对湖州市体育产业名录库进行核查录入,录入1576家,总数同比增幅41.8%。成功举办2021年湖州市第一届城市定向赛;协助举办中国围棋甲级联赛(长兴站)、TNF100莫干山国际越野跑挑战赛、第三届南浔古镇桨板公开赛、中国名校水上运动公开赛暨吴兴"十漾连珠"第三届时尚嘉年华等系列品牌赛事。大力推进"环浙步道"建设工作,完成主线安吉路段数据采集及主线安吉路段三年行动计划,增加了"环浙步道"主线段德清段和吴兴段,配合省做好2021年第二届"环浙·登顶11峰"活动。湖州市体育产业公司全年经营性收入2222.77万元,同比增长77.79%;五个场馆共举办赛事及各类活动223场,受益人群9.9万人次;国定假日免费开放11天,共计873场次,受益人群2.33万人次;各场馆户外场地免费开放受益人群45.94万人次;各场馆公益类培训、赛事、活动达85场次,应收各项公益活动场租费用为284.5万元,实收0元。体育培训共计学员近8990人,总体人数同比增长146.57%;2021年共新增乒乓球、击剑、瑜伽、美术4项培训项目,整体培训业务不断拓展,趋势向好。市本级场馆预定系统上线南太湖号App和南太湖度假App,为湖州市人才之家设计线上集团模块,接待高层次人才9981人次;与市总工会合作开通体育驿站微信小程序,为全市90.2万名工会会员提供健身运动一站式平台。稳步推进市奥体中心建设,共引进涉及体育类、文化类及艺术类4个合作项目(飞沙乒乓球、新生瑜伽、伯乐击剑与安定书院公益书吧),奥体中心执行策划各项赛事、培训、活动96场,成功引入社会力量获得商业赞助60万元和部分物料赞助2021年全市累计销售体彩达13.66亿元。奋斗目标完成率为140.82%,位列全省第一;同比增幅38.97%,市场份额达到69.91%,增幅和市场份额均位列全省第二。全市各区县销量均突破亿元大关。

【体育+融合发展模式逐步形成】推动体卫融合,向社会发布"全民身体素养和健康水平提升工程";体卫融合平台项目入选省体育局体育数字化改革"揭榜挂帅"单位。与湖州市第一医院、湖州师范学院体育学院合作成立体育运动促进健康中心,在促进中心中设立"近视眼""肥胖""脊柱侧弯""心理健康"4个运动健康门诊。深化体教融合,与市教育局共同启动市级阳光体育后备人才基地的创建工作;共同举办市级赛事15项,创建市级青少年体育户外营地5家。单考单招再创新高,湖州市体育运动学校2021年共有15名学生考入大学,录取率达73%,其中两人被双一流大学录取。促进体旅融合,组织参与2021国际滨湖度假大会暨湖州度假博览会展区之一的体育运动度假展区,推荐国家级体育产业示范单位泰普森镇等11家品牌体育产业企业和乡镇参展。按照市旅游新业态项目安全监管领导小组部署,率先完成了7个体育类项目的安全管理规范。提升体育与文化融合,倾力打造体育文化实践基地,并成为全市新一批爱国主义教育基地和市直机关主题党日活动基地。继续打造"跃动湖州·赛事面对面"直播平台,直播网络点击量超641万/人次。在奥体中心打造"防溺水安全教育基地""湖州晚报小记者社会实践基地""拥军优属"三块"暖心"公益品牌;推进责任彩票建设,打造集"党建宣传点、公益落脚点、爱心服务点、文明实践点"于一体的体彩驿站。

嘉兴市

【概述】2021年是中国共产党成立100周年,是实施体育强国、强省纲要和"十四五"规划开局之年。全市体育系统以习近平新时代中国特色社会主义思想为指导,锚定体育强国、强省、强市战略目标,以创建国家全民运动健身模范市为载体,牢牢抓住改革创新这个关键,聚焦重点领域和关键环节,高质量推进群众体育、竞技体育、体育产业协同发展。

【创新健身服务载体】在全国率先开创了"社区运动家"公共体育服务新模式。"社区运动家"于7月15日上线浙里办,8月11日央视焦点访谈《全民健身 动起来!》栏目播出,列为浙江省唯一入选的国家智能社会治理实验体育特色基地,并入选浙江省数字社会第一批最佳应用。目前用户达到10.9万人、纳入体育场地7960个、体育社群3153个、社会体育指导员587人,参与运动达48.6万人次。推动编制《嘉兴市全民健身现代化发展实施计划(2021—2025年)》,研制《关于加快体医养深度融合发展实施意见》和《嘉兴市

"运动家"智慧体育社区建设与服务指导标准(试行)》。全民健身专项行动列为健康浙江行动省级示范试点,在全省率先探索体医体养深度融合发展,创新运动促进健康机制,打造健康嘉兴行动新亮点。

嘉兴经开区塘汇街道"社区运动家"

【推进健身场地设施建设】统筹构建"10分钟健身生活圈",全市新建专项体育场地117个,其中乡镇(街道)全民健身中心3个、村级全民健身广场12个、足球场(笼式足球场)4个、社区多功能公共运动场18个、百姓健身房76个、体育公园(设施进公园)4个。新建200个"运动家"智慧体育社区、组建2774个体育社群、举办5000场比赛,群众"家门口"优质运动空间持续扩展。以智慧化手段推进全市9个公共体育场馆服务大提升,正式建成启用秀湖全民健身中心,桐乡市全民健身中心主体竣工。同步推动市本级45个体育场馆和公园体育场地设施接入"社区运动家"平台。

【丰富全民健身活动】先后举办了2021复兴之路·薪火驿传百公里接力赛、中华人民共和国第十四届运动会群众赛事活动桥牌比赛、2021年端午民俗文化节龙舟赛、踏白船比赛、庆祝中国共产党建党100周年"龙华杯"长三角网球发展联盟"红色之旅"、2021年浙江省青少年电子制作锦标赛等重大品牌赛事,以体为媒主动融入长三角一体化发展建设。承办浙江省社区运动会开幕式及首站三人制篮球、健身瑜伽、广场舞三项比赛。倡导基层开展小型多样赛事活动,全年赛事活动5000场次以上。积极参加省级和长三角群众体育赛事,派出近600名运动员参加浙江省第四届体育大会34个大项的赛事,获得第一名9项次、第二名14项次、第三名8项次。

【规范体育社会组织】积极推进基层体育社会组织建设,2021年筹备成立嘉兴市击剑运动协会。指导市门球协会、市幼儿体育、市女子体育协会等7个协会完成换届工作,启动市体育总会换届工作;指导全市781家体育组织完成浙里办App注册激活工作;开展全市"僵尸型"社会组织分类整治排摸整改工作。加强体育社会组织队伍建设,持续推进市级体育协会"三化五有""一社一品"建设;组织开展全市航天航空、排球等项目裁判员培训6次。激发社会体育组织活力,多点位、多形式开展全民健身站点建设,加强体育社会组织与社区街道体育结对共建工作,以马拉松路跑协会党群服务中心为样板,积极打造社会体育组织融入运动家智慧体育社区。

【竞赛成绩实现突破】2021年,嘉兴有6位运动员参加在东京举办的第32届夏季奥运会,参赛人数创历届之最。羽毛球运动员王懿律夺得混双金牌,实现嘉兴奥运金牌零的突破,皮划艇运动员李冬崟、田径小将徐惠琴分别获得第六名、第八名好成绩。在陕西举办的第十四届全运会中,嘉兴市共有60名运动员代表浙江省参加田径、游泳、体操、水上等13个大项的比赛,获得8金、9银、4铜,再创全运参赛新记录。

【备战省运有序推进】加强备战组织领导,开展备战工作调研,制定《嘉兴市体育局备战第十七届省运会工作实施方案》,排定《嘉兴市参加十七届省运会备战工作安排表》。组织召开省运会备战动员部署会,全面分析备战形势,下达目标任务,进行全面部署。完成青少年运动员注册工作,妥善安排新注册运动员参加各项省锦标赛、冠军赛等,为省运会参赛做好资格准备。明确训练目标,督促训练单位抓日常管理和训练过程的监控,对重点项目、重点夺金队员的训练时间、学习生活等提供有力保障。强化思想政治学习,开展反兴奋剂、赛风赛纪等教育,提高运动员综合素质。

【体教融合深入开展】深化体教融合,联合教育部门会商2021年度全市青少年体育竞赛安排和全市教练员、骨干体育教师培训计划,与嘉职院合作研讨嘉兴体育学院合作项目发展和人才培养初步规划,研究制定《嘉兴市和匈牙利杰儿市在体育领域合作交流意向》。指导基地创建,嘉兴市少体校、海宁市少体校获评省重点高水平后备人才基地;平湖市少体校获评省高水平后备人才基地,嘉善汾湖水上运动中心和嘉兴振华网球俱乐部有限公司获评省级后备人才基地。4所特色学校获得新周期省级阳光基地学校称号。15所学校获评市级高水平后备人才基地,48所学校获评市级体教融合校。组织开展青少年锦标赛、特色项目学校体育竞赛。组队参加省锦标赛、冠军赛,游泳、乒乓球分站赛和积分赛以及省第六届青少年阳光体育运动会。

【人才队伍夯实基础】制定出台《嘉兴市体育竞赛裁判员管理实施细则》,明确裁判员培养主体责任、培养计划和注册管理要求,助力推动裁判员队伍规范化、专业化发展。印发《中共嘉兴市体育局 中共嘉兴市纪委市监委驻市委宣传部纪检监察组关于反兴奋剂工作协作联动》《2021年度嘉兴市反兴奋剂教育工作计划》,坚持拿"道德金牌""风格金牌""干净金牌"。开展全市裁判员管理工作专题培训、全市反兴奋剂教育培训、击剑、体操、重竞技项目裁判员、教练员培训。举办全市训竞管理干部和教练员培训班,规范注册、等级审批,全年共完成运动员注册9846人,裁判员2159人,完成四批次等级运动员的申请审批工作,共审批二级运动员76人,审核上报一级运动员42人。

【落实体育产业政策】根据市委市政府的总体部署和"十四五"时期嘉兴市体育发展面临的新形势、新任务、新要求,市体育局吸纳上海体育学院科教资源,出台《嘉兴市体育改革发展"十四五"规划》。发布《嘉兴市体育局关于组织申报2021年市级体育产业发展扶持项目的通知》,公开征集嘉兴市本级范围内符合条件的体育产业发展项目,35个项目成功申报,获得补助金260.88万元。发布《嘉兴市体育局关于组织申报2021年度嘉兴市体育产业发展资金项目库项目的通知》,公开征集优秀体育产业项目。11个项目符合入库条件,获得体育产业发展专项资金518万元。根据《嘉兴市本级小区游泳场所开放补助办法(试行)》《关于对嘉兴市经济技术开发区游泳场所投保公众责任保险给予经费补助的通知》精神,经综合评定,对嘉兴市符合条件的市本级小区游泳场所给予开放补助和投保公众责任保险经费补助。

【拓展产业发展空间】大力推动体育产业全面接轨上海，深度融合长三角一体化发展大局，浙江正星健身器有限公司、嘉兴市绿成人造草坪有限公司成功参展2021第39届中国国际体育用品博览会；积极搭建体育产业发展共赢平台，组织召开斯迈夫国际体育产业展览会嘉兴推介会、长三角体博会嘉兴推介会。举办2021年嘉兴市运动休闲体验游活动；组织各县（市、区）开展2020年体育产业名录库构建工作，录入法人和产业单位3915家；组织各县（市、区）开展体育类校外培训机构摸排工作，统计相关产业单位541家。制定《环浙步道嘉兴段三年规划》，预计环浙步道嘉兴环线三年内新增419公里，总公里数达500公里。

【深耕体育产业品牌】做好中国·海宁国际速度轮滑公开赛赛事、CBSA海宁斯诺克国际公开赛、中国掼牛争霸赛等5个省级重点品牌赛事跟踪服务及赛事评估。推荐"中国·桐乡健美健身公开赛""'红动中国'全国定向系列赛·嘉兴站"申报《浙江省重点培育品牌体育赛事名录库（2021年）》。海宁市顺利举办第十届浙江省运动休闲旅游节；海宁尖山彼岸营地获2021浙江省十佳露营地；在浙体产业"冠军品牌说"暨寻找浙江省最具品牌价值企业活动中，桐乡波力科技复材用品有限公司的品牌"BONNY"、浙江纽斯达体育文化有限公司的品牌"纽帕沃"被评选为冠军品牌，海宁国际轮滑运动有限公司（现更名为"浙江卫来星体育发展有限公司"）的品牌"海宁国际轮滑运动中心"、浙江绿能体育产业股份有限公司的品牌"绿能"被评为优秀品牌；浙江鸿翔体育文化产业有限公司的品牌"潮定向"被评为潜力品牌。

【规范体育市场监管】。加强游泳市场监管，举办初级救生员、中级救生员培训班和救生员年审，141名初、中级救生员通过考核，455名救生员通过年审；依法依规对北大附属嘉兴实验学校游泳馆、玄驹体能游泳池等10家高危险性体育经营场所进行高危许可审批；招募游泳场所义务监督员，通过日常监督巡查和双随机检查相结合，切实加强游泳场所夏季安全开放管理。组织全市体育行政执法案卷评查。下发《嘉兴市体育局关于组织开展2021年度全市体育系统行政执法案卷评查工作的通知》，办结体育行政许可案卷15件、行政处罚案卷6件。择优推荐优秀案卷参加省体育行政执法案卷评查。

绍兴市

【概述】2021年，绍兴市体育工作坚持以习近平新时代中国特色社会主义思想和习近平总书记关于体育工作系列重要讲话精神为指引，围绕破解亚运筹备"难事"、推进体育消费试点"新事"、建设体育数字化改革"实事"三大任务，推进群众体育、竞技体育和体育产业融合发展，为绍兴奋力打造浙江高质量发展建设共同富裕示范区市域范例。

【党风廉政建设扎实有效】局党组理论学习中心组坚持开展常态化学习，举行专题学习会与局系统科级领导干部会议。部署动员全系统学习宣传和贯彻落实党的十九届六中全会精神、省委"六讲六做"大宣讲活动工作。高标准开展党史学习教育，重点学习四本必读书目及习近平总书记重要讲话精神。局党组理论学习中心组专题学习交流，局党组书记带头作党史专题宣讲,以身作则带领全系统党员干部学史明理、学史力行。完成奥体支部换届与困难党员帮扶工作。在上虞疫情暴发之后,我局5名干部第一时间加入市直机关工委组织的志愿队伍,驰援上虞,为阻断疫情扩散贡献力量。

【体育惠民力度持续加大】顺利完成2021年省、市民生实事工程,共新建8个村级全民健身广场、10个社会足球场、20个社区多功能运动场、30个"体育+公园"项目、100个百姓健身房、500公里健身步道(骑行道)。推进绍兴市智慧化数字体育平台项目,梳理体育部门核心业务,创新"数智马拉松指挥管理系统""AI云健身"两大特色应用,优化完善7个基础应用,汇总分析83项数据。平台前端推出"一分钟"健身圈,以AI识别先驱技术为核心,打造国内领先的运动识别系统。推动全市7家大型公共体育场馆实施"场馆服务大提升"工作。全市7家大型公共体育场馆中,市奥体中心、上虞区华通体育中心、柯桥区轻纺城体育中心、嵊州市体育中心已于去年完成改造升级。越城区体育中心二期改造、新昌县体育中心、诸暨市体育中心也于2021年顺利完成改造。落实全市14个大型公共体育场馆低免开放补助事项。2021年新增了嵊州市体育中心体育场、新昌县体育中心游泳馆、上虞华通体育中心游泳馆、体育场4个大型场馆,开放场馆数量列全省前列。

【健身指导水平明显提升】推进体育社团实体化改革,通过政府购买体育服务等方式,调动体育社团积极参与承办体育赛事。建设3A以上的体育社团23家,全市共有登记注册的社团197个,注册会员约83.22万人,市级体育社团44个,全市体育社会组织总量超过1320个。绍兴市全民健身指导中心与绍兴文理学院附属医院合作开设"运动康复门诊",定期开展科学健身指导以及运动康复服务。开展"迎亚运·惠民生"绍兴市国民体质检测暨"体医融合"促健康公益系列活动,惠及群众1200多人。向市民免费开放"健康驿站",增设"预约式夜门诊"服务,建立科学运动"云健身"平台,方便市民体质监测。成立体育教育、运动康复训练和体育科学研究宣讲团队,选派专业人员编制针对不同群体、不同阶层人员的科学健身讲课稿。全面举办12次"健身大讲堂"活动,参加人数达2000多人。

2021年绍兴市"全民健身日"武术展示活动

【各类重大赛事成功筹办】2021年"越马"(绍兴马拉松)赛事规模为2.5万人,报名人数达7万人左右,为历届之最。"水马"由全国皮划艇邀请赛、全国桨板公开赛、全国铁人两项精英赛、全国公开水域游泳团体接力赛、长三角龙舟邀请赛以及嘉年华等一系列活动组成,已完成全部赛事。全市各类协会、社团共举办、承办、协办各类赛事活动超过2000场次,其中参与承办全国级赛事和国际赛事活动10余场次。组织参加重大群体赛事,在第十四届全运会中,绍兴代表团取得三金一铜的好成绩。浙江省第四届体育大会,绍兴市参与的28个大项中,有26个项目获得了名次,获13金、16银、21铜佳绩。采用社会力量参与青少年竞技体育赛事的模式,培育专业的赛事组织团队。2021年,共完成市级青少年竞技赛事30场,参赛人数达8500多人。

【竞技人才培养不断加快】东京奥运会,绍兴市4名运动员入选中国体育代表团参赛,其中万济圆获得女子三人篮球比赛铜牌,实现了浙江在奥运会上篮球奖牌零的突破;谢震业以37.79的成绩追平全国纪录,获得男子田径4×100米接力第三名;吴卿风在女子4×100米自由泳接力比赛中两次打破亚洲纪录,获得决赛第七名;同时获得女子游泳4×100米混合接力第四名和女子50米自由泳第五名。陕西全运会,绍兴市55名运动员参赛,取得了7金9银8铜的好成绩,金牌获得数列全省第四名。同时,绍兴籍运动员还获得年度全国比赛金牌14枚、银牌12枚、铜牌3枚,省青少年比赛金牌180枚。制定下发了《绍兴市第十届运动会青少年部竞赛规程总则》,为基层抓训练备省运会提供政策依据和方向引导。做好运动员和裁判注册工作。完成年度青少年运动员新注册6498人,注册运动员总数达到22510人。完成裁判员注册工作,注册认定人数1842人,其中国际级5人,国家级36人,荣誉级2人,国家一级520人,国家二级1085人,国家三级194人;申报国家一级运动员33人,国家二级运动员165人。开展全市田径、空手道等裁判员和教练等培训,培训人数达120人;积极参加省级和国家级教练人员、竞技体育管理人员培训,参训人数达40余人。引进篮球项目优秀运动员13人,女子足球项目引进优秀运动员3人。加大优秀后备人才输送力度,向省以上运动队输送运动员10人以上,在国家队、省队训练的绍兴籍运动员总数达120人以上。

【消费试点工作有序推进】委托第三方机构"上海华顿经济管理咨询事务所"执行绍兴试点期间居民体育消费调查工作,并通过数据分析形成首份年度调查报告。报告显示2020年绍兴市居民体育消费总规模达到135.72亿元,人均体育消费2574.93元,占当年绍兴市居民人均消费支出的8.15%。市体育局与支付宝合作,开展"迎亚运·悦健身"绍兴市全民健身体育消费季活动,共发放消费券113.5万张,带动消费7176万元,月均带动体育消费1800万元,累计核销2335.8万元。绍兴市体育产业发展专项引导资金兑付2000万元整,惠及80个项目68家企业(单位),其中品牌赛事17项,奖补731.01万元;体育服务业示范企业44家,奖补545.74万元,两项占比高达引导资金总额的63%。同时加快政策兑现速度,企业通过绍兴市奖励政策兑现系统实现网上申报,奖补资金由市级财政"点对点"直接拨付到企业,全部资金按市里要求提前半个月拨付到位。

【亚筹各项有力有序】明确工作运行机制,从市级部门、各区、县(市)抽调11名优秀干部,组建亚运筹备工作专班,实行集中办公。成立第19届亚运会绍兴市筹备委员会,进一步明确亚筹委"一办九部"、亚运城市行动计划领导小组"一办六组"的组织架构。截至年底,绍兴棒垒球体育文化中心累计完成投资额164550万元。工程总体形象进度为91.6%;柯桥羊山攀岩中心累计完成14600万元,工程总体形象进度93%;鉴湖足球训练场累计完成投资5892万元,工程总体形象进度98%。按照"一馆一方案",编制赛事运行计划,完成4个赛事场馆指挥层和运行团队的组建,赛事运行组织架构基本建立。根据亚组委统一安排,有序组织运行团队开展各领域线上线下培训,专业化、团队化推进场馆运行工作。市委市政府主要领导牵头召开亚运工作推进会议,围绕亚运城市行动计划六大行动,实行"红黄绿"三色管理,对亚运城市行动计划127项工作任务、亚运标志性项目52个项目进行全面跟踪、系统推进。成功举办"亚运绍兴 越来越好"第19届亚运会倒计时一周年绍兴主题活动,与杭州主会场现场连线,较好地展现绍兴亚运风采。积极推动棒垒球进校园工作,积极引入棒垒球专业人员、专业运营团队,谋划探索棒垒球场馆赛时赛后运营模式。顺利推动国家棒(垒)球对集训中心落户绍兴,棒球项目省队市办等工作。

金华市

【概述】2021年,金华市体育局认真贯彻市委市政府的决策部署,拉高标杆、振奋精神,结合金华体育工作实际,紧紧围绕"建成体育强市,走在全省前列"的发展目标,重点聚焦亚运省运筹办,集中力量抓好任务攻坚,全力以赴推进金华体育各项工作取得新进展。

【亚运省运推进筹办】作为全省唯一既承办亚运又承办省运的城市,为加快推进亚运、省运筹办工作,金华市将亚运、省运两家筹办机构进行整合,成立第19届亚运会金华赛区、浙江省第十七届运动会筹办委员会,组建了"一办十四部"的工作架构,建立了各成员单位联络沟通工作机制,面向70余家成员单位抽调了90余人进行集中办公,统筹推进亚运省运筹办各方面、各环节工作有序高效开展。

【场馆建设有效推进】亚运场馆方面,涉及新建、改造比赛场馆、训练场馆和后勤接待场馆共10个。其中比赛场馆3个,目前均已竣工并通过亚组委赛事功能验收。训练场馆共4个,市体育中心足球训练场在全省率先通过赛事功能验收,另外3个足球训练场已进入扫尾阶段。后勤接待场馆共3家,运动员分村项目已竣工并试运行。媒体酒店、技术官员酒店已正式营业。省运场馆方面,共涉及新建、改造提升场馆、赛道项目共计34个。截至目前,34个比赛场馆均已建设完工。

【省运备战全面开展】为全力推进省运备战,紧盯竞技体育后备人才培养的关键要害问题,研究出台了《关于加强竞技体育后备人才培养的若干意见》金华市竞技体育贡献奖励办法》等政策,在县级体校建设、教练员和运动员引进、退役运动员安置、贡献奖励等方面提出了具体指导意见,系统解决制约省运会备战夺金的难点痛点。全市已实现县级体校全覆盖,共计注册运动员12000多人,引进优秀运动员、教练员近300人。陕西全运会上,金华运动健儿夺得田径、沙滩排球、足球和龙舟四个项目金牌,独立组建的水球队代表我省参加全运会取得了第六名的历史性成绩,努力为我省争光添彩。

【氛围营造精心谋划】亚运省运举办是宣传"信义之城、和美金华"千载难逢的机会。为此,我们充分发挥市级新闻媒体的作用,在日报、电视台等主流媒体开设体育专栏,在高铁站、公园、公交等人流密集场所布置宣传广告,积极举办迎亚运倒计时一周年、"四个

"一百"系列活动(即一百场群众体育活动、一百场青少年体育活动、一百场老年体育活动、一百场社会体育指导员"五进"活动),进一步提升亚运省运宣传标识在城市宣传中的出镜率,较好地营造了全民"迎亚运省运"的浓厚氛围。面向全国征集省运会开闭幕式创意文案和独具八婺文化印记的省运会系列标识,"韵动浙江,和美金华"的主题口号和以茶花为原型设计的吉祥物"华华"获得了社会各界的广泛关注,提升了人民群众对亚运省运的关注度。

2021金华市全民健身运动会暨首届体育协会运动会

【全民健身蓬勃发展】紧盯国家全民运动健身模范市和省体育现代化县(市、区)创建工作,对标对表狠抓工作进度,国家全民运动健身模范市创建工作稳步推进,义乌市成功创建省级体育现代化市。围绕创建工作,群体活动此起彼伏,基层体育场地设施不断完善。2021年,全市共承办各类体育赛事活动280余场,参与运动员6万多人,吸引各类关注650余万人次,带动相关消费近1.9亿元。重点推进131个省、市政府民生实事体育类建设项目工作进度,高质量、高标准建设完成省级全民健身中心1个,村级全民健身广场10个,社区多功能运动场40个,足球场(笼式足球场)10个,体育公园(体育设施进公园)10个,百姓健身房60个。

【体育产业发展高质高效】围绕国家体育消费试点城市创建,加快推进体育产业高质量发展,根据《2020年浙江省体育产业公报》,金华市2020年体育产业总产出244.29亿元,体育产业增加值80.77亿元,增加值占GDP比重为1.72%,分别较上年增长了7.39%、4.97%和0.036%,其中增加值占GDP比重较全省的1.36%高出0.36个百分点。连续第6年居全省第一。委托国家统计局金华调查队开展了2020年度全市居民体育消费情况调查,调查显示2020年我市居民体育消费总规模达213.06亿元,位居全省前列。持续推进金华运动银行平台建设,开展全市社会体育场馆和百姓健身房签约入驻工作,102个体育场馆已在平台上线。研究出台《金华市智慧体育建设奖励办法》,与金华银行签订《促进体育产业发展战略合作协议》,每年安排不少于10亿元信贷资金,全面推进我市体育运动场所智能化建设,引导体育企业、体育运动场所入驻金华运动银行,促进全民健身和体育消费。全面启动省市两级项目创建申报工作。今年全市成功命名"体育+"特色村(居)16家、体育产业(运动休闲)基地(示范基地)12家。

衢州市

【概述】2021年,衢州市体育工作在市委市政府的坚强领导和省体育局的大力支持和关心下,围绕市委市政府中心工作,把握体育发展机遇,紧扣四省边际共同富裕示范区和四省边际中心城市建设,在重点工作推进、全民健身发展、青少年体育等各方面积极实践、成效明显。

【省市民生实事项目建设】2021年基层体育场地设施建设是省、市两级政府十方面民生实事项目之一。衢州市建设任务数总计83个,其中社区多功能运动场20个、笼式足球场3个、体育设施进公园4个、村级全民健身广场4个、百姓健身房52个(城市7个、农村45个)。结合年度建设目标和各县(市、区)申报情况,3月初制订了《2021年全市基层体育场地设施建设实施方案》,明确了各单位的建设任务,并指导完成选点定位工作。9月30日即完成全年83个项目的建设任务。

【全民健身公共服务体系建设】积极实施《全民健身计划》,启动《全民健身实施计划(2021—2025年)》拟制工作;积极开展全民健身活动,承办了2021年新年登高健身大会,举办了"我要上全运"衢州市群众乒乓球比赛、浙江省幼儿体育大会幼儿足球表演赛和幼儿篮球表演大赛衢州市选拔赛、2021年度市级职工篮球比赛、2021年第十四届"会员杯"气排球邀请赛暨四体会选拔赛、2021年衢州市健身气功站点展示交流大会等各类群众性体育赛事活动;指导柯城区开展现代化县创建培训、资料整理申报、实地检查等;继续推进全市公共体育场馆服务大提升工作,组织开展5个体育馆(游泳馆)的服务大提升工作;组织开展了全民健身地图场地定位准确率核查和全民健身公共服务系统社会体育指导员注册、激活工作。

【竞技体育干部培训】举办全市竞技体育管理干部培训班,邀请省体育局调研员来衢指导省级基地创建工作,成功创建省体育后备人才基地3个、省体育传统项目阳光体育后备人才基地学校3所;组织赛风赛纪和反兴奋剂知识培训,与各县(市、区)体育部门、市直单位学校分别签订了《衢州市参加各级各类青少年体育赛风赛纪和反兴奋剂责任书》;规范审核、审批等级运动员工作,截至11月底共审批二级运动员88人次,审核申报一级运动员14人次。

【精心筹办市运会】全力协助常山县承办衢州市第六届运动会工作,下发《规程总则》等规范文件,委托省体科所开展不定期、不定人的兴奋剂检查,赛事专设纪律委员会,举办了举重、篮球、足球、跆拳道等6项赛事以及全市攀岩、击剑、羽毛球、武术散打等单项青少年赛事6项;组队参加田径、举重、射击、射箭等省级青少年赛事33项,获得第一名43个、第二名52个、第三名64个;出台了《衢州市竞技体育贡献奖励办法》。

【积极备战省运会】召开全市省十七运备战工作研讨会,明确了22个大项的参赛任务,梳理了田径、射击、射箭和举重等重点项目和重点运动员名单;组织足球、射箭、羽毛球等项目重点运动员赴杭州、甘肃等地暑假转场集训;与杭州陈经纶体校、绍兴市少体校、温州平阳武校等单位开展联合培养,共同保障重点运动员的备战。做好奥运、全运参赛运动员的后勤保障工作,黄雅琼获奥运会羽毛球混双第二名,沈霄霆获得全国举重锦标赛冠军,鲁帅获全国射箭锦标赛冠军;贵昕杰、黄群杰获得全运会足球项目第一名,郑岚获得全运会羽毛球团体第四名。

【体育产业示范平台培育】2021年衢州市国家级产业示范项目取得重大突破,牧高笛户外用品股份有限公司入选国家体育产业示范基地,健盛之家功能性运动面料研发入选国家体育产业示范项目;柯城区两溪绿道(骑行)—飞鸿神网谷(绳网运动)—大荫山丛林穿越探险乐园(丛林穿越)入选2021年度浙江省运动休闲旅游精品线路,龙游龙山户外拓展项目入选2021年度浙江省运动休闲旅游精品项目。

【环浙步道建设】作为全省环浙步道试点城市,2021年市体育局将环浙步道建设列为年度重点工作任务,组织召开全市环浙步道建设工作推进会,实地研究建设规划可行性。同时借助户外运动协会的力量完成了对全域地形地貌、标识系统、服务设施、历史人文旅游资源等信息数据资料的采集,全面理清市域内山林道路资源。已经完成环浙步道主线路120公里的数据采集,并委托国土空间规划设计研究院制定整体规划编制方案。

【品牌赛事打造】举办了2021衢州金庸武林大会开幕式暨首场比赛、2021年全国举重锦标赛、中国·龙游六春湖山地马拉松等重点品牌赛事活动,取得了较好的宣传效应。2021衢州金庸武林大会武术散打擂台赛(第一月度赛)和开幕式活动现场吸引观众近2万人,赛事通过媒体的宣传报道,吸引线上观看观众突破1500万人次,活动以“武术+旅游”“武术+文化”的形式,加强了四省边际城市体育联动、旅游联动、文化联姻,极大提升了城市知名度和影响力。

【体育彩票工作】围绕渠道建设、品牌建设、队伍建设三大核心工作认真谋划本市体彩销售工作,全面高效开展各项业务工作。2021年,衢州体彩总销量为38168万元,市场占比为55.09%。

【承办省第四届体育大会】通过建立工作专班、成立筹委会、成立组委会等,进一步完善了省四体会的组织架构,统领省四体会各项办赛参赛工作,确保了省四体会组织工作高效平稳。举办好开闭幕式。市体育局积极跟进市体育中心主体育场建设工作进度;市公安局、市体育局联合制定了《省四体会现场指挥体系构建方案》,将全市安保资源和工作重心聚焦到体育场周边,全力保障了开闭幕式的平稳进行。4月至10月,共完成体育大会46个项目的赛事承办工作,并在新落成的衢州市体育中心体育场举行开幕式,组织近两万名观众现场观看,省内外29家媒体作了报道。衢州代表团完成了设区市组全部项目的参赛工作,获得58.5金、37银、32.5铜,金牌数、奖牌数、总分榜均位列全省第二位。后勤服务工作得到各方好评,通过办赛工作充分展示了衢州有礼的城市形象。

【推进数字化改】成立数字化改革领导小组,全面统筹数字化改革工作。完成整体智治核心业务和重大任务拆解。对照数字化改革工作专班的任务要求,对照三定方案和2021年度工作要点梳理出了核心业务、二级目录、三级目录、四级目录和重大任务、一级、二级、三级、四级子任务。市体育局部分内容已在党政机关整体智治门户中的美丽经济幸福产业板块有所展示,展示内容为全民健身场地设施建设、打造精彩纷呈的诗画风光带体育赛事活动、浙江省第四届体育大会比赛进度。全力保障揭榜挂帅项目的建设进度,项目建设进度顺畅,10月份上线“浙里办”。主动与数字社会专班对接了数字社会门户体有所健板块内容,建设框架已基本完成。

第八届"衢州•烂柯杯"中国围棋冠军赛

【"世界围棋圣地"建设】为落实习近平总书记殷切嘱托,衢州市提出建设"世界围棋圣地",助推中华围棋文化走出去,取得了阶段性显著成效。形成并推进与中国围棋协会一揽子合作事项,得到中国围棋协会和衢州市主要领导充分肯定。中国围棋协会与衢州市人民政府签订战略合作协议,确定开展十项重点合作事项,形成八个方面落实意见。与中国围棋协会深化对接,对重点推进七方面事项形成分工抓落实方案及计划表。相关项目被列为中宣部、国家体育总局中华文化走出去和民间外交和软实力项目。衢州市国民经济社会发展"十四五"规划、市委常委会工作要点、四省边际共同富裕示范区、文化高地建设等纳入"世界围棋圣地"建设内容。梳理形成烂柯围棋赛事体系,第八届"衢州•烂柯杯"中国围棋冠军赛在衢州举行,中国围棋队衢州训练基地揭牌。先后举办"烂柯"全国少数民族围棋大赛、中国围棋之乡联赛,代表中国队参加首届"中拉美Z世代青少年网络对抗赛"。谋划推动烂柯杯中国围棋冠军赛升格为世界围棋公开赛,成为全球一年一度的世界三大顶级赛事之一。高质量高效率推进衢州国际围棋文化交流中心建设。烂柯围棋文化园对标舟山观音文化园,以论坛赛事、研学培训、文化创意、旅游接待、游览休闲为主要功能进行谋划布局。已形成烂柯山景区一期项目概念性方案设计。组建工作专班和烂柯文化产业发展有限公司,一体高效推进"世界围棋圣地"建设。《衢州市围棋发展振兴条例》经浙江省人大务委会会议批准,自2022年4月1日起施行。修改完善加快建设"世界围棋圣地"相关政策,发挥政策激励导向作用。中国围棋之乡工作会议在衢召开,中国围棋协会继续授予衢州"全国围棋之乡"称号,在中国围棋协会公示的全国围棋特色学校(幼儿园)名单中我市有18家上榜。《围棋与衢州》公开出版,成为中国围棋文化走出去工程推广书目。

【保障体育领域安全生产】衢州市体育局积极落实体育系统加强赛事安全管理工作会议精神,开展重大体育赛事活动和公共体育场所隐患大排查,同步开展隐患整改相关工作,市体育局领导班子带队,对重点市级体育协会、重要公共体育场所进行检查,完成隐患整改。开展全市体育领域"平安护航建党百年"行动,召开了全市游泳场所安全工作会议,对经营性高危险性体育项目开展重点监管。继续开展高危险性体育经营场所"双随机"检查。聚焦省四体会抓好安全保障。以上措施,切实保障全市体育领域的安全平稳运行。

舟山市

【概述】2021年,舟山市文化和广电旅游体育局以习近平新时代中国特色社会主义思想为指导,在省文化和旅游厅、省体育局、省广电局的指导下,在市委市政府的领导下,积极应对新冠肺炎疫情对文旅体行业带来的冲击,统筹抓好疫情防控和产业复苏,以旅游为主线、以文化为支点、以体育为动力,着力为产业发展赋能、为市场复苏聚力、为公共服务提质、为行业治理增效,实现全市文广旅体工作新提升新发展。

【加强政策建设】印发了《舟山市体育赛事经费管理办法》《关于深化舟山市竞技体育改革构建市队县办新机制的通知》和《舟山市竞技体育项目市队校办实施办法》及相应的考核制度,打造"1+4+X"模式,重点把1个市青少年体校打造成为全市培养体育后备人才的主阵地,加快推动4个县(区)成立新型青少年业余体校,深化X个"市队校办""社会力量办竞技体育"等模式。下发《关于开展2021年舟山市体育赛事活动数据统计和报送工作的通知》,为年度全市体育赛事综合效益和社会效益总体评估提供数据支撑。印发了《关于成立舟山市运动员技术等级管理监督工作领导小组的通知》,进一步加强运动员技术等级管理工作。先后制定、颁布了《高水平建设现代化海洋体育强市实施方案》《舟山市全民健身实施计划(2021—2025年)》《关于建立基层体育委员工作机制的实施意见》等规范性文件,各县(区)政府根据各自地区实际制定了相应的法规制度,为舟山市全民健身事业持续、协调、快速、全面发展提供有力保障。

【推进健身运动】先后举办了"全民健身 健康中国"2021全国新年登高健身大会(舟山分会场)暨"福在舟山"迎新活动、2021年"美丽舟山千岛行"主题系列活动、舟山市第七届市级机关群体联赛、第四届全民体育生活节19项赛事,8月8日全民健身日活动,以及省女子桥牌锦标赛、省第八届业余围棋联赛、青少年乒乓球积分排名赛、省海钓锦标赛等全民健身赛事活动50余项。全市累计组织赛事活动800余场,累计参加人数16余万人次。全力做好全运会、省第四届体育大会、社区运动会、文化礼堂运动会和市第十届老年运动会、全市青少年阳光体育运动会等体育赛事参赛和办赛工作。毽球两项6人、地掷球1项2人、乒乓球1人、太极拳10人入选省集训队,参加第十四届全国运动会群众体育项目比赛。

2021年第十三届全国沙滩足球锦标赛总决赛舟山市南沙景区举行

【融合发展体育消费产业】以举办海洋精品体育赛事为抓手，"打造中国海岛赛事之城"，"推进海上体育赛事集聚地建设"，策划实施了"神行定海山"全国徒步大会、第二届环舟山自行车骑游大会、"缘起莲韵杯"羽毛球俱乐部全国邀请赛、华东地区公路自行车巅峰对抗赛、中国飞镖公开赛（舟山站）等赛事，举办全国沙滩足球锦标赛总决赛、舟山群岛帆船跳岛拉力赛、岱山岛沙滩高尔夫长三角城市对抗赛等海洋特色鲜明的群众体育品牌赛事，拓展了体育健身、体育培训、体育旅游等消费新空间，有效推动了体育、文化、旅游的融合发展。全市累计组织赛事活动 800 余场，累计参加人数 16 余万人次。舟山体彩 2021 年全年共销售体育彩票 3.79 亿元，筹集公益金 8338.99 万元；市场份额为 69.57%；为社会提供超 300 个就业岗位。全市新建 11 家社区多功能运动场、7 个笼式足球场、7 家游泳池，加强体育公园、健身步道等体育场地设施建设。推出"体育进文化礼堂""百姓健身房"工程，推进全市体育进文化礼堂 50 家，建设百姓健身房 17 家。积极推进公共体育场馆免费低收费开放和全市公共体育场馆服务大提升专项治理工作，全市 8 家公共体育场馆均实现预约支付功能且接入浙里办，并按照"一馆一方案"实现功能提升和服务升级。

【体育场地设施建设】以体育类民生实事项目为抓手，打造城市社区"十分钟健身圈"，新增足球场（含笼式足球场）1 个、村级全民健身广场 2 个，新增社区多功能运动场 5 个等基层体育场地设施的建设。深化"体育惠民"工作，继续推出"体育进文化礼堂"和"百姓健身房"两项工程，研制《舟山市体育进渔农村文化礼堂 2021 年实施方案》和《2021 年百姓健身房建设实施方案》，推进全市体育进文化礼堂，建设百姓健身房 11 家。

【加强队伍建设】提高群众身边的体育健身指导，先后选派了 20 人次骨干人员参加了省级以上各类集中培训和线上培训活动。加强对体育社团的监管与服务，全市新成立市街舞运动协会 1 家，指导推进市户外运动协会、市健身气功协会、市武术协会、市老年体协等体育社团做好理事增补及换届改选工作。全年累计向体育社团购买第四届体育生活节、省级以上赛事、省四体参赛等各全民健身赛事活动 50 余项，累计金额 230 余万元。建立基层体育委员工作机制，强化信息宣传、活动开展、健身培训指导、场地建设等工作。举办健身气功、健美操与啦啦操、棋类、健身曳步舞、运动促进健康"体医融合"等社会体育指导员，非奥项目教练员、裁判员培训（复训）培训班 8 期，共 600 余人参加。举办水上救生知识讲座等全民健身大讲堂 15 期，3500 余名市民及学生参加培训听课参加。开展国民体质监测公民体质评价 4000 人。

【落实竞技体育基础工作】完成 2021 年市少体校招生方案、项目章程制订及发布、报名工作，新招体育特长生 36 名。积极创建各级体育后备人才基地，推选 3 所学校进行评选，其中市青少年体校获评 2021—2024 周期浙江省高水平体育后备人才基地，沈家门第一小学和定海五中获评 2021—2024 周期浙江省阳光体育后备人才基地。完成 2021 年青少年体育夏令营项目，射击项目举办 1 期、女排举办 1 期，共有 140 人参加。参加全省青少年运动员注册工作，做好二级运动员审批核查工作。完成 2021 年度舟山市参加全省青少年运动员注册工作。印发《舟山市 2021 年体育竞赛赛风赛纪和反兴奋剂专项整治工作方案》。

台州市

【概述】2021年,台州市体育事业发展中心坚持以科学规划为引领,以服务民生为抓手,改革创新求突破,凝心聚力抓落实,顺利完成"十四五"开局之年各项工作。台州市社会体育指导中心等10家单位获2017—2020周期全国群众体育先进单位,8名同志获先进个人;台州体育健儿参加东京奥运会、全运会成绩突出得到省政府表彰,1名运动员获劳动模范称号,7名运动员获记个人二等功,2名运动员获通报表扬;基层体育委员工作机制被列入《浙江省人民政府办公厅关于高水平建设现代化体育强省的实施意见》和《浙江省体育改革发展"十四五"规划》,将全省推广;天台山易筋经成功入选国家级非物质文化遗产代表性项目名录("传统体育、游艺与杂技"项目);新增国家体育产业示范基地1家(三门县),国家体育产业示范项目1个(柴古唐斯括苍越野赛)。

【党的领导持续加强】将党史学习教育和体育为民属性紧密结合,将办实事作为党史学习教育成果的落脚点。开展党组中心组理论学习、领导干部党课宣讲、主题党日活动,完成市级31家体育社团的功能型党支部建设。组织中心全体党员赴黄岩区上郑乡干坑村等地开展"学党史、担使命、四走进、送四心"志愿服务,中心班子成员带队走访全市10余家重点体育企业,为企业排忧解难。

【顶层设计更加清晰】制定发布《台州市体育事业发展"十四五"规划》。围绕"打造运动休闲名城,奋力争创体育现代化先行市",设置人均体育场地面积、省运会排名、体育产业总产出等32项主要指标,提出高水平构建公共体育服务体系、高效能建设体育整体智治体系、高标准提升竞技体育综合实力、高质量推动体育产业发展"四高"目标,明确深化机制改革、强化基础建设等7大发展任务。

【数字化改革方兴未艾】高度重视体育数字化工作,成立数字化改革专班,抽调专职人员实体办公。依托数字政府、数字社会等系统建设,充分利用政务云公共应用组件和公共数据资源、省体育公共服务平台,实现体育公共服务"一站式"服务,打造"一张图、一件事、一指数"。完成"岭优健""体育委员e站"2个数字化项目上线"浙里办"。其中"体育委员e站"上线以来,已组织体育活动1505次、获赞2532次,通过体育服务超市向群众开放36项服务菜单,累计访问次数14615次。体育场地设施建设项目被列入省市十方面民生实事。全市共新建32个社区多功能运动场,8个足球场(笼式足球场),12个游泳池(拆装式),100个小康体育村升级工程,107家百姓健身房。开展以八大计划为内容的体育场馆三年(2020—2022)服务大提升行动以及大型体育场馆免费或低收费开放工作。全市9家体育场馆及新建107家百姓健身房全部纳入省全民健身地图2.0,实现导航、查询、预约等功能。

【创建工作步入正轨】指导温岭市创建第一批省体育现代化县(市、区)(2019—2021),以全省第三名的成绩通过评估验收,同时指导其他有条件的县(市、区)做好新周期创建申报的准备工作。召开"运动休闲城市"建设(试点)工作部署动员会,提出"体育融入城市发展,打造山水海陆空全域运动休闲城市"的新理念,并确定玉环市为试点单位。

【体育场地设施建设】大力推进体育设施进公园和社会足球场地等民生实事项目建设，全年共新建31个社区多功能运动场、8个足球场（笼式足球场）、8个村级全民健身中心、8个体育设施进公园项目、64家百姓健身房、100个微型便民体育公园，超额完成省民生实事建设。截至2021年底，人均体育场地面积达2.45平方米。在全市7家公共体育场馆开展三年服务大提升工作，其中2家三类场馆已提前完成提升任务。做好公共体育场馆低免开放工作。

【基层体育委员工作】在天台先行先试成功经验基础上，顺利召开全市基层体育委员工作推进会，工作全面铺开。市全民健身实施计划领导小组印发《台州市基层体育委员工作机制指导办法》，各县（市、区）相继出台当地基层体育委员实施意见，进一步规范基层体育队伍管理，涌现"乡村体校"等创新亮点。成功举办全市基层体育委员培训班2期。

【全民健身活动】国庆期间成功举办中国家庭帆船赛（台州站）比赛，依托飞龙湖水域宽广、风力适中等适合开展大众帆船运动的优势，引领全民健身新时尚。举办台州市第十三个全民健身日线上活动、第二十六个全民健身月系列活动，台州市第二届农村文化礼堂运动会，台州市群体项目青少年锦标赛。承办浙江省第二届生态运动会（天台站）、省国棋跳棋青少年锦标赛等比赛。开设体育惠民超市，以网络直播形式招募全市体育专家、达人进行授课，内容包括健身操（含力量训练等）、健身舞、太极拳、易筋经、瑜伽等20个项目。全年组织89支队伍1212名运动员参加省级以上比赛，参加浙江省第四届体育大会30个项目，取得14金、18银、13铜的优异成绩，获大会最佳组织奖和体育道德风尚奖。

【社会体育指导】在市级体育社团开展百场赛事、百项服务"双百"计划。出台《台州市体育社团实体化工作评价办法》，推动22家协会参与社会组织等级评估工作，开展2021年国民体质监测工作，按照人口比例完成测试24103人次，超额完成省定任务。编写20期"健多识广、汇动健康"科学健身指南。与台州市骨科医院合作，协调落实体医融合初建模式。

【奥运全运成绩喜人】6名台州籍运动健儿获奥运会参赛资格，其中林俊敏获射击男子25米手枪速射第6名。66名运动员代表浙江省参加全运会田径、游泳等竞技体育16个大项的比赛，获8金12银10铜共30枚奖牌，为全运会台州竞技体育历史最好成绩，参赛运动员实现了9个县（市、区）全覆盖。"省队市办"空手道队落户台州市4年，成功跻入全国第一梯队，25名运动员获"国家健将"称号，全运会上获1银3铜。《我市运动员实现历史性突破》以专报形式呈报市委市政府领导，李跃旗书记批示"可喜可贺，向所有获奖以及参赛的运动员表达敬意，感谢他们为浙江、为台州争光添彩"。吴海平市长批示"成绩来之不易，值得充分肯定。望再接再厉，再创佳绩"。

【抓好省运备战工作】召开全市备战第十七届省运会专题会议、规程分析会、各项目备战分析会等系列会议。印发《关于报送第十七届省运会台州代表团赛前金牌进展情况的通知》，全力保障全市各级各类体育后备人才基地、各项目运动队参加省锦标赛、冠军赛和台州市主办、承办的各级各类赛事的经费。协助台州市政府出台《台州市竞技体育贡献奖励办法》《关于深化体教融合加强竞技体育后备人才培养工作的实施意见》，为夯实体育后备人才根基建立制度保障,将体育人才纳入500精英计划和台州市高层次人才序列。

【搭建赛事平台】承办第十四届全运会空手道资格赛、全国田径分区邀请赛和首届"海峡杯"两岸青少年棒垒球公开赛等全国赛事3场;承办省第六届青少年学生阳光体育运动会趣味田径比赛、U系列田径联赛、省青少年跆拳道锦标赛、省中小学生网球积分赛、省游泳分站赛等省级赛事;举办全市青少年锦标赛(田径、击剑、武术、举重、羽毛球、网球)、乒乓球积分赛等赛事,为各项目运动员搭建好检验自身训练水平的平台。

【加强"基地"建设】争创新周期省级体育后备人才基地(含阳光体育后备人才基地)13所。在原有63家市级训练基地的基础上,今年又新增了17家运动项目训练基地。新增注册裁判员190人(全市达586人);新增注册运动员5687人(全市达14374人),批准通过国家二级运动员230人,市级审核通过一级运动员申请48人;新增注册教练员322人(全市达1207人)。加强运动员、教练员、裁判员的审批管理力度,出台《台州市体育裁判员注册管理办法》。举办田径、网球、空手道、跆拳道和射击等项目的全市等级裁判培训班和教练员岗位业务提升班。

【资金扶持逐步完善】初步建立年度省市级体育产业项目库。设立省市级体育产业资金池,注重省市级资金在项目申报规模、入库方向和扶持力度等方面的区分,首次实行省市级资金同步申报。遵循市级资金扶持导向,围绕体育服务业、品牌赛事等重点领域,扶持项目7个,带动项目投资1700万元,资金使用率达近三年之最。举办全市资金申报专题培训班,充分利用台州体育产业联合会的行业影响力和凝聚力,有效提升基层体育部门产业干部的业务水平,形成"机关、协会、基层"三大合力。

2021温岭黄金海岸跑山赛

【品牌建设再添佳绩】指导推动三门县获评国家体育产业示范基地、柴古唐斯括苍越野赛获评国家体育产业示范项目,实现台州在国家体育产业类荣誉方面"零"的突破。指导推动天台县获评浙江省体育运动休闲基地。积极助力推荐台州马拉松、柴古唐斯括苍越野赛、中国·神仙居全球高空扁带挑战赛和第五届台州武术节、温岭黄金海岸跑山赛等5项赛事申报《浙江省重点培育品牌体育赛事名录库(2021年)》。推选温岭黄金海岸休闲之旅荣获"长三角地区精品体育旅游线路",推荐神仙居景区荣获中国体育旅游精品景区。获得省级运动休闲旅游示范基地1个,省运动休闲旅游精品线路2条,省运动休闲旅游优秀项目1个。

【产业渠道更加拓宽】精选以玉环、天台两地为代表的台州山海户外运动资源,通过海岛摩托艇、海岛露营、徒步、滑雪等户外运动项目体验,培育体育旅游消费热点,推进"体育+乡村振兴",助力共同富裕。在常态化疫情防控下,尝试打造线上体育消费平台,实现全台州优质体育产品和服务"跨地域"推广。创新举办台州市第二届体育消费展暨"台动荟"体育线上卖场活动,拓展体育消费新场景。据统计,为期半个月的线上展上架企业60余家,上架产品超百种,销售单数共计742单,总销售145万元。

【公益体彩渐入人心】2021年,台州体彩坚持以责任为先,以提升服务为主线,扎实做好各项工作,全年销量达13.9亿元,销量增幅达41.3%,共筹集公益金1.09亿元。开展"体彩正能量、我在台州过大年"等公益宣传活动23场次,为社会公益事业和体育事业发展贡献积极力量。

丽水市

【概述】2021年,丽水市体育发展中心在市委、市政府的坚强领导下,在省体育局的大力支持下,在兄弟单位和体育战线全体同仁的齐心协力下,以"十四五"规划为切入点,以"12345"工作载体为抓手,体育事业取得突破性进展。全市有9家单位7名个人被国家体育总局评为"全国群众体育工作先进单位和先进个人",3家单位荣获"十三五"全省体育场地设施建设突出贡献奖。市体育发展中心被省委、省政府评为2018—2020年健康浙江建设先进集体及2020年省政府民生实事体育场地设施建设贡献奖,荣获"2020年度浙江省重大赛事优秀组织奖"。成功举办全国首个50公里城市超级马拉松赛、全国皮划艇锦标赛等大型体育赛事,大力发展体育事业,推进"一场两馆"建设等工作被写入市第五次党代会报告。

【党的领导全面加强】高质量开展党史学习教育并得到巡回指导组大力肯定,通过制定"任务清单""学习清单""作战清单"和"宣传清单",以工作清单"微管理",提高工作效率。实现市级体育社会组织工作党支部全覆盖。联合市直机关工委成功举办2021市直机关文化体育周活动,中心体育党建、意识形态等工作亮点突出,体现体育辨识度。人民日报刊登《红色运动会走进革命老区》并被学习强国平台录用,浙江日报刊登《"以丽水之干"打造"运动浙江、运动天堂"的丽水样版》,浙江在线刊登《丽水体育以党建引领高质量发展》。

【公共体育服务】2021年,全市已建成市体育中心游泳馆和体育生活馆、景宁体育中心、青田体育中心等一批大型体育场馆。市本级共有体育类项目15个,其中实施类7个,完成投资4.13亿元,完成年度计划93.7%。启动建设市全民健身中心网络体系、开工建设南城运动综合体。加大体育民生实事项目建设,努力构建10分钟健身圈,完成新增百姓健身房、社区多功能运动场等79个体育项目建设任务,"健康浙江"涉及体育的9大考核指标全部顺利通过。全市新增体育场地面积10万平方米,人均体育场地面积从2.39上升至2.44平方米,国民体质监测合格率预计达到93.8%。

【体育规划体系编制】编制完成"14X"规划体系,发布"1"个远景规划即《中国最美户外运动天堂工程规划》,通过构建"一带三网、一心两翼三区"空间发展布局,打造全天候、全方位、立体式无边界的天然运动场,为全民健身提供广阔空间。发布"4"个体育"十四五"专项规划,涉及总体规划、体育产业、全民健身、体育训练及后备人才培养。"X"落地规划包括在全省率先编制发布首个地级市中心城市体育空间布局专项规划。发布《环丽水自行车公路赛(骑行)路线规划》,编制完成《丽水山路系列·环丽水步道系统规划》和《丽水山路系列·丽水市汽车越野线路规划》,构建"1+N"环丽步道体系,建成十条最美步道,打造"十条特色汽车越野品牌线路"。

【竞技体育实力明显提升】在东京奥运会上,王楠获得女子四人皮艇500米第六名的成绩,实现了既参会又获得名次的目标,取得历史性突破。23名体育健儿参加十四届陕西全运会11个大项比赛,获得2金10银4铜,创历史新高。完成第五届市运会竞赛组织工作,第五届市运会参赛人数达8000余人,共产生24个大项414个小项共814块金牌,涌现出一批优秀体育人才,18人次破市运会纪录。全面检阅了我市竞技体育水平,促进了全民健身活动蓬勃开展。备战第十七届省运会,圆满完成运动队集训任务,提升强化各运动队技术水平及团队协作能力。提前谋划第十八届省运会备战工作。市政府印发《关于深化体教融合加强竞技体育后备人才培养的若干意见》进一步明确项目布局、招生规模及政策保障。调整备战十八届省运会我市项目布局。高标准完成组队参赛任务,全市开展田径、游泳、篮球等17个大项19个分项的奥运项目及轮滑、国际跳棋、航海模型3个非奥项目的训练,组队参加2021年省级以上赛事活动30次以上。

【体育产业稳步发展】体育产业总产值增长较快,2020年,全市体育产业总产出39.09亿元,比2019年增长9.1%,体育产业增加值17.08亿元,占全市GDP的1.11%。产业示范项目培育成效明显,2021年新获评省级运动休闲旅游示范基地1个、优秀项目2个。评出市级体育产业项目1个,第二批运动健身示范场馆2个,运动休闲示范基地2个。通过产业示范项目培育,打造了一批具有示范引领作用,辐射性强、带动性强的运动健身场馆及运动休闲旅游项目。产业组织发展水平提升有力,完善省体育产业机构名录库,全市现有体育产业法人单位数894家,其中规上企业25家,主板上市企业1家,新三板上市企业1家。发挥体育产业联合会的积极作用,强化体育企业间的联系和交流,促进会员企业在文化、体育、旅游、商业等领域之间的融合发展。体育彩票销量稳步增长,全年体彩总销量6.15亿元,同比增长28.9%,市场份额达到62.55%,排名全省第三,筹集体彩公益金4717万元。

【"体育+"深度融合发展】聚焦"红绿融合",探索体育赋能文化、旅游、"乡村振兴"的"共富路"。着力打造"丽水山路"品牌,建设环浙(丽)步道,制定汽车越野线路规划和组织汽车越野活动,助力乡村振兴。打造天堂工程品牌系列赛事,依托"山水陆空"体育优势资源带动全民健身,形成了莲都100、庆元廊桥越野赛、松阳田园马拉松、龙泉江南之巅越野赛、遂昌红军古道定向赛、青田冰雪运动嘉年华、云和铁人三项、缙云全国滑翔伞定点联赛、景宁畲乡绿道彩虹跑等一系列户外运动赛事品牌。探索可复制推广经验,"浙西川藏线"全域自驾越野品牌,成为全国唯一"体育赋能乡村振兴的典型案例"登上央视,

2018年至今,带动沿线住宿、餐饮、农特产品销售8610余万元。景宁县秋炉乡立足丰富的户外运动资源,通过打造全市首个综合性运动小镇,年吸引1万余人次省内外户外运动爱好者、亲子游、夏令营等群体,实现农体旅融合多元化发展,助推秋炉乡各村集体高质量增收。

2021年全国皮划艇秋季冠军赛在丽水市水上运动中心举行

【体育"双招双引"成效明显】狠抓体育"双招双引",以高规格、高等级、高层次、高水平的体育赛事和活动,培育健康丽水"新风尚"。推进"高水平训练基地"在丽水。中国赛艇协会、丽水市人民政府、丽水市体育发展服务中心三方签订战略合作框架协议,全力创建国家级水上运动训练基地。省体育局授予丽水市水上运动中心为"浙江省体育局水上运动训练基地"。推进"高品质赛事"在丽水。争取到全国航海模型锦标赛、全国皮划艇冠军赛、省足球超级联赛开幕式和揭幕战、省五人制足球联赛总决赛等国家级、省级大型赛事举办权。2021年度高质量举办全国皮划艇秋季冠军赛,2名奥运冠军,8名世界冠军,32名全国冠军参与赛事并大力为丽水宣传,报道登上央视及"学习强国",微博话题阅读量近200万,视频直播点击超300万。成功举办全国围棋业余公开赛、省足球超级联赛开幕式和揭幕战。推进"高规格活动"在丽水。国家体育总局航模中心授予丽水市"全国科技体育航海模型项目基地"称号,连续3年吸引航海模型项目国家队、省队定期来丽集训。引进桨板国家级教练培训班等全国性、影响力大的高端体育活动在丽水举办。

运动成绩

2021年浙江省运动员获洲际比赛(含非奥项目)前八名成绩统计

姓名	性别	项目	比赛名称	地点	项目	名次	成绩
余依婷	女	游泳	第15届世界短池游泳锦标赛	阿联酋	女子200米个人混合泳	2	02:04.
余依婷	女	游泳		阿联酋	女子4×100米混合泳接力	3	03:47.41
朱梦惠	女	游泳	第15届世界短池游泳锦标赛	阿联酋	女子4×200米自由泳接力	3	07:40.
柳雅欣	女	游泳		阿联酋	女子4×200米自由泳接力	3	07:40.
朱梦惠	女	游泳	第15届世界短池游泳锦标赛	阿联酋	女子4×50米自由泳接力	4	01:35.
吴卿风	女	游泳		阿联酋	女子4×50米自由泳接力	4	01:35.
汪顺	男	游泳	第15届世界短池游泳锦标赛	阿联酋	男子200米个人混合泳	5	01:53.
张周健	男	游泳		阿联酋	男子4×50米自由泳接力	5	01:25.
潘展乐	男	游泳	第15届世界短池游泳锦标赛	阿联酋	男子4×50米自由泳接力	5	01:26.
潘展乐	男	游泳		阿联酋	男子4×100米自由泳接力	5	03:10.
洪金权	男	游泳	第15届世界短池游泳锦标赛	阿联酋	男子4×100米自由泳接力	5	03:10.
洪金权	男	游泳		阿联酋	男子4×200米自由泳接力	5	06:59.
潘展乐	男	游泳	第15届世界短池游泳锦标赛	阿联酋	男子4×200米自由泳接力	5	06:59.
陈恩德	男	游泳		阿联酋	男子4×200米自由泳接力	5	06:59.
余依婷	女	游泳	第15届世界短池游泳锦标赛	阿联酋	女子4×50米混合泳接力	5	01:44.
朱梦惠	女	游泳		阿联酋	女子4×100米自由泳接力	5	03:31.
吴卿风	女	游泳		阿联酋	女子4×100米自由泳接力	5	03:31.

姓名	性别	项目	比赛名称	地点	项目	名次	成绩
布云朝克特	男	网球	ITF国际网球巡回赛	突尼斯	男子双打	1	
周昊东	男	羽毛球	2021年苏迪曼杯世界羽毛球混合团体锦标赛	芬兰	混合团体	1	
王懿律	男	羽毛球		芬兰		1	
陈雨菲	女	羽毛球		芬兰		1	
陈雨菲	女	羽毛球	2021年尤伯杯世界女子羽毛球团体锦标赛	丹麦	女子团体	1	
王懿律	男	羽毛球	2021年汤姆斯杯世界男子羽毛球团体锦标赛	丹麦	男子团体	2	
周昊东	男	羽毛球		丹麦	男子团体	2	
向鹏	男	乒乓球	2021世界青年乒乓球锦标赛	葡萄牙	男子单打	1	
向鹏	男	乒乓球	2021世界青年乒乓球锦标赛	葡萄牙	男子团体	1	
吴洋晨	女	乒乓球	2021世界青年乒乓球锦标赛	葡萄牙	女子双打	1	
吴洋晨	女	乒乓球	2021世界青年乒乓球锦标赛	葡萄牙	女子团体	1	
向鹏	男	乒乓球	2021世界青年乒乓球锦标赛	葡萄牙	女子单打	2	

续表

姓名	性别	项目	比赛名称	地点	项目	名次	成绩
吴洋晨	女	乒乓球	2021世界青年乒乓球锦标赛	葡萄牙	女子单打	3	
吴洋晨	女	乒乓球	2021世界青年乒乓球锦标赛	葡萄牙	混合双打	3	

姓名	性别	项目	比赛名称	地点	项目	名次	成绩
范心怡	女	蹦床	2021年世界蹦床锦标赛	阿塞拜疆	团体	2	
曹云珠	女	蹦床	2021年世界蹦床锦标赛	阿塞拜疆	团体	2	
曹云珠	女	蹦床	2021年世界蹦床锦标赛	阿塞拜疆	网上个人	2	

姓名	性别	项目	比赛名称	地点	项目	名次	成绩
石智勇	男	举重	2021年亚洲举重锦标赛暨东京奥运会资格赛	乌兹别克斯坦	男子73kg级抓举	1	169Kg
石智勇	男	举重			男子73kg级挺举	1	194Kg
石智勇	男	举重			男子73kg级总成绩	1	363Kg

姓名	性别	项目	比赛名称	地点	项目	名次	成绩
陈莎莎	女	帆船	2021年亚洲帆船锦标赛暨奥运选拔赛(男女帆船49er级)	阿曼	帆船女子49erFX级	1	
王梦婷	女	帆船		阿曼	帆船女子49erFX级	5	
王丛康	男	皮划艇	2021年亚洲皮划艇锦标赛	泰国	男子双人皮艇1000米	1	
杨学哲	男	帆船	2021年诺卡拉17级亚洲帆船锦标赛暨东京奥运会资格赛	上海	男女混合诺卡拉17级	1	
周倩倩	女	帆船		上海	男女混合诺卡拉17级	3	
洪伟	男	帆船	2021年亚洲帆船锦标赛暨奥运选拔赛(男女帆船49er级)	阿曼	帆船男子49er级	3	
周志博	男	帆船		阿曼	帆船男子49er级	8	

姓名	性别	项目	比赛名称	地点	项目	名次	类别
丁立人	男	国际象棋	世界网络超级联赛		团体	1	世锦赛
朱锦尔	女	国际象棋	国际棋联大瑞士制赛		个人	3	世锦赛
陈远	男	国际象棋	东亚青少年锦标赛		个人	1	亚锦赛

冬季项目

姓名	性别	比赛名称	地点	项目	名次	成绩	备注
王椋瑶	女	2021—2022赛季国际雪联跳台滑雪FIS杯	爱沙尼亚	女子个人标准台	4	178.9	
王椋瑶	女		爱沙尼亚	女子个人标准台	4	79.8	一轮

续表

姓名	性别	比赛名称	地点	项目	名次	成绩	备注
王椋瑶	女	2021—2022赛季国际雪联跳台滑雪FIS杯	芬兰	女子个人标准台	6	165.0	
王椋瑶	女	2021—2022赛季国际雪联跳台滑雪洲际杯	罗马尼亚	女子个人标准台	2	199.0	
王椋瑶	女		罗马尼亚	女子个人标准台	4	190.4	
王椋瑶	女	2021—2022赛季国际雪联跳台滑雪FIS杯	奥地利	女子个人标准台	8	193.0	
王椋瑶	女	2021—2022赛季国际雪联跳台滑雪洲际杯	北京	女子个人标准台	7	203.4	
吴志涛	男	2021—2022赛季雪车北美杯	加拿大	男子四人雪车	5	01:47.	
吴志涛	男	2021—2022赛季雪车北美杯	加拿大	男子四人雪车	5	01:47.	
吴志涛	男	2021—2022赛季国际雪联欧洲杯	德国	男子四人雪车	7	01:50.	并列
叶杰龙	男		德国	男子四人雪车	7	01:50.	并列
吴志涛	男	2021—2022赛季雪车北美杯	美国	男子四人雪车	2	01:54.	
吴志涛	男	2021—2022赛季雪车北美杯	美国	男子四人雪车	3	01:54.	
吴志涛	男	2021—2022赛季雪车北美杯	美国	男子四人雪车	5	00:56.	
陈天宏	男	2021—2022赛季雪车北美杯	美国	男子四人雪车	5	00:56.	
吴志涛	男	2021—2022赛季雪车北美杯	美国	男子四人雪车	5	01:53.	
陈天宏	男	2021—2022赛季雪车北美杯	美国	男子四人雪车	5	01:53.	
吴志涛	男	2021—2022赛季雪车北美杯	美国	男子四人雪车	6	01:53.	
陈天宏	男	2021—2022赛季雪车北美杯	美国	男子四人雪车	6	01:53.	
杜佳妮	女	2021—2022赛季雪车世界杯	德国	女子双人雪车	8	01:55.	并列
朱杨琪	女	2021—2022赛季钢架雪车欧洲杯	挪威	女子单人	3	01:47.	
朱杨琪	女		德国	女子单人	3	01:57.	

2021年浙江省运动员获全国比赛(含非奥项目)前八名成绩统计

冬季项目

姓名	性别	比赛名称	地点	项目	名次	成绩	备注
甄炜杰	男	2020—2021赛季全国跳台滑雪锦标赛	涞源	男子团体	1	840.3	
王椋瑶	女		涞源	混合团体	2	809.5	
甄炜杰	男		涞源	混合团体	2	809.5	
王椋瑶	女	2020—2021赛季全国跳台滑雪锦标赛	涞源	个人标准台	3	198.5	
甄炜杰	男		涞源	个人大跳台	4	170.0	
甄炜杰	男		涞源	个人标准台	6	215.0	

续表

姓名	性别	比赛名称	地点	项目	名次	成绩	备注
吴志涛	男	2020—2021赛季全国雪车锦标赛	北京	男子四人雪车	2	01:00.	
吴志涛	男	2020—2021赛季全国雪车锦标赛	北京	男子双人雪车	3	01:01.	
吴志涛	男	2020—2021赛季全国雪车锦标赛	北京	男子双人推车	5	5.09	
叶杰龙	男	2020—2021赛季全国雪车锦标赛	北京	男子四人雪车	3	00:01.	
叶杰龙	男	2020—2021赛季全国雪车锦标赛	北京	男子双人雪车	8	01:02.	
叶杰龙	男	2020—2021赛季全国雪车锦标赛	北京	男子双人推车	3	5.03	
杜佳妮	女	2020—2021赛季全国雪车锦标赛	北京	女子双人雪车	2	01:03.	
杜佳妮	女	2020—2021赛季全国雪车锦标赛	北京	女子双人推车	3	5.59	
林回央	女	2020/2021赛季钢架雪车对内对抗赛暨全国锦标赛	北京	女子单人	2	04:14.	
林勤炜	男		北京	男子单人	3	04:10.	
朱杨琪	女	2020/2021赛季钢架雪车对内对抗赛暨全国锦标赛	北京	女子单人	4	04:17.	
宋思姑	女		北京	女子单人	5	04:18.	
王士嘉	男	2020—2021赛季全国单板滑雪平行项目锦标赛	哈尔滨	平行大回转青年组	3		
郭林	男		哈尔滨	平行大回转成年组	8		
王士嘉	男		哈尔滨	平行大回转青年组	3		

田径

姓名	性别	比赛名称	地点	项目	名次	成绩	备注
谢震业	男	首届长三角田径精英邀请赛暨2021年全国田径训练基地特许赛	绍兴	200米	1	00:20.54	
周科琦	男		绍兴	跳远	1	7.79	
王久香	女		绍兴	400米	1	00:56.16	
龚璐颖	女	首届长三角田径精英邀请赛暨2021年全国田径训练基地特许赛	绍兴	跳远	1	6.50	
徐惠琴	女		绍兴	撑竿跳高	1	4.50	
黄敏	女		绍兴	跳高	1	1.84	
顾心洁	女		绍兴	标枪	1	54.36	
王久香	女	首届长三角田径精英邀请赛暨2021年全国田径训练基地特许赛	绍兴	混合4×400米接力	1	3:30.03	
陈飞锋	男		绍兴		1	3:30.03	
丁依蕊	女		绍兴		1	3:30.03	
钟晗哲	男		绍兴		1	3:30.03	
王艺杰	男	首届长三角田径精英邀请赛暨2021年全国田径训练基地特许赛	绍兴	400米栏	2	00:51.53	
奚枭横	男		绍兴	1500米	2	3:50.15	

姓名	性别	比赛名称	地点	项目	名次	成绩	备注
叶安安	男	首届长三角田径精英邀请赛暨2021年全国田径训练基地特许赛	绍兴	男子4×400米接力	2	03:14.83	
王艺杰	男		绍兴		2	03:14.83	
钟晗哲	男		绍兴		2	03:14.83	
吴国壕	男		绍兴		2	03:14.83	
韩涛	男	首届长三角田径精英邀请赛暨2021年全国田径训练基地特许赛	绍兴	撑竿跳高	2	5.30	
王汉亮	男		绍兴	铁饼	2	55.60	
奚枭横	男		绍兴	800米	2	01:50.42	
郑小倩	女		绍兴	1500米	2	04:26.	
陆敏佳	女	首届长三角田径精英邀请赛暨2021年全国田径训练基地特许赛	绍兴	跳远	2	6.39	
华诗慧	女		绍兴	三级跳远	2	12.90	
戴倩倩	女		绍兴	标枪	2	51.78	
叶安安	男		绍兴	400米栏	3	00:52.59	
沈豪威	男	首届长三角田径精英邀请赛暨2021年全国田径训练基地特许赛	绍兴	男子4×100米接力	3	00:50.82	
陈飞锋	男		绍兴		3	00:50.82	
刘自尊	男		绍兴		3	00:50.82	
毛明桢	男		绍兴		3	00:50.82	
丁硕	男	首届长三角田径精英邀请赛暨2021年全国田径训练基地特许赛	绍兴	跳高	3	2.10	
吴南军	男		绍兴	铁饼	3	53.89	
吴南军	男		绍兴	铅球	3	16.67	
江静	女		绍兴	跳高	3	1.80	
丁依蕊	女		绍兴	400米	3	00:57.18	
丁雅彤	女	首届长三角田径精英邀请赛暨2021年全国田径训练基地特许赛	绍兴	跳远	3	6.12	
黄思雨	女		绍兴	三级跳远	3	12.44	
任梦茜	女		绍兴	撑竿跳高	3	4.40	
鲁竺莹	女		绍兴	铁饼	3	47.61	
潘海涛	男	首届长三角田径精英邀请赛暨2021年全国田径训练基地特许赛	绍兴	400米	4	00:47.37	
陈俊嘉	男		绍兴	跳高	4	2.05	
陶叶革	男		绍兴	跳远	4	7.55	
张展飞	男		绍兴	三级跳远	4	15.66	
诸嘉程	男	首届长三角田径精英邀请赛暨2021年全国田径训练基地特许赛	绍兴	铁饼	4	51.31	
项嘉波	男		绍兴	标枪	4	70.38	
陈依婷	女		绍兴	200米	4	00:24.92	
泮佑琦	女		绍兴	三级跳远	4	12.33	

续表

姓名	性别	比赛名称	地点	项目	名次	成绩	备注
李超群	女	首届长三角田径精英邀请赛暨2021年全国田径训练基地特许赛	绍兴	撑竿跳高	4	4.30	
顾晓飞	男		绍兴	400米	5	00:47.41	
张展飞	男		绍兴	跳远	5	7.45	
虞佳如	女		绍兴	100米栏	5	00:13.83	
周敏	女	首届长三角田径精英邀请赛暨2021年全国田径训练基地特许赛	绍兴	800米	5	02:10.54	
陈丹妮	女		绍兴	跳远	5	5.97	
丁雅彤	女		绍兴	三级跳远	5	12.25	
刘静逸	女		绍兴	铅球	5	12.15	
王迪宇	男	首届长三角田径精英邀请赛暨2021年全国田径训练基地特许赛	绍兴	1500米	6	03:52.60	
许方胤	男		绍兴	跳高	6	1.95	
周顺尧	男		绍兴	撑竿跳高	6	4.80	
李想	男		绍兴	铁饼	6	50.11	
高广兴	女	首届长三角田径精英邀请赛暨2021年全国田径训练基地特许赛	绍兴	400米	6	00:59.18	
周敏	女		绍兴	1500米	6	04:31.	
李倩倩	女		绍兴	三级跳远	6	11.8	
夏煜琳	女		绍兴	跳高	6	1.70	
吴作城	女	首届长三角田径精英邀请赛暨2021年全国田径训练基地特许赛	绍兴	撑竿跳高	6	4.00	
刘静逸	女		绍兴	标枪	6	24.00	
占琦	男		绍兴	1500米	7	03:52.62	
吴宇航	男		绍兴	三级跳远	7	14.04	
周诗哲	男	首届长三角田径精英邀请赛暨2021年全国田径训练基地特许赛	绍兴	撑竿跳高	7	4.80	
华诗慧	女		绍兴	跳远	7	5.96	
韩智锟	男		绍兴	跳高	8	1.95	
陆基明	男		绍兴	跳远	8	7.34	
卢烨玄	男	首届长三角田径精英邀请赛暨2021年全国田径训练基地特许赛	绍兴	铁饼	8	39.92	
华梓惠	男		绍兴	铅球	8	13.28	
蔡杭洺	女		绍兴	100米	8	00:12.26	
陆雨霜	女		绍兴	跳远	8	5.89	
潘海涛	男	2021年田径分区邀请赛(华东赛区1)	肇庆	男子4×400米接力	1	03:08.15	
王艺杰	男		肇庆		1	03:08.15	
钟晗哲	男		肇庆		1	03:08.15	
顾晓飞	男		肇庆		1	03:08.15	

姓名	性别	比赛名称	地点	项目	名次	成绩	备注
吴南军	男	2021年田径分区邀请赛（华东赛区1）	肇庆	铁饼	1	56.51	
谢震业	男		肇庆	100米	2	00:10.16	
叶安安	男		肇庆	400米栏	2	00:51.15	
陶叶革	男	2021年田径分区邀请赛（华东赛区1）	肇庆	跳远	2	7.82	
曹军子	男		肇庆	标枪	2	74.17	
王汉亮	男		肇庆	铁饼	2	54.70	
潘海涛	男		肇庆	400米	3	00:47.18	
周科琦	男	2021年田径分区邀请赛（华东赛区1）	肇庆	跳远	3	7.70	
吴南军	男		肇庆	铅球	3	17.39	
诸嘉程	男		肇庆	铁饼	3	52.70	
丁硕	男		肇庆	跳高	3	2.10	
黄家磊	男	2021年田径分区邀请赛（华东赛区1）	肇庆	跳远	4	7.61	
涂轲	男		肇庆	三级跳远	4	15.55	
杨鲁邦	男		肇庆	跳高	4	2.10	
黎婷	女		肇庆	标枪	4	57.94	
顾晓飞	男	2021年田径分区邀请赛（华东赛区1）	肇庆	400米	5	00:47.34	
张展飞	男		肇庆	三级跳远	6	15.22	
项嘉波	男		肇庆	标枪	6	69.72	
虞佳如	女		肇庆	100米栏	6	00:13.62	
陈丹妮	女	2021年田径分区邀请赛（华东赛区1）	肇庆	跳远	6	6.29	
戴倩倩	女		肇庆	标枪	6	55.69	
王彦博	男		肇庆	跳高	7	1.95	
华诗慧	女		肇庆	跳远	7	6.23	
何禧龙	男	2021年田径分区邀请赛（华东赛区1）	肇庆	跳远	8	7.50	
周泽	男		肇庆	跳高	8	1.90	
韩智锟	男		肇庆	跳高	8	1.90	
韩涛	男	十四运田径测试赛暨田径邀请赛（西北赛区）	西安	撑竿跳高	2	5.50	
曹军子	男		西安	标枪	2	74.42	
徐惠琴	女	十四运田径测试赛暨田径邀请赛（西北赛区）	西安	撑竿跳高	1	4.50	
陈巧玲	女		西安	撑竿跳高	3	4.30	
任梦茜	女	十四运田径测试赛暨田径邀请赛（西北赛区）	西安	撑竿跳高	4	4.30	
李超群	女		西安	撑竿跳高	5	4.15	

续表

姓名	性别	比赛名称	地点	项目	名次	成绩	备注
王艺杰	男	2021年田径分区邀请赛（华东赛区2）	台州	400米栏	1	00:51.60	
陈俊嘉	男		台州	跳高	1	2.10	
韩涛	男		台州	撑竿跳高	1	5.30	
周科琦	男		台州	跳远	1	7.90	
王汉亮	男	2021年田径分区邀请赛（华东赛区2）	台州	铁饼	1	57.88	
陈依婷	女		台州	200米	1	00:24.51	
王久香	女		台州	400米	1	00:55.90	
丁依蕊	女		台州	400米栏	1	01:00.36	
郑小倩	女		台州	1500米	1	04:24.40	
蔡杭洺	女	2021年田径分区邀请赛（华东赛区2）	台州	女子4×100米接力	1	00:45.60	
马成娜	女		台州		1	00:45.60	
陈依婷	女		台州		1	00:45.60	
林雅纯	女		台州		1	00:45.60	
陈丹妮	女	2021年田径分区邀请赛（华东赛区2）	台州	跳远	1	6.33	
任梦茜	女		台州	撑竿跳高	1	4.40	
戴倩倩	女		台州	标枪	1	55.39	
钟晗哲	男		台州	400米	2	00:48.	
陶叶革	男	2021年田径分区邀请赛（华东赛区2）	台州	跳远	2	7.69	
吴南军	男		台州	铁饼	2	55.39	
郑小倩	女		台州	800米	2	02:10.74	
周敏	女		台州	1500米	2	04:26.40	
黄敏	女	2021年田径分区邀请赛（华东赛区2）	台州	跳高	2	1.75	
夏煜琳	女		台州	跳高	2	1.75	
李超群	女		台州	撑竿跳高	2	4.10	
龚璐颖	女		台州	跳远	2	6.28	
黎婷	女	2021年田径分区邀请赛（华东赛区2）	台州	标枪	2	54.00	
沈豪威	男		台州	100米	3	00:11.03	
叶安安	男		台州	400米	3	00:48.00	
戴雨格	女		台州	撑竿跳高	3	4.10	
诸嘉程	男	2021年田径分区邀请赛（华东赛区2）	台州	铁饼	3	52.55	
鲁竺莹	女		台州	铁饼	3	48.66	
丁硕	男		台州	跳高	4	2.05	
谢劲豪	男		台州	跳高	4	2.05	

姓名	性别	比赛名称	地点	项目	名次	成绩	备注
黄家磊	男	2021年田径分区邀请赛（华东赛区2）	台州	跳远	4	7.59	
高广兴	女		台州	400米	4	00:58.75	
周敏	女		台州	800米	4	02:12.37	
吴作城	女		台州	撑竿跳高	4	4	
顾心洁	女	2021年田径分区邀请赛（华东赛区2）	台州	标枪	4	53.56	
陈飞锋	男		台州	400米	5	00:48.67	
周顺尧	男		台州	撑竿跳高	5	4.85	
蔡杭洺	女		台州	100米	5	00:12.06	
陈思芬	女	2021年田径分区邀请赛（华东赛区2）	台州	400米	5	00:58.76	
吴国壕	男		台州	400米	6	00:49.32	
马成娜	女		台州	200米	6	00:26.45	
高晶晶	女		台州	400米	6	01:00.58	
高晶晶	女	2021年田径分区邀请赛（华东赛区2）	台州	800米	6	02:12.93	
韩智锟	男		台州	跳高	7	2.05	
周诗哲	男		台州	撑竿跳高	7	4.70	
项嘉波	男		台州	标枪	7	64.91	
李想	男		台州	铁饼	7	48.77	
徐鑫莉	女	2021年田径分区邀请赛（华东赛区2）	台州	100米	7	00:12.	
王露瑶	女		台州	400米	7	01:01.46	
江静	女		台州	跳高	7	1.75	
黄鑫豪	男		台州	100米	8	00:11.31	
余嘉丽	女		台州	三级跳远	8	12.01	
奚枭横	男	2021年田径分区邀请赛（华东赛区3）	福州	1500米	1	03:47.09	
涂轲	男		福州	三级跳远	1	15.96	
徐辉	女		福州	800米	1	02:10.34	
陆敏佳	女		福州	跳远	1	6.52	
徐辉	女		福州	1500米	2	04:25.98	
陈依婷	女	2021年田径分区邀请赛（华东赛区3）	福州	女子4×400米接力	2	03:48.27	
高晶晶	女		福州		2	03:48.27	
王久香	女		福州		2	03:48.27	
丁依蕊	女		福州		2	03:48.27	

续表

姓名	性别	比赛名称	地点	项目	名次	成绩	备注
夏煜琳	女		福州	跳高	2	1.80	
龚璐颖	女		福州	跳远	2	6.41	
钟晗哲	男	2021年田径分区邀请赛（华东赛区3）	福州	400米	3	00:47.	
王迪宇	男		福州	1500米	3	03:50.28	
陶叶革	男		福州	跳远	3	7.56	
陈丹妮	女		福州	跳远	3	6.33	
蔡杭洺	女	2021年田径分区邀请赛（华东赛区3）	福州	女子4×100米接力	3	00:45.69	
马成娜	女		福州		3	00:45.69	
陈依婷	女		福州		3	00:45.69	
林雅纯	女		福州		3	00:45.69	
王久香	女	2021年田径分区邀请赛（华东赛区3）	福州	混合4×400米接力	3	03:27.69	
钟晗哲	男		福州		3	03:27.69	
丁依蕊	女		福州		3	03:27.69	
顾晓飞	男		福州		3	03:27.69	
黎婷	女	2021年田径分区邀请赛（华东赛区3）	福州	标枪	3	55.80	
王迪宇	男		福州	800米	4	01:55.	
占琦	男		福州	1500米	4	03:50.53	
丁硕	男		福州	跳高	4	2.10	
黄家磊	男	2021年田径分区邀请赛（华东赛区3）	福州	跳远	4	7.51	
张展飞	男		福州	三级跳远	4	15.23	
周敏	女		福州	800米	4	02:11.61	
占琦	男		福州	800米	5	01:55.	
周顺尧	男	2021年田径分区邀请赛（华东赛区3）	福州	撑竿跳高	5	4.80	
何禧龙	男		福州	跳远	5	7.46	
虞佳如	女		福州	100栏	5	00:13.60	
高晶晶	女		福州	800米	5	02:11.96	
周敏	女	2021年田径分区邀请赛（华东赛区3）	福州	1500米	5	04:38.87	
裴海涛	男		福州	1500米	6	04:04.91	
陈俊嘉	男		福州	跳高	7	2.05	
张展飞	男		福州	跳远	7	7.31	
华诗慧	女		福州	三级跳远	7	13.05	

姓名	性别	比赛名称	地点	项目	名次	成绩	备注
谢震业	男	2021年全国田径冠军赛暨奥运会选拔赛	绍兴	200米	1	00:21.	
陆敏佳	女		绍兴	跳远	1	6.53	
郑小倩	女		绍兴	1500米	1	04:21.	
徐惠琴	女		绍兴	撑竿跳高	1	4.60	
蔡杭洺	女	2021年全国田径冠军赛暨奥运会选拔赛	绍兴	女子4×100米接力	1	00:45.	
马成娜	女		绍兴		1	00:45.	
陈依婷	女		绍兴		1	00:45.	
林雅纯	女		绍兴		1	00:45.	
奚枭横	男	2021年全国田径冠军赛暨奥运会选拔赛	绍兴	1500米	2	03:51.	
谢震业	男		绍兴	100米	2	00:10.	
李玲	女		绍兴	撑竿跳高	2	4.50	
奚枭横	男		绍兴	男子800米	3	01:49.	
徐辉	女		绍兴	1500米	3	04:28.	
王久香	女	2021年全国田径冠军赛暨奥运会选拔赛	绍兴	混合4×400米接力	3	03:23.	
钟晗哲	男		绍兴		3	03:23.	
丁依蕊	女		绍兴		3	03:23.	
顾晓飞	男		绍兴		3	03:23.	
江静	女	2021年全国田径冠军赛暨奥运会选拔赛	绍兴	跳高	3	1.80	
任梦茜	女		绍兴	撑竿跳高	4	4.30	
叶安安	男		绍兴	400米栏	4	00:51.	
潘海涛	男	2021年全国田径冠军赛暨奥运会选拔赛	绍兴	400米	4	00:47.	
饶欣雨	女		绍兴	800米	5	02:09.	
周敏	女		绍兴	1500米	5	04:34.	
许梦洁	女	2021年全国田径冠军赛暨奥运会选拔赛	绍兴	女子4×400米接力	5	03:50.	
高晶晶	女		绍兴		5	03:50.	
高广兴	女		绍兴		5	03:50.	
王久香	女		绍兴		5	03:50.	
李超群	女	2021年全国田径冠军赛暨奥运会选拔赛	绍兴	撑竿跳高	5	4.30	
徐辉	女		绍兴	800米	6	02:09.	
顾心洁	女		绍兴	标枪	6	53.59	
虞佳如	女	2021年全国田径冠军赛暨奥运会选拔赛	绍兴	100栏	6	00:13.	
丁依蕊	女		绍兴	400米栏	6	01:01.13	
陈巧玲	女		绍兴	撑竿跳高	6	4.15	

姓名	性别	比赛名称	地点	项目	名次	成绩	备注
黄敏	女		绍兴	跳高	7	1.75	
占琦	男		绍兴	1500米	7	03:54.	
韩涛	男	2021年全国田径冠军赛暨奥运会选拔赛	绍兴	撑竿跳高	7	5.30	
王迪宇	男		绍兴	1500米	8	03:55.	
周科琦	男		绍兴	跳远	8	7.53	
华梓惠	男		重庆	十项全能	1	7474	
徐惠琴	女		重庆	撑竿跳高	1	4.65	
奚枭横	男	2021年全国田径锦标赛暨全运会资格赛	重庆	1500米	2	03:44.	
周科琦	男		重庆	跳远	2	7.77	
饶欣雨	女		重庆	800米	2	02:13.	
李玲	女		重庆	撑竿跳高	2	4.60	
郑小倩	女		重庆	1500米	2	04:27.	
韩涛	男	2021年全国田径锦标赛暨全运会资格赛	重庆	撑竿跳高	3	5.50	
郑小倩	女		重庆	800米	3	02:13.	
陈巧玲	女		重庆	撑竿跳高	3	4.55	
徐鑫莉	女		重庆		3	00:46.	
马成娜	女	2021年全国田径锦标赛暨全运会资格赛	重庆	女子4×100米接力	3	00:46.	
陈依婷	女		重庆		3	00:46.	
陈丹妮	女		重庆		3	00:46.	
任梦茜	女		重庆	撑竿跳高	4	4.40	
丁依蕊	女		重庆	400米跨栏	5	01:00.	
龚璐颖	女	2021年全国田径锦标赛暨全运会资格赛	重庆	跳远	5	6.25	
黄敏	女		重庆	跳高	5	1.75	
江静	女		重庆	跳高	5	1.75	
徐辉	女		重庆	1500米	6	04:34.	
张展飞	男		重庆	三级跳远	7	15.91	
吴南军	男	2021年全国田径锦标赛暨全运会资格赛	重庆	铁饼	7	55.48	
奚枭横	男		重庆	800米	7	02:07.	
刘静逸	女		重庆	七项全能	8	5169	
吴作城	女		重庆	撑竿跳高	8	4.00	
张倩茹	女		重庆	撑竿跳高	8	4.00	
何禧龙	男	2021年全国田径锦标赛暨全运会资格赛	重庆	跳远	8	7.55	
顾心洁	女		重庆	标枪	8	54.60	

姓名	性别	比赛名称	地点	项目	名次	成绩	备注
王久香	女	2021 年全国田径锦标赛暨全运会资格赛	重庆	混合 4×400 米接力	8	03:48.	
钟晗哲	男		重庆		8	03:48.	
丁依蕊	女		重庆		8	03:48.	
顾晓飞	男		重庆		8	03:48.	

游泳

姓名	性别	比赛名称	地点	项目	名次	成绩	备注
汪顺	男	2021 年全国游泳争霸赛	肇庆	男子 200 米个人混合泳	1	01:57.	
汪顺	男	2021 年全国游泳争霸赛	肇庆	男子 400 米个人混合泳	1	04:15.	
徐嘉余	男	2021 年全国游泳争霸赛	肇庆	男女混合 4×100 米混合泳接力	1	03:42.	苏浙鲁鄂联队
余依婷	女	2021 年全国游泳争霸赛	肇庆	女子 200 米个人混合泳	1	02:11.	
汪顺	男	2021 年全国游泳争霸赛	肇庆	男子 200 米自由泳	2	01:48.	
洪金权	男	2021 年全国游泳争霸赛	肇庆	男子 100 米蝶泳	2	00:53.	
朱梦惠	女	2021 年全国游泳争霸赛	肇庆	女子 100 米自由泳	2	00:54.	
柳雅欣	女	2021 年全国游泳争霸赛	肇庆	女子 200 米仰泳	2	02:10.	
余依婷	女	2021 年全国游泳争霸赛	肇庆	女子 100 米蝶泳	2	00:59.	
钱心安	女	2021 年全国游泳争霸赛	肇庆	女子 200 米个人混合泳	2	02:15.	
余依婷	女	2021 年全国游泳争霸赛	肇庆	女子 400 米个人混合泳	2	04:42.	
洪金权	男	2021 年全国游泳争霸赛	肇庆	男子 200 米自由泳	3	01:48.	
赵梁州	男	2021 年全国游泳争霸赛	肇庆	男子 400 米个人混合泳	3	04:24.	
吴卿风	女	2021 年全国游泳争霸赛	肇庆	女子 50 米自由泳	3	00:25.	
钱心安	女	2021 年全国游泳争霸赛	肇庆	女子 200 米仰泳	3	02:16.	
叶诗文	女	2021 年全国游泳争霸赛	肇庆	女子 200 米个人混合泳	3	02:15.	
张翼祥	男	2021 年全国游泳争霸赛	肇庆	男子 200 米仰泳	4	02:04.	
李朱濠	男	2021 年全国游泳争霸赛	肇庆	男子 100 米蝶泳	4	00:54.	
赵梁州	男	2021 年全国游泳争霸赛	肇庆	男子 200 米蝶泳	4	02:01.	
吴俊杰	男	2021 年全国游泳争霸赛	肇庆	男子 200 米个人混合泳	4	02:04.	
吴卿风	女	2021 年全国游泳争霸赛	肇庆	女子 100 米自由泳	4	00:55.	
吴俊杰	男	2021 年全国游泳争霸赛	肇庆	男女混合 4×100 米混合泳接力	4	03:53.	
余依婷	女	2021 年全国游泳争霸赛	肇庆		4	03:53.	
洪金权	男	2021 年全国游泳争霸赛	肇庆		4	03:53.	
朱梦惠	女	2021 年全国游泳争霸赛	肇庆		4	03:53.	

续表

姓名	性别	比赛名称	地点	项目	名次	成绩	备注
张翼祥	男	2021年全国游泳争霸赛	肇庆	男女混合 4×100 米混合泳接力	4		预赛
董亦凡	男	2021年全国游泳争霸赛	肇庆		4		预赛
吴卿风	女	2021年全国游泳争霸赛	肇庆		4		预赛
吴俊杰	男	2021年全国游泳争霸赛	肇庆	男子100米仰泳	5	00:56.	
朱梦惠	女	2021年全国游泳争霸赛	肇庆	女子50米自由泳	5	00:25.	
郑瀚	男	2021年全国游泳争霸赛	肇庆	男子50米自由泳	6	00:23.	
郑瀚	男	2021年全国游泳争霸赛	肇庆	男子100米自由泳	6	00:51.	
赵梁州	男	2021年全国游泳争霸赛	肇庆	男子200米自由泳	6	01:51.	
张翼祥	男	2021年全国游泳争霸赛	肇庆	男子200米个人混合泳	6	02:05.	
柳雅欣	女	2021年全国游泳争霸赛	肇庆	女子400米自由泳	6	04:14.	
钱心安	女	2021年全国游泳争霸赛	肇庆	女子400米个人混合泳	6	04:54.	
董亦凡	男	2021年全国游泳争霸赛	肇庆	男子200米蛙泳	7	02:23.	
洪金权	男	2021年全国游泳争霸赛	肇庆	男子200米仰泳	7	02:08.	
钱心安	女	2021年全国游泳争霸赛	肇庆	女子200米自由泳	8	02:02.	
李欣怡	女	全国马拉松游泳冠军赛	深圳	女子 10 公里马拉松游泳团体	5	2:12:25.	
李欣瑜	女	全国马拉松游泳冠军赛	深圳		5	2:12:21.	
钱江月	女	全国马拉松游泳冠军赛	深圳		5	2:04:38.	
钱江月	女	全国马拉松游泳冠军赛	深圳	女子 10 公里马拉松游泳个人	7	2:04:38.	
何峻毅	男	2021年全国游泳冠军赛暨奥运会选拔赛	青岛	男子100米自由泳	1	00:48.71	
汪顺	男		青岛	男子200米自由泳	1	01:46.55	
徐嘉余	男		青岛	男子100米仰泳	1	00:52.88	
徐嘉余	男		青岛	男子200米仰泳	1	01:56.92	
汪顺	男	2021年全国游泳冠军赛暨奥运会选拔赛	青岛	男子200米个人混合泳	1	01:56.78	
汪顺	男		青岛	男子400米个人混合泳	1	04:12.03	
何峻毅	男	2021年全国游泳冠军赛暨奥运会选拔赛	青岛	男子4×100米自由泳接力	1	03:17.	津浙鲁粤联队
陈恩德	男		青岛		1	07:20.61	
潘展乐	男	2021年全国游泳冠军赛暨奥运会选拔赛	青岛	男子4×200米自由泳接力	1	07:20.61	
费立纬	男		青岛		1	07:20.61	
洪金权	男		青岛		1	07:20.61	
徐嘉余	男	2021年全国游泳冠军赛暨奥运会选拔赛	青岛	男子4×200米自由泳接力	1		预赛
钱智勇	男		青岛		1		预赛

续表

姓名	性别	比赛名称	地点	项目	名次	成绩	备注
郑瑞	男		青岛		1		预赛
徐一舟	男		青岛		1		预赛
徐嘉余	男	2021年全国游泳冠军赛暨奥运会选拔赛	青岛	男子4×100米混合泳接力	1	03:35.80	浙鄂联队
何峻毅	男		青岛		1	03:35.80	
吴俊杰	男	2021年全国游泳冠军赛暨奥运会选拔赛	青岛	男子4×100米混合泳接力	1		预赛浙鄂联队
李朱濠	男		青岛		1		
柳雅欣	女		青岛	女子200米仰泳	1	02:08.26	
余依婷	女	2021年全国游泳冠军赛暨奥运会选拔赛	青岛	女子200米个人混合泳	1	02:09.64	
余依婷	女		青岛	女子400米个人混合泳	1	04:37.88	
吴卿风	女		青岛		1	03:39.15	吉浙联队
吴越	女	2021年全国游泳冠军赛暨奥运会选拔赛	青岛	女子4×100米自由泳接力	1	03:39.15	
朱梦惠	女		青岛		1	03:39.15	
颜欣	女		青岛		1		预赛吉浙联队
林欣彤	女	2021年全国游泳冠军赛暨奥运会选拔赛	青岛	女子4×100米自由泳接力	1		
钱心安	女		青岛		1		
余依婷	女	2021年全国游泳冠军赛暨奥运会选拔赛	青岛	女子4×100米混合泳接力	1	03:57.36	沪浙鄂皖联队
朱梦惠	女		青岛		1	03:57.36	
林欣彤	女	2021年全国游泳冠军赛暨奥运会选拔赛	青岛	女子4×100米混合泳接力	1		预赛沪浙鄂皖联队
柳雅欣	女		青岛		1		
徐嘉余	男	2021年全国游泳冠军赛暨奥运会选拔赛	青岛	男女混合4×100米混合泳接力	1	03:44.10	苏浙鲁鄂联队
潘展乐	男		青岛	男子100米自由泳	2	00:48.74	
李广源	男	2021年全国游泳冠军赛暨奥运会选拔赛	青岛	男子100米仰泳	2	00:54.63	
洪金权	男		青岛	男子100米蝶泳	2	00:52.37	
李广源	男		青岛	男子200米仰泳	2	01:58.66	
吴卿风	女		青岛	女子50米自由泳	2	00:24.37	
吴卿风	女	2021年全国游泳冠军赛暨奥运会选拔赛	青岛	女子100米自由泳	2	00:53.84	
叶诗文	女		青岛	女子200米蛙泳	2	02:27.54	
余依婷	女		青岛	女子100米蝶泳	2	00:58.13	
郑瀚	男	2021年全国游泳冠军赛暨奥运会选拔赛	青岛	男女混合4×100米混合泳接力	2		预赛沪浙鄂联队
洪金权	男	2021年全国游泳冠军赛暨奥运会选拔赛	青岛	男子200米自由泳	3	01:47.30	
费立纬	男		青岛	男子1500米自由泳	3	15:25.83	

续表

姓名	性别	比赛名称	地点	项目	名次	成绩	备注
郑瀚	男	2021年全国游泳冠军赛暨奥运会选拔赛	青岛	男子4×100米自由泳接力	3	03:21.26	
沈加豪	男		青岛		3	03:21.26	
钱智勇	男		青岛		3	03:21.26	
洪金权	男		青岛		3	03:21.26	
郑瑞	男	2021年全国游泳冠军赛暨奥运会选拔赛	青岛	男子4×100米自由泳接力	3		预赛
赵梁州	男		青岛		3		预赛
商科元	男		青岛		3		预赛
吴俊杰	男		青岛		3		预赛
叶诗文	女	2021年全国游泳冠军赛暨奥运会选拔赛	青岛	女子200米个人混合泳	3	02:12.57	
叶诗文	女		青岛	女子400米个人混合泳	3	04:44.29	
张周健	男	2021年全国游泳冠军赛暨奥运会选拔赛	青岛	男子50米自由泳	4	00:22.55	
陈恩德	男		青岛	男子400米自由泳	4	03:50.25	
沈加豪	男		青岛	男子100米蝶泳	4	00:53.06	
吴俊杰	男		青岛	男子200米个人混合泳	4	02:02.88	
张翼祥	男	2021年全国游泳冠军赛暨奥运会选拔赛	青岛	男子4×100米混合泳接力	4	03:40.67	
董亦凡	男		青岛		4	03:40.67	
沈加豪	男		青岛		4	03:40.67	
潘展乐	男		青岛		4	03:40.67	
郭一帆	男	2021年全国游泳冠军赛暨奥运会选拔赛	青岛	男子4×100米混合泳接力	4		预赛
张周健	男		青岛		4		预赛
郑瀚	男		青岛		4		预赛
朱梦惠	女	2021年全国游泳冠军赛暨奥运会选拔赛	青岛	女子100米自由泳	4	00:54.02	
尹嘉禾	女		青岛	女子400米个人混合泳	4	04:44.80	
吴俊杰	男	2021年全国游泳冠军赛暨奥运会选拔赛	青岛	男女混合4×100米混合泳接力	4	03:52.33	
董亦凡	男		青岛		4	03:52.33	
余依婷	女		青岛		4	03:52.33	
吴越	女		青岛		4	03:52.33	
张翼祥	男	2021年全国游泳冠军赛暨奥运会选拔赛	青岛	男女混合4×100米混合泳接力	4		预赛
钱心安	女		青岛		4		预赛
何峻毅	男	2021年全国游泳冠军赛暨奥运会选拔赛	青岛	男子50米自由泳	5	00:22.68	
费立纬	男		青岛	男子200米自由泳	5	01:48.36	
费立纬	男		青岛	男子400米自由泳	5	03:51.49	
费立纬	男		青岛	男子800米自由泳	5	08:04.90	

续表

姓名	性别	比赛名称	地点	项目	名次	成绩	备注
吴俊杰	男	2021年全国游泳冠军赛暨奥运会选拔赛	青岛	男子100米仰泳	5	00:55.50	
赵梁州	男		青岛	男子200米个人混合泳	5	02:04.55	
柳雅欣	女		青岛	女子100米仰泳	5	01:01.85	
李欣瑜	女	2021年全国游泳冠军赛暨奥运会选拔赛	青岛	女子4×200米自由泳接力	5	08:12.55	
林欣彤	女		青岛		5	08:12.55	
钱江月	女		青岛		5	08:12.55	
吕东泽	女		青岛		5	08:12.55	
邱施舒	女	2021年全国游泳冠军赛暨奥运会选拔赛	青岛	女子4×200米自由泳接力	5		预赛
张雯雯	女		青岛		5		预赛
邵桢	女		青岛		5		预赛
李欣怡	女		青岛		5		预赛
洪金权	男	2021年全国游泳冠军赛暨奥运会选拔赛	青岛	男子100米自由泳	6	00:49.83	
陈恩德	男		青岛	男子200米自由泳	6	01:49.17	
张周健	男		青岛	男子100米蝶泳	6	00:53.78	
朱梦惠	女		青岛	女子50米自由泳	6	00:25.31	
童霖	女		青岛	女子100米仰泳	6	01:01.90	
童霖	女		青岛	女子200米仰泳	6	02:14.37	
尹嘉禾	女		青岛	女子200米个人混合泳	6	02:16.67	
童霖	女	2021年全国游泳冠军赛暨奥运会选拔赛	青岛	女子4×100米混合泳接力	6	04:08.47	
颜欣	女		青岛		6	04:08.47	
钱心安	女		青岛		6	04:08.47	
吴越	女		青岛		6	04:08.47	
高兴	女	2021年全国游泳冠军赛暨奥运会选拔赛	青岛	女子4×100米混合泳接力	6		预赛
谢宁	女		青岛		6		预赛
李欣瑜	女		青岛		6		预赛
潘展乐	男	2021年全国游泳冠军赛暨奥运会选拔赛	青岛	男子200米自由泳	7	01:49.45	
赵梁州	男		青岛	男子400米个人混合泳	7	04:26.76	
郑惠予	女		青岛	女子200米个人混合泳	7	02:17.09	
徐一舟	男	2021年全国游泳冠军赛暨奥运会选拔赛	青岛	男子400米自由泳	8	03:59.38	
李朱濠	男		青岛	男子100米蝶泳	8	00:55.55	
张翼祥	男		青岛	男子400米个人混合泳	8	04:28.14	
高兴	女		青岛	女子100米仰泳	8	01:02.51	

续表

姓名	性别	比赛名称	地点	项目	名次	成绩	备注
何峻毅	男	第十四届全运会游泳测试赛暨东京奥运会补位赛	西安	男子100米自由泳	1	00:48.72	
钱智勇	男		西安	男子200米个人混合泳	1	02:01.93	
柳雅欣	女		西安	女子1500米自由泳	1	16:28.87	
尹嘉禾	女		西安	女子200米蝶泳	1	02:11.51	
潘展乐	男	第十四届全运会游泳测试赛暨东京奥运会补位赛	西安	男子50米自由泳	2	00:22.59	
潘展乐	男		西安	男子100米自由泳	2	00:49.02	
洪金权	男		西安	男子200米自由泳	2	01:47.24	
李广源	男		西安	男子100米仰泳	2	00:55.12	
赵梁州	男	第十四届全运会游泳测试赛暨东京奥运会补位赛	西安	男子200米个人混合泳	2	02:02.51	
童霖	女		西安	女子100米仰泳	2	01:02.08	
童霖	女		西安	女子200米仰泳	2	02:12.14	
叶诗文	女		西安	女子200米蛙泳	2	02:27.92	
钱心安	女	第十四届全运会游泳测试赛暨东京奥运会补位赛	西安	女子200米蝶泳	2	02:12.85	
叶诗文	女		西安	女子200米个人混合泳	2	02:13.86	
叶诗文	女		西安	女子400米个人混合泳	2	04:44.28	
沈加豪	男		西安	男子50米自由泳	3	00:22.90	
洪金权	男	第十四届全运会游泳测试赛暨东京奥运会补位赛	西安	男子100米蝶泳	3	00:52.73	
吴越	女		西安	女子50米自由泳	3	00:25.81	
柳雅欣	女		西安	女子100米仰泳	3	01:02.22	
尹嘉禾	女		西安	女子400米个人混合泳	3	04:46.02	
郑瀚	男	第十四届全运会游泳测试赛暨东京奥运会补位赛	西安	男子50米自由泳	4	00:23.21	
赵梁州	男		西安	男子200米蝶泳	4	02:00.03	
毛飞廉	男		西安	男子200米个人混合泳	4	02:03.89	
王昊	男		西安	男子400米个人混合泳	4	04:32.80	
吴越	女	第十四届全运会游泳测试赛暨东京奥运会补位赛	西安	女子100米自由泳	4	00:56.29	
詹文钦	女		西安	女子100米仰泳	4	01:03.15	
詹文钦	女		西安	女子200米仰泳	4	02:15.58	
柳雅欣	女		西安	女子400米个人混合泳	4	04:46.49	
沈加豪	男	第十四届全运会游泳测试赛暨东京奥运会补位赛	西安	男子100米自由泳	5	00:50.04	
潘展乐	男		西安	男子400米自由泳	5	03:54.09	
毛飞廉	男		西安	男子200米蛙泳	5	02:16.12	
沈加豪	男		西安	男子200米蝶泳	5	02:00.54	

续表

姓名	性别	比赛名称	地点	项目	名次	成绩	备注
王昊	男	第十四届全运会游泳测试赛暨东京奥运会补位赛	西安	男子200米个人混合泳	5	02:06.19	
钱心安	女		西安	女子100米自由泳	5	00:56.34	
颜欣	女		西安	女子100米蛙泳	5	01:11.37	
颜欣	女		西安	女子200米个人混合泳	5	02:17.01	
潘展乐	男	第十四届全运会游泳测试赛暨东京奥运会补位赛	西安	男子200米自由泳	6	01:50.73	
毛飞廉	男		西安	男子100米蛙泳	6	01:02.29	
沈加豪	男		西安	男子100米蝶泳	6	00:53.51	
吴越	女		西安	女子200米自由泳	6	02:01.14	
钱心安	女	第十四届全运会游泳测试赛暨东京奥运会补位赛	西安	女子50米自由泳	7	00:26.28	
柳雅欣	女		西安	女子200米自由泳	7	02:01.90	
詹文钦	女		西安	女子200米个人混合泳	7	02:21.07	
吕越	女	第十四届全运会游泳测试赛暨东京奥运会补位赛	西安	女子100米自由泳	8	00:56.72	
吕越	女		西安	女子800米自由泳	8	08:57.41	
尹嘉禾	女		西安	女子200米蛙泳	8	02:37.97	

网球

姓名	性别	比赛名称	地点	项目	名次	成绩	备注
布云朝克特	男	2021中国网球巡回赛	安宁	男子单打	1		
布云朝克特	男	2021中国网球巡回赛	安宁	男子双打	1		李喆(天津)
叶秋语	女	2021中国网球巡回赛	安宁	女子单打	3		
吴易昺	男	2021中国网球巡回赛	日照	男子单打	1		
叶秋语	女	2021中国网球巡回赛	日照	女子双打	2		汤千慧(四川)
韩馨蕴	女	2021中国网球巡回赛	长沙	女子双打	1		
叶秋语	女	2021中国网球巡回赛	长沙				
吴易昺	男	2021中国网球巡回赛	长沙	男子单打	2		
何叶聪	男	2021中国网球巡回赛	长沙	男子双打	2		
布云朝克特	男	2021中国网球巡回赛	长沙				
何叶聪	男	2021中国网球巡回赛	长沙	男子单打	5		
布云朝克特	男	2021中国网球巡回赛	常州	男子单打	1		
布云朝克特	男	2021中国网球巡回赛	常州	男子双打	3		
王晓飞	男	2021中国网球巡回赛	常州				
王晓飞	男	2021中国网球巡回赛	常州	男子单打	3		
吴易昺	男	2021中国网球巡回赛	临汾	男子单打	1		

姓名	性别	比赛名称	地点	项目	名次	成绩	备注
吴易昺	男	2021中国网球巡回赛	广州	男子单打	1		
吴易昺	男	2021中国网球巡回赛	广州	男子双打	2		
布云朝克特	男	2021中国网球巡回赛	广州	男子双打	3		王傲然(天津)
布云朝克特	男	2021中国网球巡回赛	广州	男子单打	5		并列
吴易昺	男	2021中国网球巡回赛职业级总决赛暨全国网球单项锦标赛	澳门	男子单打	1		
吴易昺	男		澳门	男子双打	1		高鑫(天津)
韩馨蕴	女		澳门	女子双打	2		朱玲(安徽)
布云朝克特	男	2021中国网球巡回赛职业级总决赛暨全国网球单项锦标赛	澳门	男子双打	3		肖霖昂(个人)
韩馨蕴	女		澳门	女子单打	5		并列
叶秋语	女		澳门	女子双打	5		并列
渠依含	女	2021年青少年网球巡回系列赛(奉贤站2)	上海	女子双打	3		唐笑(云南)
钟锦书	男	2021年青少年网球巡回系列赛(嘉兴站1)	嘉兴	男子双打	1		夏越(北京RTG)
章少	男		嘉兴	男子单打	3		
王秉杰	男		嘉兴	男子双打	3		
汪子博	男		嘉兴	男子双打	3		
郭智铖	男	2021年青少年网球巡回系列赛(嘉兴站1)	嘉兴	男子单打	5		
章少	男		嘉兴	男子双打	5		
郭智铖	男		嘉兴	男子双打	5		
渠依含	女		嘉兴	女子双打	5		刘昕蕊(湖北)
徐谷瑜	女		嘉兴	女子双打	5		夏锦舒(嘉兴)
吴涵莺	女	2021年青少年网球巡回系列赛(嘉兴站2)	嘉兴	女子双打	2		陈芷彤(湖北)
杨元程	男		嘉兴	男子单打	3		
王秉杰	男		嘉兴	男子双打	3		戴思危(安徽)
钟锦书	男		嘉兴	男子双打	3		程铭燦(上海)
渠依含	女	2021年青少年网球巡回系列赛(嘉兴站2)	嘉兴	女子双打	3		唐笑(云南)
章少	男		嘉兴	男子双打	5		
郭智铖	男		嘉兴				
陈言朗	男		嘉兴	男子双打	5		闪亮(南通)
杨元程	男		嘉兴	男子双打	5		陈世杰(西大附中)
王小童	女	2021年青少年网球巡回系列赛(天津站1)	天津	女子双打	2		唐笑(云南)
王小童	女		天津	女子单打	3		

姓名	性别	比赛名称	地点	项目	名次	成绩	备注
渠依含	女	2021 年青少年网球巡回系列赛(成都站1)	成都	女子单打	2		
渠依含	女		成都	女子双打	5		
吴涵莺	女		成都				

乒乓球

姓名	性别	比赛名称	地点	项目	名次	成绩	备注
向鹏	男	2021 年全国青年乒乓球锦标赛	威海	男子单打	1		
向鹏	男		威海	混合双打	1		蒯曼(江苏)
向鹏	男	2021 年全国青年乒乓球锦标赛	威海	男子团体	1		
祝佳祺	男		威海		1		
于继宁	男		威海		1		
龚圣涵	男		威海		1		
张琪锐	男		威海		1		

羽毛球

姓名	性别	比赛名称	地点	项目	名次	成绩	备注
周昊东	男	2021 年全国羽毛球冠军赛暨第十四届全运会羽毛球项目单项资格赛	郑州	男子团体	1		
郑思维	男		郑州	男子团体	1		
黄宇翔	男		郑州	男子团体	1		
谢浩南	男	2021 年全国羽毛球冠军赛暨第十四届全运会羽毛球项目单项资格赛	郑州	男子团体	1		
陈旭君	男		郑州	男子团体	1		
任朋嶓	男		郑州	男子团体	1		
林贵埔	男	2021 年全国羽毛球冠军赛暨第十四届全运会羽毛球项目单项资格赛	郑州	男子团体	1		
王懿律	男		郑州	男子团体	1		
王昶	男		郑州	男子团体	1		
陈雨菲	女	2021 年全国羽毛球冠军赛暨第十四届全运会羽毛球项目单项资格赛	郑州	女子单打	1		
黄雅琼	女		郑州	女子团体	3		
陈雨菲	女		郑州	女子团体	3		
倪博文	女	2021 年全国羽毛球冠军赛暨第十四届全运会羽毛球项目单项资格赛	郑州	女子团体	3		
郑岚	女		郑州	女子团体	3		
吕学舟	女		郑州	女子团体	3		

续表

姓名	性别	比赛名称	地点	项目	名次	成绩	备注
任琳菲	女	2021年全国羽毛球冠军赛暨第十四届全运会羽毛球项目单项资格赛	郑州	女子团体	3		
韩千禧	女		郑州	女子团体	3		
王心缘	女		郑州	女子团体	3		
吴梦莹	女	2021年全国羽毛球冠军赛暨第十四届全运会羽毛球项目单项资格赛	郑州	女子团体	3		
林昕	女		郑州	女子团体	3		
任琳菲	女		郑州	女子单打	5		并列

体操

姓名	性别	比赛名称	地点	项目	名次	成绩	备注
张欣怡	女	2021年全国体操锦标赛暨东京奥运会选拔赛、第十四届全运会体操资格赛	成都	团体	3	214.695	
张清颖	女		成都	团体	3	214.695	
管晨辰	女		成都	团体	3	214.695	
陈妍菲	女	2021年全国体操锦标赛暨东京奥运会选拔赛、第十四届全运会体操资格赛	成都	团体	3	214.695	
盛婧怡	女		成都	团体	3	214.695	
蒙尚蓉	女		成都	团体	3	214.695	
管晨辰	女		成都	平衡木	6	13.700	女子团体
曹君晟	男	2021年全国体操锦标赛暨东京奥运会选拔赛、第十四届全运会体操资格赛	成都	团体	7	325.025	
曾嘉俊	男		成都	团体	7	325.025	
陈忆路	男		成都	团体	7	325.025	
田昊	男		成都	团体	7	325.025	
杨锦芳	男	2021年全国体操锦标赛暨东京奥运会选拔赛、第十四届全运会体操资格赛	成都	团体	7	325.025	
杨皓楠	男		成都	团体	7	325.025	
陈忆路	男		成都	跳马	5	14.366	男子团体
张昌恒	男	2021年全国少年体操U系列锦标赛	九江	10岁组团体	1	193.763	
蓝梅煜淏	男		九江	10岁组团体	1	193.763	
徐嘉瑞	男		九江	10岁组团体	1	193.763	
张昌恒	男	2021年全国少年体操U系列锦标赛	九江	10岁组个人全能	1	66.538	
张昌恒	男		九江	10岁组鞍马	1	13.366	
张昌恒	男		九江	10岁组吊环	1	13.333	
车彩程	女	2021年全国少年体操U系列锦标赛	九江	9岁组团体	1	133.423	
傅佳丽	女		九江	9岁组团体	1	133.423	
应亚欣	女		九江	9岁组团体	1	133.423	
焦佳怡	女		九江	9岁组团体	1	133.423	

续表

姓名	性别	比赛名称	地点	项目	名次	成绩	备注
应亚欣	女	2021年全国少年体操U系列锦标赛	九江	9岁组跳马	1	13.600	
傅佳丽	女		九江	9岁组自由操	1	13.300	
蓝梅煜淏	男		九江	10岁组双杠	2	13.366	
应亚欣	女	2021年全国少年体操U系列锦标赛	九江	9岁组个人全能	2	44.938	
应亚欣	女		九江	9岁组高低杠	2	13.466	
陈奕	女		九江	9岁组平衡木	2	13.133	
张昌恒	男	2021年全国少年体操U系列锦标赛	九江	10岁组跳马	3	13.866	
张昌恒	男		九江	10岁组双杠	3	13.233	
蓝梅煜淏	男		九江	10岁组单杠	3	13.700	
傅佳丽	女	2021年全国少年体操U系列锦标赛	九江	9岁组高低杠	3	13.433	
应亚欣	女		九江	9岁组平衡木	3	13.033	
应亚欣	女		九江	9岁组自由操	3	13.266	
徐嘉瑞	男	2021年全国少年体操U系列锦标赛	九江	10岁组自由操	4	12.933	
蓝梅煜淏	男		九江	10岁组鞍马	4	13.133	
车彩程	女		九江	9岁组跳马	4	13.366	
徐嘉瑞	男	2021年全国少年体操U系列锦标赛	九江	10岁组鞍马	5	12.900	
徐嘉瑞	男		九江	10岁组双杠	5	12.666	
徐嘉瑞	男		九江	10岁组单杠	5	13.333	
车彩程	女	2021年全国少年体操U系列锦标赛	九江	9岁组个人全能	5	43.746	
徐嘉瑞	男		九江	10岁组跳马	6	13.400	
张昌恒	男		九江	10岁组单杠	6	13.300	
傅佳丽	女	2021年全国少年体操U系列锦标赛	九江	9岁组个人全能	6	43.672	
徐嘉瑞	男		九江	10岁组个人全能	7	63.652	
张昌恒	男		九江	10岁组自由操	7	12.433	
蓝梅煜淏	男	2021年全国少年体操U系列锦标赛	九江	10岁组个人全能	8	63.573	
车彩程	女		九江	9岁组平衡木	8	12.633	

艺术体操

姓名	性别	比赛名称	地点	项目	名次	成绩	备注
王澜静	女	2021年全国艺术体操锦标赛暨第十四届全运会艺术体操资格赛	太原	成年个人团体	1	202.35	
秦金思仪	女		太原	成年个人团体	1	202.35	
张瑀渊	女		太原	成年个人团体	1	202.35	
宋思婷	女		太原	少年个人徒手	1	12.00	

姓名	性别	比赛名称	地点	项目	名次	成绩	备注
梁子琪	女	2021年全国艺术体操锦标赛暨第十四届全运会艺术体操资格赛	太原	个人项目团体总分	3	66.40	
宋思婷	女		太原	个人项目团体总分	3	66.40	
秦金思仪	女		太原	个人项目团体总分	3	66.40	
王澜静	女		太原	个人项目团体总分	3	66.40	
宋思婷	女	2021年全国艺术体操锦标赛暨第十四届全运会艺术体操资格赛	太原	集体项目团体总分	3	44.95	
徐静雯	女		太原	集体项目团体总分	3	44.95	
梁子琪	女		太原	集体项目团体总分	3	44.95	
梁子萱	女	2021年全国艺术体操锦标赛暨第十四届全运会艺术体操资格赛	太原	集体项目团体总分	3	44.95	
吴蒋岚	女		太原	集体项目团体总分	3	44.95	
张梓淼	女		太原	集体项目团体总分	3	44.95	
徐牧风	女	2021年全国艺术体操锦标赛暨第十四届全运会艺术体操资格赛	太原	集体项目团体总分	3	44.95	
杨嘉敏	女		太原	集体项目团体总分	3	44.95	
王琪	女		太原	集体项目团体总分	3	44.95	
陶奕琳	女	2021年全国艺术体操锦标赛暨第十四届全运会艺术体操资格赛	太原	集体项目团体总分	3	44.95	
张瑀渊	女		太原	集体项目团体总分	3	44.95	
王澜静	女		太原	集体项目团体总分	3	44.95	
秦金思仪	女	2021年全国艺术体操锦标赛暨第十四届全运会艺术体操资格赛	太原	集体项目团体总分	3	44.95	
丁紫涵	女		太原	集体项目团体总分	3	44.95	
俞恩祺	女		太原	集体项目团体总分	3	44.95	
徐铱汝	女	2021年全国艺术体操锦标赛暨第十四届全运会艺术体操资格赛	太原	集体项目团体总分	3	44.95	
赵忆菲	女		太原	集体项目团体总分	3	44.95	
黄建珍	女		太原	集体项目团体总分	3	44.95	
梁子琪	女	2021年全国艺术体操锦标赛暨第十四届全运会艺术体操资格赛	太原	少年个人团体	3	209.80	
梁子萱	女		太原	少年个人团体	3	209.80	
徐静雯	女		太原	少年个人团体	3	209.80	
宋思婷	女		太原	少年个人团体	3	209.80	
王澜静	女	2021年全国艺术体操锦标赛暨第十四届全运会艺术体操资格赛	太原	成年个人全能	4	81.75	
王澜静	女		太原	成年个人球	4	20.85	
王澜静	女		太原	成年个人棒	4	22.80	
宋思婷	女		太原	少年个人球	4	16.75	

姓名	性别	比赛名称	地点	项目	名次	成绩	备注
张瑀渊	女	2021年全国艺术体操锦标赛暨第十四届全运会艺术体操资格赛	太原	成年个人圈	5	21.2	
王澜静	女		太原	成年个人带	5	18.70	
宋思婷	女		太原	少年个人带	5	14.80	
秦金思仪	女		太原	成年个人带	6	17.85	
张瑀渊	女		太原	成年个人球	6	20.50	
吴蒋岚	女	2021年全国艺术体操锦标赛暨第十四届全运会艺术体操资格赛	太原	少年集体5圈	6	21.25	
张梓淼	女		太原	少年集体5圈	6	21.25	
徐牧风	女		太原	少年集体5圈	6	21.25	
杨嘉敏	女	2021年全国艺术体操锦标赛暨第十四届全运会艺术体操资格赛	太原	少年集体5圈	6	21.25	
王琪	女		太原	少年集体5圈	6	21.25	
陶奕琳	女		太原	少年集体5圈	6	21.25	
宋思婷	女	2021年全国艺术体操锦标赛暨第十四届全运会艺术体操资格赛	太原	少年个人全能	6	86.85	
徐静雯	女		太原	少年个人徒手	6	11.60	
丁紫涵	女		太原	成年集体全能	6	63.35	
俞恩祺	女	2021年全国艺术体操锦标赛暨第十四届全运会艺术体操资格赛	太原	成年集体全能	6	63.35	
徐铱汝	女		太原	成年集体全能	6	63.35	
赵忆菲	女		太原	成年集体全能	6	63.35	
黄建珍	女		太原	成年集体全能	6	63.35	
宋思婷	女	2021年全国艺术体操锦标赛暨第十四届全运会艺术体操资格赛	太原	少年个人棒	6	16.35	
秦金思仪	女		太原	成年个人圈	7	19.9	
秦金思仪	女		太原	成年个人棒	7	18.50	
吴蒋岚	女	2021年全国艺术体操锦标赛暨第十四届全运会艺术体操资格赛	太原	集体项目总分	7	44.95	
张梓淼	女		太原	集体项目总分	7	44.95	
徐牧风	女		太原	集体项目总分	7	44.95	
杨嘉敏	女		太原	集体项目总分	7	44.95	
王琪	女		太原	集体项目总分	7	44.95	
陶奕琳	女	2021年全国艺术体操锦标赛暨第十四届全运会艺术体操资格赛	太原	集体项目总分	7	44.95	
丁紫涵	女		太原	集体项目总分	7	44.95	
俞恩祺	女		太原	集体项目总分	7	44.95	
徐铱汝	女	2021年全国艺术体操锦标赛暨第十四届全运会艺术体操资格赛	太原	集体项目总分	7	44.95	
赵忆菲	女		太原	集体项目总分	7	44.95	
黄建珍	女		太原	集体项目总分	7	44.95	

续表

姓名	性别	比赛名称	地点	项目	名次	成绩	备注
秦金思仪	女	2021年全国艺术体操锦标赛暨第十四届全运会艺术体操资格赛	太原	成年个人全能	8	75.75	
秦金思仪	女		太原	成年个人球	8	18.90	
张瑀渊	女		太原	成年个人棒	8	18.40	
丁紫涵	女	2021年全国艺术体操锦标赛暨第十四届全运会艺术体操资格赛	太原	成年集体3圈4棒	8	19.50	
俞恩祺	女		太原	成年集体3圈4棒	8	19.50	
徐铱汝	女		太原	成年集体3圈4棒	8	19.50	
赵忆菲	女		太原	成年集体3圈4棒	8	19.50	
黄建珍	女		太原	成年集体3圈4棒	8	19.50	
丁紫涵	女	2021年全国艺术体操锦标赛暨第十四届全运会艺术体操资格赛	太原	成年集体5球	8	25.30	
俞恩祺	女		太原	成年集体5球	8	25.30	
徐铱汝	女		太原	成年集体5球	8	25.30	
赵忆菲	女		太原	成年集体5球	8	25.30	
黄建珍	女		太原	成年集体5球	8	25.30	
宋思婷	女	2021年全国艺术体操锦标赛暨第十四届全运会艺术体操资格赛	太原	少年个人绳	8	12.95	
宋思婷	女		太原	少年个人圈	8	15.90	
徐静雯	女		太原	少年个人球	8	14.50	

蹦床

姓名	性别	比赛名称	地点	项目	名次	成绩	备注
曹云珠	女	2021年全国蹦床冠军赛暨第十四届全运会资格赛	淮安	团体	2	157.240	
范心怡	女		淮安	团体	2	157.240	
陈凌云	女		淮安	团体	2	157.240	
乐丹丹	女		淮安	团体	2	157.240	
王子维	女		淮安	团体	2	157.240	
范心怡	女		淮安	网上个人	4	54.980	
曹云珠	女		淮安	网上个人	5	54.630	

篮球

姓名	性别	比赛名称	地点	项目	名次	成绩	备注
林孝天	男	2020-2021赛季职业联赛	诸暨	五人制篮球成年组	3		
程帅澎	男	2020-2021赛季职业联赛	诸暨	五人制篮球成年组	3		
李林峰	男	2020-2021赛季职业联赛	诸暨	五人制篮球成年组	3		
陆文博	男	2020-2021赛季职业联赛	诸暨	五人制篮球成年组	3		

姓名	性别	比赛名称	地点	项目	名次	成绩	备注
孙岩松	男	2020-2021赛季职业联赛	诸暨	五人制篮球成年组	3		
刘泽一	男	2020-2021赛季职业联赛	诸暨	五人制篮球成年组	3		
李耀强	男	2020-2021赛季职业联赛	诸暨	五人制篮球成年组	3		
陆翊铭	男	2020-2021赛季职业联赛	诸暨	五人制篮球成年组	3		
尚祖宇	男	2020-2021赛季职业联赛	诸暨	五人制篮球成年组	3		
王奕博	男	2020-2021赛季职业联赛	诸暨	五人制篮球成年组	3		
吕杭迅	男	2020-2021赛季职业联赛	诸暨	五人制篮球成年组	3		
赖俊豪	男	2020-2021赛季职业联赛	诸暨	五人制篮球成年组	3		
时振恺	男	2020-2021赛季职业联赛	诸暨	五人制篮球成年组	3		
朱旭航	男	2020-2021赛季职业联赛	诸暨	五人制篮球成年组	3		
王仔路	男	2020-2021赛季职业联赛	诸暨	五人制篮球成年组	3		
张大宇	男	2020-2021赛季职业联赛	诸暨	五人制篮球成年组	3		
张正昕	男	2020-2021赛季职业联赛	诸暨	五人制篮球成年组	3		
吴前	男	2020-2021赛季职业联赛	诸暨	五人制篮球成年组	3		
张洪硕	男	2020-2021赛季职业联赛	诸暨	五人制篮球成年组	3		
王佳琦	女	2020-2021赛季职业联赛	成都	五人制篮球成年组	8		
单婉丽	女	2020-2021赛季职业联赛	成都	五人制篮球成年组	8		
王海媚	女	2020-2021赛季职业联赛	成都	五人制篮球成年组	8		
万济圆	女	2020-2021赛季职业联赛	成都	五人制篮球成年组	8		
余佳锦	女	2020-2021赛季职业联赛	成都	五人制篮球成年组	8		
王梦奇	女	2020-2021赛季职业联赛	成都	五人制篮球成年组	8		
张敏	女	2020-2021赛季职业联赛	成都	五人制篮球成年组	8		
董可尔	女	2020-2021赛季职业联赛	成都	五人制篮球成年组	8		
陈佳楠	女	2020-2021赛季职业联赛	成都	五人制篮球成年组	8		
朱丹丹	女	2020-2021赛季职业联赛	成都	五人制篮球成年组	8		
郑皓怡	女	2020-2021赛季职业联赛	成都	五人制篮球成年组	8		
谭佩莹	女	2020-2021赛季职业联赛	成都	五人制篮球成年组	8		
王佳琦	女	2020-2021赛季女篮联赛	成都	五人制篮球成年组	8		
单婉丽	女	2020-2021赛季女篮联赛	成都	五人制篮球成年组	8		
王海媚	女	2020-2021赛季女篮联赛	成都	五人制篮球成年组	8		
万济圆	女	2020-2021赛季女篮联赛	成都	五人制篮球成年组	8		
余佳锦	女	2020-2021赛季女篮联赛	成都	五人制篮球成年组	8		
王梦奇	女	2020-2021赛季女篮联赛	成都	五人制篮球成年组	8		

续表

姓名	性别	比赛名称	地点	项目	名次	成绩	备注
张敏	女	2020-2021赛季女篮联赛	成都	五人制篮球成年组	8		
董可尔	女	2020-2021赛季女篮联赛	成都	五人制篮球成年组	8		
陈佳楠	女	2020-2021赛季女篮联赛	成都	五人制篮球成年组	8		
朱丹丹	女	2020-2021赛季女篮联赛	成都	五人制篮球成年组	8		
郑皓怡	女	2020-2021赛季女篮联赛	成都	五人制篮球成年组	8		
谭佩莹	女	2020-2021赛季女篮联赛	成都	五人制篮球成年组	8		
葛佳盈	女	全国(U19)青年篮球联赛	万州	五人制篮球女子U19组	1		
顾楠	女	全国(U19)青年篮球联赛	万州	五人制篮球女子U19组	1		
陈怡君	女	全国(U19)青年篮球联赛	万州	五人制篮球女子U19组	1		
周琪	女	全国(U19)青年篮球联赛	万州	五人制篮球女子U19组	1		
徐安琪	女	全国(U19)青年篮球联赛	万州	五人制篮球女子U19组	1		
罗杭	女	全国(U19)青年篮球联赛	万州	五人制篮球女子U19组	1		
孙凤艺	女	全国(U19)青年篮球联赛	万州	五人制篮球女子U19组	1		
王乐宜	女	全国(U19)青年篮球联赛	万州	五人制篮球女子U19组	1		
胡多灵	女	全国(U19)青年篮球联赛	万州	五人制篮球女子U19组	1		
张宇新	女	全国(U19)青年篮球联赛	万州	五人制篮球女子U19组	1		

排球

姓名	性别	比赛名称	地点	项目	名次	成绩	备注
于师羽	女	第十四届全国运动会女子排球成年组资格赛（A组）	秦皇岛	女子成年组	3		
蒋虞晓	女		秦皇岛	女子成年组	3		
王娜	女		秦皇岛	女子成年组	3		
朱悦洲	女		秦皇岛	女子成年组	3		
蓝佳莉	女	第十四届全国运动会女子排球成年组资格赛（A组）	秦皇岛	女子成年组	3		
李静	女		秦皇岛	女子成年组	3		
刘雨	女		秦皇岛	女子成年组	3		
杨妍钰	女		秦皇岛	女子成年组	3		
王竟可	女	第十四届全国运动会女子排球成年组资格赛（A组）	秦皇岛	女子成年组	3		
王慧敏	女		秦皇岛	女子成年组	3		
王梦玥	女		秦皇岛	女子成年组	3		
沈佳蓉	女		秦皇岛	女子成年组	3		
任郡勃	男	2020-2021赛季男排联赛	秦皇岛	男子成年组	4		
张景胤	男	2020-2021赛季男排联赛	秦皇岛	男子成年组	4		

姓名	性别	比赛名称	地点	项目	名次	成绩	备注
李成康	男	2020-2021赛季男排联赛	秦皇岛	男子成年组	4		
王智儒	男	2020-2021赛季男排联赛	秦皇岛	男子成年组	4		
张冠华	男	2020-2021赛季男排联赛	秦皇岛	男子成年组	4		
陈磊炀	男	2020-2021赛季男排联赛	秦皇岛	男子成年组	4		
李咏臻	男	2020-2021赛季男排联赛	秦皇岛	男子成年组	4		
杨一鸣	男	2020-2021赛季男排联赛	秦皇岛	男子成年组	4		
刘浩男	男	2020-2021赛季男排联赛	秦皇岛	男子成年组	4		
金志鸿	男	2020-2021赛季男排联赛	秦皇岛	男子成年组	4		
吕天佑	男	2020-2021赛季男排联赛	秦皇岛	男子成年组	4		
潘宇豪	男	2020-2021赛季男排联赛	秦皇岛	男子成年组	4		
王传琦	男	2020-2021赛季男排联赛	秦皇岛	男子成年组	4		
龚钰杰	男	2020-2021赛季男排联赛	秦皇岛	男子成年组	4		
陆赵政	男	2021年全国男排锦标赛	秦皇岛	男子成年组	6		
任郡勃	男	2021年全国男排锦标赛	秦皇岛	男子成年组	6		
李成康	男	2021年全国男排锦标赛	秦皇岛	男子成年组	6		
王智儒	男	2021年全国男排锦标赛	秦皇岛	男子成年组	6		
王森炳	男	2021年全国男排锦标赛	秦皇岛	男子成年组	6		
陈磊炀	男	2021年全国男排锦标赛	秦皇岛	男子成年组	6		
刘浩男	男	2021年全国男排锦标赛	秦皇岛	男子成年组	6		
吕天佑	男	2021年全国男排锦标赛	秦皇岛	男子成年组	6		
王家懿	男	2021年全国男排锦标赛	秦皇岛	男子成年组	6		
陈翔宇	男	2021年全国男排锦标赛	秦皇岛	男子成年组	6		
王滨	男	2021年全国男排锦标赛	秦皇岛	男子成年组	6		
潘宇豪	男	2021年全国男排锦标赛	秦皇岛	男子成年组	6		
王传琦	男	2021年全国男排锦标赛	秦皇岛	男子成年组	6		
龚钰杰	男	2021年全国男排锦标赛	秦皇岛	男子成年组	6		
徐鑫	男	第十四届全国运动会男子排球青少年组资格赛（男子B组）	秦皇岛	男子青少年组	3		
陆赵政	男		秦皇岛	男子青少年组	3		
王滨	男		秦皇岛	男子青少年组	3		
刘徐登	男		秦皇岛	男子青少年组	3		
陈翔宇	男	第十四届全国运动会男子排球青少年组资格赛（男子B组）	秦皇岛	男子青少年组	3		
孙文俊	男		秦皇岛	男子青少年组	3		
史泰尔	男		秦皇岛	男子青少年组	3		

续表

姓名	性别	比赛名称	地点	项目	名次	成绩	备注
章添博	男		秦皇岛	男子青少年组	3		
王家懿	男		秦皇岛	男子青少年组	3		
叶首君	男	第十四届全国运动会男子排球青少年组资格赛（男子B组）	秦皇岛	男子青少年组	3		
王森炳	男		秦皇岛	男子青少年组	3		
曾洋杰	男		秦皇岛	男子青少年组	3		

沙滩排球

姓名	性别	比赛名称	地点	项目	名次	成绩	备注
王凡	女	2021全国运动队年度排名	全国	女子成年组	1	520分	
王凡	女	全国沙滩排球锦标赛	盐城	女子成年组	1		
杭婷	女	全国沙滩排球锦标赛	盐城	女子成年组	5		
洪伟强	男	2021年全国青少年U17排球锦标赛总排名	全国	男子U17组	2		
方易	男		全国	男子U17组	2		
洪伟强	男	2021年全国青年U17沙滩排球锦标赛暨十四运会沙滩排球海口站资格赛	海口	男子U17组	3		
方易	男		海口	男子U17组	3		
李涵	女	2021年全国青年U17沙滩排球锦标赛暨十四运会沙滩排球海口站资格赛	海口	女子U17组	3		
姚欣	女		海口	女子U17组	3		
李涵	女	2021年全国青年U17沙滩排球锦标赛暨十四运会沙滩排球武汉汉阳站资格赛	汉阳	女子U17组	3		
姚欣	女		汉阳	女子U17组	3		

举重

姓名	性别	比赛名称	地点	项目	名次	成绩	备注
沈霄霆	男	全国举重锦标赛暨第十四届运动会举重比赛预赛	江山	男子55公斤级抓举	1	123公斤	
沈霄霆	男		江山	男子55公斤级挺举	4	146公斤	
沈霄霆	男		江山	男子55公斤级总成绩	1	269公斤	
胡仔俊	男	全国举重锦标赛暨第十四届运动会举重比赛预赛	江山	男子67公斤级挺举	8	171公斤	
胡仔俊	男		江山	男子67公斤级总成绩	5	309公斤	
裴鑫依	女	全国举重锦标赛暨第十四届运动会举重比赛预赛	江山	女子59公斤级抓举	2	102公斤	
裴鑫依	女		江山	女子59公斤级总成绩	5	221公斤	
秦宇平	男		江山	男子55公斤级挺举	7	138公斤	
彭黎娜	女	2021年全国举重锦标赛暨第十四届运动会举重比赛预赛	江山	女子87公斤级挺举	5	135公斤	
彭黎娜	女		江山	女子87公斤级总成绩	7	237公斤	
陆星宇	男		江山	男子81公斤级抓举	8	158公斤	

拳击

姓名	性别	比赛名称	地点	项目	名次	成绩	备注
陈奕融	男	2021年全国男子拳击锦标赛暨第十四届全国运动会拳击项目资格赛(第一站)	枝江	男子91公斤级	3		
陈志豪	男		枝江	男子57公斤级	5		
王培成	男		枝江	男子69公斤级	5		
郑宇聪	男	第十四届全国运动会拳击项目资格赛(第二站)	深圳	男子81公斤级	3		
叶金	女		深圳	女子75公斤级	3		
王培成	男	2021年全国男子拳击冠军赛暨中国职业拳王赛	白沙	男子71公斤级	2		
陈豪清	男		白沙	男子75公斤级	2		
陈奕融	男		白沙	男子92公斤级	5		

柔道

姓名	性别	比赛名称	地点	项目	名次	成绩	备注
张雯	女	2021年全国柔道锦标赛暨第十四届全运会柔道项目资格赛	太原	-63公斤级	3		

摔跤

姓名	性别	比赛名称	地点	项目	名次	成绩	备注
胡迪	男	2021年全国国际式摔跤锦标赛暨第十四届全国运动会摔跤项目预赛	温州	古典式摔跤男子60公斤级	3		
丁利斌	男		温州	古典式摔跤男子60公斤级	8		
沈鹏	男		温州	古典式摔跤男子63公斤级	8		

跆拳道

姓名	性别	比赛名称	地点	项目	名次	成绩	备注
洪鑫鑫	男	第十四届全运会跆拳道项目资格赛(第一次)	漯河	男子-58公斤级	1		
杜樱	女		漯河	女子-57公斤级	5		
黄家云	女		漯河	女子-67公斤级	5		
林选	男	第十四届全运会跆拳道项目资格赛(第二次)	漯河	男子-68公斤级	3		
王杏雯	女		漯河	女子-57公斤级	3		
黄家云	女		漯河	女子-67公斤级	5		
崔阳	男	2021年全国跆拳道精英赛	无锡	男子-68公斤级	2		
洪哲	男	2021年全国跆拳道精英赛	无锡	男子-80公斤级	3		
张豪	男	2021年全国跆拳道精英赛	无锡	男子-58公斤级	5		
林选	男	2021年全国跆拳道精英赛	无锡	男子-68公斤级	5		

武术散打

姓名	性别	比赛名称	地点	项目	名次	成绩	备注
陈鸿儒	男	第十四届全国运动会武术散打资格赛	漯河	男子60公斤级	5		
胡旭君	男		漯河	男子90公斤级	5		

武术套路

姓名	性别	比赛名称	地点	项目	名次	成绩	备注
查苏生	男	第十四届全国运动会武术套路资格赛暨2021年全国武术套路锦标赛	重庆	团体	1	58.345	
应王飞	男		重庆	团体	1	58.345	
杨程	男		重庆	团体	1	58.345	
孙鹏豪	男	第十四届全国运动会武术套路资格赛暨2021年全国武术套路锦标赛	重庆	团体	1	58.345	
褚优贝	女		重庆	团体	1	58.345	
张骞尹	女		重庆	团体	1	58.345	
吴灵芝	女		重庆	团体	1	58.345	
王静申	男	第十四届全国运动会武术套路资格赛暨2021年全国武术套路锦标赛	重庆	男子太极拳、太极剑全能	4	19.302	
戴丹丹	女		重庆	女子太极拳、太极剑全能	4	19.206	

空手道

姓名	性别	比赛名称	地点	项目	名次	成绩	备注
谢瑜	女	第十四届全运会空手道项目资格赛(第一次)	临海	女子-55公斤级	1		
项佳豪	男		临海	男子-67公斤级	2		
吴浩绮	女		临海	女子个人型	3		
周于凯	男	第十四届全运会空手道项目资格赛(第二次)	临海	男子个人型	1		
章文凯	男		临海	男子+75公斤级	2		
陈奥林	男	第十四届全运会空手道项目资格赛(第二次)	临海	男子-75公斤级	3		
徐嘉琪	女		临海	女子-61公斤级	3		

赛艇

姓名	性别	比赛名称	地点	项目	名次	成绩	备注
潘旦旦	女		湖北鄂州	女子轻量级双人双桨	1		
邹佳琪	女	冠军赛暨第十四届全运会资格赛	湖北鄂州		1		
陈森森	男		湖北鄂州	男子双人双桨	2		
许豪良	男	2021年全国赛艇春季冠军赛暨第十四届全运会资格赛	湖北鄂州	男子轻量级双人双桨	4		
陈俊杰	男		湖北鄂州		4		

姓名	性别	比赛名称	地点	项目	名次	成绩	备注
许诗蓓	女	2021年全国赛艇春季冠军赛暨第十四届全运会资格赛	湖北鄂州	女子双人双桨	5		
宣旭莲	女		湖北鄂州		5		
王铁成	男	2021年全国赛艇春季冠军赛暨第十四届全运会资格赛	湖北鄂州	男子双人单桨	6		
田雨	男		湖北鄂州		6		
孙红静	女	2021年全国赛艇春季冠军赛暨第十四届全运会资格赛	湖北鄂州	女子八人单桨有舵手	6		
董郗娅	女		湖北鄂州		6		
舒燿云	女	2021年全国赛艇春季冠军赛暨第十四届全运会资格赛	湖北鄂州		6		
闻嘉奕	女		湖北鄂州		6		
薛静波	女	2021年全国赛艇春季冠军赛暨第十四届全运会资格赛	湖北鄂州		6		
孙铭霞	女		湖北鄂州		6		
杨秋英	女	2021年全国赛艇春季冠军赛暨第十四届全运会资格赛	湖北鄂州		6		
李丹	女		湖北鄂州		6		
范逸婷	女		湖北鄂州		6		
褚静蓉	女	2021年全国赛艇春季冠军赛暨第十四届全运会资格赛	湖北鄂州	女子轻量级双人双桨	7		
张文霞	女		湖北鄂州		7		
万知达	男	2021年全国赛艇春季冠军赛暨第十四届全运会资格赛	湖北鄂州	男子双人双桨	8		
徐峰	男		湖北鄂州		8		
舒燿云	女	2021年全国赛艇春季冠军赛暨第十四届全运会资格赛	湖北鄂州	女子四人单桨	8		
叶依妮	女		湖北鄂州		8		
陈佳敏	女	2021年全国赛艇春季冠军赛暨第十四届全运会资格赛	湖北鄂州		8		
张燕华	女		湖北鄂州		8		
杨子浩	男	全国赛艇秋季冠军赛	湖北鄂州	男子乙组陆上赛艇5000米	1		
杨子浩	男	全国赛艇秋季冠军赛	湖北鄂州	男子乙组铁人两项(个人全能)	1		
邹佳琪	女	全国赛艇秋季冠军赛	湖北鄂州	女子甲组轻量级双桨水上4公里	1		
邹佳琪	女	全国赛艇秋季冠军赛	湖北鄂州	女子甲组轻量级双桨水上500米	1		
金学成	男	全国赛艇秋季冠军赛	湖北鄂州	陆上赛艇男女混合接力赛10公里	1		
谢天峰	男	全国赛艇秋季冠军赛	湖北鄂州		1		
孙铭霞	女	全国赛艇秋季冠军赛	湖北鄂州		1		

姓名	性别	比赛名称	地点	项目	名次	成绩	备注
闻嘉奕	女	全国赛艇秋季冠军赛	湖北鄂州		1		
邹佳琪	女	全国赛艇秋季冠军赛	湖北鄂州	女子甲组轻量级双桨级水上12公里	2		
许豪良	男	全国赛艇秋季冠军赛	湖北鄂州	男子甲组轻量级双桨水上500米	2		
许豪良	男	全国赛艇秋季冠军赛	湖北鄂州	男子甲组轻量级双桨陆上赛艇5000米	3		
葛迦立	男	全国赛艇秋季冠军赛	湖北鄂州	男子乙组陆上赛艇5公里	3		
应豪	男	全国赛艇秋季冠军赛	湖北鄂州	男子乙组水上500米	3		
张文霞	女	全国赛艇秋季冠军赛	湖北鄂州	女子甲组轻量级双桨陆上赛艇5公里	4		
董郗娅	女	全国赛艇秋季冠军赛	湖北鄂州	女子甲组公开级（双桨）水上500米	4		
许豪良	男	全国赛艇秋季冠军赛	湖北鄂州	男子甲组轻量级双桨铁人两项（个人全能）	4		
邹佳琪	女	全国赛艇秋季冠军赛	湖北鄂州	女子甲组轻量级双桨铁人两项（个人全能）	4		
葛迦立	男	全国赛艇秋季冠军赛	湖北鄂州	男子乙组铁人两项（个人全能）	4		
金学成	男	全国赛艇秋季冠军赛	湖北鄂州	男子乙组陆上赛艇5000米	5		
应豪	男	全国赛艇秋季冠军赛	湖北鄂州	男子乙组水上12公里	5		
许豪良	男	全国赛艇秋季冠军赛	湖北鄂州	男子甲组轻量级双桨水上12公里	5		
许豪良	男	全国赛艇秋季冠军赛	湖北鄂州	男子甲组轻量级水上4公里	5		
张文霞	女	全国赛艇秋季冠军赛	湖北鄂州	女子嫁娶轻量级双桨水上4公里	5		
应豪	男	全国赛艇秋季冠军赛	湖北鄂州	男子乙组水上4公里	5		
应豪	男	全国赛艇秋季冠军赛	湖北鄂州	男子乙组铁人两项（个人全能）	5		
张文霞	女	全国赛艇秋季冠军赛	湖北鄂州	女子甲组轻量级双桨铁人两项（个人全能）	5		
张文霞	女	全国赛艇秋季冠军赛	湖北鄂州	女子甲组轻量级双桨水上500米	5		
邹佳琪	女	全国赛艇秋季冠军赛	湖北鄂州	女子甲组轻量级双桨陆上赛艇5000米	6		
杨子浩	男	全国赛艇秋季冠军赛	湖北鄂州	男子乙组水上12公里	6		
张文霞	女	全国赛艇秋季冠军赛	湖北鄂州	女子轻量级水上12公里	6		
杨子浩	男	全国赛艇秋季冠军赛	湖北鄂州	男子乙组水上500米	6		
杨子浩	男	全国赛艇秋季冠军赛	湖北鄂州	男子乙组水上4公里	7		

姓名	性别	比赛名称	地点	项目	名次	成绩	备注
陈渌扬	男	全国赛艇秋季冠军赛	湖北鄂州	男子乙组水上12公里	8		
金学成	男	全国赛艇秋季冠军赛	湖北鄂州	男子乙组铁人两项（个人全能）	8		

皮划艇静水

姓名	性别	比赛名称	地点	项目	名次	成绩
吴江	男	2021年全国皮划艇静水春季冠军赛暨第十四届全运会资格赛	广东广州	男子200米单人皮艇	3	
王丛康	男	2021年全国皮划艇静水春季冠军赛暨第十四届全运会资格赛	广东广州	男子500米双人皮艇	1	
吴江	男		广东广州	男子500米双人皮艇	2	
徐佳炜	男		广东广州	男子500米双人皮艇	2	
林来杰	男	2021年全国皮划艇静水春季冠军赛暨第十四届全运会资格赛	广东广州	男子500米双人皮艇	6	
吴伟健	男		广东广州	男子500米双人皮艇	6	
王丛康	男		广东广州	男子1000米双人皮艇	1	
叶冠宏	男	2021年全国皮划艇静水春季冠军赛暨第十四届全运会资格赛	广东广州	男子1000米双人皮艇	2	
徐佳炜	男		广东广州	男子1000米双人皮艇	2	
缪飞龙	男		广东广州	男子500米双人划艇	1	
季博文	男		广东广州	男子500米双人划艇	1	
季博文	男	2021年全国皮划艇静水春季冠军赛暨第十四届全运会资格赛	广东广州	男子1000米单人划艇	3	
邢松	男		广东广州	男子1000米单人划艇	4	
缪飞龙	男		广东广州	男子1000米单人划艇	8	
邢松	男		广东广州	男子1000米双人划艇	1	
缪飞龙	男	2021年全国皮划艇静水春季冠军赛暨第十四届全运会资格赛	广东广州	男子1000米双人划艇	2	
季博文	男		广东广州	男子1000米双人划艇	2	
俞诗梦	女		广东广州	女子200米单人皮艇	4	
王楠	女	2021年全国皮划艇静水春季冠军赛暨第十四届全运会资格赛	广东广州	500米女子单人皮艇	2	
李冬釜	女		广东广州	500米女子单人皮艇	3	
俞诗梦	女		广东广州	500米女子双人皮艇	1	
李冬釜	女	2021年全国皮划艇静水春季冠军赛暨第十四届全运会资格赛	广东广州	500米女子双人皮艇	2	
王楠	女		广东广州	500米女子双人皮艇	2	
李冬釜	女		广东广州	500米女子四人皮艇	1	
王楠	女		广东广州	500米女子四人皮艇	1	
王吉	女	2021年全国皮划艇静水春季冠军赛暨第十四届全运会资格赛	广东广州	500米女子四人皮艇	4	
钱秋蓉	女		广东广州	500米女子四人皮艇	4	
孙婉婷	女		广东广州	500米女子四人皮艇	4	

续表

姓名	性别	比赛名称	地点	项目	名次	成绩
施佳怡	女		广东广州	500米女子四人皮艇	4	
殷昕怡	女	2021年全国皮划艇静水春季冠军赛暨第十四届全运会资格赛	广东广州	女子200米单人划艇	5	
殷昕怡	女		广东广州	女子500米双人划艇	2	
薛丽娜	女		广东广州	女子500米双人划艇	4	
许琪琪	女		广东广州	女子500米双人划艇	4	
李冬崟	女	2021年全国赛艇皮划艇锦标赛暨奥运选拔赛	湖北鄂州	500米女子单人皮艇	1	
王楠	女		湖北鄂州	500米女子单人皮艇	7	
李冬崟	女		湖北鄂州	500米女子双人皮艇	1	
王楠	女	2021年全国赛艇皮划艇锦标赛暨奥运选拔赛	湖北鄂州	500米女子双人皮艇	2	
殷昕怡	女		湖北鄂州	500米女子双人划艇	2	
王丛康	男	2021年全国赛艇皮划艇锦标赛暨奥运选拔赛	湖北鄂州	1000米男子单人皮艇	3	
邢松	男		湖北鄂州	1000米男子单人划艇	4	
王丛康	男		湖北鄂州	1000米男子双人皮艇	1	
李冬崟	女	2021年全国赛艇皮划艇锦标赛暨奥运选拔赛	湖北鄂州	500米女子四人皮艇	1	
王楠	女		湖北鄂州		1	
王丛康	男	全国皮划艇秋季冠军赛	浙江丽水	甲组男子单人皮艇1000米	1	
王丛康	男	全国皮划艇秋季冠军赛	浙江丽水	甲组竞速男子皮艇8公里	1	
王楠	女	全国皮划艇秋季冠军赛	浙江丽水	甲组竞速女子皮艇8公里	1	
孙婉婷	女	全国皮划艇秋季冠军赛	浙江丽水	乙组竞速女子皮艇6000米	1	
孙婉婷	女	全国皮划艇秋季冠军赛	浙江丽水	乙组竞速女子皮艇全能铁人两项	1	
缪飞龙	男	全国皮划艇秋季冠军赛	浙江丽水	甲组竞速男子划艇右桨8000米	1	
缪飞龙	男	全国皮划艇秋季冠军赛	浙江丽水	甲组男子单人划艇1000米右桨	1	
李舒琪	女	全国皮划艇秋季冠军赛	浙江丽水	乙组混合双人划艇1000米	1	
徐佳炜	男	全国皮划艇秋季冠军赛	浙江丽水	甲组男子单人皮艇1000米	2	
王楠	女	全国皮划艇秋季冠军赛	浙江丽水	甲组女子单人皮艇1000米	2	
孙婉婷	女	全国皮划艇秋季冠军赛	浙江丽水	乙组竞速女子皮艇陆上赛艇2000米	2	
缪飞龙	男	全国皮划艇秋季冠军赛	浙江丽水	甲组竞速男子划艇右桨全能铁人两项	2	
滕凯	男	全国皮划艇秋季冠军赛	浙江丽水	甲组竞速男子划艇左桨全能铁人两项	2	
滕凯	男	全国皮划艇秋季冠军赛	浙江丽水	甲组竞速男子划艇左桨陆上赛艇2000米	2	

姓名	性别	比赛名称	地点	项目	名次	成绩
陈梦颖	女	全国皮划艇秋季冠军赛	浙江丽水	乙组竞速女子划艇6000米	2	
滕凯	男	全国皮划艇秋季冠军赛	浙江丽水	甲组混合划艇4×250米接力	2	
缪飞龙	男	全国皮划艇秋季冠军赛	浙江丽水		2	
李舒琪	女	全国皮划艇秋季冠军赛	浙江丽水		2	
丁思洁	女	全国皮划艇秋季冠军赛	浙江丽水		2	
丁思洁	女	全国皮划艇秋季冠军赛	浙江丽水	乙组竞速女子划艇全能铁人两项	2	
王丛康	男	全国皮划艇秋季冠军赛	浙江丽水	甲组混合皮艇4×250米接力	2	
徐佳炜	男	全国皮划艇秋季冠军赛	浙江丽水		2	
叶品谷	男	全国皮划艇秋季冠军赛	浙江丽水	乙组竞速男子皮艇6000米	3	
滕凯	男	全国皮划艇秋季冠军赛	浙江丽水	甲组竞速男子划艇左桨8000千米	3	
陈雨浓	男	全国皮划艇秋季冠军赛	浙江丽水	乙组竞速男子划艇6000米	3	
王楠	女	全国皮划艇秋季冠军赛	浙江丽水	甲组混合皮艇4×250米接力	3	
邢松	男	全国皮划艇秋季冠军赛	浙江丽水	皮划艇龙舟拔河	3	
毛晨鉴	男	全国皮划艇秋季冠军赛	浙江丽水		3	
林海鹏	男	全国皮划艇秋季冠军赛	浙江丽水		3	
朱嘉栋	男	全国皮划艇秋季冠军赛	浙江丽水		3	
丁思洁	女	全国皮划艇秋季冠军赛	浙江丽水		3	
周锐	女	全国皮划艇秋季冠军赛	浙江丽水		3	
秦瑜	女	全国皮划艇秋季冠军赛	浙江丽水		3	
薛丽娜	女	全国皮划艇秋季冠军赛	浙江丽水		3	
朱笑丽	女	全国皮划艇秋季冠军赛	浙江丽水		3	
梁丹丹	女	全国皮划艇秋季冠军赛	浙江丽水		3	
裘艺	女	全国皮划艇秋季冠军赛	浙江丽水	甲组竞速女子皮艇陆上赛艇2000米	4	
缪飞龙	男	全国皮划艇秋季冠军赛	浙江丽水	甲组竞速男子划艇右桨陆上赛艇2000米	4	
陈作添	男	全国皮划艇秋季冠军赛	浙江丽水	乙组竞速男子皮艇陆上赛艇2000米	4	
李舒琪	女	全国皮划艇秋季冠军赛	浙江丽水	乙组竞速女子划艇陆上赛艇2000米	4	
徐键	男	全国皮划艇秋季冠军赛	浙江丽水	乙组竞速男子划艇6000米	4	
叶彬彬	男	全国皮划艇秋季冠军赛	浙江丽水	甲组竞速男子划艇左桨全能铁人两项	4	

姓名	性别	比赛名称	地点	项目	名次	成绩
滕凯	男	全国皮划艇秋季冠军赛	浙江丽水	甲组男子单人划艇1000米左桨	4	
薛丽娜	女	全国皮划艇秋季冠军赛	浙江丽水	混合龙舟竞速200米	4	
秦瑜	女	全国皮划艇秋季冠军赛	浙江丽水		4	
黄喧	女	全国皮划艇秋季冠军赛	浙江丽水		4	
丁欣	女	全国皮划艇秋季冠军赛	浙江丽水		4	
徐键	男	全国皮划艇秋季冠军赛	浙江丽水		4	
滕凯	男	全国皮划艇秋季冠军赛	浙江丽水		4	
毛晨鉴	男	全国皮划艇秋季冠军赛	浙江丽水		4	
邢松	男	全国皮划艇秋季冠军赛	浙江丽水		4	
陈梦颖	女	全国皮划艇秋季冠军赛	浙江丽水		4	
周锐	女	全国皮划艇秋季冠军赛	浙江丽水		4	
叶彬彬	男	全国皮划艇秋季冠军赛	浙江丽水	甲组竞速男子划艇左桨陆上赛艇2000米	5	
秦瑜	女	全国皮划艇秋季冠军赛	浙江丽水	甲组竞速女子划艇左桨陆上赛艇2000米	5	
周锐	女	全国皮划艇秋季冠军赛	浙江丽水	乙组竞速女子划艇陆上赛艇2000米	5	
叶彬彬	男	全国皮划艇秋季冠军赛	浙江丽水	甲组竞速男子划艇左桨8000米	5	
王楠	女	全国皮划艇秋季冠军赛	浙江丽水	甲组竞速女子皮艇全能铁人两项	5	
李舒琪	女	全国皮划艇秋季冠军赛	浙江丽水	混合龙舟竞速200米	5	
朱嘉栋	男	全国皮划艇秋季冠军赛	浙江丽水		5	
缪飞龙	男	全国皮划艇秋季冠军赛	浙江丽水		5	
季博文	男	全国皮划艇秋季冠军赛	浙江丽水		5	
朱笑丽	女	全国皮划艇秋季冠军赛	浙江丽水		5	
许琪琪	女	全国皮划艇秋季冠军赛	浙江丽水		5	
丁思洁	女	全国皮划艇秋季冠军赛	浙江丽水	混合龙舟竞速200米	5	
林海鹏	男	全国皮划艇秋季冠军赛	浙江丽水		5	
梁丹丹	女	全国皮划艇秋季冠军赛	浙江丽水		5	
陈雨浓	男	全国皮划艇秋季冠军赛	浙江丽水		5	
丁思洁	女	全国皮划艇秋季冠军赛	浙江丽水	乙组竞速女子划艇陆上赛艇2000米	6	
王丛康	男	全国皮划艇秋季冠军赛	浙江丽水	甲组竞速男子皮艇全能铁人两项	6	

姓名	性别	比赛名称	地点	项目	名次	成绩
叶彬彬	男	全国皮划艇秋季冠军赛	浙江丽水	甲组男子单人划艇1000米左桨	6	
秦瑜	女	全国皮划艇秋季冠军赛	浙江丽水	甲组竞速女子划艇左桨全能铁人两项	7	
徐键	男	全国皮划艇秋季冠军赛	浙江丽水	乙组竞速男子划艇全能铁人两项	7	
丁思洁	女	全国皮划艇秋季冠军赛	浙江丽水	乙组竞速女子划艇6000米	8	
张可凡	男	全国皮划艇秋季冠军赛	浙江丽水	甲组竞赛激流回旋男子皮艇陆上赛艇2000米	2	
史莹莹	女	全国皮划艇秋季冠军赛	浙江丽水	甲组竞赛激流回旋女子皮艇6000米	2	
史莹莹	女	全国皮划艇秋季冠军赛	浙江丽水	甲组竞赛激流回旋女子皮艇全能铁人两项	4	
周馨怡	女	全国皮划艇秋季冠军赛	浙江丽水	甲组竞赛激流回旋女子划艇全能铁人两项	2	
周馨怡	女	全国皮划艇秋季冠军赛	浙江丽水	甲组女子激流单人划艇1000米	3	
周馨怡	女	全国皮划艇秋季冠军赛	浙江丽水	甲组竞赛激流回旋女子划艇陆上赛艇2000米	3	
周馨怡	女	全国皮划艇秋季冠军赛	浙江丽水	甲组竞赛激流回旋女子划艇6000米	4	
吕陆辉	男	全国皮划艇秋季冠军赛	浙江丽水	甲组混合激流划艇4×250米接力	4	
史莹莹	女	全国皮划艇秋季冠军赛	浙江丽水		4	
俞波	男	全国皮划艇秋季冠军赛	浙江丽水		4	
周馨怡	女	全国皮划艇秋季冠军赛	浙江丽水		4	
俞波	男	全国皮划艇秋季冠军赛	浙江丽水	甲组竞赛激流回旋男子划艇陆上赛艇2000米	5	
张可凡	男	全国皮划艇秋季冠军赛	浙江丽水	甲组竞赛激流回旋男子皮艇全能铁人两项	6	
俞波	男	全国皮划艇秋季冠军赛	浙江丽水	甲组男子激流单人划艇1000米	7	
张可凡	男	全国皮划艇秋季冠军赛	浙江丽水	甲组男子激流单人皮艇1000米	8	

激流回旋

姓名	性别	比赛名称	地点	项目	名次	成绩	备注
史莹莹	女	2021年全国皮划艇激流回旋春季冠军赛暨第十四届全运会资格赛	福建南安	女子极限	4		
史莹莹	女		福建南安	女子单人皮艇	5		
吕陆辉	男		福建南安	男子极限	6		

续表

姓名	性别	比赛名称	地点	项目	名次	成绩	备注
史莹莹	女	全国皮划艇激流回旋秋季冠军赛	云南怒江	女子单人皮艇极限皮艇	1		
史莹莹	女		云南怒江	女子单人皮艇短距离赛	1		
吕陆辉	男		云南怒江	男子单人皮艇挑战赛	1		
史莹莹	女	全国皮划艇激流回旋秋季冠军赛	云南怒江	女子单人皮艇挑战赛	2		
史莹莹	女		云南怒江	女子单人皮艇长距离赛	2		
吕陆辉	男	全国皮划艇激流回旋秋季冠军赛	云南怒江	男子单人皮艇短距离赛	2		
吕陆辉	男		云南怒江	男子单人皮艇长距离赛	4		
吕陆辉	男		云南怒江	男子单人皮艇极限皮艇	5		

帆船

姓名	性别	比赛名称	地点	项目	名次	成绩	备注
徐建勇	男	2021年全国帆船锦标赛（470级&激光级&芬兰人级）	山东日照	男子470级场地赛	1		
王吉昌	男		山东日照	男子470级场地赛	1		
徐臧军	男		山东日照	男子470级场地赛	2		
钟冯斌	男	2021年全国帆船锦标赛（470级&激光级&芬兰人级）	山东日照	男子470级场地赛	7		
陈林伟	男		山东日照	男子470级场地赛	7		
施锦秀	女		山东日照	女子470级场地赛	1		
徐娅妮	女		山东日照	女子470级场地赛	1		
魏梦喜	女	2021年全国帆船锦标赛（470级&激光级&芬兰人级）	山东日照	女子470级场地赛	4		
高海燕	女		山东日照	女子470级场地赛	4		
兰景铖	男		山东日照	混合470级场地赛	6		
张萍	女		山东日照	混合470级场地赛	6		
王晶	男	2021年全国帆船锦标赛（470级&激光级&芬兰人级）	山东日照	混合470级场地赛	7		
王兰心	女		山东日照	混合470级场地赛	7		
董瀛	女		山东日照	女子激光雷迪尔级场地赛	8		
周可	女		山东日照	女子激光雷迪尔级U21场地赛	6		
徐臧军	男	2021年全国帆船锦标赛（470级&激光级&芬兰人级）	山东日照	男子470级长距离赛	1		
徐建勇	男		山东日照	男子470级长距离赛	3		
王吉昌	男		山东日照	男子470级长距离赛	3		
魏梦喜	女	2021年全国帆船锦标赛（470级&激光级&芬兰人级）	山东日照	女子470级长距离赛	1		
高海燕	女		山东日照	女子470级长距离赛	1		
施锦秀	女		山东日照	女子470级长距离赛	2		
徐娅妮	女		山东日照	女子470级长距离赛	2		

姓名	性别	比赛名称	地点	项目	名次	成绩	备注
兰景铖	男	2021年全国帆船锦标赛（470级&激光级&芬兰人级）	山东日照	混合470级长距离赛	2		
张萍	女		山东日照	混合470级长距离赛	2		
王晶	男		山东日照	混合470级长距离赛	8		
王兰心	女		山东日照	混合470级长距离赛	8		
陆韦伊	女	2021年全国帆船锦标赛（470级&激光级&芬兰人级）	山东日照	女子激光雷迪尔级长距离赛	5		
周可	女		山东日照	女子激光雷迪尔级长距离赛	8		
周可	女		山东日照	女子激光雷迪尔级U21长距离赛	1		
黄子颜	女		山东日照	女子激光雷迪尔级U21长距离赛	7		
徐建勇	男	2021年全国帆船冠军赛（470级&激光级&芬兰人级）	海南海口	男子470级场地赛	1		
王吉昌	男		海南海口	男子470级场地赛	1		
徐建勇	男		海南海口	男子470级长距离赛	1		
王吉昌	男		海南海口	男子470级长距离赛	1		
徐臧军	男	2021年全国帆船冠军赛（470级&激光级&芬兰人级）	海南海口	混合470级场地赛	1		
徐娅妮	女		海南海口	混合470级场地赛	1		
白壮壮	男		海南海口	芬兰人级场地赛	1		
董瀛	女	2021年全国帆船冠军赛（470级&激光级&芬兰人级）	海南海口	女子470级长距离赛	2		
兰景铖	男		海南海口	男子470级长距离赛	2		
张从冉	男		海南海口	男子470级长距离赛	2		
施锦秀	女		海南海口	混合470级长距离赛	2		
兰景铖	男		海南海口	男子470级场地赛	2		
张从冉	男		海南海口	男子470级场地赛	2		
施锦秀	女		海南海口	混合470级场地赛	2		
王景飒	女	2021年全国帆船冠军赛（470级&激光级&芬兰人级）	海南海口	混合470级长距离赛	3		
董瀛	女		海南海口	女子470级场地赛	3		
徐臧军	男	2021年全国帆船冠军赛（470级&激光级&芬兰人级）	海南海口	混合470级长距离赛	4		
徐娅妮	女		海南海口	混合470级长距离赛	4		
白壮壮	男		海南海口	芬兰人级长距离赛	4		
王兰心	女	2021年全国帆船冠军赛（470级&激光级&芬兰人级）	海南海口	混合470级场地赛	5		
王晶	男		海南海口	混合470级场地赛	5		
王景飒	女		海南海口	混合470级场地赛	6		
钟冯斌	男	2021年全国帆船冠军赛（470级&激光级&芬兰人级）	海南海口	男子470级场地赛	7		
宋佳薇	女		海南海口	女子470级场地赛	7		
宋佳薇	女		海南海口	女子470级长距离赛	7		

姓名	性别	比赛名称	地点	项目	名次	成绩	备注
郭昱邑	男	2021 年全国帆船冠军赛(470级&激光级&芬兰人级)	海南海口	男子470级长距离赛	7		
戴子雄	男		海南海口	男子470级长距离赛	7		
王兰心	女		海南海口	混合470级长距离赛	7		
王晶	男		海南海口	混合470级长距离赛	7		
郭昱邑	男	2021 年全国帆船冠军赛(470级&激光级&芬兰人级)	海南海口	男子470级场地赛	8		
戴子雄	男		海南海口	男子470级场地赛	8		
温在鼎	男	全国帆船锦标赛(诺卡拉&49er级)	海南海口	男子49er级场地赛	1		
王柳涵	男	全国帆船锦标赛(诺卡拉&49er级)	海南海口	男子49er级场地赛	1		
陈莎莎	女	全国帆船锦标赛(诺卡拉&49er级)	海南海口	女子49erFX级场地赛	1		
王梦婷	女	全国帆船锦标赛(诺卡拉&49er级)	海南海口	女子49erFX级场地赛	1		
温在鼎	男	全国帆船锦标赛(诺卡拉&49er级)	海南海口	男子49er级长距离赛	1		
王柳涵	男	全国帆船锦标赛(诺卡拉&49er级)	海南海口	男子49er级长距离赛	1		
陈莎莎	女	全国帆船锦标赛(诺卡拉&49er级)	海南海口	女子49erFX级长距离赛	1		
王梦婷	女	全国帆船锦标赛(诺卡拉&49er级)	海南海口	女子49erFX级长距离赛	1		
杨学哲	男	全国帆船锦标赛(诺卡拉&49er级)	海南海口	混合诺卡拉17场地赛	2		
杨学哲	男	全国帆船锦标赛(诺卡拉&49er级)	海南海口	混合诺卡拉17长距离赛	1		
洪伟	男	全国帆船锦标赛(诺卡拉&49er级)	海南海口	男子49er级场地赛	2		
周志博	男	全国帆船锦标赛(诺卡拉&49er级)	海南海口	男子49er级场地赛	2		
王颖倩	女	全国帆船锦标赛(诺卡拉&49er级)	海南海口	女子49erFX级场地赛	2		
苏晓雅	女	全国帆船锦标赛(诺卡拉&49er级)	海南海口	女子49erFX级场地赛	2		
王颖倩	女	全国帆船锦标赛(诺卡拉&49er级)	海南海口	女子49erFX级长距离赛	2		
苏晓雅	女	全国帆船锦标赛(诺卡拉&49er级)	海南海口	女子49erFX级长距离赛	2		
陈雨	男	全国帆船锦标赛(诺卡拉&49er级)	海南海口	混合诺卡拉17长距离赛	4		

姓名	性别	比赛名称	地点	项目	名次	成绩	备注
章冬冬	女	全国帆船锦标赛（诺卡拉&49er级）	海南海口	混合诺卡拉17长距离赛	4		
陈雨	男	全国帆船锦标赛（诺卡拉&49er级）	海南海口	混合诺卡拉17场地赛	6		
章冬冬	女	全国帆船锦标赛（诺卡拉&49er级）	海南海口	混合诺卡拉17场地赛	6		
吴子寒	男	全国帆船锦标赛（诺卡拉&49er级）	海南海口	男子49er级长距离赛	6		
陈林伟	男	全国帆船锦标赛（诺卡拉&49er级）	海南海口	男子49er级长距离赛	6		
高海彬	男	全国帆船锦标赛（诺卡拉&49er级）	海南海口	男子49er级长距离赛	7		
卓朝晨	男	全国帆船锦标赛（诺卡拉&49er级）	海南海口	男子49er级长距离赛	7		
毛雨洁	女	全国帆船锦标赛（诺卡拉&49er级）	海南海口	女子49erFX级长距离赛	7		
项健	男	全国帆船锦标赛（诺卡拉&49er级）	海南海口	混合诺卡拉17场地赛	8		
虞婷	女	全国帆船锦标赛（诺卡拉&49er级）	海南海口	混合诺卡拉17场地赛	8		
吴子寒	男	全国帆船锦标赛（诺卡拉&49er级）	海南海口	男子49er级场地赛	8		
陈林伟	男	全国帆船锦标赛（诺卡拉&49er级）	海南海口	男子49er级场地赛	8		
项健	男	全国帆船锦标赛（诺卡拉&49er级）	海南海口	混合诺卡拉17长距离赛	8		
虞婷	女	全国帆船锦标赛（诺卡拉&49er级）	海南海口	混合诺卡拉17长距离赛	8		

帆板

姓名	性别	比赛名称	地点	项目	名次	成绩	备注
陈昊	男	2021年全国帆板冠军赛	山东荣成	男子RS:X级场地赛	1		
刘运生	男	2021年全国帆板冠军赛	山东荣成	U21男子RS:X级场地赛	1		
闫铮	女	2021年全国帆板冠军赛	山东荣成	U21女子RS:X级场地赛	1		
陈昊	男	2021年全国帆板冠军赛	山东荣成	男子RS:X级障碍赛	1		
刘运生	男	2021年全国帆板冠军赛	山东荣成	男子RS:X级长距离赛	1		
刘运生	男	2021年全国帆板冠军赛	山东荣成	U21男子RS:X级长距离赛	1		
闫铮	女	2021年全国帆板冠军赛	山东荣成	U21女子RS:X级长距离赛	1		
闫铮	女	2021年全国帆板冠军赛	山东荣成	女子RS:X级场地赛	2		

续表

姓名	性别	比赛名称	地点	项目	名次	成绩	备注
林开翔	男	2021年全国帆板冠军赛	山东荣成	U21男子RS:X级场地赛	2		
林开翔	男	2021年全国帆板冠军赛	山东荣成	男子RS:X级障碍赛	2		
林开翔	男	2021年全国帆板冠军赛	山东荣成	U21男子RS:X级长距离赛	2		
陈昊	男	2021年全国帆板冠军赛	山东荣成	男子RS:X级全能赛	2		
林可辉	男	2021年全国帆板冠军赛	山东荣成	GAARSTRA PRO级场地赛	2		
刘运生	男	2021年全国帆板冠军赛	山东荣成	男子RS:X级场地赛	3		
史红梅	女	2021年全国帆板冠军赛	山东荣成	女子RS:X级场地赛	3		
江铮栋	男	2021年全国帆板冠军赛	山东荣成	U21男子RS:X级场地赛	3		
张伍倩	女	2021年全国帆板冠军赛	山东荣成	U21女子RS:X级场地赛	8		
张驰	男	2021年全国帆板冠军赛	山东荣成	GAARSTRA PRO级场地赛	7		
许鸿	男	2021年全国帆板冠军赛	山东荣成	GAARSTRA PRO级障碍赛	5		
林可辉	男	2021年全国帆板冠军赛	山东荣成	GAARSTRA PRO级障碍赛	6		
陈昊	男	2021年全国帆板冠军赛	山东荣成	男子RS:X级长距离赛	7		
林开翔	男	2021年全国帆板冠军赛	山东荣成	男子RS:X级长距离赛	8		
史红梅	女	2021年全国帆板冠军赛	山东荣成	女子RS:X级长距离赛	5		
闫铮	女	2021年全国帆板冠军赛	山东荣成	女子RS:X级长距离赛	7		
江铮栋	男	2021年全国帆板冠军赛	山东荣成	U21男子RS:X级长距离赛	5		
林可辉	男	2021年全国帆板冠军赛	山东荣成	GAARSTRA PRO级长距离赛	6		
林开翔	男	2021年全国帆板冠军赛	山东荣成	男子RS:X级全能赛	5		
史红梅	女	2021年全国帆板冠军赛	山东荣成	女子RS:X级全能赛	6		
林可辉	男	2021年全国帆板冠军赛	山东荣成	GAASTRA PRO级全能赛	5		
许鸿	男	2021年全国帆板冠军赛	山东荣成	GAASTRA PRO级全能赛	6		
黄敬业	男	2021年全国帆板锦标赛暨全国青年帆板锦标赛	海南海口	男子青年水翼帆板U19场地赛	1		
史红梅	女		海南海口	女子帆板场地赛	1		
刘运生	男		海南海口	男子青年帆板U21场地赛	1		
黄敬业	男		海南海口	男子青年水翼帆板U21场地赛	1		
陆晨	男	2021年全国帆板锦标赛暨全国青年帆板锦标赛	海南海口	男子青年水翼帆板U19长距离赛	1		
刘运生	男		海南海口	男子青年帆板U21长距离赛	1		
史红梅	女		海南海口	女子帆板障碍滑赛	1		
池清斌	男	2021年全国帆板锦标赛暨全国青年帆板锦标赛	海南海口	男子水翼帆板场地赛	2		
刘运生	男		海南海口	男子帆板场地赛	2		

续表

姓名	性别	比赛名称	地点	项目	名次	成绩	备注
陆晨	男	2021年全国帆板锦标赛暨全国青年帆板锦标赛	海南海口	男子青年水翼帆板U21长距离赛	2		
刘运生	男		海南海口	男子帆板长距离赛	2		
林开翔	男		海南海口	男子青年帆板U21长距离赛	2		
史红梅	女		海南海口	女子帆板长距离赛	2		
陆晨	男	2021年全国帆板锦标赛暨全国青年帆板锦标赛	海南海口	男子青年水翼帆板U19场地赛	3		
闫铮	女		海南海口	女子青年水翼帆板U21长距离赛	3		
江铮栋	男	2021年全国帆板锦标赛暨全国青年帆板锦标赛	海南海口	男子青年帆板U21长距离赛	3		
张伍倩	女		海南海口	女子青年帆板U21长距离赛	3		
刘运生	男		海南海口	男子帆板障碍滑赛	3		
黄敬业	男	2021年全国帆板锦标赛暨全国青年帆板锦标赛	海南海口	男子水翼帆板场地赛	4		
饶莹	女		海南海口	女子青年水翼帆板U21场地赛	4		
林开翔	男		海南海口	男子青年帆板U21场地赛	4		
张伍倩	女	2021年全国帆板锦标赛暨全国青年帆板锦标赛	海南海口	女子青年帆板U21场地赛	4		
陆晨	男		海南海口	男子水翼帆板长距离赛	4		
黄敬业	男		海南海口	男子青年水翼帆板U19长距离赛	4		
江铮栋	男	2021年全国帆板锦标赛暨全国青年帆板锦标赛	海南海口	男子帆板障碍滑赛	4		
陆晨	男		海南海口	男子青年水翼帆板U21场地赛	5		
闫铮	女		海南海口	女子青年水翼帆板U21场地赛	5		
饶莹	女	2021年全国帆板锦标赛暨全国青年帆板锦标赛	海南海口	女子青年水翼帆板U21长距离赛	5		
林开翔	男		海南海口	男子帆板长距离赛	5		
徐佳媛	女		海南海口	女子青年帆板U21长距离赛	5		
林开翔	男	2021年全国帆板锦标赛暨全国青年帆板锦标赛	海南海口	男子帆板场地赛	6		
徐佳媛	女		海南海口	女子青年帆板U21场地赛	6		
江铮栋	男		海南海口	男子青年帆板U21场地赛	6		
黄敬业	男	2021年全国帆板锦标赛暨全国青年帆板锦标赛	海南海口	男子青年水翼帆板U21长距离赛	6		
李敏怡	女		海南海口	女子青年水翼帆板U21长距离赛	6		
江铮栋	男		海南海口	男子帆板长距离赛	6		

续表

姓名	性别	比赛名称	地点	项目	名次	成绩	备注
张伍倩	女	2021年全国帆板锦标赛暨全国青年帆板锦标赛	海南海口	女子帆板长距离赛	6		
李敏怡	女		海南海口	女子青年水翼帆板U21场地赛	7		
林可辉	男		海南海口	男子青年帆板U21场地赛	7		
闫铮	女	2021年全国帆板锦标赛暨全国青年帆板锦标赛	海南海口	女子水翼帆板长距离赛	7		
张伍倩	女		海南海口	女子帆板障碍滑赛	7		
饶莹	女		海南海口	女子水翼帆板场地赛	8		
江铮栋	男	2021年全国帆板锦标赛暨全国青年帆板锦标赛	海南海口	男子帆板场地赛	8		
张伍倩	女		海南海口	女子帆板场地赛	8		
黄敬业	男		海南海口	男子水翼帆板长距离赛	8		
林可辉	男	2021年全国帆板锦标赛暨全国青年帆板锦标赛	海南海口	男子青年帆板U21长距离赛	8		
徐佳媛	女		海南海口	女子帆板长距离赛	8		

射击

姓名	性别	比赛名称	地点	项目	名次	成绩
林俊敏	男	全国射击冠军赛（手枪项目）	云南玉溪	男子25米手枪速射	7	579-18x
冯思璇	女	全国射击冠军赛（手枪项目）	云南玉溪	女子25米运动手枪	3	572-20x/581-20x
林航馨	男	全国射击冠军赛（步枪项目）	江西南昌	男子10米气步枪	4	628.5/208.0
王岳丰	男	全国射击冠军赛（步枪项目）	江西南昌	男子10米气步枪	7	630.3/144.8
韩佳予	女	全国射击冠军赛（步枪项目）	江西南昌	女子10米气步枪	8	631.4/123.7
赵中豪	男	全国射击冠军赛（步枪项目）	江西南昌	男子50米步枪3种姿势	1	1171-69x/454.4
沈宇辰	男	全国射击冠军赛（步枪项目）	江西南昌	男子50米步枪3种姿势	2	1171-63x/452.9
余浩楠	男	全国射击冠军赛（步枪项目）	江西南昌	10米气步枪混合团体	1	628.9/419.5
王璐瑶	女	全国射击冠军赛（步枪项目）	江西南昌	10米气步枪混合团体	1	628.9/419.5
王芝琳	女	全国射击冠军赛（步枪项目）	江西南昌	10米气步枪混合团体	2	627.2/419.5
王岳丰	男	全国射击冠军赛（步枪项目）	江西南昌	10米气步枪混合团体	2	627.2/419.5
杨倩	女	全国射击冠军赛（步枪项目）	江西南昌	10米气步枪混合团体	4	632.4/418.2

续表

姓名	性别	比赛名称	地点	项目	名次	成绩
林俊敏	男	全国射击锦标赛（手枪项目）	江苏方山	男子 25 米手枪速射	4	587-21x
林雅茜	女	全国射击锦标赛（手枪项目）	江苏方山	女子 10 米气手枪团体	8	1704-35x
卢恺曼	女	全国射击锦标赛（手枪项目）	江苏方山	女子 10 米气手枪团体	8	1704-35x
孙盈盈	女	全国射击锦标赛（手枪项目）	江苏方山	女子 10 米气手枪团体	8	1704-35x
韩佳予	女	全国射击锦标赛（步枪项目）	四川成都	女子 10 米气步枪	7	633.3
王岳丰	男	全国射击锦标赛（步枪项目）	四川成都	男子 10 米气步枪	2	628.9/251.2
余浩楠	男	全国射击锦标赛（步枪项目）	四川成都	男子 10 米气步枪	6	629.8/165.0
赵中豪	男	全国射击锦标赛（步枪项目）	四川成都	男子 50 米步枪 3 种姿势	3	1177-62x/446.9
杨倩	女	全国射击锦标赛（步枪项目）	四川成都	10 米气步枪混合团体	3	630.0/419.7
韩佳予	女	全国射击锦标赛（步枪项目）	四川成都	女子 10 米气步枪团体	1	1887.2/628.6
杨倩	女	全国射击锦标赛（步枪项目）	四川成都	女子 10 米气步枪团体	1	1887.2/628.6
王芝琳	女	全国射击锦标赛（步枪项目）	四川成都	女子 10 米气步枪团体	1	1887.2/628.6
余浩楠	男	全国射击锦标赛（步枪项目）	四川成都	男子 10 米气步枪团体	5	1882.9/626.1
林航馨	男	全国射击锦标赛（步枪项目）	四川成都	男子 10 米气步枪团体	5	1882.9/626.1
王岳丰	男	全国射击锦标赛（步枪项目）	四川成都	男子 10 米气步枪团体	5	1882.9/626.1
赵中豪	男	全国射击锦标赛（步枪项目）	四川成都	男子 50 米步枪 3 种姿势	2	3515-174x
周靖罡	男	全国射击锦标赛（步枪项目）	四川成都	男子 50 米步枪 3 种姿势	2	3515-174x
钱学超	男	全国射击锦标赛（步枪项目）	四川成都	男子 50 米步枪 3 种姿势	2	3515-174x

射箭

姓名	性别	比赛名称	地点	项目	名次	成绩	备注
展羽翔	男	2021 年全国射箭冠军赛	海南东方	男子反曲弓个人	7	659环	

续表

姓名	性别	比赛名称	地点	项目	名次	成绩	备注
展羽翔	男	2021年全国射箭冠军赛	海南东方	男子反曲弓团体	5	1953环	
鲁帅	男	2021年全国射箭冠军赛	海南东方	男子反曲弓团体	5	1953环	
吴戈凡	男	2021年全国射箭冠军赛	海南东方	男子反曲弓团体	5	1953环	
展羽翔	男	2021年全国射箭冠军赛	海南东方	男子团体淘汰赛	1		
鲁帅	男	2021年全国射箭冠军赛	海南东方	男子团体淘汰赛	1		
金涛	男	2021年全国射箭冠军赛	海南东方	男子团体淘汰赛	1		
鲁帅	男	第十四届全运会射箭项目资格赛	四川成都	男子团体淘汰赛	4		
杨可扬	男	第十四届全运会射箭项目资格赛	四川成都	男子团体淘汰赛	4		
金涛	男	第十四届全运会射箭项目资格赛	四川成都	男子团体淘汰赛	4		
季钰露	女	第十四届全运会射箭项目资格赛	四川成都	女子团体淘汰赛	8		
郑怡钗	女	第十四届全运会射箭项目资格赛	四川成都	女子团体淘汰赛	8		
李木子	女	第十四届全运会射箭项目资格赛	四川成都	女子团体淘汰赛	8		
吴戈凡	男	2021年全国射箭锦标赛(室外)	云南玉溪	男子团体淘汰赛	2		
夏云龙	男	2021年全国射箭锦标赛(室外)	云南玉溪	男子团体淘汰赛	2		
鲁帅	男	2021年全国射箭锦标赛(室外)	云南玉溪	男子团体淘汰赛	2		
李木子	女	2021年全国射箭锦标赛(室外)	云南玉溪	女子个人单轮70米	2		
李木子	女	2021年全国射箭锦标赛(室外)	云南玉溪	女子个人单轮60米	3		
李木子	女	2021年全国射箭锦标赛(室外)	云南玉溪	女子个人单轮全能	4		
李木子	女	2021年全国射箭锦标赛(室外)	云南玉溪	女子团体淘汰赛	2		
郑怡钗	女	2021年全国射箭锦标赛(室外)	云南玉溪	女子团体淘汰赛	2		
季钰露	女	2021年全国射箭锦标赛(室外)	云南玉溪	女子团体淘汰赛	2		

飞碟

姓名	性别	比赛名称	地点	项目	名次	成绩	备注
陆彦焱	女	全国射击冠军赛(飞碟项目)	山西临汾	女子多向	3	118	
陆彦焱	女	全国射击锦标赛(飞碟项目)	山西临汾	女子多向	7	113	
栾结	男	全国射击锦标赛(飞碟项目)	山西临汾	双向混合团体	8	143	
雷俞萍	女	全国射击锦标赛(飞碟项目)	山西临汾	双向混合团体	8	143	

自行车(场地)

姓名	性别	比赛名称	地点	项目	名次	成绩	备注
陈泽家	男	中国场地自行车联赛第一站	浙江长兴	成年男子1公里个人计时赛	1	1:02.999	

姓名	性别	比赛名称	地点	项目	名次	成绩	备注
李建鑫	男	中国场地自行车联赛第一站	浙江长兴	成年男子250米个人计时赛	1	17.326	
陆家辰	男	中国场地自行车联赛第一站	浙江长兴	成年男子250米个人计时赛	2	17.348	
李建鑫	男	中国场地自行车联赛第一站	浙江长兴	成年男子团体竞速赛	2	44.405	
罗泳佳	男	中国场地自行车联赛第一站	浙江长兴	成年男子团体竞速赛	2	44.405	
王天琪	男	中国场地自行车联赛第一站	浙江长兴	成年男子团体竞速赛	2	44.405	
严炜明	男	中国场地自行车联赛第一站	浙江长兴	成年男子团体竞速赛	2	44.405	
严炜明	男	中国场地自行车联赛第一站	浙江长兴	成年男子争先赛	6		
陆家辰	男	中国场地自行车联赛第一站	浙江长兴	成年男子争先赛	8		
蒋雨露	女	中国场地自行车联赛第一站	浙江长兴	成年女子250米个人计时赛	5	19.091	
陈飞飞	女	中国场地自行车联赛第一站	浙江长兴	成年女子250米个人计时赛	7	19.208	
范冰冰	女	中国场地自行车联赛第一站	浙江长兴	成年女子500米个人计时赛	2	34.722	
童梦琦	女	中国场地自行车联赛第一站	浙江长兴	成年女子500米个人计时赛	5	12:00.0	
沈超悦	女	中国场地自行车联赛第一站	浙江长兴	成年女子凯林赛	7		
金晨虹	女	中国场地自行车联赛第一站	浙江长兴	成年女子全能赛	8		
陈飞飞	女	中国场地自行车联赛第一站	浙江长兴	成年女子团体竞速赛	3	33.073	
蒋雨露	女	中国场地自行车联赛第一站	浙江长兴	成年女子团体竞速赛	3	33.073	
沈超悦	女	中国场地自行车联赛第一站	浙江长兴	成年女子团体竞速赛	3	33.073	
金晨虹	女	中国场地自行车联赛第一站	浙江长兴	成年女子团体追逐赛	4	4:32.367	
李晗清	女	中国场地自行车联赛第一站	浙江长兴	成年女子团体追逐赛	4	4:32.367	
张一沂	女	中国场地自行车联赛第一站	浙江长兴	成年女子团体追逐赛	4	4:32.367	
孙靖烨	女	中国场地自行车联赛第一站	浙江长兴	成年女子团体追逐赛	4	4:32.367	

续表

姓名	性别	比赛名称	地点	项目	名次	成绩	备注
徐嘉壕	男	中国场地自行车联赛第一站	浙江长兴	青年男子1公里个人计时赛	1	1:04.713	
叶盛焕	男	中国场地自行车联赛第一站	浙江长兴	青年男子1公里个人计时赛	7	1:08.141	
王梓铭	男	中国场地自行车联赛第一站	浙江长兴	青年男子250米个人计时赛	4	18.502	
陈浩	男	中国场地自行车联赛第一站	浙江长兴	青年男子250米个人计时赛	6	18.688	
徐嘉壕	男	中国场地自行车联赛第一站	浙江长兴	青年男子争先赛	1		
王梓铭	男	中国场地自行车联赛第一站	浙江长兴	青年男子争先赛	4		
周菲	女	中国场地自行车联赛第一站	浙江长兴	青年女子250米个人计时赛	1	19.304	
陈诺	女	中国场地自行车联赛第一站	浙江长兴	青年女子250米个人计时赛	2	19.628	
汪乐怡	女	中国场地自行车联赛第一站	浙江长兴	青年女子500米个人计时赛	2	35.772	
周菲	女	中国场地自行车联赛第一站	浙江长兴	青年女子500米个人计时赛	3	35.864	
陈诺	女	中国场地自行车联赛第一站	浙江长兴	青年女子团体竞速赛	1	35.677	
汪乐怡	女	中国场地自行车联赛第一站	浙江长兴	青年女子团体竞速赛	1	35.677	
汪乐怡	女	中国场地自行车联赛第一站	浙江长兴	青年女子争先赛	6		
周菲	女	中国场地自行车联赛第一站	浙江长兴	青年女子争先赛	7		
陈泽家	男	中国场地自行车联赛总决赛	浙江长兴	成年男子1公里个人计时赛	2	1:02.310	
李建鑫	男	中国场地自行车联赛总决赛	浙江长兴	成年男子250米个人计时赛	1	17.289	
陆家辰	男	中国场地自行车联赛总决赛	浙江长兴	成年男子250米个人计时赛	2	17.506	
李建鑫	男	中国场地自行车联赛总决赛	浙江长兴	成年男子团体竞速赛	2	45.320	
陆家辰	男	中国场地自行车联赛总决赛	浙江长兴	成年男子团体竞速赛	2	45.320	
吕杰	男	中国场地自行车联赛总决赛	浙江长兴	成年男子团体竞速赛	2	45.320	
吕杰	男	中国场地自行车联赛总决赛	浙江长兴	成年男子争先赛	4		

姓名	性别	比赛名称	地点	项目	名次	成绩	备注
童梦琦	女	中国场地自行车联赛总决赛	浙江长兴	成年女子250米个人计时赛	4	19.060	
范冰冰	女	中国场地自行车联赛总决赛	浙江长兴	成年女子250米个人计时赛	6	19.166	
童梦琦	女	中国场地自行车联赛总决赛	浙江长兴	成年女子500米个人计时赛	2	34.495	
范冰冰	女	中国场地自行车联赛总决赛	浙江长兴	成年女子500米个人计时赛	3	34.725	
沈超悦	女	中国场地自行车联赛总决赛	浙江长兴	成年女子凯林赛	6		
胡佳芳	女	中国场地自行车联赛总决赛	浙江长兴	成年女子凯林赛	7		
金晨虹	女	中国场地自行车联赛总决赛	浙江长兴	成年女子麦迪逊赛	3		
张一沂	女	中国场地自行车联赛总决赛	浙江长兴	成年女子麦迪逊赛	3		
胡佳芳	女	中国场地自行车联赛总决赛	浙江长兴	成年女子团体竞速赛	5	34.370	
范冰冰	女	中国场地自行车联赛总决赛	浙江长兴	成年女子团体竞速赛	5	34.370	
童梦琦	女	中国场地自行车联赛总决赛	浙江长兴	成年女子团体竞速赛	5	34.370	
金晨虹	女	中国场地自行车联赛总决赛	浙江长兴	成年女子团体追逐赛	5	3:26.449	
李晗清	女	中国场地自行车联赛总决赛	浙江长兴	成年女子团体追逐赛	5	3:26.449	
张一沂	女	中国场地自行车联赛总决赛	浙江长兴	成年女子团体追逐赛	5	3:26.449	
詹晓露	女	中国场地自行车联赛总决赛	浙江长兴	成年女子团体追逐赛	5	3:26.449	
徐嘉壕	男	中国场地自行车联赛总决赛	浙江长兴	青年男子1公里个人计时赛	1	1:03.577	
叶盛焕	男	中国场地自行车联赛总决赛	浙江长兴	青年男子1公里个人计时赛	7	1:07.998	
王梓铭	男	中国场地自行车联赛总决赛	浙江长兴	青年男子250米个人计时赛	4	18.450	
陈浩	男	中国场地自行车联赛总决赛	浙江长兴	青年男子250米个人计时赛	6	18.623	
徐嘉壕	男	中国场地自行车联赛总决赛	浙江长兴	青年男子争先赛	1		
王梓铭	男	中国场地自行车联赛总决赛	浙江长兴	青年男子争先赛	6		

姓名	性别	比赛名称	地点	项目	名次	成绩	备注
周菲	女	中国场地自行车联赛总决赛	浙江长兴	青年女子250米个人计时赛	1	19.291	
陈诺	女	中国场地自行车联赛总决赛	浙江长兴	青年女子250米个人计时赛	2	19.507	
周菲	女	中国场地自行车联赛总决赛	浙江长兴	青年女子500米个人计时赛	1	35.430	
汪乐怡	女	中国场地自行车联赛总决赛	浙江长兴	青年女子500米个人计时赛	4	35.806	
汪乐怡	女	中国场地自行车联赛总决赛	浙江长兴	青年女子团体竞速赛	1	35.376	
周菲	女	中国场地自行车联赛总决赛	浙江长兴	青年女子团体竞速赛	1	35.376	
陈诺	女	中国场地自行车联赛总决赛	浙江长兴	青年女子团体竞速赛	1	35.376	
周菲	女	中国场地自行车联赛总决赛	浙江长兴	青年女子争先赛	6		
汪乐怡	女	中国场地自行车联赛总决赛	浙江长兴	青年女子争先赛	8		
陈泽家	男	全国场地自行车锦标赛	广东广州	成年男子1公里个人计时赛	3	1:03.035	
李建鑫	男	全国场地自行车锦标赛	广东广州	成年男子250米个人计时赛	1	17.364	
陆家辰	男	全国场地自行车锦标赛	广东广州	成年男子250米个人计时赛	3	17.661	
李建鑫	男	全国场地自行车锦标赛	广东广州	成年男子团体竞速赛	1	43.700	
罗泳佳	男	全国场地自行车锦标赛	广东广州	成年男子团体竞速赛	1	43.700	
陆家辰	男	全国场地自行车锦标赛	广东广州	成年男子团体竞速赛	1	43.700	
严炜明	男	全国场地自行车锦标赛	广东广州	成年男子团体竞速赛	1	43.700	
严炜明	男	全国场地自行车锦标赛	广东广州	成年男子争先赛	1		
罗泳佳	男	全国场地自行车锦标赛	广东广州	成年男子争先赛	6		
蒋雨露	女	全国场地自行车锦标赛	广东广州	成年女子250米个人计时赛	5	19.176	
陈飞飞	女	全国场地自行车锦标赛	广东广州	成年女子250米个人计时赛	8	19.237	
童梦琦	女	全国场地自行车锦标赛	广东广州	成年女子500米个人计时赛	4	34.926	
范冰冰	女	全国场地自行车锦标赛	广东广州	成年女子500米个人计时赛	6	35.066	
沈超悦	女	全国场地自行车锦标赛	广东广州	成年女子凯林赛	5		
胡佳芳	女	全国场地自行车锦标赛	广东广州	成年女子凯林赛	7		
金晨虹	女	全国场地自行车锦标赛	广东广州	成年女子麦迪逊赛	6		
张一沂	女	全国场地自行车锦标赛	广东广州	成年女子麦迪逊赛	6		
陈飞飞	女	全国场地自行车锦标赛	广东广州	成年女子团体竞速赛	5	33.431	
蒋雨露	女	全国场地自行车锦标赛	广东广州	成年女子团体竞速赛	5	33.431	

姓名	性别	比赛名称	地点	项目	名次	成绩	备注
蒋雨露	女	全国场地自行车锦标赛	广东广州	成年女子争先赛	5		

自行车(山地)

姓名	性别	比赛名称	地点	项目	名次	成绩	备注
杭敏燕	女	中国山地自行车联赛第一站	广东丰顺	精英女子淘汰越野赛	3		
肖梦雅	女	中国山地自行车联赛第一站	广东丰顺	精英女子淘汰越野赛	8		
滕耘	男	中国山地自行车联赛第一站	广东丰顺	成年男子山地越野赛团体	4	4:39:14.709	
张鹏	男	中国山地自行车联赛第一站	广东丰顺	成年男子山地越野赛团体	4	4:39:14.709	
潘朝凯	男	中国山地自行车联赛第一站	广东丰顺	成年男子山地越野赛团体	4	4:39:14.709	
肖梦雅	女	中国山地自行车联赛第一站	广东丰顺	成年女子山地越野赛	8	1:21:37.896	
雷莹	女	中国山地自行车联赛第一站	广东丰顺	成年女子山地越野赛团体	3	4:08:01.186	
肖梦雅	女	中国山地自行车联赛第一站	广东丰顺	成年女子山地越野赛团体	3	4:08:01.186	
杭敏燕	女	中国山地自行车联赛第一站	广东丰顺	成年女子山地越野赛团体	3	4:08:01.186	
蒋义天	男	中国山地自行车联赛第一站	广东丰顺	青年男子山地越野赛	5	1:26:12:440	
林烨	男	中国山地自行车联赛第一站	广东丰顺	青年男子山地越野赛	8		
徐艳妮	女	中国山地自行车联赛第一站	广东丰顺	青年女子山地越野赛	1	1:09:19.078	
魏欣	女	中国山地自行车联赛第一站	广东丰顺	青年女子山地越野赛	4	1:34:14.936	
杭敏燕	女	全国山地自行车锦标赛暨全国青年山地自行车锦标赛	江苏睢宁	精英女子淘汰越野赛	3		
肖梦雅	女	全国山地自行车锦标赛暨全国青年山地自行车锦标赛	江苏睢宁	精英女子淘汰越野赛	4		
滕耘	男	全国山地自行车锦标赛暨全国青年山地自行车锦标赛	江苏睢宁	精英男子山地越野赛	6	1:52:03.695	
肖梦雅	女	全国山地自行车锦标赛暨全国青年山地自行车锦标赛	江苏睢宁	精英女子山地越野赛团体	5	2:50:37.231	
杭敏燕	女	全国山地自行车锦标赛暨全国青年山地自行车锦标赛	江苏睢宁	精英女子山地越野赛团体	5	2:50:37.231	
雷莹	女	全国山地自行车锦标赛暨全国青年山地自行车锦标赛	江苏睢宁	精英女子山地越野赛团体	5	2:50:37.231	
徐艳妮	女	全国山地自行车锦标赛暨全国青年山地自行车锦标赛	江苏睢宁	青年女子淘汰越野赛	3		
魏欣	女	全国山地自行车锦标赛暨全国青年山地自行车锦标赛	江苏睢宁	青年女子淘汰越野赛	7		
蒋义天	男	全国山地自行车锦标赛暨全国青年山地自行车锦标赛	江苏睢宁	青年男子淘汰越野赛	4		

姓名	性别	比赛名称	地点	项目	名次	成绩	备注
林烨	男	全国山地自行车锦标赛暨全国青年山地自行车锦标赛	江苏睢宁	青年男子淘汰越野赛	5		
蔡景瑀	男		江苏睢宁	青年男子淘汰越野赛	8		
徐艳妮	女	全国山地自行车锦标赛暨全国青年山地自行车锦标赛	江苏睢宁	青年女子山地越野赛	5	33:01.301	
魏欣	女		江苏睢宁	青年女子山地越野赛	7	48:17.491	

小轮车

姓名	性别	比赛名称	地点	项目	名次	成绩	备注
庄绪龙	男	中国BMX自行车联赛第一站	甘肃临洮	成年男子计时赛	3	32.355	
黄超雷	男	中国BMX自行车联赛第一站	甘肃临洮	成年男子越野赛	4	32.917	
黄超雷	男	中国BMX自行车联赛第一站	甘肃临洮	成年男子越野赛团体	2		
倪祺玮	男	中国BMX自行车联赛第一站	甘肃临洮	成年男子越野赛团体	2		
张帅帅	男	中国BMX自行车联赛第一站	甘肃临洮	成年男子越野赛团体	2		
顾权权	女	中国BMX自行车联赛第一站	甘肃临洮	成年女子越野赛团体	3		
许欢	女	中国BMX自行车联赛第一站	甘肃临洮	成年女子越野赛团体	3		
文佩佩	女	中国BMX自行车联赛第一站	甘肃临洮	成年女子越野赛团体	3		
章巧颖	女	中国BMX自行车联赛第一站	甘肃临洮	青年女子计时赛	3	40.257	
朱宇芸	女	中国BMX自行车联赛第一站	甘肃临洮	青年女子计时赛	5	40.952	
朱宇芸	女	中国BMX自行车联赛第一站	甘肃临洮	青年女子越野赛	3		
章巧颖	女	中国BMX自行车联赛第一站	甘肃临洮	青年女子越野赛	5		
庄绪龙	男	2021年全国BMX锦标赛暨全国青年BMX锦标赛	甘肃临洮	成年男子计时赛	1	32.546	
顾权权	女		甘肃临洮	成年女子计时赛	7	36.464	
顾权权	女		甘肃临洮	成年女子越野赛	8		
黄超雷	男	2021年全国BMX锦标赛暨全国青年BMX锦标赛	甘肃临洮	成年男子越野赛	2		
黄超雷	男		甘肃临洮	成年男子越野赛团体	2		
庄绪龙	男	2021年全国BMX锦标赛暨全国青年BMX锦标赛	甘肃临洮	成年男子越野赛团体	2		
倪祺玮	那		甘肃临洮	成年男子越野赛团体	2		
章巧颖	女	2021年全国BMX锦标赛暨全国青年BMX锦标赛	甘肃临洮	青年女子计时赛	2	41.16	
朱宇芸	女		甘肃临洮	青年女子计时赛	3	41.317	
朱宇芸	女	2021年全国BMX锦标赛暨全国青年BMX锦标赛	甘肃临洮	青年女子越野赛	2		
章巧颖	女		甘肃临洮	青年女子越野赛	4		

击剑

姓名	性别	比赛名称	地点	项目	名次	成绩	备注
杨志锋	男	2021年全国击剑冠军赛分站赛	山东蓬莱	男子花剑团体	8		
郭腾	男	2021年全国击剑冠军赛分站赛	山东蓬莱	男子花剑团体	8		
周文彬	男	2021年全国击剑冠军赛分站赛	山东蓬莱	男子花剑团体	8		
兰志鑫	男	2021年全国击剑冠军赛分站赛	山东蓬莱	男子花剑团体	8		
林绮雯	女	2021年全国击剑冠军赛分站赛	山东蓬莱	女子花剑个人	8		
蔡苑廷	女	2021年全国击剑冠军赛分站赛	山东蓬莱	女子花剑团体	6		
林绮雯	女	2021年全国击剑冠军赛分站赛	山东蓬莱	女子花剑团体	6		
胡卉	女	2021年全国击剑冠军赛分站赛	山东蓬莱	女子花剑团体	6		
林晓湄	女	2021年全国击剑冠军赛分站赛	山东蓬莱	女子花剑团体	6		
徐甜	女	2021年全国击剑冠军赛分站赛	山东蓬莱	女子重剑团体	6		
林如萍	女	2021年全国击剑冠军赛分站赛	山东蓬莱	女子重剑团体	6		
郑玮钰	女	2021年全国击剑冠军赛分站赛	山东蓬莱	女子重剑团体	6		
王佳怡	女	2021年全国击剑冠军赛分站赛	山东蓬莱	女子重剑团体	6		
蔡苑廷	女	2021年全国击剑冠军赛总决赛	四川成都	女子花剑个人	7		
龚鑫淼	男	2021年全国击剑冠军赛总决赛	四川成都	男子重剑团体	4		
项淳武	男	2021年全国击剑冠军赛总决赛	四川成都	男子重剑团体	4		
蔡子俊	男	2021年全国击剑冠军赛总决赛	四川成都	男子重剑团体	4		
韩颖	女	2021年全国击剑冠军赛总决赛	四川成都	男子重剑团体	4		
黄梓妍	女	2021年全国击剑冠军赛总决赛	四川成都	女子花剑团体	5		
黄晓瑜	女	2021年全国击剑冠军赛总决赛	四川成都	女子花剑团体	5		
张茹萍	女	2021年全国击剑冠军赛总决赛	四川成都	女子花剑团体	5		
蔡苑廷	女	2021年全国击剑冠军赛总决赛	四川成都	女子花剑团体	5		
兰志鑫	男	2021年全国击剑冠军赛总决赛	四川成都	青年男子花剑个人	3		
柯智萱	女	2021年全国击剑冠军赛总决赛	四川成都	青年女子花剑个人	3		
张茹萍	女	2021年全国击剑冠军赛总决赛	四川成都	青年女子花剑个人	6		
郭恩虹	女	2021年全国击剑冠军赛总决赛	四川成都	青年女子花剑个人	8		
郑玮钰	女	2021年全国击剑冠军赛总决赛	四川成都	青年女子重剑个人	5		
林绮雯	女	2021年全国击剑锦标赛	南京溧水	女子花剑个人	8		
杨志锋	男	2021年全国击剑锦标赛	南京溧水	男子花剑团体	5		
郭腾	男	2021年全国击剑锦标赛	南京溧水	男子花剑团体	5		
周文彬	男	2021年全国击剑锦标赛	南京溧水	男子花剑团体	5		
黄百民	男	2021年全国击剑锦标赛	南京溧水	男子花剑团体	5		
徐甜	女	2021年全国击剑锦标赛	南京溧水	女子重剑团体	8		

姓名	性别	比赛名称	地点	项目	名次	成绩	备注
林如萍	女	2021年全国击剑锦标赛	南京溧水	女子重剑团体	8		
王佳怡	女	2021年全国击剑锦标赛	南京溧水	女子重剑团体	8		
郑玮钰	女	2021年全国击剑锦标赛	南京溧水	女子重剑团体	8		
蔡苑廷	女	2021年全国击剑锦标赛	南京溧水	女子花剑团体	6		
林绮雯	女	2021年全国击剑锦标赛	南京溧水	女子花剑团体	6		
胡卉	女	2021年全国击剑锦标赛	南京溧水	女子花剑团体	6		
林晓湄	女	2021年全国击剑锦标赛	南京溧水	女子花剑团体	6		

马术

姓名	性别	比赛名称	地点	项目	名次	成绩	备注
俞卓辰	女	全国马术盛装舞步青少年锦标赛	上海	盛装舞步少年组个人赛	3		
傅耀萱	女	全国马术盛装舞步青少年锦标赛	上海	盛装舞步少年组个人赛	6		
颜琪	女	全国马术盛装舞步青少年锦标赛	上海	盛装舞步青年组个人赛	3		
陈诺	男	全国马术盛装舞步青少年锦标赛	上海	盛装舞步青年组个人赛	7		
张兴嘉	男	第十四届全国运动会马术项目场地障碍资格赛暨2021年中国马术场地障碍冠军赛(第一站)	四川成都	场地障碍赛团体	6		
段义华	男	第十四届全国运动会马术项目场地障碍资格赛暨2021年中国马术场地障碍冠军赛(第一站)	四川成都	场地障碍赛团体	6		
徐昊	男	第十四届全国运动会马术项目场地障碍资格赛暨2021年中国马术场地障碍冠军赛(第一站)	四川成都	场地障碍赛团体	6		
秦林	男	第十四届全国运动会马术项目场地障碍资格赛暨2021年中国马术场地障碍冠军赛(第一站)	四川成都	场地障碍赛团体	6		
段义华	男	第十四届全国运动会马术项目场地障碍资格赛暨202年中国马术场地障碍冠军赛(第二站)	湖北武汉	场地障碍赛团体	3		
徐昊	男	第十四届全国运动会马术项目场地障碍资格赛暨202年中国马术场地障碍冠军赛(第二站)	湖北武汉	场地障碍赛团体	3		
张兴嘉	男	第十四届全国运动会马术项目场地障碍资格赛暨202年中国马术场地障碍冠军赛(第二站)	湖北武汉	场地障碍赛团体	3		
汤凯伦	男	第十四届全国运动会马术项目场地障碍资格赛暨202年中国马术场地障碍冠军赛(第二站)	湖北武汉	场地障碍赛团体	3		
段义华	男	第十四届全国运动会马术项目场地障碍资格赛暨202年中国马术场地障碍冠军赛(第二站)	湖北武汉	场地障碍赛个人	2		
董飞	男	第十四届全国运动会马术项目场地障碍资格赛暨202年中国马术场地障碍冠军赛(第二站)	湖北武汉	场地障碍赛个人	5		
段义华	男	2021年全国马术场地障碍锦标赛	上海	场地障碍团体	4		
徐昊	男	2021年全国马术场地障碍锦标赛	上海	场地障碍团体	4		
汤凯伦	男	2021年全国马术场地障碍锦标赛	上海	场地障碍团体	4		
张兴嘉	男	2021年全国马术场地障碍锦标赛	上海	场地障碍团体	4		

续表

姓名	性别	比赛名称	地点	项目	名次	成绩	备注
任康	男	第十四届全国运动会马术项目盛装舞步资格赛暨"新力量杯"2021年中国马术盛装舞步冠军杯赛	北京	盛装舞步团体	5		
黄一宝	男		北京	盛装舞步团体	5		
支忠信	男		北京	盛装舞步团体	5		
王羿皓	男		北京	盛装舞步个人赛冠军杯B组决赛	3		
任康	男	2021年全国马术盛装舞步锦标赛	上海	盛装舞步团体	4		
黄一宝	男	2021年全国马术盛装舞步锦标赛	上海	盛装舞步团体	4		
支忠信	男	2021年全国马术盛装舞步锦标赛	上海	盛装舞步团体	4		
王羿皓	男	2021年全国马术盛装舞步锦标赛	上海	盛装舞步团体	4		
李依桦	女	2021年全国马术场地障碍青少年锦标赛(南方赛区)	上海	1.10米(二轮赛含附加赛)青年B组	4		
尤彦贺	男	2021年全国马术场地障碍青少年锦标赛(南方赛区)	上海	1.10米(二轮赛含附加赛)青年B组	7		

攀岩

姓名	性别	比赛名称	地点	项目	名次	成绩	备注
周娅菲	女	2021中国攀岩速度系列赛(辽宁站)	辽宁义县	女子速度赛	8		
孙露宁	女	2021中国攀岩速度系列赛(辽宁站)	辽宁义县	女子速度接力	2		
冯欣蕊	女	2021中国攀岩速度系列赛(辽宁站)	辽宁义县	女子速度接力	2		
周娅菲	女	2021中国攀岩速度系列赛(辽宁站)	辽宁义县	女子速度接力	2		
姜越	男	2021中国攀岩速度系列赛(辽宁站)	辽宁义县	男子速度接力	3		
徐琪泽	男	2021中国攀岩速度系列赛(辽宁站)	辽宁义县	男子速度接力	3		
陆嘉成	男	2021中国攀岩速度系列赛(辽宁站)	辽宁义县	男子速度接力	3		
陈勇辰	男	中国攀石联赛(贵州紫云站)	贵州紫云	男子难度赛	3		
黄锦彬	男	中国攀石联赛(贵州紫云站)	贵州紫云	男子难度赛	7		
陈勇辰	男	中国攀石联赛(贵州紫云站)	贵州紫云	男子速度赛	7		
周娅菲	女	中国攀石联赛(贵州紫云站)	贵州紫云	女子速度赛	5		
冯欣蕊	女	第二十八届全国攀岩锦标赛	重庆	女子攀石赛	4		
冯欣蕊	女	第二十八届全国攀岩锦标赛	重庆	女子难度赛	7		
冯欣蕊	女	第二十八届全国攀岩锦标赛	重庆	女子两项全能赛	5		
徐琪泽	男	第二十八届全国攀岩锦标赛	重庆	男子速度赛	6		
黄锦彬	男	第二十八届全国攀岩锦标赛	重庆	男子攀石赛	2		
陈勇辰	男	第二十八届全国攀岩锦标赛	重庆	男子攀石赛	5		
黄锦彬	男	第二十八届全国攀岩锦标赛	重庆	男子难度赛	3		

姓名	性别	比赛名称	地点	项目	名次	成绩	备注
陈勇辰	男	第二十八届全国攀岩锦标赛	重庆	男子难度赛	6		
黄锦彬	男	第二十八届全国攀岩锦标赛	重庆	男子两项全能赛	2		
陈勇辰	男	第二十八届全国攀岩锦标赛	重庆	男子两项全能赛	5		

象棋

姓名	性别	比赛名称	地点	项目	名次	成绩	备注
吴可欣	女	2021年象棋锦标赛（女子团体）	青岛	团体	1		
唐思楠	女	2021年象棋锦标赛（女子团体）	青岛	团体	1		
陈青婷	女	2021年象棋锦标赛（女子团体）	青岛	团体	1		
唐思楠	女	2021年象棋锦标赛（个人）	亳州	个人	3		
吴可欣	女	2021年象棋锦标赛（个人）	亳州	个人	7		
徐崇峰	男	2021年象棋锦标赛（个人）	亳州	个人	3		

国际象棋

姓名	性别	比赛名称	地点	项目	名次	成绩	备注
裘孟洁	女	2021年全国国际象棋锦标赛（团体）	山东	女子团体	7		
白 雪	女	2021年全国国际象棋锦标赛（团体）	山东	女子团体	7		
郭育含	女	2021年全国国际象棋锦标赛（团体）	山东	女子团体	7		
丁诗睿	女	2021年全国国际象棋锦标赛（团体）	山东	女子团体	7		
丁立人	男	2021年全国国际象棋锦标赛（团体）	山东	男子团体	8		
徐铭辉	男	2021年全国国际象棋锦标赛（团体）	山东	男子团体	8		
蓝梓伦	男	2021年全国国际象棋锦标赛（团体）	山东	男子团体	8		
陈 远	男	2021年全国国际象棋锦标赛（团体）	山东	男子团体	8		
陈 致	男	2021年全国国际象棋锦标赛（团体）	山东	男子团体	8		
卢尚磊	男	2021年全国国际象棋锦标赛（个人）	江苏	男子个人	4		
朱锦尔	女	2021年全国国际象棋锦标赛（个人）	江苏	女子个人	3		

国际跳棋

姓名	性别	比赛名称	地点	项目	名次	成绩	备注
王柳涵	女	2021年全国国际跳棋锦标赛	合肥	100格女子组	6		
廖潇雨	女	2021年全国国际跳棋锦标赛	合肥	100格女子组	8		
王柳涵	女	2021年全国国际跳棋锦标赛	合肥	100格混合团体	5		
翁浩铭	男	2021年全国国际跳棋锦标赛	合肥	100格混合团体	5		

姓名	性别	比赛名称	地点	项目	名次	成绩	备注
黄道一	男	2021年全国国际跳棋锦标赛	合肥	100格混合团体	5		
丁于婷	女	2021年全国国际跳棋锦标赛	合肥	64格混合团体	7		
应滨行	男	2021年全国国际跳棋锦标赛	合肥	64格混合团体	7		
金致远	男	2021年全国国际跳棋锦标赛	合肥	64格混合团体	7		
吴佳珈	女	2021年全国国际跳棋青少年锦标赛	海南	64格U11女子组	2		

航海模型

姓名	性别	比赛名称	地点	项目	名次	成绩	备注
姚祺	男	全国锦标赛	丽水	ECO-EXP提高级遥控电动艇模型	1	49圈	
顾加	男	全国锦标赛	丽水	ECO-EXP提高级遥控电动艇模型	3	48圈	
顾加	男	全国锦标赛	丽水	MINI-HYDRO迷你级电动多体艇模型	2	25圈	
陈诺	男	全国锦标赛	丽水	MINI-HYDRO迷你电动艇模型	4	23圈	
黄敏轩	男	全国锦标赛	丽水	F1-E电动三角绕标竞时	3	10秒20	
黄敏轩	男	全国锦标赛	丽水	FSR-E电动耐久竞速	7	31圈	
沈忻	女	全国锦标赛	丽水	MONO-1电动方程式追逐	1	30圈	
沈忻	女	全国锦标赛	丽水	F1-E电动三角绕标竞时	6	14秒	
沈忻	女	全国锦标赛	丽水	F1-V内燃机三角绕标竞时	2	14秒3	
王品超	男	全国锦标赛	丽水	F1-V内燃机三角绕标竞时	5	19秒5	
王品超	男	全国锦标赛	丽水	F3-E电动花样绕标	2	147.34	
王品超	男	全国锦标赛	丽水	F3-V内燃机花样绕标	1	147.06	
程天航	男	全国锦标赛	丽水	F3-E电动花样绕标	5	146.7	
程天航	男	全国锦标赛	丽水	F3-V内燃机花样绕标	4	146.2	
史玮玮	男	全国锦标赛	丽水	F3-E电动花样绕标	4	147.06	
史玮玮	男	全国锦标赛	丽水	F3-V内燃机花样绕标	3	146.44	
潘磊	男	全国锦标赛	丽水	C5玻璃瓶装航海模型	4	85.66	
叶森林	男	全国锦标赛	丽水	C5玻璃瓶装航海模型	5	84.66	
黄昭睿	男	全国锦标赛	丽水	C6塑料商品套材航海模型	6	90.66	
黄昭睿	男	全国锦标赛	丽水	C7纸板、纸质模型	3	91	
陈铭宇	男	全国锦标赛	丽水	C2机械动力模型	4	92.33	
冯群亮	男	全国锦标赛	丽水	F2-A\B\C机械动力仿真航行	4	181.16分	
冯群亮	男	全国锦标赛	丽水	C2机械动力模型	3	93.66	
冯之缘	女	全国锦标赛	丽水	F4-C注塑套材机械动力仿真航行	3	168.66	

续表

姓名	性别	比赛名称	地点	项目	名次	成绩	备注
冯之缘	女	全国锦标赛	丽水	C6塑料商品套材航海模型	8	85.33	
梁诗	女	全国锦标赛	丽水	F4-C注塑套材机械动力仿真航行	4	165.16	
王韵	女	全国锦标赛	丽水	C2机械动力模型	5	91.33	
姚祺	男	全国锦标赛	丽水	ECO-TEAM电动三角绕标追逐接力	5	134圈	
顾加	男	全国锦标赛	丽水		5	134圈	
顾加	男	全国锦标赛	丽水	F6-S仿真航行模型	5	2040	
黄敏轩	男	全国锦标赛	丽水		5	2040	
冯群亮	男	全国锦标赛	丽水		5	2040	
冯之缘	女	全国锦标赛	丽水		5	2040	
王韵	女	全国锦标赛	丽水		5	2040	
王源	男	全国航海模型锦标赛	丽水	FSR团体 内燃机耐久拉力团体赛	2		
凌俊	男	全国航海模型锦标赛	丽水		2		
陈长耀	男	全国航海模型锦标赛	丽水		2		
汪宁东	男	全国航海模型锦标赛	丽水	FSR团体 内燃机耐久拉力团体赛	4	2640	
洪剑斌	男	全国航海模型锦标赛	丽水		4	2640	
姚向军	男	全国航海模型锦标赛	丽水		4	2640	
姚向军	男	全国航海模型锦标赛	丽水	FSR-V3.5迷你级内燃机耐久拉力赛	1	9600	
洪剑斌	男	全国航海模型锦标赛	丽水	FSR-V3.5迷你级内燃机耐久拉力赛	5	2040	
洪剑斌	男	全国航海模型锦标赛	丽水	FSR-V27重量级内燃机30耐久拉力赛	6	2040	
汪宁东	男	全国航海模型锦标赛	丽水	FSR-V7.5标准级内燃机耐久拉力赛	1	9600	
金磊	男	全国航海模型锦标赛	丽水	FSR-V7.5标准级内燃机耐久拉力赛	3	3840	
凌俊	男	全国航海模型锦标赛	丽水	FSR-V7.5标准级内燃机耐久拉力赛	4	2640	
凌俊	男	全国航海模型锦标赛	丽水	FSR-V27重量级内燃机30耐久拉力赛	1	9600	
林栋栋	男	全国航海模型锦标赛	丽水	FSR-V15轻量级内燃机耐久拉力赛	7	1680	
林栋栋	男	全国航海模型锦标赛	丽水	FSR-O3.5迷你级内燃机耐久拉力赛	2	6000	
张春腾	男	全国航海模型锦标赛	丽水	FSR-O3.5迷你级内燃机耐久拉力赛	3	3840	
俞雪锋	男	全国航海模型锦标赛	丽水	FSR-O3.5迷你级内燃机耐久拉力赛	5		
吴昌哲	男	全国航海模型锦标赛	丽水	FSR-O3.5迷你级内燃机耐久拉力赛	8		
卢一钊	男	全国航海模型锦标赛	丽水	FSR-O7.5标准级内燃机耐久拉力赛	4		
邹乙冉	男	全国航海模型锦标赛	丽水	FSR-O15轻量级方程式内燃机追逐赛	3		
陈卢宁宁	女	全国航海模型锦标赛	丽水	F5—E一米级遥控帆船模型	2		
陈卢宁宁	女	全国航海模型锦标赛	丽水	F5—10重量级遥控帆船模型	2		

姓名	性别	比赛名称	地点	项目	名次	成绩	备注
朱思致	男	全国航海模型锦标赛	丽水	F5—ST950 ST950级商品套材遥控帆船模型	1		
朱思致	男	全国航海模型锦标赛	丽水	F5—10重量级遥控帆船模型	1		
王泽林	男	全国航海模型锦标赛	丽水	F5—ST950 ST950级商品套材遥控帆船模型	3		
王泽林	男	全国航海模型锦标赛	丽水	F5—10重量级遥控帆船模型	3		
洪龙杰	男	全国航海模型锦标赛	丽水	F5—ST950 ST950级商品套材遥控帆船模型	7		
吴语宸	女	全国航海模型锦标赛	丽水	C3—A场景、结构航海模型	3		
吴新华	男	全国航海模型锦标赛	丽水	F5—E一米级遥控帆船模型	4		
吴新华	男	全国航海模型锦标赛	丽水	F5—M标准级遥控帆船模型	3		
许爱雄	男	全国航海模型锦标赛	丽水	F5—M标准级遥控帆船模型	2		
许爱雄	男	全国航海模型锦标赛	丽水	F5—10重量级遥控帆船模型	4		
林榧榧	男	全国航海模型锦标赛	丽水	F5—M标准级遥控帆船模型	6		
林榧榧	男	全国航海模型锦标赛	丽水	F5—10重量级遥控帆船模型	7		
赵翎雅	女	全国航海模型锦标赛	丽水	F5—ST950 ST950级商品套材遥控帆船模型	2		
赵翎雅	女	全国航海模型锦标赛	丽水	F5—E一米级遥控帆船模型	6		
朱浚铭	男	全国航海模型锦标赛	丽水	F5—ST950 ST950级商品套材遥控帆船模型	6		
朱浚铭	男	全国航海模型锦标赛	丽水	F5—E一米级遥控帆船模型	8		
谭皓文	男	全国航海模型锦标赛	丽水	F5—M标准级遥控帆船模型	7		
刘上善	男	全国航海模型锦标赛	丽水	C7纸板、纸质模型	6		
李成	男	全国航海模型锦标赛	丽水	C3—A场景、结构航海模型	6		
王茜	女	全国航海模型锦标赛	丽水	C8非塑料商品套材航海模型	3		
吴羽珩	男	全国航海模型锦标赛	丽水	ECO-EXP提高级遥控电动艇模型	2		
吴羽珩	男	全国航海模型锦标赛	丽水	FSR-E电动耐久竞速	2		
吴羽珩	男	全国航海模型锦标赛	丽水	ECO-TEAM团体 电动三角绕标追逐接力	1		
莫衍	男	全国航海模型锦标赛	丽水		1		
莫衍	男	全国航海模型锦标赛	丽水	FSR-E电动耐久竞速	1		
莫衍	男	全国航海模型锦标赛	丽水	MONO-1电动方程式追逐	4		
黄驰骁	男	全国航海模型锦标赛	丽水	FSR-E电动耐久竞速	6		
黎松	男	全国航海模型锦标赛	丽水	HYDRO-1电动多体艇竞速	4		

桥牌

姓名	性别	比赛名称	地点	项目	名次	成绩	备注
章瑜	女	全国A类俱乐部联赛总决赛	四川锦阳	团体赛	1		
戴建明	男	全国A类俱乐部联赛总决赛	四川锦阳		1		
庄则军	男	全国A类俱乐部联赛总决赛	四川锦阳		1		
陈岗	男	全国A类俱乐部联赛总决赛	四川锦阳		1		
陈纪恩	男	全国A类俱乐部联赛总决赛	四川锦阳		1		
刘京	男	全国A类俱乐部联赛总决赛	四川锦阳		1		
章瑜	女	全国桥牌俱乐部锦标赛	四川成都	团体赛	2		
戴建明	男	全国桥牌俱乐部锦标赛	四川成都		2		
庄则军	男	全国桥牌俱乐部锦标赛	四川成都		2		
刘京	男	全国桥牌俱乐部锦标赛	四川成都		2		
陈岗	男	全国桥牌俱乐部锦标赛	四川成都		2		
钱劲松	男	全国桥牌俱乐部锦标赛	四川成都		2		

青少年五子棋

姓名	性别	比赛名称	地点	项目	名次	成绩	备注
费铭	男	2021年全国青少年五子棋锦标赛	合肥	男子儿童组	6		
刘敏逸	女	2021年全国青少年五子棋锦标赛	合肥	女子少年组	4		
陆皓天	男	2021年全国青少年五子棋锦标赛	合肥	男子少年组	4		
王嘉一	女	2021年全国青少年五子棋锦标赛	合肥	女子青年组	8		
胡晋瑞	男	2021年全国青少年五子棋锦标赛	合肥	男子青年组	7		

浙江省最高纪录（截至2021年12月31日）

大项	组别	项目	成绩		创造者	赛事名称	日期	地点
田径	成年男子组	100米	9秒97	电计	谢震业	法国蒙特勒伊邀请赛	2018.07	法国
		200米	19秒88	电计	谢震业	国际田联钻石联赛	2019.07	伦敦
		400米	46秒55	电计	方远	全国田径大奖赛	2013.05	济南
		800米	1分47秒01	电计	夏秀东	全国田径冠军赛	2012.06	福州
		1500米	3分43秒84	电计	奚荣横	全国田径锦标赛	2021.06	重庆
		5000米	15分12秒72	电计	陈钦定	第六届全国城运会男子预选赛	2007.05	漯河
		10000米	31分55秒5	手计	曾启顺	第二届全国工人运动会	1985.09	北京
		3000米障碍赛	10分29秒4	手计	徐建爱	第五届宁波市运动会	1959.10	宁波
		110米栏	14秒21	电计	黄小宝	第十届全运会	2005.10	南京
		400米栏	49秒66	电计	冯志强	第十三届全国运动会	2017.09	天津
		4×100米接力	39秒25	电计	张俊鹏 钟昇 叶枝俏 谢震业	第十二届全国运动会	2013.09	沈阳
		4×400米接力	3分07秒02	电计	卢孔政 金银鹏 吴志涛 冯志强	2017年全国田径冠军赛	2017.06	贵阳
		10公里竞走	52分08秒	手计	徐爱明	浙江林学院第一届运动会	1990.12	临安
		20公里竞走	1小时52分37秒	手计	戴存定	省迎接二届全运会选拔赛	1964.12	杭州

续表

大项	组别	项目		成绩	创造者	赛事名称	日期	地点
田径	成年男子组	马拉松	手计	2小时25分12秒	曾启顺	北京国际马拉松邀请赛	1986.10	北京
		跳高		2米32	黄海强	第11届世界青年田径锦标赛	2006.08	北京
		撑竿跳高		5米55	韩 涛	第十四届全国运动会	2021.09	西安
		跳远		8米14	张 宇	全国大学生锦标赛	2014.08	北京
		三级跳远		17米41	朱书靖	第十一届全运会	2009.10	济南
		铅球(7.26公斤)		17米71	周 立	全国田径大奖赛	2010.05	合肥
		铁饼(2公斤)		59米14	张孟杰	2018年全国投掷项群赛	2018.04	成都
		标枪(0.8公斤)		84米29	李荣祥	2000年全国田径大奖赛(成都站)	2000.05	成都
		链球		55米05	张福林	省优秀运动员测验	1965.08	杭州
		十项全能	电动	7771分	洪庆阳	全国田径锦标赛	2005.06	石家庄
		男女混合4×400米接力		3粉19秒89	王久香 钟晗哲 饶欣雨 顾晓飞	第十四届全国运动会田径比赛	2021.09	西安
田径	成年女子组	100米	电计	11秒32	张彩华	布鲁斯·杰纳田径大奖赛	1988.04	美国
		200米	电计	22秒87	祁 红	第七届全运会	1993.10	北京
		400米	电计	53秒33	朱苕茗	全国锦标赛	1992.05	南京
		800米		2分02秒38	饶欣雨	第十四届全运会	2021.09	西安
		1500米	电计	4分10秒32	郑小倩	国际田联钻石联赛(上海)	2016.05	上海
		3000米	电计	10分01秒30	廖海清	第16届省运会田径比赛	2018.09	湖州
		5000米	手计	16分39秒1	马香妹	杭州苏肝杯田径邀请赛	1987.04	杭州
			电计	17分47秒10	潘 红	全国田径大奖赛	2014.04	肇庆

续表

大项	组别	项目		成绩	创造者	赛事名称	日期	地点
田径	成年女子组	10000米	手计	36分14秒	张小红	耐克杯中长跑精英赛	1986.04	北京
		100米栏	电计	13秒28	马苗兰	第七届全运会	1993.09	北京
		400米栏	电计	56秒66	朱茗苕	第七届全运会	1993.09	北京
		4×100米接力	电计	44秒25	叶佳贝 王晓姣 何嘉雯 邢露露	第十二届全国运动会	2013.09	沈阳
		4×400米接力	电计	3分38秒27	俞 梅 童笑梅 丁洁琴 陈 超	第十届全运会	2005.10	南京
		马拉松	手计	3小时01分43秒	范银玲	第六届全运会	1987.03	天津
		跳高		1米92	叶佩素	第六届全运会	1987.11	广州
		撑杆跳高		4米72	李 玲	2019上海钻石联赛	2019.05	上海
		跳远		6米97	马苗兰	第七届全运会	1993.09	北京
		三级跳远		14米09	王 蓉	全国室内田径锦标赛	2013.03	南京
		铅球		21米52	黄志红	全国田径锦标赛暨亚运会选拔赛	1990.05	北京
		铁饼		62米20	温春霞	亚洲田径大奖赛	2015.05	泰国
		标枪		59米21	苏玲丹	29届世界大学生运动会选拔赛	2017.03	广州
		七项全能		6750分	马苗兰	第七届全运会	1993.10	北京
田径	青年男子组18—19岁组	100米	电计	10秒36	谢震业	全国田径大奖赛	2011.05	嘉兴
		200米	电计	2秒54	谢震业	全国田径大奖赛	2012.05	淄博
		400米	电计	4秒59	冯志强	2017年全国田径锦标赛	2017.05	济南
		800米	电计	1分50秒88	曹少波	全国青年田径锦标赛	2013.04	嘉兴

续表

大项	组别	项目	成绩		创造者	赛事名称	日期	地点
田径	青年男子组18—19岁组	1500米	电计	3分50秒76	张大宇	第16届省运会田径比赛	2018.09	湖州
		110米栏	电计	14秒33	魏志涛	全国田径大奖赛	2011.05	嘉兴
		400米栏	电计	49秒66	冯志强	第十三届全国运动会	2017.09	天津
		跳高		2米28	黄海强	全国田径大奖赛	2006.05	郑州
		撑竿跳高		5米15	韩涛	第十三届全运会	2017.09	天津
		跳远		7米92	张宇	全国第七届城运会	2011.10	南昌
		三级跳远		16米78	朱书靖	全国第五届城运会	2003.10	长沙
		铅球(7.26公斤)		17米06	周立	全国田径大奖赛	2008.09	漯河
		铅球(6公斤)		18米80	胡加贝	第十四届全国学生运动会	2021.07	青岛
		标枪(0.8公斤)		79米30	李荣祥	全国标枪集训赛	1991.04	北京
		十项全能	电计	7474分	洪庆阳	第十届亚洲青年田径锦标赛	2002.10	曼谷
		铁饼(2公斤)		55米63	刘健	全国田径大奖赛	2004.06	南京
		铁饼(1.75公斤)		58米27	刘健	全国青年田径锦标赛	2004.05	宜春
		铁饼(1.5公斤)		50米10	王明	省十届运动会	1994.09	杭州
		4×100米接力	电计	40秒81	冯志强 罗文昊 吴志涛 王艺杰	全国青年锦标赛预赛	2016.06	鄂尔多斯
		4×400米接力	电计	3分13秒75	汤冠候 卢孔政 吴志涛 冯志强	全国第一届青运会	2015.10	福州

续表

大项	组别	项目		成绩	创造者	赛事名称	日期	地点
田径	青年女子组18—19岁组	100米	电计	11秒50	朱娟红	全国田径锦标赛	2001.06	成都
		200米	电计	23秒94	章慧燕	全国田径锦标赛	2001.06	成都
		400米	电计	53秒61	俞 梅	全国体育运动学校田径锦标赛	2002.07	杭州
		800米		2分02秒38	饶欣雨	第十四届全运会	2021.09	西安
		1500米	电计	4分25秒28	徐 辉	第十四届全运会	2021.09	西安
		3000米	手计	9分32秒0	马香妹	华东田径邀请赛	1987.05	上海
		5000米	手计	16分39秒1	马香妹	杭州苏肝杯田径邀请赛	1987.04	杭州
		100米栏	电计	13秒36	虞佳如	全国田径冠军赛暨大奖总决赛	2018.06	贵阳
		400米栏		57秒5	丁依恋	第十四届全运会	2021.09	西安
		4×100米接力	电计	45秒91	郭芳宏 郑佳倩 何嘉琳 叶佳贝	全国第七届城市运动会	2011.10	南昌
田径	青年女子组18—19岁组	4×400米接力	电计	3分43秒11	何丽珊 张 莉 沈孝琳 傅胜美	全国第七届城市运动会	2011.10	南昌
		跳高		1米89	顾碧威	亚洲田径大奖赛	2006.05	印度
		撑竿跳高		4米40	赵莹莹	全国田径大奖赛	2004.09	天津
		跳远		6米63	龚璐颖	全国青年田径锦标赛	2019.05	芜湖
		三级跳远		14米09	王 蓉	全国室内田径锦标赛	2013.03	南京
		铅球		15米47	刘 爽	全国青年田径锦标赛	2008.10	淮安

续表

大项	组别	项目	成绩		创造者	赛事名称	日期	地点
田径	少年男子组16—17岁组	铁饼	56米85		翁春霞	第七届城市运动会	2011.10	南昌
		标枪	59米16		顾心洁	全国田径大奖赛	2019.04	肇庆
		五项全能	4018分		王芳	第二届青运会	1989.09	沈阳
		七项全能	6034分	手计	马苗兰	第六届全运会	1987.11	广州
		100米	10秒54	电计	谢震业	浙江省第十四届运动会	2010.10	嘉兴
		200米	20秒92	电计	谢震业	浙江省第十四届运动会	2010.10	嘉兴
		400米	48秒00		叶安安	2021年田径分区邀请赛（华东赛区2）	2021.05	台州
		800米	1分51秒67	电计	潘宇杰	浙江省第十六届运动会田径比赛	2018.09	湖州
		1500米	3分53秒90	电计	卢亮	全国青运会乙组比赛	2019.06	洛阳
		3000米	9分03秒7	手计	谢啸俊	省少年田径比赛	1992.04	杭州
		5000米	15分19秒05	电计	罗锋	浙江省第十四届运动会	2010.10	嘉兴
		110米栏	13秒81	电计	俞小波	省十三届运动会	2006.10	台州
		400米栏	50秒33	电计	叶安安	第十四届全运会	2021.09	西安
田径	少年男子组16—17岁组	4×100米接力	41秒96	电动	唐超峰 徐佳乐 王家奇 卢叶森	全国青少年田径锦标赛	2008.10	淮安
		4×400米接力	3分19秒22	电计	郭旭彬 李杰 唐超峰 谢震业	全国青少年田径锦标赛	2009.06	宜春
		跳高	2米27		黄海强	世界青少年锦标赛	2005.07	摩洛哥
		撑竿跳高	4米85		周顺尧	全国田径分区邀请赛（华东赛区2）	2021.05	台州

续表

大项	组别	项目		成绩	创造者	赛事名称	日期	地点
田径		跳远		7米80	尚亚鹏	第一届世界少年田径锦标赛	1999.07	波兰
		三级跳远		16米17	尚亚鹏	全国体育运动学校对抗赛	1999.08	大庆
		铅球（6公斤）		16米72	蒋宁	省十二届运动会	2002.10	温州
		铅球（5公斤）		19米85	胡加贝	第二届青年运动会	2019.06	洛阳
		铁饼（1.5公斤）		62米58	陈良宇	全国少年田径锦标赛	2013.04	潍坊
		标枪（0.7公斤）		82米34	王青波	省少年田径锦标赛	2005.04	宁波
		七项全能	电动	5094分	陈小宏	全国少年田径锦标赛	2013.04	潍坊
				110栏14秒80；跳高1米88；标枪0.7公斤，70米97；400米52秒54；铁饼（1.5公斤）46米73；撑杆跳高3米90；1500米，5分05秒94				
	少年女子组16—17岁组	100米	电计	11秒74	郑佳倩	全国冠军赛	2010.06	重庆
		200米	电计	23秒84	郑佳倩	全国锦标赛	2010.08	济南
		400米	电计	54秒88	俞梅	第二届世界少年田径锦标赛	2001.07	匈牙利
		800米	电计	2分05秒75	童笑梅	全国田径大奖赛	2006.04	重庆
		1500米	电计	4分20秒29	童笑梅	省十三届运动会	2006.10	台州
		3000米	电计	10分05秒82	朱路伊	浙江省第十四届运动会	2010.10	嘉兴
		100米栏	电计	13秒63	虞佳如	全国田径冠军赛暨大奖赛总决赛	2015.06	北京
		400米栏	电计	58秒32	吴洁雅	世界少年田径锦标赛	1999.07	波兰
		4×100米接力	电计	46秒81	董春燕 卢丽萍 金雪萍 陈晓飞	全国体育运动学校田径赛	1996.05	保定

续表

大项	组别	项目	成绩		创造者	赛事名称	日期	地点
田径	少年男子组15岁组	4×400m接力	电计	3分49秒30	陈晓婉 张燕 张群 阮鸽春	全国第三届中学生运动会	1986.08	鞍山
		跳高		1米90	顾碧威	全国第十届运动会	2005.10	南京
		撑杆跳高		4米15	徐惠琴	全国青年田径锦标赛	2010.04	石家庄
		跳远		6米37	龚璐颖	世界少年田径锦标赛	2017.07	肯尼亚
		三级跳远		14米09	王蓉	全国室内田径锦标赛	2013.03	南京
		铅球	4公斤	15米52	孙煜婷	全国少年（16—17）田径锦标赛	2010.07	淮安
		铁饼	1公斤	53米87	陈婷婷	世青赛测试赛	2006.07	北京
		标枪		59米11	戴倩倩	全运会少年组田径比赛	2017.08	陕西
		五项全能	手计	4018分	王芳	第二届青运会	1989.09	沈阳
		七项全能	电计	6185分	沈盛妃	第八届全运会	1997.10	上海
		100米	电动	10秒80	唐韶峰	省十三届运动会	2006.10	台州
		200米	电动	22秒52	施俊杰	省第九届田径运动会	2009.07	温岭
		400米	电动	49秒54	李延杰	省第九届田径运动会	2009.07	温岭
		800米	电动	1分56秒36	陈钊	省十二届运动会	2002.10	温州
		1500米	电动	4分03秒94	陈钊	省十二届运动会	2002.10	温州
		110米栏	电动	14秒77	陆军	省十一届运动会	1998.09	宁波
		200米栏	电计	25秒31	张伦超	浙江省第十四届运动会	2010.10	嘉兴
		跳高		2米09	鲍森林	全国青少年田径U系列田径锦标赛（14—15岁）	2005.08	维坊
		撑竿跳高		4米50	周顺尧	全国体校U系列田径锦标赛	2019.10	九江

续表

大项	组别	项目		成绩	创造者	赛事名称	日期	地点
		跳远		7米16	裘鸿	省十二届运动会	2002.10	温州
		三级跳远		15米14	朱书靖	全国少年田径锦标赛(14-15岁)	2000.08	玉环
		铅球	5公斤	18米93	胡加贝	浙江省第十六届运动会	2018.09	湖州
			4公斤	17米76	沈聪	省十一届运动会	1998.09	宁波
		铁饼	1.5公斤	50米65	陈良宇	浙江省青少年田径锦标赛	2010.05	宁波
			1公斤	56米2	赵凌强	省十二届运动会	2002.10	温州
		标枪	0.5公斤	70米08	沈聪	省青少年田径锦标赛	1998.04	路桥
			0.6公斤	70米30	孙建军	省十三届运动会	2006.10	台州
		五项全能	电动	3508.2分	王舰舰	省十二届运动会	2002.10	温州
				110米栏14秒90;跳高1米97;标枪52米78(0.5公斤);跳远6米66;1500米5分16秒43				
	少年女子组15岁组	100米	电动	12秒16	朱娟红	省十一届运动会	1998.09	宁波
		200米	电动	24秒78	朱娟红	第十一届运动会	1998.09	宁波
		400米	电动	56秒14	吴玢玢	省十二届运动会	2002.10	温州
田径		800米	电动	2分09秒86	卢舒恰	省十二届运动会	2002.10	温州
		1500米	电动	4分33秒47	童笑梅	省第六届田径运动会	2004.07	诸暨
		100米栏	电动	14秒73	罗珊	省少年田径锦标赛	2010.05	宁波
		200米栏	电动	27秒47	罗珊	浙江省第十四届运动会	2010.10	嘉兴
田径	少年女子组15岁组	跳高		1米80	顾碧威	杭州田径特许比赛	2003.10	杭州
		撑竿跳高		3米80	雷嘲晗	浙江省少年田径锦标赛	2019.04	浦江
		跳远		6米21	王云翰	全国田径大奖赛	2008.04	杭州
		三级跳远		12米66	林锦燕	省十三届运动会	2006.10	台州

续表

大项	组别	项目		成绩	创造者	赛事名称	日期	地点
		铅球	4公斤	14米40	孙煜婷	省青少年田径锦标赛	2009.04	宁波
			3公斤	16米05	夏春燕	省第十一届运动会	1998.09	宁波
		铁饼	1公斤	43米09	陈婷婷	省第六届田径运动会	2004.07	诸暨
		标枪	0.5公斤	48米89	冯群娜	省第六届田径运动会	2004.07	诸暨
		四项全能	电动	2993分	俞宵轩	省十三届运动会	2006.10	台州
				100米栏15秒05;跳高1米77;标枪38米61(0.5公斤);800米2分44秒99				
田径	少年男子组14岁组	100米	电动	11秒44	李权	省青第八届田径锦标赛	2007.08	宁波
		200米	电动	23秒08	胡天龙	省第十六届运动会	2018.09	湖州
		400米	电动	50秒90	王家奇	省青少年田径锦标赛	2005.04	宁波
		800米	电动	1分58秒98	薛志千	省十二届运动会	2002.10	温州
		1500米	电动	4分03秒98	梁世中	省第十一届运动会	1998.09	宁波
		100米栏	电动	13秒45	俞小波	省第十二届运动会	2002.10	温州
		200米栏	电动	26秒42	朱海波	省第九届田径运动会	2009.07	温岭
		跳高		2米05	黄海强	省十二届运动会	2002.10	温州
		撑竿跳高		4米00	周顺尧	省第十六届运动会	2018.09	湖州
		跳远		7米49	徐佳乐	省第十三届运动会	2006.10	台州
田径	少年男子组14岁组	铅球	4公斤	17米34	蒋宁	省第十一届运动会	1998.09	宁波
		铁饼	1公斤	52米42	应柯	省第十二届运动会	2002.10	温州
		标枪	0.4公斤	67米20	马飞	省第十二届运动会	2002.10	温州
		三项全能	电动	1996.2分	马飞	省第十二届运动会	2002.10	温州
				100米12秒31;跳高1米81;铅球(4公斤)14米18				

续表

大项	组别	项目		成绩	创造者	赛事名称	日期	地点
田径	少年女子组14岁组	100米	电动	12秒29	米珂洁	全国体育运动学校田径锦标赛	2002.07	杭州
		200米	电动	24秒80	俞 梅	省第十一届运动会	1998.09	宁波
		400米	电动	55秒72	俞 梅	省第十一届运动会	1998.09	宁波
		800米	电动	2分13秒83	蔡晨宇	省第十六届运动会	2018.09	湖州
		1500米	电动	4分36秒52	何 可	浙江省青少年田径锦标赛	2021.04	浦江
		100米栏	电动	14秒91	沈 晶	省第十二届运动会	2002.10	温州
		200米栏	电动	29秒70	罗 聃	省第九届田径运动会	2009.07	温岭
		跳高		1米70	邱俞琴	省第十一届运动会	1998.09	宁波
		撑竿跳高		3米40	雷颖晗	省第十六届运动会	2018.09	湖州
		跳远		6米02	陈艳艳	全国室内田径锦标赛	2000.03	天津
		铅球	3公斤	14米61	任淑银	省少年田径锦标赛	2013.05	绍兴
		铁饼	1公斤	36米61	郑露萍	省第十二届运动会	2002.10	温州
		标枪	0.4公斤	53米95	张 莹	省第十二届运动会	2002.10	温州
		三项全能	电动	2581分	邱俞琴	省第十一届运动会	1998.09	宁波
田径	少年男子组13岁组【截至2010.11.01】	100米	电动	11秒40	李 权	省第十三届运动会	2006.10	台州
		200米	电动	26秒23	孙肖加	省第五届田径运动会	2001.07	天台
		400米	电动	50秒38	周均杰	省第十三届运动会	2006.10	台州
		800米	电动	1分58秒93	周均杰	省第十三届运动会	2006.10	台州
		1500米	电动	4分28秒99	宋 凯	省第五届田径运动会	2001.07	天台
		100米栏	电动	14秒43	俞小波	省第五届田径运动会	2001.07	天台
		60米栏	电动	8秒55	郑大伟	省第十四届运动会	2010.10	嘉兴

续表

大项	组别	项目		成绩	创造者	赛事名称	日期	地点
		跳高		1米97	郭 镐	省第十四届运动会	2010.10	嘉兴
		跳远		6米62	唐超峰	省第七届田径运动会	2005.07	玉环
		铅球	3公斤	20米9	付凌	省第十四届运动会	2010.10	嘉兴
		铁饼	1公斤	54米77	陈良宇	省第九届田径运动会	2009.07	温岭
			0.75公斤	60米79	陈良宇	省青少年田径锦标赛	2009.04	宁波
		标枪	0.3公斤	68.93米	马 飞	省第五届田径运动会	2001.07	天台
		三项全能	电动	2228分	李 想	省第十六届运动会	2018.09	湖州
				60米7秒73;跳高1米70;铅球(3公斤)19米11				
田径	少年女子组 13岁组 [截至 2010.11.01]	100米	电动	12秒83	朱佳星	省第七届田径运动会	2005.07	玉环
		200米	电动	26秒69	黄艳艳	省第五届田径运动会	2001.07	天台
		400米	电动	56秒37	黎 莉	省第十三届运动会	2006.10	台州
		800米	电动	2分11秒80	毛 蕾	省第五届田径运动会	2001.07	天台
		1500米	电动	4分43秒07	毛 蕾	省第五届田径运动会	2001.07	天台
		100米栏	电动	15秒57	倪苗英	省第五届田径运动会	2001.07	天台
		60米栏	电动	9秒27	禹 婷	省第十六届运动会	2018.09	湖州
田径	少年女子组 13岁组 [截至 2010.11.01]	跳高		1米71	金若萱	省第十六届运动会	2018.09	湖州
		跳远		5米53	刘 旸	省第八届田径运动会	2007.08	宁波
		铅球	3公斤	13米82	徐海英	杭州地区运动会	1996.04	杭州
		铁饼	1公斤	33米80	徐海英	杭州地区运动会	1996.04	杭州
			0.75公斤	38米09	陈亚亚	省青少年田径锦标赛	2009.04	宁波

续表

大项	组别	项目		成绩	创造者	赛事名称	日期	地点
		标枪	0.3公斤	48米78	张莹	省第五届田径运动会	2001.07	天台
		三项全能	电动	2403分	王云瀚	省第十三届运动会	2006.10	台州
				60米8秒07;跳高1米67;铅球(3公斤)9米67				
田径	少年男子组12岁组【截至2010.11.01】	60米	手计	7秒9	诸葛晓	省首届县级田径运动会	1995.07	浦江
			电动	7秒41	季钰竣	省第九届田径运动会	2009.07	温岭
		100米	手计	12秒7	张金	省第三届县级田径运动会	1997.07	遂昌
		200米	手计	26秒1	杨红杰	省第二届县级田径运动会	1996.07	海宁
		400米	电动	56秒86	胡勇江	省第五届田径运动会	2001.07	天台
		800米	电动	2分12秒65	胡勇江	省第五届田径运动会	2001.07	天台
		跳高		1米70	王翙福	省第二届县级田径运动会	1996.07	海宁
		跳远		5米91	李权	省第七届田径运动会	2005.07	玉环
		铅球	3公斤	15米56	王梦琦	省第九届田径运动会	2009.07	温岭
		垒球	25.42厘米	80米13	薛剑峰	省第二届县级田径运动会	1996.07	海宁
		三项全能	手计	1635.5分	王斌	省第三届县级田径运动会	1997.07	遂昌
				60米;跳高;铅球				
田径	少年女子组12岁组【截至2010.11.01】	60米	手计	8秒10	朱娟红	省首届县级田径运动会	1995.07	浦江
			电动	8秒22	陈晓	省第九届田径运动会	2009.07	温岭
		100米	手计	12秒9	冯妍	省首届县级田径运动会	1995.07	浦江
		200米	手计	27秒4	周妍	省首届县级田径运动会	1995.07	浦江
		400米	手计	59秒9	俞梅	省第三届县级田径运动会	1997.07	遂昌
		800米	电动	2分26秒21	余成晨	省第七届田径运动会	2005.07	玉环

续表

大项	组别	项目		成绩	创造者	赛事名称	日期	地点
		跳高		1米54	叶嘉莹	省第七届田径运动会	2005.07	玉环
		跳远		5米26	徐丽莉	省第七届田径运动会	2005.07	玉环
		铅球	3公斤	12米52	黄波波	省第九届田径运动会	2009.07	温岭
		铁饼	1公斤					
		三项全能	手计	2013.7分	沈亚君	省第三届县级田径运动会	1997.07	遂昌
				60米;跳高;铅球				
游泳	成年男子组	50米自由泳		22秒12	蔡 力	第十一届全运会	2009.10	济南
		100米自由泳		48秒10	何峻毅	全国游泳冠军赛	2019.03	青岛
		200米自由泳		1分44秒39	孙 杨	第十七届世界游泳锦标赛	2017.08	布达佩斯
		400米自由泳		3分40秒14	孙 杨	第三十届奥林匹克运动会	2012.08	伦敦
		800米自由泳		7分38秒57	孙 杨	第十六届世界游泳锦标赛	2015.08	喀山
		1500米自由泳		14分31秒02	孙 杨	第三十届奥林匹克运动会	2012.08	伦敦
		50米仰泳		24秒42	徐嘉余	全国游泳冠军赛	2017.04	青岛
		100米仰泳		51秒86	徐嘉余	全国游泳冠军赛	2017.04	青岛
		200米仰泳		1分53秒99	徐嘉余	第十八届亚洲运动会	2018.08	雅加达
		50米蛙泳		28秒12	毛飞廉	全国夏季游泳锦标赛	2018.06	赣州
游泳	成年男子组	100米蛙泳		1分00秒79	毛飞廉	第十四届全国运动会	2021.09	西安
		200米蛙泳		2分09秒54	毛飞廉	第十六届世界游泳锦标赛	2015.08	喀山
		50米蝶泳		23秒36	李朱濠	全国游泳冠军赛	2017.04	青岛
		100米蝶泳		50秒96	李朱濠	第十七届世界游泳锦标赛	2017.08	布达佩斯
		200米蝶泳		1分54秒35	吴 鹏	二十九届奥林匹克运动会	2008.08	北京

续表

大项	组别	项目	成绩	创造者	赛事名称	日期	地点
		200米个人混合泳	1分55秒00	汪顺	第三十二届奥林匹克运动会	2021.07	东京
		400米个人混合泳	4分09秒10	汪顺	第十二届全国运动会	2013.09	沈阳
		4×100米自由泳接力	3分13秒53	潘展乐 汪顺 洪金权 何峻毅	第十四届全国运动会	2021.09	西安
		4×200米自由泳接力	7分12秒64	徐嘉余 汪顺 李朱濠 孙杨	第十三届全国运动会	2017.09	天津
		4×100米混合泳接力	3分34秒94	徐嘉余 毛飞廉 吴鹏 吕志武	第十二届全国运动会	2013.09	沈阳
游泳	成年女子组	50米自由泳	24秒32	吴卿风	第32届奥林匹克运动会	2021.07	东京
		100米自由泳	53秒40	朱梦惠	第十三届全运会	2017.09	天津
		200米自由泳	1分56秒19	杨雨	第十三届世界游泳锦标赛	2009.07	罗马
		400米自由泳	4分04秒59	邵依雯	水上运动会暨全国游泳锦标赛	2011.09	日照
		800米自由泳	8分24秒14	邵依雯	第十六届亚运会	2010.11	广州
		1500米自由泳	16分01秒72	邵依雯	第十四届世界游泳锦标赛	2011.07	上海
		50米仰泳	27秒11	傅园慧	第十六届世界游泳锦标赛	2015.08	喀山
		100米仰泳	58秒72	傅园慧	全国游泳冠军赛	2017.04	青岛
		200米仰泳	2分07秒56	柳雅欣	第31届奥林匹克运动会	2016.08	里约
		50米蛙泳	30秒62	罗雪娟	第十届世界游泳锦标赛	2003.07	巴塞罗那

续表

大项	组别	项目	成绩	创造者	赛事名称	日期	地点
游泳	成年女子组	100米蛙泳	1分05秒64	陈慧佳	第五届东亚运动会	2009.12	香港
		200米蛙泳	2分22秒53	叶诗文	FINA冠军系列赛广州站	2019.04	广州
		50米蝶泳	26秒36	林欣彤	全国游泳冠军赛	2018.04	太原
		100米蝶泳	58秒10	郑蓉蓉	十一届全运会	2009.10	济南
		200米蝶泳	2分07秒84	郑蓉蓉	全国游泳冠军赛	2009.04	绍兴
		200米个人混合泳	2分07秒57	叶诗文	第三十届奥林匹克运动会	2012.08	伦敦
		400米个人混合泳	4分28秒43	叶诗文	第三十届奥林匹克运动会	2012.08	伦敦
		4×100米自由泳接力	3分38秒17	吴卿风 吴越 傅园慧 朱梦惠	全国游泳冠军赛	2019.03	青岛
		4×200米自由泳接力	7分50秒92	汤景之 郑静 郑蓉蓉 杨雨	第十一届全运会	2009.10	济南
		4×100米混合泳接力	3分59秒61	白安琪 陈慧佳 郑蓉蓉 杨雨	第十一届全运会	2009.10	济南
游泳	少年男子甲组15—17岁组	50米自由泳	22秒55	潘展乐	第十四届全国运动会	2021.09	西安
		100米自由泳	48秒59	潘展乐	第十四届全国运动会	2021.09	西安
		200米自由泳	1分46秒14	汪顺	第七届全国城市运动会	2011.10	南昌
		400米自由泳	3分48秒26	孙杨	全国游泳冠军赛	2008.04	绍兴
		800米自由泳	7分58秒34	费立纬	全国游泳争霸赛	2021.01	石家庄

续表

大项	组别	项目	成绩	创造者	赛事名称	日期	地点
		1500米自由泳	14分48秒39	孙杨	二十九届奥林匹克运动会	2008.08	北京
		50米仰泳	25秒67	徐嘉余	全国游泳锦标赛	2012.09	黄山
		100米仰泳	54秒24	徐嘉余	第九届亚洲游泳锦标赛	2012.11	迪拜
		200米仰泳	1分56秒94	李广源	第二届青年夏季奥林匹克运动会	2014.08	南京
		50米蛙泳	29秒46	丁尧亮	全国游泳冠军赛	2017.04	青岛
	少年男子甲组15—17岁组	100米蛙泳	1分03秒16	董亦凡	第十三届全运会	2017.09	天津
		200米蛙泳	2分17秒85	董亦凡	全国春季游泳锦标赛	2007.01	福州
		50米蝶泳	23秒39	李朱濠	游泳世界杯北京站	2015.09	北京
游泳		100米蝶泳	51秒24	李朱濠	全国游泳冠军赛	2016.04	佛山
		200米蝶泳	1分55秒52	李朱濠	全国游泳锦标赛	2015.09	黄山
		200米个人混合泳	1分58秒56	汪顺	全国游泳锦标赛	2011.09	日照
		400米个人混合泳	4分11秒61	汪顺	全国游泳锦标赛	2011.09	日照
		50米自由泳	24秒66	吴卿风	全国游泳冠军赛	2018.04	太原
		100米自由泳	53秒44	朱梦惠	第十届亚洲游泳锦标赛	2016.11	东京
		200米自由泳	1分57秒54	叶诗文	全国游泳冠军赛	2013.04	青岛
		400米自由泳	4分04秒59	邵依雯	全国游泳锦标赛	2011.09	日照
游泳	少年女子甲组15—17岁组	800米自由泳	8分24秒14	邵依雯	第十六届亚洲运动会	2010.11	广州
		1500米自由泳	16分01秒72	邵依雯	第十四届世界游泳锦标赛	2011.07	上海
		50米仰泳	27秒22	傅园慧	全国游泳冠军赛	2013.04	青岛
		100米仰泳	59秒36	傅园慧	第十二届全国运动会	2013.09	沈阳
		200米仰泳	2分07秒56	柳雅欣	第31届奥林匹克运动会	2016.08	里约
		50米蛙泳	31秒45	罗雪娟	全国游泳冠军赛	2001.04	杭州

续表

大项	组别	项目	成绩	创造者	赛事名称	日期	地点
游泳		100米蛙泳	1分06秒96	罗雪娟	第九届全运会	2001.11	广州
		200米蛙泳	2分25秒86	罗雪娟	第27届奥林匹克运动会	2000.09	悉尼
		50米蝶泳	26秒.39	林欣彤	全国游泳冠军赛	2017.04	青岛
		100米蝶泳	58秒13	余依婷	全国游泳冠军赛	2021.05	青岛
		200米蝶泳	2分08秒47	李婷婷	全国游泳锦标赛	2011.09	日照
		200米个人混合泳	2分07秒57	叶诗文	第三十届奥林匹克运动会	2012.08	伦敦
		400米个人混合泳	4分28秒43	叶诗文	第三十届奥林匹克运动会	2012.08	伦敦
	少年男子组14岁组	50米自由泳	24秒00	洪金龙	省第十四届运动会	2010.10	嘉兴
		100米自由泳	52秒05	洪金权	第十三届全运会	2017.09	天津
		200米自由泳	1分54秒61	刘海洋	全国青年游泳锦标赛	2019.05	沈阳
		400米自由泳	3分58秒17	洪金权	第十三届全运会（少年组）	2017.08	烟台
		800米自由泳	8分12秒54	刘海洋	全国游泳锦标赛	2019.09	鞍山
		1500米自由泳	15分18秒65	吴鹏	第九届全运会	2001.11	广州
		50米仰泳	26秒98	李广源	全国游泳锦标赛	2011.09	日照
		100米仰泳	57秒07	李广源	第七届城运动会	2011.10	南昌
		200米仰泳	2分01秒98	李广源	全国游泳锦标赛	2011.09	日照
	少年男子组15岁组	50米蛙泳	28秒12	陈泓默	省40届青少年游泳比赛	2020.01	绍兴
		100米蛙泳	1分06秒53	郑瀚	全国少儿游泳锦标赛	2012.08	日照
		200米蛙泳	2分23秒66	方喆	全国青年游泳锦标赛	2019.05	沈阳
		50米蝶泳	25秒41	吴俊杰	全国游泳锦标赛	2017.10	黄山
		100米蝶泳	55秒17	洪金权	2017全国青年游泳锦标赛	2017.12	鄂尔多斯

续表

大项	组别	项目	成绩	创造者	赛事名称	日期	地点
		200米蝶泳	1分58秒89	吴 鹏	第九届全运会	2001.11	广州
		200米个人混合泳	2分06秒14	赵梁州	第十三届全运会（少年组）	2017.09	烟台
		400米个人混合泳	4分21秒82	吴 鹏	第九届全运会	2001.11	广州
		4×50米自由泳接力	1分40秒47	金诚浩 刘 澄 司政中 孙泳峰	全国少儿游泳锦标赛	2013.07	北京
		4×100米自由泳接力	3分39秒46	孙 宇 陈 淼 邱闻野 汪一帆	省十五届运动会	2014.10	绍兴
		4×200米自由泳接力	7分56秒54	李晨赫 李志清 史廷浚 史廷浩	省十六届运动会	2018.09	湖州
		4×50米混合泳接力	1分54秒15	刘 澄 郭子源 司政中 金诚浩	全国少儿游泳锦标赛	2013.07	北京
		4×100米混合泳接力	4分03秒09	陈 胜 王 磊 南坚毅 金 焰	省十届运动会	1994.09	杭州
游泳	少年女子组14岁组	50米自由泳	24秒91	吴卿风	第十三届全运会	2017.09	天津
		100米自由泳	54秒75	吴卿风	全国游泳冠军赛	2017.04	青岛
		200米自由泳	1分59秒61	傅园慧	全国游泳锦标赛	2010.08	日照

续表

大项	组别	项目	成绩	创造者	赛事名称	日期	地点
游泳	少年女子组14岁组	400米自由泳	4分09秒41	吕东泽	全国游泳锦标赛	2018.10	日照
		800米自由泳	8分31秒33	邵依雯	第十一届全运会	2009.10	济南
		50米仰泳	28秒10	张雯雯	第二届全国青年运动会	2019.08	太原
		100米仰泳	1分01秒16	张雯雯	全国青年游泳锦标赛	2019.05	沈阳
		200米仰泳	2分10秒51	柳雅欣	全国游泳锦标赛	2014.10	黄山
		50米蛙泳	31秒76	余依婷	全国夏季游泳锦标赛	2019.06	赣州
		100米蛙泳	1分08秒93	余依婷	全国青年游泳锦标赛	2019.05	沈阳
		200米蛙泳	2分27秒76	余依婷	全国游泳冠军赛	2019.03	青岛
		50米蝶泳	26秒99	余依婷	第二届全国青年运动会	2019.08	太原
		100米蝶泳	1分01秒26	吕东泽	全国夏季游泳锦标赛	2018.06	赣州
		200米蝶泳	2分11秒33	李婷婷	全国游泳冠军赛	2009.04	绍兴
		200米个人混合泳	2分09秒37	叶诗文	第十六届亚运会	2010.11	广州
		400米个人混合泳	4分33秒79	叶诗文	第十六届亚运会	2010.11	广州
		4×50米自由泳接力	1分50秒23	周安琪 毕易榕 毛征宇 高玉洁	省第十四届运动会	2010.10	嘉兴
		4×100米自由泳接力	4分00秒67	周安琪 毕易榕 毛征宇 高玉洁	省第十四届运动会	2010.10	嘉兴
游泳	少年女子组14岁组	4×100米混合泳接力	4分30秒09	章佳利 鲁 茜 胡 玥 王亦璐	省第十二届运动会	2002.10	温州

续表

大项	组别	项目	成绩	创造者	赛事名称	日期	地点
游泳	少年男子组13岁组	50米自由泳	24秒46	李朱濛	全国少儿游泳锦标赛	2012.08	日照
		100米自由泳	54秒19	方喆	省第十六届运动会	2018.09	湖州
		200米自由泳	1分58秒51	刘海洋	全国游泳冠军赛（少年组）	2018.04	太原
		400米自由泳	4分09秒65	吴鹏	全国少儿分区赛	2000.01	合肥
		800米自由泳	8分30秒48	方喆	省第十六届运动会	2018.09	湖州
		1500米自由泳	17分50秒76	李广源	全国青年游泳锦标赛	2010.06	济南
		50米仰泳	28秒16	李广源	省第十四届运动会	2010.10	嘉兴
		100米仰泳	59秒14	李广源	省第十四届运动会	2010.10	嘉兴
		200米仰泳	2分11秒45	李广源	全国青年游泳锦标赛	2010.06	济南
		50米蛙泳	29秒32	罗淇忠	省少年儿童游泳冠军赛	2015.07	财经大学
		100米蛙泳	1分04秒65	罗淇忠	省少年儿童游泳冠军赛	2015.07	财经大学
		200米蛙泳	2分45秒87	沈武	全国少儿分区赛	1991.08	吉安
		50米蝶泳	25秒62	李朱濛	全国少儿游泳锦标赛	2012.08	日照
		100米蝶泳	57秒47	李朱濛	全国少儿游泳锦标赛	2012.08	日照
		200米蝶泳	2分14秒48	刘海洋	全国游泳冠军赛（少年组）	2018.04	太原
		200米个人混合泳	2分08秒93	方喆	省第十六届运动会	2018.09	湖州
		400米个人混合泳	5分17秒94	沈武	全国少儿分区赛	1991.08	吉安
		4×50米自由泳接力	1分43秒90	金浩翔 吕渊博 谢文博 陈前	省第十四届运动会	2010.10	嘉兴

续表

大项	组别	项目	成绩	创造者	赛事名称	日期	地点
游泳	少年男子组13岁组	4×100米自由泳接力	3分47秒19	邢天宇 邹宇扬 吴晟恺 方喆	省第十六届运动会	2018.09	湖州
		4×200米自由泳接力	8分30秒21	姚近科 王卓楷 吴盛青 张翼祥	省十五届运动会	2014.10	绍兴
		4×50米混合泳接力	1分58秒.90	胡争力 蔡鹏 吴黄禹顾	全国少儿锦标赛	2000.08	新疆
		4×100米混合泳接力	4分10秒92	吴晟恺 邢天宇 盛哲涵 方喆	省第十六届运动会	2018.09	湖州
游泳	少年女子组13岁组	50米自由泳	25秒26	凌淑媛	第十一届全运会	2009.10	济南
		100米自由泳	55秒70	叶诗文	第十一届全运会	2009.10	济南
		200米自由泳	2分00秒70	傅园慧	第十一届全运会	2009.10	济南
		400米自由泳	4分12秒87	傅园慧	第十一届全运会	2009.10	济南
		800米自由泳	8分40秒53	傅园慧	第十一届全运会	2009.10	济南
		50米仰泳	28秒88	张雯雯	全国夏季游泳锦标赛	2018.06	赣州
		100米仰泳	1分02秒87	张雯雯	全国夏季游泳锦标赛	2018.06	赣州
		200米仰泳	2分14秒40	张雯雯	全国夏季游泳锦标赛	2018.06	赣州
		50米蛙泳	32秒31	余依婷	全国夏季游泳锦标赛	2018.06	赣州

续表

大项	组别	项目	成绩	创造者	赛事名称	日期	地点
		100米蛙泳	1分09秒79	余依婷	全国夏季游泳锦标赛	2018.06	赣州
		200米蛙泳	2分29秒40	余依婷	全国夏季游泳锦标赛	2018.06	赣州
		50米蝶泳	27秒78	邢诗语	省第十六届运动会	2018.09	湖州
		100米蝶泳	58秒65	凌淑媛	第十一届全运会	2009.10	济南
		200米蝶泳	2分13秒21	凌淑媛	第十一届全运会	2009.10	济南
		200米个人混合泳	2分14秒75	叶诗文	第十一届全运会	2009.10	济南
		400米个人混合泳	4分48秒85	叶诗文	第十一届全运会	2009.10	济南
		4×50米自由泳接力	1分50秒63	顾芸 周颖 卓力 吴越	省第十四届运动会	2010.10	嘉兴
		4×100米自由泳接力	3分59秒09	李赫男 徐玥 封灵 谷晨欣	省十五届运动会	2014.10	绍兴
游泳	少年女子组13岁组	4×200米自由泳接力	8分41秒69	李赫男 徐玥 封灵 谷晨欣	省十五届运动会	2014.10	绍兴
		4×50米混合泳接力	2分06秒47	庄慧洁 陈冠 朱照博 陈珍	全国少儿分区赛	2000.01	合肥

续表

大项	组别	项目	成绩	创造者	赛事名称	日期	地点
		4×100米混合泳接力	4分20秒98	陈雨彤 余依婷 戴梓澜 林佳雯	省第十六届运动会	2018.09	湖州
		50米自由泳	25秒93	何昱豪	省少年儿童游泳冠军赛	2020.08	金华
		100米自由泳	55秒85	朱米拉	41届省少儿游泳锦标赛	2021.04	宁波
		200米自由泳	2分16秒70	于诚	省少年儿童游泳比赛	1996.07	浦江
		400米自由泳	4分14秒87	朱米拉	41届省少儿游泳锦标赛	2021.04	宁波
		800米自由泳	10分01秒70	郑乃林	全国夏季游泳分区赛	1982.09	厦门
		50米仰泳	30秒05	章棚辉	浙江省第十六届运动会	2018.09	湖州
		100米仰泳	1分02秒57	章棚辉	浙江省第十六届运动会	2018.09	湖州
		200米仰泳	2分35秒70	夏前驱	省七届运动会	1982.08	杭州
游泳	儿童男子组12岁组	50米蛙泳	33秒11	李志清	省36届少儿游泳锦标赛	2016.01	嘉兴
		100米蛙泳	1分11秒82	钟毅	全国少儿游泳锦标赛	2014.08	黄山
		200米蛙泳	3分00秒30	黄伟军	全国少年儿童游泳比赛	1981.07	临海
		50米蝶泳	27秒84	马瑞麟	41届省少儿游泳锦标赛	2021.04	宁波
		100米蝶泳	1分01秒07	马瑞麟	41届省少儿游泳锦标赛	2021.04	宁波
		200米个人混合泳	2分14秒68	马瑞麟	41届省少儿游泳锦标赛	2021.04	宁波
		400米个人混合泳	5分39秒00	郑乃林	省七届运动会	1982.08	杭州
		4×50米自由泳接力	1分46秒46	洪岜祺 金周堃 林哲其 张周健	省十五届运动会	2014.10	绍兴

续表

大项	组别	项目	成绩	创造者	赛事名称	日期	地点
游泳	儿童男子组12岁组	4×100米自由泳接力	3分51秒45	郭陈吉祥 张昕晨 沈刘旺 吴徐伊凡	省十六届运动会	2018.09	湖州
		4×50米混合泳接力	1分59秒39	吴俊杰 金周堃 林哲其 张周健	省十五届运动会	2014.10	绍兴
		4×100米混合泳接力	4分17秒31	徐伊凡 沈刘旺 吴翁黄崎 张昕晨	省十六届运动会	2018.09	湖州
游泳	儿童女子组12岁组	50米自由泳	25秒99	凌淑媛	全国冬季游泳锦标赛	2008.12	大连
		100米自由泳	57秒41	吴卿风	全国青年游泳锦标赛	2015.12	乐清
		200米自由泳	2分04秒48	李欣瑜	全国青年游泳锦标赛	2016.11	黄山
		400米自由泳	4分17秒05	周婵臻	省十五届运动会	2014.10	绍兴
		800米自由泳	8分49秒61	樊家路	全国冬季游泳锦标赛	2008.12	大连
		50米仰泳	30秒47	张雯雯	全国游泳冠军赛	2017.04	青岛
		100米仰泳	1分03秒35	张雯雯	第十三届全运会	2017.08	烟台
		200米仰泳	2分16秒57	张雯雯	第十三届全运会	2017.09	天津
		50米蛙泳	32秒64	余依婷	第十三届全运会	2017.08	烟台
		100米蛙泳	1分10秒48	余依婷	第十三届全运会	2017.08	烟台
		200米蛙泳	2分38秒94	颜欣	全国游泳锦标赛	2015.12	乐清
		50米蝶泳	29秒24	周婵臻	省十五届运动会	2014.10	绍兴
		100米蝶泳	1分00秒89	凌淑媛	全国冬季游泳锦标赛	2008.12	大连

续表

大项	组别	项目	成绩	创造者	赛事名称	日期	地点
		200米蝶泳	2分22秒18	黄奕婷	全国青年游泳锦标赛	2015.12	乐清
		200米个人混合泳	2分18秒89	吴宜珈	省十六届运动会	2018.09	湖州
		400米个人混合泳	4分56秒17	叶诗文	全国冬季游泳锦标赛	2008.12	大连
		4×50米自由泳接力	1分49秒16	朱怡霏 沈俊婕 江 天 黄胜思	省第十四届运动会	2010.10	嘉兴
		4×100米自由泳接力	4分00秒19	朱怡霏 沈俊婕 江 天 黄胜思	省第十四届运动会	2010.10	嘉兴
游泳	儿童女子组12岁组	4×200米自由泳接力	8分43秒09	吴宜珈 吴亿杭 詹文钦	省十六届运动会	2018.09	湖州
		4×50米混合泳接力	2分02秒32	朱怡霏 沈俊婕 江 天 黄胜思	省第十四届运动会	2010.10	嘉兴
		4×100米混合泳接力	4分25秒19	詹文钦 吴宜珈 吴亿杭 吴宜珈	省十六届运动会	2018.09	湖州
游泳	儿童男子组11岁组	50米自由泳	26秒94	李禾濠	省第十四届运动会	2010.10	嘉兴
		100米自由泳	59秒11	李禾濠	省第十四届运动会	2010.10	嘉兴
		200米自由泳	2分24秒00	张炜拓	省少年儿童游泳比赛	1995.07	椒江

续表

大项	组别	项目	成绩	创造者	赛事名称	日期	地点
游泳	儿童男子组11岁组	400米自由泳	4分21秒40	刘海洋	省少年儿童游泳冠军赛	2016.08	温州
		800米自由泳	11分59秒70	王争昇	全国业余体校儿童游泳比赛	1988.08	舟山
		50米仰泳	30秒84	洪金权	全国少儿游泳锦标赛	2014.08	黄山
		100米仰泳	1分06秒78	陈恺涛	省少年儿童游泳锦标赛	2020.08	金华
		200米仰泳	2分47秒16	钦炜	省第二届青运会	1988.08	杭州
		50米蛙泳	34秒98	李志清	省少年儿童游泳冠军赛	2015.07	财经大学
		100米蛙泳	1分16秒07	金晨宇	省十五届运动会	2014.10	绍兴
		200米蛙泳	3分08秒53	林行洲	省第二届青运会	1988.08	杭州
		50米蝶泳	29秒09	李奕骏	省十五届运动会	2014.10	绍兴
		100米蝶泳	1分03秒80	赵梁州	省十五届运动会	2014.08	黄山
		200米个人混合泳	2分18秒19	马瑞麟	省少年儿童游泳冠军赛	2020.08	金华
		4×50米自由泳接力	1分51秒72	李奕骏 金晨宇 周涵哲 赵梁州	省十五届运动会	2014.10	绍兴
		4×100米自由泳接力	4分07秒39	陈靖杰 管铮豪 刘一诺 叶伟博	省十六届运动会	2018.09	湖州
		4×50米混合泳接力	2分05秒60	周涵哲 金晨宇 李奕骏 赵梁州	省十五届运动会	2014.10	绍兴

大项	组别	项目	成绩	创造者	赛事名称	日期	地点
游泳	儿童女子组11岁组	4×100米混合泳接力	4分40秒05	金呈 王兆洋 邱禹程 周睿杰	省少年儿童游泳冠军赛	2019.07	上虞
		50米自由泳	27秒23	吴卿风	省十五届运动会	2014.10	绍兴
		100米自由泳	59秒60	李欣谕	省少年儿童游泳冠军赛	2015.07	财经大学
		200米自由泳	2分19秒89	杨雨	省少年儿童游泳比赛	1996.07	浦江
		400米自由泳	4分20秒46	金自彤	省十三届运动会	2006.10	台州
		800米自由泳	11分19秒00	罗琳	全国业余体校儿童游泳比赛	1988.08	舟山
		50米仰泳	29秒96	支薇	省十五届运动会	2014.10	绍兴
		100米仰泳	1分03秒81	支薇	省十五届运动会	2014.10	绍兴
		200米仰泳	2分22秒35	白安琪	全国夏季游泳锦标赛	2004.09	杭州
		50米蛙泳	35秒02	余依婷	省少年儿童游泳冠军赛	2016.08	温州
游泳	儿童女子组11岁组	100米蛙泳	1分14秒22	吴佳莹	全国游泳锦标赛	2004.12	唐山
		200米蛙泳	2分36秒94	吴佳莹	全国游泳锦标赛	2004.12	唐山
		50米蝶泳	29秒71	姚佳	省十六届运动会	2018.09	湖州
		100米蝶泳	1分04秒29	姚佳	省十六届运动会	2018.09	湖州
		200米个人混合泳	2分18秒14	郑惠子	省十六届运动会	2018.09	湖州
		400米个人混合泳	5分06秒32	吴佳莹	全国夏季游泳锦标赛	2004.09	杭州
		4×50米自由泳接力	1分53秒00	金自彤 李欣 何雨哲 张天然	省十三届运动会	2006.10	台州

续表

大项	组别	项目	成绩	创造者	赛事名称	日期	地点
游泳	儿童女子组11岁组	4×100米自由泳接力	4分04秒74	金楚攸 俞淑文 隋家叶 姚佳	省十六届运动会	2018.09	湖州
		4×50米混合泳接力	2分06秒37	吴嘉涵 郑惠子 夏子雯 孙一丹	省十六届运动会	2018.09	湖州
		4×100米混合泳接力	4分42秒89	陈子涵 陈奕静 李紫倩 潘晨可	省少年儿童游泳冠军赛	2019.07	上虞
游泳	儿童男子组10岁及以下组	50米自由泳	27秒92	刘睿宇	省十六届运动会	2018.09	湖州
		100米自由泳	1分00秒00	刘睿宇	省十六届运动会	2018.09	湖州
		200米自由泳	2分30秒66	项黄伟	省少年儿童游泳比赛	1992.07	杭州
		400米自由泳	4分22秒68	刘睿宇	省十六届运动会	2018.09	湖州
		50米仰泳	31秒03	沈宸阅	省十六届运动会	2018.09	湖州
		100米仰泳	1分05秒90	沈宸阅	省十六届运动会	2018.09	湖州
		200米仰泳	2分54秒68	金辉华	省第二届青运会	1988.08	杭州
		50米蛙泳	36秒05	陈澄	省少年儿童游泳冠军赛	2020.08	金华
		100米蛙泳	1分18秒65	陈澄	省少年儿童游泳冠军赛	2020.08	金华
		200米蛙泳	3分08秒97	沈武	省第二届青运会	1988.08	杭州
		50米蝶泳	30秒33	吕焯铭	省少年儿童游泳冠军赛	2020.08	金华
		100米蝶泳	1分06秒29	陈禹竹	省十六届运动会	2018.09	湖州

大项	组别	项目	成绩	创造者	赛事名称	日期	地点
游泳	儿童男子组10岁及以下组	200米个人混合泳	2分20秒42	陈禹竹	省十六届运动会	2018.09	湖州
		4×50米自由泳接力	1分53秒92	周睿杰 马瑞麟 顾恩溯 陈禹竹	省十六届运动会	2018.09	湖州
		4×100米自由泳接力	4分11秒61	潘展乐 陈恩德 张挺辉 徐磊	省十五届运动会	2014.10	绍兴
		4×50米混合泳接力	2分07秒74	金呈 马瑞麟 陈禹竹 周睿杰	省十六届运动会	2018.09	湖州
		4×100米混合泳接力	5分53秒80	贝奇平 吴永忠 卓开平 张雷	舟山地区儿童游泳比赛	1982.08	定海
游泳	儿童女子组10岁组	50米自由泳	28秒14	李欣瑜	全国少儿游泳锦标赛	2014.08	黄山
		100米自由泳	1分00秒92	钱心安	全国少儿游泳锦标赛	2014.08	黄山
		200米自由泳	2分33秒63	陈桦	省少年儿童游泳比赛	1992.07	杭州
		400米自由泳	4分29秒95	钱心安	省十五届运动会	2014.10	绍兴
		50米仰泳	32秒21	张雯雯	省十五届运动会	2014.10	绍兴
		100米仰泳	1分08秒69	张雯雯	省十五届运动会	2014.10	绍兴
		200米仰泳	2分58秒87	单莺	省第二届青运会	1988.08	杭州
		50米蛙泳	36秒25	江呈璇	浙江省少儿游泳冠军赛	2019.07	上虞
		100米蛙泳	1分18秒09	汤静	省十五届运动会	2014.10	绍兴

续表

大项	组别	项目	成绩	创造者	赛事名称	日期	地点
		200米蛙泳	3分19秒00	杨群文	省少年儿童游泳比赛	1981.07	临海
		50米蝶泳	29秒77	李欣瑜	省十五届运动会	2014.10	绍兴
		100米蝶泳	1分05秒03	周蕴伊	省十六届运动会	2018.09	湖州
		200米个人混合泳	2分25秒40	钱心安	全国少儿游泳锦标赛	2014.08	黄山
	儿童女子组10岁组	4×50米自由泳接力	1分55秒02	汤静 周嘉玲 钱心安 谢宇涵	省十五届运动会	2014.10	绍兴
		4×100米自由泳接力	4分12秒04	张语轩 陈欣彤 金子晰 林亦晨	省十五届运动会	2014.10	绍兴
		4×50米混合泳接力	2分08秒50	张雯 卓怡汝 徐志杰 许艺凡	省十五届运动会	2014.10	绍兴
游泳		4×100米混合泳接力	4分50秒85	黎姿汝 江旻璇 毛奕菡 周哈米	省少年儿童游泳冠军赛	2019.07	上虞
		50米自由泳	29秒49	鲁星辰	省少年儿童游泳冠军赛	2020.08	金华
		100米自由泳	1分03秒52	邢诗语	省十五届运动会	2014.10	绍兴
游泳	儿童女子组9岁及以下组	400米自由泳	4分42秒49	毛奕菡	省十六届运动会	2018.09	湖州
		50米仰泳	33秒45	陈亦涵	省十六届运动会	2018.09	湖州
		100米仰泳	1分12秒40	陈亦涵	省十六届运动会	2018.09	湖州
		50米蛙泳	36秒97	江旻璇	省十六届运动会	2018.09	湖州

大项	组别	项目	成绩	创造者	赛事名称	日期	地点
游泳	儿童女子组9岁及以下组	100米蛙泳	1分20秒89	江昱璇	省十六届运动会	2018.09	湖州
		50米蝶泳	33秒00	许可心	省十六届运动会	2018.09	湖州
		100米蝶泳	1分10秒24	冯静静	省十五届运动会	2014.10	绍兴
		200米个人混合泳	2分31秒76	邢诗语	省十五届运动会	2014.10	绍兴
		4×50米自由泳接力	2分01秒65	陈亦涵 许可心 周晨希 张依灵	省十六届运动会	2018.09	湖州
		4×100米自由泳接力	4分48秒90	俞淑文 金楚炊 李治锦 胡晨	省36届少儿游泳锦标赛	2016.10	嘉兴
		4×50米混合泳接力	2分14秒91	毛奕菡 江昱璇 黎姿汝 廖子蓉	省十六届运动会	2018.09	湖州
举重	成年男子55公斤级	抓举	123公斤	沈霄霆	全国举重锦标赛	2019.01	开化
		挺举	146公斤	沈霄霆	全国举重锦标赛	2021.05	江山
		总成绩	269公斤	沈霄霆	全国举重锦标赛	2021.05	江山
举重	成年男子56公斤级	抓举	125公斤	沈霄霆	全国举重锦标赛	2015.04	开化
		挺举	152.5公斤	劳伟潮	全国举重冠军赛	2002.01	开化
		总成绩	275公斤	劳伟潮	全国锦标赛暨奥运选拔赛	2004.04	济南
举重	成年男子61公斤级	抓举	133公斤	陈叡	全国举重锦标赛	2020.04	开化
		挺举	155公斤	陈叡	第二届青年运动会	2019.08	太原

续表

大项	组别	项目	成绩	创造者	赛事名称	日期	地点
举重	成年男子62公斤级	总成绩	282公斤	陈嵌	全国青年锦标赛	2019.05	九江
		抓举	145公斤	毛晟	第十二届全运会举重决赛	2013.09	辽宁
		挺举	171公斤	石智勇	全国举重锦标赛	2012.04	苏州
		总成绩	315公斤	毛晟	全国举重冠军赛	2013.09	辽宁
举重	成年男子67公斤级	抓举	153公斤	冯吕栋	2019年世界举重锦标赛	2019.01	泰国
		挺举	180公斤	冯吕栋	2019年世界举重锦标赛	2019.01	泰国
		总成绩	333公斤	冯吕栋	2019年世界举重锦标赛	2019.01	泰国
举重	成年男子69公斤级	抓举	163公斤	石智勇	全国举重锦标赛	2018.04	宜昌
		挺举	198公斤	石智勇	第十三届全运会举重决赛	2017.08	天津
		总成绩	360公斤	石智勇	全国举重锦标赛	2018.04	宜昌
举重	成年男子73公斤级	抓举	170公斤	石智勇	第十四届全运会举重决赛	2021.09	陕西
		挺举	199公斤	石智勇	2020年全国举重锦标赛	2020.01	开化
		总成绩	365公斤	石智勇	第十四届全运会举重决赛	2021.09	陕西
举重	成年男子77公斤级	抓举	170公斤	粟迎	全国举重锦标赛	2015.04	开化
		挺举	207.5公斤	占旭刚	第27届奥运会	2000.09	悉尼
		总成绩	370公斤	粟迎	全国举重锦标赛	2015.04	开化
举重	成年男子81公斤级	抓举	158公斤	陆星宇	全国举重锦标赛	2021.05	江山
		挺举	190公斤	陆星宇	第十四届全运会举重决赛	2021.09	渭南
		总成绩	346公斤	陆星宇	全国举重锦标赛	2021.05	江山
举重	成年男子85公斤级	抓举	165公斤	范博翔	第十一届全运会举重决赛	2009.01	济南
		挺举	201公斤	潘呈旺	全国举重冠军赛	2008.11	北京

续表

大项	组别	项目	成绩	创造者	赛事名称	日期	地点
举重	成年男子94公斤级	总成绩	347公斤	栗迎	亚洲举重锦标赛	2016.04	撒马尔罕
		抓举	160公斤	范博翔	全国举重冠军赛	2007.11	重庆
		挺举	180公斤	范博翔	十三届省运会举重比赛	2006.01	台州
		总成绩	338公斤	范博翔	十三届省运会举重比赛	2006.01	台州
举重	成年男子96公斤级	抓举	165公斤	范博翔	第十一届全运会举重决赛	2009.01	济南
		挺举	201公斤	潘呈旺	全国举重冠军赛	2008.11	北京
		总成绩	347公斤	栗迎	亚洲举重锦标赛	2016.04	撒马尔罕
举重	成年男子105公斤级	抓举	158公斤	俞玮仪	第十六届省运会举重比赛	2018.07	湖州
		挺举	187.5公斤	杨尧祥	全国举重锦标赛	1998.04	壁山
		总成绩	342.5公斤	杨尧祥	全国举重锦标赛	1998.04	壁山
举重	成年男子105+公斤级	抓举	170公斤	张铖	全国举重锦标赛	2015.04	开化
		挺举	208公斤	施斌	第十二届全运会举重预赛	2013.03	淄博
		总成绩	375公斤	张铖	全国举重锦标赛	2015.04	开化
举重	青年男子组 18—20岁 52公斤级	抓举	105公斤	蒋豪	第十届青少年举重锦标赛	2010.06	宁波
		挺举	127.5公斤	鲍思仁	全国青年举重锦标赛	2001.07	南昌
		总成绩	231公斤	蒋豪	十四届省运会举重比赛	2010.09	桐乡
举重	青年男子组 18—20岁 56公斤级	抓举	123公斤	陈驹	全国举重锦标赛	2008.04	泉州
		挺举	150公斤	劳伟潮	全国举重锦标赛	2000.05	苏州
		总成绩	272.5公斤	劳伟潮	全国举重锦标赛	2000.05	苏州
举重	青年男子组 18—20岁 61公斤级	抓举	133公斤	陈嵌	全国举重锦标赛	2020.04	开化
		挺举	155公斤	陈嵌	第二届全国青年运动会	2019.08	太原
		总成绩	282公斤	陈嵌	全国青年锦标赛	2019.05	九江

续表

大项	组别	项目	成绩	创造者	赛事名称	日期	地点
举重	青年男子组 18—20岁 62公斤级	抓举	138公斤	韩忠	第十一届全运会举重决赛	2009.01	济南
		挺举	167公斤	韩忠	全国举重冠军赛	2009.11	新余
		总成绩	304公斤	韩忠	第十一届全运会举重决赛	2009.01	济南
举重	青年男子组 18—20岁 69公斤级	抓举	156公斤	唐德尚	第十一届全运会举重决赛	2009.01	济南
		挺举	185公斤	唐德尚	第十一届全运会举重决赛	2009.01	济南
		总成绩	341公斤	唐德尚	第十一届全运会举重决赛	2009.01	济南
举重	青年男子组 18—20岁 73公斤级	抓举	140公斤	毕瀚棋	全国青年举重锦标赛	2019.05	九江
		挺举	168公斤	毕瀚棋	全国青年举重锦标赛	2019.05	九江
		总成绩	308公斤	毕瀚棋	全国青年举重锦标赛	2019.05	九江
举重	青年男子组 18—20岁 77公斤级	抓举	160公斤	曹史佳峣	全国青年男女举重锦标赛	2015.06	新余
		挺举	190公斤	陈泰利	全国青年冠军赛	2003.09	秦皇岛
		总成绩	347.5公斤	陈泰利	全国青年冠军赛	2003.09	秦皇岛
举重	青年男子组 18—20岁 85公斤级	抓举	165公斤	范博翔	第十一届全运会举重决赛	2009.01	济南
		挺举	198公斤	潘呈旺	全国举重冠军赛	2007.11	重庆
		总成绩	352公斤	陆星宇	第十三届全运会决赛	2017.9	天津
举重	青年男子组 18—20岁 94公斤级	抓举	160公斤	范博翔	全国举重冠军赛	2007.11	重庆
		挺举	181公斤	陆星宇	十五届省运会举重比赛	2014.08	绍兴
		总成绩	338公斤	范博翔	十三届省运会举重比赛	2006.01	台州
举重	青年男子组 18—20岁 105+公斤级	抓举	166公斤	张铖	全国青年男女举重锦标赛	2014.03	新余
		挺举	205公斤	张铖	第十二届全运会举重预赛	2013.03	淄博
		总成绩	370公斤	张铖	第十二届全运会举重预赛	2013.03	淄博

续表

大项	组别	项目	成绩	创造者	赛事名称	日期	地点
举重	成年女子组48公斤级	抓举	84公斤	李欣桐	第十六届省运会举重比赛	2018.07	湖州
		挺举	109公斤	徐冬燕	第六届城运会预赛	2007.04	开封
		总成绩	192公斤	徐冬燕	第六届城运会预赛	2007.04	开封
举重	成年女子组53公斤级	抓举	95公斤	王秀芬	全国女子举重锦标赛	1998.04	郑州
		挺举	125公斤	王秀芬	全国女子举重锦标赛	1998.04	郑州
		总成绩	220公斤	王秀芬	全国女子举重锦标赛	1998.04	郑州
举重	成年女子组58公斤级	抓举	103公斤	李燕艳	第十一届全运会举重决赛	2009.01	济南
		挺举	128公斤	李燕艳	全国举重冠军赛	2008.11	顺义
		总成绩	230公斤	方丽红	全国锦标赛暨十运会预赛	2005.04	济南
举重	成年女子组63公斤级	抓举	102.5公斤	周伦美	全国锦标赛	2000.04	长沙
		挺举	132.5公斤	周伦美	全国锦标赛	2000.04	长沙
		总成绩	235公斤	周伦美	全国锦标赛	2000.04	长沙
举重	成年女子组69公斤级	抓举	108公斤	朱亚	第十二届全运会举重预赛	2013.04	长沙
		挺举	130公斤	朱亚	第十二届全运会举重预赛	2013.04	长沙
		总成绩	238公斤	朱亚	第十二届全运会举重预赛	2013.04	长沙
举重	成年女子组75公斤级	抓举	111公斤	林婷婷	全国女子举重锦标赛	2011.04	海南
		挺举	142公斤	林婷婷	全国女子举重锦标赛	2011.04	海南
		总成绩	253公斤	林婷婷	全国女子举重锦标赛	2011.04	海南
举重	成年女子组75+公斤级	抓举	115公斤	林宇	全国举重锦标赛	2007.05	合肥
		挺举	155公斤	林宇	全国举重锦标赛	2007.05	合肥
		总成绩	270公斤	林宇	全国举重锦标赛	2007.05	合肥

续表

大项	组别	项目		成绩	创造者	赛事名称	日期	地点
举重	青年女子组18—20岁44公斤级	抓举		66公斤	沈婷婷	全国青少年举重锦标赛	2008.03	宜春
		挺举		86公斤	毛倩倩	全国青年男女举重锦标赛	2013.04	鹰潭
		总成绩		151公斤	毛倩倩	全国青年男女举重锦标赛	2013.04	鹰潭
	青年女子组18—20岁48公斤级	抓举		84公斤	李欣桐	第十六届省运会举重比赛	2018.07	湖州
		挺举		109公斤	徐冬燕	第六届城运会预赛	2007.04	开封
		总成绩		192公斤	徐冬燕	第六届城运会预赛	2007.04	开封
	青年女子组18—20岁53公斤级	抓举		90公斤	董彩莲	五城会决赛	2003.01	长沙
		挺举		115公斤	吴璐婷	全国青年男女举重锦标赛	2015.06	新余
		总成绩		205公斤	吴璐婷	全国青年男女举重锦标赛	2015.06	新余
举重	青年女子组18—20岁58公斤级	抓举		98公斤	吕陆莹	全国青年举重锦标赛	2013.04	鹰潭
		挺举		128公斤	李燕艳	全国举重冠军赛	2008.11	顺义
		总成绩		223公斤	李燕艳	全国举重冠军赛	2008.11	顺义
	青年女子组18—20岁63公斤级	抓举		100公斤	朱亚	全国举重冠军赛	2011.01	苍山
		挺举		120公斤	姚建琴	全国女子举重锦标赛	1998.04	郑州
		总成绩		215公斤	姚建琴	全国女子举重锦标赛	1998.04	郑州
	青年女子组18—20岁69公斤级	抓举		108公斤	朱亚	第十二届全运会举重预赛	2013.04	长沙
		挺举		130公斤	朱亚	第十二届全运会举重预赛	2013.04	长沙
		总成绩		238公斤	朱亚	第十二届全运会举重预赛	2013.04	长沙
举重	青年女子组18—20岁75公斤级	抓举		111公斤	林婷婷	全国女子举重锦标赛	2011.04	海南
		挺举		142公斤	林婷婷	全国女子举重锦标赛	2011.04	海南
		总成绩		253公斤	林婷婷	全国女子举重锦标赛	2011.04	海南

续表

大项	组别	项目		成绩	创造者	赛事名称	日期	地点
	青年女子组18—20岁75+公斤级	抓举		115公斤	林宇	全国女子锦标赛	2007.05	合肥
		挺举		155公斤	林宇	全国女子锦标赛	2007.05	合肥
		总成绩		270公斤	林宇	全国女子锦标赛	2007.05	合肥
射击	成年组	男子50米步枪卧射60发	资格赛	629.3环	赵中豪	全国射击团体锦标赛（步枪项目）	2019.07	长兴
			决赛	228.8环	康宏伟	第十三届全运会	2017.08	天津
			团体赛	1865.6环	朱启南 赵中豪 沈铮宇	全国射击团体、个人锦标赛	2017.07	天津
		男子50米步枪3种姿势	资格赛	1183环	周靖翟	全国射击团体锦标赛（步枪项目）	2019.07	长兴
			决赛	462.2环	沈铮宇	全国射击团体冠军赛	2018.03	莆田
			团体赛	3515环	赵中豪 周靖翟 钱学超	全国射击锦标赛（步枪项目）	2021.06	成都
		男子50米手枪慢射60发	资格赛	570环	余亮	全国射击锦标赛冠军赛	2011.05	上海
			决赛	/	/	/	/	/
			团体赛	1676环	庹克令 江定 徐晓荣	全国射击分项赛（手枪）	1985.11	上海
射击	成年组	男子25米手枪速射（8"6"4"）	资格赛	593环	林俊敏	全国射击冠军赛	2018.01	莆田
			决赛	36中	林俊敏	全国射击团体个人锦标赛	2017.07	天津
			团体赛	1725环	林俊敏 杨奇剑 应艺杰	全国射击团体个人锦标赛	2018.06	南京
		男子25米标准手枪	资格赛	577环	林俊敏	全国射击个人锦标赛（手枪项目）	2019.06	莆田

续表

大项	组别	项目		成绩	创造者	赛事名称	日期	地点
射击	成年组	男子10米气步枪60发	团体赛	1646环	陈澳博 林鸿麒 陈炫斌	全国射击团体锦标赛（手枪项目）	2019.07	成都
			资格赛	629.9环	钱学超	全国射击团体个人锦标赛	2015.07	郑州
			决赛	252.8环	余浩楠	射击世界杯	2019.08	巴西
			团体赛	1882.9环	余浩楠 王岳丰 林航馨	2021年全国射击锦标赛（步枪）	2021.06	成都
		男子10米气手枪60发	资格赛	589环	余亮	全国射击锦标赛	2010.06	昆明
			决赛	216.7环	徐文奇	第二届全国青年运动会射击项目预赛（手枪项目）	2019.05	南昌
			团体赛	1737环	余亮 徐冬冬 朱周强	全国射击团体锦标赛	2012.09	郑州
		女子50米步枪卧射60发	资格赛	625.8环	陈芳	全国射击团体锦标赛（步枪项目）	2019.07	长兴
			团体赛	1849.4环	陈芳 徐红 陈瑞颖	全国射击团体个人锦标赛（步枪项目）	2015.07	郑州
		女子50米步枪3种姿势	资格赛	1178环	陈芳	全国射击个人锦标赛（步枪项目）	2019.06	长兴
		女子50米步枪3种姿势	决赛	456.6环	徐红	第52届世锦赛（青年组）	2018.09	韩国
		女子50米步枪3种姿势	团体赛	3487环	陈芳 徐红 张巧颖	全国射击团体个人锦标赛	2018.06	长兴
			资格赛（3×20）	593环	邱烨晗	世界杯赛	2017.06	阿塞拜疆

续表

大项	组别	项目	成绩类型	成绩	创造者	赛事名称	日期	地点
		女子25米运动手枪60发	团体赛（3×20）	1752环	王成意 陈芳 陈晓琴	全国射击团体锦标赛	2012.09	南京
			资格赛	588环	吴逸婧	全国系列赛总决赛	2002.01	济南
			决赛	34中	裴丹泓	青年世界杯	2018.06	德国
		女子10米气步枪60发	团体赛	1733环	吴逸婧	全国射击锦标赛	2003.07	湖北
			资格赛	634.4环	徐秋月 杨静	第十四届全国运动会射击（步手枪）项目	2021.09	西安
			决赛	253.3环	王芝琳		2021.09	西安
		女子10米气步枪40发	团体赛	1892.4环	杨倩 王芝琳 韩佳子	第十四届全国运动会射击（步手枪）项目	2021.09	西安
			资格赛	420.9环	王璐瑶	全国射击冠军赛	2016.05	南昌
			团体赛	1251.7环	张巧颖 邱烨晗 徐红	全国射击团体、个人锦标赛（步枪项目）	2016.09	南昌
射击	成年组	女子10米气手枪60发	资格赛	581环	卢恺曼	全国冠军赛华东区分站赛	2019.04	蚌埠
			决赛	237.2环	卢恺曼	第二届全国青年运动会射击项目预赛	2019.05	南昌
		女子10米气手枪40发	团体赛	1716环	卢恺曼 冯思璇 龚欣媛	第二届全国青年运动会（手枪项目）	2019.08	太原
			资格赛	388环	盛捷	第六届全国城运会决赛	2007.11	武汉

续表

大项	组别	项目		成绩	创造者	赛事名称	日期	地点
射击	成年组	10米气步枪混合团体	团体赛	1140环	吴逸婧 陈　飞 盛　捷	全国射击团体锦标赛	2006.06	南京
			资格赛第一阶段	629.6环	王芝琳 王岳丰	第十四届全国运动会射击（步手枪）项目	2021.09	西安
		10米气手枪混合团体	资格赛第二阶段	419.7环	王芝琳 王岳丰	第十四届全国运动会射击（步手枪）项目	2021.09	西安
			资格赛第一阶段	578-22x	冯思璇 刘军辉	第十四届全国运动会射击（步手枪）项目	2021.09	西安
			资格赛第二阶段	385-11x	冯思璇 刘军辉	第十四届全国运动会射击（步手枪）项目	2021.09	西安
射击	青少年甲组	男子50米步枪卧射60发	资格赛	620.5环	沈铮宇	全国青少年射击锦标赛	2014.07	南昌
			决赛	248.3环	丁张航	浙江省青少年射击冠军赛	2018.04	长兴
		男子50米步枪3种姿势	团体赛	1836.3环	王敏涛 戴学峰 徐源男	浙江省第十六届运动会	2018.08	长兴
			资格赛	1169环	沈铮宇	浙江省第十五届省运会	2014.01	绍兴
			决赛	459.2环	王敏涛	浙江省青少年射击冠军赛	2019.04	长兴
		男子50米手枪慢射60发	团体赛	3460环	柴泽远 沈铮宇 朱裕杰	浙江省第十五届省运会	2014.01	绍兴
			资格赛	564环	王哲昊	浙江省青少年射击锦标赛	2016.11	长兴
			决赛	238.8环	陈川棋	浙江省青少年射击冠军赛	2017.03	长兴

续表

大项	组别	项目		成绩	创造者	赛事名称	日期	地点
		男子25米手枪速射（8"6"4"）	团体赛	1612环	涂凌浩 洪翔 吴伟浩	浙江省第十六届运动会	2018.08	长兴
			资格赛	588环	沈潮芳	第七届城动会预赛（手枪）	2011.07	南京
			决赛	28中	曾成仁	浙江省第十五届省运会	2014.01	绍兴
			团体赛	1667环	王钧振 楼高翔 毛艺杰	全国U18射击锦标赛	2019.01	南京
		男子25米标准手枪	资格赛	573环	陈澳博	全国射击个人锦标赛	2019.06	莆田
			团体赛	1627环	陈双屹 毛艺杰 陈跃	浙江省青少年射击锦标赛	2020.08	长兴
		男子10米气步枪60发	资格赛	629.1环	江轩乐	全国射击个人锦标赛	2019.06	长兴
			决赛	248.9环	朱烨栋	浙江省青少年射击冠军赛	2021.07	长兴
		男子10米气步枪60发	团体赛	1869.4环	钱学超 王岳丰 赵中蒙	第一届全国青年运动会	2015.01	莆田
射击	青少年甲组	男子10米气手枪60发	资格赛	584环	张钰	第二届全国青年运动会	2019.08	太原
			决赛	242.5环	张钰	全国青少年射击锦标赛	2019.01	宝鸡
			团体赛	1732环	钱方恒 徐浩望 李世界	全国青少年射击锦标赛	2015.06	南昌
射击	青少年甲组	女子50米步枪3种姿势	资格赛（3×40）	1171环	俞正欣	第二届全国青年运动会射击项目预赛（步枪项目）	2019.06	太原
			决赛	457.9环	郑前	浙江省青少年射击锦标赛	2019.07	长兴

续表

大项	组别	项目		成绩	创造者	赛事名称	日期	地点
			团体赛（3×40）	3464环	刘 畅 俞芷欣 韩佳子	全国青少年射击锦标赛	2019.01	南昌
			资格赛（3×20）	583环	张巧颖	浙江省青少年射击锦标赛	2014.08	绍兴
			团体赛（3×20）	1735环	徐 红 张巧颖 王璐瑶	全国青少年锦标赛	2014.08	郑州
		女子50米步枪卧射60发	资格赛	620.3环	刘 畅	全国冠军赛华东区分站赛	2019.04	蚌埠
		女子25米手枪60发	资格赛	587环	冯思璇	全国射击个人锦标赛	2019.06	莆田
			决赛	36中	冯思璇	第二届全国青年运动会	2019.08	太原
			团体赛	1742环	龚欣媛 冯思璇 周 蕙	第二届全国青年运动会	2019.08	太原
		女子10米气步枪	资格赛（60发）	634.4环	王芝琳	第十四届全国运动会射击（步手枪）项目	2021.09	西安
			资格赛（40发）	420.0环	张巧颖	第一届全国青年运动会	2015.01	莆田
			决赛	253.3环	王芝琳	第十四届全国运动会射击（步手枪）项目	2021.09	西安
射击	青少年甲组	女子10米气步枪	团体赛（60发）	1871.6环	王芝琳 刘 畅 郑嘉怡	第二届全国青年运动会	2019.08	太原
			团体赛（40发）	1248.6环	张巧颖 徐 红 杨 倩	第一届全国青年运动会	2015.01	莆田

续表

大项	组别	项目		成绩	创造者	赛事名称	日期	地点
射击	青少年甲组	女子10米气手枪	资格赛（60发）	579环	林雅茜	浙江省青少年射击冠军赛	2020.08	长兴
			资格赛（40发）	388环	盛 捷	第六届城运会决赛	2007.11	武汉
			决赛	242.1环	冯思璇	浙江省青少年射击锦标赛	2019.07	长兴
			团体赛（60发）	1688环	龚欣媛 周蕙 霜	浙江省青少年射击锦标赛	2019.07	长兴
			团体赛（40发）	1127环	卢恺曼 诸欢烁 徐甜甜	全国青少年射击锦标赛	2015.06	南昌
		10米气步枪混合团体	资格赛第一阶段	620.9环	黄雨婷 徐少泽	浙江省青少年射击冠军赛	2021.07	长兴
			资格赛第二阶段	412.2环	黄雨婷 徐少泽	浙江省青少年射击冠军赛	2021.07	长兴
			资格赛第一阶段	574-17x	孙瑜洁 章赢涛	浙江省青少年射击冠军赛	2021.07	长兴
			资格赛第二阶段	384-8x	郭柳华 莫方剑	浙江省青少年射击冠军赛	2021.07	长兴
射击	青少年乙组	男子10米气步枪60发	资格赛	625.8环	王佳祎	全国U18射击锦标赛	2019.01	南京
			决赛	246.6环	周健峰	浙江省青少年射击锦标赛	2018.07	长兴
			团体赛	1858.9环	徐源男 俞泽元 丁张航	浙江省青少年射击锦标赛	2015.08	长兴
		男子50米步枪卧射60发	资格赛	620.0环	沈宇辰	浙江省青少年射击冠军赛	2020.08	长兴
			决赛	247.1环	鲍作坤	浙江省第十六届运动会	2018.08	长兴

大项	组别	项目		成绩	创造者	赛事名称	日期	地点
		男子50米步枪3种姿势	团体赛	1832.7环	沈宇辰 马俊杰 朱天宇	浙江省第十六届运动会	2018.08	长兴
			资格赛(3×40)	1169环	沈宇辰	浙江省青少年射击冠军赛	2020.08	长兴
			资格赛(3×20)	581环	吴森泽	浙江省第十五届省运会	2014.01	绍兴
			决赛	454.2.环	沈宇辰	浙江省青少年射击冠军赛	2020.08	长兴
			团体赛(3×40)	3348环	周林彬 周韬 王旭东	浙江省青少年射击锦标赛	2020.08	长兴
			团体赛(3×20)	1722环	余浩楠 王岳丰 徐哲磊	浙江省青少年射击锦标赛	2014.08	绍兴
		男子50米手枪慢射60发	资格赛	543环	邵泽宇	浙江省第十五届省运会	2014.01	绍兴
			决赛	222.8环	刘军辉	浙江省第十六届运动会	2018.08	长兴
			团体赛	1605环	刘军辉 夏钺庭 张钰	浙江省第十六届运动会	2018.08	长兴
	青少年乙组	男子10米气手枪60发	资格赛	581环	钱方恒	全国射击团体个人锦标赛	2014.01	南昌
			决赛	242.9环	张曹帅	浙江省青少年射击锦标赛	2018.07	长兴
射击			团体赛	1709环	夏钺庭 张钰 刘军辉	浙江省青少年射击锦标赛	2018.07	长兴

续表

大项	组别	项目		成绩	创造者	赛事名称	日期	地点
		男子25米手枪速射	资格赛（8"6"4"）	582环	姚家楠	浙江省青少年射击冠军赛	2021.07	长兴
			资格赛（8"6"4"）	582环	陈澳博	浙江省第十六届运动会	2018.08	长兴
			决赛	26中	陈澳博	全国青少年射击锦标赛	2019.01	宝鸡
			团体赛（8"6"4"）	1646环	陈泓宇 陈泓臻 丁颢	浙江省青少年射击锦标赛	2020.08	长兴
			团体赛（8"6"4"）	1700环	张誉严 毛艺杰 陈炫斌	浙江省青少年射击锦标赛	2016.11	长兴
射击	青少年乙组	男子25米标准手枪	资格赛	573环	陈澳博	全国射击个人锦标赛（手枪项目）	2019.06	莆田
			团体赛	1611环	丁颢 陈泓臻 陈泓宇	浙江省青少年射击锦标赛	2020.08	长兴
		女子50米步枪3种姿势	资格赛（3×40）	1165环	王子菲	浙江省青少年射击冠军赛	2020.08	长兴
			团体赛（3×40）	3428环	朱可馨 范盈盈 王芝琳	浙江省青少年射击锦标赛	2020.08	长兴
			决赛	458环	王子菲	浙江省青少年射击冠军赛	2020.08	长兴
射击	青少年乙组	女子50米步枪3种姿势	资格赛（3×20）	583环	张巧颖	浙江省青少年射击锦标赛	2014.08	绍兴

续表

大项	组别	项目	成绩	创造者	赛事名称	日期	地点
		女子10米气步枪	团体赛（3×20）	1735环	徐　红 张巧颖 王璐瑶	全国青少年锦标赛	2014.08	郑州
			资格赛（60发）	632.4环	王子菲	浙江省青少年射击冠军赛	2021.07	长兴
			资格赛（40发）	418.7环	杨　倩	浙江省青少年射击锦标赛	2015.08	长兴
			决赛	250.8环	王子菲	浙江省青少年射击冠军赛	2021.07	长兴
			团体赛（60发）	1878.9环	黄雨婷 王子菲 鲍佳滴	全国U18射击锦标赛	2019.01	南京
			团体赛（40发）	1240.7环	刘　畅 郑　前 许　芸	浙江省青少年锦标赛	2018.07	长兴
		女子10米气手枪	资格赛（60发）	575环	吕明芳	浙江省少年射击锦标赛	2020.08	长兴
			团体赛（60发）	1708环	林雅茜 孙瑜洁 楼芊里	第二届全国青年运动会射击项目预赛（手枪项目）	2019.05	南昌
			决赛	240.5环	林雅茜	全国冠军赛华东区分站赛	2019.04	蚌埠
			资格赛（40发）	384环	冯思璇 郭柳华	浙江省青少年射击锦标赛	2018.07	长兴
			团体赛（40发）	1112环	虞姚瑶 柳　燕 程哲露	浙江省第十五届省运会	2014.01	绍兴

续表

大项	组别	项目		成绩	创造者	赛事名称	日期	地点
射击	青少年乙组	女子25米运动手枪60发	资格赛	583环	陈伟芬	城运会预赛	1991.05	南昌
			团体赛	1685环	虞文霞 张嘉恩 陆赛芳	浙江省青少年射击锦标赛	2020.08	长兴
			决赛	35中	张嘉恩	浙江省青少年射击冠军赛	2020.08	长兴
		女子25米运动手枪慢射60发	资格赛	577环	柳燕	浙江省青少年射击锦标赛	2014.08	绍兴
			团体赛	1694环	虞姚瑶 蒋烨煊 程哲露	浙江第十五届省运会	2014.01	绍兴
		10米气步枪混合团体	资格赛第一阶段	616.4环	王辰熙 吴谦	浙江省青少年射击冠军赛	2021.07	长兴
			资格赛第二阶段	411环	王辰熙 吴谦	浙江省青少年射击冠军赛	2021.07	长兴
		10米气手枪混合团体	资格赛第一阶段	561-16x	张佳慧 俞泓材	浙江省青少年射击冠军赛	2021.07	长兴
			资格赛第二阶段	374-8x	魏妙 王毅周	浙江省青少年射击冠军赛	2021.07	长兴
射击	青少年丙组	男子10米气步枪	资格赛（60发）	618.9环	黄李万林	浙江省青少年射击冠军赛	2021.07	长兴
			团体赛（60发）	1824.8环	刘诺谦 吴谦 佘吴辰	浙江省青少年射击锦标赛	2020.08	南京
			资格赛（40发）	417.8环	吴浩天	浙江省青少年射击冠军赛	2018.04	长兴

续表

大项	组别	项目		成绩	创造者	赛事名称	日期	地点
射击	青少年丙组	男子50米步枪3种姿势	团体赛（40发）	1226.3环	戴昊燃 陈宇杰 翁韩逸	浙江省第十六届运动会	2018.08	长兴
			资格赛（3×20）	572环	周林彬	浙江省青少年射击锦标赛	2019.07	长兴
			团体赛（3×20）	1614环	周林彬 周韬 郑意炀	浙江省青少年射击锦标赛	2019.07	长兴
		男子50米步枪卧射60发	资格赛	618.7环	沈宇辰	全国冠军赛华东区分站赛	2019.04	蚌埠
			团体赛	1789.3环	倪臻 李查德 黄晨展	浙江省青少年射击锦标赛	2019.07	长兴
		男子10米气手枪	资格赛（60发）	569环	陈启涵	浙江省青少年射击冠军赛	2019.04	长兴
			资格赛（40发）	379环	包泽涵	浙江省十三届运动会	2006.01	黄岩
			团体赛（60发）	1648环	姜恩典 翁舒亮 朱玉衡	浙江省青少年射击锦标赛	2020.08	长兴
		男子10米气手枪	团体赛（40发）	1121环	周天歌 胡锦晖 马桢波	浙江省青少年射击锦标赛	2014.08	绍兴
		男子25米标准手枪	资格赛（30发）	286环	杨宇浩	浙江省青少年射击冠军赛	2020.08	长兴
			团体赛（30发）	813环	张宜语 姚家楠 黄俊杰	浙江省青少年射击锦标赛	2020.08	长兴

大项	组别	项目	成绩		创造者	赛事名称	日期	地点
		女子10米气步枪	资格赛（60发）	632.8环	黄雨婷	全国U18射击锦标赛	2019.01	南京
			团体赛（60发）	1845.9环	王子菲 邹姗影 赵许诺	浙江省青少年射击锦标赛	2020.08	长兴
射击	青少年丙组		资格赛（40发）	418.7环	王芝琳	浙江省第十六届运动会	2018.08	长兴
			团体赛（40发）	1243.7环	王芝琳 范盈盈 朱可馨	浙江省第十六届运动会	2018.08	长兴
射击	青少年丙组	女子50米步枪3种姿势	资格赛（3×20）	586环	王子菲	浙江省青少年射击锦标赛	2020.08	长兴
			团体赛（3×20）	1704环	王子菲 赵许诺 李晨绮	浙江省青少年射击锦标赛	2020.08	长兴
		女子10米气手枪	资格赛（60发）	558环	吕明芳	浙江省青少年射击锦标赛	2019.07	长兴
			团体赛（60发）	1628环	黄心蕾 徐恺陵 肖毛彤欣	浙江省青少年射击锦标赛	2020.08	长兴
射击	青少年丙组		资格赛（40发）	380环	孔繁祥	浙江省射击冠军赛	2010.03	杭州
			团体赛（40发）	1119环	储储 沈天慧 金韵儿	浙江省青少年射击锦标赛	2014.08	绍兴

续表

大项	组别	项目		成绩	创造者	赛事名称	日期	地点
射击	青少年丙组	女子25米手枪慢射20+20	资格赛	382环	吕明芳	浙江省青少年射击锦标赛	2019.07	长兴
			团体赛	1105环	虞文霞 汪进美 吴柏怡	浙江省青少年射击锦标赛	2019.07	长兴
		10米气步枪混合团体	资格赛第一阶段	617.1环	李晨绮 毛徐豪	浙江省青少年射击冠军赛	2021.07	长兴
			资格赛第二阶段	413.1环	邹树影 汪鼎睿麟	浙江省青少年射击冠军赛	2021.07	长兴
		10米气手枪混合团体	资格赛第一阶段	561–12x	杨裔恩 王天佑	浙江省青少年射击冠军赛	2021.07	长兴
			资格赛第二阶段	372–5x	杨裔恩 王天佑	浙江省青少年射击冠军赛	2021.07	长兴
航海模型	甲类	F1-V3.5级		11秒7	冯锐	第九届世界航海模型锦标赛	1995.03	波兰
		F1-V6.5级		11秒3	潘磊	第一届全国体育大会	2000.05	宁波
		F1-V15级		10秒5	冯锐	第一届全国体育大会	2000.05	宁波
		F3-V级		14秒7	王品超	全国航海模型锦标赛	2021.10	丽水
		F3-E级		13秒22	王品超	世界航海模型锦标赛	2019.08	意大利
		F1-E<1kg		10秒3	潘磊	世界航海模型锦标赛	2013.08	比利时
航海模型	乙类	F1-V3.5级		12秒1	张航	浙江省第十二届运动会	2002.07	温州
		F1-E<1kg		10秒51	季温豪	2015年世界航海模型锦标赛(青少年组)	2015.08	波兰
		F3-V级		16秒6	史玮玮	浙江省第十二届运动会	2002.07	温州
		F3-E级		16秒78	王品超	省青少年航海模型锦标赛	2015.01	杭州

附 录

2021年度浙江体育系统获国家级表彰名单

一、全国三八红旗手

杨倩、陈雨菲

二、中国青年五四奖章(个人)

杨倩、汪顺、王懿律、陈雨菲、管晨辰

三、全国体育系统先进集体(浙江省):

浙江体育职业技术学院羽毛球队、宁波市第二少年儿童业余体育学校(宁波市重竞技训练基地、宁波市体育训练工作大队)、浙江省射击队

四、全国体育系统先进工作者(浙江省):

潘旦旦(女)、杨　倩(女)、石智勇、汪　顺、王懿律、陈雨菲(女)、管晨辰(女)、郑思维、黄雅琼(女)、徐嘉余

五、2017—2020年度全国群众体育先进单位名单(浙江省):

杭州市体育总会、杭州市体育事业发展中心、杭州市陈经纶体育学校、杭州市羽毛球协会、桐庐县文化和广电旅游体育局、淳安县文化和广电旅游体育局、杭州市上城区社会体育指导中心、杭州市拱墅区体育中心、杭州市富阳区体育中心、杭州市临安区文化旅游体育服务中心、杭州舒适堡健身美容有限公司

宁波市体育总会、宁波市江北区慈城镇、宁波市镇海区体育总会、宁波市北仑区文化和广电旅游体育局、宁波市奉化区文化和广电旅游体育局、余姚市梁弄镇、宁海县跃龙街道、象山县晓塘乡青山头村、宁波市老年人体育协会、宁波市自然资源和规划局建筑与风貌管理处、宁波市鄞江中学

温州市体育局、温州市社会体育指导中心、温州市鹿城区、温州市瓯海区吕志武游泳俱乐部、温州市洞头区文化和广电旅游体育局、乐清市体育事业发展中心、永嘉县文化和广电旅游体育局、泰顺县旅游和体育事业发展中心、温州市风筝协会、龙港市体育联合会、温州杜克体育发展有限公司

湖州市体育局、湖州市第一人民医院、湖州市吴兴区文化和广电旅游体育局、湖州市南浔区文化和广电旅游体育局、德清县莫干山镇、长兴县文化和广电旅游体育局、安吉县文化和广电旅游体育局、湖州市南太湖新区旅游发展局

嘉兴市体育局、嘉兴市秀城实验教育集团、嘉兴市秀洲区教育体育局、嘉善县姚庄镇、平湖市文化和广电旅游体育局、海盐县通元镇、鸿翔控股集团有限公司、桐乡市洲泉镇、嘉兴市游泳运动协会

绍兴市体育局、绍兴市鲁迅小学教育集团、绍兴市柯桥区教育体育局、绍兴乔波冰雪世界体育发展有限公司、绍兴市上虞区教育体育局、绍兴市上虞区章镇镇、诸暨市大唐街道杨家楼村、嵊州市围棋协会、新昌县老年人体育协会

金华市体育局、金华市婺城区文化和旅游体育局、兰溪市文化和广电旅游体育局、东阳市文化和广电旅游体育局、义乌市文化和广电旅游体育局、永康市太极拳协会、金华市幼儿体育协会、金华市游泳协会、浙江章兰朵朵文化传媒有限公司、金华市奕奕健身服务有限责任公司

衢州市柯城区自行车运动协会、衢州市衢江区文化和广电旅游体育局、龙游县文化和广电旅游体育局、江山市教育局、常山县文化和广电旅游体育局、开化县体育中心、衢州市财政局科教文处、衢州市体育局、衢州市足球协会

舟山市体育中心（舟山市全民健身中心）、舟山市定海区第五中学、舟山市普陀区文化和广电旅游体育局、岱山县体育发展中心、嵊泗县足球协会

台州市社会体育指导中心、台州市老年人体育协会、浙江鸵鸟足球文化发展有限公司、台州国际文武学校、台州市椒江区文化和广电旅游体育局、台州市黄岩区上垟乡、温岭市体育事业发展中心、玉环市体育事业发展中心、天台县体育事业发展中心、三门县文化和广电旅游体育局

丽水市体育发展服务中心、丽水市景宁畲族自治县秋炉乡、浙江青田乐园旅游开发有限公司、丽水市莲都区文化和广电旅游体育局、松阳县文化和广电旅游体育局、浙江优赞文化体育发展有限公司、丽水市轮滑和冰雪运动协会、丽水市莲都区处州中学、丽水市航海模型协会

浙江省发展和改革委员会社会处、浙江省住房和城乡建设厅城市建设处、浙江省直属机关文体协会、浙江省智力运动管理中心、浙江《体坛报》社有限责任公司、浙江稠州职业篮球俱乐部有限公司、浙江省体育总会、浙江省足球协会、浙江省武术协会、浙江省马拉松及路跑协会

中国残疾人联合会：绍兴市残疾人联合会

中国老年人体育协会：浙江省老年人体育协会

中国金融体育协会：浙江证监局工会羽毛球兴趣小组

中国篮球协会：浙江省衢州市柯城区华腾青少年体育俱乐部

中国田径协会：浙江省绍兴市上虞区

中国空手道协会：浙江省空手道协会

中国垒球协会：浙江省棒垒球协会

中国救生协会：浙江省水上救生协会

中国游泳协会：浙江省游泳协会

中国蹦床与技巧协会：宁波市镇海区文化和广电旅游体育局、杭州佑嘉体育文化创意有限公司

中国健美操协会：江山市体育局

中国掷球协会：衢州市地掷球协会

中国航空运动协会：浙江省航空运动协会

中国无线电和定向运动协会:浙江省模型无线电运动协会

中国国际跳棋协会:杭州智力运动学校

中国围棋协会:浙江省衢州市柯城区、浙江省湖州市长兴县

中国国际象棋协会:宁波市鄞州区文化和广电旅游体育局

中国桥牌协会:宁波市江北区体育局

中国门球协会:浙江省门球协会

中国风筝协会:浙江省岱山县文化和广电旅游体育局

中国台球协会:嘉兴市台球运动协会

中国飞镖协会:舟山市文化和广电旅游体育局

税务总局:国家税务总局宁波市税务局政策法规处

其他方面:浙江省幼儿体育协会

六、2017—2020年度全国群众体育先进个人名单(浙江省):

王黎、李向、俞祥海、祝水军、吴文兵、沈华锋、应宁浩、徐跃进、何家壁、金新生、柳伟、姚波、李丰、顾利鸥、顾飞舟、李瑜、俞学丰、林海、崔鲁勇、张志宏、邓晓峰、吴刚、黄声波、李正哨、翁定波、陈晓明、卓世杰、朱丰、洪延艳(女)、蔡滨斌、陈新国、刁志龙、沈建新、邵慧芳(女)、李娴(女)、项志萍(女)、徐冲、周翠英(女)、盛寒胜、李钢、王忠伟、凤豪鹏、陆燕(女)、吴海明、谢向前、丁月刚、成诚、蔡建红(女)、戚梦蛟、王剑萍(女)、王新忠、涂燕玲(女)、徐宏滨、于强、汪洋、吴顽强、傅君、蔡健、斯海、戴赛国、李建、邵银建(女)、何晓琴(女)、楼邦伟、李春生、徐建伟、李基相、方威畏、缪冬、李仲仪、卢颖才、潘淑丹(女)、洪军武、张载荣、余红霞(女)、姜金宇、叶林青、方平、周功斌、阙文伟、周成建、朱建伟、高伟森、李勇波、王成云、马素萍(女)、许勇、陈嵘(女)、徐杰、李慧辉(女)、江松强、黄拥军

中国石化体育协会:程锡平(女)

其他方面:赵江平

2021年度浙江体育系统获省级表彰名单

一、浙江省模范集体称号单位

浙江省射击射箭自行车运动管理中心 浙江体育职业技术学院大球系

二、浙江省劳动模范称号人员

杨 倩(女)	国家射击队运动员	王懿律	国家羽毛球队运动员
陈雨菲(女)	国家羽毛球队运动员	管晨辰	国家体操队运动员
葛宏砖	国家射击队教练员	邵国强	国家举重队教练员
夏煊泽	国家羽毛球队教练员	蒋国良	国家羽毛球队教练员
徐惊雷(女)	国家体操队教练员	余依婷(女)	浙江省游泳队运动员
何峻毅	浙江省游泳队运动员	洪金权	浙江省游泳队运动员
毛飞廉	浙江省游泳队运动员	李广源	浙江省游泳队运动员

千智勇　浙江省游泳队运动员　汪海波　浙江省游泳队教练员

唐　宏　浙江省帆船队教练员　王　伟　浙江体育职业技术学院游泳系主任

赵伟军　浙江省水上运动管理中心副书记、副主任、省帆船帆板队总教练

朱晓波　浙江省射击射箭自行车运动管理中心副主任

三、第32届奥运会浙江省政府给予集体一等功

浙江省体育局、浙江体育职业技术学院、宁波市体育局

四、第32届奥运会浙江省政府给予个人一等功

汪顺、石智勇、郑思维、黄雅琼、徐嘉余、万济圆、朱志根、王琳、桑洋、王艳、楼霞、顾佳晴、孟关良、张小平、庄晓鹏

五、第32届奥运会浙江省政府给予个人二等功

余依婷、吴卿风、谢震业、林俊敏、李冬鉴、王楠、朱梦惠、柳雅欣、王丛康、徐惠琴、陶嵘、汪海波、陶剑荣、薛思秀、王建江、金涛、张涛、沈异、周春龙、黎培仕、沈建军

六、第14届全运会浙江省政府给予集体一等功

浙江省体育局、浙江体育职业技术学院、浙江省水上运动管理中心、浙江省射击射箭自行车运动管理中心

七、第14届全运会浙江省政府给予集体二等功

浙江职业足球俱乐部、浙江省智力运动管理中心

八、第14届全运会浙江省政府给予嘉奖

浙江省足球协会、浙江省龙舟协会

九、第14届全运会浙江省政府给予通报表扬

浙江省棋类协会、浙江省地掷球协会、浙江省轮滑协会

十、第14届全运会浙江省政府给予个人一等功

汪顺、徐嘉余、叶诗文、沈加豪、吴卿风、王丛康、杨倩、王芝琳、朱志根、楼霞、陶嵘、杨帆、李雪刚、郑坤良、桑洋、于诚、黄和俭、葛宏砖、方炎辉、王孺牛、顾波

十一、第14届全运会浙江省政府给予个人二等功

张欣怡、张清颖、黄卓凡、金孝轩、杨佳敏、陈雨菲、王彭律、周昊东、王爬、朱梦惠、童霖、钱心安、李欣瑜、柳雅欣、尹嘉禾、吴越、郑瀚、张昕晨、潘展乐、董亦凡、赵梁州、石智勇、李玲、方易、洪伟强、袁绍华、王凡、谢震业、龚璐颖、万济圆、缪飞龙、季博文、吴江、徐佳炜、李冬鉴、王楠、李涛、陈莎莎、杨学哲、闻铮、徐藏军、魏梦喜、高海燕、韩佳予、李建鑫、罗泳佳、严炜明、陆家辰、李一嘉、林圣博、林伟强、黄鑫鹏、吴笑阳、高天语、李佳豪、吴宇航、应宇潇、尹杰、谭洋、陈永杰、赵越政、李亚伦、伴禹升、王宇辰、金忆杭、谢鸿宇、王晓峰、刘承翰、张悼傲、贵听杰、王子维、傅园慧、郭靖、施佳、唐淡、杨金晶、王艳、王琳、蔡力、张艳、邵国强、周铁民、王卫中、陈福勇、马俊、陶剑荣、张仁杰、顾佳晴、王建江、雷文斌、周素英、许磊、姚妍君、金涛、陈种、郑波、沈建军、张涛、陈佳豪、周春龙、沈坚、林微微、周超彦、高伟栋、方建、周兆圆、鲍跃华、朱江、李静、吕熠豪、丁梦瑜、毛旭江、张春、毛昭平

十二、第14届全运会浙江省政府给予通报表扬

陈仕平、陈思旭、林宝勇、林尚青、梁亦柏、刘荣唱、周绪相、陈上界、陈永华、林学快、潘支暖、陈文斌、王锋、温从锈、高慧玲、龚美萍、施水英、夏淑英、章正兰、金均英、章瑛、岑

伟飞、程锡平、张美玲、郑胜燕、郭晓敏、王防、王美、毛永敏、缪新红、宋素珍、刘国强、胡佳妮、丁立人、任卫士、汪雨博、胡铭闽、王天一、赵鑫鑫、黄竹风、金银姬、王利红、李王晶尔、赵文涛、徐文通、沈栋栋、朱少华、竺安民、方伟达、金银忠、章建平、李悦慷、李龙海、王伟、薛圣东、土鲁逊·买买提、程仁钦、程川、麦钮彦、曹廷方、黄凌杰、高世斌、罗红卫、潘登、张施文、张础、叶安钊、胡仪斌、付强、丁高峰、林彬驰、刘海亮、陈迩勒、刘学刚、徐章李、孙天星、王文浩、骆威霖、蓝天、金海英、李向、蔡伟明、江溪兴、石占戈、王雅伦、许鑫、陈晴、许宽格、郑云海、刘凯民、沈异、杨佳、姜晓伟、陈波平、马超群、石鑫

十三、浙江省三八红旗手授予名单

杨倩、黄雅琼、万济圆

十四、浙江青年五四奖章授予名单

杨倩、王彭律、陈雨菲、管晨辰、郑思维、黄雅琼、万济圆

十五、浙江省党务工作先进集体、个人名单

全省"建设清廉机关、创建模范机关"工作先进集体:浙江省射击射箭自行车运动管理中心

省直机关先进基层党组织:浙江体育职业技术学院直属游泳系党支部

浙江省优秀共产党员:石智勇

浙江省担当作为好支书:孟关良

省直机关优秀共产党员:谢震业

省直机关优秀党务工作者:周丽丽

十六、浙江省体育局系统先进基层党组织名单

中共浙江省体育局机关第四支部委员会、中共浙江体育职业技术学院体育系第三支部委员会、中共浙江省水上运动管理中心总支部委员会、中共浙江省射击射箭自行车运动管理中心运动队支部委员会、中共浙江省智力运动管理中心支部委员会、中共浙江省黄龙体育中心委员会、中共浙江省体育彩票管理中心总支部委员会、中共浙江省体育局信息中心支部委员会

十七、浙江省体育局系统优秀共产党员名单

省体育局机关:鲁国华、刘征宇、舒登攀、潘朝春

浙江体育职业技术学院:童妍菲、郑静、张庆、倪凯琪、陈翀、陆敏佳、汪顺、郑坤良、蔡军、桑洋、陈郑洁、张红、王凡、王贺兵、盛江、刘洪、朱丽丽、沈坚、周春龙

浙江省水上运动管理中心:潘旦旦、徐臧军

浙江省射击射箭自行车运动管理中心:陈文忠、任旻鹏、李明

浙江省智力运动管理中心:林罡

浙江体育科学研究所(浙江省反兴奋剂中心):吕熠豪

浙江省黄龙体育中心:潘家华、任静娜、鹿艳、严诗敏、叶初晓

浙江省体育竞赛中心:胡金迪

浙江省体育彩票管理中心:许利芳

浙江省体育服务中心(省全民健身中心):童新富

浙江省体育局信息中心:赵谷

浙江《体坛报》社有限责任公司:丁梦婧

十八、浙江省体育局系统优秀党务工作者名单

省体育局机关:王光路

浙江体育职业技术学院:杨晨、顾波、张宏、童兵兵

浙江省水上运动管理中心:秦爱军

浙江省射击射箭自行车运动管理中心:魏宏枥

浙江省黄龙体育中心:陆连勇

浙江省体育竞赛中心:张锐蕊

浙江省体育彩票管理中心:华颖

浙江省体育局2021年授予国家一级运动员称号人员名单

一、田径:

舒衡、张润喆(女)、李智威、王照兴、黄潇锐、董嘉欣(女)、林泽坚、许方胤、孔桢、李想、陆贤烽、黄凯程、陆佳杰、孙绪森、高依蕊(女)、常翱、王瑾(女)、张涛、何佳怡(女)、陈昌旭、黄舒静(女)、杨观武、韩晴(女)、叶超超、戴宁杰、林奇翰、林奇翰、姜国豪、周纪伟、潘瑜、单子翰、王晨彬、祝涛、蓝晶晶(女)、杨星宇、毛翊炫、朱安翔、金若宣(女)、胡晨、罗琼琰(女)、周凌晨(女)、徐梦(女)、温正杰、徐梦(女)、郑骆乙、苏虹竞、韩晨皓、高晶晶(女)、占琦、胡泽中、王迪宇、王迪宇、徐辉(女)、吴国壕、王彦博、王彦博、刘紫怡(女)、袁梓博、任庭辉、潘寿勇、吕晟源、吕晟源、林中旭、董嘉欣(女)、董嘉欣(女)、陈苏欣(女)、吕晟源、夏安森、夏安森、陈桂杰、徐燚俊、周顺尧、徐鑫莉(女)、丁依蕊(女)、林雅纯(女)

二、游泳:

张语轩(女)、张语轩(女)、张语轩(女)、陈晨(女)、陈晨(女)、陈晨(女)、周哈米(女)、周哈米(女)、张挺辉、林星宇、朱维超、包锦轩、凌旋菲(女)、凌旋菲(女)、凌旋菲(女)、张雨馨(女)、冯嘉蔚、冯嘉蔚、冯嘉蔚、隋家叶、吴忆杭(女)、吴忆杭(女)、裘真(女)、裘真(女)、徐欣艺(女)、杨奕凡(女)、杨奕凡(女)、杨奕凡(女)、金呈、郑善升、郑善升、徐伊凡、段梦雪(女)、段梦雪(女)、段梦雪(女)、段梦雪(女)、秦帆(女)、秦帆(女)、秦帆(女)、秦帆(女)、邹宇扬、邹宇扬、邹宇扬、邹宇扬、包骐恺、叶雨佳(女)、娄子睿、林佳雯(女)、林佳雯(女)、林佳雯(女)、蔡祉睿(女)、章梦妮(女)、任宇涵、裘孜睿(女)、马瑞麟、马尧、陶佳顺、田宋琰(女)、王天予、周鑫垟(女)、林可辰(女)、周鑫垟(女)、林书漫(女)、包锦轩、张铭博、张铭博、项诣博、王琛迪、邵梓铖、吴佳豪、吴佳豪、盛哲涵、盛哲涵、樊晨昊、章哲宇、章哲宇、姚若衡(女)、李昱祺(女)、李昱祺(女)、何奕鑫、翁黄崎、陈俊业、陈俊业、孙煜翀、施幼扬(女)、周晨希(女)、周晨希(女)、周晨希(女)、谢宇涵(女)、姚佳(女)、姚佳(女)、汤静(女)、李佳忆(女)、李佳忆(女)、杨雨菡(女)、徐欣艺(女)、杨奕凡(女)、杨奕凡(女)、杨奕凡(女)、陈卓(女)、陈卓(女)、周嘉玲(女)、宋嫣然(女)、叶雨佳(女)、叶雨佳(女)、邵静茹(女)、邵静茹(女)、汪泓杞、吴晟恺、邢天宇、邢天宇、吕易乘、李宇涵、邹宇扬、邹宇扬、陈

禺竹、陈禺竹、娄子睿、朱思睿(女)、王际凯、何昱豪、何昱豪、何昱豪、吴金珂、冯申、冯申、胡俊涛、胡俊涛、郭伊涵(女)、郭伊涵(女)、俞奕萱(女)、严宛珊(女)、陈江睿、包佳宁(女)、孙煜涵、王胤植、陈豫妍(女)、黄诗涵(女)、陈依冉(女)、陈依冉(女)、张语轩(女)、沈宸阅、徐磊、潘思淇(女)、徐佳恩(女)、吕柏萱(女)、劳芯蕾(女)、徐安然(女)、王灏岚、朱炫桦(女)、曾力衡、宋泽聿、潘甜甜(女)、徐伊凡、张昕晨、包骐恺、包骐恺、包骐恺、陈宇凡、邢诗语(女)、蒋晟旸(女)、蒋晟旸(女)、鲁星辰(女)、陈雨杭(女)、陈雨杭(女)、隋家叶(女)、隋家叶(女)、俞淑文(女)、金呈、金呈、朱米拉、朱米拉、王际凯、章栩辉、章栩辉、陈忠宇、吴昊天(女)、徐维(女)、张佳艺(女)、史廷浩、史廷浚、史廷浚、樊晨昊、樊晨昊、杨奕凡(女)、杨奕凡(女)、杨奕凡(女)、顾恩翊、陈宇凡、杨小乐、周晟杰、周晟杰、范亚琦(女)、范亚琦(女)、范亚琦(女)、陈可馨(女)、张语轩(女)、张语轩(女)、李城宇、张铭博、杨皓添、包锦轩、朱炫桦(女)、徐安然(女)

三、乒乓球：

林妮可(女)、李维、王宏源、夏淏杰、夏淏杰、蓝天、王楠楠(女)、王宽蓉(女)、顾恩祺、李静(女)、周建旭、陈一铭、陈奕帆、林田宜(女)、娄思雨(女)、王奕恒、徐欣然(女)、张庭翌、傅楚尧(女)、李龙舟、吴宇凯、闻珈宁(女)、杜清瑜(女)、童卓航、胡凯豪、施亚纯(女)、卢诗晗(女)、伍玥悦(女)、施子骥、胡寒瑞、翁艺程(女)、胡寒瑞、陈肖薇(女)、李梓昕(女)、吕翊睿(女)、吕翊睿(女)、李佳璐(女)、徐欣璐(女)、洪展艺(女)、林雨溪(女)、郑禺捷、顾庭源、宋之浚、王嘉(女)、苏世宇、徐熙昊、杨晨、洪皖佳(女)、陈一凯、李昀庭、夏淏杰、徐孟元、姚祺臻、肖艺(女)、徐孟元、赵艺尔(女)、林语瑶(女)、徐嘉憬(女)、张乔媛(女)、袁一宸、张楚岩、陆可心(女)、陆可爱(女)、郑易炎、郑易炎、胡昱姚、陈俊彰(女)、叶清杨(女)、徐也婷(女)、戚亚楠(女)、柯林卡、韩元坤、袁健聪、张启涵、蔡一帆、潘逸凡、黄久芝(女)、徐婕妤、杨安琦(女)、应欣妤(女)、袁欣跃、林雨溪(女)、王宽蓉(女)、盛卓宁(女)、谭海萌(女)、邢子灏、关心(女)、尹新雨、龚子傲、洪展艺(女)、朱好好(女)、娄思雨(女)、郑皓天、陈奕帆、吴宇凯、包源涛、徐欣然(女)、张庭翌、韩兆颉、曹程凯、杨凯杰、韩易辰、庄言(女)、金蕾(女)、洪展艺(女)、吴吉娜(女)、吴俊涵、任浙琰、周郦富、周琪霖(女)、楼心月(女)、袁李亚辉、黄久芝(女)

四、羽毛球：

周子涵(女)、吴家俊、黄祥轩、周言(女)、陈肖霏(女)、杨郡(女)、徐欣菱(女)、邬泽菁(女)、余初洋、王紫涵(女)、陈喆涵、只以欣(女)、唐舒凯、吴昊哲、吴智豪、戴昱欣(女)、唐忻奇、曹恩畅、陈越(女)、胡怡萱(女)、张志杰、覃诗洋(女)、赵婉莹(女)、郑泽涵

五、网球：

陈奕如(女)、葛瑞(女)、杨依如(女)、江铠言、聂柯伟、苏钰棠、陈星瑜、曹盛葳、陈启宁(女)、施晗(女)、莫瑞格(女)、陈静怡(女)、李雨婷(女)、华俊伊(女)、罗心若(女)、赵宇龙、杨安恺、翁祉煜、张轩诚、叶锦添、王哲翔、金琳珍(女)、徐靖轩

六、高尔夫球：

吴冠序、吴之堃、倪慎蔚(女)、杨月华(女)、王亦立、胡杨、倪笑坤(女)、娄家瀚

七、体操：

莫芷欣格(女)、王梦瑶(女)、应亚欣(女)、陈奕(女)、傅佳丽(女)、车彩程(女)、徐嘉

瑞、宋晓瑜(女)、王柏方、阙景逸、史泓屿、陈雄漫、周欣然(女)、李昊轩

七、艺术体操：

丁易昕(女)、陈曦(女)、孙书希(女)、林希(女)、黄茜(女)、曾梓航(女)、仝紫涵(女)、朱蕊(女)、高梦琦(女)、张浅然(女)、杨斯涵(女)、欧米娃(女)、庞容(女)、徐睿涵(女)、徐菲宇(女)、梁子琪(女)

八、篮球：

肖雨昕(女)、赵娉玄(女)、吴凯渊(女)、泮璐(女)、董齐(女)、夏瑜蔓(女)、陈筱婧(女)、季柏凤(女)、林心怡(女)、彭乐源(女)、章海波、谢智杰、夏孝宇、金之桁、王芷玥(女)、曹思杰、富濠、金婷婷(女)、应梦瑶(女)、孙墨涵、林炜杰、蒋文阳、韩宁高、郑宇宏、吴雨萌(女)、朱佳婷(女)、江懿茜(女)、陈瑾萱(女)、李如锋、周鲁豫、刘子炫、潘哲远、吴锡鸿、周少铠、李佳炜、鲍涵(女)、徐羽甜(女)、刘冉冉(女)、张潇文(女)、尹金悦(女)、樊思远、来栩朋、沈无敌、储小天、鲁栩喆、金安琪(女)、潘菲利(女)、谢许诺(女)、潘芯瑜(女)、陈温尔(女)、林如祥(女)、姚榕镇、臧轩正、周力泓、王一旭、应天唯、姜博允、王晶扬、楼骁乐、李瑞轩、虞子萱(女)、项语彤(女)、施睿涵、袁家栋、张浩博、羊祈轩、王泽耀、吴子煜、徐若豪、兰皓翔、余子康、陈冠仪(女)、王诗惠(女)、陈佳莹(女)、周浩、丁成浩、沈维丰、王智晨、叶倩羽(女)、留瑜萱(女)、项晨雯(女)、叶文轩(女)、范雯(女)、王奕霖、刘双语、景天雨、葛佳盈(女)、张雨朦(女)

九、三人制篮球：

吴晶晶(女)、李杉杉(女)、林桢(女)、元世宇、杜智强、黄伟瀚、林上镇、余昊洋、欧阳启睿、郑民江、吴晨韵、周智焕、陈波、季鑫鹏、郭添翼(女)、徐枝燕(女)、胡格霏(女)、章诗彤(女)、赵芮、金宸冰、吴元戎、邵文博、沈无敌

十、排球：

彭鑫、胡光烨、田徐城、曹奕志、李浙辉、童一铭、曾予(女)、王雅萱(女)、熊双双(女)、张红紫嫣(女)、周子未、张学文、张轩豪、张瑜杰、葛娱希(女)、宋铭芯(女)、朱家岩、宋炯、苏冰冰(女)、张茜茜(女)、陈雨琪(女)、古丽孜呼拉·哈来提(女)、陈小璐(女)、刘源(女)、陈昱儒、张珂文、梁玉洁(女)、顾欣妍(女)、周逸轩、孟祥泽、陈曦悦(女)、李京峰、姜鑫洋、王轶飞、陈张昱、张臻宇、王奕超、黄其王、胡乐天、孟洋伲(女)、胡雨欣(女)、蔡佳瑶(女)、吴丹靖(女)、吴潇羽(女)、左易炜(女)、朱殷祺(女)、张俊豪、叶木森、陈小煌、叶其轩、郑经磊、张啟航、金献俊、陈礼航、何志豪、叶康瑢、岳中棋、龚志康、丁瑜萱(女)、朱慧(女)

十一、沙滩排球：

王疏影(女)、朱慧(女)、傅家统、周叶全、昌志函(女)、张一诺(女)、康勇、陈飞扬、施芷姗(女)、周羿、王丰诏、王徐峰、章辉、胡域然(女)、王佳仪(女)

十二、举重：

邓凯磊、潘艺、涂耀辉、陈莹(女)、陆乃港、郑德隆

十三、拳击：

陈冠初、潘吴健、刘卓尔、翁安凯、石景宣、伍俊哲、李玉(女)、许钧超、张钦翔、徐康宁、高杰、芮骏贤、韩佳超、王圆(女)、李静雯(女)、陈子欣(女)、周伟乾、余嘉豪、蔡昌明、陈祥烨、王静(女)、周晨、颜焓君(女)、王昊、李雯丽(女)、陈幸妤(女)、陈玉盈(女)、金紫

瑄(女)、寇瑞琪(女)、骆佳明、胡曼钰(女)、斯政豪、薛晓阳

十四、武术套路：

叶启楠

十五、摔跤：

申琳(女)、刘亮、石越(女)、缪露彬(女)、谷鸿基、俞涛、周昌达、徐斌、张文杰、李甜甜(女)、李林、宁子龙、陈奕涵、史可可(女)、张宇菲(女)、陈新义、郑义磊、阮佳才、肖博文、朱一(女)

十六、柔道：

瞿栩珊(女)、范轶成、潘晨凯、叶敏(女)、李先文、邓家祥、冯劢雨菲(女)、于畅(女)、俞杭凯

十七、跆拳道：

吕佳城、徐晨峻、戴佳密(女)、孙润泽、王子轩(女)、单浩然、严彦承、陈若希(女)、王奕轩、李雅文(女)、戴佳密(女)、仇洪胜、李宜霖(女)、谢婉怡(女)、吴奕儒(女)、张静暄(女)

十八、空手道：

金诗雅(女)、李知坚、李整泉、潘微微(女)、周跃如(女)、诸葛小雪(女)、潘优莹(女)、徐煜轩、王馨琳(女)、马天宁(女)、庞宏宇剑、王嘉颐(女)、张嘉莹(女)、吴嘉楠、李陈凯、黄熠、肖郭淞、王皓洋、钟昊润、周丽(女)、姜建科、陈柯豪、赵集、庞宏宇泉、林宇豪、黄宗瀚、胡钱胜、王依婷(女)、金诗雨(女)、许雅楠(女)、朱语啸(女)、周秀宁(女)

十九、赛艇：

潘静(女)、袁娟娟(女)、黄维(女)、潘星星(女)、陈颖(女)、周子烜、吴爽(女)、卢佳宣(女)、赵家驹、薛顾裕、胡桂方、李康禧、杨智颖、杨智轩、王梓阳、王迦南、杜宇航、干成程、胡津瑀、么家源、陆文源、钱致瑞、袁茹雪(女)、唐宸(女)、富灵(女)、谢明润、傅静萱(女)、樊清仙(女)、陈鸿婷(女)、展浩轩、杨秋英(女)、陈佳烨、李文青(女)、柳智博、马久乐、王浩、王梓鑫、吕佳茜(女)、费玲洁(女)、陈鑫杰、刘文彬、杨志文、顾佳浩、吴忆楠(女)、姜雨宜(女)、罗雨航、孟宇佳(女)、薛慧珍(女)、颜智博、林其威、陈登源、王畅

二十、皮划艇静水：

周锦韬、夏晟凯、蔡承峻、林威、柯睦垠、陈作添、胡海聪、张咏怡、金家乐、王佳辉、沈夏毅、吕壹涛、姚静玟(女)、戴于力、赵伟杰、赵家奇、赵敏杰、袁浙翔、葛彦博、何佳涛、钟佳洁(女)、朱新远、邵渊瀛(女)、丁圣开、岁俊茹(女)、吕佳溢(女)、章源、陈奕帆、秦瑜(女)、林铭煜、叶家乐、何俊扬、陈家乐、于谦、金舒畅(女)、陈丽锦(女)、夏承约、元壮翰、薛焯文、何文杰、洪嘉琪、江丽娜(女)、徐刘佳(女)、朱凯、林如晓(女)、朱雨艳(女)、竺项怡(女)、丁欣(女)、梁诗语(女)、丁慧敏(女)、朱旭昊、沈桃越(女)、简蒙恩、徐键、郭玺(女)、华春燕(女)、杨浩然、占靖毅、丁杨、姚超杰、陈维建、蒋希娜(女)、滕安硕(女)、许悦(女)、王晓慧(女)、陈丽锦(女)、杨佳(女)、苏长洵、季伟隆、叶文、戴贤涛

二十一、帆船：

程郁婷(女)、梅方奇、吴佳瑜(女)、吴煜、卢麒名、程康、徐莉(女)、占祺克、赵妍(女)、张传亿、楼禹杉(女)、俞雅轩(女)、王甜甜(女)、王陈涛、余雨晨(女)、龚依娜(女)

二十二、射击：

林雅茜（女）、陈伊一（女）、祁徐露（女）、吴昊昊（女）、魏奕扬（女）、郑慧鹏、王雨沁（女）、荆坷遥（女）、鲍佳漪（女）、翁戈歌、孙瑜洁（女）、孙雪瑶（女）、邹榭影（女）、毛徐豪、葛迩齐、卢志威、姜晗钰

二十三、射箭：

李木子（女）、李童、许婷（女）、钱程、刘依依（女）、陈畅（女）、黄柔姿（女）、方哲宇

二十四、公路自行车：

何雯丽（女）、程卢芬（女）、陈威锦、张国琼、孙中豪、徐俊哲、陈煜、沈婧涵（女）、蒋义天

二十五、场地自行车：

吴越凯、汪益航、叶峰、叶盛焕、马晨曦、刘雨豪、徐涛、王作格

二十六、BMX小轮车：

薛飞高（女）、仰成佳（女）、朱宇芸（女）、李金亮、杨轲（女）、冯依晨

二十七、击剑：

施天锋、刘文轩（女）、柴月月（女）、王晨、陈安琦（女）、孙长生、张茹萍（女）、朱珈庆、包和民（女）、俞哲轩

二十八、马术：

王羿皓、黄一宝

二十九、攀岩：

干鑫耀、薛振

三十、健美：

胡会明

三十一、健美操：

陈怡轩、毛露锋、李欣薇（女）、

三十二、冲浪：

王晟任、易健、蔡世霖、李好童（女）

三十三、象棋：

岑枝蔚

三十四、围棋：

任可（女）、冯韵嘉（女）、刘砚畅（女）、贾欣怡（女）、阎语盈（女）、凌宇晖、毕祖一

浙江省体育局2021年授予国家二级运动员称号人员名单

田径：张讯（女）、李承燃、高广兴（女）、徐鑫莉（女）、徐鑫莉（女）、刘自尊